視覺損傷兒의 指導

大邱大學校 敎授·文學博士 金東淵 著

圖書出版 東亞文化社

머 리 말

한국 특수교육의 시작은 북감리교 선교사인 홀여사가 오복녀라는 맹소녀를 개인적으로 가르친 것이 그 시초이다. 그렇게 보면, 한국의 특수교육 발전 과정에서 가장 먼저 이루어진 영역은 시각장애아 교육이라 할 수 있다. 홀여사가 개인적으로 맹교육을 시작한 시기를 기점으로 한다면 약 한세기가 다가오고 있으며, 평양 여자 맹학교를 개교한 연대를 기준으로 하더라도 엇비슷하다.

그동안 우리나라 시각장애교육의 발전 과정을 보면, 이영식 목사가 대구 광명학교를 설립한 이래 경향 각 곳에서 시각장애학교가 설립되었고 국가의 공식 시책의 일환으로 교육과정의 손질이 이루어지기도 했다. 또한 자료의 개발이나 각 대학의 특수교육과에서 전문 교사를 양성하는 등 괄목할 만한 성과를 거두어 왔다.

그러나 다른 장애영역에 비해 아동수가 적고 상대적으로 맹학교나 약시학급의 수가 적은 탓으로 다소 정체된 일면도 있으며, 학문적인 발전에 있어서도 이 분야에 관심있는 인적 자원이 부족하여 제자리 걸음을 하는 듯한 모습도 보였다.

이번에 필자가 정리한 『시각손상아의 지도』는 전문 서적이라기 보다는 개론서로서의 의의를 가지며, 부족하나마 이 분야에서는 처음으로 발간한 것이다. 그동안 관계 학자들과 필자가 발표한 글들을 요약하고 정리하여 이 영역에 관심있는 사람들에게 기초 자료를 제공하는데 그 목적이 있다. 따라서 특수교육 및 심리라는 넓은 틀 속에서 시각손상아의 지도 방법을 모색하는 형식으로 구성하고 내용을 선정하였다.

이 책을 집필하는 과정에서 자료를 제공해 주신 국내외 관련 교수님들과 현장의 선생님들께 깊은 감사를 드리며, 개별적으로 존함을 다 밝혀드리지 못해서 매우 송구스럽게 생각하는 바이다. 더우기 판매의 어려움에도 불구하고 인쇄를 맡아주신 박창용 사장님께 감사드리며, 교정에 수고하신 이해균 박사의 노고를 잊을 수 없다.

끝으로, 아빠의 원고 집필에 격려해 준 나의 아내와 지승이, 지욱이가 이 책과 함께 잘 커주기를 빈다.

1991. 7. 1 대명동 연구실에서 저자

벌써 책을 집필한지 햇수로 8년째로 접어 들었다. 개정판을 준비하고 있는 시점에서 우선 몇가지 새로운 내용만 보완하여 교재로 사용하고자 한다.

1999. 3. 1 저자 識

차 례

1. 정의와 출현율 / 3
2. 시각생리 / 12
3. 원　　인 / 18
4. 눈의 기능검사 / 29
5. 서구의 시각장애자 교육의 발달 / 42
6. 점자의 발달 / 55
7. 한국의 시각장애자 교육발달 / 73
8. 시각장애와 신체심리학 / 83
9. 개념형성 / 93
10. 신체개념 발달과 지도 / 99
11. 공간개념 발달과 지도 / 109
12. 청 지 각 / 117
13. 촉 지 각 / 126
14. 운동발달과 자세 / 132
15. 지　　능 / 141
16. 사회·정서적 발달 / 149
17. 심리측정 및 평가 / 155
18. 시각장애학교 교육과정 및 지도 / 162
19. 시각장애아의 교수학습과 개별화교육 / 185
20. 점자의 읽기와 쓰기지도 / 207
21. 옵타콘 지도 / 214
22. 맹아동의 매너리즘 지도 / 238
23. 전자 및 컴퓨터공학 도입 / 245
24. 일상생활기능의 지도 / 251
25. 보행기능의 지도 / 269
26. 교과교육 / 320
27. 과학지도 / 323
28. 미술지도 / 336
29. 체육지도 / 358
30. 시각장애 유아의 지도 / 369
31. 약시아와 시효율성 / 395
32. 행동수정 기법의 활용 / 402
33. 중복장애를 지닌 시각장애아 / 415
34. 직업교육과 재활 / 428
35. 시각장애아 교육 교사론 / 438
36. 부모상담과 교육 / 446
37. 학교의 시설·설비 / 453
　※ 주요참고문헌 / 458
　※ 저자소개 / 463

1. 정의와 출현율

시각장애의 정의와 분류는 사용 목적에 따라 의학적, 법적, 사회적, 경제적, 직업적, 교육적 측면에서 다르게 이루어진다. 대체로 한 개인의 시력, 시야, 색각(시)등의 준거에 의해 결정되나 주로 시력과 시야가 기준이 되고 있다. 최근에는 시력이나 시야를 중심으로한 정의 보다는 교육적 입장에서 시기능, 교수매체 등을 준거로한 정의와 분류가 필요하다는 것이 강조되어 교육현장에서는 이를 중시하는 경향이 고조되고 있다.

1. 의학적, 법적, 사회적, 경제적, 직업적 측면

① 미국의 법적 정의 : 1935년 미국사회안정법에서는 서비스 대상자를 선정하기 위해서 의학적인 진단을 실시하여 법적 정의를 제시하였는데, 이 정의가 지금도 많이 인용되고 있다. 즉, 두 눈 가운데 가장 좋은 쪽의 교정시력이 20/200이하이거나 시야가 20°이하인 경우는 법적맹이며, 교정시력이 20/200에서 20/70사이에 있는자는 법적약시로 구분하였다(Han-ninen, 1975).

특히, 사회, 정책상의 정의로서 미국 캘리포니아주는 「시력의 손상으로 인해 독립된 생계를 영위할 수 없는자」로 규정하였는데, 이는 뉴햄프셔주, 오하이주 등에서도 같이 사용하고 있다. 미네소타 주에서는 「안경을 착용하여도 일상생활에 불편을 느끼거나 특별히 시력이 필요한 일에 종사할 수 없을 만큼 시력을 상실한 자」로 정의하고 있다.

② 독일의 의학적 정의 : 시력 1m지수 이하인자를 맹으로 규정하고 있다.

③ 영국의 맹인법 : 시력 3/60이하인자를 사회적 맹이라고 하며, 1920년에 제정한 맹인법 제1조에서, 「시력을 필요로 하는 일을 할 수 없을 정도로 시력을 상실한자」 사회, 정책상의 맹이라 하였다.

④ 국제시각장애협회의 의학적 정의 : 국제시각장애협회는 시각손상 정도를 시력에 기초하여 분류하고 있다. 즉, 맹(전맹, 빛지각 또는 빛투사맹, 시야가 완전 상실된 수동맹으로 구분), 수동의 시력에서 2/200시력을 지닌 시야 제한자, 시야20°정도의 2/200이상에서 10/200까지의 시력을 지닌자, 시력 10/200에서 20/60이거나 그 이상의 시력이라도 시야가 20° 미만인자로 구분하고 있다.

⑤ 일본의 중앙맹인 복지회의 정의 : 시력0~0.02(1m지수)미만을 맹, 0.02~0.04(2m지수)미만을 준맹, 0.04~0.3미만을 약시로 정의하여 교육적 정의와 같다.

⑥ Baker(1959) : 시각장애를 전맹과 빛 지각맹으로 나누고, 교정시력이

실질적인 기능을 할수없는 정도와 명암을 식별할 수 있는 시력이라도 그 시력을 사용할 수 없는자를 맹으로 정의하였다. 또 시각이 필요한 어떤 종류의 일을 하는데 있어서 불가능한 시력을 경제적 맹(economic blindness)으로, 직업적맹은 그들이 생활하는데 필요한 생계유지비를 벌기곤란한 시야가 20°이하 인자라 하였다.

⑦ 세계보건기구 : 맹과 약시로 크게 구분하고, 맹은 다시 전맹과 준맹, 약시는 시각적 과제 수행에 제한을 가진자와 시각적 과제 수행에 곤란을 가진자로 구분한다(Colenbrander, 1977).

⑧ 의학적 약시 : 일반적으로 두눈의 교정시력 0.04~0.3(20/70, 20/60)을 기준으로 약시를 정의하고 있으나, 의학적 입장에서는 정상시력을 1.2로 보고 이 시력에 미달하는 것을 모두 약시로 보는 입장도 있다. 또한 시력저하의 원인(진단)불명도 약시로 보기도 한다. 의학적 약시는 Amblyopia로 기술하여 안과적인 치료가 어느 정도 가능한 기능적 장애(중추의 기능적 장애)를 입어 치료로서 시력을 발달시킬수 있는것을 지칭한다 (김태욱, 1978). 즉 안과적으로 기질적 병변이 없거나 있다고 하더라도 그것으로 설명하기 곤란한 시력장애로 순수한 시기능이상으로 시력이 저하되는 것을 일컫는다(大河原欽吾, 1938).

⑨ 경제적, 직업적, 사회적 약시 : 경제적 약시는 시각장애로 인하여 생계유지가 어려운 상태이고, 직업적약시는 직업에 종사하기에는 시력이 약한것을 말하며, 사회적 약시는 사회정책상 또는 생활상 어느 정도의 곤란성이 안정되는것으로 그의 안질환은 기질적이거나 기능적인것을 가리지 않는다(한사대 특수교육연구소, 1973).

그외에도 사회복지적 측면에서, 이탈리아는 0.1이하를 맹으로 규정하고 있으며, 네델란드는 3m 지수맹, 프랑스는 0.05이하, 노르웨이는 1m지수맹등으로 정의하고 있다.

2. 교육적 측면

① 전통적 분류에 대한 비판적 연구 동향 : 특수아동의 분류에 대한 연구들은 전통적인 법적, 의학적 분류에 대해 비판을 하면서, 특수아동에게 필요한 교육적 문제를 파악하는데 그 목적을 두어야 한다고 강조하고 있으며, 교육의 질적수준을 높이는데 보다 주안점을 두어야 한다고 제안하였다 (Smith, 1975, Armstrong, 1976).

특히, 의학적, 법적정의가 학교현장에 유용하지 못하다는 조사연구를 한 Jones(1961)의 연구결과는 이 분야에 중요한 자료가 되고 있다. 즉, 통학제 학교와 기숙제 학교에 재학하고 있는 시각장애아동의 시력정도와 학습매체의 사용 실태를 조사한 결과에 의하면 다음과 같은 점이 발견되었다.

첫째, 연구대상인 시각장애아동의 31%가 20/200의 시력을 보유하고 있고, 이들이 법적맹으로 분류되어 있지만 82%가 일반활자(묵자)를 사용하고 있으며, 12%만이 점자를 사용하고 있다는 것이다.

둘째, 전맹인 24%만이 점자를 사용하고 있으며, 법적맹으로 분류된 아동 76%가 잔존시력을 보유하고 있었다.

이러한 연구결과는 Nolan(1965)의 후속연구에서도 밝혀져 점자를 읽고, 쓰는 아동이 50% 감소되었다는 보고가 뒷받침하고 있다.

② 전통적 정의와 분류에 대한 비판의 요약

첫째는, 시력 그 자체가 시각의 예민성을 간단히 나타내 주는 수치 이외에는 다른 큰 의미가 없다는 점이다. 즉, 시기능이나 교육현장의 유용성을 평가하는 것도 아니라는 점이다(Barraga, 1970).

둘째는, 일반적인 시력검사는 원거리시력(distance vision)의 측정에 의존하고 있기 때문에 교육현장에서 사용되고 있는 근거리시력(near vision or reading vision)을 측정하지 못하고 있다는 점이다(Scholl, 1967).

세째는 시력중심의 정의가 중심시력을 측정하고 있으며, 주변시야를 제외하고 있다는 점이다. 예컨대, 터널시야(tunnel vision)를 가진 아동은 주변시야가 결핍되어 읽거나 보행에 문제를 가지고 있다.

③ 미국장애아 교육법의 교육적 정의 : 시각장애아는 맹과 약시를 포함한 개념으로 사용하여, 시각장애아는 시력을 교정하여도 시력손상 정도가 교육적 성취에 불이익을 줄 수 있을 정도로 영향을 받은 자로 규정하여 교사의 교육적 진단을 중시하고 있다.

④ 학자들의 견해를 종합한 교육적 정의와 분류 : 따라서 교육적 정의는 점자나 촉각 및 청각매체를 통하여 교육해야 할 아동이 교육적 맹이며, 약시아동은 광학적 기구의 도움이나 또는 도움없이 보유시력을 활용하여 일반문자를 통해 교육할 수 있는 아동이다(Caton, 1981, Corn, 1980, Hanninen, 1975, Hallahan & Kauffman, 1978, Kirk, 1972, Dunn, 1973).

이러한 정의를 바탕으로 하여 교육적 특성을 중심으로 한 시각손상의 정도를 분류해 보면 다음과 같다. 이러한 구분은 아동의 교육내용과 방법 결정에 중요한 자료가 될것이다(Genensky, 1970).

첫째, 특정의 보조기구를 사용하여 정안아동과 같이 시각적 과제를 대부분 수행할 수 있는 아동으로서 일반학급이나 리소스룸에 배치된다.

둘째, 시각적 과제를 수행함에 있어서 정안아동 보다 더 많은 시간을 필요로 하며, 시각적 보조기구의 사용이나 과제의 수정을 통해서도 정확성이 부족한 아동이다.

세째, 시각적 과제 가운데 규모가 큰 것도 수행이 어려우며, 세밀한 시각적 과제는 시각으로 전혀 수행할 수 없어 촉각이나 청각을 사용하여 학습을 해야 하는 아동이다.

이와 유사한 분류로서, Scholl(1967)은 아동을 네가지 유형으로 구분하였다.

첫째, 이 그룹에 속하는 아동은 광학기구의 도움을 받아도 정안아동과 같이 읽고, 쓰고 할 수 없으며, 정안자나 안내견, 캐인등의 보조없이는 새로운 환경에서 안전하게 보행할 수 없는 아동이다. 때문에 청각이나 촉각에 의해 교육이 선행되어야 하며, 보행훈련이 필요한 아동이다.

둘째, 이 그룹에 속하는 아동은 광학기구의 도움을 받아도 정안아동과 같이 읽고, 쓰고 할수 없으나 보조기구없이 새로운 환경에서 안전하게 보행할 수 있는 아동이다. 근거리 시력으로는 확대렌즈를 사용하여도 활자를 읽을만큼 충분한 시력이 못되므로 청각이나 촉각에 의해 교육이 선행되어야 한다.

그러나 원거리 시력으로는 보행을 할 만큼 충분한 시력을 지니고 있다.

세째, 이 그룹에 속하는 아동은 보조기구 없이 보행은 가능하나 정안아동과 같이 익숙한 대상확인이나 쓰고 읽기를 하는데 있어서 광학기구가 필요한 아동, 또는 도움없이 과제를 수행할 수 있는 아동이다. 이러한 아동은 먼저 시각을 통해서 교육이 이루어져야 하며, 원거리 시력에 제한이 있으면, 보행훈련이 필요하다.

⑤ 국제 시각장애협회의 기능적 분류 : 점자를 사용하는자(이 가운데서도 점자, 안내견, 캐인 및 보조기구를 사용하는자, 점자, 캐인과 보조기구를 사용하는자, 점자와 보조기구를 사용하는자로 나눈다)와 형태시에 제한을 가진자, 광학기구를 사용하는 이동시력을 가진자, 확대문자와 광학기구를 활용하는 약시자 등 크게 네그룹으로 나누고 있다.

⑥ 시력에 기초한 일본학자들의 교육적 분류 : 맹 0~0.02(1m지수)미만, 준맹 0.02~0.04(2m지수)미만, 약시 0.04~0.3미만으로 나누고 0.3을 기준으로 하여 일반교육과 특수교육을 구분하고 있다. 즉, 0.02미만은 점자에 의한 교육, 0.02에서 0.04미만은 맹교육 또는 약시교육, 0.04이상은 시각학습이 가능하다고 하였다(岡田明, 1975, 高矯省己, 1971, 伊籐隆二, 1973, 中野善達, 1977).

⑦ 일본 교육법 시행령(1962) : 0.1미만의 맹과 준맹, 重度약시는 맹학교 약시학급에, 0.1이상 0.3미만은 일반학교 약시학급에 등록하도록 규정하고 있다.

⑧ 佐藤泰正의 분류(1976) : 심리학적 측면에서 전맹(시력0)과 약시(시력보유)로 나누고, 실명시기별로 선천성 조기실명 전맹과 후천성전맹으로 구분했다. 약시는 보유시력의 다소에 의해서 重度약시(준맹이라고도함)와 軽度약시로 나누어 다음과 같이 요약했다.

全盲 : 시력이 全無한者(total blind)로서 시각적 경험이 전혀없는 선천 맹과 시각적 경험을 가져 시각표상을 지니고 있는 후천맹(3세~4세 정도의 실명은 시각표상이 남아 있지 않다고 봄)으로 나눈다.

弱視 : 보일 정도의 시력으로 양안의 교정시력이 0.3미만을 말한다. 약시는 다시 重度약시(지수맹~0.04미만)와 輕度약시(0.04~0.3미만)로 나눈다.

일본의 이러한 정의와 분류를 각 입장에 따라 종합해 보면 그림1-1과 같이 요약할 수 있다(大川原潔, 1985).

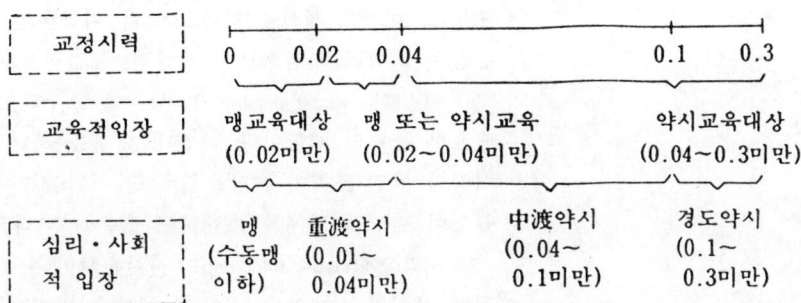

그림1-1 시력에 기초한 맹과 약시의 분류

⑨ 한국의 특수교육 진흥법 : 특수교육 대상자 판별기준을 본 법에서는 표1-1과 같이 제시하고 있다.

〈표1-1〉 특수교육 대상자 판별기준

교육제도	판 별 기 준
특 수 학 교	1. 두 눈의 교정시력(교정시력이라 함은 안경이나 콘택트렌즈에 의한 시력을 말한다)이 0.04미만인자
	2. 시력 이외의 시기능 장애가 고도의 경우 점자에 의해서 교육을 필요로 하는 자 또는 장래 점자에 의해서만 교육이 필요하다고 생각되는 자
특 수 학 급	3. 두 눈의 교정시력이 0.04 이상 0.3 미만인 자

⑩ 교육적약시 : 교육적약시는 partially sighted 또는 partially seeing, low vision 등으로 표현하고 있으며, 시력으로는 0.3미만을 기준으로 하고, 학습에서 시력을 주로 사용하는 자이다. 또한 일시적, 또는 영구적으로 적합한 특수교육적 조치가 필요한 자이다(Pelone, 1957). Hathaway(1966)는 눈의 수술을 받고 눈의 재적응이나 심리적 적응이 필요한자 또는 안구이상 등으로 눈의 재적응이나 심리적 적응이 필요한 아동을 약시교육의 대상으로 지적하였다.

즉, 활자를 확대하거나 광학기구의 보조를 통해서 읽고, 쓰고 할 수 있는자를 약시자라고 총칭할 수 있다(Hanninen, 1975).

이상에서 교육적 정의와 분류에 대한 제 견해를 몇가지 제시했다. 교육적 측면에서는 시력, 시야, 색각 외에 아동의 지능, 성격, 동기, 실명시기, 정도, 생활연령, 직업보도의 가능성, 경제적 예측, 시력변화, 교사의 관찰, 교수매체(점자, 문자) 등 다양한 요인에 의해서 결정되어야 한다(권기덕, 김동연, 김태욱, 1980).

3. 용 어

정의와 분류에 관계되는 몇가지 용어를 정의해 보면 다음과 같다.

① 시각손상(visual impairment) : 시각조직이나 눈의 기본적인 기능이 하나 또는 그 이상의 제한을 지니고 있다. 이를테면 색맹이나 시야상실 등이다. 손상은 의학적 개념으로서 시간적, 공간적으로 나타난다.

② 시각불능(visual disability) : 시각이 요구되는 어떤 과제를 성취하는데 필요한 능력의 제한이다. 예컨대 색맹을 지닌 전기 기사 등이 그것이다. 시각의 어떤 조직이 손상을 입으면 시각불능이 반드시 오게된다. 그러나 불능이 반드시 장애를 초래하는 것은 아니다.

③ 시각장애(visual handicap) : 시각손상이나 불능으로 인하여 개인의 활동에 불이익을 초래한 것이다. 색맹을 가진 사람이 색의 구별이 필요한 일에 종사할 수 없을때는 시각장애를 갖게 된다. 이는 교육적, 사회적인 문제로서 손상과 불능이 반드시 장애를 수반하는 것은 아니며, 시간과 문화, 장소에 따라 달라질 수 있다. 예컨대, 망막의 손상으로 시기능이 불능인 아동이 점자책으로 전기불이 없는 곳에서 공부를 하여 지적인 발달을 도모한다면 이것은 장애라고 보기 어렵다.

④ 시기능(visual function) : 아동이 가지고 있는 시력을 어떻게 사용하는가를 의미한다. 시기능의 수준은 시력, 동기, 기대, 욕구, 태도, 훈련, 경험 등과 관련되어 있다.

⑤ 시효율성(visual efficiency)은 교육적 목적에서 아동이 특정의 시각적 과제를 제한된 최소한의 시간에 쉽고, 안전하게 성취할 수 있는 정도를 말한다.

⑥ 시각제한(visual limited) : 정상적인 환경에서 시각적 제한을 갖고 있어서 보는데 어려움이 있는 상태이다. 이러한 아동은 조도, 렌즈 등의 광학기구, 자료의 수정등을 필요로 한다(Barraga, 1983).

〈표 1-2〉 시각장애의 정의 비교

법적측면		교육적측면			재활적측면 RSA Code			WHO			
맹	약시	시각장애		시각제한	100-109	110-119	120-124	약시			맹
		맹	약시					中度	重度	준맹	
교정시력 20/200이하, 시야20° 이하 (Koestler, 1976, P.45)	교정시력 20/200~20/70 미만 (Hathaway, 1979, P.17)	촉각이나 청각을 사용하여 학습, 그러나 시 기능을 가짐 (Caton, 1981, P.219)	교정후에도 심한시력 손상을가짐 기능을 중 전 시집수 있음 (Corn, 1980,P.3)	보통환경에서 제한됨 시 제한됨 시각 사용 (Barraga, 1983, P.23)	양안모두 빛 지각 못함	양안모두 맹, 교정시력	한눈이 맹 다른 눈 결손, 20/200이하, 시야20° 이하 20/60미만, 시야제한	제한된 시력으로 시각과제 제수행	전체적 시각과제 이 곤란	시각 불사용	전혀 시력 없음

4. 출현율

시각장애아동의 수는 특수아동 집단 전체에 비교해보면 작은 집단이다. 출현율을 논의함에 있어서는 정의의 문제, 부모이해, 표집의 오류, 교육적 정의의 문제 등 복잡한 요인들이 도사리고 있어 한마디로 말하기는 어렵다.

① 미국의 장애아 교육법에 의해 교육을 받고 있는 아동의 수 : 3-21세의 PL. 94-142와 PL.89-313에 의해 교육을 받고 있는 아동의 수는, 1983-1984년의 통계에 의하면 전체장애아동 4,333,558명 가운데 31,531명(0.73%)이며, 맹농의 경우는 2,492명(0.06%), 중복장애아는 67,189명(1.55%)이다.

② 미국 맹인교재출판소(APHB) : 학령기 아동의 경우에 법적맹을 44,313명(1983-84), 맹농아 2,089명(1982-83)으로 제시한바 있다.

③ 미국 실명예방협회(1980) : 20세 이하의 학령기 시각장애자를 남자 55.7%, 여자 44.3%로 보고했으며, 65세 이상의 경우는 남자 41.8%, 여자 58.2%로 보고했다.

아러한 미국의 보고를 보면, 학령기아동의 10%를 시각장애 아동의 수로 추정하고 있으며, 10년전에 비해 감소추세를 보이고 있다(Kirk & Gallagher, 1989. Scholl, 1986).

④ 일본 : 1972년 통계에서 0.08%의 출현율을 제시하고 있으며, 1987년 현재 70개의 맹학교에 재학하고 있는 학생(유치부~고등부)의 수는 6,432명이다.

⑤ 한국 : 경제개발협회(1979)는 시각장애자의 출현율을 0.287%(맹 0.085%, 약시 0.20%)로 보고 했으며, 한국교육개발원(1980)의 연구에서는 최저 출현율 0.1에서 최고출현율 0.287로 제시했다.

김승국 등(1973)은 서울시에 거주하는 만4세 부터 19세까지의 20,974명을 대상으로 조사하였는데, 교정시력 0~0.03인 아동이 0.04%, 0.04~0.3인 아동이 0.13%인것으로 밝혔다.

시각장애아동의 출현을 보다 구체적으로 비교하기 위하여 지금까지 연구된 조사자료를 종합하여 다른 세 장애와 함께 요약해 보면 표1-3과 같다(송준만, 1984).

만약, 우선적인 특수교육 조치가 취해지고 있는 시각장애(0.1%), 청각장애(0.6), 정신지체(2.3), 지체부자유(0.5)만을 대상으로 하여 출현율을 3.5%로 잡아보면 우리나라 총인구 가운데 약 1,500,000명이 장애자이며, 학령기아동만을 본다면 약 350,000명이 장애아동이다. 시각장애자만을 계산해 보면 약 150,000명이 시각장애자이며, 학령기아동은 약 35,000명이라 할 수 있다.

〈표 1-3〉 출현율 연구의 자료 종합표

(단위 : %)

區分 種別	자행최[1]	서울시교위[2]	한사대[3]	KDA[4]	구화학교[5]	경북도교위[6]	김승국[7]	일본A[8]	일본B[9]	미국A[10]	미국B[11]	미국C[12]	最低出現率~最高出現率
視 覺 障 碍 者	0.17	0.07	0.21	0.287	0.6	0.37	0.17	0.07	0.08	0.112	0.1	0.10	0.1 ~0.287
聽 覺 障 碍 者	0.30	0.19	0.51	0.329	0.02	0.38	0.3	0.13	0.11	0.6	0.4	0.575	0.3 ~0.575
精 神 薄 弱 者	—	1.75	3.16	0.439	1.7	3.22	2.28	4.53	2.07	2.3	2.1	2.3	2.1* ~3.16
肢 體 不 自 由 者	0.73	0.64	0.48	1.501	1.8	0.48	0.91	0.34	0.18	0.75	0.2	0.5	0.2 ~1.501
計	1.2	2.65	4.36	2.556	4.12	4.45	3.66	5.07	2.44	3.762	2.8	3.475	2.7 ~5.523

1) 자행최,「신체장애아동 실태조사」(서울), 1973, p. 14. 서울市內 10,000가구를 대상으로 조사.
2) 서울市教委 學校健康管理所,「심신장애학생연구」, 1979, p. 3. 서울市內 국민학교 및 중학교 학생을 대상으로 조사.
3) 韓社大 特殊教育研究所,「韓國의 特殊教育」(1979), p. 17.
4) 韓國經濟開發協會,「心身障得者 實態調査」(1979), p. 21. 全國標本調査.
5) 최병호,「구화교육」(서울 : 한수구화학교, 1970), p. 4. 서울시내 국민학교 아동 93,794명을 대상으로 조사.
6) 경북도교위,「특수아동실태조사」(1971, 유인물), p. 4. 경북도내 국민학교 취학아 80만명을 대상으로 조사.
7) 金承國, "特殊教育의 問題와 그 改善方向" 및 "特殊教育의 發展과 課題"(미간행 원고), 1979.
   최병호, 전게시, p. 4, 1959년도 조사결과임.
8) 國會圖書館立法調査局,「各國의 特殊教育制度」(서울 : 國會圖書館, 1978), 0. 258. 日本 文部省이 1981년도 조사보고서.
9) 國會圖書館立法調査局, 前揭書, p. 17에서 再引用.
10) Mackre, R.P., Special Education in the United States : Statistics 1948~1966, Teachers College Press, 1969, p. 30.
11) Marqurs Academic Media, Yearbook of Special Education : 1974~1976 (Chicago : Marquis who' who Inc, 1977), p. 4.
    李相春 등,「韓國特殊教育 改善을 위한 綜合實態」,「特殊教育研究」第8輯(韓社大出版部, 1980), p. 11에서 再引用.
12) Samuel A. Kirk, Educating Exceptional Children (Boston : Houghton Mifflin Co., 1972), p. 24.
    Frank M. Hewett, Education of Exceptional Learners (Boston : Allyn and Bacon Inc, 1977), p. 76.
    Daniel P. Hallahan & James M. Kauffman, Exceptional Children : Introduction to Special Education (New Jersey : Prentice-Hall Inc. 1978), p. 13.
    美國障碍者教育局(Bureau of Education for the Handicapped)의 추정은(5~19세의 학령아동중).
* 最低出現率에 있어서 精神薄弱者의 경우 KDA의 0.439%로 하여야 하나, 이는 國際的인 數値와 거리가 멀므로 대신 美國 B의 2.1%를 適用시킴.

2. 시각생리

인간의 눈은 매우 복잡한 조직으로 구성되어 있다. 눈은 사진기와 같이 광학적 구조를 이루고 있다. 인간의 눈을 크게 네 조직으로 나누어 보면, 그 첫째가 보호기관(protective structure)으로서 안와, 안검, 눈썹, 속눈썹, 눈물등이 여기에 속한다. 두번째는 굴절기관(refractive structure)으로서 각막, 수정체, 초자체등이 여기에 해당된다. 세번째는 지시기관(directive structure)으로서 여섯개의 안근이 여기에 속한다. 네번째 조직은 수용기관(receptive structure)으로서 망막과 시신경, 뇌의 일부가 포함된다(이상욱, 김재호, 1984).

1. 눈의 조직

① 안와 : 안와는 안구를 보호하는 조직으로서 7개의 두개골이 합쳐져 생긴 뼈로서 추체 또는 원추형을 하고 두개강내로 깊숙히 함몰되어 있으며, 안구는 전구와 같이 이 속에 들어있다. 분비하는 누선, 혈관, 신경, 지방조직 등이 있다. 특히, 지방조직은 안구에 가해진 외계의 힘에 대한 완충작용을 하여 손상을 막아준다.

② 안검 : 안구앞면에 있는 뚜껑 현상을 이루고 있는 것으로서 근육조직에 빽빽한 섬유판이 붙어있다. 안검끝의 외부는 안검근과 피부로 덮여있으며, 내막은 결막이라는 점막으로 안구앞에 드리운다. 안검근은 괄약근의 한 종류로서 안검을 수의적으로 개폐할 수 있게 하는데, 어떤 물체가 접근하면 반사적으로 안검을 닫게 된다.

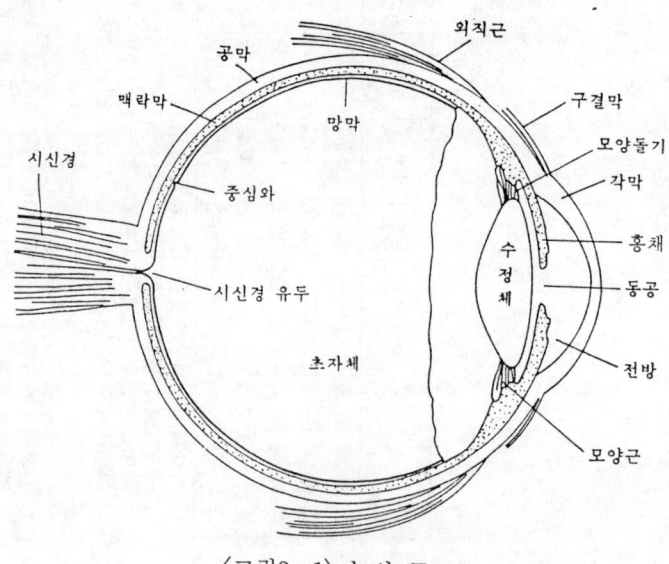

〈그림2-1〉 눈의 구조

③ 누선 : 안와의 바깥 위쪽에 자리하고 있는것으로서 눈물을 분비한다. 눈은 누선에서 분비되는 눈물의 끊임없는 흐름으로 보호되고 있다. 나머지 분비는 비누관을 거쳐 눈에서 코로 흐른다. 눈물은 약한 살균성을 가진 액체로서 언제나 결막을 젖게하여 안구와 안검운동의 윤활제 역할 뿐만 아니라 작은 이물질을 씻어낸다. 그리고 누관은 결막낭에 모인 누액이 비강내로 흘러들어가는 통로이다.

④ 안근 : 안근은 안구외부에 부착되어 있는 여섯개의 근육(외안근)과 안구내에서 동공의 크기와 조절력을 지배하는 내안근이 있다. 외안근은 안구하나에 여섯개가 붙어있으며, 네개의 직근(상직근, 하직근, 내직근, 외직근)과 외안근에 의해서 움직이며, 안근들은 항상 일정한 긴장을 가지고 있어 조화를 이룸으로써 안구를 정상적인 위치를 유지한다. 즉, 좌우 눈의 근들은 협동하기 때문에 단일시야로 집광되도록 좌우 눈이 함께 움직인다. 그림2-2는 안구의 운동을 나타낸 것이다.

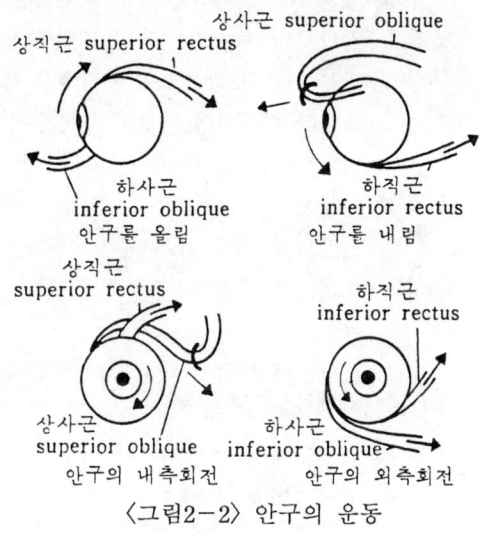

〈그림2-2〉 안구의 운동

⑤ 안구 : 안구는 직경이 약 24mm로서 구형을 이루는 전후측이 깊게 생긴 모양을 하고 있다. 안구는 가장 바깥층에
공막이라고 하는 백색 불투명의 막이 안구 뒤 5/6를 싸고있다. 이것이 안구의 형태를 구형으로 유지하고 있는데, 이 공막에는 두 곳의 구멍이 있어 앞쪽의 구멍에는 시계의 유리알 같은 각막이 있고, 뒤쪽 구멍에는 시신경이 나와있다.

각막은 공막의 일부로 맑고 투명한 조직으로서 안구 앞 1/6을 싸고 있다. 여기에는 혈관이 없고 영양물질은 세포간질액을 거쳐서 받는다. 이는 시계의 유리와 흡사한 것으로 눈을 정면으로 보았을때 중앙부의 검은 부분으로서 안구의 내압유지 및 광선 굴절 작용을 한다.
중간층은 맥락막이 있는데 모세혈관이 발달한 조직이다. 맥락막은 눈의 조직에 영양물질을 공급하고, 많은 색소세포가 있어 진한 자주색을 띤다. 안구내로 들어온 광선을 흡수하고 반사를 막아 선명한 상을 맺게한다. 이것은 마치 카메라의 내면이 검은색으로 되어있는 것과 같은 원리이다.

안구 앞면에 **홍채**와 **모양체**가 있다. 홍채는 수정체 전면에서 수정체의 가장 자리를 덮고, 수정체 중앙 앞면에 동공을 남긴다. 홍채에는 색소과립을 가진 세포가 있어서 광선을 차단하며 색소과립의 밀도에 따라 청색 또는 흑색의 색을 나타낸다.

홍채에는 두 종류의 평활근이 있어 동공을 확대 또는 축소시켜 안구에 들어오는 광선량을 조절하는, 이른바 동공반사 작용을 한다.

수정체는 직경 9mm의 바둑알 모양으로서 투명하고 탄력성 있는물체이다. 동공위에 자리잡고 있는 볼록렌즈로서 필요에 따라 촛점거리를 조절할 수 있다. 즉, 원근 목적물에서 오는 광선을 모두 자유롭게 망막에 집합시켜 눈으로 원근의 물체를 볼 수 있게 하는 것이다. 이것은 모양체에 있는 근육의 작용으로 수정체를 사방에서 당겼다 놓았다 하므로 수정체의 두께가 변화되어 이루어진다. 수정체는 노년이 되면 조절이 잘 되지않으며 평평한 상태를 유지하여 원시나 노시가 된다.

전방은 각막과 홍채 사이를 말하며, 여기에는 투명한 수양액이 들어있어 각막의 형태를 유지하고 있다.

후방은 홍채와 수정체 사이를 말하며 서로 연락되고 초자액과도 연결되어 있다.

수양액은 항상 순환하며 모양체에서 후방으로 분비되어 동공을 통하여 안구 밖으로 유출된다.

수정체 뒷면과 망막사이에는 초자체가 있는데, 이것은 투명한 벌꿀모양의 반유동체(젤리모양의 투명조직)이다. 모양체 및 맥락막에서 영양을 공급받고 자신의 내압으로 안구의 외형을 동그랗게 유지하며, 망막을 안구내 벽에 밀착시키는 작용을 한다.

안구벽의 가장 내층을 이루는 것이 **망막**이다. 망막은 주로 신경세포로 이루어져 있으며, 안구의 내면을 덮고 있다. 맥락막 모세혈관과 망막중심동맥을 통해 필요한 혈액이 공급된다. 망막은 뇌구조에서 발생되어 나온 것으로서 세개의 신경원으로 구성되어 있다. 맥락막에 가장 밀접한 층에는 광선자극에 직접 반응하여 신경 흥분을 시작하는 막대 세포와 원뿔 세포가 있다. 다음층은 앞의 두세포의 축삭과 시납스를 이루는 양극세포층이고, 가장 안쪽에는 신경절세포가 있어 양극세포들과 시납스를 이룬다. 한편 이들의 축삭은 망막내면을 지나 안구 후극 내측부에서 중심 혈관과 함께 안구 밖으로 이어진다. 이 부위의 망막은 주위 보다 약간 함몰되어 있어서 시신경유두라 하고, 혈관과 신경섬유만이 있어서 광선자극에 반응할 수 없는 부위이므로 생리학적으로 맹점(blind spot)을 이루는 곳이다.

후극 중심 근처에는 황점이라는 누른 지점이 있는데 이 황점 중앙에 함몰된 부분이 중심와 이다. 이 부분은 황체의 일부로서 원추세포만 몰려 있는데 이곳이 가장 시력이 예민한 부위이다.

시신경은 망막의 시세포에서 받은 자극을 대뇌로 전달해서, 대뇌피질에서 그 물체를 인식하도록 하는 전도로서 전화기의 전선과 비슷한 작용을 한다.

양쪽 눈에서 나오는 시신경섬유는 대뇌의 후두엽에 이르며, 두눈에서 나온 섬유들은 시신경 교차점이라는 한 접합점을 통과해서 반대쪽 대뇌반구로 간다. 예컨대, 오른쪽 반구의 후두엽 손상은 두눈의 오른쪽에서 못보는 부분을 일으킨다.

이 사실은 뇌진탕에서 뇌손상의 부위를 찾아내는데 단서가 되기도 한다.

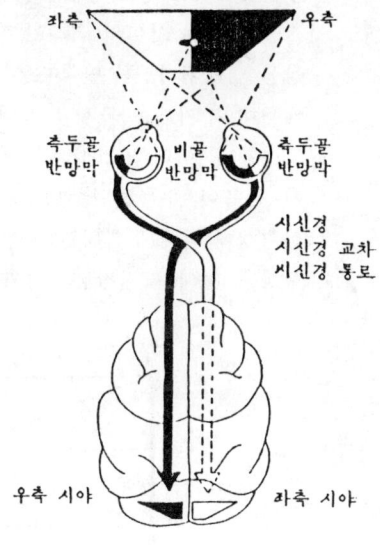

〈그림2-3〉 시각교차

2. 상이 맺어지는 경로와 조절작용

투명한 각막을 통과한 빛은 작은 액체로 채워진 전방으로 들어간다. 그 다음에 홍채가 동공의 크기를 수축(2mm정도), 또는 확장(8mm정도) 한다. 동공을 통과한 빛은 수정체를 지나면서 물체의 상하, 좌우가 바뀌며, 액체로 찬 초자체에 들어서면서 망막에 투영된다(Ward, 1986).

일반적으로 굴절력을 나타내는 데는 디옵터(diopter, D)라는 단위를 사용한다. 초점거리가 1m인 렌즈의 굴절력은 1D이다. 만약 초점거리가 5m인 렌즈는 굴절력이 1/5, 즉 0.2D이다.

인간의 눈의 총굴절력은 먼곳을 바라볼때 58D이다. 조절작용을 거치지 않고 58D가 굴절력으로서 망막에 선명한 상을 맺을 수 있는 제일 가까운 지점을 원점이라 하고 보통 6m거리에 있다.

눈의 조절능력의 한계는 모양근의 수축력과 렌즈의 탄력성의 대소에 의하여 결정된다. 젊은층의 사람들은 렌즈의 탄력성이 크고 유연성이 있기 때문에 매우 가까운 곳도 선명하게 볼 수 있는데, 이때 선명하게 볼 수 있는 최단거리를 근점이라고 한다. 보통 근점은 7-10cm로서 이때 눈의 총 굴절력은 70D이다. 그러므로 조정할 수 있는 범위는 70-58D=12D이며, 이 값을 조절력이라고 한다.

우리가 물체의 형태를 알 수 있다고 하는것은 대상에서 나온 광선이 렌즈계를 통과하면서 굴절을 하며 망막위에 상이, 물체 ab의 상이 망막에서는 도립의 a'b'로 된다. 인간의 눈에서 광선의 굴절은 주로 각막에서 일어나고 렌즈는 이것을 다소 조절할 뿐이다. 각막의 굴절률은 1.376이고 수정체는 1.42정도이다.

물체와 눈 사이의 거리가 달라지면 렌즈의 만곡도를 변동시켜서 확실한 상을 맺게된다. 즉, 만곡도를 변동시키면 빛의 굴절력을 변화시킬 수 있기 때문이다. 가까운 물체를 볼때는 렌즈가 두꺼워지고 먼곳을 볼때는 렌즈가 얇아진다. 이러한 조절은 모양체의 평활근이 하게 되며 가까운 곳을 볼때, 이 근육이 수축하면 렌즈에 부착된 인대가 느슨해지고 렌즈는 자체의 탄력성에 의해 두꺼워진다. 먼곳을 볼때는 반대현상이 일어나며, 이와 같은 현상을 눈의 조절작용이라고 한다.

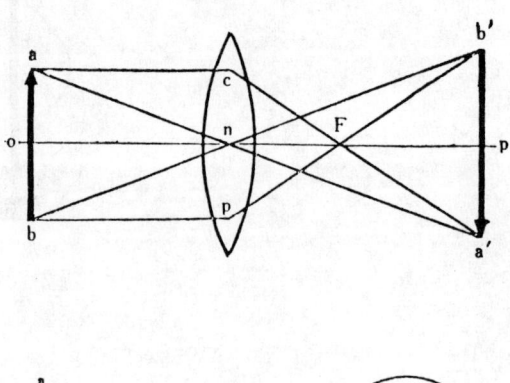

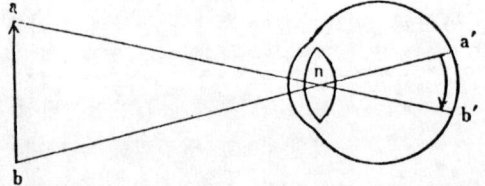

〈그림2-4〉 망막에서의 결상(結像). 도립(倒立)된 실상(實像)이다.

3. 광선수용 메카니즘   망막에는 약 600만개의 원추세포와 1억2천만 개의 간상세포가 존재하며, 120만개의 시신경섬유가 이들과 연결되어 있다. 이 두세포를 시각세포라 하는데 시각세포와 시신경 섬유와의 분포비율은 105 : 1이다. 그러나 간상세포는 주로 망막주변에 많고, 원추세포는 망막중심부에 분포되어 있다. 특히, 중심와에는 원추세포만 있으며 시신경섬유 하나에 원추세포 하나가 연결되어 있다.

빛이 망막의 시각세포에 닿으면, 간상세포에는 시자홍(rhodopsin)이라는 광선을 흡수하는 물질이 있어 광선반응을 조절한다. 즉, 시자홍은 파괴되고 재생된다. 시험관내에서 시자홍은 파장 505mm의 녹색 광선에서 최대로 파괴된다. 밤의 시각활동은 간상세포가 담당하게 되는데 이는 시자홍에 의한 것임을 알 수 있다. 원추세포에는 색소(iodopsin)가 함유되어 있는데 이것은 시자홍과 유사한 반응을 보이나 파장 550mm(황색광)에서 최대의 화학반응이 이루어져 주로 낮의 시각활동을 담당하고 있다. 비타민 A는 두세포의 물질을 생성하는데 필요한 것이므로 그 결핍 증상으로 야맹증이 발생하게 된다.

① 적응 : 밝은 곳에 있던 사람이 어두운 곳으로 이동하면, 광선에 대한 망막의 감수성은 점차 예민해지는데 20분정도면 최고에 달한다. 이와같이 어두운 곳으로 이동할때 시각역차가 감소하는 현상을 암적응 또는 암순응이라고 한다. 또 밝은 곳으로 이동할때는 5분 정도면 빛에 대해 적응할 수 있을 만큼 충분히 시각역치가 증가하는데 이런 현상을 명적응이라 한다.

② 색감 : 색감에 대해서는 삼원색설이 신빙성있는 학설로 받아들여지고 있는데, 각 원추세포는 적색, 녹색, 청색의 세가지 빛의 삼원색 중에서 한가지 색에만 예민하게 반응하고, 이들 세 종류의 원추세포에서 감지된 자극에 의해 대뇌피질에서 여러가지 색을 느낀다는 것이다. 즉, 원추세포는 밝은 환경에서 주로 선명한 시각을 얻는 기능을 담당하나, 이 밖에 색소감각을 일으키는데도 관여하는 중요한 기능이 있다. 예컨대, 흰색 감각은 세 종류의 원추세포가 모두 같은 정도로 흥분할 때 일어난다.

색맹은 세종류의 원추세포 중에서 한 종류 이상이 결핍되어 생기며, 염색체와 같이 유전하는데, 색맹인자를 포함한 염색체 X는 정상적인 X 염색체 보다는 열성이므로 여자는 남자보다 적게 나타난다.

3. 원 인

시각장애는 시력, 시야, 색각장애로 크게 나눌 수 있다. 그 원인에 있어서는 눈의기관 결함과 다른 신체적 질환이 시각장애를 가져오는 원인으로 구분할 수 있고, 또한 눈의 부위별로나 원인별, 수량적 접근 등을 할 수 있다(Scholl, 1986, Harley & Lawrence, 1977). 여기서는 눈의 주요원인에 대한 광학상의 손상, 안구 운동이상, 보호기관의 손상, 내부기관의 손상, 신체질환에 의한 손상을 살펴보겠다.

1. 광학상의 손상과 안구운동 이상

① 근시 : 수정체가 지나치게 두껍거나 굴절률이 지나치게 높을때 생기며(굴절성 근시), 또한 안구의 전후축이 정상보다 커져있어서 조절하지 않은 상태에서 눈속으로 들어온 평행광선은 망막앞에 촛점이 생기는 경우가 있다(축성근시). 때문에 가까운 것은 잘 보이나 먼 것은 잘 보이지 않는다. 이러한 근시는 오목렌즈로 교정되며 안경없이는 먼 곳의 물체를 명료하게 볼 수 없다. 특히 병리학적 근시(고도근시)는 망막박리 현상을 일으켜 실명의 위험이 크다.

고도근시는 조기(5~10세)에 또는 선천적으로 발생하며 점차 고도근시로 빨리 진행된다. 확실한 원인은 밝혀지지 않았으며, 시력을 정상으로 교정하기는 어렵다는 견해가 일반적이다.

② 원시 : 근시와는 반대로 수정체가 너무 닳혀 있어서 빛의 촛점이 망막뒤에 생기는 상태이다. 때문에 먼 곳의 물체는 잘 보이나 가까운 곳은 잘 보이지 않는다.

그러나 가벼운 원시는 조절력으로 인하여 원근의 물체를 모두 선명하게 볼 수 있어 안경을 사용하지 않아도 된다. 청소년기나 중년이후의 경우에는 피로감이 크기 때문에 볼록렌즈로 교정하는 것이 좋다.

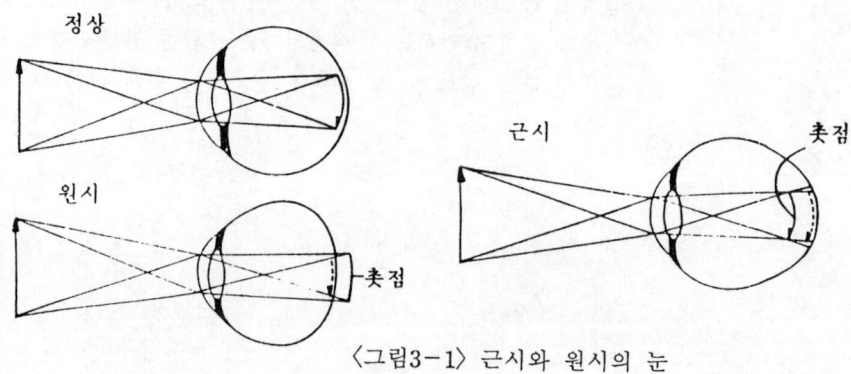

〈그림3-1〉 근시와 원시의 눈

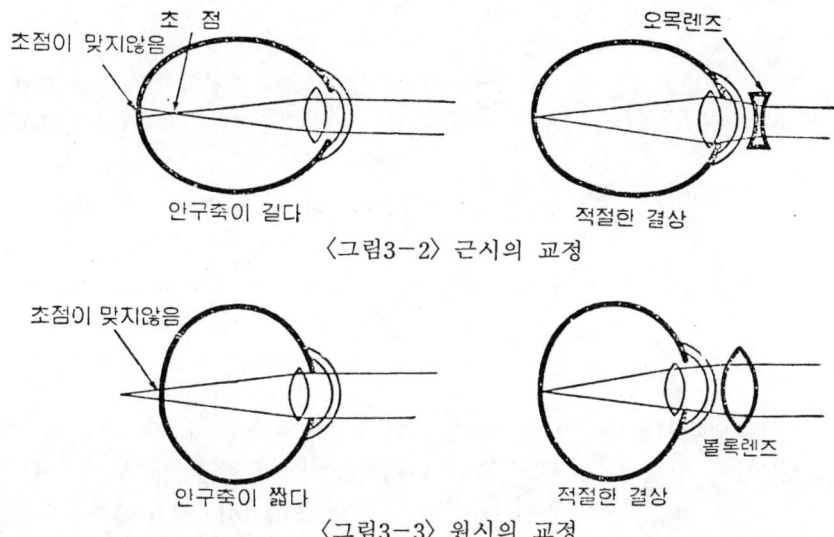

〈그림3-2〉 근시의 교정

〈그림3-3〉 원시의 교정

③ 난시(astigmatism) : 수정체와 각막의 굴절이 불규칙적이어서 발생하는 굴절이상이다. 즉, 상의 촛점이 망막의 일정한 한 점에 형성되지 않고 일부분은 망막 뒷쪽에 한 부분은 앞쪽에 형성한다. 난시에는 물체를 명확히 볼 수 없는 상태로서 안경으로 교정이 가능한 정난시가 있고, 또 하나는 만곡도에 이상이 있는 부정난시가 있는데 후자는 안경으로 교정하기 어렵다. 난시는 눈에 피로가 심하게 나타나며, 정난시일 경우에는 원주렌즈의 안경으로 교정한다. 부정난시는 심한 경우에 각막이식 수술을 하거나 콘택트렌즈를 사용한다.

④ 소안구증과 소각막증 : 광학적 이상에는 유전적 이상이 있는데 소안구증은 안구가 매우 작은 것이며, 소각막증은 정상보다 망막의 지름이 매우 작은 상태를 말한다. 이러한 것들은 가끔 또 다른 눈의 이상을 수반하게 되며 눈의 기능을 크게 손상시킨다.

다음은 눈의 운동이상에 의한 원인을 살펴보자.

⑤ 안구진탕증(nystagmus) : 눈 근육 조정의 이상은 중추신경의 이상에서 오는 것이 분명하나, 안구진탕증은 시각의 근육기능이 손상되거나 뇌손상의 원인으로 눈동자가 빠른 불수의 운동을 하는 질환이다.

⑥ 사시(heterotropia) : 사팔뜨기(strabismus)라고도 불리우는 것으로서, 눈근육의 협응이상에 의해서 두눈이 동일한 사물에 촛점을 맞추지 못하기 때문에 발생한다. 대체로, 한 눈은 코 쪽으로 향하여 움직이고 다른 한 눈은 물체를 향하여 촛점을 형성시키고 있다. 이 때 물체를 보지 않는 한 눈이 안쪽으로 움직이면 내사시, 바깥쪽으로 움직이면 외사시라고 부른다. 경우에 따라서는 반대 현상도 있을 수 있으며, 사시는 약시의 원인이

된다.

⑦ 안구사위 : 사시와 같이 잠재성이 있지만 눈의 이상이 없는 눈에 근육의 이상이 나타나는 경우이다. 여기서는 양안교정을 위해, 정상적인 자세에서 눈이 이상성의 경향이 있을때 또는 촛점을 형성하기 위해서는 근육의 긴장이 있어야 평행을 유지시킬 수 있는 경우이다. 한 눈이 코로 향할 경우에는 내사위, 코 반대로 향하면 외사위라 하고, 코 윗쪽을 향하면 상사위, 아랫쪽으로 향할 경우는 하사위라 부른다. 이러한 안구사위는 시각혼란을 일으키는 경우가 있다.

2. 눈의 보호기관 손상

① 안와손상 : 안와의 손상은 시기능을 잃는 결과를 초래할 수 있다. 예컨대, 야구공에 맞아 안와가 직접 충격을 받을때는 안와조직에 압축이 발생한다. 흔히, 안면의 상처는 안와벽의 손상과 이로인한 안 내용물의 외상을 겸하게 된다. 안와 외상에 있어서는 피하출혈, 안검부종, 안구돌출, 안와내 출혈 등으로 인한 안근마비 등이 수반된다.

② 안검이상 : 안검이 손상되는 원인은 많다. 그 가운데서 특히 상안검거근의 마비로 인한 안검하수는 대표적인 예이다. 안검하수는 중증성근무력증과 같은 내재적 근육이상이나 또는 안검을 움직이게 하는 근육과 관련한 제3두개골 신경의 마비로 인해 일어날 수 있으며, 제3신경의 마비는 태내질환에 의한 선천적인 경우도 있다. 안검외상으로는 안검외반증과 안검내반증도 있는데 그 원인으로는 선천성 및 상처에 의한 것이 있다. 또한 안검의 개폐를 할 수 없을때 일어나는 것을 이른바 토안(lagophthalmos)이라 하는데, 이는 대개 일곱번째 신경의 마비로 일어나며, 눈을 둘러싼 둥근 근육이 수축을 하게 된다. 특히, 안검은 풍부한 혈액 공급을 받는 곳으로 안구의 직접적인 충격은 피하출혈을 일으키게 되는데 이러한 안검피하출혈은 흔히 안와내출혈 및 이로 인한 안구돌출과 결막하출혈 등을 동반한다.

안검자체의 손상은 대부분 수술로 치유가 가능하며, 안검열상은 수시간 이내에 치료해야 한다.

③ 누기외상 : 안검의 내축에 열상이 있게되면 흔히 누점, 누소관, 누낭 또는 누비관의 직접 손상으로 인하여 눈물이 비강으로 배설되는것에 장애를 일으킨다. 특히 선천성 비누관 이상을 지닌 경우는 대부분 유아기에 나타나게 되는데, 이 증상은 눈물이 씻어내는 작용을 못하여 누낭에 만성적인 악영향을 미쳐 교정이 어렵고, 이러한 장애를 가진 아동은 눈에 눈물이 가득차 있다.

또한 간혹 누선의 외상으로 누선염이나 누선관 절단도 생길수 있다.

④ 결막이상 : 결막이상의 대부분은 결막염이다. 결막염의 대부분은 시

력제한의 원인이 되지는 않지만 전염성이 강하다. 특히, 트라코마(trachoma : 과립성 결막염)는 결막염의 심한 상태로서, 초기에는 눈꺼풀이 늘어지고 눈이 충혈되어 붉게 보인다. 임균성 결막염의 경우는 출생시에 발생하는 심한 전염성 질환으로 출생시에 신생아의 눈이 오염되어서 생긴다. 이것은 분만시에 즉시 치료하여 예방할 수 있다.

때때로 결막출혈을 볼 수 있는데, 이것은 눈의 외상에 의해 가장 흔하게 나타나는 것으로서 큰 위험은 없다. 또 결막부종은 가끔 위험성을 수반하는데, 양성의 원인은 자외선 노출 및 여러가지 알레르기성 결막염 등을 예로 들 수 있다. 알레르기성 결막염은 매우 흔한 것으로서 가렵고 결막이 부풀어 오르는 일시적인 이상일 수도 있으며, 심한 상태로는 춘계결막염이 있다.

⑤ 각막이상 : 각막염의 경우는 그 원인에 따라 여러가지 종류가 있다. 예컨대, 자외선 각막염, 습진성, 간질성, 매독성, 사상균성, 신경마비성, 화농성, 건성, 외상성, 영양성, 영양성각막염 등이 그것이다. 특히, 포진성 각막염(herpetic keratitis)은 유아기와 아동기에서 발생하며, 아동의 건강 악화 또는 저항력의 약화로 인해 간혹 재발하기도 한다. 매독성의 경우는 선천성 매독 감염이 그 원인이며, 대개 5세에서 15세 사이에서 가장 빈번하다. 이것은 각막의 표면은 정상으로 보이지만 결합조직의 깊은 부분이나 중심부분이 회색의 헌누더기를 찢어 놓은 것처럼 혼탁하게 나타난다.

⑥ 공막이상 : 공막염은 시력손상의 원인으로서 자주 나타난다.

공막염은 중년층이나 노년층에서 특히 자주 발생하는 염증이다. 또한 공막의 포도증이라 불리우는 질환이 있는데, 이것은 염증으로 인해 각막이나 공막이 돌출되는 것이다.

3. 눈의 내부조직 손상

눈의 내부 손상은 중추신경계의 연결과 눈을 둘러싼 부분의 기능과 조직에 영향을 미친다.

① 수정체 손상 : 수정체의 이상에 대표적인 질환은 백내장을 들 수 있다. 백내장은 투명한 수정체가 백색이나 회백색으로 혼탁되어 오는 것으로서 광선투과에 장애를 받아 시력장애를 일으킨다. 백내장은 자각증세로서 시력감퇴, 복시, 다시증, 근시 등이 나타나지만 그 원인은 알지 못하는 것이 대부분이다. 예컨대, 선천성 백내장은 선천적으로 수정체가 흐려지는 것으로서 여러가지 형태로 나타난다. 이것은 진행성보다 정지성이 대부분이며, 진행성인 경우에는 진도가 극히 느려 시력에 심한 손상을 주는 일은 드물다.

노년기의 수정체 혼탁은 노인성 백내장이라고 하는데, 가장 발생 빈도가 많으며, 뚜렷한 원인은 없다. 방사선성 백내장은 방사선의 노출로 오는 것이며, 외상성 백내장은 외상으로 인해 수정체낭이 파손되어 백내장을 일으키는 것이다. 백내장은 약물치료로서 요드칼륨, 비타민C의 투여, 파로틴(parotin)의 투여 등이 시도되어 왔으나 대부분 수술요법을 사용하고 있다.

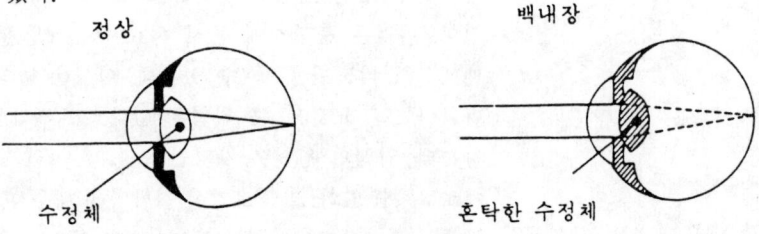

〈그림3-4〉 정상과 백내장의 눈비교

② 수양액 이상 : 수양액 이상의 대표적인 질환은 녹내장을 들 수 있다. 안구는 항상 일정한 한도의 내압을 지니고 있는데 이것을 안압이라고 한다. 안압은 안구의 형태를 유지하고 안구내의 여러 섬세한 기관들이 충분히 그 기능을 발휘 할 수 있도록 하는데 안구의 내압이 너무 높을때 안기능에 장애를 가져오는 상태를 녹내장이라 한다.

녹내장 가운데서 원발성녹내장(primary glaucoma)은 가끔 유성유전이 원인이 되는 수가 있으나 방수유출의 장애가 주요원인으로서 특히 40세 이후에 많이 발생한다. 이는 직접적인 원인이 될만한 안질환이 없이 일어나 실명의 원인이 되기때문에 안압 측정을 통한 조기발견이 강조된다. 이러한 원발성에는 급성협우각 녹내장이 있다. 이것은 홍채근부가 각막과 접촉되어 우각부가 폐쇄되므로 방수가 섬유주까지 이르지 못하여 생긴다. 이는 주로 신경질이 많고 정서가 불안한 여자에게 많다. 이와는 반대로 만성 협우각 녹내장이 있다. 이것은 진행이 늦고 조기발견이 어려워 치료 시기를 놓치는 경우가 많다. 또한 단성녹내장(광우각녹내장)이 있는데, 이 질환은 초기엔 극히 가벼운 증세를 보이기 때문에 가장 발견이 어려운 녹내장이다. 피로한 탓으로 생각하고 방임하는 것이 대부분이나 안통이나 두통이 오고 시야의 협소를 느껴 전문의를 찾을 때는 시력이 대단히 저하되어 치료 효과를 보기 어렵다.

녹내장 가운데서 속발성 녹내장(secondary glaucoma)은 눈의 조직, 특히 눈의 앞 부위에 염증, 외상, 순환장애 등이 있을때 방수유출로가 폐쇄되어 발생한다. 갑자기 격심한 안통이나 두통을 일으키고 눈의 충혈, 눈시울과 결막에 부종을 일으키며, 안구를 자세히 보면 각막이 광택을 잃고, 김이 서린듯이 흐려져 있으며 동공은 커져 있으나 광선은 투사해도 줄어들지 않는다. 시력이 심하게 저하되어 때로는 빛지각 정도의 시력일 경우도 있다. 이는 안과 영역에서 응급 처치를 요하는 질환으로 급성기에 치료를 받지 못하면 단시일 내에 실명하게 된다(Kerby, 1968).

③ 홍채와 모양체 이상 : 홍채와 모양체염은 대개 홍채모양체염(iridocylitis)로 불리운다. 홍채염의 원인은 당뇨병, 화농, 통풍, 소포성 등이 있고, 모양체염의 원인은 이홍채성, 삼출성, 장액성 등이 있다. 일반적으로 홍채와 모양체의 종양은 시력감소의 중요원인은 아니라고 보고있다. 오히려 홍채와 모양체의 선천성 이상이 양쪽 눈의 시각에 영향을 미친다.

그외에 무홍채증과 홍채의 결손에 의한 것이 있으며, 또한 색소 결핍증(albinism)에 의해서도 시각장애가 오는데 이는 홍채, 모양체, 맥락막의 색소가 결핍되는 것으로서 이 증상은 피부나 머리카락에도 나타난다. 이러한 색소결핍증은 너무 많은 양의 빛이 망막에 도착하므로 시력이 감소되고 굴절이상을 수반하기도 한다.

④ 맥락막의 질환 : 맥락막염은 맥락막에 염증이 생기는 것이다. 여기에는 황반에서 발생하여 주위로 퍼지는 염증도 있고, 근시성, 노인성, 중심성, 화농성 등이 있다. 이러한 맥락막염을 대개 시각에 영향을 끼치는 맥락망막염(chorioretima)이 되는게 보통이나 그 외에도 50세이하에서 가끔 볼 수 있는 맥락막 종양과 진행성의 맥락막 선천성 이상, 유전성의 맥락막 결여증이 있다.

⑤ 망막과 시신경이상 : 색소성망막염과 망막아종, 시신경위축 등은 망막과 시신경이상의 대표적인 예이다. 색소성망막염(retinitis pigmentosa)은 색소의 위치가 잘못놓여짐에 따라 나타나는 망막기능의 쇠퇴로써 유전성 질환이다. 이것은 망막주변에 주로 일어나므로 시야는 좁아지되 중심세력은 비교적 괜찮고 진행이 느려 수련 경과 후 시신경위축을 일으켜 실명되는 경우가 많지만 특별한 치료법은 없다. 또한 유아기나 아동기 초에 볼 수 있는 망막아종은 대개 한 쪽 눈에 발생하지만 두 눈에 다 나타날 수도 있다. 초기에 치료하지 않으면 뇌종양으로 확산되어 생명을 잃게 되는 무서운 질환이다(Dunn, 1973). 망막박리(detachment of the retina)는 시세포층이 영향을 충분히 공급받지 못하므로 시력이 감퇴하게 된다. 근시나 맥락막 종양 등의 원인이 있으나 원인불명일 때가 많다. 소염제나 부신피질 홀몬제 등의 약물처치법을 쓰기도 하지만 대부분 수술적 요법을 적용한다. 특히 외상에 의한 것은 후발현상이 많아서 약 80%는 상처를 받은 후 2년 이내에 발생한다. 또한 망막열공(retinal tear)을 동반하는 경우가 많다. 안구의 직접적인 강타 혹은 두부후면의 강타는 부위에 따라서 시각장애까지 동반하는 망막부종(retinal edema)이나 출혈을 일으키기도 한다. 이것을 망막진탕증(commotio retinal)이라고 부른다(Heward & Orlansky, 1988).

시신경위축증(optic nerve atrophy)은 시신경 유두가 퇴색하고 시력이 감퇴하는 것이 주요한 징후이다. 즉, 두뇌에 이르는 망막에 연결된 신경섬유질의 퇴화현상이다.

따라서 두뇌의 시각과 연결된 부분이나 기억과 연상이 일어나는 두뇌의 부위에 영향을 미치는 경우에 장애의 원인이 된다.

⑥ 후수정체 섬유 증식증 : 아동에게 감염되는 심각한 질환중의 하나이다. 최근에는 ROP(retinopathy of prematurity)로 불리우는, 후수정체 섬유증식증(retrolental fibroplasia)은 망막에서 초자체에 이르는 미숙한 혈관이 과잉 성장하여 발생하는 것으로 알려져 있다. 1940년 대의 초기에 발견되어 1952~1953년에는 최고의 발병률을 기록했다. 이 질환은 유아 초기의 미성숙아들에게 과도한 산소를 공급하는 것이 원인이 되어 수정체 뒷 부분 조직에 흠터가 생기는 것이 특징으로 밝혀졌다. 1942년 보스턴의 안과의사 제리박사가 명명하였고, 생후 6개월 내지 만 1세쯤이면 진단이 가능하다. 1955년 후부터는 산소의 통제로 질병의 출현을 막아 차츰 감소율을 보이기도 했으나 과도한 산소의 통제는 뇌성마비의 원인이 되었다고 학자들은 지적하였다(Scholl, 1986).

4. 전신질환이나 그 밖의 원인

눈에 이물질이 침입하거나 사고, 부상, 해독, 종양, 일반적 질환, 태내영향 등과 같이 눈에 직접적인 영향을 주면 실명의 원인이 된다.

① 풍진 : 풍진(rubella)은 15-20일의 잠복기 후에 홍역과 같은 혹은 이보다 작고 둥근 홍색의 피진이 생기는 전염성 질환이다. 이는 1940년 대초에 발견되었는데 임신초 3개월내에 임산부에게 감염되면 정신박약을 포함한 여러가지 선천적 결함을 야기시킨다. 즉, 백내장, 농, 심장장애, 소두증 등이 이 질환과 관계한다.

② 간질 : 간질은 뇌의 손상에 의한 발작성의 의식장애와 경련을 주 증상으로 하는 질환군이다. 뇌에 이상한 전기적 흥분이 일어나고 그에 수반하여 발작적으로 신체 또는 정신적 증상이 반복하여 출현되는 질환의 총칭이다. 여기에는 대발작, 소발작, 잭슨(jacksonian)발작, 자율신경 발작 등이 있어 시각에 장애를 주고 있다.

③ 뇌막염 : 뇌막염(cerebromeningitis)은 원인에 따라 화농성, 결핵성, 장액성 등이 있으며, 뇌막염은 정신박약, 뇌성마비, 농의 원인이 되기도 하고 시각장애의 원인이 된다.

이외에도 뇌수종이나 다발경화증, 뇌종양 등은 시각의 작용에 영향을 미치는 중추신경조직의 손상에 의한 질환의 대표적인 예이다.

5. 시각장애 원인의 수량적 접근

① 미국실명예방협회(1978)의 조사 : 미국실명예방협회의 법적맹(남여)을 대상으로 한 조사의 보고에 의하면 0~5세(5~19세)의 경우에 태내영향이 55.0%(52.2%), 전염성질환 14.0%(6.7%), 상해 또는 해독이 9.3%(10.8%), 종양이 5.4%(3.5%), 일반적 질환이 3.1%(3.2%), 원인불명이 13.2%(20.9%)로 나타나고 있다. 또한 부위별로는 안구이상이 24.8%(26.6%)이고 각막과 공막이 1.6%(2.0%), 수정체 17.0%(17.3%), 포도막계 4.7%(5.8%), 망막이상 17.1%(19.6%), 시신경 및 시신경전도로이상 27.9%(23.0%), 초자체이상이 0.7%(0.1%) 등으로 제시되고 있어 안구이상과 시신경이상, 수정체 및 망막이상이 주류를 이루고 있다.

② 일본의 조사(大川原潔, 1985) : 일본의 전국 맹학교아동(3~20세)의 원인조사에 의하면 선천성이 60.5%로 가장 많고, 중독(13.7%), 원인불명(10.8%), 종양(5.5%), 전신질환(4.4%), 외상(3.3%), 전염성질환(1.2%), 무반응(0.5%)순으로 나타났고, 부위별로는 망막 및 맥락막 질환이 35.7%로 가장 높고, 안구전체(29.5), 수정체 질환(13.9%), 시신경 및 전도로 질환(13.8%), 각막(3.5%), 포도막질환(2.0%), 원인불명(0.9%), 초자체질환(0.6%) 순으로 나타나고 있어 안구이상이 높다. 또한 약시의 원인에 있어서도(大川原潔, 1985), 약시학급 아동을 대상으로 한 연구에서 선천성(65.7%), 원인불명(17.8%), 중독(9.0%), 종양(2.0%), 외상(1.8%), 전염성질환(0.8%), 전신질환(0.3%), 무반응(2.8%) 순으로 보고되었고, 부위별로는 안구전체(37.1%)가 가장 높으며 수정체질환(26.1%), 망막 및 맥락막질환(19.3%), 시신경 및 전도로(10.5%), 각막질환(2.1%), 포도막(1.0%), 초자체(0.8%), 무반응 및 원인불명(3.3%)으로 나타나고 있다.

③ 우리나라의 조사(아산사회산업복지재단, 1978) : 1978년 1월 현재 인가된 15개의 시각장애 시설에 수용된 아동을 대상으로 조사 연구한 결과에 의하면 표3-1과 같다.

〈표3-1〉 장애원인별, 정도별 시각장애아

원인 정도	선천적	전신질환	종 양	외 상	감 염	불 명	계(%)
전 맹	202(21.8)	771(7.7)	15(1.6)	55(5.9)	96(10.4)	148(16.0)	587(63.4)
준 맹	64(6.9)	16(1.7)	3(0.3)	9(1.0)	17(1.8)	37(4.1)	146(15.8)
약 시	67(7.2)	25(2.7)	3(0.3)	14(1.5)	21(2.3)	63(6.8)	193(20.8)
계	333(35.9)	112(12.1)	21(2.2)	78(8.4)	134(14.5)	248(26.9)	926(100.0)

6. 시각상태

시각손상으로 인한 시각의 상태 가운데 몇가지 예를 들면 다음과 같다.
① 백내장 : 수정체가 회백색이나 백색으로 변한 상태로서 빛의 통과가

어려워 시력이 저하되므로 사물을 명확하게 식별할 수가 없다. 즉, 그림3-5와 같이 뿌연 상태로 사물이 보여 형체는 드러나지만 명확한 식별이 어렵다.

〈그림3-5〉 백내장 아동의 시각상태

② 심한 근시아동 : 심한 근시아동이 먼것을 볼때는 그림3-6과 같이 매우 흐리게 본다. 고도근시는 망막박리의 위험이 따르기도 한다.

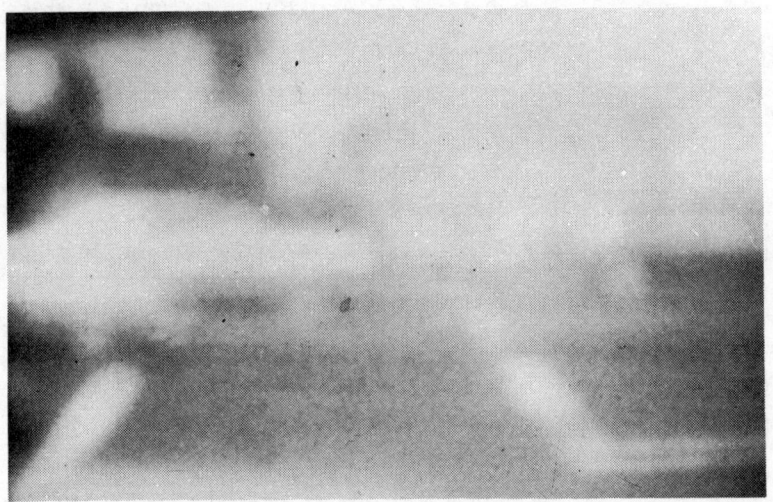

〈그림3-6〉 고도 근시아동의 시각상태 : 거리모습

③ 중심시력과 주변시력의 손상 : 중심시력이 손상되면 주변시력은 남아 있어 그림3-7과 같은 시각상태를 보인다.

특히, 주변 시력이 상실되고 중심시력만 남은 경우에는 그림3-8과 같이 보인다. 즉 터널입구에서 저쪽을 바라보는 것과 같이 보이므로 터널시야(tunnel vision)핀끝시야(pinpoint vision)로 부르기도 한다. 조각시력(patchy vision)은 중심시력으로 보기는 하지만 그림3-9와 같이 물체가 누더기를 찢어 놓은 것 처럼 흐려 보이는 것을 말한다.

중심시력이 남아있는 것은 어느부분의 망막은 기능을 발휘하지만 다른 부분의 기능은 발휘하지 못하는 상태이고, 주변시력은 황반근처의 시세포는 기능을 하지 않고 주변의 세포들만 작용하는 상태이다.

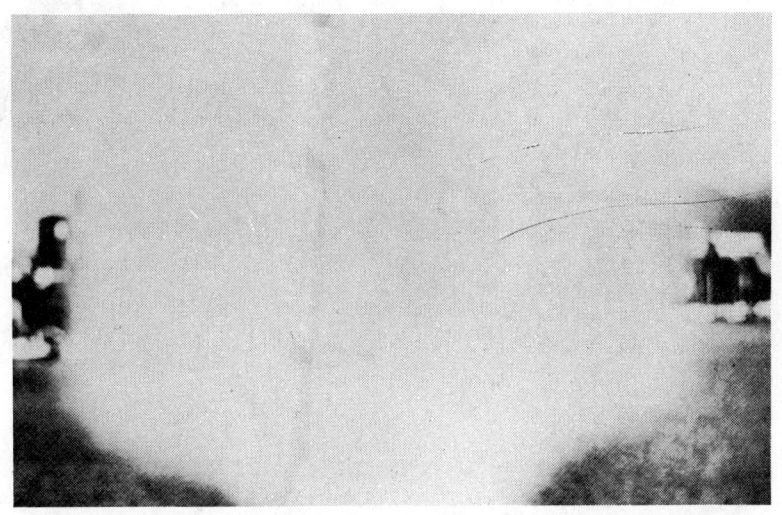

〈그림3-7〉 중심시력이 손상된 아동의 시각상태 : 도시의 모습

〈그림3-8〉 터널시야를 가진 아동의 시각상태

〈그림3-9〉 조각시력을 가진 아동의 시각상태

4. 눈의 기능검사

시력검사에는 원거리시력과 근거리시력의 측정이 있다. 원거리 시력검사에는 대개 먼거리의 시표를 볼 수 있는 능력으로 측정하고 근거리시력은 독서시력을 측정하는 것이다.

1. 원거리 시력검사

일반적으로 5m용 표준형 시시력표(試視力表)를 쓰는 경우에 일정한 표준조도(200룩스~500룩스)밑에서 시표를 식별케 한다. 대개 나안시력을 먼저 측정하고 다음에 교정시력을 측정한다. 오른쪽 눈부터 먼저 측정을 하며, 눈을 가리는 방법을 사용하거나 안경의 시험테를 끼고 검사렌즈와 차폐판을 번갈아 넣는 방법도 있다. 시력이 좋지 못하여 가장 큰 시표(0.1)를 못 볼 경우에는 그 시표가 보이는 곳까지 가서 보게 한 다음, 0.1을 식별한 거리(m)×0.1한 값을 5로 나누어 시력을 산출한다. 또 1m 앞에서도 0.1의 시표를 인지하지 못하면 50cm 거리에서 손가락을 세게하는 방법을 쓴다. 이 때 손가락의 수를 식별하면, 시력은 0.1m×1/10로 계산하여 0.01의 시력에 상당한 것으로 해석한다. 손을 좌우로 움직여 보여 식별케 하는데 이것은 앞면 안전수동(眼前手動)의 시력이 된다. 그 이하인 경우에는 눈에 광선을 비추어 빛지각 유무를 검사한다. 이때 빛을 판별하면 빛지각맹으로 보며, 빛지각을 못하면 시력은 0으로써 전맹이라고 할 수 있다.

시력검사표는 그 종류가 다양하다. 국제안과학회에서는 란돌트환(Landolt's ring)를 표준시표로 하고 있으나 구미에서는 스넬렌시표(Snellen chart)가, 한국에서는 한천석시시력표가 많이 사용되고 있다. 란돌프환은 직경 7.5mm, 한쪽이 1.5mm 간격으로 뚫려있는 고리모양(C)이다. 유아의 경우는 문자를 읽을 수 없으므로 뚫린 방향을 물어 대답케 하여 측정할 수 있다. 스넬렌시표는 다양한 크기의 영문 알파벳이며 글을 모르는 피검사자를 위해 E와 같은 문자로 표시한다. 측정거리는 20피트(약 6m)이고, 20/20(정상시력)과 같이 분수로 표시한다.

그림4-1은 Snellen Chart이며, 4-2는 한천석시시력표를 제시한 것이다.

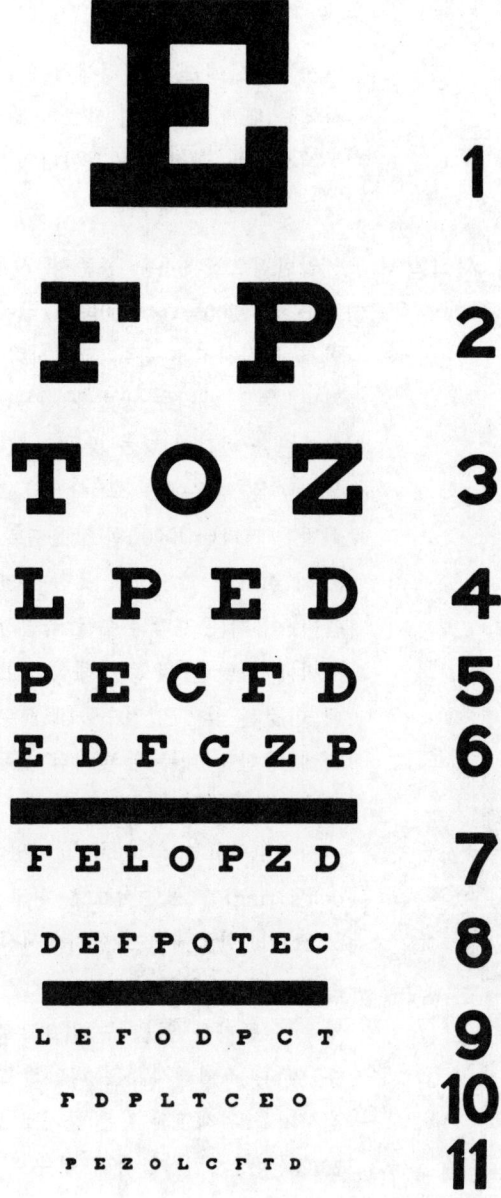

그림4-1 Snellen Chart

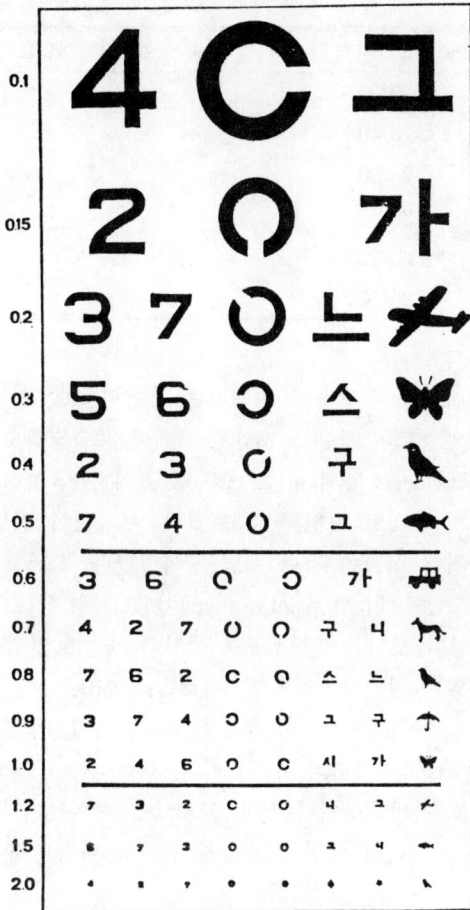
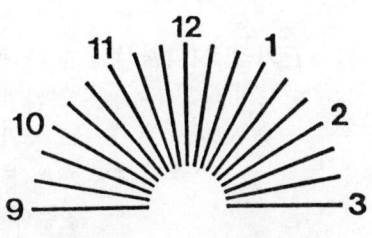

〈그림4-2〉 한천석 시시력표

　　표4-1은 피트를 미터와 소수로 나타내어 그 관계를 제시한 것이다. 국가에 따라 사용하는 수치가 상이하므로 유의해야 한다. 표4-2는 원거리시력과 시효율성관계를 나타낸것이다.

표4-1 원거리시력의 상호관계

English	Metric	Decimal
20/20	6/6	1.0
20/30	6/9	0.6
20/40	6/12	0.5
20/50	6/15	0.4
20/64	6/20	0.3
20/100	6/30	0.2
20/200	6/60	0.1

표4-2 원거리시력과 시효율성 관계

Snellen 시력검사	시효율성(%)
20/20	100
20/40	85
20/50	75
20/80	60
20/100	50
20/200	20

2. 근거리 시력검사

근거리 시력을 측정하기 위해서는 특별히 고안된 시력표를 사용해야 한다. 스넬렌차트의 경우는 14인치 거리에서 측정하고 14/14로 표시한다. 또 재거시표(Jaeger system)는 숫자로 표시하며, 여러 형태의 크기로 된 20개 등급의 활자로 배열해 놓고 있다. 재거 1이 정상이고 숫자가 높아질수록 근거리 시력이 약한 것임을 의미한다. 그리고 활자 크기에 의해 측정하는 포인트시스템(point system)이 있는데, 이는 활자 크기 3이 가장 작은 글자이고, 숫자가 많아질수록 글자의 크기가 커짐을 의미하는 것으로 구성되어 있다(권기덕·김동연·김태욱, 1980).

한국의 경우에는 한천석이 개발한 한식근거리시력표를 사용할 수 있다. 표4-3은 근거리시력의 관계표이며, 표4-4는 근거리 중심시력과 시효율성 관계를 나타낸것이다. 또한 표4-5는 한식근거리시력표에서 시력에 따른 외국 근거리검사 및 효율성의 관계를 나타낸것이다.

표4-3 근거리시력 검사간의 비교

Jaeger Type Sizes	Snellen Meters	Point Type Sizes	Example of Print Material
1	0.5	4	Small bible type
2	0.6	5	Want ads(newspaper)
3	0.7	6	Telephone directory
4	0.8	8	Newspaper text
6	1.0	9	Magazines
9	1.5	12	Typewriter type(pica)
13	2.0	18	Children's books(5-8yr)

표4-4 근거리시력과 시효율성 관계

Snellen measure	Jaeger	Point	Percent of visual efficiency
14/14	1	3	100
14/18	2	4	100
14/28	3	6	90
14/35	6	8	50
14/56	8	12	20
14/70	11	14	15
14/122	14	22	5
14/140	—	—	2

표4-5 한식근거리 시력표

Decimal	Snellen chart	Jaeger	시인거리 (m)	시효율성상실(%)
0.1	14/140	·	3.50	98
0.15	14/95	12	2.33	92
0.2	14/70	11	1.75	85
0.3	14/45	7	1.17	60
0.4	14/35	6	0.87	50
0.5	14/28	3	0.70	10
0.6	14/23	·	0.58	5
0.7	14/20	·	0.50	2
0.8	14/18	2	0.44	0
0.9	14/15	·	0.39	0
1.0	14/14	1	0.35	0
1.2	14/12	·	0.29	0

3. 시력검사의 다른 방법

(1) 4세 미만의 시각이상을 알아보는 법

아동은 어머니가 안고, 다른 사람이 촛불을 켜서 아동의 눈 앞 30～50cm의 거리에 들고 선다. 촛불을 좌우로 움직이면서 아동이 촛불을 따라 눈을 움직이는지를 관찰한다. 이 실험은 2～3호 반복하여 이상 유무를 판단한다.

(2) 4세 이상의 시각이상을 알아보는 법

3m 앞에서 손가락을 펴 보이고(2～3개), 그 수를 물어본다. 만약, 아동이 그것을 세지 못하면 "나와 같이 손가락을 펴보라"고 말한다. 이 두 가지를 다 못하면 눈에 이상이 있다고 볼 수 있다.

(3) 3세 정도의 유아에 대한 약시 검사방법

나비, 물고기, 새, 꽃 등의 그림을 이용하여 3세 때 검진을 할 수 있다. 본 자료에 제시된 그림(원본크기)을 그대로 사용한다.

① 네개의 그림을 유아에게 보이고 이름을 불러보게 한다.
   (그림에 대한 검사전의 연습)
② 밝은 방안에 이 그림을 눈의 높이로 붙이고, 2.5m 거리에서 의자에 유아를 앉도록 한다.
③ 휴지(4방 5cm 정도)를 접어 왼쪽눈을 가려 테이프를 붙여 고정시킨다.
④ 어머니가 벽쪽에 앉아 그림을 가리키면서 이름을 묻는다.
⑤ 오른쪽 눈도 같은 방법으로 측정한다.
⑥ 심한 원시나 약시의 경우에는, 정답이 좌우 각각 두개 이상인 경우와 좌우의 정답의 수가 2개 이상 차가 있는 경우이다.

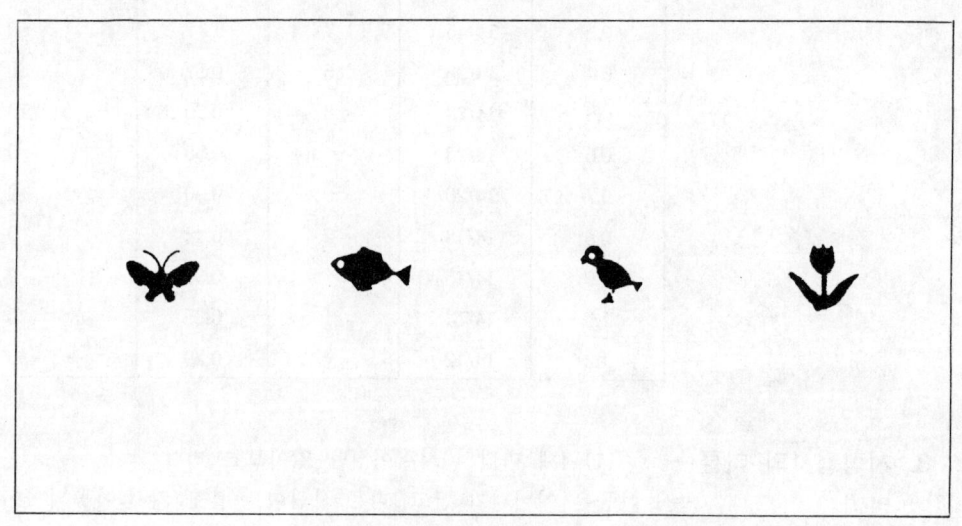

이 그림을 2.5m 떨어진 장소에 붙여놓고 이용함(실물크기)

표4-6은 우리나라 유소아의 연령과 정상시력을 나타낸 것으로서 발달단계에 따라 시력의 이상 유무를 가려낼 수 있다.

〈표4-6〉 유소아의 연령과 정상시력

연 령	정 상 시 력	연 령	정 상 시 력
1개월	빛지각~안전수동	10개월	0.1~0.15
2개월	안전수동~0.01	1세	0.2
3개월	0.02	1.5세	0.4
4개월	0.02~0.04	2세	0.5~0.6
6개월	0.04~0.1	3세	0.7~0.8(25% 정도가 1.0 이상)
8개월	0.1	4세	1.0~ (56% 정도가 1.0 이상)

4. 시각적 행동의 관찰

시각장애를 지닌 유아를 발견하기 위해서는 전문 안과의 진단이 필요하지만 초기 발견에 있어서는 부모나 교사의 관찰이 병행되어야 한다. 다음은 시력장애의 징후와 행동상의 징후를 열거한 것이다.

1) 시력장애의 징후

① 안검에 염증이 있거나 다래끼 따위의 종기가 나있다.
② 눈꺼풀이 충혈되고 부어있다.
③ 눈꼽이 자주끼고 고름이 난다.
④ 눈의 흰부분이 충혈된다.
⑤ 눈이 자주 실룩실룩거리며 가늘게 떨린다.
⑥ 눈물에 항상 얼룩진 눈을 하고 있다.
⑦ 의시(疑視)할 때 양쪽 눈의 균형이 잡히지 않는다(예 : 사시).
⑧ 한쪽 눈의 눈동자가 다른 쪽의 것보다 확실히 커져 있다.
⑨ 양쪽 눈 또는 한쪽 눈이 상부 또는 하부로 향하기 쉽게 되어 있다.

2) 행동에서의 징후

① 걷는 자세가 한걸음 한걸음 주의깊게 걷는다. 위태롭게 걸으며 때로는 장애물에 걸려 넘어진다.
② 놀이나 다른 작업시에, 물체에 걸려서 넘어지기도 하고 불쑥 뛰기도 한다. 야구와 같은 구기에 곤란을 느끼기도 하고, 멀리있는 물체나 아주 가까운 물체를 보거나 하는 일이 필요한 놀이를 쉽게 할 수 없다. 주의를 요하는 작업에 항상 초조에 한다.
③ 목적물에 손이 잘 미치지 않는다. 시선이 목적물을 향해도 보지 못하는 일이 있다.
④ 눈앞을 손으로 자주 펼치려는 듯한 행위를 한다.
⑤ 눈을 사용할 때에 얼굴을 찌푸린다. 눈 위를 손으로 덮는 듯한

동작을 한다. 흑판, 벽걸이, 도표와 지도를 볼 때에 곤란한 모습을 한다.
⑥ 빛에 대해서는 아주 민감하기도 하고 반대로 둔감하기도 하다. 또한 색채의 식별에 곤란을 느낀다.
⑦ 책을 눈에 가까이 대본다든가 멀리한다. 또 거리를 자주 바꾼다. 책을 보고 있을 때 사시를 나타내기도 하고 신경질적인 반응을 보인다.
⑧ 때때로 눈을 깜빡거린다. 또 한쪽 눈을 감거나, 가리거나, 머리를 한쪽으로 기울인다.
⑨ 형태가 비슷한 문자를 혼동한다(ㅁ과ㅂ, ㅍ, ㅇ과 ㅎ, ㅅ과ㅈ, ㅊ).

3) 부모나 아동의 의견

① 주의력을 요하는 작업뒤에 두통과 메스꺼움을 호소한다.
② 이마와 관자놀이에 고통을 느끼고 탈 것에 타면 현기증을 느낀다.
③ 영화나 텔레비젼을 보면 피로를 호소한다.
④ 눈이 욱신욱신 아프다. 사물이 흐릿하게 보인다거나 이중으로 겹쳐서 보인다. 눈알이 가렵고 피곤하다.
대체로 이상과 같은 증후가 유아에게 발견되면 어떤 시각장애를 의심할 수가 있으니 전문가와 협의할 필요가 있다.

5. 시야검사

시야는 눈을 움직이지 않고 한 점을 주시했을때 볼 수 있는 외계의 범위를 말한다. 인간이 물체를 볼때, 시선의 방향에 있는것은 가장 뚜렷하게 보이고, 주변에 있는 것은 불명확하지만 상을 파악할 수 있다. 이때 명확하게 보는 것은 중심시야라하고 주변의 것을 보는 것은 주변시야라고 한다.

대체로 시야의 범위를 시선으로 부터의 각도로 나타내며 정상단안시야는 상방 60°, 내방 60°, 하방 70°, 외방 100° 정도이다. 눈만 움직여서 보는 범위를 주시야라고 하며, 단안시에서는 각 방향 50°, 양안시에는 약 44° 이다.

시야의 넓이는 색에 따라 다르며, 흰색이 가장 넓고, 파랑, 빨강(노랑), 녹색의 순으로 점차 좁아진다. 일반적으로 시야라 함은 백색시야이다.

시야측정은 시야계를 사용하여 측정한다. 시야계(perimeter)는 주변시야 측정계로서 페르스테르 시야계와, 중심시야 측정에 사용하는 페륨평면 시야계가 있다. 페르스테르는 한 구면의 고정된 시점을 주시하고 호에 따라 움직이는 시표를 시선으로 부터의 각도로 나타내며, 페룸평면 시야계는 중심부 정밀검사를 위하여 구면의 도를 평면에 투사할 것이다. 시야는 시표의 넓이, 색, 휘도, 시야면의 밝기에 따라 변화하는데 이러한 시야를 양적으로 측정하는데는 골드만 시야계를 사용하고 있다.

또한 시야측정의 간편한 방법으로서, 검사자가 아동의 앞에 앉고 아동의 오른쪽 눈을 감긴뒤 왼쪽 눈으로 30cm전방의 검사자의 손끝을 상하, 좌우로 움직여서 보이는 범위를 측정할 수 있다.

그림4-2는 왼쪽눈과 오른쪽눈의 시야 기록표이다.

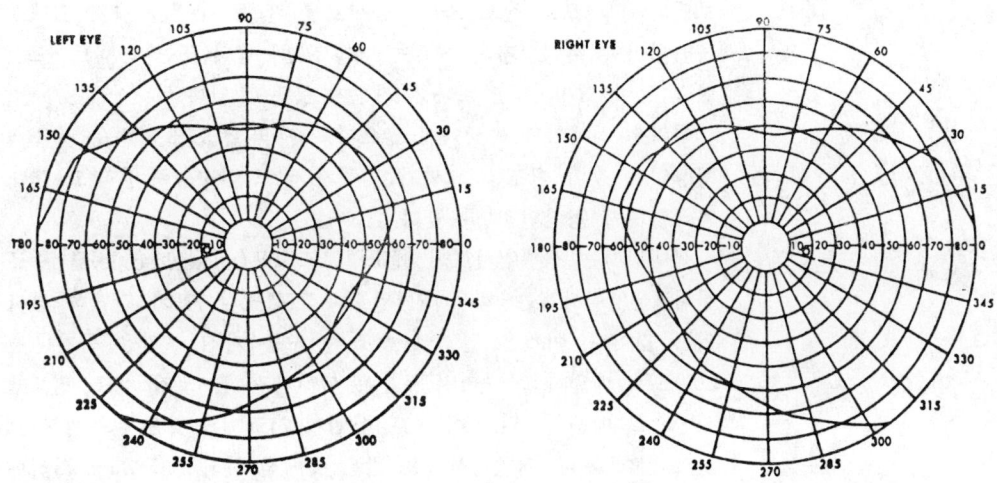

〈그림4-2〉 시야 기록표

6. 광각검사

빛을 느끼는 망막의 기능을 광각이라고 한다. 망막의 황반과 간세포의 기능에 따라 명순응과 암순응이 일어난다. 야맹은 광각이 감소되어 있는 상태이다.

광각검사는 Förster의 광각계(photometer)와 Nagel의 암순응계 또는 Goldmann의 암순응계를 사용한다. 간단한 방법으로는 약한 조명하에서 검사자와 아동이 시표를 읽어 서로 비교하여 이상 유무를 알 수 있다.

7. 색각검사

색각이상은 색조의 식별능력이 없는 상태로서, 대부분이 선천성 원인이 많다.

색맹(color blindness)은 전색맹과 부분색맹으로 나누어지며, 부분색맹은 적록색맹과 청황색맹으로 나뉘고 또한 적록색맹은 적색맹과 녹색맹으로 세분한다.

전색맹은 전혀 색을 감각하지 못하기 때문에 외계의 사물을 흑백사진과 같이 명암이나 농담을 느낄 정도이다. 녹색을 가장 밝게 느끼게 되고

(정상인은 황색), 적색을 어둡게 느낀다. 대개는 약시를 동반하는 경우가 많고 시력은 보통 0.1이하이다. 이것은 추상체의 기능은 없고 간상체만 작용하기 때문인것으로 생각되고 있다.

부분색맹의 경우는 적록색맹과 가장 많은 편이다. 적록색맹은 적색과 녹색, 회색, 청황색맹은 청색과 황색, 회색의 구별이 곤란하다. 적록색맹은 다시 적색맹과 녹색맹으로 나누어지고, 적색맹은 적색과 그 보색인 청록색이 무색으로 보이며, 녹색맹은 녹색과 그 보색인 적자색이 무색으로 보인다. 그러므로 신호등의 교통신호를 잘 못 구별할 수가 있다.

선천성 색각이상자의 치료는 약물요법, 필터(또는 콘택트렌즈), 보정연습 등이 있지만 큰 효과를 거두지 못하고 있다.

색약은 적색약과 녹색약이 많으며, 색맹의 정도가 가벼운 것을 말한다. 정상인과 같이 색조를 느끼기는 하지만 그 감수능력이 낮고 색에 대한 자극역치가 정상인 보다 높다.

색맹검사는 색맹검사표와 애노말로스코프(anomaloscope)를 주로 사용한다. 색맹검사표는 여러가지 있으나 石原式검사표가 간단히 검사할 수 있는 것이다. 이것은 일정한 색조, 명도를 가진 색만을 문자나 숫자의 모양으로 배열하고, 나머지 부분은 여러가지 형, 크기, 색조, 명도를 가진 색반으로 메운것이다. 예컨대, 정상인이 74로 읽는것은 적록색각이상자는 21로 읽게 된다. 색맹검사표는 밝은 곳에서 하되, 50-70cm 거리에서 검사한다.

에노말로스코프는 Nagel이 고안한 것으로서 스펙트럼의 혼색을 응용한 기계이며, 색각이상의 종류나 정도를 조사할 수 있다.

피검자가 작은 구멍으로 보면, 상하로 나누어진 원형의 시야가 있어, 상반에는 스펙트럼중의 적·녹의 각 단색광이 혼합하고, 하반에는 단색광만이 나타나게 되어있다. 이 각막의 빛의 양을, 다른쪽 끝의 나사를 피검자가 돌려 가감하면서 상하의 색을 조합한다. 이렇게하여 이상의 정도와 종류를 결정한다(이상욱, 김재호, 1984).

8. 시효율성 검사

시력보다는 시기능에 중점을 두고 잔존시력의 활용정도를 검사하는 것이다. Barraga(1970)여사가 개발한 것을 주로 사용하며(visual efficiency scale), 그 일부를 제시하면 그림4-3과 같다.

측정대상이 아동일 경우 놀이게임과 같이 실시한다. 만약 대상아동이 10세 이상일 경우 이 측정은 어떤 대상물들을 잘 보기 위해 그 방법을 측정하는 것이라고 설명한다.

평가시 한 번에 한 명씩 실시하는 것이 바람직하며 2-3명일 경우에도 개인별로 측정을 실시한다.

교사는 각 문항마다 아동이 각 문항 풀이시 문항을 이해할 수 있도록 정확하게 설명한다.(필요하다면, 여러번 반복해서) 교사는 여러번 이해할 수 있도록 아동을 보면서 설명하도록 한다.(교사의 사고를 활용해서) 특히 주의하여야 할 것은, 교사는 아동이 풀이할 문항줄을 정확히 볼 수 있도록 손가락으로 가르켜 주며, 보기 문항을 다 본 후 답하도록 한다.
 만약 아동이 연필로 표시하는 능력이 없으면 측정하기 전에 교사는 표시연습을 하도록 한다. 아동이 문항줄을 주시하기가 어려우면 표지로 한 문항씩 볼 수 있도록 다른 문항을 가린다.
 아동의 문항 풀이에 대해서 어떤 언급도 피하라. 다만, 교사가 원한다면 "잘했어" 등의 용어만 사용하라.
 측정의 목적은 약시아동이 전 문항을 다 할 수 있도록 설계된 것이 아니므로, 교사는 아동이 볼 수 없다고 느끼는 어떤 문항에 대답하기를 기대하지 않도록 해야한다. 아동은 모든 항목들을 풀려고 시도하지만, 보기에 너무 작거나 차이점을 말하지 못하는 문항은 빠뜨릴 수도 있다. 만약 문항 풀이 시간이 오래 걸리면, 교사는 과제의 끝부분에서 중지시키고 남은 시간동안 다음 과제를 풀도록 한다.
 이 측정은 크기, 세부항목 설명에 있어서 복잡하게 증가하는 항목들에 반응하기와 시각 행동의 기능을 평가하기 위해 설계되었다.
 영역Ⅰ(항목1-12)은 도형 형태, 물체 윤곽, 명암 강도, 공간에서 크기와 위치의 짝짓기와 변별로 되어 있다.
 영역Ⅱ(항목13-24)는 그림 크기, 물체와 개괄 그림 세부, 공간에서 그림들의 위치, 테두리의 항구적 영상, 형태 세부들과 물체들의 짝짓기와 변별로 요구하고,
 영역Ⅲ(항목25-36)은 그림 테두리의 공간, 원근법, 그림들의 시각 종결을 위한 표현 항목들, 그리고 물체와 개괄 그림 세부들의 짝짓기와 변별이며, 영역Ⅳ(항목37-48)는 크기, 위치, 연속성, 그리고 문자, 단어 심벌들과 심벌들의 관련성의 변별을 요구한다.

그림4-3 시효율성 검사의 예

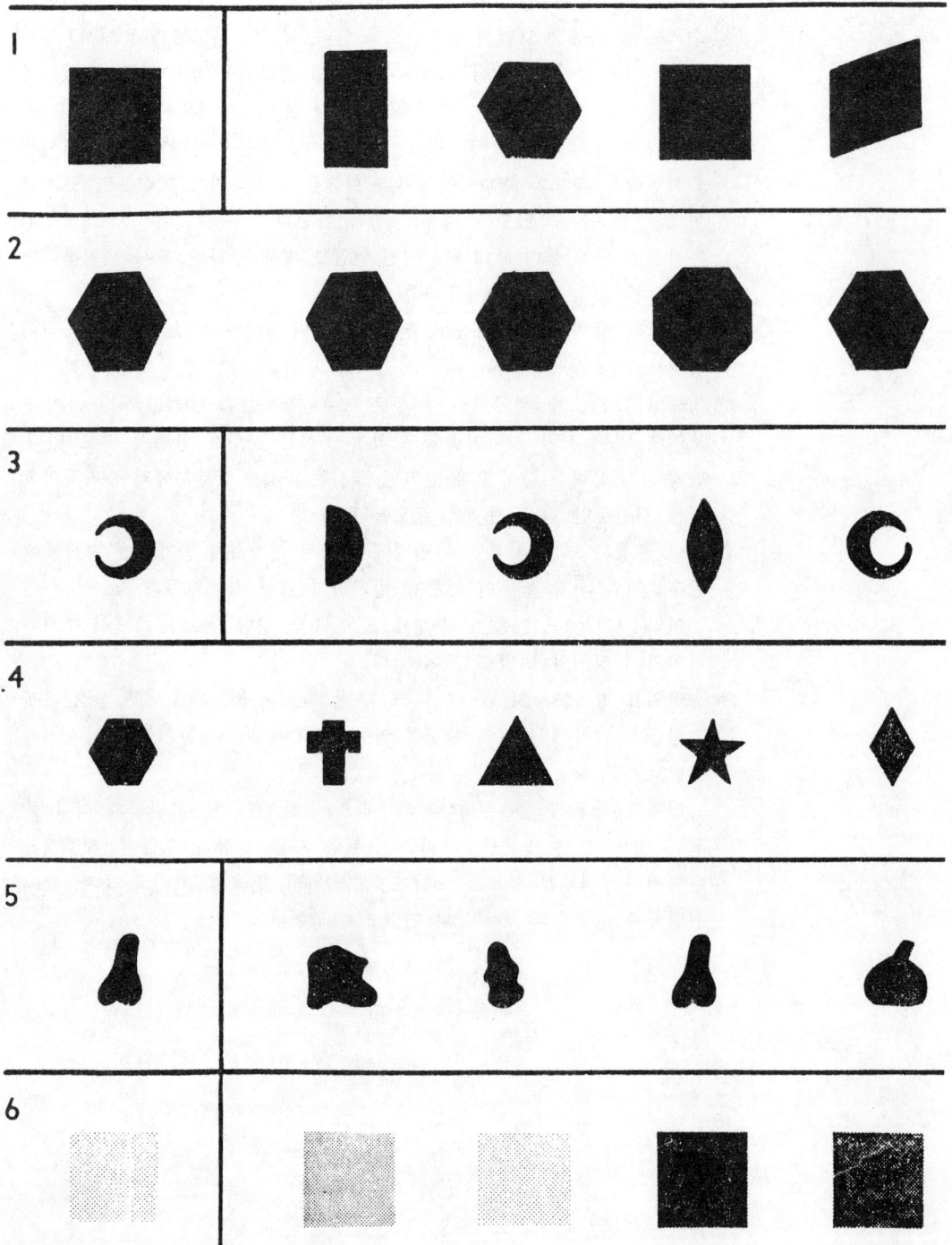

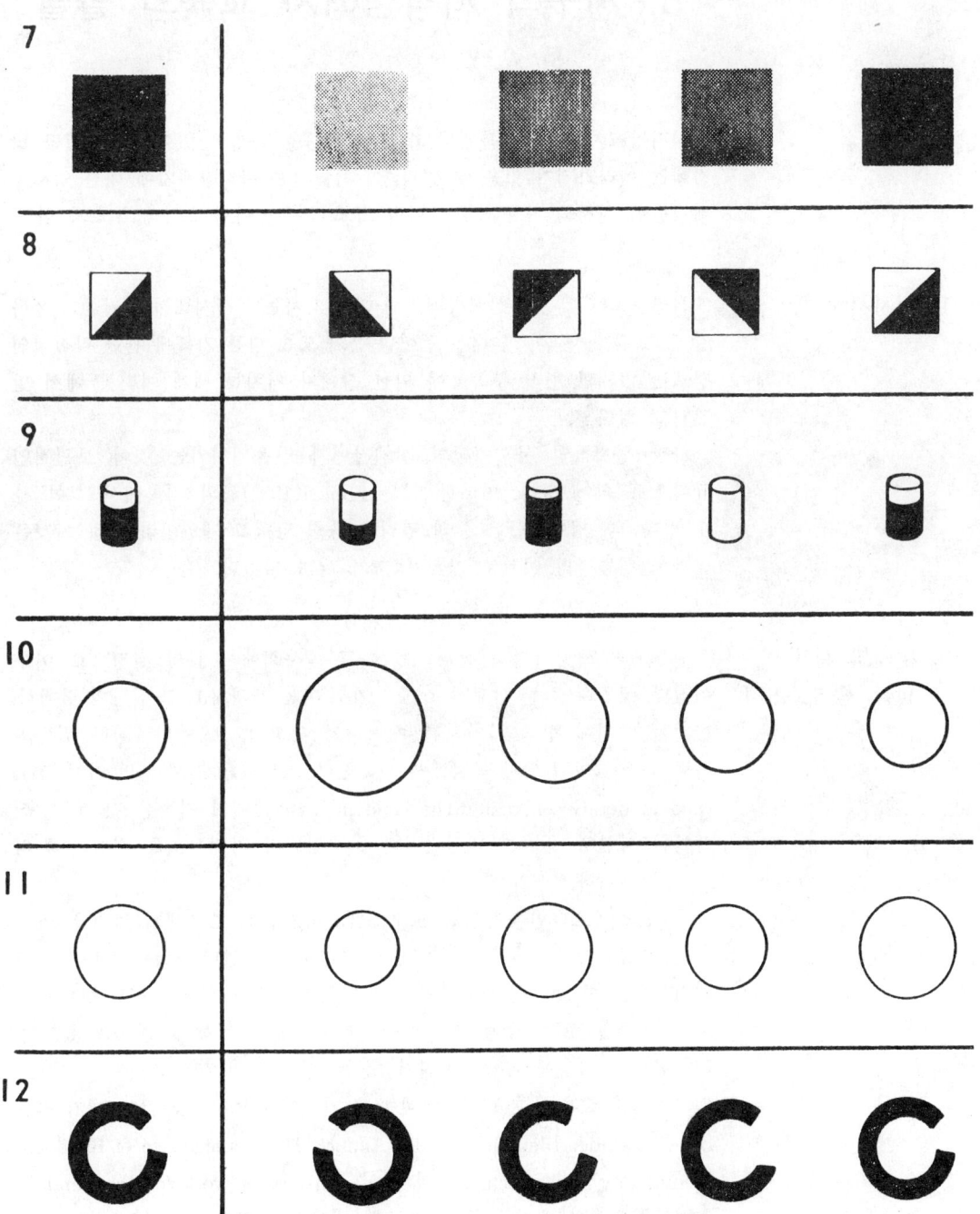

5. 서구의 시각장애자 교육의 발달

시각장애자에 대한 복지나 재활, 교육등을 논함에 있어서, 그 접근 방법에는 여러가지가 있을 수 있다. 이 책에서는 시각장애자에 대한 역사적 배경을 논의하되 가능하면 사회적, 교육적 측면에서 요약해 두고자 한다.

1. 선사시대

서양문화에 있어서 신체장애자에 대한 처치는 선사시대까지 거슬러 올라 갈 수 있다. 물론 이 에 대한 언어나 문자 또는 다른 기록에 관한 직접적인 정보는 없지만 원시 부족들에 의한 장애자 처치는 세계 여러곳 에서 발견되고 있다.

가장 원시적인 사회에서의 신체장애자는 유기시키는 것이 보편적인 규칙으로 되어 왔다. 이러한 것은 French(1932)등의 기록에서 찾아 볼 수 있다. 즉, 맹아자들은 삶의 권리를 유린 당했고 개인이라고 하는 것은 삶과 전쟁능력의 여부로 가치 정도가 평가 되었다.

2. 분리의 시대 : 학살, 숭배, 거지

신생아와 노령자의 학살과 유기는 부족사회에서 長의 결정으로 이루어졌다. 예컨대, 강한 신체적 조건을 가진 자는 제외하고 그 집단의 경제적, 방어적 수단에 방해되는 자를 제거하기 위하여, 또는 가족이나 집단의 사람 수를 줄이기 위한 목적에서 행해졌다. Rehm(1925)이 그의 저서 "Das Kind in der Gesellschaft"(The child in society)에서 지적한 것 처럼, 신생아의 학살과 유기는 대집단이나 가족집단의 자기보호를 위한 본능의 결과일 것이다.

특히, 스파르타인들이 리쿠르구스(Lycurgus, B. C 7세기)법전을 마련하여 신생아의 유기와 학살을 가장 잔혹하게 행했다. 모든 신생아가 신체검사를 받아 불합격되면 산에 버려졌다. 또한 로마의 법에서도 아버지는 자녀가 장애 또는 지체부자유일때 그 운명을 결정해야 한다고 했으며, 독일민족의 역사에서도 아버지가 생사결정권을 가지고 있었다.

그리스와 로마 신화에서도 맹에 대한 기록이 많으며, Esser(1961)가 지은 Das Antlitz der Blinndheit in der Antike (The Countenance of Blindness in Autiquity)와 Kretschmer's의 저서 "History of work for the blind"는 고대사회에서의 맹자에 대한 자료를 제시하고 있다.

Esser(1961)는 고대 그리스 맹인들이 종사하는 많은 직업을 제시하였다. 이를테면, 가수 Demodocos (Odyssey를 발표한 Muse에 의해서 맹이 됨)는 후천맹이었으며, 유명한 시인 Homer도 맹인 이었다. Homer는 Ithaca와

Cephalonia의 바다를 항해중에 병으로 실명했다고 한다. Demetrios는 철학가였으며, Livius Drusus와 Gaius Drusus는 맹으로서 법률가이다. 그리스 신화에는 Orion, Phoenix와 Melanipos는 Mythos에 의해서 벌을 받아 실명한 인물로 기록되고 있다. Esser(1961)는 그리스, 로마의 맹인중에 직종이 나타나지 않은 사람이 130명이라 지적하여 특별히 맹인의 수가 많았던 것 같다.

로마시대의 Didymus는 5세경에 맹인이 되어 목판에 새긴 알파벳으로 읽고, 쓰는것을 학습했으며, 당대의 학자로서 훌륭한 지도자 였다.

분리의 시대에는 부유한 맹인이 있었는가 하면 많은 맹인들이 거지 신세를 면치 못했다. 공공건물, 극장, 시장, 절 등에서 진을 치고 있었다. Friedlander와 Wissowa(1919)는 로마에서의 맹인의 생활상태를 묘사하고 있는데 그들의 음식은 개의 먹이와 같았으며, 모퉁이에서 외로히 죽는자가 많았다고 한다.

3. 보호시대 : 히브리유, 초기기독교, 중세

성경과 유가법전, 고대유대의 성서에는 재난을 겪는 사람으로 농, 지체, 맹, 벙어리(hear, walk, see, speak)등 넷을 들고 있다.

Job 29 : 15에 의하면, 맹과 지체는 함께 자주 인용된다고 지적하고 있으며, Jeremiah 5 : 51에 「눈이 있어도 보지못하고 귀가 있어도 듣지 못한다」고 구약성서에 기록되어 있다. 특히 인간의 가장 깊은 질병과 고통을 표현하기 위하여 성경에도 盲이 자주 인용된다. Mossic Law(모세율법)에는 「귀먹은 자를 저주 하지 말라, 말못하는 사람앞에 장애물을 두지마라… (Leviticus 19 : 14)」고 하여 보호사상을 엿보게 한다.

초기기독교 시대에는 Jesus의 등장으로 사회 철학이 변하였고 동시에 맹인에 대한 태도에서도 변화를 가져왔다. John 9 : 1-3에 의하면 예수가 길을지날때 선천맹을 만났는데, 제자가 묻기를 맹인으로 태어난 것은 부모, 죄악, 본인중 무엇때문입니까? 라고 하였다. 예수께서 「이사람이나 그 부모가 죄를 범한 것이 아니라 그로부터 하느님의 하시는 일을 나타나고자 하심이니라」고 답변하였다. 신약성서에는 맹에 대한 기록이 많이 남아 있다. Mark 10 : 51-52에 보면 예수께서 가라사대, 「네 믿음이 너를 구원하였느니라」하시니 맹인이 곧 보게되어 예수를 쫓아갔다.

초기기독교시대에는 맹인을 돕는 열망이 강하여 맹인들이 매우 풍족하게 생활했다. 이 시대의 특성이 가족단위에 기초한 집단을 형성하였고, 사랑과 봉사는 개인적으로 실천하였다. 기독교 가족들에 의해 맹인들을 영육의 도움을 받았고, 국교를 기독교로 삼은데서 부터 교회는 새로운 기능을 가지게 되었다.

중세에 접어들면서, 중세사회는 교회의 힘에 의해서 새로운 사회질서가 확립되고 발전하였으며, 맹을 위한 병원도 설립되었다. 즉, 15세기경에 st. Lymnaeus가 설립되고 다른 하나는 프랑스 Bishop에 있는 것이다. 가장 유명한 것은 1254년에 루이 11세가 세운 파리의 맹인보호시설이었다. 이 병원은 Hospice de Quinze Vingts이라고 칭하였는데 300여명의 실명군인을 수용하여, 치료를 해주고 가족들이 살 수 있도록 하였다. 지금도 프랑스 맹인의 치료를 해 주고 있어 크리닉의 역할을 담당하고 있다.

초기 기독교시대에도 훌륭한 맹인이 있었는데 그 가운데서도 Ossian은 시인으로서 유명하며, Friesland에서 Berulef라는 가수이름을 가지고 살았다. 중세의 거지 맹인들은 비참했다. 예컨대, Dante(1265-1321)는 교회근처의 맹인 거지를 노래했고, Meister singer Hans Sachs(1494-1576)는 "Eulens piegel and the three blind men"이라는 시를 썼다. Pieter Breughel (1525?-1569)는 "The Parable of the Blind Men"이라는 그림을 그리기도 했다. 이들의 시와 노래와 그림은 약 250년 뒤에 발표되었다.

이태리, 독일, 스페인, 프랑스 등에서도 당시 맹인들의 경제적, 정신적, 신체적, 종교적 도움을 주기위하여 의료조합이 결성되었다. 그러나 실제로는 구걸을 목적으로 하여 운영되었고 개인이 구걸 해온 음식을 나누어 먹기도 했다.

도시국가가 성장되고 교회의 중요성이 선언되면서 대도시가 성장되었다. 따라서 복지정책도 마련되기 시작하여, 프랑스의 Francis 왕 1세는 1536년 극빈자 구호를 명령했고, 헨리2세는 파리 전역에 처음으로 극빈자 구호세금 제도를 신설했다. 독일에서는 1439년과 1525년 사이에 구빈청을 설치했고, 영국은 극빈자를 위한 법을 제정하여 행·재정적 책임을 지게 하였으며, 1573년에 극빈자를 위한 소득세를 신설하였다.

4. 자아해방의 시대 : 맹학교의 설립

17세기 초에 맹인들은 사회적 지위를 어느정도 찾게 되었다. 당시에 교육뿐만아니라 다른 분야에서 맹자신의 노력에 의해 뛰어난 맹인들이 등장하게 되었다.

맹인들의 언어나 문자를 연구하기 시작한 것도 이시대이다. 이태리의 Cardano(1501-1576)는 농맹아자의 교육가능성을 주장하여 알파벳의 문자 쓰기 학습을 위해 tablet을 고안했으며, 여기에 영향을 받은 로마의 Rampazetto 등은 나무로 볼록문자를 만들어 맹의 읽기 지도를 하였다. 특히, 1670년 Francesco Lana Terzi는 점과 선의 조합에 의한 문자를 만들었으며, 이는 Barbier가 12점 점자를 구성하는데 공헌했다.

예컨대, A = ·| , O = ··| , F = ·| 등이다.

이 시대에도 유명한 맹인이 등장하였는데, 시인 John Milton, Leonhard Euler, Jan Zizka 등이 있으며 John Milton은 "Paradise Lost"를 집필하였다.

특히, 1759년에 출생한 맹인 Maria Theresia Von Paradis는 여왕 Maria Theresia(1740~1780)앞에서 음악을 연주하고 연금을 받았다. 그녀는 Valentin Hauy의 학교도 방문하였고, 연주여행을 계속했으며 1804년 오스트리아의 자선가인 John Wilhelm Klen이 맹학교를 설립하는데 기초를 제공하였다.

철학자인 Denis Diderot(1713-1784)는 1749년에 「letter on the blind for the use those who see」라는 책을 출간하여 맹인의 문자에 관심을 가졌고, 이들에 대한 공적관심을 촉구했다. 그는 문자연구를 위해 캠브리지대학의 맹인 수학교수인 Nicholas Saunderson과 함께 토론했으며, 다른 맹인들과도 교류하였다.

이 시대에 가장 중요한 인물로서 최초의 맹학교를 설립한 Valentin Hauy를 들지 않을수 없다. Hauy(1745-1822)는 프랑스에 최초의 국립맹학교를 설립하였는데, 그는 1771년 어느 가을날 한 카페를 방문하여 누더기옷을 입은 맹인남자를 만난것이 인연이 되어 맹인에 대한 관심을 보였고, 그 이전 13세경에 1784년 4월 맹인음악가 Maria Theresia의 음악연주로 부터 감명을 받았다. 물론 당시의 계몽사상이나 인문주의 사상이 영향을 주었고 l'Epee의 파리농학교의 경험이 보탬이 되었다. 1784년 1월 16일에 파리맹학교가 설립되었고 첫 입학생은 Germain 교회에서 구걸하는 17세된 Francais Lesueur 였다. Hauy의 교육계획에 의해서 그는 처음으로 공부를 하였는데, Hauy는 읽기를 중요시하여 「Essay on the Education of the Blind」를 1786년에 출판하였다. Hauy는 맹교육을 통해서 사회에서 그들을 개방하고, 읽기, 쓰기를 위한 문자사용, 직업훈련 등 중요한 업적을 남겼다.

또한, 이시대에 중요한 인물로서 Louis Braille(1809-1852)을 손 꼽을 수 있다. 그는 오늘날 맹인이 사용하고 있는 6점 점자를 창안하여 맹인의 아버지 역할을 하였다.

Louis Braille은 3세 때 실명하여 1819년에 파리 맹학교에 입학하였다. Hauy의 제자인 그는 1826년에 파리맹학교 교사로 부임하여, 43세로 별세할 때까지 맹인문자에 대한 표기법을 꾸준히 연구하였다. 1829년에 그의 점자실험연구가 발표되었고 현재의 6점 점자가 완성된 것은 1834년의 일이다.

유럽에는 Hauy가 사망한뒤 많은 학교가 설립되었다. 유럽 최초의 맹학교는 Johann Wilhelm Klein에 의해서 비엔나에 세워진 학교이다. Klein은 1804년에 학교를 시작했을때 Hauy의 맹학교에 대한 지식이 없었다. 그는 「A Textbook on the Education of the Blind」를 1819년에 출간했고, 맹교육사(1837)등 많은 책을 발간하여 맹교육의 페스탈로찌라 불리었다.

초기의 유럽 맹학교의 설립연대는 다음과 같다.

1804년 오스트리아(Johann Wilhelm Klein)
1806년 독일(August Zeune)
1807년 이탈리아(Michele Barozzi)
1808년 폴란드(Free Masons), 보헤미아(charitablesociety)
        스웨덴(Per Aron Borg)
1809년 러시아(Valentin Hauy)
1810년 아일랜드(Protestants)
1811년 덴마크(Society & the Chain)
1812년 스코틀랜드(Miss Cruikshank)
1815년 아일랜드(Roman Cruikshank)
1816년 벨기에(Canonicus Triest)
1818년 이태리(Dominigne Martus celli)
1819년 독일(Johann Knie)
1820년 스페인(M. Ricart)

5. 미국의 시각장애아 교육발달 : 기숙제 맹학교

유럽에서 최초의 맹학교가 설립된 후에, 미국은 50년이나 늦은 시기에 세개의 사립학교가 설립되었다. 그 하나는 The New England Asylum for the Blind로서 (후에 Perkins Institution and Massashusetts Asyulm으로 변경) 1832년 7월 보스톤에서 개교하였다. 거의 같은 시기 (1832)에 뉴욕맹학교가 설립되었다. 전자는 시인 Julia Ward Howe의 남편인 Samuel Gridley Howe에 의해 설립되었다.

S. G. Howe (1801-1876)는 20세기에 Brown 대학을 졸업하고 보스톤에서 자랐다. 그는 하바드 의학 학교에서 의학을 공부했고 그리이스로 건너갔다. 그리이스에서 돌아온후 Howe는 New England Asylum의 대표로 선임되었다.

뉴욕맹학교는 1832년 3월에 John Dennison Russ박사가 대표가 되어 개교하였다.

세번째 학교는 펜실베니아 맹학교로서, 이는 Qnakers의 후원으로 J. R. Rriedlander가 대표가 되어 1833년에 개교하였다. 후에 이학교는 Overbrook으로 이사를 하여 Overbrook 맹학교로 교명을 변경하였다. 당시 학교장은 Edward E. Allen 이었는데 그는 Perkins 맹학교의 교사였다. 1837년에는 최초로 오하이오주에서 주의 지원을 받은 맹학교가 설립되었는데 이는 지금까지의 사학중심에서 공공의 노력을 엿보게 하는 것이었다. 1832년과 1875년 사이에 30여개의 사학 및 공립학교가 세워졌는데 대부분

기숙제 학교였다. 그러나 기숙제학교는 비판을 받기 시작하였고, Howe도 사실상 통학제 학교의 지지자 였다. 그는 1850년 분리교육의 부정적 측면을 강조한바 있으며, 뉴욕맹학교 설립기공식의 연설에서도 밝힌 바 있다.

특히, 여기서 언급해야할 부분은 Howe의 맹농아 교육에 대한 관심이었다. 그는 1837년에 Laura Bridgman이라는 중복장애자를 가르쳤다. Laura는 1829년에 태어나 병으로 두살때 농맹아 장애를 가졌다. Howe는 구화와 같은 언어지도법을 적용하지 않고 펜과 핀과 같은 짧은 단어로 시작하는 Laura에게 맞는 지도법을 고안하였다. Laura는 Perkins의 주요 인물로서 화제의 대상이 되었다. y1841년 Oliver Caswell(맹농아)도 퍼킨스 맹학교에 입학하여 Laura와 Howe의 지도를 받았다. 그후에 Helen Keller가 입지적 인물로서 등장하지만 그녀에 대한 교육도 Howe의 노력에 힘 입은바 크다. Howe가 1876년에 사망했을때 그의 양아들인 Michear Anagnos가 Perkins의 학교장을 승계하였다. 1887년 Anagnos가 Helen Keller를 만났을때 Anne Sullivan은 막 Perkins를 졸업하였들 때이다. 이때 교장은 Anne를 Helen의 교사로 추천했고 Laura와 Oliver의 교육방법을 제공해 주었다.

표5-1 미국의 기숙제 맹학교 설립연대표

학 교 명	연 대
Perkins School for the Blind	1832
New York Institute fot the Education of the Blind	1832
Overbrook School for the Blind(Pennsylvania)	1833
Ohio State Schoo for the Blind	1837
Virginia School for the Deaf and the Blind	1839
Kentucky School for the Blind	1842
Tennessee School for the Blind	1844
Governor Morehead School(North Carollna)	1845
Indiana School for the Blind	1847
Mississippi School for the Blind	1848
Wisconsin School for the Visualy Handicapped	1848
South Carolina School for the Deaf and the Blind	1849
Illinois Braille and Sight-Saving School	1849
Missouri School for the Blind	1850
Louisiana State School for the Blind	1852
Georgia Academy for the Blind	1852
Maryland School for the Blind	1853

Iowa Braille and Sight Saving School	1853
Texas School for the Blind	1856
Alabama Institute for the Deaf and the Blind	1858
Arkansas School for the Blind	1859
Michigan School for the Blind	1865
Minnesota Braille and Sight Saving School	1866
Kansas School for the Visually Handicapped	1867
California School for the Blind	1867
New York School for the Blind	1868
West Virginia School for the Deaf and the Blind	1870
Oregon State School for the Blind	1873
Colorado School for the Deaf and the Blind	1874
Nebraska School for the Visually Handicapped	1875
Florida School for the Deaf and the Blind	1885
Washington State School for the Blind	1886
Western Pennsylvania School for Blind Children	1890
Montana School for the Deaf and the Blind	1893
Connecticut Institute for the Blind	1893
Utah School for the Blind	1896
South Dakota School for the Blind	1900
New Mexico School for the Visually Handicapped	1903
Lavelle School for the Blind (New York)	1904
Virginia School at Hampton	1906
Idaho State School for the Deaf and the Blind	1906
Oklahoma School for the Blind	1907
North Dakota School for the Blind	1908
Arizona State School for the Deaf and the Blind	1912
Hawaii School for the Deaf and the Blind	1914
Royer-Greaves School for the Blind (Pennsylvania)	1921
Instituto Loiza Cordero Para Ninos Ciegos (Puerto Rico)	1921
Louisiana State School for Blind at Southern University	1922
Hope School for Blind Multiple Handicapped Children	1957

Source : C. W. Bledsoe, The family of residential schools, Blindness, (1971), pp. 25−26.

Valentin Haiiy(1745－1822)

Edward E. Allen(1861－1950)

Sammuel Gridley Howe
(1801－1876)

Laura Bridgman과
Oliver Caswell(1829－1839)

Hellen Keller와 Anne Sullivan

6. 미국의 시각장애아 교육발달 : 일반학교의 특수학급

맹교육에서 통학제 학교를 시작한 나라는 스코틀랜드이다 1872년 스코틀랜드 교육법에서는 공립일반 학교에 맹학생을 배치하는 조항을 마련하였다. 이것은 맹아의 통합교육을 시도한 최초의 법률이었다(Lowenfeld, 1975). 1890년대초에 시카고에서는 부모들이 맹아동을 가까운 일반학교에 입학할 수 있도록 교육위원회에 요구하였다. 당시 Frank K. Hall은 일리노이주 맹학교 교장이었으며, 그는 통합교육을 주장하여 당국에 건의하기도 했다. 1900년 9월에 Hall은 교사 John Curtis를 통해 실험 연구를 하였고, 4년후에 시카고에서는 초등학교에 24명, 고등학교에 4명이 맹학생이 일반학교에 입학하였다. 그 뒤에(1907년) 이러한 통합프로그램이 확대되어 갔으나 주에 따라서는 기숙제 학교를 선호하였다. 그러나 Klein, Howe, Iwin 등의 통합교육 주장은 일반학교내의 특수학급을 설치하는데 크게 기여하였고, 약시학급 설치에 기초를 닦았다. Klein은 일찌기(1810년) 일반학교에서의 맹교육을 강조했으며, 1819년 그의 유명한 저서「Textbook of the Education of the Blind」를 출간하여, 시각장애아 지도 지침서, 일반학교의 교사훈련 등을 주장하였다. 특히, R. B Irwin(1883-1951)은 6세때 맹인이 되어 하바드 대학에서 석사를 한 교사로서 일반학교에서 맹학생 통합지도에 관한 운동에 힘써왔다. 또한 D. Newel Perry(1873-1961)도 맹인으로서, 1901년 독일에서 박사논문을 제출하는 등 대학에서의 통합을 강조하였으며, 끝내 1907년 뉴욕주에서는 법안이 통과 되기도 했다.

〈표5-2〉 1950, 1960, 1972년의 맹아동의 배치숫자

연 도	전체수	기숙제맹학교	%	일반학교	%
1950	5,670	5,014	88.0	656	12.0
1960	14,642	6,824	47.0	7,818	53.0
1972	22,244	7,008	31.5	15,236	68.5

요약해 보면, 1900년 미국의 시카고에서는 일반 학교내에 맹아동을 입급시키기 위한 첫학급을 열었고, 1900년에서 1910년 사이에 미국의 8개 도시를 중심으로 통학제 프로그램이 확대되었다. 1915년부터 1950년까지 기숙제 맹학교에 등록된 아동의 비율은 88%, 통학제 학교에 등록된 아동은 12% 정도였다. 1949년부터 1956년 사이는 39%의 맹아동의 통학제 특수학교에 취학하고 25%는 일반학교 특수학급에 등록하였다. 1960년에는 53%, 1972년에는 68.5%의 통합률을 보였고 현재는 약 80% 이상이 일반 국민학교에 취학하고 있다(Heward and Orlansky, 1988).

Frank H. Hall(1841-1911)　　Robert B. Iwin(1883-1951)

7. 미국의 시각장애아 교육발달 : 전문 조직과 단체

1852년 미국에는 공·사립 기숙제 맹학교가 18개 정도있었다. 이들은 교육문제, 점자판 제작등 공동의 협의가 필요하여 미국맹인교사협의회(American Association of Instructors of the Blind : AAIB)를 구성하였다. 그때 회장은 Howe가 맡았으며, 후에 다시 좀더 교육분야에 강력한 단체를 만들기 위하여, 1951년에 International Journal for the Education of the Blind라는 잡지를 창간하고 1952년에 회칙을 수정하였다. 1968년에는 다시 미국 시각장애자 교육협회(Association for Education of the Visually Handicapped : AEVH)로 바꾸고, 잡지이름도 「Education of the Visually Handicapped」으로 바뀌었다.

또한 집단을 1896년 American Blind People's Higher Education and General Improvement Association 이라는 이름으로 모임이 결성되어, 맹아의

고등교육과 지역사회에서의 시각장애자 생활개선 방안에 노력하였다. 이러한 모임은 지지를 받지 못해서 다시 American Association of Workers for the Blind(AAWA)를 결성하여 직업인들을 회원으로 영입했다. 두 단체가 각자 활동을 하던중에 통합론이 대두되어 1984년 6월 Association for Education and Rehabilitation of the Blind and Visually Impaired (AER)라는 단체를 탄생시켰다.

1920년과 1921년에, AAIB와 AAWA 두 단체는 학회에서 이사들이 모여 비영리 전문단체인 American Foundation for the Blind (AFB)라는 단체를 결성하여 지금도 세계맹인들을 위해 많은 서비스를 제공하고 있다. 자세한 것은 부록을 참고하기 바란다.

또 한 단체는 1915년 실명예방협회(The National Society to Prevent Blindness)로서 신생아를 비롯하여 실명예방에 관심을 갖기 시작했다. 이 NSPB는 AFB와 협조하여 맹의 원인에 대한 분류와 안 보고서에 대한 기준을 마련하였고 약시아동의 학습문제를 강조하였다. 이조직의 부회장인 Winifred Hathaway는 약시아교육을 위한 법안 마련에 노력하였다. 당시에는 루즈벨트 대통령이 사용한 시력보호라는 말을 사용하였고, 1918년경 보스턴에서는 시력결손학급(defective eye sight class)에서, 시력보호학급(classes for conservation of eye sight)으로 개칭하여 불렀다.

그 후, 1922년 미국특수아동 협회(CEC)가 창설되어, 1952년 본 협회의 본 과로서 시각장애분과가 생겼으며, 현재의 규정은 1967년에 채택되었고 시각장애분과(Division for the Visually Handicapped : DVH)로 이름을 결정하였다.

끝으로, 기숙제 특수학교와 시각장애기관에 큰 영향을 끼친것은 1967년에 설립된 National Accreditation Council for Agencies Serving the Blind and Visually Handicapped (NAC)이다. 이 조직은 시각장애 학교 및 기관에 대한 평가, 기준마련 등을 중점적으로 활동하여, 기숙제 학교행정, 시설관리, 의료서비스, 교육과정, 기숙사생활 등 모든 면을 포함하고 있다.

특히, 미국에서 첫번째의 맹학교가 설립된지 21년뒤인 1853년에 미국의회는 맹아동의 점자책을 출판하기 위한 회의를 가졌다. 1857년에 미국맹인교재 출판소를 루이빌에 설치하게 되고 주법령에 의해서 특별세금이 부과되어 그 세금으로 운영하게 되었다. 1879년에 마침내 시각장애아 교육촉진법(Act to Promote the Education of the Blind)이 국회에서 통과되었다. 미국맹인 교재 출판사는 국가적 차원의 자료센터로서 설비 및 자료를 출판하게 되었다. 1956년에 이법은 수정되고 1970년에는 중복맹아동을 위한 교육프로그램을 위해 확대되었다.

8. 약시교육의 발달

약시교육에 대한 문제의식을 먼저 가진 나라는 영국이다. 당시 런던 교육위원회 의학담당 이사 였던 James Kerr 박사는 첫 사업으로 학교보건계획 프로그램을 시작하였다. 즉, 시력검사를 시작하기 위하여 각 병원에 협조 요청을 했다.

1902년에 안과의사 N. Bishop Harman 박사는 시내 맹학교 교의가 되어, 맹학교 아동 가운데는 맹이 아닌 아동이 많음을 검사에 의해서 발견하였다. 특히, 고도근시자가 많았다. 1907년 Kerr는 국제학교위생학회에서 이 보고서를 준비하여 이들 아동은 맹아동이 아니므로 맹학교에 다녀서도 안되고 그들에게 알맞는 특수교육기관에 배치해야 한다고 주장했다.

교육위원중에 한 사람인 N. Adler는 두 사람의 발표 내용을 지지하여 고도 근시아동의 교육을 구체화 하기 위하여 의회의 승인을 요청하였다. 1908년 세계 최초의 약시학급이 설립되었고, 맹학교와 구분하기 위하여 학교이름을 근시학교(myopia school)라고 불렀다. 처음에는 시력활용을 눈을 더 나쁘게 한다는 철학 때문에 「읽기, 쓰기를 하는자는 출입금지」라는 표어가 게시되기도 했으나 후에는 칠판에 확대문자를 쓰게되고 큰 종이에 고무 스탬프를 찍은 활자를 사용하기도 했다.

1911년에는 독일에서 약시학급을 두었다. 이때 입급된 아동들은 고도근시, 각막외상, 백내장, 수정체 위치 이상, 무홍채, 안구진탄증, 선천성 약시아 등이 대부분이었다. 1913년 2월 7일에 열린 안과학회는 약시아동의 교육에 대한 관심이 집중 논의되었다. 1933년까지 독일에는 베를린, 라이프찌히 등에도 약시학급이 개설되었으며, 오스트리아에서 3개학급, 스위스에서 3학급, 덴마크에 1학급이 설치되었다. 프랑스에서는 최초의 약시학급이 1932년에 개설되었으며, 이태리는 1938년에 첫 학급을 열었다. 1939년까지는 체코슬로바키아, 헝거리, 브라질, 벨기에, 오스트레일리아 등의 국가에도 개설되었으며, 그후 칠레, 뉴질랜드, 알젠틴. 노르웨이, 남아프리카에도 설치되었다. 영국의 경우에 1954년에 50개의 약시학급이 있었고 1,685명이 재학하였다. 유럽제국의 약시학급은 영국의 방법을 취했으나 프랑스 등은 일반학급내에 약시학생을 입급시켰다.

카나다에서는 1919년에 첫학급에 개설되었고 각 도시로 확산되었다.

미국의 약시교육은, 퍼킨스 맹학교 이사였던 Edward E. Allen이 영국의 근시학교를 방문한후에 관심이 고조되었다. 맹학교내의 약시아동들은 맹아동들의 안내자 역할을 하고 있었던 상황이어서 약시아동들이 갈등을 겪어 학교를 떠나기도 했다. Allen은 1913년 4월, 약시학급 개설을 위해 보스턴 교육위원회를 방문하고, 그 취지를 이야기 했다. 드디어 4월 31일에 보스턴에는 미국 최초의 약시학급이 빛을 보게되었다. 첫 학급은 일반아동과 분리된 형식을 취했고, Allen은 퍼킨스 재단에 약시학급의 시설, 설비를 위한 기금을 승인받았다.

두번째 학급은 1913년 9월, 클리브랜드에서 Robert Irwin에 의해 약시학급과 맹학급을 분리한 형식의 학급이 개설되었다. 그러나 Irwin 일반학급과의 협력 학급방식을 취하여 가능하면 많은 시간을 통합하도록 했다. 그래서 보스턴 방식(분리)과 클리브랜드 방식(통합)이 생겨나게 되었다. 1938년 F. Bertram은 캘리포니아주에 순회교사 제도의 약시학급을 설치하여 약시아동을 일반학급에 배치하여 교육하였다. 이 제도는 일리노이주, 오하이오주 등으로 확산되었다.

특히, Irwin은 약시아들이 확대문자를 읽도록 노력하였는 바, 1914년에 아동이 어떤 크기의 문자를 쉽게 읽는지를 조사하였다. 그결과 24포인트 크기가 적절하다는 결론을 얻었다. 그는 맹과 약시아를 위한 공립학교 학급을 지원하는 주법안 통과에도 큰 영향을 끼쳤다.

약시학급의 명칭에 있어서도, 영국의 첫 학급은 근시학교(myopia school)로 칭하였고, 보스턴은 시력 결손학급(defective eye sight class), 시력의 보존학급(conservation of vision class)으로 부르게 되었다. 뉴욕시에서는 시력 보존학급(sight conservation class)으로, 다른 지역에서는 시력보호학급(sight-saving class)으로 부르기도 했다. 그후에 약시아동의 능력을 최대한 개발하기 위하여, 잘못된 이해를 바로 잡는 다는 의미로 약시특수교육기관(Special Educational Facility for the Partially Seeing)이라고 부르는것이 일반화되게 되었다.

6. 점자의 발달

시각장애자 교육의 발달 가운데서 점자의 발달에 관한 내용을 별도로 요약하여, 맹아들의 촉각에 의한 읽기와 쓰기를 알아보고자 한다. 이러한 역사는 오늘날 점자지도에 시사점을 제공할 것이다.

시각장애자의 문자표기는 정상인과는 달리 촉지각 인지의 특수성 때문에 그 창안을 위해 수세기동안 실험이 거듭 되었다.

역사적으로 맹인문자에 대한 최초의 기록은 로마시대의 수사학자인 M.F. Quintilianus(A.D. 35~92)의 institution이다. 그는 문자교육의 방법을 비판하고 나무, 상아, 금속판에 정상인의 문자를 돋움 조각(철자)하여 맹인들이 만져서 읽을수 있도록 하는 방법을 사용하였는 바, 이것을「tabella」라고 불렀다.「tabella」는 제작과 사용에 불편 할 뿐만 아니라 촉지각의 제한성 때문에 인지에 곤란이 많다는 점과 맹인자신이 직접 표기 할 수 없다는 점에서 합리적인 표기법이 되지 못했다.

그후 4세기경 Alexandria의 Didymus(A.D. 308~398)는 본인이 맹인이었으며 신학자이자 교사로서, 그 자신이 사용하기 위한 문자를 표기했는데 그는 알파벳을 목판에 조각하여 이를 종합함으로써 문장을 만들고 독서를 할 수 있게 했다.

12C경 Quntilianus의 영향을 받은 D. Erasmus(A.D. 1467~1536)는 Tabella사용에 의한 맹인의 표기력과 독서력을 실험해서 보고한 바 있다.

1517년경에 스페인의 Franciscus Lucas는 얇은 목판위에 조각한 문자를 고안했는데 1580년 마드리드에서 이것을 맹아에게 가르친 기록이 있다. 1542년 스페인의 Pero Mexia는 맹인이 어떻게 독서하는가에 대한 방법론을 논의하고, 모사판(nachzie tafel)에 의한 문자쓰기의 교수법을 설명했다. 그리고 1550년 Milan의 Girolamo Cardano(1501~1576)는 맹인이 어떻게 해서 촉각에 의해 읽고, 쓰기를 할 수 있는지에 대해 의견을 제시했고, 정상인의 문자를 나무껍질에 조각한 철요형의 맹인문자를 지도해 왔다. 그후 1651년은 G.P. Harsdörffer는 "Delitiae Mathematicae et Physicae"을 출판하여 평판위에 양초를 칠하고 철필로 문자를 쓰는 방법을 설명하였는데 이로 인하여 tabella에 의한 모사의 방법은 점차 사라지게 되었다. 특히 이로부터 20년후인 1670년에 이태리의 Francesco Lana-Tersi(1631~1687)는 점과 선의 조합에서 이루어지는 알파벳의 형식을 제안하였는데 이것이 소위 "점자"의 선구가 되는 것으로서 그의 공적은 매우 주목할 만하다. 그리고 18세기 초기에 Jacques Bernouili는 제네바의 소녀 Elisabeth Wald Kirch를 가르칠때 얇은 널판에 알파벳을 조각하여 손가락으로 만져서 읽게하고, 밀초판을 사용한 기록도 있다.

이와같이 V. Haüy가 파리에 맹학교를 개설하고 철요인쇄에 착수하기까지 구주 각지에서는 여러가지 맹인의 표기문자를 다루었다는 것을 알 수 있다.

이러한 과정을 표기의 방법으로 분류해 보면,

① 예리한 기구를 지면에다 눌러 일반문자의 형태를 그대로 쓰는 것.
② 핀이나 바늘을 사용하여 종이에 쓰는 것.
③ 잉크 또는 조분을 혼합하여서 사용하는 것 등으로 맹인의 촉지각을 통하여 인지토록 제작되었으나 역시 정상인의 입장에서 만들어진 경향이 농후하며, 반면에 비합리적인 표기법임을 인지하였기 때문에 후에 점자를 만드는 좋은 계기가 되었다고 볼 수 있다(김태욱, 김동연, 1981).

1. 점자의 창안을 위한 실험

맹인용 활자를 만들기 위해서 역사적으로 수많은 방법이 고안되어 왔다. 본장에서는 점자창안에 기여한 선구자의 각종 업적을 풀어서 점자완성의 과정을 보다 구체적으로 살피고자 한다.

1) Francesco Lana-Terzi

Terzi는 1631년에 이태리의 Brescia에서 태어나서 로마의 제이스트 교단에서 교육을 받고 교사로 근무하였다. 그는 1670년 맹인도 쓰기를 배울 수 있다고 생각하였다.

처음으로 모사판을 개량하여 모색기를 만들었다. 이것은 맹인이 중복으로 쓰는것을 막고 또한 바르게 쓸 수 있도록 줄 사이에 철선 혹은 현을 붙들어 매어 사용하였다. 이것은 맹인에게 일반 문자쓰기를 학습하는 최초의 모색기가 되었다. 다음 제2의 고안이 그림6-1과 같이 두개의 평행선을 긋고 구획을 정하여 그 구획의 공간내에 철각 또는 요각의 알파벳의 문자를 배치하여 읽고 쓰기를 하였다고 한다. 이 구획선과 문자의 위치관계는 하나의 특수한 문자로 구성되었다. 여기에서 문자의 위치를 점으로 나타내게된 것인바, 즉 그림6-1과 같이 표기토록 하였다.

A	O	G	P	B T V
F	I	M	N	E S
C	L	H	R	D Q Z

〈그림 6-1〉 Lana-Terzi의 문자

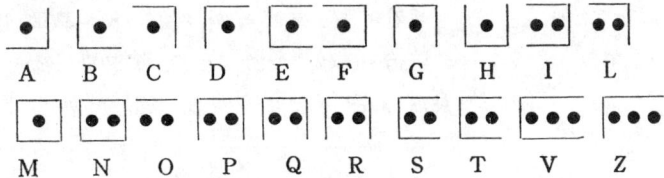

〈그림 6-2〉 Terzi의 점자표기 ①

　예를들어 "O"의 표기는 」의 공간 제2위에 있으므로 …」로 하고 Z는 「…로 표시한다. 이러한 점과 선으로 구성하여 말을 만들게 된 것이 150년후 Charles Barbier가 창안한 12점자 구성에 크나큰 공헌을 하게 된 것이다. 즉 점에 중점을 둔것이 문자 구성원리에 특별한 형태로 나타나게 된 것이다.

　또한 Lana는 점에 가까운 5개의 구독부를 선정하여 이 5종의 부에 각각 알파벳의 문자를 다음 표와 같이 배치하였다.

a b c d	e f g h	i l m n	o p q r	s t u z
' (1)	: (2)	⋮ (3)	• (4)	? (5)

〈그림 6-3〉 Terzi의 점자표기 ②

　같은 구획내에 있는 문자는 그 순위에 해당하는 수의 공동부호를 사용하여 나타낸다. 예를들면 a는 「'」의 구획내에 있어서 제1위에 있는 「'」을 사용하여 표현하고 c는 「'」의 구획내에 제3위에 있으므로 「'」를 세개 병렬하여서 나타낸다.

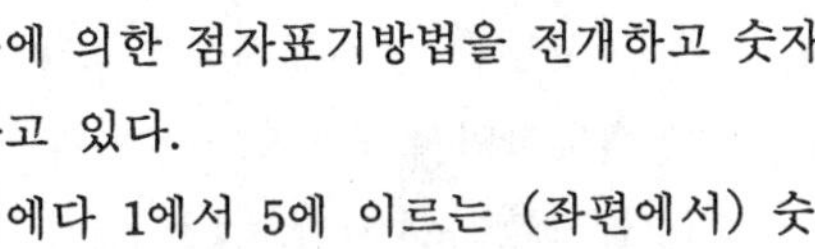

　　　　　Lana ∷ ,   ∷∷ ,

　　　　　Pietro ●● ⁝ : ?? ●●●● ●

〈그림 6-4〉 Terzi의 점자표기 ③

　따라서 본 문자의 쓰기와 독해에 있어서는 구획분류에 대한 약속의 지식이 있어야 한다.

　Lana는 구독부에 의한 점자표기방법을 전개하고 숫자를 써서 표현하는 표기법을 기술하고 있다.

　다섯개의 구획에다 1에서 5에 이르는 (좌편에서) 숫자를 배치하고 각 구획내에 있는 문자는 구획의 수와 순위, 수와의 결합에 의하여 문자를 표현하게 되어 있다.

예컨데 p는 4의 구획 제2자가 되므로 42를 써서 이를 표기한다.

Pietro는 42, 31, 21, 52, 44, 41과 같이 쓰면 된다고 하였으며, 이 방법으로 화폐 또는 과실의 종류를 표현할 수 있음을 설명하였다.

a b c d	e f g h	i l m n	o p q r	s t u z
잠 두	두	완 두	야 완 두	옥 잠 칠

〈그림 6-5〉 Terzi의 문자표기 ④

즉 과실의 수를 나타내고 이에 의해서 그 구획내에 있는 소정의 순위의 문자를 지정할 수가 있는 것이다. 예를들면 팥 세알은 「g이다」로 나타내는 경우이다.

이상은 Lana-Terzi가 점에 착안하여 고찰한 것이며, 이외에도 맹인문자에 관해서 각종의 고안을 시도한 것이있다.

① 실의 길이에 의해서 문자를 나타낸 것이다.

A a b c d e f g h i l m n o p q r s t u x z

〈그림 6-6〉 Terzi의 문자표기 ⑤

우선 고정된 A에서 일정한 거리에 있는 각 문자까지의 길이에 실의 맺음마디를 만들고 그 맺음마디를 A에 배치하여서 다음의 문자까지 실을 당겨서 매듭마디를 만든다.

이와같이 이루어진 매듭마디는 여러개의 실로 나열된다.

각각의 매듭마디 사이의 길이가 문자가 되는 것으로서 약속에 의하여 각 문자를 독해하도록 되어 있다.

그리고 A에서 하나 하나의 문자에 이르기까지의 길이에 실을 끊어서 소정의 길이의 실을 순서로 배열하는 방법도 있다.

② 색실

Lana는 맹인이 색을 느낄수 있다는 가정에서 20개의 알파벳을 여러가지의 색실에 배당한 일이 있었다.

③ 책의 페이지 사이에 종이 조각을 삽입해 두는 방법

알파벳의 순서에 의하여 책의 페이지에 종이 조각을 끼워 두는것으로써 예를들면 e는 제5페이지, h는 제8페이지, z는 제20페이지에다 종이 조각을 삽입하여서 수신자는 종이가 끼워져 있는 페이지의 수를 약속에 의하여서 독해하는 것이다.

④ 절지로서 문자를 나타내는 방법

a		c		e	┊	g	┊	i		m		o		q		s		u
					┊	....	┊	....				....		....			....	
b		d		f	┊	h	┊	l		n		p		r		t		z

〈그림 6-7〉 Terzi의 문자표기 ⑥

즉 좌상의 각을 접으면 "a"의 사절의 우하를 접으면 "r"이 된다.

이외에 Lana-Terzi는 목판에 문자를 압각한 것 등 다종의 맹인문자표기를 고찰하였는 바, 후일의 점자창안에 크게 영향을 끼친 것으로 볼 수 있다. 특히 그가 출간한 「Prodromo」는 1823년 불어로 번역되어 널리 읽혀졌다.

2) Klein의 침문자

V. Haüy가 선문자를 최초로 고찰한데 반하여 Klein은 침문자의 고찰자였다. Klein은 처음 Haüy방식의 철자의 선문자를 사용했으나 후에 침문자를 고찰하여 이를 교육에 사용하였다.

이 침문자는 일반 인쇄에서 보는 해서형의 활자를 모방하고 활자체를 침으로 나타내고 이를 종이에 눌러 종이의 양면에 점선으로서 문자가 나타나도록 고안되었다. 즉 침문자는 촉지각에 예민하다는 것을 증명해 주었다고 볼 수 있다.

A B C D E

〈그림 6-8〉 Klein의 침문자

Klein은 맹교육사(1837)등 많은 책을 출간했고, 1804년 비엔나에 맹학교를 설립하였다. 그래서 Klein을 맹교육의 Pestalozzi라고 불렀다.

3) Barbier의 점자

Braille의 점자에 가장 직접적인 영향을 준것은 Nicolas Marie Charles Barbier(1767~1841)이다. Barbier는 프랑스의 포병사관이었으며, 기사였으며, 그리고 부유한 자선가였다.

그가 처음 점문자를 고안하여 발표한것은 1808년이다. 이때 Klein은 「윈」에서 맹학교를 개설하고 침문자로 교육을 하고 있었다. Barbier의 고안은 이러한 침문자로 교육을 하고 있었다. Barbier의 고안은 이러한 침문자의 영향과 Lana-Terzi의 맹인문자에 영향을 받은 것이라고 한다. 그가 최초로 발표한 것은 11점자로서 프랑스어에 필요한 발음 30음을 선정하여 5단 6행으로 배열 구성했다.

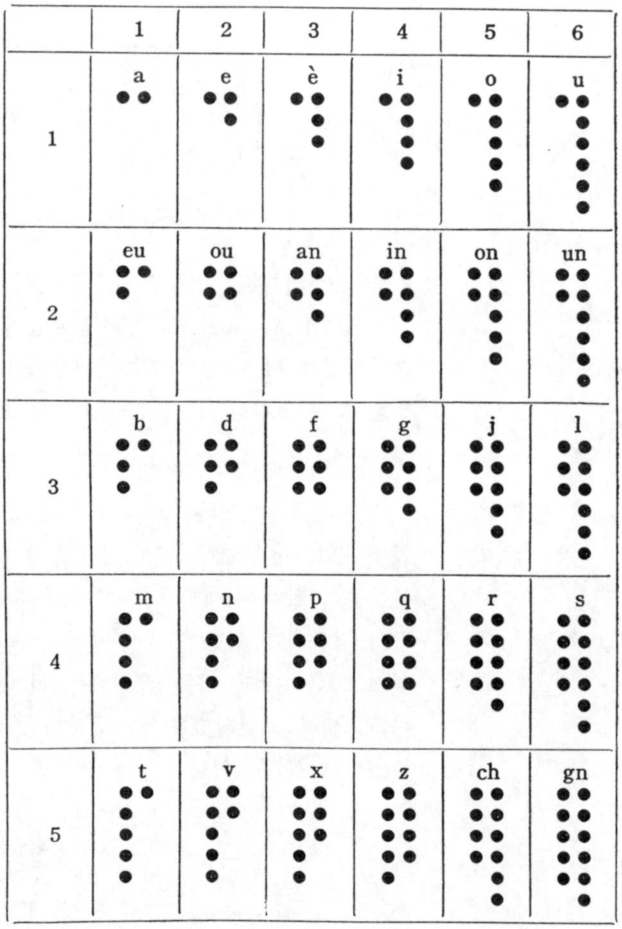

	1	2	3	4	5	6
1	a	e	è	i	o	u
2	eu	ou	an	in	on	un
3	b	d	f	g	j	l
4	m	n	p	q	r	s
5	t	v	x	z	ch	gn

〈그림 6-9〉 Barbier의 점문자

그리고 Barbier가 두번째로 발표한 것은 3점자인데 1점에서 6점에 이르는 숫자를 써서 그림 6-9와 같이 구성한 것이었다.

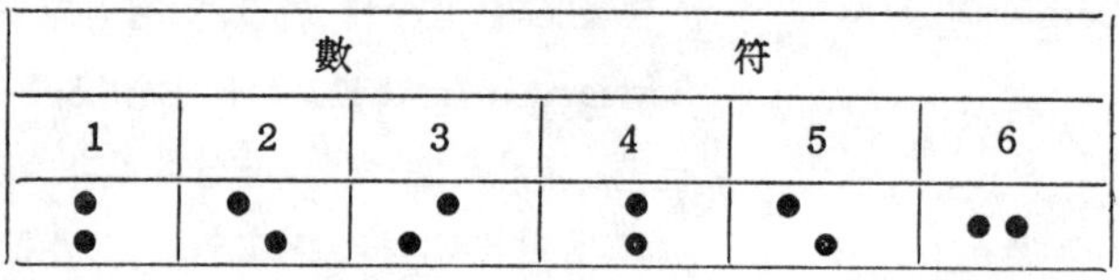

數 符					
1	2	3	4	5	6

〈그림 6-10〉 Barbier의 숫자 표기

즉 하나의 음은 그 단(횡)의 순위와 행(종)의 순위를 조합하여서 단의 순위의 숫점을 좌편에, 행의 순위의 숫점을 우편에 배열하여 표현하고 있다. 예를들면 e는 제1단 제2행에 속하므로 ∴ p는 제4단 제3행이 되므로 ⋮ 로 표현된다. 이와같이 하여서 30의 점을 구성하고 이를 엮어서 어문을 이루는 것이다.

그리고 단과 행과의 수를 결합하면 하나의 음으로 표기되도록 하였는바, 알파벳의 구성원리도 11점자와 동일한 형태로 만들었던 것이다. 단과 행의 조합에 있어서 우선 단을 나타내는 숫자를 위에 두고 다음에 행을 나타내는 숫자를 그 밑에 둔다. 또한 위의 숫자의 제2의 점(위의 글자의 끝점)이 그대로 아래 숫자의 제1의 점(아래 글자의 첫점)이 되도록 조합하면 된다. 다시 말하면 아래 숫자의 제1의 점이 위의 숫자의 제2의 점위에 떨어지도록 구성하는 것이다. 이렇게 하여 알파벳의 문자를 3점으로 만든 것이 그림 6-11과 같다.

그리고 세번째로 고안한 것은 악보문자이었다. 악보는 5선지를 사용하여 선과 간의 공간에 점을 배열하는 문자구성이다. 선상선의 위 공간을 제1로 하고 아래 순으로 제6에 이른다. 문자의 도식중에 있어서 단과 행의 수를 따라 6의 공간에 점을 두는 것이다.

文字의 排列						點			字		
	1	2	3	4	5	6	1	2	3	4	5	6
1	a	e	è	i	o	u						
2	eu	ou	an	in	on	un						
3	b	d	f	g	j	l						
4	m	n	p	q	r	s						
5	t	v	x	z	ch	gn						

〈그림 6-11〉 Barbier의 3점 점자(1815)

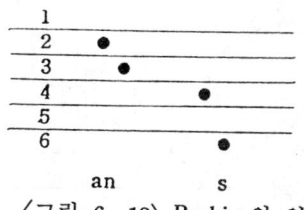

〈그림 6-12〉 Barbier의 악보

예컨대, an은 그림 6-12의 제2단 제3행에 있으므로 맨앞의 단의 2에 의하여 제2의 공간에 1점을 두고 다음 행의 3에 의하여 제3의 공간에 1점을 둔다. 같은 모양으로 3은 제 4, 제 6의 공간에 각 1점을 두어서 이를 만든다.

　악보문자에 의해서 각종의 악보를 표기하고 따라서 하나의 작곡을 할 수가 있다.

　1819년 그는 11점자를 야간문자, 3점 흑자를 야전병원의 문자, 악보문자를 조합하여 문자로 나타내었는데 알파벳의 배열과 3점의 수부가 다소 변경된것도 있으나 1809년 처음에 발표된것과 거의 비슷하였다.

　그후 1819년에 발표한 5단 6행을 1822년에 6단 6행으로 하고 36개의 알파벳을 배열하여서 12점자라고 호칭하고 된 것이다. 그는 이 형식을 프랑스 학사원, 파리대학, 파리 맹학교에 제출하였다. 12점의 문자구성방법은 11점 점자와 같다. 알파벳 배열은 그림 6-13과 같이 좌편에 단의 숫점을 두고 우편에 행의 숫점을 두게 되어 있다. 예를들면 b는 제3단 제1행이기 때문에 ●● 로 쓰고 on은 제2단 제3행이므로 ●●● 라고 쓴다.

發音의 알파벨						
	1	2	3	4	5	6
1	a	i	o	u	é	è
2	an	in	on	un	eu	ou
3	b	d	g	j	v	z
4	p	t	q	ch	f	s
5	l	m	n	r	gn	lm

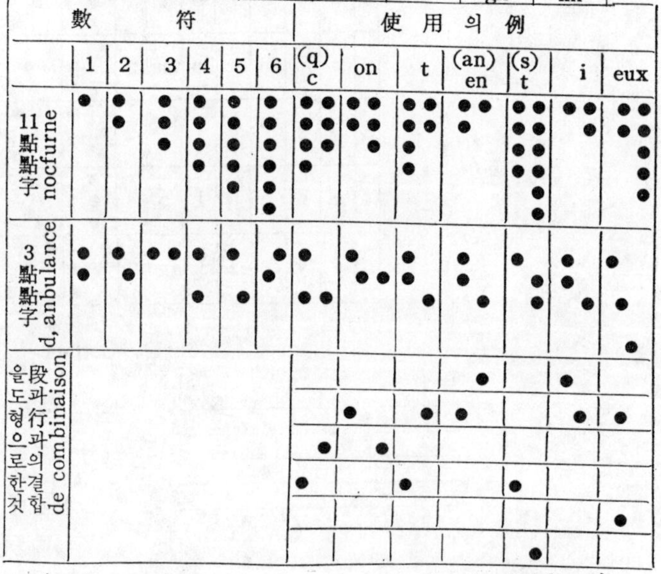

	數　符						使　用　의　例					
	1	2	3	4	5	6	(q)c	on	t	(an)en	(s)t	i	eux
11點點字 nocfurne												
3點點字 d, ambulance												
段行파의결합 de combinaison												

〈그림 6-13〉 Barbier의 11점, 3점 악보의 점자(1819)

그래서 bon은 ●●●●● 이다.

　이상에서 설명한 바와 같이 Barbier의 점자는 그 종류가 심히많고 또한 햇수를 거듭하면서 많이 변경되었다. 후일 Braille에 영향을 끼친 것은 바로

1822년에 발표한 12점자이었다.

	1	2	3	4	5	6
1	a	i	o	u	é	è
2	an	in	on	un	eu	ou
3	b	d	g	j	v	z
4	p	t	q	ch	f	s
5	l	m	n	r	gn	lm11
6	oi	oin	ien	ste	x	ment

〈그림 6-14〉 Barbier의 12점자

또하나 Barbier의 공적은 점자를 쓰는데 사용되는 점자판을 고안한 것이었다. 이 점자판위에 구선을 조각하여 만든 것으로 Braille점자판의 모체가 된 것이다. 쓰기의 방향은 오른쪽에서 왼쪽으로 쓰고, 읽는 방향은 쓰는 방향의 반대이다. 이와같이 Barbier의 이론적 근거는 정확하였으나 사용에 있어서는 맹인의 촉각의 한계를 넘게되어 독서에 불편하였으며, 철자법이 결여된 단점이 있었다고 한다. 1821년에 파리 맹학교에서 Barbier의 11점자가 채용되었으나 후에 12점자로 변경되었다.

2. 점자의 완성

1) Louis Braille

Louis Braille(1809~1852)은 파리에서 20마일 떨어진 Coupvary라는 작은 마을에서 출생하였다. 3세때에 아버지를 따라 워커샾에 갔다가 잘못하여 작은 칼에 한쪽 눈을 찔려 결국 양안이 실명하게 된 것이다. 1819년 1월 15일 「파리맹학교」에 입학하게 되었으며, 그는 온건하고 근면하며 또한 정직하였다. 1826년 「파리 맹학교」 교사가 되어 43세의 사망시까지 교사직에 있으면서 그는 종래의 맹인문자가 쓰기에 많은 공간을 점유함을 알고서 가급적 간략하게 표기하는 방법을 찾고자 하였다. 1821년 Barbier의 점자가 「파리맹학교」에 채용되었을 때는 13세의 학생이었다. 그는 점자를 맹인의 입장에서 연구하고자 여러 방법의 쓰기를 실험, 관찰한 결과 촉지각 능력에 부합하는 완전한 문자 조직을 완성하였던 것이다. 그래서 재실험을 한 결과 1829년에 이르러 점자조직을 설명하고 최초의 논리을 파리 맹학교에서 발표하였다.

이 문자가 현재 세계적으로 보급되어 맹교육의 혁신을 가져오게 된 점자인 것으로서 참으로 획기적인 업적이었다.

1829년 Barbier가 고안한 12점의 종 6, 행 2점을 6점(종3, 행2)으로 개량한 점자 알파벳은 1834년 이를 다소 개편하여 현재의 형을 완성하였으며, 그

뒤에 그는 점자에 의한 음악 기악법도 고안했으나 그의 이러한 대창안은 불행히도 즉시 인정을 받지 못했고, 1952년 그의 유해가 국립묘지에 안장됨으로써 비로소 사회적 평가를 받게 되었다고 한다.

2) Braille점자의 원리   Braille의 점자는 Barbier의 점자가 지니고 있는 모든 결점을 맹인의 입장에서 완전히 보완한 것이라고 할 수 있다.

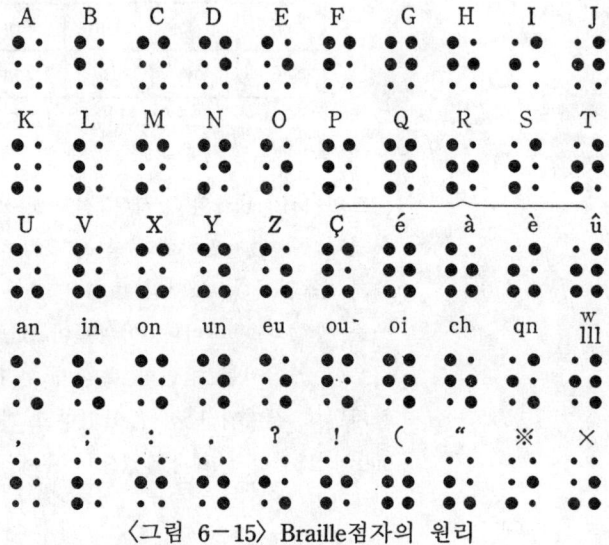

〈그림 6-15〉 Braille점자의 원리

Braille의 1837년 그의 저서 「Procëde pour ëcrire aumoyen de points」 제2판에서 "나의 업적은 M. Barbier가 못이룬 무거운 짐을 완성하기 위한 반복이었으며 그는 맹인을 위한 점자표기 방법을 창안한 최초의 사람이다"라고 말하고 있다. 그러나 점자 구성에 있어 훨씬 간편하게 완성시킬 것은 Braille이다. 그는 처음 음악을 전공하여 교수하였으므로 Barbier점자를 이용하여 음악 기호의 표기에 관해서 흥미를 갖게된 것이 점자구성을 창안한 동기였다고 한다. 그래서 Braille의 점자형은 1단을 10자로 하여 5단으로 배열하였다. 그것은 8분음표, 4분음표, 2분음표, 전음표 및 필요한 구독부를 가장 유효하게 표현하고져 함이었다.

그는 우선 음악부호를 확정하고 그 후 일반문자를 점자로 표기하는 방법을 고안하게 된 것인데, Barbier의 12점자의 복잡성을 간소화하여 6점을 줄여서 제일 상단의 4개의 점으로 10개의 문자를 추출하였다. 즉 A에서 J에 이르는 제1단의 10자이다.

1점의 것 1

　　　　　　　　　　2점의 것 4
　　　　　　　　　　3점의 것 4
　　　　　　　　　　4점의 것 1

　　　　　　제2단은 제1단을 기초로 하여서 발전된 것이다. 즉 K에서 T에 이르는 10자이며, 제1단의 각 밑의 1점(3점)을 가한 것이다.

　　　　　　제3단은 제1단 밑에 2점(3·6점)을 가한 것이어서 UVXYZ의 5자에 보충으로 사용하여 5자가 남게 되어 있다.

　　　　　　제4단은 밑의 오른편의 1점(6점)을 가한 것이어서 음의 결합을 나타내는데 사용하였으며, 이 단의 최후에는 W를 둔 것이다. 제5단은 제1단의 10자를 아래로 내려둔 것이어서 이에 의해서 여러가지의 구독부를 표기하는 것이다. 6점으로 나타낼 수 있는 조합의 형태의 가지수는 63형이다.

　　　　　　Braille은 그 나머지의 조합형태는 구독, 또는 약자에 사용하였다. 이같은 Braille은 Barbier점자에서 탈피하였다고 하나 그 문자 구성은 다르다. Barbier는 음의 표현에 중점을 둔데 반하여, Braille은 음을 표기하는 문자를 만들었다. 그리고 종래의 선자와 다르게 맹인자신이 읽고 쓰는 것을 자유로 할 수 있도록 「점자판」을 고안함으로써 서사된 점자는 맹인의 손끝으로 인지하는데 불편이 없게 하였다는 것이다. 또한 철자법, 구두법, 일반문장을 표현하는데 간편하고 수학, 음악의 부호로 사용하는 것도 가능하게 되었으며, 1837년까지 Braille점자구성의 원리는 큰 변동없이 공인되었다.

3) 음악기호　　　　맹인이 음악을 다소 좋아한다는 것은 옛부터 잘 알려져 왔다. Haüy도 음악을 중요한 교과 중의 하나로 취급하였으며, Lucas, Frere, Moon 등 모두가 음악표기의 방법을 나름대로 만들어 음악표기에 기여한 것을 보아도 잘 알 수 있다. 그러나 이들의 고안은 촉지각에는 불완전하였다. 즉 5선에 음표를 배치한 철자의 음부는 손가락을 상하로 이동하여서 촉지하도록 되어 있으므로 오독이 많이 일어나고 속도가 지체되었다.

　　　　　　악보문자가 모두 일행 위에 존재한다면 해독에 효과를 기대할 수 있을 것이다.

　　　　　　Braille은 이 점을 착안하여 음악기호를 구성하였든 것이다. 그의 알파벳 점자표기는 음악표현의 필요성을 깊이 느끼고 구성하여 음악기호에 그대로 적용을 시도한 것이다. 즉 제1단의 뒤 7자는 C에서 B에 이르는 8분음표이고, 제2단 뒤의 7자는 2분음표 혹은 32분음표이다. 제3단 뒤의 7자는 4분음표이다. 제4단의 7자는 전음표 혹은 16분음표이다. 제2단 및 제4단에서 그 값을 달리하는 2의 음표를 포함하고 있지마는 하등의 혼란은 없다. 그외 문자는 필요한 기초에 충당하므로서 자유로이 등사할 수 있으며 지면 및 가격에 있어서는 일반의 음악서도 동이리하게 표현할 수 있게 되었다. Braille의 음악부호는 1852년 파리맹학교에 채용되어 그 실효성에 있어 큰 성과를 나타내었다.

4) 점자의 보급

Braille의 점자는 맹학교에 있어서 큰 공헌을 하였다. 그러나 Braille의 점자가 일반적인 문자로써 인정받는 데에는 상당한 시간이 경과되었다. 즉 대륙에 있어서 점자이외의 형을 이용하는 자들의 반대와 보수적인 구주제국은 이를 받아 들이려 하지 않았다.

영국 맹학교에 있어서는 1800년~1860년에 걸쳐서 맹인문자로서 주로 선문자(line letter)가 사용되었으나 그 종류가 다양했기 때문에 사용자들 사이에는 대립이 계속 되어 왔다. 이를 이른바「선문자 논쟁」이라고 부른다. 영국은 프랑스의 점자완성을 크게 관심 갖지 않았으며, 채택을 거부하는 경향이었다. 그것은 성서가 선문자로 인쇄되어 있었다는 것과 선문자에 의해서 맹인을 지도해 온 자들의 거부반응에 기인한 것이었다.

그러나 1861년 벨기에 맹학교 교사 H.Y. Landagen이「런던 맹인협회」에 6점 점자를 전하였고, 선문자와의 비교연구를 통해 점자의 장점을 증명하였다. 또한 D.R. Armitage는 프랑스 점자의 구성조직을 보급하였는 바 그는 외과의사로서 맹인의 교육과 복지에 공헌하였다. 그는 1868년「영국 맹인협회」를 설립하여 맹인용문자에 관한 연구를 계속하였으며, 1871년「The Education and Employment of the Blind」를 저술하였다. 이 저서는 훗날 일본점자의 성립에 크게 영향을 끼쳤으며 우리나라 점자와도 깊은 관계를 지니고 있다.

한편, 미국에 있어서는 보스턴형이라고 칭하는 철자가 보급되어 있었으며(1859~1860), 점자의 채택을 거부하고 있는 실정에 있었다. 그 후 뉴욕 맹학교장 W.B. Wait가 점자의 가치를 인정하고, 각지의 맹학교에서 사용토록 하여 그 효과를 실증한 바 있다. 그리하여 1868년「뉴욕 포인트」라는 점자를 고안하였는바, 이 특수한 형식의 문자 창안으로 Braille점자 지지자간에 점자논쟁이 일어나 곤란을 야기한 바 있다. 이 논쟁이 끝난 것은 1892년 F.H. Hall이 고안한「점자타이프라이터기」의 보급에 의해서였다. 그것은 이「타이프기」가 Braille 점자의 구성 원리에 입각하여 만들어진 까닭이었다. 그러나 Braille점자로 완전 통일이 되기 까지는 오랜 시간이 소요되었으며, 1901년「미국 맹인개량협회」가 점자통일을 착수하여 1913년「표준점자표기법」을 발표하게 됨에 따라 그 완성을 보았다.

이 점자는「뉴욕 포인트」와「Braille점자」의 특징을 가미한 것이었으나 영국과 미국 양국간에 조정을 요하였으므로 다소의 차이가 있는 가운데

1918년 구미의 점자는 통일의 빛을 보게 되었다. 구미에서 실용된 점자는 1865년 일본에 전래되었는데 그 사용에 대한 실험을 일본 동경맹아학교 교사였던 小西信人이 1887년에 시도했으나 영어점자는 일본어를 표기할 수가 없었다. 그래서 石川倉次는 일본어 표기에 부합하는「일본훈맹점자」를 구성하여 1901년에 발표하게 되었다.

3. 한글 점자의 완성

1) 한글 점자의 창안

우리나라는 맹인 문자에 대한 정확한 자료가 밝혀지지 않고 있어 매우 애로점이 많다. 때문에 1894년(1898) 미 선교사 R.S. Hall이 평양여자맹학교를 설립한 이후부터 그 근거를 찾을 수 밖에 없다. Hall여사는 1897년 「뉴욕포인트」를 한글로 만든 맹인문자를 사용하였는데, 「뉴욕포인트」는 4점으로 구성된 것으로서 「뉴욕포인트 한글점자」는 그림 6-16과 같다.

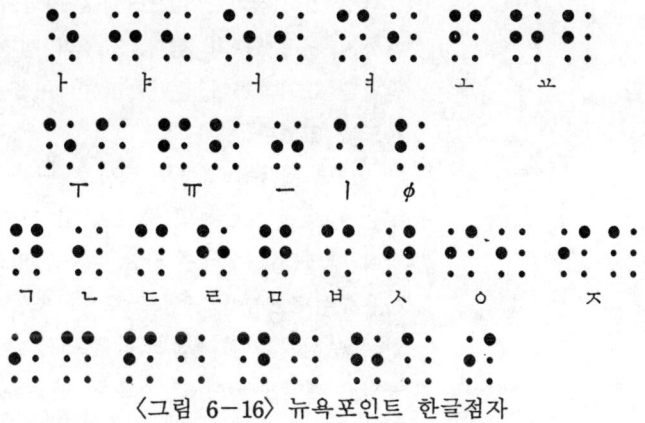

〈그림 6-16〉 뉴욕포인트 한글점자

뉴욕포인트는 1926년 한글점자가 만들어진 후에도 이것을 배운 맹인들간에 통용이 되었다고 하며 그 당시에 뉴욕포인트식 점자로「신·구약성서」가 출판되었다. 그후 1913년 일본인들이 사용한 일본「가나 점자」가 들어왔으나 한글점자가 없음을 개탄하여 1920년경 다시 서울맹학교 전신인 제생원 맹아부에 근무하는 박두성선생이 중심이 되어 3·2점식 점자를 만들어 사용한 바 있다. 이 점자는 초성을 3점, 중성을 2점으로 하는 것을 원칙으로 한다고 해서 3·2점식 점자라고 칭하게 되었다고 한다. 그 원형은 그림 6-17과 같다.

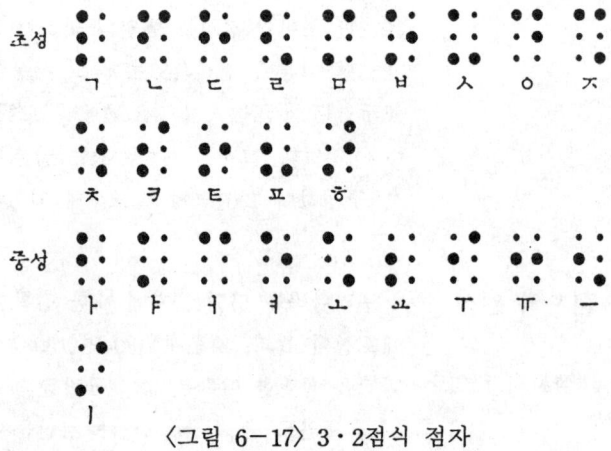

〈그림 6-17〉 3·2점식 점자

이 3·2식 점자는 1921년에 완성되어 1926년 현행「한글점자」가 완성될 때까지 사용했다고 한다. 3·2식 점자는 우리 한글만이 가진 종성, 즉 받침을 표기하는데 불편이 많아 이를 폐지하고 새로운 점자를 만들려는 시도가 있었다.

1913년 제생원 맹아부 교사로 부임한 박두성은 일어점자로만 교육하는 것을 평소에 개탄하던 중 1920년 11월 1일 30주년「일본 점자기념일」을 맞아 학생들로 부터 우리말 점자를 만들것을 강력히 요구 받게 되어 당시 사용중이던「뉴욕 포인트」로서「초등독본」과「천자문」등을 점택하는 등 한글을 점자화 하려고 노력했으나, 4점으로 된「뉴욕포인트」로서는 불가능함을 깨닫게 되어 6점으로 된 한글 점자를 제작할 것을 결심하게 되었다. 그리하여 1923년 1월 조선어점자연구위원회를 비밀리에 조직한 이래 약7년간의 연구끝에 훈맹정음을 분포하기에 이르렀다. 때문에 국문학자 이은상은 박두성 선생을「맹인의 세종대왕」이라칭하여 그의 업적을 극찬하였다(김병하, 1983).

그는 당시 일제의 검인정교과서의 탄압에도 불구하고「조선어독본」을 점자로 출판하였고, 1941년에 기독교 성서의 점자원판 제작을 완성하였으며, 또 교재용 점자자료를 76종이나 마련하는 한편, 1963년 8월 25일 76세를 일기로 세상을 떠날 때까지 맹인교육과 복지에 일생을 바쳤다.

박두성 선생이 그의 제자들과 함께 연구 개발한 한글점자는 그림 6-18 같다.

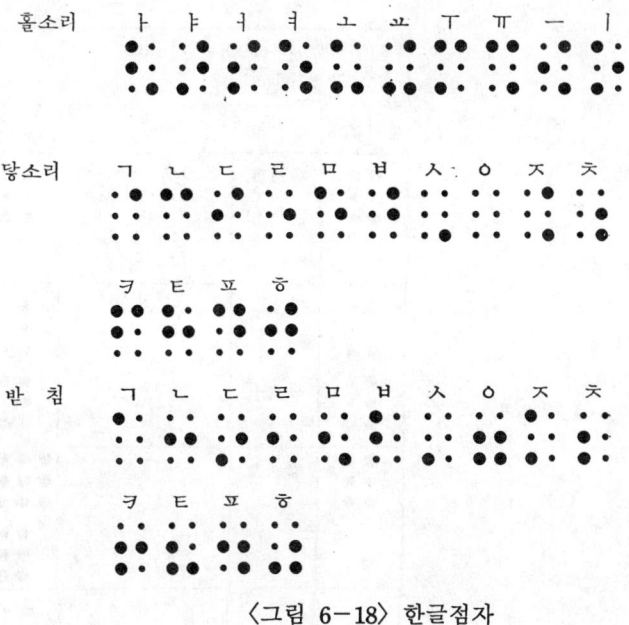

〈그림 6-18〉 한글점자

　한글점자는 중성(모음)은 각각 3점으로 구성하되 점의 위치가 서로 대칭으로 이루어져 있고 초성은 글자의 앞에 쓰고 다음에 중성 및 종성을 뒤에 병렬로 쓰게 되어 있는데 이는 한글의 풀어쓰기 원칙을 채택했다고 볼 수 있다. 3·2정식에서와 동일하게 초성의 점의 위치를 한단 아래점으로 또는 상호 대칭으로 쓰면 종성이 되도록 함으로써 초성과 종성의 혼동이 되지않게 하여 사용의 편리를 도모한 것이 큰 장점으로 나타나 있다.

즉 　　　　　과 같이 종열을 차지하는 초성을 종성 (받침)으로 볼 때는 대칭으로 연결시켜 　　　　　으로 하고 　　　　　과 같이 6점의 좌우에 위치한 점은 한단 아래로 　　　　　으로 쓰게 한것이다.

　1945년 해방을 맞으면서 한글점자의 수정 보완이 불가피하여 1947년경 서울 맹인학교 교사 이종덕, 권태환 두 선생과 재학생들이 모여 한글 맞춤법에 맞추어 다음과 같이 개선하였는데 그 내용은 표 6-1과 같다.

〈표 6-1〉 한글점자의 수정(1947)

1926년~1946년 사용한 부호 및 약자			1947년 수정보완		
점자모형	명칭	예	수정 점자형	명칭	파생어
⠲	재서표	똑같은 글자가 반복으로 쓰일 때 차후에 나오는 글자를 줄여 쓰기로 함	⠭	'옥'자로 수정	곡, 녹, 독, 록
⠶	괄호를 닫는부호	")"	⠽	"괴"	괴, 뇌, 되,
⠦	괄호를 여는부호	"("	⠮	"굴"	굴, 눌, 둘
⠴	말소표		⠿⠿	말소표	
			⠥	"옹"	공, 농, 동
			⠩	"온"	곤, 논, 돈
			⠱	"언"	건, 언, 덕
⠿	일문표		⠡	"연"	견, 년, 련
⠆	영문표		⠌	"사" 및 "예"의 약자	계, 네, 레
⠖	느낌표		⠆	느낌표	
			⠻	"영"약자	경, 녕, 령
⠦	물음표		⠦	물음표	
			⠹	"억"약자	격, 넉, 덕
⠶	거듭표	⠶⠊ 당 ⠶⠊⠂ 답	⠫	"멸"약자	결, 녈, 별
⠐	"예"약자		⠚	"인"약자	긴, 닌, 민

⠐⠆	대거듭표	(점자) 느긋 느긋		"얼"약자	곁, 녈, 럴
⠐⠂	장음표	없앰		"운"약자	군, 눈, 둔
⠐⠆	군시옷 사이시옷	(점자) 문ㅅ간		"사"약자	삭, 산, 살
⠐⠆	된소리 기호	자음을 둘 겹쳐 쓰는데 점자에서는 자음 둘을 겹치는 대신 자음앞에 ⠸ 기호를 쓰고 된소리를 내는 기호는 없앰		⠸	된소리 기호임

2) 한글점자의 略字와 개선

훈맹정음은 한글의 표음주의를 그대로 채택하여 국어가 가지고 있는 음표에 대응하는 개개의 자표를 한글의 자모체계 대로 하고 초성, 중성, 종성의 자표는 각각 다른 자형으로 만들어져 있다. 그러나 복합문자는 약자 약자표기법의 대두로 인하여 자모의 병합인 복합 점자형과 그대신의 간략한 약자점자형으로 구성하게 되므로 한개의 복합자표가 두 종류의 표기점자형을 형성하게 되었으며 이러한 경향은 점자표기체계의 실용면에서 곤란이 초래되는 경우가 있다. 즉 국어가 점자로 표기됨에 있어 그 시간과 지면의 절약을 위해 줄여 쓰는 것이 간편하므로 기본자표는 성략하고 별도의 표기점자형을 구성한 약자표기법이 나타난 것이다. 이러한 점자약자의 표기자형은 개인이 만들어 보급할 수 있으므로 한글 점자자모의 자형과 약자자형의 특별에 혼란이 초래되고 있다.

특히 「한글 점자」 창안이후 한글 맞춤법이 개정됨에 따라 자소체계가 거의 통일된 바 있으나 맹학교의 수적 증대와 점자출판물 보급의 다양화로 인하여 점자표기의 간소화 및 독서의 능률화를 위해 한글 점자의 약자 표기가 필요하게 되었고, 수학, 물리, 화학, 음악, 외국어의 점자표기에 있어서 각종 부호표기법의 확립과 이에 따른 점자부호의 제도가 더욱 필요하게 되었다. 그래서 서울 맹학교를 중심으로 점자부호가 일부 제정 되기는 했으나 사람에 따라 서로 다른 견해를 주장하는 사례가 있으므로 이를 통일화하자는 움직임이 일어나기 시작하였다. 즉 국어 표기에 있어 서는 국문학의 고어를 점자로 표기하려는 시도로써 서울 맹학교 이성대 교사가「고어점자표기법」을 1963년 4월 8일에 발표한 바 있으며, 1967년 7월 28일 전국 맹학교에서 점자에 관심이 많은 교사들이 서울 맹학교에 모여 한글점자의 약자 및 수학, 과학 등 일부 교과의 부호를 제정하였고, 아울러「한글 점자약자 규정」을 만들어 점자약자를 정리한 바 있다. 이 모임은 다소 미비한 점도 있으나 결과적으로 한국점자 표기의 통일을 위해 크게 공헌한 것이 사실이다.

그 후 이 규정은 점자약자의 학습에 표준이 되어 왔으나 현시점에서는 불합리한 요인이 나타나고 있어 표기법체계가 개정되고 있는 실정이다. 그 실례로서 1974년 대구대학 특수교육연구소는 3종약자의 수와 복합자 소의 일부를 수정하고 초등과 점자교과서를 출판하기위해 점자약자의 학습가능성에 대한 실태조사결과로 만들어진 점자표기안에 의하면 약자의 학습 적용 학년이 개정되어 있는 체계가 나타나고 있으며, 이에 수반하여 촉각인지에 불합리한 자소나 점부호가 폐지되거나 개정된 표기형태가 나타나는 경향도 있다(김태욱, 김동연, 1981).

이 표기안은 1967년도의 규정과 다소 상반된다는 일부 교사들의 주장 으로 인하여 점자표의 쟁점이 되었으며, 현재도 합리적인 표기체계가 부 족한 실정에 있어 점자표기의 깊은 연구가 절실하다.

1979년 9월 18일에는 80년도「대학예비고사」를 대비하기 위한 움직임이 있었는데 고등학교 과정이 있는 맹학교의 교사들이 모여서 점자표기(점 자부호)의 통일을 확정한 바 있으며, 1980년 10월 11일 다소 보완되었다.

그후, 1982년 5월에 문교부에서는 "한국점자통일안"에 대한 연구를 의 뢰하여 지금까지의 점자 표기문제를 검토하고 어느 정도의 합의점을 찾 았다(김승국, 1983).

7. 한국의 시각장애자 교육발달

1. 한국 특수교육 성립과 시각장애자 교육

우리나라의 전통적 장애자관은 속담에서도 찾아볼 수 있는 바와 같이 장애자는 그 명칭에 있어서나 내용에 있어서 멸시를 받았거나, 무능력하고 희롱의 대상으로서 부정적 표현의 대상으로 이용되었고 비인간적 가치를 부여 받은 것으로 보인다. 그러나 삼국사기의 신라 유리왕 때 급식 양호 기록이나 이조시대 서당교육의 훈육방침, 정조 7년의 판휼전칙에서 보듯이 자비보호사상이 일찍부터 생활규범에 엿보이고 있다(김병하, 1983).

한국에 있어 특수교육의 성립은 여러 측면에서 찾아볼 수 있겠으나 역시 구한말 개화기에 서구문명을 받아들임으로써 주로 외국인 선교사에 의해서 이루어졌다고 할 수 있다.

구한말의 개화사상은 개화의 보급과 그 실천을, 교육을 통해 하고자 했으며, 이에 따라 교육의 실용화, 민주화, 구국화를 강조하는 신교육운동이 전개됨에 따라 우리 나라에서도 전통적인 경전중심의 교육을 탈피하여 새로운 학문 전수를 위한 근대학교가 보급되기에 이르렀다. 즉, 개화사상, 신교육사상, 근대학교의 설립이라는 일련의 새로운 역사 발전의 추세에 따라 특수아동의 교육문제에도 관심을 가지게 되었으며, 이들 특수교육이 행해지기 전에 개국 이후 외교사절단의 귀국보고 문서나 당시의 개화서적 등을 통해 특수교육이 이 나라에 소개되었다.

이를테면, 1881년 박정양 등 신사유람단은 일본의 각종 교육기관을 보고하는 가운데 맹아원에 관하여 소개를 하고 있는데, 이는 우리 나라에 특수교육이 문서상으로 소개된 최초의 기록으로 평가받고 있다. 또한 유길준은 구미 등을 돌아보고 1895년 「서유견문」이란 저서를 통해 치아원(정신지체아 교육), 맹인원(맹교육), 아인원(농교육)등에 관하여 당시 구미 특수교육의 모습을 구체적으로 소개하였다.

이는 한국 특수교육 태동에 있어 중요한 의미를 갖는 것으로 평가되며, 이러한 문화나 서적을 통해 소개되는 단계를 거쳐, 우리 나라에 최초로 특수아동을 위한 교육이 시작된 것은 미국 북감리교 선교사이며 의사인 「R.S. Hall」여사로 밝혀지고 있다. 「홀」여사가 개인적으로 맹여아(오봉래, 또는 오복녀)에게 점자 지도를 시작한 연대는 1894년 설이 공통된 주장으로 나타내고 있다(안병즙, 1974 ; 안태윤, 1969 ; 김병하, 1986). 그러나 적어도 학교 교육의 일환으로 특수교육이 시작된 시기에 대해서는 1894년, 1898년, 1900년 등으로 그 주장이 엇갈리고 있다.

이에 대하여 최근의 연구는 1900년으로 주장하고 있다. 그 이유로는 첫째, 1900년에 4명의 맹여아가 이미 어린이 병동에 기숙하고 있었다는 점, 둘째,

1898년 5월에 오복녀가 점자를 배우기 시작해서 일년만에 점자를 읽고 쓸수 있게 되었으며, 셋째, 정진여학교의 교사가 신축된 시기, 넷째, 1900년 추수감사절에 홀여사의 일기에서 나타난 기록에서 볼때 그 근거가 있다는 것이다(김병하, 1986).

당시 평양 여자 맹학교는 정진소학교(1896년 설립)에 두 명의 맹여아를 입학시켜 학교 앞에 기숙사를 마련하여 맹아를 수용하고 생활훈련을 하는 한편, 학교에서는 일반아동과 같이 교육을 받게 했다. 이는 그 시작에 있어서는 서양에 비해 138년의 차이가 있지만, 오늘날 선진국에서 볼 수 있는 통합교육의 형태를 취한 시간제 특수학급 방식으로써 매우 진보적인 교육이었음을 알 수 있다. 만약, 당시의 특수교육을 현시점에서의 특수학급 교육과 같은 성격으로 규정한다면, 이는 비록 미국인에 의해 운영된 것이지만 한국 최초의 맹교육이며, 한국 최초의 특수학급 교육으로써 그 역사적 의미를 부여할 수도 있을 것이다(김동연, 1987).

2. 구빈 보호적 성격의 시각장애자 교육

한국 특수교육의 전개과정에서 두 번째 단계라고 할 수 있는 것은 일제가 우리 나라를 강점하고 난 뒤, 조선총독부를 설치하여 제생원 관제를 제정 공포하고, 구빈 보호적 성격을 띤 특수교육을 행한 시기라고 할 수 있다.

제생원은 1911년 6월에 고아, 맹아자 및 정신병자 구료를 목적으로 설립된 재단법인이다. 정신병자에 대한 구료는 1912년 2월 조선총독부 의원내병사로 옮겨서 같은해 12월에는 50명을 수용하였고, 다음해 총독부 의원으로 이관했다. 1913년 4월에 이미 있던 양육부 외에 맹아부를 신설하였다. 맹아부는 경성 구 숭의묘지 2,600평 부지에 건평 363평의 숙사를 갖게 되었다. 1916년에 수용인원은 일본인 62인인데 한국인은 8명이었다. 수업연한은 맹본과가 3년으로서 점자로 교육하였으며 국어, 산술, 기술 과목으로 침과 안마를 가하였다. 아본과는 5년과정인데 일본과 마찬가지로 수화법을 사용해서 교육했고 기술과목은 재봉과 목공을 두었으나 1914년에 폐지되었다.

이와 같이 제생원 맹아부는 근대적인 교육기관이라기보다 이들 특수아동을 고아와 함께 구빈보호하는데 일차적 목적이 있었다. 비록 한국 최초의 공립 특수교육기관으로 해석될 수도 있지만 고아의 양육과 맹농아의 교육을 같은 기관에서 맡고 있었으며, 특수교육에 있어서도 그 교육적 혜택이 일본인과 조선인간에 많은 차별이 있었음을 엿 볼 수 있다.

일제의 식민치하에서도 한국인에 의한 특수교육 업적이 이루어진 바 있는데, 그 가운데에서도 주목할 만한 것은 당시 제생원 맹아부 교사로 재직해 온 박두성(1888~1963)의 한글점자 창안이라고 할 수 있다. 박두성은 일본 점자로만 교육하는 것에 불만을 품고 1921년 한국인 졸업생들과 함께 조선어연구위원회를 조직하여 우리말 점자를 만드는 일을 강력히 추진하였다. 그는 당시 사용중이던 「뉴욕점자」로써 「초등독본」과 「천자문」을 점자화하려고 노력했으나 4점으로 이루어진 뉴욕점자(∴)로는 불가능함을 깨닫고 6점으로 된 한글점자를 고안하여 1926년 11월 4일에 공포하였다. 이것이 이른바 「훈맹정음」이며, 이는 1829년 브레이유가 최초로 6점의 점자를 고안한 이래 약 백 년 뒤의 일로써 국제 점자학계로부터도 한글의 우수성과 함께 과학적이고도 잘 짜여진 훌륭한 점자로 공인받고 있다.

한편 일제 치하의 어려움 속에서도 이창호 목사는 1935년 평양 광명 맹학교를 설립하였다. 기록에 의하면, 제생원 맹아부의 1929년 졸업생인 정삼출은 1934년에 평양에 안마업을 하기위해 갔다가 그 고장의 맹인 홍재식, 윤학배, 전육직 등과 함께 발기하여 평양 수옥리 정인관 집에서 남자 맹아 5명을 모아 교육을 시작한 것이 모체가 되어 발전된 평양맹아학원 이었다. 처음에는 점자와 안마를 위주로 교육했는데 1936년 봄에 남문밖 교회의 이창호 목사의 협조를 얻어 교회의 전도실을 빌려 이전하게 되었으나, 교인들의 불평으로 다시 1936년 봄에 서문밖 마포삼열(S.A. Moffett) 선교사기념관으로 이전하는 동시에 학교로서의 체제를 어느정도 갖추었고 그 뒤에 예수교인 공동묘지인 서장대 대타령에 2층의 학교를 지어 비로소 정착하게 되었다. 당시에 맹아는 30명(농아 50명)이었고 기숙사도 부설되어 있다고 하였다(안태윤, 1969).

평양광명 맹학교는 한국인에 의해 설립된 최초의 특수학교로서 Haüy의 맹학교를 기준으로 하면 151년 뒤의 일이며, l'Epee의 농학교와 비교하면 175년의 차이가 있다. 이어서 제생원 맹부 졸업생인 손용수에 의해 1938년 원산맹학교가 설립되었고 같은 시기에 독일인 수녀 카리타스는 원산에서 수화법에 의해 농아를 가르친 바 있는데 해방 후 1976년에는 농아학교인 애화학교를 설립하는 업적을 남겼다.

특히 일반 초등학교내에 설치된 최초의 특수학급은 1937년 서울 동대문국민학교의 병허약아 학급으로 밝혀지고 있다. 비록 일본인에 의한 것이지만 최초의 공립 특수학급이라는 점과 본 학급 운영의 실태가 「문교의 조선」 제193호(1941년 10월호)에 구체적으로 밝혀짐에 따라 1969년 서울월계국민학교의 약시학급은 우리 손으로 이루어진 최초의 특수학급이 된 셈이다.

이상에서 보듯이 우리 나라 초기 특수교육은 맹교육을 중심으로 비교적 신교육이 앞서 보급된 서북지방을 중심으로 발달해 왔으며, 기독교 선교사와 한국의 기독교인의 노력에 의해서, 비록 구빈보호적 성격을 띠면서도 공적 특수교육 태동에 뿌리를 내리고 있다.

3. 특수교육제도 정비와 시각장애자 교육

　1945년 민족의 광복과 더불어 민주교육이 추진됨에 따라 특수교육에 있어서도 제도적 정비를 하게 되었다. 1949년에 제정된 교육법에 특수학교의 설치 의무와 일반학교내의 특수학급 설치를 명시하여 특수교육의 법적 근거를 마련하였다.

　그러나 그 당시로서는 법제도적 규정에 불과한 것이었고 오히려 1950년대를 전후하여 민간 독지가에 의한 사립 특수학교가 많이 설립되었다는 사실은, 이들 사학이 한국 특수교육 발전의 주도적 역할을 담당해 왔다는 점에서 더 중요한 의미를 지닌다고 할 것이다.

　해방 후 최초로 설립된 사립특수학교는 1946년 4월에 이영식 목사가 대구에 설립한 대구맹아학원(광명학교와 영화학교의 전신)으로서 이 땅에 특수교육이 시작된지 약 반세기 뒤의 일이다. 대구맹아학원은 제생원 맹아부 출신 박영생 등이 교사로 부임하여 대구중앙교회 하층에서 맹여학생 2명과 농학생 12명을 수용하여 첫수업을 시작했다.

　이영식목사의 대구맹아학원 설립 이후 이와 같은 사립학교가 각 곳에서 계속 설립됨으로써 해방 후 특수교육은 민간사학을 중심으로 활발히 보급되기 시작했다.

　외국과 마찬가지로 우리 나라에 있어서도 맹·농교육은 비교적 일찍 시작된 반면에 정신지체나 지체부자유 교육은 다소 늦은 감이 없지 않다. 한국 최초의 지체부자유아 학교는 1964년에 설립된 연세대학교 세브란스병원 소아재활원 국민학교이며, 정신지체학교는 1966년의 대구보명학교가 최초이다. 이는 서양에 비해 약 한 세기가 뒤진 셈이다.

　이같은 사립 특수학교의 대부분은 기독교적 인도주의, 박애정신에 입각한 건학정신을 가진 학교가 대부분을 차지하고 있으며, 맹·농학교는 1950년대, 지체부자유와 정신지체학교는 1960년대에 설립되었음을 알 수 있다. 또한 설립 당초에는 일종의 수용 보호적인 복지시설에서 출발하여 뒤에 학교체제로 바뀐 것이 많다. 이러한 발전은, 1962년에 8개학교이던 것이, 1967년에는 22개교로 증가하였고, 1972년에는 38개교, 1977년에는 51개교, 1981년에는 61개교, 1989년에는 100개교로 확대되었다.

　한편 국·공립 특수교육기관의 경우는 해방 후 제생원 맹아부가 미군정청에 의해 6년제로 바뀌어 이른바 최초로 특수학교 교육이 근대학교의 기틀을 마련하였고, 1947년에는 보건사회부에서 문교부로 특수교육 관장 사무가 이관되었다. 당시 국립맹아학교의 초대 교장으로 윤백원씨가 취임하여 농아동을 위한 한글 지문자를 제정하여 사용함으로써 이 나라 농교육 발전에 크게 공헌하였다. 또한 같은 해 9월 1일에는 국립맹아학교 중등과를 신설하였는데, 이는 한국에 있어 중등특수교육 기관의 효시라 할 수 있다.

특히 국립맹아학교는 6·25동란으로 인하여 제주도와 부산으로 피난을 하여 1953년에 제주맹아분교, 1955년에 부산맹아학교를 개교시켰다. 그후 1959년 1월 대통령령에 의해 서울맹학교와 서울농아학교로 분리되어 오늘에 이르고 있다.

이와 같이 사실상 1960년대 후반기에 이르기까지 공립 특수교육기관의 성립은 그 명목 뿐이었고 실질적인 진전은 거의 없었다. 따라서 국가적 차원에서 관심을 보인 것은 1967년 9월 문교부가 마련한 「특수교육 5개년 계획」으로써 이는 종래 사립에 의존해 오던 태도를 바꾸어 국가가 적극적으로 특수교육을 책임지고 한 하나의 획기적인 계획이라는 점에서 큰 의미를 지닌다고 할 수 있다. 1972년을 목표 연도로 하여 특수학교 초등부 취학률을 50%로 높이고 특수학교와 특수학급의 신설, 특수학교 초등과정의 의무교육화, 교원의 확보, 사학에 대한 재정지원등과 같은 구체적인 정책을 강구하였다. 그러나 본 계획은 당시 정부의 경제발전 우선이라는 입장 때문에 그 실적은 부진하였다. 즉, 본 계획 기간 동안에 경남혜림학교(농), 대구남양학교(정신지체)가 공립으로 설립되었고, 대전맹학교가 공립으로 바뀌어진 것 외에는 별다른 진전이 없었다.

1970년에는 '한국의 교육을 장기적이고도 종합적인 차원에서 그 개혁을 추진키 위해 「장기종합 교육계획 심의회」가 구성되어, 특수교육 부문에서도 기본 계획을 수립한 바 있으나 본계획은 구체적 실시 단계 이전에 그 계획이 유보되었다.

한편 특수교육에 관한 문교부 행정직제에 있어서도 미 군정하에서는 보통 교육국 안에 특수교육과가 설치되어 특수교육, 해외교포교육, 유치원 및 사설강습소에 관한 사항을 담당하여 오다가, 1951년에는 고등교육국으로 이관되고, 다시 해외교육과(1955)→학교관리국(1961)→교육행정과 특수교육계(1963)→교육행정과 업무로 흡수(1970, 계의 폐지)→의무교육과(1979)로 이관되는 등 전담부서도 없이 이리저리 편의에 따라 소관 사무가 이양되는 시련을 겪어 왔다.

그러던 중, 70년대에 접어들어 일반 국민학교에 특수학급이 설치되게 된 것은 한국에 있어 특수교육의 공적 책임확대를 위한 중요한 계기가 되었다. 물론 특수학급 교육의 역사는 앞에서 밝힌 1937년의 동대문국민학교의 양호학급, 1969(1969년 3월 13일 개교)의 서울월계국민학교의 약시학급(1975년 2월 폐지), 1972년 서울맹학교와 대구 광명학교의 약시학급, 또한 현존하고 있는 여의도 초·중·고등학교의 약시학급 등을 들 수 있으나 본격적인 특수학급 교육은 교육가능 정신지체아를 위한 특수학급이 설치된 때부터라 할 수 있다.

최초의 교육가능 정신지체아 특수학급은 1971년에 설치된 대구 칠성

국민학교의 특수학급이다. 당시 경북 도교위는 특수학급 설치에 있어 매우 선구적인 역할을 해왔던 바, 1972년에는「경북 도교육 5대 시책」의 하나로써 특수학급 설치를 강조하여 1972년 18개, 1973년에 33개의 특수학급에 532명의 학생이 교육을 받는 등 급진적인 발전을 보였다.

특히 1973년 9월에 문교부와 경북도교위 후원으로 학국특수교육연구협회가 주최한「제1회 특수학급 설치와 운영에 관한 세미나」는 이후의 특수학급 교육 발전에 중요한 계기가 되었으며, 이에 자극을 받은 문교부도 1974년부터 전국 각 시·군에 1개 학급씩 특수학급을 설치케 하여 당시에 177개가 신설되었으며, 이들 학급에는 운영비를 지급하는 단계에 이르렀다.

어쨌든 일반학교내의 교육가능 정신지체아 특수학급의 시작과 보급은 한국 특수교육 발전에 중요한 계기를 마련한 것으로 볼 수 있으며, 또한 경북 도교위가 중등 특수학급(1984년) 설치 운영에 있어서도 선진역할을 담당한 것은 주목할 만한 일이다.

이와 같이 70년대에 와서 점차 특수교육에 관한 공적 책임이 확대되어 오던 중 1977년말 특수교육진흥법이 국회를 통과하게 되고, 그 이듬해에는 동법 시행령과 시행규칙이 확정, 발표됨으로써 특수교육의 법제도 규정이 실효성 있게 추진될 수 있게 되었고, 이에따라 한국 특수교육이 무상 공교육의 원칙을 정립하게 된 것은 매우 고무적인 것으로 평가된다.

교사양성에 있어서는 1961년에 4년제 대학과정의 특수교육학과가 대구대학교(구 한국사회사업대학)에 설치된 후, 1970년대에 단국대학교와 이화여자대학교가, 1980년대에는 강남대학, 전주우석대학과 공주사범대학 등이 특수교육과를 설치하여 교사를 양성하고 있다. 특히, 문교부는 맹·농학교 교육과정을 1967년에, 정신지체학교(초등부)는 1974년에 제정하였다. 그 후 1977년에 1차 개정을 거쳐, 1983년에는 2차개정과 아울러 정신지체학교 중·고등부와 지체부자유학교의 초·중·고등부 교육과정을 처음으로 제정하였다. 또한 1989년 말에 고시할 예정으로 3차 교육과정의 개정 작업을 추진하고 있으며, 개정과 함께 특수아동용 교과서 개발계획을 수립하여 추진하고 있다.

1989년 9월 현재, 우리 나라 특수학교의 수는 100개교이며 1990년 현재 2개교가 증가하여 102개가 되었다. 설립별로는 국립이 2개교, 공립이 29개교, 사립이 69개교이다. 장애 영역별로는 시각장애학교가 13개교, 청각장애학교 13개교, 정신지체학교 40개교, 지체부자유 학교 12개교, 정서장애학교 2개교이며 청각과 정신지체를 겸한 학교가 10개교, 정신지체와 지체부자유를 겸한 학교가 6개교, 시각과 청각을 겸한 학교가 1개교이다. 이를 표로 제시하면 표 7-1과 같다.

〈표 7-1〉 특수학교 현황 (1989년 현재)

설립별	계	시각	청각	정신지체	지체부자유	정서장애	청각정신지체	정신지체지체부자유	시각청각
계	100	13	16	40	12	2	10	6	1
국립	2	1	1	·	·	·	·	·	·
공립	29	3	3	14	3	·	1	4	·
사립	69	9	12	26	9	2	9	2	1

특수학급의 경우에는 1969년의 서울 월계국민학교 약시학급 설치 이후, 1971년의 대구 칠성국민학교 초등 특수학급이 설치되고, 1979년에는 서울 여의도 중학교의 약시학급, 82년 여의도 고등학교, 86년 여의도 국민학교 약시학급이 설치되어 9개 학급이 운영되고 있다. 또한 1984년에는 정신지체아 중등 특수학급이 설치되어 10개가 실험적으로 운영되었고, 1989년에는 처음으로 서울 교동국민학교에 난청 아동 특수학급 3개가 설치된 바 있다. 따라서 1988년 현재 특수학급의 수는 초등 2,369학급에 26,023명이 재학하고, 중등 657학급에 6,239명이 재학하여, 모두 3,026개 학급에 32,262명이 교육을 받고 있다(한국특수교육협회, 1989). 1990년 3월 현재 시각장애학교에서 교육을 받고 있는 학생수는 1,451명(유치부 21명, 초등 637, 중학 398, 고등 395명)이며 교원수는 263명이다.

4. 약시학급 교육

1) 약시학급 교육의 성립

최초의 약시학급 교육은 1969년 3월 13일에 개설한 서울 월계국민학교(사립, 박봉업 교장) 약시학급에서 그 뿌리를 찾을 수 있다. 1968년에 계획을 수립하여 같은해 9월에 개교할 예정이었으나 그 이듬해로 넘어갔다. 처음 개교시의 아동은 1학년 3명, 3학년 3명, 계 6명의 아동이 입급되었으며, 10여평의 교실에 이동식 전기칠판, 환등기, 약식교정기, 조명확대기등 50여점이의 기구를 갖추었다. 주로 국어, 산수, 사회, 자연을 지도하고 예능과목과 실과등은 부분 통합하여 교육하였다. 본 학급은 1975년 2월말 첫 졸업생을 배출하고 폐지되었다. 본 학급은 양호학급이 밝혀짐에 따라 우리나라 사람에 의해 이루어진 최초의 특수학급이요, 약시학급이라는데 그 의미가 있다.

두번째로 설치된 약시학급은 1973년 국립서울맹학교 초등부 약시학급과 대구광명학교의 약시학급(2년후 폐지)을 들 수 있는데, 이는 특수학교내 특수학급이라는 성격을 가진 것 들이다. 1972년 3월 1일자로 서울맹학교(심경섭 교장) 약시학급이 설립 인가를 받고, 3월 5일에 신입생 7명이 입급되었다. 1981년 8월 통계에 의하면, 전체학년 1개 학급씩이 편성되었는데(1학년-1명, 2-4, 3-5, 4-2, 5-5, 6-4), 모두 20명이었다.

본 약시학급은 맹학교내에 설치된 약시학급이라는 점에서 그 성격을 달리 규정할 수 있겠으나, 현존하는 약시학급을 태동하는데 상당한 기여를 했다고 볼 수 있다. 왜냐하면 1978학년도에 첫 졸업생을 배출하면서 다시 문제가 제기된 것이 중학교와의 연계성 교육 문제였기 때문이다.

당시 약시재활협회(이철제 이사장)에서는 1978년 7월 5일 서울시교위(이창갑 교육감)에 진정서를 제출하였는 바, 7월 24일 서울시 학교건강관리소(오희용 소장)에서는 서울시교위의 위탁을 받아 판별위원회를 소집하여 약시학급 설치에 대한 심의를 하였고, 시내 약시아동 453명을 대상으로 판별을 실시하여 입급아동을 확정하였다.

서울시교위는 학교건강관리소에서 확정한 15명과 국립서울 맹학교 약시학급 졸업예정자 7명을 대상으로 1개 학급(15명만 입학)을 편성하여, 1979년 3월 1일자로 여의도 중학교에 한국 최초의 중등부 약시(특수)학급을 개설하였다. 1981년에는 3개학년에 각 1개학급이 설치되었고 1학년 9명, 2학년 11명, 3학년 15명, 모두 35명이 재학하게 되었다.

이러한 노력은 결국 고등교육의 필요성을 인식케하여, 1982년 3월에는 최초로 여의도 고등학교에 고등부 약시학급이 설치되었다. 여의도 중학교 졸업생 15명과 일반중학교에서 판별된 5명이 입학하여, 20명을 1개 학급으로 편성하여 출발하였다. 1985년에는 이들중 3명이 자퇴하고 17명(남 12, 여 5)이 첫 졸업을 하게 되었다.

그리고 1986년에는 여의도국민학교에 3개반의 약시학급이 설치되어 4,5,6학년에 22명의 아동(4학년-6명, 5-9명, 6-7명)을 교육하게 되었다(문교부, 1981).

이상에서 보듯이, 약시학급 교육은 그 설치과정에 있어서 상당한 어려움이 있었고, 그 시기에 있어서도 최근에 이루어졌다고 볼 수 있으며, 설치과정에서 있어서도 초·중·고의 연계성을 갖지 못한 점이 지적되고 있다. 그러나 서울시교위와 여의도 초·중·고등학교의 노력은 한국 약시학급 교육의 기초를 마련했다는 점에서 가치있게 평가되어야 할 것이다.

2) 약시학급 교육의 현황과 문제

우리 나라 약시학급의 수는 9개 학급이며 서울맹학교 약시학급을 포함한 입급 아동수는 표 7-2와 같다.

표 7-2에서 보듯이 1987년 3월 1일 현재 약시학급 교육을 받고있는 아동의 수는 158명이다. 여의도국교 초등에 158명, 중학교 44명, 고등학교에 55명이 입급되어 있고 서울맹학교 초등부에 31명이 재학하고 있다.

아동의 시력정도는 특수교육 진흥법에 의거하여 0.04~0.3미만이 입급되어 있고 고등학교의 경우를 보면 중도약시(0.09~0.04)가 5명, 중등도(0.25~0.1)가 18명, 경도(0.8~0.3)가 7명이다. 원인에 있어서는 시신경위축이 가장 많고 망막변성, 백내장 순이다.

학급당 평균 아동수는 서울맹 약시학급이 약 5명, 여의도국교가 9.3명, 중학교가 약 15명, 고등학교가 약 18명으로서 중고등부가 국민학교 보다 다소 많다.

교사에 있어서는, 담임교사의 경우에 교육경력이 높은 남자 교사가 많고 주임급 교사가 대부분이다. 특수교사 자격증 소지자는 거의 없고, 고등부에 1명(한명복)이 있다. 따라서, 중등부 정신박약 특수학급고 같이 전담교사는 중등 특수교사 자격증 소지자(맹)를 배치함이 바람직하다고 본다. 그 이유는, 그렇게해야만 자료실 운영이나 교재개발(녹음책, 확대교과서 등), 상담 등 전반적인 지도가 원활하게 될 수 있기 때문이다.

〈표 7-2〉 약시학급 아동의 수

학교 성별 학년	서울맹학교			여의도국교			여의도중			여의도고			총		계
	남	여	계	남	여	계	남	여	계	남	여	계	남	여	계
1	4	1	5	·	·	·	9	9	18	18	7	25	31	17	48
2	3	1	4	·	·	·	9	2	11	8	4	12	20	7	27
3	5	1	6	·	·	·	10	5	15	9	9	18	24	15	39
4	5	3	8	2	3	5	·	·	·	·	·	·	7	6	13
5	3	2	5	4	7	11	·	·	·	·	·	·	7	9	16
6	2	1	3	6	6	12	·	·	·	·	·	·	8	7	15
계	22	9	31	12	16	28	28	16	44	35	20	55	97	61	158

교육과정 운영을 보면, 주로 일반학교의 교육과정을 적용하고 있으나 "생활적응"과 특히 "직업교육"은 고등학교 약시학급에서 절실히 요청되고 있다. 따라서 추후의 교육과정 개정시에는 어떤 형태로든 삽입해야 할 것으로 본다(약시학급 교육과정)

현재의 약시학급 교육을 보면, 그 환경면이나 교육내용면에서 상당한 발전을 보이고 있다. 예컨대, 교실의 크기(일반학급의 2/3크기), 전체조명 (백색형광등 800룩스)과 개인 조절 조명장치(조도조절 스탠드 설치), 광선조절용 커텐, 채색조절, 약시아용 책상(일반책상의 1.3배 크기의 경사진 것), 확대교재의 제작(1.5배 확대, 12~14포인트 활자), 광학지자재 보급 (확대렌즈, 단안망원렌즈), 자료실 설치 이용(녹음학습실), 타자교육, 생활상담과 재활캠프운영, 시험지확대와 시험시간의 연장, 취업알선 등 다양한 프로그램을 실시하고 있어 차츰 개선되고 있다.

한국 약시학급 교육의 당면과제라고 할 수 있는 것은 다음 몇 가지로 요약할 수 있다.

① 약시교육의 연계성을 위해 유치부와 국민학교 저학년의 학급을 개설해야 한다.
② 교수학습 자료의 연구와 개발 및 활용방안이 확대되어야 한다. 예컨대, 교과서 및 참고서 등의 녹음도서 제작(확대사전), 약시용 노트의 개발 등이다.
③ 통합교육에 대한 연구가 계속되어야 한다. 대다수의 약시아는 가정,

체육, 음악, 미술 등과 같은 학습에서는 호의적인 반응을 보이고 있다. 그러나 특정교과의 통합에 있어서도 문제가 표출되고 있으므로(체육시간에 교사와 운동기구가 잘 보이지 않는다), 특정과목통합과 내용통합의 방법에 대해 더 연구해야 할 것이다(서울시교위, 1980).

④ 성적평가의 문제 개선이다. 이 문제는 대입 학력고사 실시와 내신 성적문제를 포함하고 있어 깊이 연구되어야 할 문제이다.

⑤ 고등학교의 직업교육 프로그램 개발과 진로지도가 이루어져야 한다.

우리나라의 시각장애학교와 약시학급 설치의 발달과정을 요약하면 다음과 같다.

1913년 제생원 맹아부 설치
1946년 대구맹아학원(맹·농)
1952년 서울맹아학교로 개칭
1953년 강원맹학교(현재 명진학교)
1953년 대전맹학교(1962년 공립으로 변경인가)
1955년 부산공립맹학교(1951년 서울맹아학교 분교로 개교)
1959년 서울맹학교와 서울농학교로 분리
1959년 대구광명학교로 분리 개교
1961년 인천혜광학교
1961년 전남맹학교(현재 광주세광학교)
1961년 충주성심맹학교(현재 성모학교)
1962년 전북맹학교
1963년 목포맹학교(현재 은광학교)
1966년 청주맹학교
1969년 서울 월계국민학교 약시학급
1971년 제주맹아학교(1951년 제주북국민학교 맹아분교)
1970년 한빛맹학교인가(1971년 임마누엘 맹학교로 개교, 1976년 교명 변경)
1973년 서울맹학교 초등부 약시학급
1979년 여의도 중학교 약시학급
1982년 여의도 고등학교 약시학급
1986년 여의도 국민학교 약시학급

8. 시각장애와 신체심리학

불능이나 장애를 지닌 사람들의 성격은 불능이나 장애가 없는 사람들과 다른가, 만일 다르다면 어떻게 다르며 왜 그러한 차이를 보이는가에 대한 의문을 우리는 오랫동안 가져왔다.

신체심리학(somatopsychology)에서는 신체와 행동의 얽키고 결합된 원인-반응-결과라는 실마리를 찾아 과학으로서의 심리학을 성립하고자 노력해 왔는데, 예컨대 Ince같은 학자는 뇌성마비는 지적인 지체뿐만 아니라 억압, 분노, 소극성, 미성숙, 자아개념의 손상, 의존성, 과도한 환상, 애정에 대한 강한 욕구, 비현실적인 계획, 편집광적인 사고를 수반할 것이라고 지적한 바 있다.

신체와 심리적 행동 형성 관계의 이론에는 몇 가지 주장이 있다. 이러한 이론들을 고찰하여 장애를 지닌 사람들의 행동에 대한 결론을 유도할 수 있을 것이다.

1. 신체와 행동관계에 대한 몇 가지 이론

첫째는 신체와 행동과의 사이에는 아무 관계도 없다는 것이다. 즉, 신체의 특수한 부분의 차등은 행동에 영향을 주는 중요한 요인이 아니다는 것이다. 서로 비슷한 행동을 하는 개개인들 중에는 여러가지 모양과 크기의 체격을 가진 사람이 있다. 최근에는 체격의 어느 부면과 어느 종류의 행동과는 밀접한 상관관계가 있다는 연구가 보고되어 통계학적인 의미를 지녀 긍정되기도 했으나 상관관계 그 자체는 설명 그 자체가 아니며, 어느 부분의 체격과 행동사이에 어떤 관계가 있다고 하더라도 이러한 관계가 의미있는 것인지의 여부를 결정짓는 문제까지 해결된 것은 아니라는 것이다.

둘째는 체격이 행동을 결정한다는 이론이다.

일찌기 Hippocrates는 인간을 체액의 종류에 따라 분류하여 체액기질설을 수립하였고 Sheldon은 체형의 상위를 발생학적인 관점에서 나누어 현대적 체질학(constitutionalitypology)의 체계를 세웠는데 체형의 변인에 관한 세 가지 성분과 기질에 대한 세 성분을 지적하였다. 이들은 체격과 성격사이에 본질적인 관련성이 존재한다고 생각하고 발생학적 또는 생화학적 혹은 생리학적 관련성을 추구하였는데 모두들 한결같이 믿고 있었던 것은 일단 체격이 이루어지기만 하면 그로써 예언할 수 있는 행동이 필연적으로 뒤따른다는 것이다. 그러나, 신체의 발달에 영향을 주는 유전자나 생화학적 조건은 성격이나 행동에 직접적으로 영향을 준다고는 생각할 수 있으나, 이러한 생각을 뒤받침할만한 증거는 거의 없다. 정상적인

사람들을 대상으로 해서 얻어낸 신체적 유형과 심리적 유형사이의 상관
관계는 거의 무관할 만큼 낮아서 체격으로 행동을 예언하는데에는 무가
치한 것이다. 또한 인간은 생물학적인 유기체이기 때문에 몸의 형태를
구분하는 것을 전제로 하지 않고라도 체격이 행동을 직접적으로 결정하는
것인지도 모른다. 이를테면 내분비물의 부족이 신체적 발달과 아울러 심
리적 발달까지도 영향을 주게 되는 것은 바로 그 예라 할 것이다.

전맹아동이 시각적 자극에 대해서, 그리고 농아동이 청각적 자극에 대
해서 반응하지 않을 것이라고 예언할 수는 있다. 그렇지만 행동이 위와같은
고도로 특수한 부면의 제한을 받아도 개인에 따라 수많은 형태의 서로
다른 행동으로 나타나게 되며, 신체적 제한이 서로 다른 행동으로 나타나게
되며, 신체적 제한이 똑같은 아동이라도 성격의 양상은 서로가 현저하게
다를 수 있다. 따라서 불능의 성질이나 정도에 관한 지식만으로는 아동의
다양한 심리적 행동을 정확하게 예언하기란 불가능한 일이다. 더욱이 인
간은 사회적 유기체이기 때문에 한 사회의 문화속에서 행동을 예언할 수
있으나, 어떤 문화에서는 반대 현상이 있을 수 있으므로 체격과 행동사이에
꼭 어떤 관계가 있다고 하기는 힘들다는 것이다.

세째는 정신이 신체를 결정한다는 것이다. 이것은 정신 신체의학적 입
장에서 다룬것으로, 사람이 어떻게 생각하고 느끼냐가 그의 체격에 영향을
줄 수 있다는 사실이 잘 알려져 근년에는 기능적 또는 정신, 신체적 불능에
대해서도 크게 중요시하게 되었다. 정신신체의학(psychosomatics)에서는
각 질환이나 불능의 형태는 적어도 성격갈등이라는 독특한 형태로부터
생긴다는 것이다. Alexander, French, Pollack는 관절염에 걸린 여성환자
들이 한때는 말괄량이였으며, 다른 사람을 지배하는 경향을 가졌다고 보
고했으며, 신경성피부염은 마스터베이션의 대용으로서의 피부긁기, 피부
에로티시즘, 메조히즘, 과다노출에 대한 갈등, 신체적 접촉에 대한 열망으로
인해서 부분적으로나마 발생한다고 했다.

네째는 행동과 체격은 어떤 제3의 변인에 의해서 동시에 결정될지도
모른다는 입장이다. 선천적으로 갑상선 내분비액이 부족한 갑상선 기능
부전의 아동이 치료를 받지 않으면 일종의 이상행동과 지체가 동시에
일어난다. 그리고 뇌막염에 걸리면 청각장애와 정신박약이 한꺼번에 발
생하는 아동도 있다. 그러나 병을 앓는 것과 그 결과 나타나는 것은 통
계적인 확률에 불과할 뿐이며, 실제로 뇌막염에 걸린 아동 가운데는 청
각장애와 정신박약 모두를, 또는 어느 하나만을, 때에 따라서는 전혀 일
으키지 않는 아동도 있다.

다섯째는 행동은 환경과 교호작용을 하는 유기체의 기능이다. 즉, 행동을
B, 사람을 P, 환경을 E, 기능을 f로 표시하면 $B=f(P \cdot E)$이다. 이 공식은

모든 행동의 결과를 적절히 고려한 공식인 것은 분명하다. 행동이란 결코 사람 그 자체만의 결과는 아니며, 그렇다고 환경만의 결과도 아니다. 사실상 한 개인의 모든 면, 그 개인 환경의 모든 면 및 그 양자사이의 상호작용의 모든 면을 연구하기란 분명히 불가능한 일이다. 특히 신체불능자들의 행동에 대한 간접적인 방법의 정리나 이해할 수 있는 길을 찾는 것도 매우 어려운 일이라고 할 수 있다.

2. 장애의 문화적 상관성

우리는 때로는 사실이 아닌 가정을 사실인양 받아들임으로서 현상을 이해하는데 방해가 되어온 것이 사실이다. 심신에 장애를 지닌 사람을 통칭하는 용어인 손상, 불능(불구), 장애에 있어서도 이 세 가지 용어가 엄격한 의미에서 뜻이 다름에도 불구하고 혼용되는 경우가 많아서 장애를 보는 시각이 왜곡되는 원인이 되고 있다.

손상(impairment)인간의 어떤 조직이나 기관에 결함이 생긴것을 말하는 것으로서 예컨대, 시각손상은 눈의 조직이나 어느 부위에 결함이 생긴것이며 색맹이나 시야제한등을 예로 들 수 있다.

불능(disability)은 손상과 마찬가지로 하나의 의학적인 개념이며, 몸의 일부 또는 기능의 일부가 구비되지 않거나 이상이 있어서 재생불능으로 판단되면 이것이 불능이다. 예컨대, 시각손상으로 인해서 개인의 어떤 활동 능력에 객관적인 제한을 초래하는 것으로써, 색맹을 가진 운전기사나 전기기사를 예로 들수 있으며, 시각불능이 반드시 시각장애가 되는 것은 아니다.

장애(handicap)는 손상이나 불능으로 지적, 심리적, 신체적, 사회적, 직업적, 제 분야에서 개인이 불리하게 됨을 의미한다. 이런 의미에서 장애는 사회적인 것이며, 손상이나 불능은 개인적인 것으로써 시간과 공간을 초월하여 개인에게 존재하지만 장애는 시간과 장소와 문화에 따라 달라질 수도 있다. 이를테면 망막의 손상으로 시기능이 불능한 아동이 점자책으로 전등불이 없는 곳에서 공부를 하여 지적발달을 시키고 있다면 이것은 장애가 될 수 없다. 그러나 맹아가 T·V를 볼 때는 장애가 있으며, 다리가 마비된 아동이 자전거를 탈 수 없거나 달리기를 할 수 없는 것은 장애이다.

지체부자유아동의 경우 신체적으로는 분명히 제한되어 있지만 그 제한이 끼치는 영향을 말하는데 있어서는 그 정도와 경우에 따라서 "될는지도 모른다"는 식으로 기술하는 것이 바람직하다. 그것은 불능으로부터 장애가 일어날 수도 있고 일어나지 않을 수도 있기 때문이다.

불능에 대한 사회-심리학적 접근을 통해서 장애자와 장애를 지니지 않은 자 사이의 스트레스는 환경적 조건에 의해서 증가 또는 감소될 수 있다고 지적한 Wright(1960)는 그의 유명한 저서「신체불능-심리학적 접근」에서 장애에 대한 개념과 형성에 대한 설득력 있는 제한을 한 바 있다.

이를테면 우리는 "신체장애자"라는 말보다는 "신체적으로 장애를 겪고 있는 사람"이라는 말을 써야 하는데 그 까닭은 전자가 장애를 강조하는 말이고 후자는 그 개인이 무엇보다도 '사람'이라는 점을 강조하는 말이기 때문이다. 이것은 사소한것 같아도 그 효과는 큰것이다. 장애라는 말이야말로 손상을 지닌 자가 문화적, 사회적, 대인관계적인 문제는 물론 신체적인 제한의 문제와 더불어 맞서 싸워야 할 장애물이다.

불능은 의학적인 상태를 나타낸 말이며, 스스로를 가눌 수 있는 능력 때문에 개인이 지적, 정서적, 육체적으로 약해지느냐의 여부에 따라 불구는, 장애자가 될 수도 있고 되지 않을 수도 있는 것이다. 결론적으로 신체적 특징은 그것이 특정한 목표의 성취에 중대한 방해가 되는 경우에 한하여 장애가 된다. 이것은 개개인의 경우에 신체장애자는 신체적 장애가 될수도, 되지 않을 수도 있음을 의미한다. 그것은 정상에서 벗어나지 않은 신체적 특징의 경우에도 마찬가지로, 또한 어떤 신체적 특징이 장애가 될 수 있는 까닭은 그것이 신체적 제한때문이 아니라 사회적 관계에 반작용을 미치기 때문인 것이다.

불능이건 장애이건 간에, 그 모두는 사람의 차등일 따름이라는 뜻에서 이 두가지를 규정짓는 것은 다만 주관적인 해석에 지나지 않는다고 가정해 보는 것도 뜻있는 일일는지 모른다. 불능이나 장애는 둘다 "판단"에 속하며 그 판단은 불능이나 장애의 기초가 되고 있는 절대적 가치를 고려하지 않는 경향이 있는 것이다. 어떤 변인이 손상, 불능 혹은 장애로 간주될 것인가는 그 사람이 살고 있는 문화의 기대, 그에게 요청되고 있는 일, 그 사람 자신과 남들이 그 변인에 부여하는 의미에 따라 엄격한 상대성을 띄고 정해지는 것이다.

Meyerson(1963)은 불능의 문화적 상관성이라는 입장에서 다음과 같이 몇 가지로 요약하고 있다.

첫째는 능력의 제한으로 이끄는 신체상의 차등이다. 보기가 흉할 정도로 조그마한 발을 가진 처녀가 미국사회가 아닌 백여년전 중국에서 살았다고 가정한다면 그녀를 불능이라고 하겠는가? 불능이 아닐뿐 아니라 그 발 모양의 차이는 그 처녀에게 무능력 대신에 도리어 적극적인 능력을 주었다고 할 수가 있다.

그래서 불능이라고 하는 것은 하나의 사회적 가치판단인 것이며 그 사람속에 있는 실체적인 것은 아니다. 사회는 문화라는 것을 창조하여 행동을 하는데 일정한 수단이 요청되게끔 함으로써 불능이라고 하는 것을 만들어 내고 있는 까닭이다. 따라서 신체에 있어서의 차등, 그 자체만으로는 그것이 평가되는 문화의 테두리 밖에서 볼 때 심리적 의미라고 하는 것을 거의 찾아 볼 수가 없는 것이다.

둘째는 사회적으로 부과된 장애에로 이끄는 신체상의 차등이다. 행동상의 제한중에는 불능이 아니라 사회적으로 부과된 장애라는 것이 있다는 것이다. 이를테면, 미국문화에서는 살빛이 검기만 하면, 그 속에 담겨져 있는 두뇌의 능력이야 어떻든간에 일부 대학에서는 그 입학이 허용되지 않는다. 이러한 표준이야말로 제멋대로인 것이며 무의미한 것이다. 그러나 신체라고 하는 것은 사회적 분류를 위한 기준의 하나라는 것만은 사실이며, 때때로 그 사람에게 기대되는 행동과 그에게 허용되는 일의 한계를 결정짓기도 한다. 또한 사회적 기준은 결코 보편적인 것은 아니며, 그렇다고 영구적인 것도 못된다. 그 기준은 문화에 따라 다르며, 같은 문화속에서도 시대에 따라 달라질 수 있는 것이다.

신체불능자에 대한 보편적이고도 변함없는 기대가 있을 것이라는 생각은 잘못이다. 불능자에게 부과되는 역할, 그들에게서 기대되는 행동은 고정되어 있지는 않기 때문이다.

J. R. Hanks와 L. M. Hanks가 지적했듯이 신체불능자는 그 문화에 따라 다른 취급을 받아왔는데, 때로는 관대하게 받아들여 유용하게 다루어지기도 하고, 사회적인 참여에 제한을 받기도 하고, 혹은 그런대로 내버려 주어지는 경우도 있었다. 이와같이 해서 그들에게 맡겨지는 역할이나 사회적인 대우 그리고 그들에게 기대되는 행동에 차등이 생기게 되는 것은 결코 불능 그 자체에 말미암은 것은 아닌 것이다.

역시 사람에게 그가 할 수 있는 일이 무엇이고 어떻게 행동할 것인가를 결정해 주는 것은 신체조건도 영향을 주기는 하지만, 그 보다 훨씬 더 큰 결정권을 사회는 가지고 있는 것이다. 어느 면이 소중한 것이냐는 문화에 따라 다르고, 같은 변인에 대해서도 각각 다른 가치가 부여되기는 하지만, 그러나 어떤 문화도 신체상의 어느 일정한 면에 대해서 가치를 부여하고 있다.

세째는 정서적 장애로 이끄는 신체상의 차등이다. 신체상의 차이중에는 능력이나 사회적인 장애를 불러 일으키지도 않는 것이 있다. 이를테면 얼굴 위에 있는 까만점에 늘 마음을 쓰고 있는 처녀는, 그 까만점이 자기의 행동을 불러 일으키고 있다고 믿는 경우가 있다. 이런 사람중에는 성형수술을 받으려는 이가 있는데, 그 까닭은 신체상에 변화를 가져오면 사회성과 정서면에서 큰 개선이 이루어지리라 가정하고 있기 때문이라는 것이다. Macgregor과 Schaffner는 정신분석학적인 측면에서 신체상의 손상을 제거해 주었다고 하더라도 그 처녀는 수술을 불만족스럽게 생각하거나 또 다른 신체적 특징을 찾아내어 자기의 불안정감을 투사하려 할 것이라고 했다. 이 경우에 있어서의 신체는 그 개인만의 독특한 의미를 지니고 있는 것이며, 또한 신체도 심리적인 부적응의 원인이 되는 것이 아니라 한낱 핑계에 지나지 않는 것이다. 따라서 정신분석학적인 문제를 제외하고는 다음과 같은 일반적 원리에 도달할 수가 있다.

첫째, 신체상의 변차가 심리적인 부적응을 반드시 일으키지는 아니한다.

둘째, 신체불능자에게 정서적인 장애가 있을 경우, 그 장애는 불능에서 곧장 일어나지를 않고, 사회적인 변인의 작용을 거쳐서 일어난다.

세째, 신체적인 상태와 심리적인 행동과의 조정은 다음의 경로를 거친다.

① 자기가 살고 있는 문화에 일치하게끔 행동하는데 필요한 수단이 자기에게 갖추어져 있는 사람은, 그렇다는 사실을 자기가 안다.

② 다른 사람들이, 그에게는 중요한 수단이 결여되어 있음을 알고 그로 인해 그를 낮추어 평가한다.

③ 자기는 남보다 못하다는 남들의 판단을 받아들이고(또는 자기가 자신의 문화에 대해서 어느 정도의 값진 자기자신을 판단하고)자기자신을 낮추어 평가한다.

이 세 항목은 결합되어 있으며 ①과 ②가 일어나지 않으면 ③도 일어나지 않는다.

네째는 불능과 장애의 결합에로 이끄는 신체상의 차등이다. 불능과 사회적 장애와 정서적 장애는 여러모양으로 결합되는 것이 사실이다. 손상에 대한 분석 그 자체는, 서로 신체가 다른 사람에게서 흔히 볼 수 있는 사실이다. 손상에 대한 분석 그 자체는, 서로 신체가 다른 사람들에게서 흔히 볼 수 있는 행동상의 크나큰 차등을 설명하는데 도움이 되는 것이다.

신체불능이라는 판단을 받아온 사람의 행동에 영향을 주는 중요한 변인, 그 일부를 지적해 주는 것도 이 손상에 대분 분석인 것이다. 사실 우리가 개성존중의 미명하에 "사람마다 모두 다르다"라고 함으로써 우리의 무식을 숨기려는 일을 우리는 더 이상 범해서는 안된다. "사람마다 다르다"는 것은 사실일지 모르나 그렇다고 불능 그 자체나 불능자의 특징적이고도 변화시킬 수 없는 기능을 빌어, 불능에 대한 모든 반응을 일률적으로 "변명"하는 것은, 사실이 그렇지도 않을 뿐더러 연구에 도움이 되는 일도 못되는 것이다.

여하튼 사람이 불능을 갖게 되면 많은 장애를 받게 된다. 즉, 불능이 인간에 미친 영향은 심신의 장애이다. 손상이 불능으로, 불능이 심신장애로 그치지 않고 끊임없이 번져나가서 심신기능 뿐만 아니라 그 사람의 인격과 생활까지 파멸로 몰아간다. 불능이 이처럼 확산되는 원인은 「손상=불능=장애=무능력」이라는 등식의 표면적, 확대해석을 가진 사람들 때문이다.

3. 새 심리적 사태와 겹치는 심리적 역할

심리학자들은 신체불능(physical disability)에 연유하는 "행동"에 많은 관심을 가져왔다. 특히 Roger G. Barker와 그의 동료들은 Lewin의 장 이론(field theory)을 응용하여 장애에 대한 심리적 분석을 시도한 바 있다.

1) 새 심리적 사태

새 심리적 사태(new psychological situations)또는 낯설은 심리적 사태를 가진 사람은 방황, 동요, 불안정을 특징으로 하는 시행착오적인 행동을 하게 되며 동시에 좌절감이나 갈등을 갖게 된다. 특히 신체 불능자들은 더 심각하게, 더 자주 새 심리적 사태속에 놓여지는 데 그것은 사람이 신체적 불능을 지니게 되면 그 이유로 말미암아 다른 생활 사태 속에 놓여질 수가 있기 때문이다. 부적응을 일으키는 일을 불능자에게서 막으려 하다면 그들의 생활 사태에서 새로움 또는 낯설음을 없애는 일이라는 것이 명백하다. 신체불능자가 만나게 될 새 심리적 사태에는 세가지 종류가 있을 수 있다.

첫째는 그 사람으로서는 한번도 경험해 보지 못한 까닭에 새로운 그러한 사태가 있다는 것이다. 뇌성마비나 시각장애아동은 경험적 배경의 제한을 받게 되어 사태에 직면했을때 처리할 수 있는 능력을 배양할 기회가 주어지지 못한다. 즉 불능자의 심리적 세계는 정상인의 생활권보다 작을 뿐만 아니라 덜 분화되어 있다고 말할 수가 있다. 그림1에서 보듯이 신체적 불능자들은 많은 사태가 미경험인 까닭에 새것일 수 밖에 없고, 따라서 이를 적절히 처리하기 어렵게 된다.

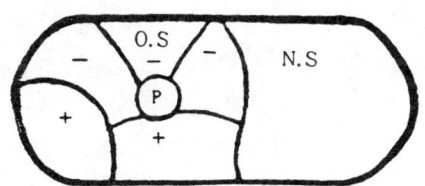

신체불능자의 생활권은 새사태(N.S)의 면적은 넓고 옛사태(O.S)의 分化는 빈약하다.

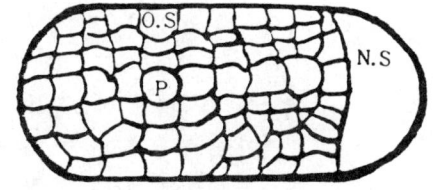

정상인의 생활권은 새사태의 면적은 좁고 옛사태의 면적은 매우 分化되어 있다.

〈그림8-1〉 신체불능자와 정상인의 생활권

둘째는 그 사람으로서는 문화가 요청하는 행동수단을 갖지 못했기 때문에 새로운 그러한 사태가 있다는 것이다. 신체불능자는 위와 같은 이유로 새사태에 직면할 경우 그는 그 사태를 부분적 또는 전적으로 구성해 내지를 못하는 것이다. 심리적인 생소함과 지리적 또는 생리적 생소함은 서로 다른 것으로써 예컨대, 새 환경속에서 새 사람을 만나더라도, 그는 이미 남에게 좋은 인상을 주기 위한 행동적 계열(sequence of actions)을 알고 있는 까닭으로 심리적으로는 새 사태가 아닌 것이 된다. 그러나 신체불능자는 정상인의 문화속에 살고 있기 때문에 행동하기에 알맞은 수단이 결여되어 있는 그에게는 새 심리적 사태를 겪게 되고 욕구좌절을 갖게 되는 경우가 많다. 때문에 장애자가 새 심리적 사태를 피하거나 "새로움"을 감소시키는 방법, 인내, 목표의 변경등은 앞으로의 연구과제로 시사되고 있다.

셋째는 불능자에 대해서 사회가 자극하는 가치의 정도로 말미암아 새 사태가 되는 것이 있다. 불능자가 새로운 사회적 사태에 들어갈 경우에 자기 호기심의 대상으로 여겨질 것인지, 동정, 미움, 자선의 대상으로 여겨질 것인지를 모를 때가 있다. 불능자를 예사롭게 대해 주는 경우가 여간해서는 없기 때문에 이러한 사태의 "새로움" 또는 낯설음"을 줄여 주어야 할 필요가 있다.

즉, 불능자에게 새 사태에로의 단계를 하나하나 밟을 수 있는 계열을 마련해 준다면 적응이 어렵지 않게 된다.

2. 겹치는 심리적 역할

불능자는 두개의 세계, 즉 겹치는 심리적 역할(overlapping psychological roles)속에 살고 있다. 그림8-2에서 나타낸 것과 같이 정상인과 불능자의 심리적 세계는 양세계에 걸쳐 공통으로 있는 활동이 대부분이지만, 정상인의 세계는 더 넓게 표시되어 있다. 그것은 정상인이 비교적 더 많은 행동 가능성을 지니고 있으며 분화작용도 보다 잘 되기 때문인 것이다. 그러나 이와같은 두 개의 세계관계는 사람들 사이의 차이가 어떤 모양으로 있든간에 이 방법은 다같이 적용될 수 있다. 남자와 여자의 심리적 세계, 흑인과 백인의 심리적 세계 등이 그것이다. 또한 사람 하나를 놓고 보아도, 가가 여러개의 다른 집단에 끼어 있는 한은 그도 이 여러모로 겹치는 역할을 해내야만 하는 것이다. 이를테면 한 남자는 아들이자 동시에 아버지이자, 남편이자, 축구선수이자, 음악가일 수가 있는 것이다. 어느 정도로는 이상에 열거한 하나 하나가 독특한 행동을 요구한다. 그러나 대체로 서로가 함께 어울릴 수가 있는 것이고 그래서 사람은 자기에게 가해지는 심리적 및 사회적 힘의 각각 다른 덩어리에 의해서 요청되는 역할을 해낼 수가 있게 되는 것이다.

(1) 간섭하는 겹치는 역할

그러나 각각 다른 역할들이 한 덩어리로만 있는 것이 아니고, 서로 간섭을 하는 경우도 있다. 어떤 사람이 낮에는 축구를 하고 밤에는 악단 지휘를 할 수 있지만 두 가지 일을 동시에 해낼 수는 없다. 이럴 경우에는 갈등이 생기게 되는데 둘다 하고 싶다는 생각이 짙으면 갈등의 정도는 더욱 심해지고, 그 사람에게 가해지는 여러 심리적 힘의 교호작용(interplay)이 마침내 하나의 목표를 향해서 통합이 될 경우에는 갈등이 해소된다. 사람은 각사태에서 일어나는 힘에 대해서 순응해 갈 수 있으며 두 역할이 다함께 열려 있어 선택할 수 있는 것이다.

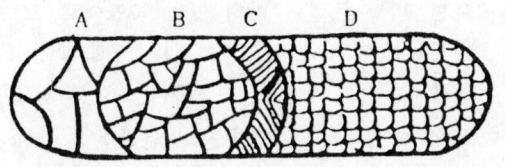

A : 불능자에게만 열려있는 작고 미분화된 구역
B : 불능자와 정상인 모두에게 열려있는 구역
C : 불능자가 구역으로 옮겨지는 것을 방해하는 장벽구역
D : 정상인에게만 열려 있는 크고 잘 분화된 구역

〈그림8-2〉 겹치는 심리적 역할상태

(2) 상반하는 "겹치는 역할"

겹치는 역할이 상반될 경우에는 갈등이 더 한층 심해질 것이다. 이는 한쪽의 "역할-결정(role-determinds)"에 반응한 노릇이 자동적으로 다른 쪽의 역할 결정을 제외하게 되는 셈이 되는 경우를 말하는 것이다. 결혼을 한 남자가 의젓한 "남편으로서의 역할"은 어디까지나 충실한 아들이기만을 바라는 "어머니쪽 역할"과 부딪칠 수가 있는 것이다. 어머니의 선의의 의견을 거절하면 충실한 아들의 역할을 잃게되고 반대가 되면 아내가 보는 유능한 남편의 지위를 잃게 된다. 결국, 사태는 두 역할중 어느 쪽이 더 강하게 "끄는 힘"을 가지고 있느냐, 더 강한 심리적 힘을 지니고 있느냐에 따라 해결된다. 이는 본능에 있어서도 마찬가지라는 것을 알게 된다.

(3) 겹치는 "배제하는 역할"

사람이 자기에게 열려있는 역할은 거절하고, 도리어 자기로는, 전혀 달성할 수 없는 역할이거나 그렇게까지는 아닐지라도 자기가 비교적 접근하기가 어려운 그런 역할을 달성하려고 할 경우에 가장 큰 갈등이 생긴다. 이것을 "겹치는 배제하는 역할"이라고 부른다. 갈등이 일어나는 순간에 있어 그 사람과 원하는 역할과의 사이에 있는 장벽이 능력에 혹은 사회적인 장벽이냐는 그다지 큰 문제가 되지 않는다. 그러나 목표에로 향하는 추진력이 크면 클수록, 그리고 목표를 가로막는 장벽이 강하면 강할수록 행동적 장애도 더욱 크게 된다.

위와 같은 이론에서 보았을 때 신체 불능자도 여러가지 역할을 갖고 있다. 특히 불능자는 "겹치는 배제하는 역할"을 더 자주 때로는 일생 동안에 걸쳐서 갖게 된다. 불능자가 부적응을 보이는 대부분의 원인은 바로 "불능에 있어서의 겹치는 역할 사태"때문이다. 불능자는 역학적으로 보면, 비교적 길이 막혀 있는 목표에로, 또 이룰 수 없는 목표에로 몰아대어지는 위치에 자주 놓여진다. 이때 그 불능을 극복하고 성취하는 경우가 있을 수 있고 불능을 수용하여 목표를 변경할 수도 있다. 전자의 찬사가 값진 것이긴 하지만 부적응의 열매인 것도 사실이며, 성취와 적응을 뒤범벅함으로써 얻어지는 것이라곤 아무것도 없다.

"새 사태" 또는 "낯설음"을 줄이고 "겹치는 배제하는 역할"사태의 빈도를 줄이는 것은 장애자의 적응에 중요한 것이다.

9. 개념형성

시각장애아는 시각의 장애로 인하여 세가지의 기본적 손실을 체험한다. 첫번째 손실은 환경의 통제 및 환경과 관련된 자아가 사회적 상호작용에 받아들여지는 정보에 제한을 받는다는 것이다. 두번째 손실은 모빌리티의 제한이며, 이것은 재활훈련에 의해 학습되기는 하지만 완전한 보상은 결코 할 수 없다. 세번째 손실은 개념의 범위가 제한되어 있고 다양하지 못하다는 것이다. 여기서는 시각장애아의 개념발달 특성과 개념의 평가 및 지도만을 제시하고 신체개념과 공간개념은 따로 논의한다.

1. 개념형성 단계

개념형성은 두가지 작용을 통해서 이루어진다. 하나는 추상작용(abstraction)으로써 지각, 구별하는 능력, 다양한 사물로부터 유사성을 추상해 내는 능력, 그리고 추상적인 유사성이나 아이디어에 명칭이나 낱말을 붙이는 능력이 포함된다. 즉 사물이나 사상의 공통된 성질이나 관계를 끄집어 내는 작용이다.

두번째 과정은 일반화(generalization)이다. 일반화는 개념에 포함된 하나의 새로운 정보에 추상적 속성이나 유사성을 적용하는것을 수반하는 것으로써 추상된 것을 일반화하는 개념작용이다. 예컨대 '개'의 개념은 비록 개를 닮은 '새끼양'같은 특별한 상황이 있을 지라도 Bedlington Terrier(털이 짧은 테리어종의 개)와 같은 특별한 유형에 속하는 동물도 포함시켜 일반화 할 수 있다.

Sigel(1973)은 정안아동의 개념형성에 대해 논의한 바 있는데, 아동들은 물체가 영속적으로 존재하며, 서로 다르다는 것을 배우며, 물체를 확인하며, 그 이름을 알고 물체의 특성을 명백히 하여 전체적으로 물체를 확인한다고 했다.

대체로 아동들이「몇가지 감각 경험으로부터 어떤 공통요소를 추상하거나 각 종류의 특성을 분명히 하는 추상적 개념을 사용하거나 그리고 종합하여 표현 할 수 있을 때」우리는 개념이 형성되었다고 한다. 예컨대, 아동이 개념을 구체적인 실체와 결부시키는 단계를 넘어서 그 개념을 여러가지로 활용할 수 있을 때, 또 개념을 서로 비교 할 수 있고 결합시키고 설명 할 수 있을 때-그 개념들의 특질에 대해 사고하고 이야기 할 수 있을때, 구체적인 개념은 "참된 개념"이 될 수 있다는 것이다.

그러나 개념이 완전히 확립되기 전에 개인은 행동을 통해서 타당성여부를 테스트해 보고 단정하며, 따라서 그러한 테스트는 애용이나 수정 또는 거부를 초래하게 되는데 정안아동은 이와 같은 개념학습 과정을 통해서 다음과 같은 세가지 수준으로 개념이 발달하게 된다.

구체적 수준(concrete level) : 하나의 대상에 특정의 특성을 안다.

기능적 수준(functional level) : 그 대상이 하는 것이 무엇이며, 사람이 그 대상과 어떤 작용을 하는가를 안다.

추상적 수준(abstract level) : 대상에 대한 모든 중요 특성을 요약 할 줄 안다.

이와 같은 세가지 수준은 정안아들이 개념을 구성할 때 따르는 하나의 코오스이며, 이러한 길이 맹아들을 주춤하게 하는 것인지도 모른다.

대개 정안아동들은 생후 4주에서 6주사이에 시각을 자극하여 이것 저것 보기 시작한다. 시각을 제일 먼저 사용하게 되며 이것은 일생을 통하여 볼때 아주 중요한 역할을 하는 것이다. 시각을 사용함으로 인해서 정안아들은 먼거리에서도 사물을 지각하는 것을 배우고 사물 "전체"를 볼 수 있다.

결국 사물을 다루고 탐색한다는 것은 아동으로 하여금 전체적인 기능이나 의미를 알 수 있는 힘을 길러주게 되는데 이와 같은 것은 맹아보다는 정안아동이 더 빨리 터득하게 되는 것이다.

2. 개념발달의 제한 변인

개념형성은 풍부한 지각과 다양성에 의존한다. 개념발달의 이해와 연구에 있어서는 지각의 제한과 개념발달, 시각장애아게 특별히 영향을 끼치는 요인들을 고려하는 것이 필요하다.

Combs(1952)는 지각과 개념발달에 있어서의 제한 변인을 논의한 바 있는데 첫번째의 제한은 생리학적 변인이라고 했다. 즉 발달장애나 맹과 감각손실, 신체적 장애등이 여기에 속한다. 확실히 신체적 요인은 개인이 정보를 획득할때 적절한 판별과 구별을 하는 개인의 능력에 심한 영향을 미치게 된다는 것이다.

Gesell, Ilg & Bullis와 Getman & Kane(1949)이 인간의 학습의 약 80%가 시각을 통해서 일어난다고 지적한 것이나 Telford & Sawrey(1977)가 일반학습에서의 교육적 경험은 85%가 시력에 의해 일어난다고 지적한 것은, 시각이 타감각 정보의 자극이나 통합의 원천으로서의 첫번째 역할을 한다는 것을 의미한다.

Scott(1969)는 정안아와 시각장애아의 발달의 차이를 연구하였는데 맹아가 유용 가능한 환경은 제한되어 있고 동기 또는 정안아보다 결여되어 있다는 것이다. 시각장애아와 일반아동의 발달은 초기 몇개월 동안에는 거의 유사하며, 그러나 유아가 외계의 사물을 탐사하기 시작했을 때부터는 차이가 난다는 것이다.

Cratty(1971)는 시각장애아가 공간적인 감각수용기가 제한되어 있기 때문에 듣기, 만지기, 행동등의 대상물을 사용해야하고 공간개념과 지각을 습득하기 위하여 깊이 사고해야 한다고 했으며, Fraiberg, Smith & Adelson (1966)등은 맹유아의 연구에서 소리는 맹아가 물체를 탐색하는 것을 자극하는 시각대용물로서 충분한 것은 아니라고 했다.

그런데 일반적으로 정안아동들은 약 4~6개월경에 정상적인 눈과 손의 협응발달을 시작하며, 맹아는 10~12개월경에 귀와 손의 협응을 발견 할 수 있다는 것이다. 더구나 Fraiberg(1966)는 그의 연구에서 맹유아가 정안아에 비해서 환경과의 상호작용이나 운동에 있어서 지체되어 있음을 보고한 바 있다.

Combs(1971)에 의해 논의된 두번째의 제한은 환경적인 변인이다.

환경적 변인은 실제적-구체적인것, 상징적-대용적인 범주로 나눌 수 있는데 실제적인 환경의 제한은 물리적환경에 기인한다. 예컨대 남쪽의 한 아동이 눈을 모르고, 북쪽의 아동이 야자나무를 모를 수 있다는 것이다. 또한 상징적-대용적인 현상과의 접촉을 제한하는 것은 역시 개념제한의 원인이다. 예컨대 개인은 독서, 영화, TV, 라디오, 대화, 다른 의사소통 형태로부터 지각과 개념을 발달시키게 되는데 읽기자료나 대화가 거의 제공되지 않는 개인은 매우 제한되기 마련이다.

시간도 역시 지각을 제한하는 변인이다. 변별하는데는 시간을 요구한다. 예컨대 약시와 같은 생리학적 장애를 가진 아동은 자극을 받아들이기 위해 환경을 보다 오랜 시간동안 조사하고 탐사해야 할 것이다.

또한 개인의 목표와 가치가 제한 변인이 되며 자아개념 역시 중요한 변인이다. 지각은 선택적 과정으로써 자신의 개념은 지각선택의 양을 결정하는 요인인 것이다. 예컨대 새로운 환경의 개념을 학습하는데 매우 좋지않게 느끼는 태도는 새로운 정보를 획득하고 배우기 어렵다.

제한된 지각의 또다른 요인은 위협이다. 개인이 위협을 느낄 때, 위험한 물체나 사건의 지각적 범위가 좁아지는 경향을 띠게 마련이다.

위협이나 불안 발생 상황은 지각범위의 제한뿐 아니라 새로운 지각이나 차이점을 수용하는 가능성이 감소된다. 그래서 위협 밑에서의 행동은 고정되고 지각적 변화의 가능성은 감소되어 새로운 지각을 위한 기회나 학습은 크게 감소한다.

끝으로 사회적 환경 또한 개념의 다양성에 제한을 줄 수 있다. 일반적인 경우 이 제한은 부모의 과잉보호에서 많이오는데 부모들은 맹아의 충돌과 상처, 더러움, 잃음 등으로부터 보호하는 경향이 있다. 이 보호는 다른 형태의 자극의 경험과 다양한 새로운 개념의 획득을 방해한다는 것이다.

3. 개념형성 지체에 관한 연구

　　지금까지 많은 연구들이 시각장애아가 개념형성이 지체된다는 것을 시사하고 있다.

　　Garry & Ascarelli(1960)는 맹아동이 경험과 의미있는 언어기초를 발달시키는데 낱말을 연결하는 방법을 연구한 바 있다. 5~15세의 전맹아동 70명을 대상으로 공간관계 형성검사(SRPT)에서 얻어진 자료에 의하면 대상아의 약50%가 오리엔테이션 결핍, 환경에 대한 흥미결여, 공간개념을 이해하고 적응하는데 곤란하다는 결과를 얻었다.

　　Kephart & Schwarz(1974)도 맹아의 환경적 정보는 단편적으로 나타나고 단순한 개념을 왜곡하는 모습을 보인다고 진술했다. 또한 Hapeman(1967)도 맹아는 자신의 환경에 대해 필요한 구체적 지식이 부족한 경향이라고 지적했다.

　　Lord(1969)는 그의 연구에서 물체와 공간에 관계되는 맹아의 개념형성의 방향을 제시했고 의미있는 개념은 조직적인 개념지도 계획을 설계해야 한다고 했다.

　　일찌기 Piaget(1960)는 학습의 준비가 되어 있는 성숙단계의 아동에게 개념을 가르치지 않으면 그 아동은 이미 낙오자라고 지적하고, 시각장애아의 인지발달은 정안아동과 같은 단계를 거쳐 발달하나 그 속도가 늦을 뿐이라고 했다.

　　Simpkins & Stephen(1974)의 연구에 의하면 맹아가 Piaget의 발달단계에 맞추어 보았을때 4~8년 정도가 늦다는 것을 검증하였는데, Piaget의 발달수준에 기초한 다른 연구들이 Simpkins & Stephens의 연구결과를 뒷받침 해 주었다. 그리고 Hayes의 보고서에 따르면 18세까지의 맹아동은 사고력과 추리력으로 분류할 수 있는 Binet검사에서 정상아보다는 지체되었으며, 후속연구에서는 10~17세사이의 맹아를 대상으로 하였는데 하위검사에서 지체된 점수를 보이고 있다는 것이다.

　　특히 Hartlage(1968)의 공간능력의 연구에 의하면 맹아와 정안아 사이에 공간에 관계되는 문항에서는 의미있는 차를 보였으나 비공간적인 문항에서는 성취도에 차이가 없었다는 것이다. 결국 Rubin(1964)이나 Zweibelson & Barg(1967)등이 요약 보고한 바와 같이 맹아는 종합적인 개념에서 볼때 정안아동보다 훨씬 더 큰 어려움이 있다고 할 수 있다.

　　이상에서 보듯이 시각장애아는 시각을 통해 사물을 보고, 배우고, 탐색하는 과정을 거치지 못하기 때문에 사물의 전체개념이나 기능, 의미를 늦게 터득하며 부분적으로 터득하게 되는 경우가 많다.

　　그래서 맹아가 사물을 인지하고 개념형성을 하는데 오랜 시간이 소요되며, 개념발달의 단계를 보면 사물의 인지를 통한 "구체적 수준"에서 성장과 함께 경험을 통하여 "기능적 수준"으로 진행되는데 사실상 "추상적

수준"에 도달하는데는 한계가 있다는 것이다. 이것은 촉각이나 다른 감각이 작용을 하지만 그 능력을 전부 발휘하지는 못하기 때문이며, Lydon & McGraw(1973)가 지적하고 있듯이 구체적 수준과 기능적 수준을 놓고 보았을때 어떤 면에서 맹아는 먼저 기능적인 것 같다.

4. 개념의 평가 및 지도

시력이 없는 맹아동이 혼자 움직인다고 하는 것은 확실한 기초개념의 습득을 전제로 한다.

맹아의 개념이해는 심한 언어주의(verbalism)에 빠지기 쉽기 때문에 모빌리티 전문가들은 아동이 언어적인 개념이해 뿐만 아니라 타당한 개념을 묘사할 줄 아는 행동적 반응을 습득하도록 하는 것이 중요하다.

따라서 모빌리티를 지도하는 전문가나 교사는 개념의 범위, 정의, 정안아의 개념 발달을 이해해야 하며 또한 시각장애라는 요인이 개념발달에 어떻게 영향을 미치고 어떤 문제가 야기되는지를 알아야 한다. 아울러 적절한 수준에서 가르치기 위하여 시각장애아의 개념발달의 수준을 평가하기 위한 도구와 지도 방법 및 자료를 연구 개발해야 한다.

다음은 연구자가 선행연구를 통해서 뽑아낸 많이 쓰이고 있는 개념평가 도구이다.

The Body Image of Blind Children : *BIBC* : 신체개념을 평가하기 위한 도구이며, 신체플랜, 신체부위와 운동, 측면과 방향 등 네 부분으로 나누어 각각 15문항으로 구성되어 있다. 선별검사로 활용되고 있으며 훈련프로그램으로도 많이 쓰인다.

Orientation and Mobiliy Scale for Young Blind Children-short form : 맹아의 행동적 능력을 평가 하고자, 크게 회전과 방향, 공간에서의 움직임, 자립 능력 등 세영역의 24개 문항으로 구성되었다. 3~12세까지의 맹아용이다.

Selected Positional Concepts for Visually Handicapped Children : 이 도구는 주로 6~14세 맹아의 공간개념(위치개념)을 평가하기 위한 것이다. 신체개념, 신체와 주위환경의 물체와의 관계, 물체를 움직여 다루기 등 세영역의 75개 문항으로 구성되어 있다. 이것은 맹아가 지시대로 아주 잘 하면 2점, 보통이면 1점, 잘못하면 0으로 채점하는데 Cratty & Sams의 BIBC와 비슷한 점이 많다.

Tactile Analog to the Boehm Test of Basic Concepts-form A : *TTBC* : 유치원 아동의 개념형성을 측정하기 위한 도구인「Boehm Test Basic Concepts : BIBC)에서 응용한 것이다. 즉 BIBC가 50개의 그림으로 되어 있는데 TTBC는 50개의 플라스틱에 凸선으로 그림(○□△□)을 그려서 전맹아용으로 만든 촉각적 도구이다. 타당성이 다소 결여되어 있어 준거지향적 검사로 이용함이 좋을 것이다.

The Basic Concept Inventory : *BCI* : 이것은 정안아를 위한 것으로써 정박아, 유치원아동, 학습지진아, 정서장애아, 약시아가 포함된다. 9장의 카드를 제시하여 검사하는데 다소 신뢰도와 타당도가 결여되었는게 약점이다.

The Stanford Multi-Modality Imagery Test : 맹아의 기능적, 이미지를 평가하기 위한 도구이다.

그리고 이러한 개념을 지도하는데는 여러가지 방법과 자료가 이용될 수 있다. 아동에게는 높은 차원의 자료를 제시하지 않는 것이 필요하며, 특정 사물이나상황과 관련된 개념의 범위에 대한 "조직적인 분석"이 매우 중요하다.

다음은 안락의자에 대한 개념을 지도할때의 분석방법이다.

```
각 부분의 명칭 : 팔 없는 부분, 발 올리는 곳, 앉는 부분 등
기능 : 앉고, 기대고, 휴식, 수면에 쓰이는 의자
표면 : 꼭대기, 밑, 옆, 앞, 뒤
각 부분의 관계 : 두개의 팔 없는 부분 사이에 앉는다. 발올리는 곳은
앉는 부분밑에 있고 팔 걸이는 평행이다.
부분이나 표면의 활용 : 의자는 쓰는 쪽으로 돌릴 수 있다. 발 놓는 곳은
뒤로 밀 수 있다.
다른 물체와의 관계 : 램프는 안락의자의 오른편에 있다.
```

끝으로 개념의 평가와 분석이 끝나면 아동에게 맞는 적절한 방법을 선택하여 지도해야 한다.

대부분의 개념지도는 언어적인 설명이 중심이 되고 있으나 레크레이션을 통한 게임의 사용이 효과적이다. 예컨대 가라사대 게임, 보물찾기, 술래잡기 등 다양하며, 장기나 loggos 같은 쌓기 장난감을 통하여 개념을 가르치고 동기유발을 시켜줌이 좋을 것이다. 그리고 모델이나 도해(캠퍼스를 모형으로 한 촉각지도 같은 것)에 의한 방법도 활용되고 있는데, 중요한 것은 아동에게 구체적 경험을 시키는 것이다. 또한 구체적인 경험을 했다하더라도 "도시전체"를 개념화 할 수 없는 것이므로 게임이나 말, 도표, 모델, 기타 방법들을 서로 결합시켜 지도해야 할 것이다.

10. 신체개념 발달과 지도

인간이 공간속에서 공간과 사물의 개념을 발달시키는 것은 자신의 사물과의 관계에 크게 의존한다. 개체가 그 자신과 관계되는 물체를 지각하는데 중심이 되며 위-아래, 왼쪽-오른쪽, 같은 개념의 사용도 자기중심적 관점에서부터 사물을 인식하는 것이다. 때문에 맹아는 주위환경이나 타인을 습득하기전에 "그 자신"에 대한 개념이 먼저 형성되어야 한다.

Frostig & Horne(1964)은 신체인식을 정의함에 있어서 신체상(body image), 신체개념(body concept) 신체셰마(body schema)와 같은 세가지 요소로 구분하고 만약 이 가운에 한가지가 장애를 입으면 공간관계의 지각에도 역시 장애를 입는다고 하였다.

신체영상 : 그 자신의 신체에 대한 개인의 주관적 경험이다. 예컨대 그의 자신에 대해서 힘센 것, 매혹적인 것, 너무 짧은 것과 같은 감정(느낌)의 표현이다. 한 개인의 신체영상은 실제와 상당히 다르다. 예를 들면 청년들이 자기 얼굴에 작은 얼룩점이 있다면, 그는 자신의 얼굴전체에 다른 사람으로부터 추하게 보이는 여드름이나 기미가 덮여있는 것으로 느낀다는 것이다.

신체개념 : 의식적인 학습과정을 통하여 얻어진 그의 신체에 대해 가지는 한 개인의 지식이다. 팔, 다리, 무릎과 같은 신체부위를 판별하는 능력과 신체부위의 위치와 기능을 이해하는 것을 포함한다.

신체셰마 : 순간 순간에 변화하며 무의식적인 것으로서 신체내에서 생산된 자극으로부터 나오는 자기자극에 감응(고유수용감각 : proprioceptive)하는 감각이다. 인간이 균형을 유지하는 것은 신체셰마에 달려있다는 것이며, 이 셰마에 장애가 있다면 걷기, 앉기 등의 운동 조정에 장애가 따른다는 것이다.

1. 신체개념의 발달

정상적인 시력을 지닌 유아는 출생후 1~2주 뒤에 그들의 손과 발을 발견하게 되고, 일정한 기간 동안 관찰한 뒤에는 이러한 기묘한 모양들을 그들의 의식적 조정에 둘 수 있도록 학습하여 물체와 접촉하게 된다. 유아의 신체상에 관한 작업은 놀이 친구의 손과 발의 움직임을 관찰하거나 거울 속에서 자신의 손과 발의 움직임을 관찰함으로써 계속된다. 2세경에는 자기 신체부위의 일부를 말로 판별할 수 있으며, 6~7세경에는 자기 신체에 대한 다양한 좌우 구별을 정확하게 할 수 있게 되고, 8~9세경에는 상대방의 좌우 손의 구별이 가능하고 그의 신체 가운데 관찰할 수 있는 대부분의 부위에 대한 이름을 알 수 있다.

Ilg과 Ames(1966)는 Benton(1959)의 그림에 의한 검사를 적용하여 5세경의 아동이 손과 엄지를 판별하였고, 검사자가 가르키는 눈, 귀와 같은 얼굴 부위의 이름을 말할 수 있었음을 발견하였다. 또한 6세가 되기까지는 가운데 손가락과 새끼 손가락의 판별이 어려웠으며, 네째 손가락은 7세 전까지는 정확한 판별이 어려웠다는 것이다. 신체의 좌우개념, 연구에서는, 5세경의 아동들이 좌우를 알기는 했지만 6세까지도 약 60%는 정확한 판별에 실패했다고 하였다. 7세가 되기까지는 좌우의 손과 그들의 다른 신체부위를 정확히 판별할 수 없었고, 8세에서는 다른 사람의 좌우 손을 정확히 판별하여 상대방의 준거체제속에 자신을 성공적으로 투사할 수 있었다는 것이다.

신체의 좌우방향에 대한 인식은, 몇가지 단계를 통해서 지각된다는 것을 발견한 Spionnek(1964)의 이론이나 시각적 공간에서 신체적 지각과 판기관계를 통해 지각이론을 제시한 Wapner(1949)등은 출생에서 7세경까지의 아동에게 있어 공간판기력이 형성될 때까지는 그들의 신체지각에 의존한다고 하여 전술한 이론들을 뒷받침해 주고 있다.

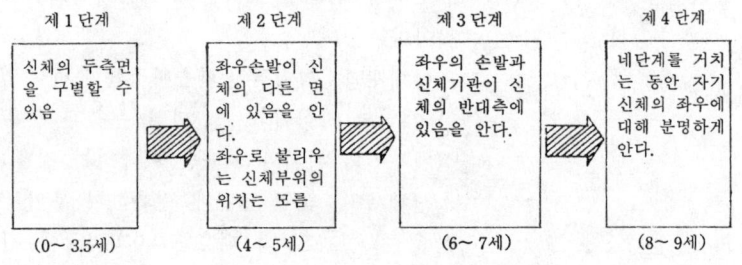

〈그림 10-1〉 Spionnek의 신체의 좌우개념 발달

2. 시각장애아 신체개념 훈련 연구

시각장애아의 신체개념 연구의 대표자라고 할 수 있는 Cratty와 Sams(1968)은 신체상을 「신체부위, 기능, 주위 환경과의 관계에 대한 지식」이라고 정의하여 전술한 Frostig와 Horne이 지적한 신체개념과 대등한 의미로 표현하였고, 신체개념 프로그램과 측정도구를 개발하였는데 이는 신체개념 지도에 모델이 되고 있다.

이들의 연구결과에 의하면 시각장애아에게 조기에 신체개념을 지도하면 신체개념 형성이 가능하다고 했으며, 아동들이 5세경에 그들의 손가락에 대한 대부분 인식하지만 엄지와 새끼손가락을 제외한 손가락은 그 위치와 이름을 경험하기 어렵다고 지적하였다. 시각장애아의 신체개념 지도에 있어서는 5세부터 7세경까지는 간단한 좌우구별을 학습함이 바람직하고, 6~9세경 까지는 물체와 자신과의 관계, 또는 다른 사람과 자신과의 관계와 같은 복잡한 것에 대해 판단을 할 수 있게 해야 한다고 했다. 그러나 시각장애아는 자신의 신체에 대한 좌우판별의 인식을 일반아동과 같이 발달시킬 수 있으나, 다른 사람의 좌우 준거체제속으로 그들 자신을 투사하는 것이 매우 어렵다고 했다. 그래서 선천맹아의 경우는 일반아동에게 기대되는 7세에는 어렵고 9세경이 되어야 자신의 신체부위의 좌우를 판별하게 된다고 주장했다. 특히 정상아동이 시각으로 공간을 개념화하는데 비해, 시각장애아는 다른 감각에 의존하므로 양자의 공간개념에 큰 차가 있어 서로를 이해하기 어려우며 아울러 공간에 대한 개념화가 곤란해서 신체상의 발달이 지체되는 결과를 가져온다는 것이다.

연구결과에 나타난 구체적인 특성은 다음과 같으며, 이것은 시각장애아 신체개념지도에 준거가 되고 있다. 특히, 우리나라의 연구에서도 표 10-1과 같은 비슷한 결과를 보이고 있어 주목된다(장덕자,1986).

첫째, 시각장애아동이 가장 판별하기 어려운 신체부위는 신체좌우의 어떤 부위보다도 손과 발의 구성요소, 예컨대 손목, 넓적다리, 팔의 상하 부위와 같은 것이며, 판별이 어려운 부위는 넓적다리와 상박→팔뚝→손목→두번째 손가락→네번째 손가락→가운데 손가락 등의 순이었다.

둘째, 신체면에 관계되는 고정된 또는 움직이는 물체에 대한 판별은 비교적 쉬웠고 신체의 좌우에 물체를 정확히 놓는 것이 더 어려웠다.

셋째, 일반적으로 신체부위의 아랫부분보다 윗부분을 더 잘 판별하였으며, 신체의 좌우 판별보다 물체의 좌우를 정확히 판별하는 것이 더 어려웠다.

넷째, 공간을 통해서 신체를 움직이는 것은 손발의 움직임을 정확하게 요구하는 것보다 다소 쉬웠다.

다섯째, 좌우판단에 있어서 한 단계 지시(너의 왼쪽 귀를 만져라)보다는 두 단계 지시(너의 오른쪽으로 왼쪽 귀를 만져라)가 좌우 판별에 더 어려웠다.

〈표 10-1〉 신체상 지각의 난이도 분석결과(전체)

영역	과제	난이도순위
신체면	• 옆구리가 바닥에 닿게 눕기	1
	• 옆구리가 벽에 닿게 하기	2
	• 상자를 옆구리에 닿게 하기	3
	• 옆구리	4
	• 등이 바닥에 닿게 눕기	5
신체부위	• 약지	1
	• 검지	2
	• 팔뚝	3
	• 중지	4
	• 허벅다리	5
신체동작	• (서 있는 자세에서) 팔 하나를 굽히기	1
	• 몸을 뒤로 젖히기	2
	• 발가락을 위로 들기	3
	• 몸을 옆으로 굽히기	4
	• 한쪽 옆으로 걷기	5
측면	• 왼손으로 오른쪽 손목 만지기	1
	• 오른손으로 왼쪽 팔꿈치 만지기	2
	• 왼손으로 오른손 만지기	3
	• 오른손으로 왼쪽 무릎 만지기	4
	• 왼쪽 발 만지기	5
방향	• (어깨를 잡고 마주본 자세에서) 상대방이 옆으로 구부릴 때 좌우 판단하기	1
	• (마주본 자세에서) 상대방이 좌우로 움직이는 방향 판단하기	2
	• (마주본 자세에서) 상대방의 왼쪽 어깨 만지기	3
	• (마주본 자세에서) 상대방의 왼손 만지기	4
	• (마주본 자세에서) 상대방의 오른손 만지기	5

3. 신체개념 훈련방법

연구에 의하면 신체개념 훈련 영역은 그림 10-2와 같이 네 영역으로 구분되고 있다. 이러한 영역들의 훈련 방법에 대한 예시를 하면 다음과 같다.

1) 신체부위와 기능

아동이 구별 할 수 있어야 할 신체부위 : 머리, 머리표면, 머리카락, 이마, 얼굴, 눈, 눈썹, 속눈썹, 눈까풀, 귀, 코, 입, 이, 잇몸, 혀, 목, 목구멍, 뺨, 턱, 몸뚱이, 어깨, 등, 척추, 가슴, 가슴살, 위장, 복부, 허리, 옆구리, 엉덩이,

2. 신체 부위	1. 신 체 면
• 간단한 신체부위 판별	• 신체면의 판별
• 얼굴부위	• 외적, 수직적, 수평적인 면에 관련된 신체면
• 복잡한 신체부위 판별	• 신체면과 관련된 물체
3. 신체 움직임	4. 측면과 방향
• 신체의 움직임(몸통 고정)	• 신체의 측면(단순, 복잡)
• 신체면과 관련된 대 근육운동	• 물체와 관련한 측면
	• 상대방의 방향
• 팔과 다리의 움직임	• 물체의 좌우
	• 상대방의 움직임에 대한 측면

〈그림 10-2〉 Cratty와 Sams의 신체개념 훈련 영역의 구조

생식기, 팔, 근육, 팔꿈치, 손, 손목, 손바닥, 손가락, 손톱, 손끝, 엄지, 손마디, 다리, 허벅다리, 무릎, 무릎받이, 장딴지, 정강이, 발, 발목, 뒤꿈치, 발가락, 발톱

신체영상과 관련된 기본적인 개념 : 꼭대기-밑바닥, 위-아래, 좌-우, 앞-뒤, 옆

기초운동 : 평형유지운동, 근육운동

지도할때 분명히 제시해야 할 단어나 개념 : 열다-닫다, 올리다, 떨어지다-함께하다, 잡아당기다, 가로지르다, 떨어뜨리다. 앞쪽의-뒤쪽의, ~향하여, 비교하다-대비하다, 구부리다, 비슷하다-다르다, 비틀다, 비슷하다, ~을 넘어서, 회전하다, 펴다-벌리다, 똑바르게하다, 똑바른,

신체부위의 탐색을 위한 운동 : 손(예 : 손마디 굽히기), 손목(예 : 손과 팔을 앞쪽으로 구부려 45°를 만든다), 팔꿈치 밑부분(예 : 팔굽을 잡고 손을 손등과 손바닥 쪽으로 돌린다), 팔뒤꿈치(예 : 팔굽은 뒤로는 굽힐 수 없다), 어깨관절(예 : 팔과 손 움직이기), 어깨(예 : 뒤로 제친다), 머리와 목(예 : 고개돌리기, 숙이기), 등어리와 허리(예 : 앞뒤로 구부리기), 엉덩이 관절(예 : 다리로 원 만들기), 무릎관절(예 : 무릎구부리기), 발목관절(예 : 발목돌리기), 발과 발가락(예 : 펴기, 오무리기)

2) 측면과 방향 　　대상없이 지도 : 너의 왼손으로 오른손을 잡아라

　　대상을 통한 지도 : 왼편과 오른편에 무슨 물건이 있느냐?

　　신체와 물체의 관련지도 : 왼쪽의 물체와 오른쪽에 있는 물체들을 순서대로 다루게 한다.

　　운동과 방향 : 왼쪽, 오른쪽, 앞뒤로 움직이기

물체의 방향 : 책상의 왼쪽과 그 자신의 위치

사람의 방향 : 어린이의 옆에 서서 어린이의 팔과 나와의 관계?

교실이나 방 : 탐색후 지금 당신의 옆에 무엇이 있읍니까?

좌우를 알 수 있는 방향제시 : 치마의 지퍼가 어느쪽에 있느냐? 복도와 계단의 오른쪽(왼쪽) 걷기, 음향을 통한 지도

점자책의 이용 : 책의 오른쪽과 왼쪽?

3) 구체적인 훈련프로그램의 예

본 프로그램은 Cratty와 Sams(1968)이 개발한 것으로써 선별검사 및 훈련프로그램으로 사용할 수 있다.

〈Cratty와 Sams의 신체개념 검사〉

1. 신체면
    1) 신체면의 인지(아동은 서 있는다)
        (1) 너의 머리위를 만져라
        (2) 너의 발바닥을 만져라
        (3) 너의 옆구리를 만져라
        (4) 네 몸의 앞을 만져라(혹은 배를 만져라)
        (5) 너의 등을 만져라
    2) 신체면은 외부에 대해 수평적, 그리고 수직적인 면에 관계있다(아동은 깔개에 누워 있거나 앉아 있는다).
        (6) 너의 옆구리가 깔개 위에 닿도록 누워라
        (7) 그러면, 너의 몸 앞부분(혹은 배)이 깔개에 닿도록 움직여라
        (8) 그러면, 너의 등이 깔개에 닿도록 움직여라
        (9) 자, 너의 손을 벽에 대어라. 그러면, 너의 옆구리가 벽에 닿도록 움직여라
        (10) 자, 너의 손을 벽에 대어라. 그러면, 너의 등이 벽에 닿도록 하여라
    3) 신체면에 대한 사물과의 관계(아동은 상자를 가지고 의자에 앉는다)
        (11) 상자를 너의 옆구리에 닿게 하여라
        (12) 상자를 너의 앞(혹은 배)에 닿게 하여라
        (13) 상자를 너의 등에 닿게 하여라
        (14) 상자를 너의 머리위에 닿게 하여라
        (15) 상자를 너의 발바닥에 닿게 하여라

2. 신체부위
    4) 신체부위 인지 : 단순한 부위(아동은 의자에 앉는다)
        (16) 너의 팔을 만져라

(17) 너의 손을 만져라
(18) 너의 다리를 만져라
(19) 너의 팔굽을 만져라
(20) 너의 무릎을 만져라
5) 얼굴의 부위(아동은 의자에 앉는다)
(21) 너의 귀를 만져라
(22) 너의 코를 만져라
(23) 너의 입을 만져라
(24) 너의 눈을 만져라
(25) 너의 뺨을 만져라
6) 신체의 부위 : 복합체(아동은 의자에 앉는다)
(26) 너의 손목을 만져라
(27) 너의 허벅다리를 만져라
(28) 너의 팔뚝을 만져라(팔굽 아래 부분)
(29) 너의 윗 팔을 만져라(팔굽 윗 부분)
(30) 너의 어깨를 만져라
7) 신체의 부위(손과 손가락 : 아동은 의자에 앉는다)
(31) 너의 엄지 손가락을 치켜 올려라
(32) 너의 검지(집게손가락)을 치켜 올려라
(33) 너의 새끼 손가락을 치켜 올려라
(34) 너의 가운데 손가락(중지)을 치켜 올려라
(35) 너의 반지끼는 손가락(약지)을 치켜 올려라

3. 신체동작
8) 신체의 움직임 : 고정된 상태에서 신체동작
(아동은 검사자와 마주보고 서 있는다)
(36) 너의 몸을 천천히 나로부터 뒤쪽으로(혹은 먼곳으로)구부려라
(37) 너의 몸을 천천히 나를 향하여 앞쪽으로(혹은 앞을 향하여)구부려라
(38) 너의 몸을 천천히 옆으로 구부려라
(39) 너의 무릎을 구부리면서 천천히 쪼그리고 앉아라
(40) 너의 발가락을 위로쳐 들어라
9) 신체면에 관련된 전체적인 움직임(어린이는 서 있는다)
(41) 나를 향하여 앞으로 걸어 오너라
(42) 나로 부터 뒤로 걸어 가거라
(43) 뛰어 보아라(Jump up)

(44) 한쪽 옆으로 걸어 보아라
(45) 다른쪽 옆으로 걸어 보아라
10) 팔, 다리 동작
   (아동은 서 있거나 깔개에 누워 있는다)
   * 서 있는 자세에서
(46) 팔 하나를 팔굽에서 굽혀라
(47) 한쪽 팔을 높이들어 올려라
   * 누운 자세에서
(48) 한쪽 무릎을 구부려라
(49) 한쪽 팔을 구부려라
(50) 너의 팔을 쭉 뻗어라

4. 측 면
11) 신체의 측면 : 간단한 지시(아동은 의자에 앉는다)
(51) 너의 오른쪽 무릎을 만져라
(52) 너의 왼쪽 팔을 만져라
(53) 너의 오른쪽 다리를 만져라
(54) 천천히 구부려서 너의 왼쪽 발을 만져라
(55) 너의 왼쪽 귀를 만져라
12) 사물의 관계된 측면(아동은 상자를 가지고 의자에 앉는다)
(56) 상자를 너의 오른쪽에 놓아라
(57) 상자를 너의 오른쪽 무릎에 닿도록 놓아라
(58) 너의 왼쪽 손으로 상자를 들어라
(59) 천천히 구부려서 상자를 너의 오른쪽 발에 닿도록 하여라
(60) 너의 오른손으로 상자를 들어라
13) 신체의 측면 : 복합적 지시(아동은 의자에 앉는다)
(61) 너의 왼손으로 오른손을 만져라
(62) 너의 오른손으로 왼쪽 무릎을 만져라
(63) 너의 오른손으로 왼쪽 팔꿈치를 만져라
(64) 너의 왼손으로 오른쪽 손목을 만져라

5. 방 향
14) 다른 사람에 있어서의 방향
   (검사자는 아동과 마주 앉는다. 아동의 손이 검사자의 몸에 닿게 한다)
(66) 나의 왼쪽 어깨를 살짝 두드려라
(67) 나의 왼손을 살짝 두드려라
(68) 나의 오른쪽을 살짝 두드려라

(69) 나의 오른쪽 귀를 살짝 두드려라
(70) 나의 목의 왼쪽을 살짝 두드려라
15) 사물의 좌우(아동은 상자를 가지고 의자에 앉는다)
(71) 상자의 오른쪽을 만져라
(72) 상자의 왼쪽을 만져라
(73) 너의 왼손으로 상자의 오른쪽을 만져라
(74) 너의 오른손으로 상자의 왼쪽을 만져라
(75) 너의 왼손으로 상자의 왼쪽을 만져라
16) 다른 사람의 움직임에 대한 방향
   (검사자는 아동과 마주보고 앉는다. 아동의 손은 검사자의 어깨에 놓는다)
   * 오른쪽으로 구부리면서
(76) 내가 오른쪽으로 구부리느냐, 아니면 왼쪽으로 구부리느냐?
   * 왼쪽으로 구부리면서
(77) 내가 오른쪽으로 구부리느냐, 아니면 왼쪽으로 구부리느냐?
   (검사자는 아동에 대해 등을 보이며 앉는다. 아동의 손은 검사자의 어깨에 놓는다)
   * 왼쪽으로 구부리면서
(78) 내가 오른쪽으로 구부리느냐, 아니면 왼쪽으로 구부리느냐?
   * 오른쪽으로 구부리면서
(79) 내가 오른쪽으로 구부리느냐, 아니면 왼쪽으로 구부리느냐?
   (검사자는 아동과 마주보고 선다. 아동은 여전히 서 있는다)
   * 왼쪽으로 움직이면서
(80) 내가 오른쪽으로 움직이느냐, 왼쪽으로 움직이느냐?

4. 신체개념의 평가

신체개념을 연구한 사람들은 일련의 검사를 통해서 신체개념을 설명하고자 했는데 예를 들면 그의 신체부위에 대한 이름을 아는 능력, 그림에 의한 진단, 마네킹의 구조 등이 그것이다. Piers와 Harris(1964), Ayres (1965)등은 아동자신의 신체에 대한 지각과 신체기능, 자신의 전체적인 지각과 상호작용에 미치는 행동등을 입증하기 위하여 "자신에 대해서 느끼는 방법"을 평가하기 위한 검사를 개발하였는데 이것은 신체개념과 총자아개념(total self concept)점수 사이의 보다 정확한 관계를 결정하기 위한 시도였다.

지금까지 신체개념의 평가에 대한 연구는 많이 이루어져 왔으나 신체 개념을 객관적으로 평가하기 위해 고안된 도구는 인물화 검사, 언어에 의한 신체부위 판별, 신체구조의 지각, 투사법에 의한 신체상 평가, 신체의 차원에 대한 평가등이 대표적인 예이다. 그러나 대부분의 연구들이 일반 아동의 신체검사를 설명하고 평가하는데 주력해 왔고, 시각장애아들에 대한 연구는 매우 부족한 편이다. 특히 비교적 객관성을 띤 도구들도 시각장애아의 신체상을 평가하고자 할때 변형하여 적용할 수 있는 가능성이나 타당성이 크게 부족하다는 것이 문제로 지적되고 있어, Cratty와 Sams의 연구에 기초한 신체상 연구는 더욱 발전시켜야 할 것으로 생각된다.

신체개념 평가도구를 요약해보면 표 10-2와 같다.

〈표 10-2〉 신체개념 평가도구

도 구	고 안 자	내 용 설 명
인물화 검사 Draw-a-Person Test	K. Mackover Ilg and Ames	◦ 인물을 그리게 하여 지능, 정신병, 신경병등을 평가하는 것으로서 하나의 임상적 도구이다. 예) 네가 가장 좋아하는 사람을 그려라 ◦ 인물화 검사를 수정하여 Incompleted Man Test를 고안하였다. 예) 다음 그림에서 빠진 부분 또는 잘못된 부분을 찾아 그려 넣어라.
언어에 의한 신체부위 판별	H. Head A. L. Benton	◦ 신경학적 검사를 응용해서만든 도구이다. ◦ 신체 부위를 만지고 움직이는 속도와 정확성을 측정하는 것으로 구성되어 있다.
신체구조의 지각	N. Adams & S. Cladwell	◦ 마네킹과 같은 여러 가지 신체 구조의 모형을 제시하여 그 자체의 형체와 기능에 대한 그의 느낌과 아동의 신체에 대한 인식을 평가한다. ◦ 시각장애아들이 사용하기는 어렵고 형체를 입체적으로 변형하여 제시한다면 촉각으로 검사가 가능할 것이다.
투사법에 의한 신체상 평가	S. Clevel & S. Fisher	◦ Rorschach의 성격 진단법을 응용한 것으로서 시각장애아에게 적용한 논문은 발견하지 못했다.
신체의 차원 평가	D.J. Dillon	◦ 자기자신의 높이, 넓이, 부피 등의 지각을 평가하는 도구이다. ◦ 자기신체의 높이, 넓이. 부피라고 생각될 때까지 실험목재 재료를 사용하여 짜 맞추는 방법이다. ◦ 남자가 여자보다 우월하다고 왜곡해 온 사람들은 그들의 실제 크기보다 더 크게 만든다는 것이다.

11. 공간개념 발달과 지도

시각장애아동, 특히 선천맹아는 감각투입의 종류나 양의 제한으로 인해서 공간개념의 발달이 지체되거나 제한될 수 있다.

Bateman(1967)은 전맹이나 약시아동이 정보를 조정하고 분석하는 능력이 감소되지는 않는다고 가정했으나, 만약 아동이 탐구의 기회가 상실되거나 보행이 부족한다면 정상아동보다 인지적 능력의 발달이 지체될 것이다.

1. 공간개념 연구

시각장애아동의 공간개념 형성에 관한 고전적 연구의 대표자인 Senden (1960)은 「선천맹은 공간을 촉각만으로 지각할 수 있는 능력이 부족하다」고 했다. 그는 백내장 수술로 인하여 볼 수 있게 된 선천맹아의 수술전과 수술후의 행동을 관찰하였는데 선천맹은 다른 감각양식을 통해서는 공전한 공간인식을 할 수 없으며 거리와 같은 공간의 인식은 시지각에 의존한다고 주장하고 있다.

시각장애아가 공간관계를 시간에 의해서 인식한다는 연구가 일찌기 Worchel(1951)에 의해 확인되었다. 그 결과 전맹아는 각도를 따라가기에 있어서는 열등했지만 시간에 의한 거리추정은 열등하지 않았다. 즉, 정상아동들은 촉각에 의한 형체지각과 공간관계의 영상적 조작, 공간 오리엔테이션 등에서는 맹아보다 우수하였다. 그러나 촉각적 형태의 인지에서는 전맹아도 정안아와 같이 잘 판별할 수 있었으며, 특히 실명시기가 공간관계의 조작능력과 높은 상관관계가 있음이 밝혀졌다.

공간관계 인식에 대한 시각의 역할을 밝히기 위해 Juurmaa(1967)는 교육적 맹을 대상으로 촉각적 공간성, 촉각적 판별, 그외에 다른 몇가지 인지능력을 알아본 결과, 시각장애 정도와 공간능력 및 촉각판별 관계는 부적 관계가 있음을 인지했다. 또 Hartlage(1958)는 맹아동이 공간적인 영역에서는 일반아동보다 성취점수가 현저하게 낮으나 비공간적 영역에서는 양 집단에 차가 없다고 보고하고 있다. 따라서 시각은 공간능력에 중요한 역할을 한다는 것을 알 수 있다. 또한 Hunter(1964)는 세가지 실험을 통해 선천맹의 공간지각을 구명하고자 하였는데 선천맹은 굽은 면을 지각하고 이것을 평평한 면으로 조작하는 능력이 부족하며, 습관적으로 크고 작은 차원을 과소평가한다는 것을 입증하였다. 따라서 환경이나 어떤 크기의 추정이 정안아에 비해 제한된다고 할 수 있다.

이에 비해 Fraiberg와 Siegel 및 Gibson(1966)은 선천맹이 자기자신에 관한 지식, 조정, 그리고 운동량에 기초한 공간개념을 가진다고 했으며, 특히 시각적 심상과 관련된 연구를 한 바 있는 McReynolds와 Worchel

(1954)은 기숙제 맹학교 학생을 대상으로 가깝고 먼 곳을 아는 능력에 관한 연구를 한 결과 시각적 심상은 지리적인 오리엔테이션을 위해서는 필요하지 않다는 결론을 도달했다. 즉, 맹아들은 다른 감각으로 공간관계 인식을 발달시킬 수 있다는 것이다.

Bartley(1915)는 시각적 심상이 촉각적, 근육운동 감각적 공간지각이 시각화 하는데 있어서 중요한 역할을 한다는 것을 증명하여 후천맹은 촉각으로 물체를 조작하거나 공간의 구조에서 인지적 지도와 같은 지각 형성을 위해 시각적 심상을 이용하며, 시각적 심상은 실명시기에 크게 의존한다고 했다.

Sylvester(1913)와 Plata(1948)는 시각적 경험을 가진 맹은 경험을 갖지 못한 사람에 비하여 촉각적 표현을 해석하는데 큰 도움을 받는다고 하였고, 촉각적 심상은 시각적 심상보다 열등하지만 적절한 훈련을 통해서 맹과 정안자 사이의 차를 줄일 수 있다고 하였다.

그러나 일련의 연구들은 여전히 시각장애아의 공간지각이 열등함을 입증하고 있는데, 여기에는 두가지 사항이 부가되어 있다. 첫째는 후천맹이 선천맹보다 유리한 위치에 있으며, 이는 어느 정도의 시각적 경험이 전혀 그런 경험을 못했던 것보다는 도움이 된다는 것을 나타낸다. 두번째는 전술한 Senden(1960)의 주장과 관련된 문제로서 많은 연구들이 맹아간의 상당한 개인차를 보고 했는데 어떤 맹아는 정안아만큼의 성과를 보였다는 것이다. 따라서 우리가 맹아의 인지구조 결함을 말할 때는 그들 개개인이 아니라 집단전체에 나타나는 일반적 차이점에 대해 논하고 있음을 유의해야 할 것이다.

최근의 Casey(1978)의 연구결과는 후자의 문제를 잘 설명해 주고 있다. 이들의 성과는 혼자돌아다닐 수 있는 정도가 공간관계의 인과관계를 구체적으로 밝히지는 못했으나 자유로이 돌아다닐 수 있다는 사실이 공간지식을 넓혀 준다는 것과 환경을 심상으로 재현하는 능력이 발달하면 환경을 보다 조직적으로 탐구할 수 있다고 한 것은 매우 주목할만한 결과이다.

우리나라에서도 시각장애아의 공간개념에 대한 연구를 한바 있는데 그 결과는 다음과 같다(표 11-1은 공간능력에 대한 비교이며, 표 11-2는 설문지의 예이다)

첫째, 맹아는 공간개념에 있어 정상아보다 열등한 것으로 나타났다.

둘째, 선천맹이 후천맹보다 공간능력에서열등한 것으로 나타나 실명시기가 중요한 영향을 미친다고 할 수 있다.

〈표 11-1〉 공간능력에 대한 집단별, 문항별 비교

집단별	구분	문항별	공 간	비 공 간
정 상		N = 30		
		M	12.3	12.9
		SD	2.15	2.65
선 천 맹		N = 15		
		M	6.67	10.33
		SD	2.60	2.27
후 천 맹		N = 15		
		M	8.4	10.33
		SD	2.22	1.54
CR	정 상-선천맹		7.25***	4.63***
	정 상-후천맹		5.62***	4.15***
	선천맹-후천맹		1.97*	0.10

* P<.05   *** P<.001

〈표 11-2〉 설문지의 예

공 간 문 항	비 공 간 문 항
16	16
1. 너는 철수앞에 있다. 철수는 영희앞에 있다. 너는 영희앞에 있느냐? 너는 영희뒤에 있느냐? ① 영희앞에 있다. ② 영희뒤에 있다. ③ 잘 모르겠다. 2. 너는 철수의 오른쪽에 있다. 철수는 영희의 오른쪽에 있다. 너는 영희의 오른쪽에 있느냐? 너는 영희의 왼쪽에 있느냐?	1. 영희는 너보다 더 키가 작다. 너는 철수보다 키가 작다. 철수는 영희보다 키가 크다고 할수 있겠는가? 작다고 할 수 있겠는가? ① 영희보다 작다. ② 영희보다 크다. ③ 잘 모르겠다. 2. 너는 철수보다 빨리 달린다. 철수는 영희보다 더 빨리 달린다. 너는 영희보다 빨리 달리느냐? 너는 영희보다 늦게 달리느냐?

2. 공간개념의 발달적 측면

　시각장애아의 공간개념 발달은 두가지 이유 때문에 아주 어렵다. 즉 그 하나는 공간개념을 배울 수 있는 가장 좋은 시기를 놓쳐버린다는 것이며, 또 다른 하나는 가르치는데 매우 많은 양의 시간이 필요하다는 것이다. 예를 들면 아동이 방향파악과 동작을 완전히 알고 개념에 발달이 확고하게된 후천성맹아에게 공간개념을 가르치는데 평균 180시간이 소요되었는데, 이에 비해서 선천성맹아의 경우에는 평균 250~300시간이 걸린다는 것이다. 또한 많은 시간을 소요해서 가르쳐도 충분한 공간개념을 갖고 있는지도 의심스럽다는 것이다.

Stone & Church(1966)는 공간개념을 학습하는데 있어서 다섯가지 중요영역과 단계를 제시하였다.

행동의 공간(action space) : 아동이 움직일때의 장소와 위치

신체의 공간(body space) : 자신의 신체와 관련된 방향과 거리에 대한 지식

물체의 공간(object space) : 사물이 신체의 공간으로부터 옮겨지는 방향과 거리의 개념에 있어서 서로 관계되는 위치

지도의 공간(map space) : 구체적이고 통일성 있는 공간경험은 작은 방이나 큰방, 도시, 국가를 찾을때 적용될 수 있는 "좌표"나 "기본적 방향"을 알게 해 주는데, 이때 중요한 것은 머리속에 그리는 지도(mental maps)이다.

추상적 공간(abstract space) : 추상적 공간을 학습하는데 있어서 어떤 사람은 시각화(visualization)가 필요하지만 그렇지 않은 사람도 있다. 그것은 입체기하나 지리학, 천문학상의 아이디어, 항해 할때나 지도를 볼때 필요한 추상적 공간개념을 처리하는 능력으로부터 초래되는 것이다.

Piaget(1960)는 약 6세 내지 7세기경에는 순서개념이 9~10세경에는 수평, 수직, 평행등의 개념이 형성되고, 좌우관계에 대한 언어적인 표현은 11세 내지 12세경에 완전히 습득되기 시작한다고 했으며, 또한 5~6세에서의 무게와 부피는 큰 것-무거운 것, 작은 것-가벼운 것 등과 같은 동의어로 지각한다고 했다.

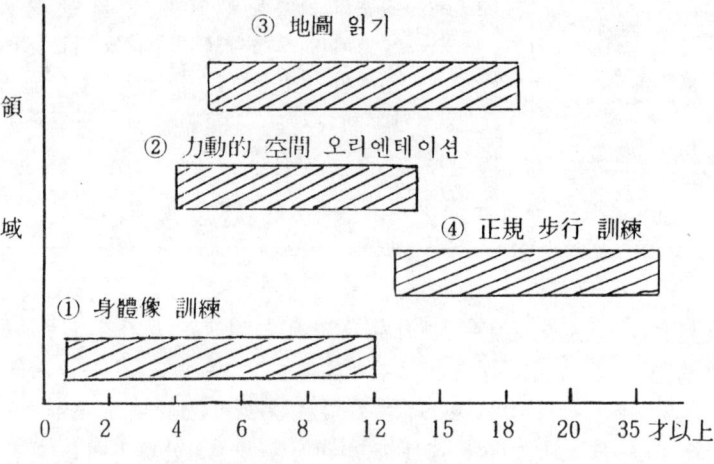

〈그림 11-1〉 Leonard의 공간 훈련의 구조

결국 학령기 아동의 공간개념 발달은 독자적인 영역이라기 보다는 Leonard가 제안한 것과 같이 「신체개념 훈련(0~12세경)→청각단서 훈련을 포함한 역동적인 공간 오리엔테이션(4~14세경, 직선으로 걷기, 공간에서의 위치재정비, 정면으로 움직이기등)→정규 보행(13세 이상)」등과 같은 순서로 연속적이면서 계열성을 지니고 발달하므로 지도에 있어서도 이 단계를 적용하면 될 것이다.

3. 공간개념 발달의 제한변인

시각장애아가 공간개념 형성에 다소의 곤란이 있다면, 어떤 요인에 의해서 그러한 제한이 발생하느냐를 고찰해 볼 필요가 있다.

첫째는 시각적 정보투입의 이상을 들 수 있다. 시각장애아에게 시각의 문제가 가장 심각하게 대두되는 것은 당연한 일이며, Owsley(1981)등이 지적했듯이 노인과 같은 정안자의 경우에 있어서도 시력이나 색채의 지각 등이 감퇴되어 익숙하지 못한 환경에 잘 대응하지 못하게 된다.

둘째는 수동적인 움직임이다. 시각장애아는 독자적으로 환경을 탐구하기 보다는 남에게 이끌릴 가능성이 크다. Appleyard(1970), Beck와 Wood (1936)는 자기차를 직접 운전하는 사람이 공공 교통수단을 이용하는 사람보다 더 훌륭한 인지지도를 그릴 수 있다고 하여, 그 효과는 아동에게도 적용된다고 보고를 한 바 있다. 또 Feldman과 Acredolo(1979) Hazen(1979)은 유아를 대상으로한 연구에서, 스스로 방향을 정하여 돌아다닌 집단이 건물의 공간적 위치를 더 잘 기억하고 있었다고 했다. 수동적 탐구와 능동적 탐구를 직접 비교연구한 Fletcher(1981)는 시각장애아가 방안을 뜻대로 탐구할 수 있게하는 경우와 방안에 있는 물건 하나 하나를 안내해주었을 경우, 방안 물체들간의 공간관계에 대한 질문을 제시했을때 그에 답하는 능력을 측정하였다. 그 결과 능동적 탐구가 수동적 탐구보다 반드시 좋은 결과를 나타내지는 않았다. 그는 스스로 탐구함으로써 공간을 더 잘 표상할 수 있게되는 것과 안내를 제공함으로서 과제가 더 쉬워진다는 것이 서로 상쇄작용을 하여 같은 결과가 나오게 된다고 해석하고 있다. 만약 Fletcher의 견해가 옳다면 이 결과는 시각장애아의 교사에게 중요한 시사를 준다. 즉, 탐구를 안내 지시한 뒤, 자기 지시하에 움직이게하는 것이 공간지식 습득을 가장 촉진시키는 방법이 될 것이다.

세번째는 모빌리티의 부족이다. 환경에 대한 정확한 공간지식과 가장 밀접한 상관을 유지하는 것중의 하나는 환경에 대한 경험의 양이다. 많이 다녀본 경험이 있으면 새로운 환경에 대한 학습이 촉진되는데 이는 이미 축적된 정보를 바탕으로 새로운 장소가 위치하고 있으리라 예상되는 곳을 측정할 수 있게 되기 때문이다. 시각장애아는 걷는다는 것 그 자체가 힘든 일이다. 미숙한 길을 걸어다니는 기쁨이란, 관절염이나 기종을 앓는 환자,

또는 캐인이나 개의 도움을 받아 다녀야만 하는 사람에게는 매우 제한되게 마련일 것이며, 그들은 또 빈번히 범죄에 희생당할 가능성이 크다. 때문에 자유로이 보행을 못하여 풍요로운 경험을 할 수 없다해도 집에서 느낄 수 있는 안정을 얻기 위해 외출을 적게 할 수 있다.

네번째는 맹아가 남들에게 어떻게 보일까 하는데 대한 그들 자신의 심리적 불안이며, 다섯째는 왜곡이다. 시각장애아는 노력이라든지 느낌, 의미, 시간과 같은 심리적 요소의 작용 때문에 공간적 정보를 왜곡시키는 경향이 정안아보다 훨씬 더 클 수가 있다. 그들이 낯선 길을 보행하는데 기우리는 노력은 정안아보다 훨씬 크다.

Riser(1980)와 그의 동료들이, 맹아는 모퉁이나 회전하는 통로에 의해 분리되어 있는 지표들 간의 기하학적 거리를 과장시킨다고 한 것이나, Casey(1978)가 맹아는 구부러진 통로를 직선으로 착각하는 경우가 많다는 연구결과는 왜곡현상을 뒷받침해 주고 있다.

4. 공간개념 지도 영역과 그 방법

1) 위치 및 상대적 개념

전방(anterior) : 앞, 앞면, 앞면향하기, 앞에, ~의 앞에, 앞쪽의, 전방에
후방(posterior) : 뒤, 뒷면, 뒷면향하기, 뒤에, ~의 뒤에, 뒤쪽의, 후방에
위(superior) : 꼭대기, 보다위에, 바로위에, 위로, 높은, 위쪽으로
밑(inferior) : 밑바닥, 보다밑에, ~아래에, 아래로, 낮은, 아래쪽으로, ~의 밑에, 낮게
측면(lateral) : 바로 옆의, ~의 다음에, ~의 곁에, 좌, 우, 옆의, ~의 옆에
거리(proximics) : ~의 가장 가까운, ~의 이웃에, ~의 가까이에, 떨어져서, 거리가 먼, 멀리, 접근, 가까이, 이곳, 저곳, ~의 옆에
내적(internal) : 속으로, 안에, 안쪽, ~의 안에, 안쪽의
외적(external) : 밖에, 외부, 밖으로, 바깥쪽의, 외부의
기타 : 시계바늘 방향, 시계바늘 반대 방향, 맞은편의(반대편), 가로질러서, 평행의, 수직의, ~의 둘레에, ~을 향하여, 거꾸로, 가운데, ~의 사이에, 중간에, 중심, ~위에, 떨어져서, 전방의, 후방의, 위의, 밑의, 내부의, 인접한, 중간, 중간의, 동, 서, 남, 북(동북, 서북, 동남, 서남)대각선, 수평의, 수직의, 최고의

2) 형체 개념

둥근, 사각형, 원, 직사각형, 정방형, 타원형, 고리모양, 구, 8각형, 6각형, 5각형 원통형, 원기둥, 정육면체, 원추형, 직방체, 피라밋형, 마름모, 사다리꼴, 포물선, 평행사변형 등과 배(과일)모양, 빗방울, 눈물, 심장(heart) 모양, 반지, 상자, 다이아몬드 같은 특정 사물의 형체, T-교차, H, L, O, S, T, U, V, X, Y 같은 모양을 나타내는 문자, 장방형의, 둥근, 원형의,

정방형의 등과 같은 서술적인 용어를 포함한다.

3) 측정개념 중요한 측정개념에는 거리, 양, 시간, 무게와 부피, 넓이, 길이, 크기 등이 있는데 특히 시간과 거리개념의 이해 부족이다. 시간에는 두가지가 있는데 하나는 실제 시간이고 다른 하나는 개인이 생각하는 시간(예컨대, 무엇을 고대하고 기다릴때는 1초가 한시간 같은 것)으로써 맹아에게는 이 두가지의 시간이 서로 다름을 인식시켜야 한다. 지도방법의 예를들면 다음과 같다.
- 옷입는 시간
- 먹는 시간과 같은 일상생활에 쓰이는 시간에 대해 토의하고 내가 어떤 일을 하는데 걸리겠다고 짐작한 시간과 행동을 한 뒤에 걸린 시간과의 차이 이해
- 1초나 1분동안에 무엇을 얼마나 할 수 있는가
- 맥박이나 심장은 1분에 몇번이나 뛰는가
- 어떤 노래의 여운은 얼마나 가는가?

그리고 거리에는 멀고(길고) 가까운(짧은) 거리가 있으며, 크기의 측정이나 비교도 할 줄 알아야 한다.
- 우리 몸에는 어느 부분이 cm나 m에 가까운가, 책상이나, 책, 옷장 등의 크기를 짐작해보고 재기
- 일정한 크기의 물건을 놓고 누가 더 빨리 자로 재지않고 알아맞출수 있는가의 게임
- 한 곳에서 소리를 내고 걸어가도록 하여 거리가 얼마되는지 짐작케 하기등의 거리개념을 개발할 수 있다. 특히 "시간과 거리"와의 관계는 아동들이 확실히 알아야 한다. 얼마나 멀리(거리) 얼마동안 걸렸느냐(시간)하는 시간과 거리의 관계를 인식시켜야 한다. 다음은 기본되는 측정개념 들이다.

거리 : 인치, 자, 야드, 마일, mm, cm, m, km, 블록
양 : 전체, ½, ¼, 가득, 텅빈, 적은, 최소, 더, 가장, 모두 약간, 아무것도 없는, 얕은
시간 : 초, 분, 시, 하루, 일주일, 한달, 일년, 오늘, 내일, 어제, 15분, 30분, 아침, 오후, 저녁, 밤, 1초(분, 시간)동안, 시간대 거리
무게와 부피 : 온스, 파운드, 파인트(pint), 퀴터(quart), 리터(ℓ)
넓이, 길이, 크기 : 키큰, 짧은, 긴, 큰(big, large), 매우 큰, 두꺼운, 작은, 거의없는

4) 행위개념　　　　　회전 : 45°회전, 90°회전, ¼회전, ½회전, 180°회전, 완전회전, 360,회전, 중심점, U-회전

행위 : 움직이다, 뛰어가다, 살금살금걷다, 기어다니다, 구르다, ~을 잡아당기다, 구부리다, 눕다, 앉다, 서다, 웅크리다, 무릎꿇다. 구부리다, 위치, 떠돌다. 낚시질하다, 방향바꾸기, 걷다, 달리다, 점프, 껑충뛰다, 뛰어넘다, 동작, 위로향하는(밑으로 향하는)동작, 차도횡단, 놓다, 배치하다, 꽉잡다, 밀다, ~을 끌어 당기다, 흔들다.

이러한 행위개념과 관련하여 좌우 앞뒤의 방향과 회전에 대한 훈련방법으로서 다음과 같은 것을 응용할 수 있다.

- 점자로 90°의 각을 알려주고 방의 구석이나 책, 책상 등으로 설명해 주기
- 벽에 어깨가 닿도록 옆으로 서 있다가 어린이가 90°(180°)로 회전하면 아동의등이 벽에 닿는다(그 반대 방향으로 서 있게 된다)는 것을 이해
- 너는 매일 걸어다닐때 몇번이나 90°로 회전하느냐는 등과 같은 내용
- 항상 얼굴이 북쪽에 있도록 하고 시작하며, 90° 간격의 동서남북을 가르친다.
- 네개의 기둥을 세우고 방향을 제시해 준다.
- 방의 벽에 표시를 해놓고 책상 한쪽의 방향을 말하게 해준다.
- 주위의 물체와 아동의 사이에서 생기는 방향개념을 이해 한다(예 : 너는 B군의 어느 쪽에 있느냐?)
- 두물체 사이의 방향개념 및 두물체와 아동 사이에 관계되는 방향개념 이해(예 : 만일 철수가 너의 동쪽에 있으면 영희는 철수의 동쪽에 있다. 영희는 너의 어느 쪽에 있느냐?)
- 벽이나 문, 계단, 방안의 구석등이 어느 방향에 있는지 알아 본다.

12. 청 지 각

1. 청지각과 소리의 식별

　소리는 공기와 같은 매체를 진동시켜 좀더 먼곳까지 음파가 이동하도록 하는 에너지원에서 발생한다.

　인간은 소리를 수용함에 있어서, 수동적인 어떤 생물학적 반응 뿐만아니라 관념에 의해서 형성되는 능동적인 인식반응을 한다. 즉 소리에 대한 해석은 기능적인 발생이나 생물학적인 반응 뿐만아니라 개인의 과거와 현재의 경험에 기초하고 있는 것이다.

　청지각은 자극과 식별, 폐쇄, 지각적 항상성등이 중요한 내용이 되므로 이들을 고찰함으로써 소리의 지각적 측면을 이해할 수 있다.

　청지각의 과정은 개인이 소리의 단서를 탐구하거나 특정한 자극에 몰두하기 시작하면서 이루어진다. 청지각에 의한 의미파악은 이전의 경험의 결과로서 자극과 관련되고, 일련의 자극형태는 환경을 이해하는데 덧붙여지는 조직적인 틀이나 도식(schema)으로 통합된다. 새로운 정보의 수용은 현존하는 개념에 덧붙여지거나 새로운 지각을 받아들이도록 틀을 바꾼다. 이것은 보행하는 맹아가 끊임없이 유용한 감각적 정보를 찾고 있는것과 같다. 즉 맹아는 특정 환경에서 다양한 자극에 포함되어있는 하나의 특정자극에 집중하려고, 특정한 소리를 가진 이전의 경험에 기초를 둔 자극을 식별하기 시작하여, 그는 자극을 검토하고 분류하여 수용하거나 거부하는 단계를 거친다. 이와같이 개인의 환경에 대한 인식과 움직임은 자신의 지각적과정에 의존하고 있음을 알 수 있다.

　또한 청지각은 아동이 다양한 청각적 자극에 의미를 관련시키고 소리를 분류하기 시작하면서 이루어진다. 아동이 성장함에 따라 다양한 지각적 기능은 정보의 해석을 가능하게 한다. 소리의 식별은 주파수, 강도, 위상, 신호의 지속과 같은 청각적 특성에 기초를 두고 있다. 즉 아동은 먼저 다른 소리를 구별하는 법을 배우고 난뒤 유사한 음을 식별하는 변별기능을 습득한다. 소리의 식별과 변별이 발달하는 동안 도형-소지변별(figure-ground)이 나타난다. 즉 처음에는 소리의 자극으로부터 하나의 소리를 인식하고, 후에 식별력이 발달함에 따라 도형-소지변별이 점차 선택적으로 되어 소리의 선택적 청취가 가능해지며, 결국 소리의 출처를 인식하게되어 그것에 집중하게 된다. 따라서 이러한 기능은 시각장애아에게는 매우 중요하다.

　청지각의 또다른 중요한 지각적 기능은 폐쇄를 들 수 있다. 사람들은 이전의 경험에 기초를 둔 완전한 자극을 재현시킴으로써 불완전한 자극을 지각한다. 자극의 형태나 그 집단은 비록 완전한 자극이나 자극의 패턴이 존재하지는 않지만 통합된 전체로서 인식된다. 이러한 것은 사람이 비록 완전한 자극이 들리지 않거나 다소 일그러졌다고 하더래도 그말을 이해할 수 있을때 이 현상을 찾아볼 수 있다. 즉 그는 불완전한 자극의 폐쇄를 경험하게 되고 말한 단어로부터 완전한 의미를 얻어낼 수 있다.

지각적 항상성은 역시 청각적 기능의 일익을 담당하고 있다. 지각적 항상성은 환경내에서 소리의 자극을 발생하는 물체가 똑같은한 소리 자극의 질에 영향을 미친다. Wiener(1980)는 부드러운 소리는 반드시 작은 물체에서 오는 것은 아니며, 오히려 환경에서 멀리 떨어진 대상으로부터 온다고 했다.

시각장애아들이 그가 가고 있는 방향과 평행하게 달리고 있는 차소리를 듣고 있을때 지각의 항상성이 작용하지 않는다면, 보행의 방향을 정확하게 인식하지 못할것이다. 처음에는 차가 그가 있는 방향과 평행으로 보다는 오히려 환경의 중심부에 있는 앞쪽을 향해서 움직이고 있는 것 같이 느껴진다. 청각적인 지각은 시각적인 지각과 같이 물체가 중앙에서 점점 멀리 떨어지고 있는 것처럼 느끼게 하므로, 항상성은 각 개인이 소리를 내는 물체를 보다 정확하게 측정하고 이러한 현상에 잘 적응하는데 도움을 주는 것이다.

2. 두 귀의 역할

두 귀의 존재는 음파의 전반적인 인상, 특히 공간내에 물체의 위치를 알아내려고 시도할때 중요한 역할을 한다. 보행자는 청각적인 자극을 수용함에 있어서, 독립된 조직인 두 귀를 통하여 정보를 수용하지만 그 반응에 있어서는 두개의 독립적인것이 아니라 한개의 신호임에 틀림없다.

Cherry와 Bowles(1960)는 두귀를 통하여 받는 신호들의 결합에 대한 두귀의 통합하는 힘을 강조한 바 있으며, Sayers와 Cherry(1957)는 두개의 동일자극물 혹은 그들이 공통적으로 갖는 부분들은 두자극이 관련되었을때 결합되거나 혹은 적어도 부분적으로 결합되어 교와상관분석(cross-correlation analysis)에 의해 뇌에서 탐지된다고 했다. 같은 자극을 듣고있는 두 조직의 결합은 보행자들에게 많은 이익을 제공해 준다. 때문에 각각의 귀에 도달하는 신호의 차이는 음원의 출처를 알 수 있게 하므로 소리의 출처를 식별하는 원리를 이해하는 것은 매우 중요하다. 시각장애아에 있어서 소리의 출처를 아는 것은 정안자들의 선별적인 청기능을 초월한 매우 중요한 지각적 기능이다. 그것은 주위환경내에 있는 물체의 위치를 알고 환경내에서 안전하게 보행하도록 도와주는 부가된 기능을 갖기 때문이다.

Carhart(1958)는 사람들은 신호의 차이를 가지고 있는 모든 음원에 대해서 하나의 청각적 삼각측량을 획득하기 위하여 그의 두 귀를 사용한다고 했으며, Carhart나 Bergman(1957) 그리고 Sayers와 Cherry 등은 귀에 도달하는 신호들 사이의 특성을 네가지로 요약 보고하였다.

신호들간의 첫번째 차이는 도착시간이다. 귀가 각기 약 20.3cm정도 떨어져 있어 음원에 가까이 있는 귀가 다른 반대편 귀보다 먼저 신호를 접할 수 있다. 예컨대 청취자의 바로 앞 지점의 오른쪽 30°에 있는 음원은 그것이 왼쪽구에 도달하기 약 0.25m/sec전에 오른쪽 귀에 도달한다는 것이다. 즉 머리 양쪽에 90°인 음원에서의 최대 시간차는 겨우 0.7m/sec 이상이지만, 좌우 30°정도의 측면위치에 대해서도 반응이 가능하다는 것이다.

두번째의 차이점은 두 귀의 신호지각에 있어서 신호의 강도이다. 두 귀가 떨어져있고 또 두뇌의 디프렉션 효과로 인해서 음원에서 더 멀리 떨어진 귀에 강도를 약화시키는 경향이 있기 때문에 음원에서 가까운 귀가 더 강한 신호를 받는다.

세번째는 귀에 도달하는 신호들의 위상관계에서 나타난다. 두귀사이의 거리때문에 두귀에 도달하는 음파의 위상에 위치가 다르다.

신호들 사이의 네번째 차이는 스펙트럼의 조직이다. Wiener(1947) Perrott, Elfner와 Homick(1969) 등은 두뇌주위를 신호가 움직일때 두뇌는 고주파 소리를 격감시키는 여과작용을 한다고 주장했다. 즉 위상과 진폭이 넓은 저주파소리는 두뇌주변으로 움직이게 됨으로써 음원에서 떨어진 귀는 저주파 소리를 수신한다는 것이며, Sayers와 Cherry는 환경의 반사적인 속성과 소리가 이관을 통과할때 음파 투사각의 차이로 인해 스펙트럼의 차를 지각할 수 있다고 했다.

한편, 한쪽 측면에서 신호가 올때는 음파쪽의 귀가 다른쪽 귀보다 더 강하게 신호를 받는다 이것은 머리의 측면에 있는 위치에서 나오는 음파를 음영화하는 기능때문이며, 여기서도 위상과 스펙트럼의 차이가 존재하기 때문이다. 강도에서 음영화된 차이는 그 주파수가 증가함에 따라 증가하는데, 예컨대, 6,000 Hz에서는 강도차가 20 dB에 달하는데 반하여 500 Hz에서는 몇 dB에 지나지 않는다. Levinthal(1979)에 의하면 고양이의 하구세포는 이런 방식으로 소리의 위치를 부호화하는 잠재력을 제공하며 강도차에 각기 다르게 반응한다는 것이다. 이러한 모든 차이가 개인으로 하여금 음원의 출처를 정확하게 지적할 수 있도록 하는데 소리가 사람의 정면이나 뒷면에서 올때는 두 귀의 신호는 매우 유사하게 느껴지고 소리의 위치를 결정하는데 혼란을 가져오게 된다. 이때 시각장애아들은 소리의 위치를 결정하는 신호들의 차이점을 발견하기 위해서 가볍게 머리를 돌리게 된다.

일반적으로 귓볼은 후방으로부터 신호가 도달할때 이관에 그림자를 만들어 고주파 보다는 저주파음의 통행이 보다 쉽도록 한다. 그러한 까닭에 복합음은, 소리가 개인의 전방 혹은 후방에서 흘러나오는가에 따라서 내이에 다른 스펙트럼 조직을 제공하게 된다. 이와 관련하여 Hirsh(1950)는 귓볼이 전방으로부터 오는 소리와는 관계가 없으며, 후방에서 접근하는 소리의 강도를 약화시키는 역할을 한다고 주장했다. Stevens와 Newman (1936)도 이러한 "강도약화이론"을 제시했는데, 귓볼이 스펙트럼과 강도를 변화시킴으로써 소리가 전방에서 오는지 후방에서 오는지를 결정하게 된다고 하였다.

그러나 Harris(1974)는 소리의 출처를 알 수 있는 것은 역시 특정한 주파수 범위가 중요한 요인이 된다고 주장하였다. 그는 저주파수의 경우에는 소리의 도착시간과 위상이 매우 중요한 단서가 된다고 하여 주파수가 6,500 Hz에 이를때까지만 그러하고, 도착시간과 위상에 대한 민감도는 저주파음에서 더 양호하며 주파수가 높아짐에 따라 감소한다는 것이다. 그래서 고주파음인 경우에는 강도가 소리의 위치를 파악하는데 중요한 단서가 된다는 결론을 내리고 있다. 또한 Stevens와 Newman은 소리의 위치식별은, 저주파음에서는 비교적 일정하며, 주파수가 3,000 Hz에 접근함에 따라 정확성이 낮아진다고 했고, 4,000 Hz 이상에서는 다시 좋아지며, 10,000 Hz 정도에서는 1,000 Hz만큼 정확하다. 그리고 2,000 Hz와 4,000 Hz 사이에서 소리의 위치 파악은 위상과 강도의 속성때문에 정확하지 않다는 것이다. 그들은 낮은 소리와 높은 소리의 강도를 파악하는데 가장 효과적인 것은 위상임을 발견하여 중간지점인 3,000 Hz가 효과적인 단서로서의 강도나 위상이 아님을 주장하였고, 특히 90°와 같은 극단적 측면의 위치에서는 소리출처의 파악이 어려우며 정면중앙이 가장 정확하다고 보고했는데, 이러한 연구결과는 Wiener가 소리는 0° 혹은 180°위치에서 가장 잘 출처를 파악할 수 있다는 연구에 의해서 지지되고 있다.

전술한 것과 같이 머리의 움직임은 소리의 출처를 아는데 중요한 역할을 한다. Hirsh(1950)는 개인이 그의 두 귀를 사용하기 위해서 그의 머리를 움직일때 소리의 인식은 최고에 도달한다고 주장했다. Briskey(1972)는 오래 지속되는 소리의 경우, 소리의 강도 차이를 판별하기 위하여 두뇌음영 (head shadow)효과의 활용과 소리의 위치를 식별하기 위해서 머리의 움직임을 요구하고 있다. 또 Koenin는 사람의 방향성 지각은 머리 움직임에 의해 영향을 받는 두 귀의 소리통로를 분석하는 능력에 부분적으로 관계한다고 하였고, 두 귀의 전화시스템을 사용한 실험에서 좌우의 소리위치 인식도 가능하나 청취자는 그의 머리 뒷부분의 반경으로부터 흘러나오는 모든 소리를 식별하는 것처럼 보인다고 했다. 또 Norton(1960)은 시각장애자를 대상으로 하여 Koenig와 유사한 실험을 한 결과 머리를 움직이지 않았을때는 두 귀에 도달하는 신호에 대해서 혼돈을 일으키게 된다는 것을 발견하였다.

　Sayers와 Cherry도 소리단서는 소리의 진행방향을 따라가기 위한 근육운동 지각적인 목근육 단서와 관련된다고 설명하여, 뇌가 소리를 분석하고 두 귀로부터의 신호를 융합하려고 시도할때, 소리를 이러한 신체적인 단서와 관계시킬 수 있다는 것이다.

　이와같이 소리의 출처를 식별하는데 대한 연구는 많이 이루어졌지만 소리의 거리측정에 관한 연구는 거의 없었다. Wiener는 소리의 거리 측정은 귀에 직접 도달하는 소리에 대한 반사음의 비율에 의해 결정된다고 주장하면서, 이것은 음원이 가까이 있을때는 소리의 많은 비율이 음원으로부터 직접오지만, 음원이 멀리 떨어져 있을때는 소리의 대부분이 반사로부터 오게 되기때문이라고 밝혔다.

3. 장애물지각

　반향음의 사용은 시각장애아의 "음파탐지 활동"으로 묘사되고 있는 것으로서, 소리 반사의 질을 감지하여 장애물을 지각하는 단서로 활용되고 있다.

　반향음의 이용에 관한 초기연구는 장애물에 부딪치지 않는 박쥐의 능력에 관심을 모았다. 1973년 자연과학자인 Lazzaro spallanzani는 그의 연구실로 날아들어온 올빼미가 우연히 촛불이 꺼진 어두운 방에서 방향을 잃고 벽과 다른 물체에 부딪치는 것을 발견하였다. 후에 그는 박쥐가 어둠속에서도 방향을 잃고 잘 날아다님을 발견하고 박쥐를 통한 실험을 계속하였다. 즉, 박쥐가 시각을 사용하여 어둠속에서도 잘 날아다니는지를 알아보기 위하여 박쥐들의 눈을 가리고 관찰을 했는데 여전히 방향을 잃지않고 장애물을 피하면서 잘 날아 다녔다. 그는 장애물을 피하는 능력이 시각이 아니라 다른 어떤 감각이라고 가정했다. 따라서 박쥐가 귀와 입이 막혔을때 장애물에 부딪침을 알고, 머리의 여러부분을 덮개로 가리고 실험을 계속했는데 박쥐의 날개와 몸이 장애물로부터 반사되는 소리를 만드는 것을 발견했다. 또 촉각적 민감도를 없애기위해 박쥐의 몸에 니스칠을 하여 실험을 한결과, 박쥐가 여전히 장애물을 피할 수 있는 것을 발견하였으나, 그의 발견은 당시 동료 과학자들에 의해 받아들여지지 않았다.

　그로부터 백년후에 Hahn(1908)은 Spallanzani의 실험을 입증했는데, 박쥐는 귀를 막았을때만 방향을 잃는다는 결론을 내린바 있다. 또한 Maxim은 박쥐가 날개를 침으로서 생기는 저주파음의 반사를 느낌으로써 장애물을 탐지한다고 주장했으며, 음성학에 대상인 Hartridge(1920)는 박쥐가 고주파음과 단파를 발산한다고 주장했다. 한편, 반향음 연구를 정립한 Griffin(1981)은 박쥐가 물체에 접근해 갈때 50,000 Hz에서 얻어진 최대의 반사음을 사용하여 초음파를 생산함을 발견하였다. 즉, 그 소리는 입으로부터 비롯되는 맥박의 형태로서, 박쥐의 턱을 다물게하고 입술을 밀봉한 실험결과, 박쥐는 방향을 잃고 물체에 부딪침을 발견하였다. 후에 연구자들은 박쥐가 생산한 반향음의 주파수가 50,000에서 70,000Hz만큼 높다는 것과 공중에서 날때는 30,000 Hz임을 알아내었다.

일찌기 Diderot(1916)는 안면시각에 관한 연구를 통해 시각장애아는 물체의 존재여부와 거리를 정확하게 결정할 수 있는 지각능력을 가졌다고 보고 하면서, 이러한 현상은 시각장애아가 물체에 접근했을때 얼굴 반대편에 하나의 공기기둥을 압축하기 때문이라고 했다. 그는 또 맹아의 안면신경과 말초신경의 예민도를 증가시킬 수 있다고 주장하였는데 당시의 학자들에게 인정을 받기도 했다.

독일의 Burklen(1924)는 그의 저서에서 Zeune(1808년)와 Knie(1821)의 연구를 요약했는데, 즉 시각장애아는 더음이 역할을 하는 것으로서 그들의 뺨이나 이마를 사용한다고 주장했다. Java(1981)은 안면시각을 시각장애아의 "여섯번째 감각"이란 용어를 도입하고 이 감각은 촉각과 유사하지만 공기의 파장으로 일어난다고 믿었으며, Dolanski(1931)와 Mouche(1938)는 시각장애아의 얼굴과 귀를 막고 장애물지각의 원천을 발견하기 위한 실험연구에서, 어떤 감각으로부터의 어떤 단서도 피부내의 작은 근육의 수축을 일으킨다는 생리학적 이론을 수립했다.

특히 1940년대에는 장애물 지각현상을 구명하기 위하여 cornell이라 불리우는 일련의 과학적 실험이, Supa, Cotzin과 Dallenbach(1944)등에 의해서 이루어졌는데, "안면시각 : 맹인의 장애물지각"이라는 연구결과를 발표한 바 있다. 그들은 18m정도의 긴 복도에서 두께 6mm, 넓이 120cm, 높이 145cm의 섬유판자를 탐지하는 실험을 맹집단과 눈가림을 한 정안자 집단으로 나누어 시행하였다. 대상자들은 구두창이 있는 구두를 신고 딱딱한 판자위를 걷게하되, 물체가 지각되어졌을 때는 멈추도록 했으며, 또 하나는 물체를 접촉하지 않고 가능하면 가까이 걸어가게 했다. 정안아는 처음에는 판자를 잘 탐지하지 못했으나, 아홉번의 시행끝에 어느정도의 성공을 거두기 시작했고 맹아는 보다 빨리 그 판자의 위치를 지적했으나, 접촉없이 판자에 가까이 갈 수는 없었다. 똑같은 방법의 실험을 구두를 벗고 부드러운 카펫에서 실시했을때는 두 집단 모두 행동은 더 서툴렀지만 역시 판자의 위치식별은 할 수 있었다. 그러나 얼굴을 가리고 시행했을때도 여전히 그 판자를 탐지할 수 있었는데, 이는 피부에 대한 공기 파장이나 압력이 물체의 탐지에 필요치 않음을 시사했다. 끝으로 귀를 막고 시행했을때는 대상들이 판자를 탐지할 수 없었고 벽쪽으로 빗나가기 시작했다는 것이다. 이러한 결과는 전술한 몇몇 연구자들이 안면시각을 강조하고 있는 주장과는 다르게, 맹아의 장애물지각은 소리단서에 의존한다고 결론을 내리고 있다.

다른 cornell 실험으로서 Dressler(1893) Worchel과 Dallenbach(1947)는 소리에 관계없이 외이관과 고막이 장애물 지각에 관계하는지를 구명할 목적으로 맹농아를 대상으로 연구한 결과, 아동들은 어둠속에서 판자를 탐지하지 못했다는 점에서, 이관표면의 압력, 고막등은 장애물지각에 관여한다는 가능성을 배제하였다.

한편, Cotzin과 Dallenbach(1950)는 시각장애아의 장애물지각에 있어서 소리의 높이와 소리의 크기에 대한 역할을 연구하였다. 즉, 어떤 주파수가 장애물지각과 관계하는가를 결정하는 것으로서 소리의 크기는 장애물지각에 영향을 주지못함을 발견하였고 효율적인 장애물지각에는 10,000 Hz이상의 주파수가 필요하다는, 가치있는 결론을 얻었다. 연구자들은 고주파수가 필요한 이유를 설명하면서, "음원의 진동수가 일정하더라도 청취되는 진동수는 음원 대 청취자사이의 상대운동에 따라 변한다"는 이른바 도플러현상(doppler phenomenon)을 인용하고 있다. 도플러 효과는 개인의 보행속도와 소리파장속도 사이의 비율에 의존하게 되므로 정상적인 속도로 걸어갈때, 소리는 고주파에서 물체로부터의 반사가 매우 빠르며, 도플러 효과가 지각될만큼 청취자에게 곧 되돌아오기 때문이라는 것이다. 또한 Ammons, Worchel과 Dallenbach(1953)등은 이와같은 cornell 실험의 결과가 실외에서도 적용되는지를 결정하고, 아울러 정상적인 청각을 가진 모든 사람들이 물체를 지각할 수 있는지에 대한 연구를 식도한 바 있다. 그 결과에 의하면 실외에서는 실내보다 아동들의 학습이 지체됨을 발견하였는데, 그것은 바람, 그림자, 후각의 자극등이 실험에 간섭했기 때문이다.

따라서, 실외에서도 그 기능을 학습할 수 있다는 결론을 얻었다. 특히 Worchel과 Mauney(1950)는 장애물지각에 관한 훈련의 효과를 결정하기 위하여, 장애물지각에 실패했던 맹아동 7명을 대상으로 실외의 콘크리트 보도위에서 섬유판자를 탐지하도록 한 결과, 모든 아동의 장애물 지각능력이 향상된 것으로 나타나, 전술한 Supa, Cotzin과 Dallenbach(1953)의 연구결과를 뒷받침 해주고 있다.

또한 Kellogg(1962)는 귀로 지각할 수 있는 물체의 크기, 거리, 그리고 물체의 재료들을 연구한 바 있는데 맹아가 물체지각에 필요한 소리를 내어 이용함으로써 더 잘 지각할 수 있다고 했다. 즉 장애물이나 표면은 인위적인 소리를 냄으로써 탐지될 수 있다는 것이다. 예컨데, 혀끝차기, 손가락튕기기, 발꿈치차기, 휘바람 등이 위치를 지각하는데 필요한 반향음을 만들기 위한 방법으로 사용되며, 또한 장애물 탐지의 수행능력은 개인의 실제 "청취능력"보다는 "소리에 있어서의 작은 차이"를 구별할 수 있는 능력에 보다 더 직접적으로 관계한다는 것을 주장하고 있다.

이상과 같이 여러 연구가, 안면시각은 고주파음에 의한 청각적자극에 의존하고, 장애물 지각은 물체로;부터 되돌아오는 반사음에 의해 결정된다고 했으나 연구결과는 매우 다양하고 복잡한것으로 생각된다.

지금까지의 시각장애자의 장애물 탐지 감각에 관련된 주요 연구결과를 요약하면 다음과 같은 점에 귀결될 수 있다.

첫째, 장애물지각은 고주파음의 음향반사들간의 식별능력에 의존하며, 특히 중요한 주파수는 10,000싸이클이라고 주장하고 있다.

둘째, 장애물지각은 성인뿐만 아니라 아동도 훈련에 의해 개발될 수 있다.

세째, 장애물지각은 물체가 지각될 수 있는 결정적인 "청각적 각도" 범위내에 놓여있는지 어떤지를 식별하는 것이 중요하다.

네째, 한 귀만을 사용했을 경우는 머리의 움직임이 장애물 탐지에 관여한다는 사실이 발견되었고, 맹아의 정면에서 소리가 발산될때, 전방30°에 위치한 장애물 탐지는 가능했으나 45°로 이동했을때는 탐지를 어렵게 한다.

다섯째, 표면이 불규칙한 장애물은, 표면이 부드럽고 딱딱한 장애물보다 탐지가 더 어렵고, 소리를 흡수하는 장애물은 소리를 반사하는 장애물보다 탐지가 어렵다.

여섯째, 심한바람이나, 교통소음 등은 물체 탐지를 제한한다.

일곱째, 자신이 스스로 소리를 발산하는 것이 자기 주변의 소리에 의존하는것 보다 탐지가 더 쉽다.

여덟째, 시각장애아는 자기의 측면에 위치한 장애물보다는 정면에 위치한 장애물이 탐지하기가 더 쉽다.

아홉째, 복도의 가장 가까운 벽에 위치한 장애물이 복도의 중앙에 있는 장애물보다 탐지가 더 어렵다. 이는 장애물이 벽에 더 가까이 위치하면 할수록 복도의 벽에서 울려 나오는 반향음이 점점 많아져서 탐지를 방해하기 때문이다.

열째, 장애물 지각과 실명시기와의 관계는 역상관임을 입증했다.

4. 소리훈련 단계와 방법

일반적으로 맹아에게 소리에 대한 능력을 개발하기 위해서는 소리의 위치나 방향, 소리의 진행, 소리의 구별, 음향반사 등이 중요 영역으로 취급되고 있다. 다음은 소리훈련의 단계를 제시한 것이다.

① 제1단계(소리의 인식 : awareness) : 소리는 자기 자신이나 주위에서 항상 존재하며, 만들어지고 있다. 즉, 많은 소리들이 우리가 주의 깊게 듣지 않아도 언제 어디서나 들린다는 것을 이해시킨다.

② 제2단계(소리의 확인 : identity) : 소리에 대한 호기심을 갖고 소리가

나면 무슨 소리인지를 알려고 하는 노력이 필요함을 인식시킨다.
　③ 제3단계(소리의 출처 : localize) : 소리가 어디서 나오는지 정확히 파악해야 한다. 물체의 소리가 반사될때, 듣는 사람과 소리나는 곳의 높이가 다를때, 소리가 나는 곳이 움직이거나 소리가 끊어질 때는 출처를 알기 어려움을 이해시킨다.
　④ 제4단계(소리의 구별 : discrimination) : 많은 소리중에서 내게 필요한 소리와 필요없는 소리를 가려내야 한다. 예컨대, 비행기 소리와 교회 종소리가 동시에 들릴 때는 내게 필요한 소리가 더 잘 들리게 된다는 것을 이해시킨다.
　이상의 네 가지는 소리의 사용에 있어서 모두 중요한 것들이다. 맹아는 먼저 소리를 알고 확인하고, 그 위치를 알아야 하며, 반사음을 이용하여 물체를 지각하는 훈련도 발전시켜 나가야 한다.(맹유아지도편 참조)
　부모나 교사를 위해서 몇가지 구체적인 소리훈련의 방법을 제시하면 다음과 같다.
　① 방에서 안과 밖의 소리듣기, 흉내내기
　② 가족의 목소리와 친구의 목소리 알아 맞추기
　③ 차소리 알기
　④ 먼 소리와 가까운 소리의 구별
　⑤ 소리를 듣고 거리 짐작하기
　⑥ 동전 떨어지는 소리를 듣고 액수 알기
　⑦ 라디오 연속극의 효과음을 이용한 소리 익히기
　⑧ 유리컵에 물을 붓고 소리내어 구별하기
　⑨ 청진기 놀이를 통한 지도
　한편, Norton은 기초적인 청각기능을 개발하기 위해, 열개의 테이프로 된 녹음자료를 제작하였으며, Wiener와 Mclaughlin은 특정 지역의 소리를 담은 청각지도(auditory map)를 개발하여 청능훈련에 적용케한 바 있다.

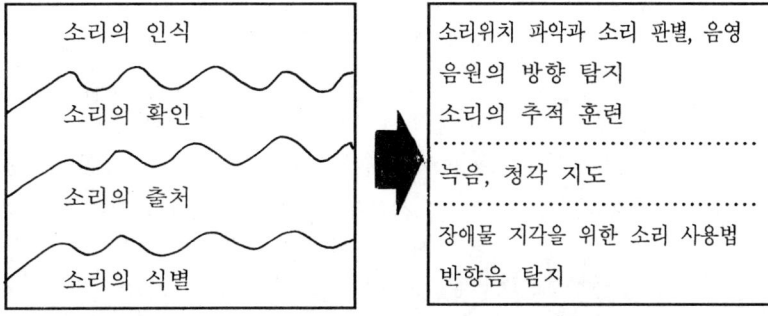

〈그림12-1〉 Lydon & McGraw(1973)의 소리훈련 단계

13. 촉 지 각

촉각에 의한 지각은 두가지로 구분할 수 있다. 즉 무엇인가를 능동적으로 텃취하여 느끼고 있음을 인식할 때 일어나는 능동적인 지각(haptic perception)과 어떤 자극이 피부에 닿아 무엇인가를 느꼈을 때 일어나는 수동적인 지각(tactual perception)이다.

능동적인 촉지각에 있어서 그 기제는, 피부에 무엇인가가 닿을때 발생한다. 따라서 인간이 피부에 닿는 물체를 지각할 때 첫번째의 것은 그것이 일어나는 위치이다. Renshaw, Wherry 및 Newlin(1930)은 위치신호를 결정하는 연구를 시도하였다. 그들은 선천맹아와 정안아동, 성인 등 세 집단을 대상으로 하여, 피부의 특정부위를 텃취한 다음, 그 부위를 빨리 지적하는 능력을 평가하였다. 그 결과, 정안아동은 맹아보다 우수했고 맹성인은 성인 정안자보다 우수하였는데, 이는 연령이 증가함에 따라 정안자는 식별이 부정확해지고 맹인은 더 정확해짐을 의미하는 것으로 풀이 할 수 있다. 이러한 위치신호는 인간이 그를 텃취하는 하나 혹은 그 이상의 물체가 있음을 식별할 수 있는지 어떤지, 또는 얼마나 넓은 물체인가를 식별하고 형태를 인지하는데 매우 중요한 것이다. 왜냐하면 접촉되고 있는 부위나 물체의 수는 피부진동을 통한 커뮤니케이션에 유용하기 때문이다.

두번째는 어떤 힘이 신체부위에 작용하면 그 정도를 알 수 있고, 힘이 세게 증가하면 고통을 경험할 수 있는 강도이다. 만약, 어떤 물체가 적은 반복율로 되풀이 해서 신체를 접촉하면 인간은 일련의 비연속적인 충격을 경험하게 되며, 반복율 혹은 빈도수가 증가하면 할수록 촉각적인 진동현상을 느끼게 된다.

1. 촉지각의 발달

시각과 촉각의 발달관계는 촉각을 이해함에 있어서 매우 홍미로운 관계이다.

Piaget(1956)는 전형적인 시각발달은 이른 초기에 일어나는 것으로서, "시각적 형체가 촉각적 형체보다 빨리 형성"되며 두 감각의 발달과정은 동일하고 시간적 차이는 두 가지 요인에 의해 발생한다고 했다. 즉, 그 하나는 눈운동과는 달리 손운동은 비교적 둔하며, 둘째는 촉지각 탐구와는 달리 시각은 비교적 효율적인 말초부위가 있어 공간관계를 쉽게 감지한다는 것이다.

Zinchenko(1960)등도 시각이 촉각보다는 더일찍 발달되나 유사한 발달과정을 거친다는 사실을 발견했다. 이 역시 Piaget의 주장과 비슷한 것으로서, 촉지각에서의 착오보다는 시지각에서의 착오현상이 더일찍 감소되며, 촉각정보가 별다른 영향을 미치지 못하며,「촉각+시각적」탐지는 시각적 탐지와 유사하게 나타난다고 주장했다.

이들 두 연구는 촉각발달의 일반적 경향을 대표하고 있는 것으로서 대부분의 연구자가 동의하고 있는 듯하나, 질감과 형체의 상대적 속성에 관한 일련의 연구들은 능동적인 촉지각 생활의 발달경향을 설명하고 있다.

Gliner, Pick, Pick 및 Hales(1969)는 유아와 3학년 아동에게 짝짓기 과제를 주어 형체와 질감에 대한 아동의 선호도를 측정하였다. 피험자에게 변별학습과제를 부과하였던 바, 유아는 질감을 변별의 기초로 이용하였고, 아동은 형체를 기초로 감는 경향이었다. 그러나 유아가 언제까지나 질감이 더 판별하기 쉬운 것은 아닐것이며, 그들의 변별성은 두 차원의 상대적 변별능력에 따라 다르게 나타날 것이라고 사료된다.

Abravanel(1970) Siegel과 Bance(1970)는 감각차원을 선택하는데 작용하는 요인간의 상관관계에 관심을 갖고 Gliner등의 연구와는 달리 세 가지 감각차원의 형태를 제시하여 연구를 시도하였다. 그 결과, 4~5.3세 아동은 형체에 의존하여 짝짓기를 하였으며, 5.5~6.5세 아동은 보다 더 형체에 의존하였다. 또한 유아와 1학년, 3학년 집단의 비교에서도 모두 형체를 선호하였고 크기에 대해서는 관심을 보이지 않았다고 보고했다.

그 후의 연구에서 Siegel과 Barber(1973)는 시각적 자극을 제시했을 때 채색보다 형체를 선호하는 경향이 더 먼저 나타난다는 사실을 알아냈으며, 촉각적 자극을 제시하면 형체에 대한 선호는 더 늦게 나타난다고 했다. 또 두 감각차원의 대상물에서는 감각을 더 뚜렷이 지각하는 데 반해 세 감각차원의 물체를 조정할 때는 형체를 더 일찍 지각하게 된다는 것이다. 이와 같은 주장은 촉각적 탐구활동은 감각차원의 특징을 결정함에 있어 여러 자주특성과 상호작용하고, 감각발달 양상과 비슷하나 두 가지 감각차원을 사용하는 경우처럼 촉각적 탐구를 저지시키면, 두드러진 감각차원으로서의 형체출현을 방해받게 된다는 점에서 타당한 것으로 생각된다. 또한 3~6세의 아동을 대상으로 한 Abravanel(1968)의 연구는 다양한 촉각자극에 대한 아동의 감수성에 대한 정보를 제공하고 있는데, 여기에서는 질감, 형체, 상하, 내외, 우측상부-좌측하부등과 같은 공간관계가 포함되어 있다.

3~4세 아동에게서 나타난 결과는 다양했으며, 이는 공간적 속성을 촉각으로 지각하는 것이 그들 나이에 어렵다는 것을 나타낸다. 반면에 5~6세 아동의 집단은「시각-시각」조건에서「동일성」-「상이성」변별과제를 성공적으로 수행하였는데, 이는 이들이 공간적 특성을 이해함으로써「동일성」-「상이성」이라는 개념이 문제되지 않는다는 것을 나타낸다. 그보다

연령이 낮은 아동은 공간관계를 촉각으로 변별하는데 곤란을 겪거나 아니면 촉각에 의해 얻은 공간정보를 시각으로 비교할 수 있도록 전환시키지 못했다.

이와 같은 연구 결과는 전술한 Pick와 Pick(1966)의 연구를 뒷받침 해 주며 논리적인 발상양상에도 부합되는 것이다. 이들의 연구는 아동의 탐구전략이 적절히 발달해감에 따라 형체에 대한 감각 또한 발달해 간다는 사실을 밝힌 다른 연구 성과와 같은 입장을 취하고 있다. Gibson(1962)등의 연구결과와 상대적인 비교가 다소 무리이긴 하나 촉각과제가 더 어렵다는 것은 분명한것 같다.

이와 함께, 촉각정보의 활용에 관한 연구가 이루어져 왔다. 이는 촉각을 지시, 통제하는 역활을 중점적으로 다룬 이론적 측면과 실제적 측면으로서의 촉지각과 시지각이 관계를 구명함은 아동의 문자지도에 유익한 시사를 준다는 점에서 의의를 지니고 있다.

Denner와 Cashdan(1967)은 비록 연구결과는 모호했지만 시각변별력이 손의 동작에 의해 촉진될 수 있음을 주장하여 관심을 불러일으킨 바 있으며, Miller(1971)는 3~4세 아동에게 네개의 시각적 비교치를 주어 표준치가 짝짓게 하였다. 그는 표준치 자극을 먼저 탐구하게 하고 15초 후에 비교치를 제시하였는데, 3세 아동이 촉각활동을 할 수 있는 시기에 물체를 능동적으로 탐구한다는 사실에 주목했다. 그러나 「촉각+시각」조건하에서의 성취는 시각조건하의 성취도를 능가하지 못했고, 두 연령집단 모두 촉각만 사용하는 조건하에서 보다는 「시각+촉각」, 시각조건하에서 훨씬 더 좋은 성취도를 나타내었다. 이 연구에서 부수적으로 얻어진 것은 감각간의 전이로서, 즉, 촉각적 경험이 시각적 경험을 촉지시키는지의 여부를 밝히는 것은 꽤 흥미있는 일이라고 생각된다. 이에 시각적 지각에 촉각을 보충한 결과 그 성취에 아무런 차이가 나타나지 않는다는 Miller의 주장은, 유아의 시각적 탐구가 촉각적 탐구보다 성숙되어 있다는 Zaporozhets(1965)의 주장과 일치하고 있는 것으로 보인다.

반면에, 촉각경험에 시각을 보충하면 촉각의 성취가 촉진되는가를 생각해 볼 수 있다. Miller(1977)는 「시각-시각조건」에서의 성취도가 「촉각-촉각조건」에서 보다 우수함을 발견했고, Deleon 등은 「시각-시각」 대 「시각-촉각」 조건에서의 결과는 차이가 없었고, 이 두 조건하에서의 성취도는 「촉각-촉각」 조건에서의 성취도 보다는 우수함을 밝혔다.

Schiff와 Dytell(1971)은 7~19세를 대상으로한 실험에서 문자의 촉각변별을 과제로 사용했는데, 시각적 정보가 촉각적 판별력을 촉진하며, 연령이 증가함에 따라 아동은 촉감각에 더 의존하고 촉각적 탐구전략이 증진됨과 아울러 감각간의 기능이 증가된다는 것이다. 이 연구에서 주목할만한 것은 시각에 의한 문자의 착각현상과 유사한 촉각의 착각을 발견했다는 점이다.

지금까지 논의한 것을 요약 해보면, Jessen과 Kaess(1973), Wolff(1972) 등이 시각적으로 경험한 형체를 촉각으로 다시 감지했을 때 시각만으로 지각할 경우 보다 더 효과적이라는 것을 주장하였으나, 시각정보에 보충된 촉각정보는 촉진역할을 하지 않으며, 촉각정보에 보충된 시각정보는 촉진한다는 잠정적인 결론을 내릴 수 있을 것 같다. 또 연령이 낮은 아동은 형체보다는 질감정보에 주목하는 경향이 있으며, 그 보다 연령이 높은 아동은 형체에 주목하는 것 같다.

이러한 것은 보다 어린 아동일수록 형체를 제대로 탐구하지 못하는 것으로 해석할 수 있는데, 질감은 불완전한 탐구에 의해서도 경험할 수 있으나 효과적인 형체지각에도 더 능숙한 탐구력이 필요하기 때문이다. 또 아동이 먼저 질감의 특성에 주목한다는 것은 질감정보를 얻기 위한 촉감각이 분화되기 시작했음을 뜻할 수도 있다. 따라서 아동에 있어서 질감의 촉지각은 형체의 촉지각 보다 더 용이함을 알 수 있다.

끝으로, 아동초기에 나타나는 촉지각의 미숙은 촉각 그 자체보다는 어떤 면에서는 탐구전략이 발달되어 있지 않은데서 기인할 수도 있기 때문에 촉각활동을 지시하는 탐구전략과 촉각능력 자체를 구분해 볼 필요가 있다.

Abravanel(1968)은 막대의 길이를 알아 맞추는 연구를 통하여 촉각의 탐구전략은 연령에 따라 변화함을 밝혔다. 즉, 3~4세 아동은 막대의 길이보다는 형체를 감지하는 경향이 많았고, 5세 아동은 막대기 끝을 쥐면서 길이를 재려고 하였다. 이와 반대로 7~8세 아동은 보다 체계적인 방법으로 막대의 길이를 탐구하였는데, 길이를 손뼘으로 재거나 막대기에 손가락을 대보곤 하였다. 연령이 높은 아동일수록 손바닥보다 손가락을 이용하는 경향이었고, 체계적인 측정전략을 사용할수록 정확한 것으로 나타났다. 따라서 낮은 연령층의 아동이 성취가 낮은 것은 그들의 촉각력이 미숙하기 때문일 수도 있으나 그들이 부적절한 전략을 사용하기 때문이라고 할 수도 있겠다. 전략훈련에 관한 실험연구의 하나로서, Davidson(1972)은 선천성 맹아가 눈을 가린 정안아보다 굴곡을 더 잘 판별한다는 사실을 발견했다. 정사행동을 녹화하여 분석한 결과, 맹아는 모든 자극에 정사전략을 사용하지만, 정안아는 부분적으로만 그러한 방법을 사용하는 것으로 나타났다. Berla and Murr(1974)는 여러 정사전략의 효과를 실험한 결과, 두손을 이용해서 한 번에 상세히 탐사하는 것이 다양한 전략을 사용하는 것보다 효과적이라는 사실을 발견했으며, 저학년의 맹아는 정밀탐사 전략 훈련을 통해 많은 개선을 보였다는 것이다.

따라서, 개인의 탐구전략과 훈련전략과 훈련문제의 관계에 있어서 전술한 연구들은 중요한 의미를 가진다. 이는, 자발적으로 전략을 사용한 경우나 훈련에 으해 학습된 전략을 사용한 경우, 모두 성과가 있었다는 점에서 그러하다.

이상에서 살펴본 바와 같이, 아동초기에 촉지각이 발달한다는 사실이 밝혀졌다. 이는 촉각변별력이 증대된 결과일 수도 있으나, 촉각탐구 전략의 발달이 촉지각 발달에 중요한 역할을 한다는 것으로 해석할 수 있다.

2. 촉지각의 정신물리학적 접근

촉지각에 관한 어떠한 논의도 물리적, 행동적 기제를 서술하지 않고는 완벽할 수가 없다.

전통적인 정신물리학적 연구는 순수한 자극적 차원에서 여러 변인과 함께 어떻게 지각이 변화하는가를 결정하는 것이다. 이러한 순수한 차원은 복잡하고 의미있는 물체가 아니라 비교적 단순한 것이다. 만약 단순한 차원의 지각이 잘 이해되면 이것은 복잡한 형체에 응용될 수 있다는 것이다.

크기는 그러한 단순한 차원으로서 전통적인 정신물리학적 접근을 설명하는데 사용된다. 크기의 차원에서 지각변화를 측정하는 한 방법은 변화가 감지되기 전에 물체가 크기에서 얼마나 변화되어야 하는가를 측정하는 것이다. 그러한 감지를 위해 요구되는 변화의 양은 최초의 크기에 달려 있으므로 작은 물체는 작은 변화를 요구하고 큰 물체는 더 큰 변화를 요구된다.

Weber의 법칙에서 보듯이, 사실 최초의 크기를 감지하는데 요구되는 변화량의 비율은 대개 일정하다.

학자들은 촉각에 대한 크기 식별의 실험에서 Weber 상수가 약 0.1정도임을 발견하였다.

특히 Berla와 Murr(1975)는 시각장애아동을 대상으로한 연구에서, 아동이 선의 넓이에 주의하면서 표준의 볼록한 선을 따라 손가락으로 만져나가게 한 뒤, 비교되는 선을 감지토록 하여 어느것이 더 넓은지를 식별케 했다. 즉, 표준선은 0.2cm의 넓이 0.13cm, 0.28cm 또는 0.12cm 넓이의 선을 단계적으로 비교하였다. 연구 결과에 의하면 지각을 위한 비교선을 표준선보다 약 10%가 더 넓어야한다는 것이 밝혀져 Weber상수가 0.1임을 입증하였다.

단순한 차원에서 어떻게 지각변화가 일어나는가를 평가하기 위한 또다른 접근방법은 Stevens와 Stone(1959)등이 시도하였다. 예컨대, 물리적인 크기에서의 증가와 크기 증가에 관한 인간의 지각은 어떤 관계가 있는가 하는 것이다. 그들은 멱함수이론을 적용하여 작은 물리적 변화는 큰 지각적 변화를 생성한다고 주장했다.

3. 항상성 오차

시각장애아가 어떤 수량적 판단을 행할 때 이를 현혹시키는 어떤 촉각적 착각이 있다는 것이다.

촉지각에서 일어나는 항상성 오차의 다른 형태는 기하학적 착각현상이다. 이른바 Muler-Lyer착각과 「수평-수직적」 착각과 같은 착시현상이 두 선분을 볼록선으로 제시하여 촉지각을 할 경우에도 발생한다는 것이다.

또한 「크기-무게」의 착각현상도 시각장애아에게 발생한다고 하였으나, 사실상 이 문제는 맹아의 지각적인 분질에 영향을 미치지 않을 수도 있다. 그러나 맹아가 크기가 다른 두 물체의 무게를 비교할 때나 혹은 형체를 인지할 때에 착각은 오차를 낳게 되며, 예컨대, 수평-수직 착각이나 Muler-Lyer 착각현상은 점자지도를 읽을 때 오차를 일으킬 수 있다.

역설적으로 지각의 착각은 이른바 지각의 항상성에 관계하고 있는 것 같다. 항상성은 시지각에서 만큼 명확하지는 않지만 촉지각에서도 나타난다.

무게 지각을 통해 항상성을 입증한 Fische(1926)과 Torry(1963)는 지각된 무게는 실제 무게를 기초로한 예측과 염력을 기초로한 예측 사이의 중간정도임을 발견하여 무게 지각에 대한 염력의 영향을 밝혔으며, 물체를 들어 올리는 신체의 무게가 변화함에도 불구하고 물체지각의 항상성을 구명하였다.

일반적으로 맹유아들은 정상유아보다 물체항상성의 발달이 늦고, 성장 후에도 떨어뜨린 물체를 무시하고 소리나는 물체에만 관심을 집중시키는 경향을 갖게 되며, 정상아가 물체항상성을 깨닫게 된 시기에서도, 맹아는 소리를 내지않는 물체에는 관심을 가지지 않는 경향이 계속됨을 볼 수 있다는 것이다.

14. 운동발달과 자세

1. 운동발달 특성

시각의 제한은 발달의 초기 단계에 큰 영향을 미친다. 더구나 시각장애아는 뇌성마비, 정신박약, 선천성 심장질환, 발작 등과 중복장애가 많으며, 그래서 각 발달단계에 더 큰 제한을 초래하게 된다.

Fraiberg(1971)는 그의 일연의 연구를 통해서 중추신경에 손상이 없는 맹유아와 정상유아의 운동발달을 비교한 바 있다. 표 14-1에서 보는 바와 같이 정상적인 발달을 보여주는 것은 혼자서 앉기, 혼자서기, 손을 잡아 주었을때 걷기 등이 있는데, 이러한 정상적인 운동수행은 비교적 안정된 무게 중심을 필요로 하는 것들이므로 맹유아들이 거의 위험을 느끼지

〈표 14-1〉 맹과 정안유아의 대근육운동의 성취연령 비교

항 목	연 령		중간연령		중간연령 차이
	S	B	S	B	
• 팔로 몸을 들어올리기, 엎드리기	0.7~ 5.0	4.5~ 9.5	2.1	8.75	6.65
• 짬깐동안 혼자앉기	4.0~ 8.0	5.0~ 8.5	5.3	6.75	1.45
• 뒤짚기	4.0~10.0	4.5~ 9.5	6.4	7.25	0.85
• 혼자앉기	5.0~10.0	6.5~ 9.5	6.6	8.00	1.40
• 앉은 자세에서 스스로 일어나기	6.0~11.0	9.5~15.5	8.3	11.00	2.70
• 가구를 붙잡고 서있기 (서있는 자세 유지)	6.0~12.0	9.5~15.5	8.6	13.00	4.40
• 발걸음 옮기기 (손을 짚고 걷기)	6.0~12.0	8.0~11.5	8.8	10.175	1.95
• 혼자서기	9.0~16.0	9.0~15.5	11.0	13.00	2.00
• 네 발자욱 정도 혼자걷기	9.0~17.0	11.5~19.0	11.7	15.25	3.55
• 방을 가로질러 혼자걷기	11.3~14.3	12.0~20.5	21.1	10.25	7.15

않고 수행할 수가 있기 때문으로 풀이된다. 반대로 지체되는 영역은 팔짚고 몸 들어 올리기, 앉은 자리에서 스스로 일어나기, 서 있는 자세를 유지하기, 혼자 걷기 등으로 공간 속에서 자기 신체를 조정할 수 있어야 할 항목들이다.

출생후 12주에 유아는 그의 팔로 어깨와 머리를 지탱할 수 있고, 엎드린 자세가 연장되도록 그의 시각적 호기심은 하나의 역할을 하게된다. 그러나

맹유아는 이러한 초기 단계에서도 행동이 다르게 나타나는데, 엎드리는 자세를 싫어하고 엎드린 자세를 억지로 시키면 울고, 고함치기 때문에 반듯이 누워서 보내는 시간이 많다. 때문에 머리와 몸통의 조정을 발달시킬 기회가 적다. 비록 이 시기에 부모들이 맹유아에게 엎드린 자세를 하도록 강요하지만 운동발달을 자극하는 시력이 제한되어 아치모양의 머리를 거의 볼 수 없다.

소리가 운동활동을 위한 동기가 되지만 생후 1년까지는 시각 제한의 보상감각이 될 수 없다. 이것은 그들의 소리를 무시하는 것을 의미하는 것은 아니며, 이미 그들은 4～5주에 목소리를 듣지만 그들의 운동이 없다는 것을 뜻한다. Burlingham(1972)은 이러한 현상을 「움직임 없는 주의집중 : motionless attention」이라고 했다.

일반아동은 약 4～8개월 사이에 앉기를 학습하는데 이 시기에 누워있는 양이 많은 맹유아들의 경우는 두개골이 납작하거나 머리 뒷부분의 머리털이 빠진 것을 볼 수 있다.

정상 유아나 맹유아는 같은 시기에 반듯이 누운 자세에서 엎어지는 자세를 취할 수 있다. 또 정상아는 10개월까지 그의 팔과 무릎으로 다리(bridge)를 만들 수 있으며, 기어가기 시작한다. 그러나 맹아는 다리를 만들수는 있지만 시각의 손상으로 인해 운동발달이 제한됨으로써 기어가기를 잘 못한다. 정상아나 맹아는 청운동 협응(audiomotor coordination)과 같은 개념화가 약 1세경에 일어나는데, Bower(1974)는 시각 장애아가 눈가림을 한 정상아동과 차이가 없다고 주장하고 있다. 도움을 받아서나 스스로 걷는 것은 정상 유아나 맹유아 모두 8～11개월 경에 성취할 수 있다. 이때 잔존 시력의 정도는 스스로 걷는 시기에 매우 큰 영향을 미치는데, Jan(1975)등이 지적한 바와 같이, 중추 신경조직에 손상이 없는 전맹아동이나 빛 지각만을 하는 전맹아는 평균적으로 약시보다 걷는 시기가 늦다는 것이다.

12개월경에는 시각 장애아가 혼자 보행할 수 있고 청각적 단서와 물체와의 협응이 가능하며, 자기의 움직임에 대한 목표를 개념화 할 수 있다.

Jan, Freeman 과 Scott(1977)등은 전맹아동이 신경 생리학적 이상이 없음에도 불구하고, 스스로 보행하는 것이 지연되는가를 분석하여, 그 원인은 환경에 대한 정신적 지도(地圖)가 결여되어 있기 때문이라고 주장했다.

이상에서 보는 바와 같이, 시각 장애아의 초기발달 동안에 성취된 운동기능은 일반적으로 정적이거나 역동적인 것 두가지이다. 즉 앉거나 서기와 같은 정적 운동기능은 정상적인 연령에서 대부분 획득하지만 반대로 기기, 스스로 걷기와 같은 능동적 기능은 가끔 지체된다는 것이다. 특히 시각 장애아는 대근육 협응이 빈약하고 부적절한 평균반응을 나타내어, 한발로 서서 균형잡기, 양발로 점프하기, 한발로 점프하기, 발끝 걷기 등이 불가능할 때가 많다. 따라서 이러한 운동기능 부족은 시각 장애아가 자유스럽게 움직이는 기회와 활동적 놀이를 즐기는 기회를 제한하게 된다는 것이다.

2. 운동발달의 영향 요인

관련 연구자들은 운동발달의 과정에서 특정반사의 존재여부의 중요성을 강조하여, 반사가 주어지는 특정의 움직임이 만약 중추신경계의 성취수준을 넘어서 지속된다면 이상(異常)으로 고려되며, 정상적인 운동발달을 억제시키는 결과를 초래할 수 있다고 주장한다. 예컨대 비대칭성의 강직성 頸반사(neck reflex)와 같은 뇌간 수준에서의 초기반사가 6개월 이상 계속된다면 이것은 뇌간의 운동발달을 지연시키거나 방해하는 것을 지적해 준다는 것이다. 때문에 생후 6개월 정도와 같은 어느 기간 동안의 비대칭성 강직성의 경반사가 있음은 정상으로 생각되어질 수도 있으나 이 기간을 넘어서면 그것은 운동발달 과정을 저해하거나 이상으로 간주할 수 있다. 비대칭성의 강직성 경반사는 아동의 머리를 한쪽 방향으로 돌릴때 한 쪽 팔과 발을 고개를 돌린 방향으로 쭉뻗고, 다른 팔과 발은 그 반대 방향으로 구부리는 것을 말하는 것으로서 Fiorentino는 이것을 "정적 자세반사"라고 주장했다. 왜냐하면 이러한 뇌간반사는 머리를 회전하는 것과 같은 경부위(頸部位)에 고유 수용감각을 통하여, 혹은 내이의 평균기능을 담당하는 전정이나 반규관과 같은 자극을 통해서 신체 위치의 변화를 일으키는데 영향을 주기 때문이다.

뇌교의 말초부위에서 일어나는 척추반사도 역시 초기의 원시적인 반사이다. 이러한 반사의 소멸은 인간이 다음단계의 자세발달이 이루어짐에 따라 발생하게 되고, 또한 성공적으로 네발 동물의 자세를 갖게 된다.

인간이 전 생애를 통해서 일어나는 여러 가지 반사는 비록 초기반사가 아니더라도 정상적인 운동발달을 위해서 불가피 하다. 예컨대, 몸이 옆으로 기울어지는 것과 같은 신체의 위치가 변할때 미로반사가 지속되지 않으면 수직적인 자세가 분열되어 균형을 잃게 된다. 이것은 좋은 자세의 재확립에 있어서는 반사작용의 역할이 중요함을 말해주는 것으로서, 결국 평형반사 작용의 발달은 인간으로 하여금 두 발로 서는 자세를 갖게 해주었고, 이러한 반사에 대한 정적인 반응은 전 생애를 통해서 지속되어야 한다. 지속성없이는 정적 균형상태가 유지될 수 없고 또한 위치 변화에 반응하는 신체균형과 안전성을 유지할 수 없기 때문이다.

한편 근육 운동감각 인식은 좋은 자세의 유지와 발달에 있어서 중요한 역할을 한다. 보행에서 관심을 갖는 것은 기능적인 자세이상이다. 기능적 이상은 서 있거나 걸을때와 같은 몸의 위치, 또는 어떤 기능을 하고 있을

때 관찰할 수 있다. 그러나 주어진 기능이나 위치에 변화가 일어났을 때는 이상을 관찰하기 어려운 것으로서, 예컨대 서 있을 때에는 S형 척추 측만증과 같은 것은 분명히 나타나지만 그네와 같은 것에 걸쳐져서 매달린 상태에서는 나타나지 않는다. 구조적인 이탈은 척추의 골격이상과 같은 해부학적 이상에 관계되는 기능적인 이상과는 다른 것으로서 측만증의 경우, 서 있지 않고 매달려 있다 하더라도 구조적인 본질에 있어서는 그 실체가 분명히 남아 있을 것이다. 때문에 구조적인 이탈을 교정하는데는 외과적 처치가 주가 되지만 기능적 이탈을 치료하는데 있어서는 교육이나 훈련이 더 적절하다.

    수직에 대한 정확한 지각은 근육 운동감각의 인식과 시각적 기능에 의존한다. 수직에 대한 인식은 공간에서 자신의 위치를 정확히 평가할 수 없을 때나 수직을 쉽게 인식할 수 있는 시각적 단서가 제한될때 어려움을 초래한다. 예컨대 대뇌혈관의 발작(뇌졸중)에 의한 반신불수(편마비)의 경우, 대부분 시지각 이상이 수반되지만 동시에 신체의 수직에 대한 식별이나 깊이 또는 수평 지각을 상실하거나 손상을 입게된다. 또 시야의 제한을 가진 환자의 경우는 그가 가는 것을 보기 위하여 머리를 돌려야 하므로, 이때 신체의 자세가 이탈될 수있다. Siegel(1970)은 시각적 단서가 결여되어 있는 사람이 수직을 식별하고자 할 때의 몸과 머리의 위치를 중요시 하여, 시각적 단서가 결여된 사람의 경우는 머리와 몸의 위치에 아주 미세한 변화를 가져왔을 때에도 그가 수직적인 방향을 유지하려는 능력을 방해하게 된다고 지적하였다. Miller(1967)는 시각 장애아의 나쁜자세는 시각적 감각과 위치감각을 포함한 신경학적 분열과

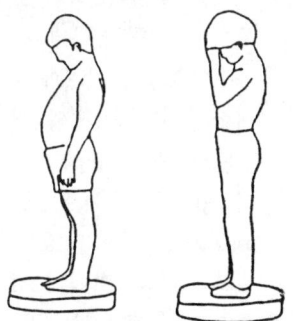

〈그림 14-1〉 직립자세 유지를 지시했을때의 맹아의 자세(中田, 1982)
           왼쪽아동이 9세 소녀이고 오른쪽은 10세 소녀이다.

관련있다고 하여, 신경학적 통합은 시각에 의해서 보다 잘 이루어지며,

맹 자체는 신경학적 통합을 방해한다고 주장했다. 특히 Miller(1967)는 캐인을 근육 운동감각과 시각상실을 부분적으로 보상해주는 도구로 보고, 적절한 캐인의 사용으로 지면의 변화를 인식할 뿐만아니라, 바른 자세와 걸음걸이를 유지하고 안정감을 얻게 된다고 하였다.

3. 이상 자세와 걸음걸이

시각 장애아에게는 특히 자세와 걸음걸이의 이상이 많이 발생한다. 이러한 것들은 병리학상이나 생리학상의 자세와 걸음걸이 이상 뿐만아니라 시각 손상 때문에 발생하는 나쁜 습관때문에도 일어난다. 시각 장애아에게 가장 쉽게 발견되는 자세 이상은 머리의 앞쪽 경사와 배면의 척주후만 등이다. 머리경사에 대한 원인에 대해서는 여러 가지 의견이 있으나, 문이나 벽과 같은 물체로부터 자신의 얼굴 충돌을 방지하려는 것에서도 올 수 있고, Miller(1967)가 지적한 바와같이 보행시에 몸통이 뒤쪽으로 기울어지는 반작용에 의해 보상적 위치로서 머리경사가 발생할 수 있다. 또한 뇌부의 척주가 어깨와 연관되어 있기 때문에 둥근어깨는 쉽게 배면의 척주후만과 연관된다. 뇌부의 척주가 앞으로 굴곡하면 어깨도 따라서 그렇게 되므로 배면의 척주후만은 요추전만의 보상으로 발달될 수도 있다. 요추전만은 대개 약한 복부 근육조직과 연관되어 있는데, 신체활동의 부족과 복부가 튀어나와 체중이 축적되면 요추전만이 된다. 또 가슴의 기형은 움푹꺼진 가슴(hollow chest)과 같은 다른 자세 이상을 수반하기도 하는데, 움푹꺼진 가슴은 숨 내쉬기를 할때의 모습과 유사하며, 가끔 둥근 어깨와 배면의 척주후만증세를 수반한다(그림 14-2 참조)

빈약한 둔부와 무릎 굴곡은 시각 장애아가 오랫동안 앉아있기 때문에 생기는 것이다. 이러한 이상은 역시 시각 장애아가 서 있는 동안에 그의 무릎 펴기를 꺼리거나 다리운동을 최대한 줄여 안정성을 유지하려고, 걸음걸이의 스윙단계에서 엉덩이의 확대를 기피하거나, 예기치 않은 사고에 대한 방어적 자세와 연관된다.

Siegel과 Miller는 시각장애아에게서 평발(flat feet)이 많음을 발견했는데, 이것은 발의 밑 중간부분에 부가적인 무게를 두는 심한 외반족(out toeing)과 관계가 깊은 것으로서, 이러한 자세가 심하게 계속되면 발이 길고, 횡경의 아치가 납작하게 되며 무릎굴곡과 외반족이 결합되어 내반족으로 나타난다는 것이다.

외반족은 가끔 촉각적 투입의 원천으로서, 맹아의 감각기관으로 사용될 수 있으며, 개인의 두 발의 지지폭을 넓혀 줄 수 있다. 그러나 지나치면 직선보행에 방해가 되고 안정성도 감소된다. 대부분의 사람들은 보행시에 7~8° 정도의 외반족인 형태를 보이는데, 이러한 한계를 넘어선다고 비정상적인 걸음은 아니며, Rasch(1980)등은 20° 이내는 정상적인 걸음걸이임을 주장하기도 했다.

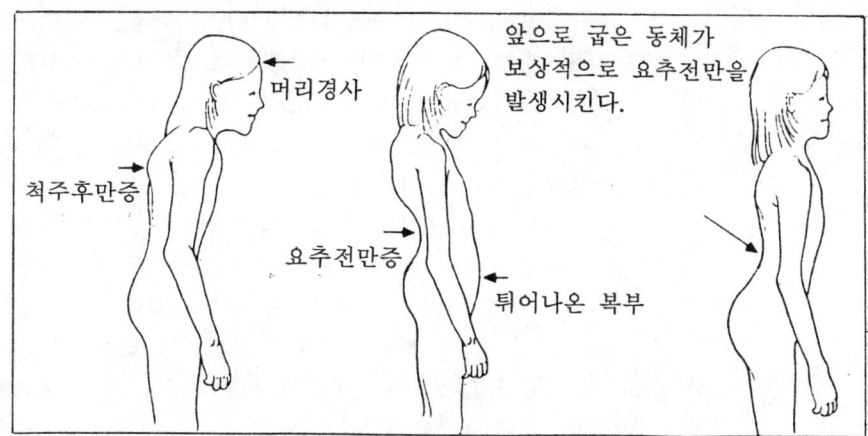

〈그림 14-2〉 이상자세의 형태

두 다리를 벌린 폭이 넓은 걸음걸이는 시각 장애아에게서 가장 흔히 볼 수 있는 걸음걸이의 특징이다. 시각 장애아가 이러한 걸음을 걷는 이유는 안정성을 높이려는 노력에서 취해진 것이라고 생각된다. 발을 질질 끄는 걸음걸이는 역시 신체 운동량을 감소시키고 "평형반응"의 사용을 적게 요구한다. 또한 이러한 걸음걸이는 엉덩이, 발목, 그리고 무릎등이 제한된, 느린 걸음걸이로 나타난다. 발뒷꿈치 닿는 단계에서 배굴의 힘이 매우 심한, 찰싹거리는 걸음은 시각장애아의 보행시에 소리듣기를 방해할런지 모른다. 그렇지만 이러한 유형의 걸음은 맹아에게 청각적인 도움을 줄 수도 있다. 예컨대 복도같은 곳을 걸을 때 그의 발이 찰싹거려 내는 소리는 에코를 통해 교차된 복도를 찾는데 이용되기 때문이다.

또한, 물체의 접근을 두려워하거나 보행시의 적절한 균형을 유지할 수 없는 맹아에게서 방어자세로 짧게 성큼성큼 걷는 걸음을 볼 수 있는데, 이러한 걸음은 걷는 동안에 속도가 감소됨에 따라 걷는 방향이 기울어져 직선보행을 어렵게 한다. 이러한 비어링(veering)현상은 대체로 평균감각의 불안정, 운동 근육감각의 이상, 자세에 대한 바르지 못한 개념, 심리적 불안감에 의한 신체적 긴장등이 원인이 되고 있다.

Fleharty(1966)는 비어링의 경향이 자세나 다리의 길이와 같은 구조적 측면보다 지각적인 조직에 더 의존한다고 주장하면서, 신체적인 구조보다는 학습활동이 더 중요한 역할을 한다고 했다. Kimbrough(1966)는 비어링 경향에 대한 걷기와 서기에 있어서의 개인적 특성 변화를 연구했는데, 보행자에게 방향이 바뀌는 것을 알려주는 것이, 비어링 경향을 수정하는 최선의 방법이며, 한 개인의 걸음걸이나 서 있는 자세의 어떤 특성을 변화시킴으로써 비어링을 감소시킬 수 있다고 제안하였다. Lund(1930)는

125명의 연구 대상중 80%가 자신의 짧은 다리쪽으로 방향을 전환했음을 발견하여, 이것은 구조적 불균형과 기능적 불균형 사이에 높은 정도의 상호의존성을 시사하는 것이라는 결론을 내린바 있다. 그러나 Difrancesco (1981)와 Cratty(1967)는 Lund의 연구성과에도 불구하고, 비어링의 경향과 걸음의 폭, 다리 길이의 차이, 머리회전 등의 요인간에는 의미있는 차가 없다는 결론을 내렸다.

끝으로 균형을 잃지 않으려고 하거나 즉각 멈출 준비를 하기 위해 맹아는 몸통을 뒤로 기울게 하는 경향이 있다. 때문에 앞으로 나아갈 때 골반운동이 증가되고, 또 보행시에 팔을 엇갈리게 흔드는 운동부족을 볼 수 있는데, 이것은 대개 긴장감과 관련되어 있는 것으로 생각된다.

지금까지, 맹아의 자세와 걸음걸이 이상을 고찰했는데 역시 자세와 걸음걸이에 영향을 미치는 요인으로서는 긴장과 불안, 공포 등이 지적될 수 있다. 신경근의 긴장은 운동의 질을 방해하고 긴장상태는 근의 피로를 유발한다. 때문에 보행교사는 아동의 약한 근육조직이나 고통, 피로, 심리적 상태 등을 고려하여, 신체이상이나 걸음걸이 주기의 이상을 최대한 줄여야 할 것으로 생각된다.

〈그림 14-3〉 시각장애아의 자유보행시의 자세분석(中田, 1982)

A는 약시 남자 9세, B는 맹여자 8세, C는 맹여자 6세, D는 약시 남자 8세, E는 약시 남자 9세이다. 머리, 팔흔들기, 보폭, 몸의 각도 등에서 이상을 찾아볼 수 있다.

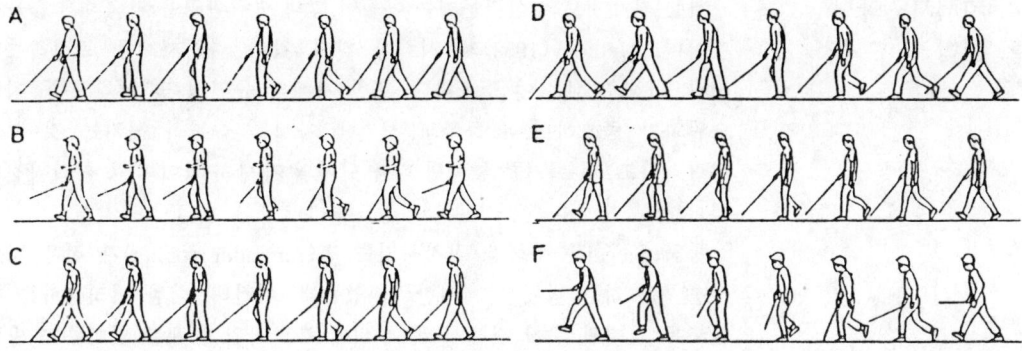

〈그림 14-4〉 지팡이 보행시의 자세분석(中田, 1982)
        A는 맹남자 19세, B는 맹남자 8세, C.D는 약시 남자 14세,
        E는 맹남자 12세, F는 맹남자 8세이다.

〈그림 14-5〉 자유보행과 지팡이 보행의 자세비교(中田, 1982)
        A는 약시남자 9세, B는 맹여자 8세이다. 팔의 움직임이 없는
        것이 특징으로 나타나 있고 자세가 바르지 못하다.

4. 자세지도의 방법

바른 자세지도의 선결문제는 아동이 그의 주위환경을 익숙하게 습득하는 것이며, Metheny(1952)가 지적한 바와 같이 나쁜자세를 교정하는데는 시간, 이해, 인내심이 필요하다. 또한 자세의 유연성 및 근육 운동 지각의 습관화가 중요하며, 초등학교 시기에 자세를 습관화 시키는 것이 가장 바람직하고, 이 시기를 놓치면 다음 단계의 자세 수정이 더욱 어려워진다는 것이다.

특히 Siegel은 부목을 접착시키는 법(reminder splints)과 같은 자세이상을 치료하는 방법을 제시한 바 있는데, 예컨대, 심한 머리경사를 하지 않도록 일깨워 주기 위해서 목 부위에 부드러운 물체를 달아주는 방법을 강조하였다.

미국의 맹학교에서는 맹아의 운동기능과 자세 훈련에 필요한 몇 가지 방법을 제시하고 있는데 주요 부분을 요약하면 다음과 같다.

첫째, 기초적인 운동을 계속해야 한다.

둘째, 머리에 물건이기(책이나 콩주머니를 이고 걷기), 윗몸일으키기, 오금의 건 펴기, 리듬맞추어 걷기, 수평대운동, 머리와 어깨들어 올리기, 막대기잡기 등이 중요한 지도 내용이다.

셋째, 훈련자료는 책이나 지팡이, 막대기, 매트등 간편한 것을 이용할 수 있다.

넷째, 자세지도는 팀 접근방법(물리치료사 등)을 통해 교정하되 훈련 프로그램을 통해 습관화 시킴이 중요하다.

다섯째, 이외에도 간단한 맨손체조, 수직으로 서기연습(벽, 문이용)등을 활용한다.

15. 지 능

시각장애아동은 시각이외의 다른 감각을 통해서 경험하고 환경과 상호작용해야 하므로 인지적 기능에 문제가 많다. 청각을 통해서 거리와 방향의 개념을 발전시키지만 크기나 형태의 인지는 어렵다. 크기, 형태, 공간의 개념을 촉각을 통해서 형성하고 있으나 아주 큰것, 아주 작은것은 유추의 방법을 쓸 수 밖에 없다. 여기서는 시각장애아의 인지적 기능 가운데 지능에 대해 알아본다.

1. 시각장애아의 지능연구 : 외국

① Hayes(1963) : 시각장애아의 지능에 대한 연구는 Hayes가 2,372명을 대상으로 검사한 것이 시초이다. 그는 실명아동의 지능과 학력검사의 결과를 보고했는데, 이 검사에서의 평균지능은 93.8로 나타났으며 전체 아동 가운데 10.3%는 120이상이었고 9.2%는 70이하였다. 즉, 정안아동과 언어성 문항에서 큰 차이가 없었고 실명시기에 있어서도 지능의 차이가 없다고 했다.

② Bateman(1963) : 약시아동 113명에 대한 검사에서 평균지능이 100이라고 보고했다. 그녀의 연구결과는 Hayes(1941)가 지능과 시력간에 역상관이 있다고 지적한 것과 유사성을 보이고 있다.

③ Birch외 3인(1966) : 약시아동 5~6학년 792명을 대상으로한 연구에서 평균지능이 95.83이라 했으며, 지능지수가 75 또는 그 이하되는 아동이 44명으로 밝혔다.

④ Tillman(1967) : 110명의 교육적 맹아동들을 실험군으로, 같은 수의 정안아동들을 비교군으로하여 Wechsler지능검사의 언어수리적 부분만을 사용하여 두 집단의 지적 구조의 차이를 연구한 바 있다. 그 결과에 의하면 첫째, 시각장애아들도 정상아동들과 같이 사실에 대한 지식을 가지고 있으나 사실을 통합시키는 능력이 적은 경향을 나타냈다. 둘째, 시각장애아들은 추상적인 문제의 접근을 구상적 수준에서 해결하는 경향이 있어서 이 분야에서 정안아동들에게 뒤지고 있다. 세째, 어휘이해의 정도가 정안아동에게 뒤져 있다. 네째, 수리적 능력에는 두 집단의 차이가 없었다.

⑤ Smits와 Mommers(1976) : 1970년의 검사에서 시각장애아의 평균지능은 107.8(SD 17.6)이었고, 1972년에는 113.9(SD 16.1)였다. 대상아동은 7~13세였으며 96명을 검사하였다.

⑥ C.J. Vander Kolk(1982) : WISC언어성 검사를 통해서 법적맹아와

정안를 비교한 결과 양집단간에 차이가 없었고, 맹아의 지능은 104.1~107.3으로 평균이상이었다.

⑦ 佐藤泰正(1976) : WISC에 의한 지능검사를 통해서 시력별로 지능을 밝혔는데 즉, 전맹은 94.5, 빛지각맹은 88.4 중도약시는 87.3, 경도약시는 88.8이었다. 또한, 시력0.1~0.3의 아동은 언어성 검사의 지능 평균이 99.2였고, 동작성은 88.1로서 동작성이 다소 낮았다.

⑧ 지능과 실명원인 관계 : 1956년, Williams는 유전적 안암에 의한 시각장애아들은 지능지수가 아주 높고, 영재아동들도 많다는 보고를 했다. 안암에 의한 시각장애아동 50명, 다른 원인에 의한 실명아동 74명을 Willmas지능검사를 이용하여 지능지수를 비교했는데, 안암에 의한 아동의 평균 지능지수는 119이었고 다른 원인에 의한 아동의 지능지수는 102에 불과했다.

2. 시각장애아의 지능연구 : 한국

① 권기덕(1977) : 한국의 시각장애아를 대상으로 연구한 권기덕은 K-WISC 언어성 검사를 통해 평균지능이 95.13(남 96.18, 여 93.92)임을 밝힌 바 있으며, 여자의 지능이 상하의 격차가 좁다고 하였다(남자의 편차 13.31, 여자 11.44).

특히, 연구자는 K-WISC를 맹아동에게 적용하는데 대한 문제점을 다음과 같이 지적하였다.

상식문제에서는 제9문항인 "한글"에 대한 질문에서 낮은 연령에서는 통과율이 매우 낮게 나타나고 있어 피검자의 좌절감을 막기 위하여서라도 문항배열에 있어서의 검토가 있어야 할것 같다.

이해문제는 문제성이 별로 없고 다른 소검사보다 평가점이 제일 높다.

산수문제는 시각장애아동에게 대체로 곤란도가 낮은 경향을 보이고 있으며 소검사가운데서 비교적 피검자에게 흥미를 보이는 문제인 것 같다. 그러나 문항 14~16번 까지는 점자로 바꾸는 것이 바람직하며, 읽어주는 경우 2회를 읽어주어야 할 것 같다.

공통성 문제는 시각장해아동에게 곤란도가 높은 소검사로 보이며, 특히 유추문제가 이들에게 더욱 곤란을 느끼는 것 같이 보인다. 이와같은 결과는 시각장해아동들의 지능특성으로 선행연구에서도 구명하고 있다.

어휘문제도 시각장해아동에게 공통성문제와 거의 같은 경향을 보이고 있다. 특히 문항 12번 "현미경"은 통과율이 극히 낮은 율을 보이고 있는 것으로서 문항배열에 검토가 있어야 할 것 같다.

숫자문제는 보충문제로써 정안자인 경우에는 특별한 경우에서만이 소검사를 실시하지만 시각장해아동들에게 이 보충문제를 실시하여 시각결함에서 오는 검사과정의 문제를 보완할 수 있다고 본다.

② 김동연, 박윤규(1990) : 시각장애아동의 지능과 지적구조를 찾아보고자 K-WISC 검사를 통해 분석하였다. 지능은 표 15-1과 같이 나타났으며, 그림 15-1과 15-2, 15-3은 가장 많은 차이를 보인 소검사의 결과를 제시한 것이다.

〈표15-1〉 시각장애아의 평균지능

구분	일반 아동	전맹아	약시아	선청성 시각장애아	후천성 시각장애아	남	여
지능지수	114.33	101.36	108.19	104	107	108.72	107.72

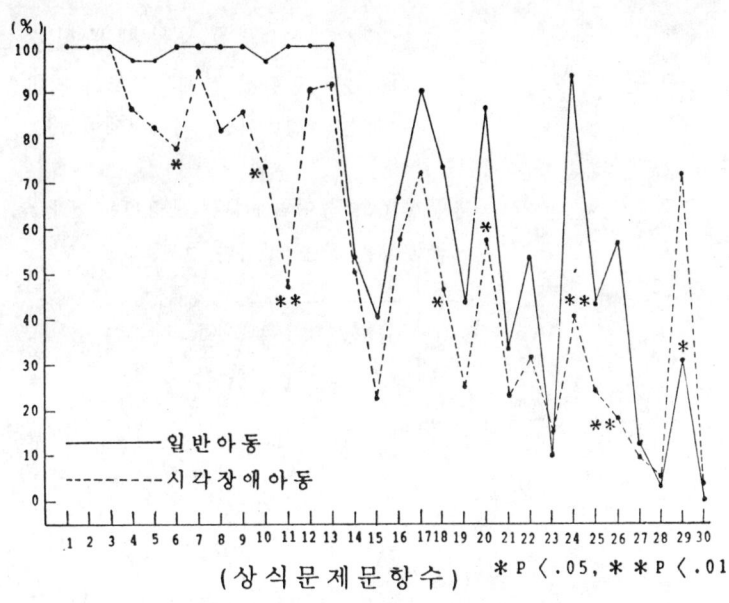

〈그림 15-1〉 "상식문제" 문항의 정반응율 비교(일반아동, 시각장애아동)

문항11은 색채개념을 묻는 것이고 문항20은 신체개념에 관한 것이다. 문항 24는 추석, 26은 보름달, 29는 면실류를 묻는 내용이다.

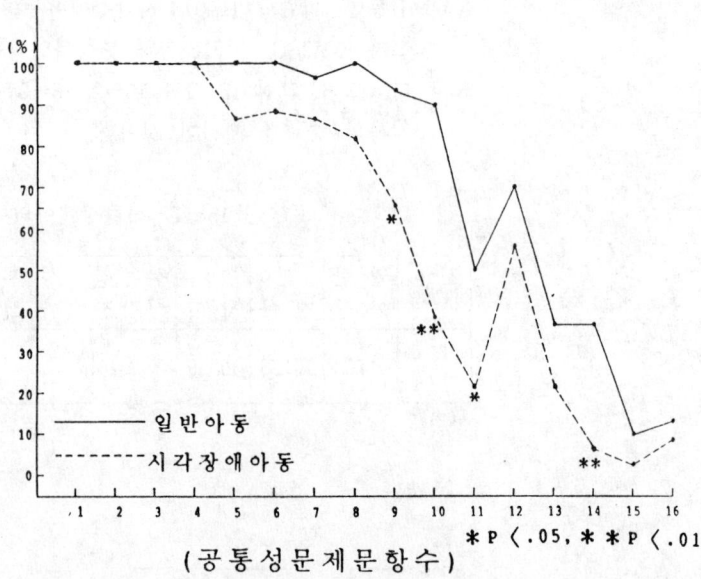

〈그림 15-2〉 "공통성 문제" 문항의 정반응율 비교
(일반아동, 시각장애아동)

문항10은 종이와 석탄, 문항11은 g와 m, 문항14는 소금과 물에 대한 공통성을 묻는 것이다.

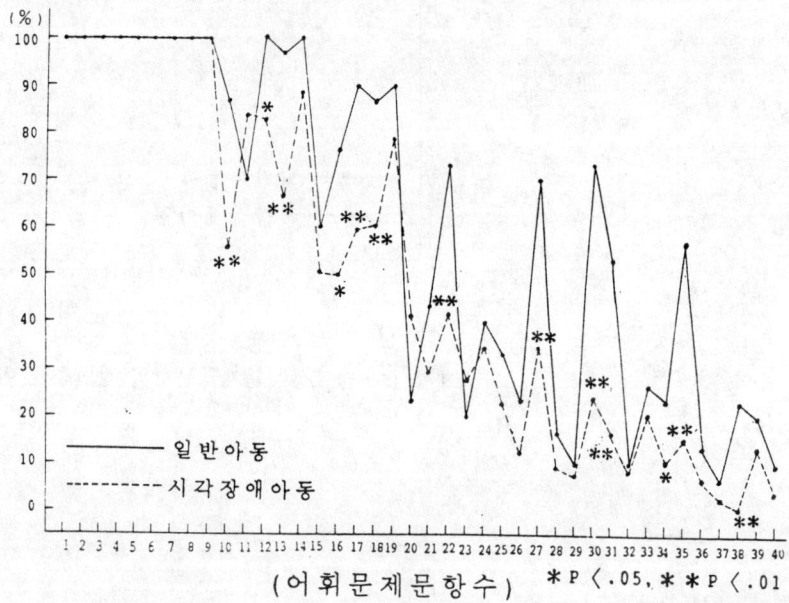

〈그림 15-3〉 "어휘문제" 문항의 정반응율 비교(일반아동, 시각장애아동)

일반아동에 비해 어휘력이 낮고, 차이를 보이는 것은 전보,현미경, 천둥, 희망, 접근하다, 위인, 희생, 촉박하다, 백일장, 자화상, 부동산, 해일, 비유, 신기루, 황혼등의 문항에서 어려움을 보인다.

3. 활용도가 높은 지능검사

1) 고대-비네 지능검사

고대-비네검사(Korea-Binet, K-B)는 고려대학교의 전용신이 스텐포드-비네(1937년판)검사를 한국의 실정에 맞게 번안한 것이다. 표준화를 위한 검사는 1969년과 1970년에 걸쳐서 실시되었으며 1970년에 초판이 출간되고 1971년에 증보 재판이 발간되었다.

검사 대상자는 만4세~만14세이다. 이 검사는 하위검사(sub-test)로 구성되어 있지는 않고 각 연령별로(2개월 단위) 문항이 배열되어 있다. 저 연령에는 동작성문항이 많이 배정되어있는 반면에 연령이 올라갈수록 언어성 문항이 많다. 개인검사이므로 검사의 실시 과정이 까다롭고, 검사자의 자격 역시 엄격하나 검사요망에서 검사자의 자격을 최소한 학사학위를 가지고 이 분야에 관심을 가진 사람으로서 교육적 또는 심리적 검사에 익숙하고 특별한 훈련을 받은 사람으로 규정하고 있다.

검사 소요시간은 약 30분 정도이나 피검사자에 따라서 개인차는 크다. 4세에서 11세까지의 94명을 상대로 1년 간격의 검사-재검사신뢰도를 낸 결과 r=914가 나왔으므로 신뢰도는 높다고 볼 수 있다. 이 검사는 정신연령을 분명하게 산출할 수 있으므로 정신지체아를 검사할 때 유용하다고 본다.

2) K-WISC(Korean Wechsler Intelligence Scale)

이창우와 서봉연이 1974년에 미국의 1949년판 WISC를 우리 실정에 맞게 번안하여 발간한 것이다.

검사의 구성은 언어성검사와 동작성검사로 되어있는데 언어성검사에는 상식문제, 이해문제, 산수문제, 공통성문제, 어휘문제 등 6가지의 소검사가 있고 동작성검사에는 빠진곳 찾기, 차례맞추기, 토막짜기, 모양맞추기, 기호쓰기, 미로문제 등의 6개 소검사로 구성되어 있다. 검사대상자는 5세에서 16세까지이다. 검사의 실시 과정과 검사자의 자격은 K-Binet검사와 비슷하며 검사 소요시간은 약 30분에서 60분정도이다.

K-WISC의 특징은 지적능력 이외에 성격적 측면도 측정할 수 있어서 임상적 진단도 가능하여 보다 개인에 대한 종합적 이해를 돕는다. 그리고 언어적 측면과 동작적 측면으로 구분되어 있기 때문에 전체 IQ 뿐아니라 각각 언어성 IQ와 동작성 IQ를 산출하여서 비교하고 진단적 의미를 찾을 수 있다. 아울러 각각 소검사를 간의 비교를 통하여 한 개인의 여러 지능요인들의 발달의 수준을 가늠할 수 있다.

3) KWIS   한국판 Wechsler 지능검사(Korean Wechsler Intelligence Scale)는 전용신, 서봉연, 이창우가 미국의 WAIS를 번안하여서 1963년에 출판한 것이다. 이 검사는 성인용으로서 검사대상자가 12세에서 64세까지라는 점 이외에는 WISC와 비슷하므로 자세한 것은 생략한다.

4) KEDI-WISC

(1) 검사의 구성

KEDI-WISC는 다음과 같이 12개의 소검사(6개의 언어성 검사와 6개의 동작성 검사로 구성되어 있다.

〈언어성 검사〉	〈동작성 검사〉
① 상 식	② 빠진곳 찾기
③ 공통성	④ 차례 맞추기
⑤ 산 수	⑥ 토막짜기
⑦ 어 휘	⑧ 모양 맞추기
⑨ 이 해	⑩ 기호쓰기
⑪ (숫자)	⑫ (미로)

각 소검사별 번호는 검사 실시순서를 나타내며 이들 12개의 소검사중 숫자 검사와 미로 검사는 보충검사로 사용된다. 따라서 지능지수를 산출하는데는 두개의 보충검사를 제외한 10개의 소검사만이 사용된다.

(2) KEDI-WISE의 언어성 검사

① 상 식

30개의 문항으로 구성되어 있으며, 피검사자의 선천적 능력, 풍부한 초기 환경 조건, 학교 생활 및 문화적 경험 등으로부터 누적된 지식이 어느 정도 되는가를 측정하는 내용으로 구성되어 있다.

② 공통성

17개의 문항으로 구성되어 있으며, 언어적 개념 형성(예 : 추상적 사고)을 주로 측정한다. 개념 형성이란 사상들을 의미있는 집단으로 묶는 기능을 말한다. 이러한 개념 형성은 자발적으로 노력하는 과정을 통해 이루어질 수도 있으나 경우에 따라서는 자동적인 언어적 습관(스테레오 타입식의 대답)에 따라 이루어지기도 한다.

③ 산 수

18개의 문항으로 구성되어 있으며, 5~6세 아동과 정신지체아동에게는 첫번째 문항부터 실시한다. 각 문항은 30초에서 75초사이의 시간 제한이 있다. 처음 1~4번 문항은 12개의 나무가 그려진 카드를 이용하여 풀도록 되어있고, 5~15번까지는 가·감·승·제의 기본 방식을 알면 풀 수 있는 문항들로 이루어져 있다. 그러나 16~18번 문항은 복잡하므로 주의깊게 머리 속에서 계산해야 하는 문항들이다. 이 검사는 사고력과 수리능력 및 주의집중력이 요구되는 검사이다.

④ 어 휘

32개의 문항으로 구성되어 있으며, 5~6세 아동과 정신지체아동에게는 첫번째 문항부터 실시한다. 이 검사는 아동의 문화적 경험, 교육적 환경과 밀접히 관련된 아동의 학습능력, 개념의 풍부성, 기억력, 개념 형성, 언어능력 등 개인의 지적 능력을 측정하는데 아주 효과적이다.

⑤ 이 해

17개의 문항으로 구성되어 있으며, 문항들은 일상 생활의 경험, 대인관계, 사회적 관습 등을 반영하고 있으며 다양한 상황을 잘 이해하고 이에 따른 문제 해결 방안을 찾아내는 등 적절하고 의미있는 방법으로 자기의 과거 경험을 평가·종합하는 능력을 측정한다. 또한 아동의 문화적 경험과 도덕 개념의 발달수준 역시 검사 수행에 영향을 준다.

⑥ 숫 자

언어성 검사의 보충 검사로 사용된다. 이 검사는 바로 따로 외우기 7문항과 거꾸로 따로 외우기 7문항으로 모두 14문항으로 되어 있으며 각각 시행 1과 시행 2로 되어 있다.

이 검사는 주의력과 단기 기억능력을 측정하고 있으며, 바로 따라 외우기에는 상호간 논리적 관련성이 없는 몇가지 요소들을 기억하는 능력을, 거꾸로 따라 외우기에는 기억력뿐만 아니라 요소들을 재구성하는 능력이 요구된다.

5) 촉각지능검사 (Haptic Intelligence Test)

Murrger는 종합 감각적 지능검사가 Wechsler동작성 검사를 개조하지 않았다고 했지만 몇가지 소검사는 Wechsler에서 영향을 받았다. Murrager가 규준집단으로 선택한 맹인들은 Wechsler성인 지능검사의 규준집단에서 여러가지 즉 연령, 성별, 지리적 유형이 밀접한 비율로 따르고 있다. 이 검사는 다음의 여섯 가지 소검사로 되어 있다.

① 숫자-부호(digit-symbol) : 숫자를 써 넣은 여섯 가지 형태로 되어 있다. 여섯 가지를 순서없이 놓고 피검자는 적당한 숫자를 각 모양과 연관시킨다. 빨리 배워서 정확하고 민첩하게 이름을 부르는 과정을 통과하면 점수는 좋아진다.

② 토막짜기(block-design) : 이 검사는 촉각으로 되어있고 Kohs Block Test를 변형시킨 것이다. Kohs의 색깔을 여러가지 촉각으로 바꾼 4개의 나무토막을 여러가지 형태로 놓도록 피검자에게 요구하는 것이다.

③ 물건 맞추기(object assembly) : 4개의 물건(인형, 나무토막, 손, 공)의 부분을 계속해서 주고 피검자가 그 부분들로부터 각 물건을 모으는 속도와

정확성을 측정한다.

④ 물건 알아보기(object completion) : 중요한 부분이 파손된 빗, 동물 모양, 자물쇠, 전화와 같은 작은 물건을 준다. 처음에 그 물건을 알아보고 어느부분이 파손 되었는가 지적하게 한다.

⑤ Pattern Board : Peg board중앙에 고정된 peg가 있고, 검사자가 중앙 peg주위에 먼저 어려운 도안을 하고 피검자가 그것을 기억하여 그대로 하게 된다.

⑥ Bead Arithmetic : 주산이 이 검사의 기초가 되며 주산으로 피검자가 점점 더 복잡한 수를 어떻게 알아보는지를 배우고 수를 놓고 더하는 법을 배운다.

6) Stanford-Kohs Block Design Test

Suinn Daughterman은 일본 오와끼의 지도를 따라 Kohs Block Design을 개작한 것으로 나무토막에 여러가지 색깔 대신에 크고 거칠고 매끄럽게 만들고 매우 간단한 것으로부터 특별히 복잡한 것까지 다양하게 되어있다. 6가지 정신적 기능이 평가되는 종합감각적 지능검사와는 달리 Kohs를 개작하는 것은 한 종류의 자료를 사용하는 단점을 가지고 있고 소수의 매우 유능한 맹인을 제외하고는 이 검사를 간단한 해낼 수 없는 것 같다. 일부의 완전 실명자에게 이 검사는 시간 낭비이며 피곤하게 한다. 그 가장 큰 단점은 16세 이하에서 규준을 찾을 수 없는 점이다. 그러나 이 검사는 전맹자와 약시자의 규준을 갖는 장점과, 자료 자체가 간편하고 피검자가 접근하는 방법을 평가할 기회를 가질 수 있다. 특별한 가치는 아직 연구 결과에 의하여 입증되지 않았다.

7) Roughmess Discrimination Test

모든 아동의 교육적 발달에 읽기의 중요성 특히 점독학습에서 경험하는 어려움 때문에 많은 교사들은 예상되는 점독의 성공에 큰 관심을 갖게 되었다. 보는 아동의 읽기 용역도 검사는 처음에 그림과 그림사이에, 그리고 보다 추상적인 기호와 기호 사이를 식별하는 여러 가지 자료로 구성되어 있으며 아동이 적은 차이를 쉽게 발견하면 할수록 글자와 단어에 관련된 의미가 생생하다. 그리고 아동은 쉽게 글자와 낱말을 구별한다.

점독에 있어서 촉각과 손을 사용하는 능력은 성공적인 점독에 필요 불가결 하다. 이 검사는 특히 촉각식별능력을 검사하기 위하여 개발되었다. 이 검사는 종이에 가로 세로 2인치 크기로 양각된 카드로 구성되어 있다. 각 카드에 3개의 네모꼴이 같은 크기로 양각되어 있고 4번째 네모꼴은 크기가 다르게 양각되었다. 그리고 어느 것이 다른가를 지적하게 한다. 주의력을 지속하는 아동의 능력은 읽기 학습능력과 의미있는 상관관계가 있다. 그리고 이 검사의 오락적 특성 때문에 전학령 아동에게 권장된다. 또 이 검사는 손으로 식별하는 능력은 물론 의미있는 아동의 능력을 고려하기 때문에 지능지수와 상관관계가 있다.

16. 사회・정서적 발달

1. 성격과 부적응에 관한 연구

    시각장애아동의 성격 부적응과 정서적 문제에 대한 연구는 Wolman (1958)과 Cutsforth(1951)에 의한 것이 대표적이다. 이들은 선천성 맹아동이 실명으로 인해 심리적 고통을 받는다면 그것은 주위에 있는 정안자들의 태도를 자기 것으로 잘못 적응시키기 때문이라고 주장했다. 그러나 맹아동은 항상 정안자들이 자신을 지켜보고 있다는 공포와 긴장감이 있다고 한다. 이러한 공포와 긴장이 정서적 불안을 가져다 줄 수도 있다. 또한 Cutsforth(1951)는 같은 저서에서 성발달은 정안아동의 성발달과 같지 않다고 했다. 정상적인 성발달을 하기 위한 환경적 조건이 맹아동을 위해 마련되어 있지 않기 때문이다.
    Brown(1939)은 실명의 성격 특성에 대한 영향을 조사했는 바, 맹소녀들이 맹소년들 보다 더 내성적이고 맹아동들이 정안안동들보다 더 신경증적이라는 사실을 발견했다.
    또한 맹아동, 농아동, 정안아동 등 세집단의 생활의 장을 비교한 결과에 의하면 맹아동들의 생활장은 농아동들 보다는 다양하고, 범위가 정안아동들 보다는 좁고 다양성이 적었다. 결과적으로 맹아동의 생활장은 정안아동의 생활장보다 좁아서 정안아동 보다 엄격한 성격을 가지고 있다고 결론을 내렸다.
    맹아동 심리에 깊은 관심이 있는 연구자들에 의하면 맹아동의 성격 특성 중의 하나는 불안의 정도가 정안아동에 비해 높다는 것이다. 정안아동들의 불안감을 측정하는 도구는 맹아동들을 위해 사용가치가 적다는 생각으로 Hardy(1967)는 맹아동을 위한 불안감 측정도구를 발전시켜, 1968년 두 기숙맹학교에 재학하고 있는 13세에서 22세에 달하는 122명의 맹학생들에게 사용했다. 그 결과 빛지각 맹학생들은 연령이 증가함에 따라 불안정도가 높아진다는 사실을 발견했다. 전맹아동의 불안정도와 연령과는 무관했으며 남녀 맹학생들의 불안정도에도 의미있는 차이가 없었다.
    Miller(1970)는 같은 측정도구를 사용하여 비슷한 연구결과를 얻었다. 즉 고 2, 3학년에 재학하고 있는 맹학생들을 중 2, 3학년에 재학하고 있는 맹학생들보다 의미있는 정도로 불안정도 높았다. 이것은 미래 직업과 결혼에 대한 불안에서 오는 차이로 연구자는 해석하고 있다.
    권기덕(1973)은 MMQ검사를 통해 한국의 맹아동과 농아동을 대상으로 한 성격연구에서 안정성과 남향성, 객관성, 사회성 등은 농아동보다 맹아동이 높으며, 신경증경향은 정안아동보다는 높으나 농아동 보다는 낮다고 하였다.

Bauman(1964)은 맹인용 정서요인 측정도구를 사용하여 맹학생의 적응을 비교하였다. 즉, 약시아동들이 전맹아동들에 비해 의미있는 정도로 부적응의 정도가 높았으며 기숙학교를 다니는 맹학생들은 통합교육을 받는 학생에 비해 불안감이 높았고 사회적·정서적 부적응의 정도가 높았다.

최근에 우리나라 연구(김동연, 박중휘, 1990)가운데 MMPI(다면적 인성검사)에 의한 시각장애 학생의 성격특성을 분석한 결과를 요약하면 다음과 같다.

① 임상척도 10개 중에서 어느 한 개 척도 이상에서 T-척도치가 70이상인 학생수는 전체 조사 대상 학생 176명중 69명 이어서 39.2%에 해당하였다. 그 결과는 표16-1과 같다.

〈표 16-1〉 임상척도별 T-척도치 70이상의 학생수

구 분		전체	1(Hs)	2(D)	3(Hy)	4(Pd)	5(Mf)	6(Pa)	7(Pt)	8(Sc)	9(Ma)	10(Si)
80이상	N	17	8	1	4	2	1	7	1	3		
	%	9.65	4.55	0.57	2.27	1.14	0.57	3.98	0.57	1.07	-	-
70~79	N	52	9	13	14	7	12	17	10	23	4	2
	%	29.54	5.11	7.39	7.95	3.89	6.82	9.66	5.68	13.07	2.27	1.14
계	N	69	17	14	18	9	13	24	11	26	4	2
	%	39.20	9.66	7.95	10.23	5.11	7.39	13.64	6.25	14.77	2.27	1.14

이는 정상 학생을 대상으로 조사한 비율 25.66%보다 상대적으로 높은 분포를 나타내고 있다(이석주, 1986) 또한 소척도별로 보아도 경조증(Ma) 척도 및 사회적 내향성(Si)척도만이 정상집단과 비슷한 경향을 나타낼 뿐 다른 모든 척도에서 정상집단보다 높은 비율을 보이고 있으므로 이것은 곧 시각장애 학생들은 자신들의 성격상 이유때문에 적응문제에 많은 곤란을 느끼고 있다고 풀이할 수 있다.

② 본 연구결과를 종합해서 살펴보면, 임상척도별로 증상특징과 행동특징이 뚜렷하게 예측되며 상승점수의 기준이 되는 T점수 70이상인 피험자의 비율은 정상집단보다 훨씬 높은 비율을 나타내었다. 이러한 결과는 渡邊八郞(1965)의 "MMPI에 의한 맹인 성격특성에 관한 연구"결과와 권기덕(1973)의 "MMQ성격 검사를 통한 특수아동 성격 비교" 결과와 비슷한 것으로써 시각장애 학생들은 정상학생들에 비해 자신들의 성격상의 이유 때문에 학교생활이나 개인생활에 있어서 많은 어려움을 느끼고 있으며 제대로 잘 적응하지 못하고 있음을 짐작할 수 있다.

임상척도별 T점수 70이상을 나타낸 학생을 세개 범주로 나누어 살펴본 결과는 신경증 경향과 정신병적 경향에서 여학생이 남학생보다, 전맹이

약시보다, 선천성이 후천성보다, 중학생이 고등학생 보다 높은 경향을 나타내었고, 성격장애적 경향에서는 여학생이 남학생보다, 전맹이 약시보다, 후천성이 선천성보다, 고등학생이 중학생보다 더 높은 경향을 나타내었다.

각 척도에 있어 T점수 70이상을 나타낸 학생들을 변인별로 분류하여 살펴본 결과와 전체 피험자의 평균 T점수에 대한 변인별 비교에서 나타난 결과를 통하여 변인별로 그 성격특성을 살펴보면, 시각장애 학생 중 여학생은 남학생에 비해 건강염려증(Hs), 편집증(Pa), 강박증(Pt), 그리고 경조증(Ma)척도에서 공히 높은 비율을 나타내었는데 이는 곧 여학생이 보다 냉소적이며, 요구사항이 많고, 부정적이며, 신체적 증상에 대하여 과장되게 호소하는 경우가 많고, 의존적이며, 경계심이 많고, 대인 관계에 있어서 지나치게 예민하며, 긴장과 공포를 많이 가지며, 이기적이고 환상적인 면이 많음을 뜻한다. 장애정도별로 보면 전맹학생이 약시학생보다 더 수줍어 하고, 감정표현을 잘 못하며, 경직되어 있으며, 자기 노출에 대한 조심성을 더 많이 가지고 있는 반면, 약시학생은 전맹학생보다 더 불안하고 공포감과 근심, 걱정, 죄책감, 우유부단 및 초조감, 주의집중 등이 잘 되지 않는 경향이 더 많은 것으로 나타났다.

실명시기에 따라서는 큰 차이가 없었으나 다소 선천성 시각장애 학생이 후천성 시각장애 학생보다 우울하고, 불안하며, 자기비하적, 현실회피적, 우유부단, 운동지체, 의욕저하 등의 현상이 더 내재되어 있는 것으로 나타났다.

학교급별에 따라서는 중학생이 고등학생에 비해 의존적이고, 융통성이 적으며, 의심이 많고, 과대망상적일 수 있는 반면, 고등학생이 중학생에 비해 불안, 근심, 죄책감, 정신쇠약증세를 더 많이 가지고 있는 것으로 나타났다.

물론 위에서 나열한 성격특성은 부정적인 면만을 나타낸 것이며, 이러한 특성들이 변인에 대한 확고 부동한 것이라고는 볼 수 없다. 다만 변인별로 그러한 성격특성을 더 많이 나타내고 있다는 것이다.

2. 사춘기 시각장애자의 부적응 연구

사춘기 맹인들이 장애를 수용하는데는 몇가지 어려움이 있다고 한다 (Cholden, 1958).

첫째, 맹남성은 남성적인 힘과 독립성을 나타내 보이기가 어렵고, 맹여성은 육체적 매력과 미를 보이기가 어렵기 때문이다. 이것이 사춘기 맹인에게서 보이는 성의 공포심을 유발한다고 한다. 둘째로, 사춘기에는 독립심을 발전시켜야 하는데 맹인의 특성중의 하나인 의존심을 받아들여야 하기 때문이다. 사춘기에는 능력을 전시해 보이려는 경향이 있는데 실명의 문제로 이 과제를 효율적으로 해낼 수 없기 때문이다. 이러한 문제점들을 극복하기 위해 사춘기에 달한 맹인들은 특별한 욕구가 충족되어야 한다.

　　Abel(1961)은 사춘기의 맹인들은 맹인이기에 앞서 사춘기의 청년으로서 이해되고 존중되어야 한다고 주장했다. 그들은 시각을 통해 관찰할 수 없음으로 성에 대한 의문을 부모나 전문가에 의해 솔직한 답을 얻을 수 있어야 한다. 또 가족이나 동료집단에 완전히 참여할 수 있어야 하며 독립적으로 다닐 수 있는 수단을 습득해야 한다는 것이다.

　　특히, 연구결과와 교육실천에 근거하여 사춘기에 경험해야만 하는 이중적 겹치기 심리적역할을 감소시켜야 한다는 것이다. 시각장애자의 역할과 정안자의 역할의 겹치기 심리적 역할을 경험함은 물론 아동의 역할과 어른의 역할의 겹치기 심리적 역할을 경험해야 하는 시기이므로 가장 어려운 시기이라고 할 수 있다.

　　Lowenfeld(1955)는 사춘기에 실명이 자아내는 문제로서 미래에 대한 걱정, 활동의 제한, 성적 호기심의 불충족과 데이트의 곤란을 들었다. 이러한 문제는 자아개념에 영향을 주는데 사춘기의 정안자들과 자아개념이 다른 것이지 성장발달에 심각한 해를 줄 정도는 아니라고 했다.

　　Cowen과 Benham(1961)은 사춘기 맹학생들의 적응을 종합적으로 연구하였는바, 중1에서 고3에 재학하고 있는 13세에서 18세까지의 167명을 연구대상으로 했다. 그 결과 통합교육을 받고 있는 사춘기 시작장애학생들과 기숙제학교에 다니는 시각장애학생 및 정안자들의 적응의 정도가 의미있는 차이를 보이지 않았다. 다시 말하면, 시작장애와 부적응과는 관계가 없는 것으로 밝혀졌다. 그러나 통계학적으로 의미있는 정도는 아니지만 약시아동들은 법적 맹이나 전맹집단보다 부적응의 정도가 높은 것으로 나타났다. 남여간의 적응정도의 차이는 없었으나 기숙제학교에 재학한 사춘기 시각장애학생들의 경우에는 남학생들이 여학생들 보다 적응을 더 잘 하는 것으로 나타났다. 이러한 결과는 전술한 Bauman(1964)의 연구와는 대조적으로 통합교육을 받은 시각장애 학생들과 기숙제학교의 학생간에 적응정도의 차이가 없었다는 점에 주목할 만하다.

3. 자아개념에 관한 연구

　　시각장애아가 자신을 어떻게 보고 있느냐 하는 자아개념은 그들의 적응과 밀접한 관련이 있다. 외국의 연구에서 보면, 어떤 학자들은 시각장애아가 자신을 매우 긍정적으로 보거나 또는 부정적으로 보는 경향이 있으나 자아개념은 정안아동과 큰 차이가 없다고 주장한다(Zumich & Ledwith, 1965). 또 어떤 학자들은 차이가 있다고 하여 부정적 자아개념을 지니고 있다고 주장한다(Meigham, 1971). 일본의 蒲生洋子(1971)와 河内清彦(1976)도 시각장애가 클수록 격차가 크며 시각장애가 부정적 자아개념을 갖고 있어 시각장애라는 요인이 적응에 영향을 미친다고 했다.

　한국 맹아동을 대상으로 연구한 권기덕(1979), 김동연(1979), 권기덕과 김동연(1979)의 보고에서는 시각장애아(선천맹, 중도맹, 약시)의 자아개념은 정안아동보다는 부정적이며, 선천맹과 중도맹, 중도맹과 약시는 서로 유의차가 없고, 선천맹과 약시는 서로 유의차를 보여 약시가 더 부정적임이 제시되고 있다.

　표 16-2에서 보듯이 전맹아와 약시아는 신체적자아, 도덕적자아, 성격적자아, 가족적자아, 사회적자아 등에서 정안아보다 부정적 자아개념을 지니고 있는 것으로 나타났다. 이러한 결과는 자아동일성, 자기만족, 자아행동에서도 같은 현상이다.

〈표 16-2〉 정안아동과 시각장애아의 자아개념 비교

Group	Self Concept Scale Value		Physical Self (C-A)	Moral Ethical Self (C-B)	Personal Self (C-C)	Family Self (C-D)	Social Self (C-E)	Total Positive Self (C-F)
NG N=100		M	65.27 (60.62)	61.87 (61.20)	61.13 (57.19)	61.27 (60.78)	58.83 (57.06)	307.80 (299.85)
		SD	8.64 (9.15)	7.86 (8.01)	9.01 (8.56)	8.23 (8.65)	7.60 (7.58)	34.43 (31.47)
PSG N=60		M	59.53	54.95	56.75	56.53	54.85	284.33
		SD	8.15	7.25	8.88	5.37	6.53	29.06
TBG N=60		M	59.16	54.87	56.07	56.50	54.02	280.86
		SD	9.7	8.82	8.76	9.9	7.57	31.43
CR	NG-PSG		4.22**	5.67**	3.0**	4.39**	3.49**	4.61**
	NG-TBG		5.27**	6.95**	3.78**	3.56**	4.96**	6.25**
	TBG-PSG		0.28	0.32	0.51	0.03	0.80	0.77

(　　)는 전국규준 집단의 통계치　　　　　　　　　　**p<.01

〈표 16-2〉 내적자아 영역의 정안아동과 시각장애아의 자아개념 비교

Group	Self Concept Scale Value	Self Identity (R-Ⅰ)	Self Satisfaction (R-Ⅱ)	Self Behavior (R-Ⅲ)
NG N=100	M	110.55(101.92)	96.46(95.92)	101.88(100.45)
	SD	14.55	9.68	11.69
PSG N=60	M	97.83	90.12	96.55
	SD	11.36	10.79	11.22
TBG N=160	M	96.65	88.27	95.88
	SD	11.74	11.98	12.45
CR	NG-PSG	6.14**	3.60**	2.87**
	NG-TBG	8.03**	6.02**	3.92**
	TBG-PSG	0.68	1.06	0.38

( )는 전국 규준 집단의 통계치   **p<.01

이상에서 보듯이 시각장애아의 자아개념 연구나 적응문제를 다른 연구들은 각기 상이한 결과를 보여 혼란을 일으키기도 한다. 이것은 Lowenfeld(1970), Davis(1964)등이 지적한 것과 같이 시각장애아의 자아개념은 정안아동과 같이 물리적·사회적 환경과의 상호작용에 의해서 발달하게 되며, 성격구조내의 어떤 결과가 아니고 맹심리(blind personality)와 같은 특유한 것이 있는 것이 아님을 주장한 것과 일치한다. 따라서 정안아동들과 시각장애아동을 하나의 집단으로 비교할 때는 차이가 없거나 있더라도 적다. 그렇지만 시각장애아동들 상호간에는 개인차가 큰 것이 사실이다. 그것은 시각장애아라는 요인이 개인에게 미치는 영향은 개인마다 다르기 때문이다. 따라서 시각장애아들의 성격이나 정서발달을 하나의 집단으로 보고 해석하는 것은 위험한 일이며 개인의 반응에 따른 개별화 지도가 요구되고 있다.

17. 심리측정 및 평가

특수아동의 심리검사나 평가에 있어서는 검사하는 일과 평가하는일(as-sessing)모두를 중요시해야 한다. 검사는 검사도구에 의해 대상자의 특성을 양적으로 밝히는 것이며, 평가는 질적인 특성 파악도 포함되는 것이다. 또한 장애의 중복성에도 유의하여 심리학적 평가문제를 극복해야 한다. 특히 시각장애아동은 다른 장애아동에 비해 시각을 사용할 수 없는 아동이 있으므로 검사도구의 선정과 활용에 유념해야 한다.

1. 심리검사의 기본가정

모든 검사들은 그 밑바탕에 가로 놓인 가정이 있다. 검사한다는 것은 측정도구를 적용하므로서 특정한 개체의 행동을 알아보기 위한 통제된 관찰이라 할 수 있다. 즉, 여러가지 검사도구들(이를테면, test, inventory, scale, thermometer등)을 사용하는 과정(process)이라는 뜻으로 해석 될수 있다. 심리검사의 사용 과정속에 내포된 가정들은 다음과 같다.

① 검사자에 관한 가정 : 검사의 표준화 절차 등 검사자는 검사 절차에 대해 숙련되어 있는 것을 기본전제로 한다.

② 행동표집에 관한 가정 : 검사에서의 행동표집은 검사하려는 그 분야의 행동을 대표하는 동시에 표집의 크기에 있어서도 역시 적절하다는 가정이 받아들여 져야 한다. 즉, 통계학적으로 신뢰할 수 있고 또 타당하다고 인정되는 것들을 표집해서 측정, 평가한다.

③ 문화환경에 관한 가정 : 검사대상자는 서로 비슷한 문화환경 속에서 지내왔다는 것이 가정되어 있다. 그래서 어느 특정의 문화권에서 만들어진 심리검사도구들은 문화의 이질성 때문에 적용의 가치가 의심스럽다고 할 수 있다 그래서 장애아동에게 적용되는 심리검사 도구들은 극히 제한적인 적용을 해야 할 것들이 많다.

④ 측정오차에 관한 가정 : 행동을 측정하는데는 오차가 있게 마련이다. 몸무게를 잴때나, 적성이나 지능, 정서적 적응을 재는데도 오차가 있다. 지능검사에서도 검사결과 90을 얻었다면, ±5~10을 해서 80(85)~95(100)의 범위에 지능지수가 있다고 해석한다.

⑤ 현재행동에 관한 가정 : 검사의 대상이 되는 것은 오직 현재의 행동이라는 것이 가정되어 있다.

⑥ 미래 행동의 예언에 관한 가정 : 현재의 행동 뿐만아니라 장래의 예언적 기능도 포함되어 있다. 즉, 현재의 행동을 측정하므로서 그 측정의 결과를 미래행동의 예언에 활용한다는 의미를 나타낸다. 그

러나 측정과 추측의 과정은 합리적이지만 한편으로는 위험한 판단이 아닐 수 없다. 예측속에는 중요한 세가지 잠재적오류가 내포되어 있다. 첫째는 행동의 표본이 너무 제한되므로서 예측이 잘못되는 오류가 있을 수 있고, 둘째는, 표집행동이 예측행동과의 관련성이 적기 때문에 예측이 빗나가는 오류가 있을 수도 있다. 셋째는 지나치게 먼 장래의 행동을 예측할 경우 오류가 클 수 있다.

2. 검사의 규준과 수정

심리검사의 결과는 반드시 규준에 비추어 볼때 비로소 그 의미를 가지게 된다. 즉, 기록된 측정 결과에 어떤 뜻을 부여하기 위하여 규준에 비추어 비교하게 된다.

정상집단의 무작위표집을 통해서 표준화한 측정도구를 시각장애아에게 그대로 사용한다면, 그것이 올바른 것인지를 의심해 볼 필요가 있다. 그렇다고 해서 신체적 장애아동 집단만을 구성하여 표준화시킨 검사도구를 통하여 얻어진 결과라 하더라도, 그 결과에 대한 사회적 배경의 의미를 부여하는 문제는 여전히 남아있다. 또한 표준화된 도구를 시각장애아의 조건에 비추어 수정하거나 변경하고, 그 도구에서 얻어진 검사결과를 원래의 규준에 비교한다면 그 해석 또한 애매해진다. 즉, 어느것이든 이에 대한 문제점을 충분히 검토하여 실시해야 할 것이다.

대부분의 시각장애아동을 대상으로 하는 검사도구는 정상집단을 대상으로 만든것이다. 이것은 시각장애아동을 위한 측정도구가 아직 충분히 개발되지 못하고 있고, 또 시각장애자들도 결국에는 정상집단속에서 경쟁하여 생활해야 할 사람들이므로 정상집단의 기준 속에서 파악되어야 하기 때문이다. 그러나 이 문제는 더 깊이 검토되어야 할 것으로 본다.

장애아동이나 시각장애아동을 대상으로한 검사에서는 원검사의 순서를 바꾸어 실시하거나 하여 전체적인 반응의 타당도에는 영향을 미치지 않고 원검사의 문항을 수정하여 실시 할 수 있다. 때로는 문항 자체를 삭제하여 제외시키는 경우도 있다. 검사의 수정이나 변경에 있어서는 첫째, 피험자의 행동표집수가 줄어들게 되고 둘째는, 검사의 각 문항은 동일측정가를 가지고 있음을 의미한다.

시각장애자에게 지능검사나 성격검사를 실시할때도 의사소통이나 개념형성 등 독특한 문제를 고려하지 않으면 안된다. 특히, 매너리즘을 보이는 맹인의 특정행동들은 검사자의 판단을 흐리게 하거나 오해 할 수 있다. 또한 신체적인 제약성 때문에 경험의 폭이 좁아서 어떤 검사 문항에는 생소하여 반응할 수가 없다. 검사문항을 점자로 번역해서 제시하거나, 녹음 테이프에 담아서 읽어줄때도 청각적인 기억범위나 청각적인 이해라는 문제가 있기 때문에 인성검사의 곤란성은 여전히 남아있다. 그래서 심리학자들은 시각장애자의 성격검사, 큰근육운동과 작은 근육운동의 발달, 청각 및 언어학적 요인, 개념 및 언어기능 등의 평가방법과 시각장애아동에게 적용하기 위한 검사의 수정 및 평가방법, 중복장애아아의 평가 등에 대해 연구를 하고 있다.

3. 종합적 평가의 내용   다음은 시각장애아를 종합적으로 평가할때 그 내용으로서 중요한 것들이다.
  ① 시력 : 안과의사나 시력측정 전문가에 의한 시력검사, 시기능평가, 시효율성 평가, 약시기구의 평가
  ② 지능 및 적성 : 인지발달, 지적인 기능
  ③ 감각 및 운동기능 : 큰근육 및 작은 근육운동의 발달, 지각학습.
  ④ 학습기능 및 개념발달 : 학습능력(읽기, 쓰기, 산수), 언어발달, 듣기 기능, 개념(시간, 양, 위치, 방향, 순서), 학습연구기능.
  ⑤ 사회·정서적 기능 : 행동조정, 사회 및 정서적 학습, 적응행동, 레크레이션 및 여가.
  ⑥ 기능적인 생활능력 : 일상생활기능, 보행기능, 지역사회 여행, 직업 및 직업전 기능.

4. 시각장애아(자)의 평가 지침
  ① 아동과 첫 만남에서 아동의 연령에 적합한 신체적 접촉을 시작한다. 예컨대, 머리쓰다듬기, 악수하기, 어깨에 손 얹기 등이다.
  ② 아동에게 친숙하지 못한 검사실인 경우에는 실내의 관심 갖는 것에 탐구할 기회를 준다.
  ③ 책상과 의자가 놓여진 검사 장소로 아동을 안내하여 환경에 친숙해 지도록 한다.
  ④ 아동을 편안하게 해 주고 동작을 마음대로 할 수 있게 하며, 보유 시력을 사용할 수 있는 최적한 장소를 선택한다.
  ⑤ 검사할 내용과 검사결과의 활용에 대해 설명해 준다.
  ⑥ 지시를 이해하도록 어떤 과제를 통해서 설명한다.
  ⑦ 운동이나 자립기능을 평가할 때는 신체행동에 대한 언어적, 촉각적인 안내를 제공한다.
  ⑧ 흥미를 북돋우기 위해서 검사시에 청각적 요소를 첨가한다.
  ⑨ 검사의 끝에는 수고했다고 말하고, 아동이 지금까지 행한 작업에 대한 결론적인 해석을 내린다.

5. 심리측정 도구

1) 인지적 기능 측정

① S. Binet 검사 : 미국에서는 Irwin-Binet, Hayes-Binet, Interim Hayes-Binet, Perkins-Binet 등이 맹인용(점자)으로 개발되어 사용하며, 특히 Perkins-Binet 검사(1970)는 언어성과 동작성을 모두 검사할수 있게 제작되었다. 우리나라는 고대-비네검사(Kodal-Binet, K-B)가 표준화 됨.
② D 48 test : 전맹성인용 비언어성 검사(44개문항)
③ Haptic Intelligence Scale for Adult Blind(HIS) : 맹성인용(16세이상)으로 촉각으로 검사하며 6개하위검사로 구성됨.
④ I. J. R Test for the Visually Handicapped : 맹과 약시아용 지능검사로 10개 하위검사로 구성됨.
⑤ Stanford Kohs Block Design test : 1923년에 개발된 Kohs의 블럭검사를 시각장애자용으로 변형한 것임(1966). 일본은 Ohwaki가 개발하였고(Ohwaki-Kohs Test)16세이상 약시와 맹자가 사용하며 촉각 검사도 포함됨.
⑥ Raven Progressive Matrices for Presentation to the Blind : 촉각을 통한 비언어성 검사로서 9-15세용임.
⑦ Wechsler Adut Intelligence Scale(WAIS) : 16세이상의 시각장애자용에게 언어성 검사로 많이 활용됨.
⑧ Wechsler Intelligence scale for Children(WISC) : 시각장애아동에게 언어성 검사로 많이 활용됨.
⑨ Wechsler Preschool and Primary Scale of Intelligence(WPPSI) : 4.10~6.6세의 시각장애 유아용임.

2) 학습능력(교육적) 측정

① Academic Promise Test(APT) : 맹아에게 적용가능한 학업적성 검사임.
② Berry-Buktenica Developmental Test of Visual-Motor Integration : 약시아에 사용 가능한 시각-운동 통합 검사임. 시지각, 촉각-근육운동감각 등 5개하위 검사로 구성됨.
③ Bender Visual Motor Gestalt Test(BGT) : 약시아 용으로 활용되며, 맹아의 경우는 촉지각으로 변형하여 실험적으로 사용한 예도 있음.
④ Learning Aptitude Test(BLAT) : 맹아용으로 표준화하여 개발된 비언어성(촉각)개인용검사임.
⑤ The Braille Informal Reading Inventory : 점자읽기 검사로 진단용임.

⑥ Diagnostic Reading Tests : 점자로 번역하여 활용 가능한 읽기 기능 검사임. 단어인지, 이해, 어휘, 읽기 속도, 이야기 이해, 등으로 구성됨.

⑦ Durrell Analysis of Reading Difficulty : 시각장애아의 듣기 기능을 측정하는데 활용할 수 있음.

⑧ Frostig Developmental Test of Visual Perception : 시지각 발달 검사이며 약시아에게 사용가능함.

⑨ Illinois Test of Psycholinguistic Abilities(ITPA) : 약시아에게 활용가능한 언어능력 검사임.

⑩ Mecham Language Development Scale : 맹과 약시아에게 활용가능한 언어발달 검사임.

⑪ Peabody Picture Vocabulary Test : 약시아에게 적용 가능한 그림 어휘 검사임.

⑫ Roughness Discrimination Test : 점자읽기 준비도를 측정 할수 있는 촉각변별 능력 검사임.

⑬ Sequential Tests of Educational Progress(STEP) : 시각장애자용(점자)으로 개발되어 있어 학년별 학습능력 측정이 가능함. 읽기, 쓰기, 수학, 과학, 사회, 듣기 등이 중요내용임.

⑭ Stanford Achievement Tests : 잘 알려진 학업성취도 검사로서 점자와 확대문자로 구성되어 시각장애아용으로 활용됨.

⑮ Stevenson Arithmetic Reading Test : 점자로 구성되어 맹학생용이며 계산보다는 과정을 강조하여 구성된 검사임.

⑯ Wepman Auditory Discrimination Test : 맹아용 청각변별 기능 검사임.

3) 사회적 기능 측정 및 유아용 검사

① Bayley Infant Scales : 유아용 정신, 운동 측정 도구이다. 맹유아에게 이 검사의 부분을 사용할 수 있음.

② Cattell Infant Intelligence Scale : 맹 또는 농맹아에게 적용가능한 지능검사임. 3개월에서 30개월까지 사용가능함.

③ Columbia Mental Maturity Scale : 정신연령 2세부터 사용하며, 100개의 카드로 구성되어 있고 맹유아도 사용가능함.

④ Gesell Developmental Schedules : 네개 영역의 발달(운동, 적응행동, 언어, 사회적행동)에 대한 아동의 발달을 검사한다. 맹, 맹농아에게도 적용이 가능함.

⑤ Nebraska Test of Learning Aptitude : 약시아만 적용 가능함. 주로 농아와 난청아용으로 표준화 됨.

⑥ Vineland Social Maturity Scale : 사회성숙도 검사로서 맹아동의

교사 또는 부모, 상담가 등이 행동을 체크함. 특히 Maxfield-Buchholz Scale은 맹유아(0~6)의 사회적 능력을 측정하도록 표준화함.

⑦ Parent Attitude Research Instrument(PARI) : 시각장애유아의 발달과 가족관계 등을 연구하는 도구로 사용됨.

4) 직업적 기능측정

① Bennett Hand-tool Dexterity Test : 맹아에게 응용 가능한 손기능 검사임.
② The Biographical Data Blank : 맹성인의 성격과 직업적 성취를 조사하기 위한 도구임.
③ Brainard Occupational Inventory : 시각장애아가 응용가능한 직업 흥미 검사임.
④ Crawford Small Parts Dexterity Tests : 눈과 손의 협응을 통한 동작성검사이며, part II는 시각장애아가 응용 가능함.
⑤ Differential Aptitude Tests(DAT)시각장애아에게 응용가능한 잘 알려진 검사임. 고등학생의 교육적, 직업적 상담을 목적으로한 검사임.
⑥ Kuder Prefernce Record : 점자나 녹음테이프로 활용 가능한 직업재활 상담 목적의 검사임.
⑦ Minnesota Rate of Manipulation Test : 맹아가 활용가능한 손 조작 검사임. 양손을 이용하여 60개의 구멍에 60개의 둥근 블럭을 꽂게 함.
⑧ Pennsylvania Bi-Manual Worksmple : 맹과 약시아에게 응용 가능한 작업검사임. 양손을 활용하여 100개의 구멍과 볼트와 넛트를 활용하여 시행함.
⑨ PRG Interest Inventory for the Blind : 시각장애아용 흥미검사로서 테이프나 언어적인 지시로 사용 가능함.
⑩ Seashore Musical Talent Tests : 맹아의 청각변별(음악적소질)검사임.
⑪ Strong Vocational Interest Blank : 언어나 테이프로 활용가능한 직업흥미 검사임.
⑫ Tectual Reconstruction Pegboard(TRP) : 촉각변별과 협응을 측정하고 시각장애 성인용으로 활용가능함.
⑬ Vocational Intelligence Scale for the Adult Blind(VISAB) : 맹 성인용 직업적 지능검사임. WAIS 언어성과 0.63의 상관을 지닌 비언어성 검사임.

5) 인성측정

① Adolescent Emotional Factors Inventory(AEFI) : 시각장애자용의 성격 검사로 개발된 것임.

② Anxiety Scale for the Blind : 78개 문항으로된 시각장애자용 불안검사임.

③ Bell Adjustment Inventory : 학생과 성인용 두 형태로 구성된 적응검사로 시각장애자에게는 언어로 제시 할 수 있음. 가정, 건강, 사회적, 정서적, 직업적 적응 영역으로 구성됨.

④ Bernreuter Personality Inventory : 125개 문항으로된 성격검사로서 언어적 제시로 맹아에게 적용 가능함.

⑤ Emotional Factors Inventory : 13세이상에 사용되는 성격검사로서 시각장애자에게도 사용가능함. 일반성격 및 맹 때문에 유발되는 성격도 밝혀낼 수 있음.

⑥ Fitting Scale of Adjustment to Blindness : 맹인용 적응검사. 42개 항목으로 구성되어 도덕, 태도, 가족, 직업 등이 주된 내용임.

⑦ Minnesota Multiphasic Personality Inventory(MMPI) : 다면적인성검사로 시각장애자에게 점자로 제시가능함. 한국에도 표준화되어 있으며, 간편검사도 사용함.

⑧ Tears Sentence Completion Test : 43개의 문장을 완성하도록 구성한 것임. 맹과 관련된 문항을 포함한 동료관계, 심리적, 사회적 변인 등으로 구성된 투사법의 검사임.

⑨ Thematic Apperception Test(TAT) : 언어적 설명으로 맹인에게도 적용할 수 있는 투사법의 성격검사임.

18. 시각장애학교 교육과정 및 지도

시각장애학교 교육과정은 1967년에 제정되어 1977년에 1차 개정을 거쳤고 1983년 12월 31일(문교부고시 제83-13호)에 개정 공포된바 있다. 1989년 12월 29일(문교부고시 제89-10호)에 다시 개정되어, 1993년 3월 1일 신입생부터 시행하게 되었다. 다만 초등부의 경우 1,2학년은 1993년 3월 1일, 3,4학년은 1994년 3월 1일, 5,6학년은 1995년 3월 1일부터 시행하게 된다. 따라서 현행 교육과정(문교부고시 제83-13호, 1983, 12, 31)은 1995년 2월 28일로서 폐지된다.

1. 유치부 교육과정

현행 교육과정에는 유치부 교육과정이 제정되어 있지 않다. 개정된 새 교육과정에서는 조기교육을 통해서 장애를 최소화하고 능력을 최대한 개발시켜주기 위해 유치부 교육과정을 신설하였다.

신체, 언어, 인지, 정서, 사회성 발달 영역으로 나누어 편성하였으며, 신체발달 영역에서는 감각·운동간의 협응활동, 신체조정 능력, 건강·안전 등이 중요한 내용이다. 언어발달 영역에서는 말소리의 변별과 발음, 의견교환의 능력과 태도의 확립, 어휘·문장의 이해 및 활용, 양각된 점의 변별 등이 주된 내용이며, 인지발달 영역에서는 자연현상에 관한 기본개념, 사회현상에 관한 기본개념, 논리적, 수리적 사고의 기초능력, 상상력, 창의력기르기 등이 주된 내용이다. 또한 정서발달 영역에서는 긍정적인 태도의 확립, 성취의욕을 기르기, 창의적인 표현 등이 주된 내용이고, 사회성 발달 영역에서는 일상생활의 습관과 태도, 집단생활 태도, 나라 사랑하는 마음 등을 기르는 것이 중요한 내용이다.

유치부 교육과정은 일반학교 유치부교육과정의 내용과 크게 다를 바는 없지만, 각 발달 영역에서 시각장애를 고려하여 점자의 기초가 되는 여러가지 모양을 변별하는 능력을 기르기 위한 내용을 추가하고 있다.

2. 초등부 교육과정

새 교육과정이 제시한 초등부 교육목표는 현행 교육과정의 내용과 큰 차이는 없으나 기술적인 면에서 7개항의 제시 순위가 조정되고 문장 표현을 가다듬어 분명하게 나타내고 있다. 목표를 제시하기 전에 진술한 "목적"을 삭제하고 막연히 "장애를 보상하여……"라고 기술한 내용도 삭제하는 대신에 각 목표마다 시각장애를 고려하여 분명히 제시하고 있다. 예컨대, 점자 및 묵자의 활용능력을 포함한 언어능력, 안전한 이동능력 등과 같은 내용이 추가되었다.

교육활동의 세 영역은 현행과 같으며, 교과활동은 우리들은 1학년, 도덕, 국어, 사회, 바른생활, 산수, 자연, 슬기로운 생활, 체육, 음악, 미술, 즐거운 생활, 실과 등으로 편성하며, 9개교과와 1, 2학년 통합교과활동(우리들은 1학년, 바른생활, 슬기로운 생활, 즐거운 생활)으로 편성하고 있다. 특히, "우리들은 1학년"은 1학년에서 70시간을 배정하여 현행 교육과정과는 크게 다르다. 생활적응활동은 현행 교육과정이 일상생활훈련과 환경적응훈련으로 구성한 것을 수정하여 생활과 이동의 두개 활동으로 편성하였다. 생활적응훈련은 초·중·고등부 공히 두개 활동으로 편성하여 같은 내용을 제시하고 개인차를 고려한 교육이 이루어지도록 하고 있음이 다르다.

특별활동은 어린이회활동, 클럽활동, 학교행사의 세 개 활동으로 편성하여 현행과 같으며, 4학년 부터 특활 시간을 배당하고 있던 것을 1학년부터 배정하고 있음이 다르다. 특히, 학교 재량시간을 배정하여 학교 실정에 알맞는 교육활동이 이루어지도록 기준을 제시하고 있다. 초등부 전체의 시간 배당은 1, 2, 3학년의 경우는 현행 시간보다 상향 조정되었으며, 4, 5, 6학년은 현행 교육과정과 같다. 수업시간은 현행과 같이 34주를 기준으로 하고 1학년은 30주로 조정하였다.

종래의 "운영지침"을 "편성 및 운영상의 유의점"이라고 개칭하여 계획, 지도, 평가를 구분하지 않고 종합적으로 제시하였다. 각 교과별 "지도 및 평가상의 유의점"에 관해서도 "유의점"이라고 하여 종합적으로 제시하였다.

특히, 새교육과정은 관계법령 및 교육과정 기준에 의거하여 당해 학교에 적합한 교육과정을 편성하도록 규정하고 있으며, 신학년도가 개시되기 30일전까지 감독청에 교육과정 승인을 얻도록 되어 있다. 또한 학교 재량시간의 활용과 장애에 따른 개별화 교육, 기초·기본능력 배양, 교수매체의 활용, 중복장애학생을 위한 관련 교육과정의 활용, 약시학생에 대한 조치 등을 유의점으로 제시하고 있다. 특히 평가에 있어서는 목표달성의 파악에 중점을 두어 평가하되, 1, 2학년의 경우는 그 결과를 문장으로 기록하도록 하였다.

도덕과는 3학년 부터 편성하고 일반아동의 목표와 같게 구성하고 있다. 국어과에서는 일상생활에서 점자를 바르게 쓰고 읽을 수 있게 하는 것을 목표로 하고, 한글점자는 1학년에서 점자와 모음 겹글자를 지도하고, 2학년에서 1종약자의 읽기와 쓰기, 3학년에서 2종약자를 지도하되 약자를 사용할 수 있는 음절이나 낱말이 출현할 때마다 지도하도록 하였다. 또한 점자쓰기 지도시 휴대용 점자 필기구(회중점판)는 3학년부터 이용하도록 하며, 점자읽기는 가능한 한 왼손의 집게손가락을 사용하여 왼쪽에서 오른쪽으로 읽도록 지도하고, 점차 두손을 사용하여 읽도록 지도 한다. 사회과는 일반국민학교 교육과정과 같게 구성하되 학습에 필요한 자료 활용에 유의토록 하였다.

바른생활은 1, 2학년에 편성하고 기본생활 습관 형성을 위한 지도를 강조하고 있다.

산수과는 일반학교 교육과정에 준하되 연산을 지도함에 있어서, 1학년에서는 지산법을 지도하고 2학년 부터 수판셈을 지도하도록 구성하였다. 점자타자기, 점필과 점판 셈법, 큐바리덤 덧셈법, 테일러판 셈법, 암산법 등도 사용하도록 했으며 각종 맹인용 각도기나 작도기, 미터자, 시계 등을 활용토록 하였다. 자연과는 실험, 실습 등에 유의토록 했으며, 생활적응 활동과의 연계성을 지적하고 있다.

슬기로운 생활은 1,2학년에 편성하고 주위현상에 대한 탐구적 능력과 태도에 중점을 두고 있다. 체육과에서도 일반학교 교육과정과 크게 차이가 없으며, 생활적응 활동과의 연계성을 고려하여 지도하도록 하고 있다.

음악교과에서는 점자악보를 2학년 부터 다루도록 하되 음악 점자기호 등은 출현할 때 마다 지도하도록 하였다. 또한 점자악보 읽기와 적기도 평가에 포함시켰다.

미술과의 목표는 일반교육과정과 같으나 회화부분 및 서예는 6학년에서 이론중심으로 지도하도록 했다. 특히, 표현 활동에서 재료, 용구의 성질을 고려한 창의적 활동과 안전지도에 유의토록 하였다.

즐거운 생활은 1, 2학년에 편성하고 있으며, 실과는 4학년 부터 편성하였다. 학습은 실험·실습을 중심으로 하며, 남·여의 차이를 두거나 특정 역할을 강조하지 않는다.

생활적응활동은 생활과 아동으로 나누어 편성하고 초·중·고등부의 구분없이 내용만을 제시하여 개별화하도록 하였다. 특히, 새교육과정에서는 묵자생활을 추가하여 묵자읽기, 쓰기, 타자치기, 촉지 독서기(옵타콘)훈련을 강조하였다.

특활은 1학년 부터 시간을 배정하고, 4학년 이상은 배당된 1시간을 어린이회 활동과 클럽 활동 중에서 학교와 학급 실정에 맞게 창의적으로 활용하도록 하였으며, 학교 행사 시간을 별도로 확보하도록 했다.

지도내용에 있어서, 클럽활동의 체육의 경우에는 맹축구, 맹배구, 맹야구, 맹탁구, 골볼, 키퍼볼 등과 유도, 씨름, 민속놀이 등을 추가하였다. 또한, 취미, 학예활동에는 공작, 매듭, 주산, 장기 등을 삽입하였다. 학교행사에 있어서도 점자속독 대회와 속기 대회, 옵타콘 촉독대회, 주산대회를 삽입하여 조정하고, 나머지는 일반학교의 활동내용과 같게 했다.

특활의 운영에 있어서는, 학생의 발달단계와 학년수준, 시각장애 정도에 맞게 계획하고, 각 개인의 능력, 흥미, 관심에 부응되도록 다양한 내용을

〈표 18-1〉 시각장애 특수학교 초등부 교육과정 총론 비교

구 분	현행 교육과정	개정된 교육과정
• 교육목표	• 맹학교 초등부 교육의 목적제시 • 7개항의 구체적 목표제시	• 삭제 • 7개항의 구체적 목표 제시 : 점자 및 묵자의 활용능력을 포함한 언어능력 강조
• 교육활동	• 교과활동, 생활적응, 특별활동으로 편성 • 교과활동 : 9개교과로 편성 • 생활적응 : 일상생활과 환경적응으로 편성 • 특별활동 : 어린이회 활동, 클럽활동, 학교행사로 편성 • 학교재량시간 : 없음	• 같음 • 9개교과로 편성하고 1, 2학년은 "우리들은 1학년", "바른생활", "슬기로운 생활", "즐거운 생활" 등의 교과를 통합운영토록 편성함 • 생활과 이동의 두개 활동으로 편성함 (초, 중, 고등부 공히 같음) • 같음 • 학교 재량시간을 두어 학교실정에 알맞는 교육활동이 이루어지도록 함
• 수업시간 배당기준	• 1,2학년의 교과통합원칙 • 실과시간 : 4학년이상에 배당 • 생활적응활동 : 전체학년에 주당 2시간 배정 • 특별활동 : 4학년부터 배당 • 1시간의 수업 : 40분원칙, 총이수시간의 5%에 해당하는 시간의 감축, 운영가능 • 연간 34주 기준 • 연간 시간 배당 1학년 : 782~4학년 : 1,020 2학년 : 816~5학년 : 1,088 3학년 : 918~6학년 : 1,088	• 같음 • 같음 • 1학년에 1시간, 2,3학년 1시간, 4,5,6학년에 2시간 배정 • 1,2,3학년 각 1시간, 4,5,6학년에 2시간 배정 • 학교재량시간의 신설 : 주당 1시간 배정 • 배당기준 수업시간 이상을 확보하되 교과목별 수업시간, 주간수업시간, 1단위 시간의 길이 등은 학교 실정에 맞게 조정운영할 수 있음 • 연간 34주기준, 1학년은 30주를 기준 • 연간시간 배당 1학년 : 790 4학년 : 1,020 2학년 : 850 5학년 : 1,088 3학년 : 952 4학년 : 1,088
• 운영상의 유의점	• 계획, 지도, 평가 기타로 분리하여 방향, 방법, 유의점을 구체적으로 제시함	• 구분하지 않고 "편성 및 운영상의 유의점"이라 하여 종합적으로 제시함

선정케 했다. 연간시수는 최소활동 시간량을 제시하고 필요하면 더 많은 시간을 확보하여 운영할 수 있으며, 활동내용의 특성에 따라 연속하여 운영할 수 있게 했다. 평가는 활동 결과보다는 과정자체와 참여도, 협력도, 실천도 태도의 변화 등에 중점을 주어 실시토록 하였다.

3. 중학부 교육과정

중학부 새교육과정에서의 교육목표는 현행 교육과정이 제시한 9개항목을 축소하여 7개항으로 진술하고 있다. 특히, "점자와 묵자의 활용능력을 포함한 언어능력신장"과 "보조기구와 교통기관을 효과적으로 이용하여 이동할 수 있는 능력"을 기른다는 목표를 강조하고 있다.

교육활동의 세 영역은 현행과 같으며, 교과활동은 도덕, 국어, 국사, 사회, 수학, 과학, 체육, 음악, 미술, 영어, 실업·가정(기술, 가정, 기술·가정 중 택1)등 13개 교과로 편성하고 있다. 자유선택은 삭제하고 실업·가정의 선택은 1~2학년에만 배당하였다. 생활적응 활동은 초등부와 같으며, 특활은 학급활동, 클럽활동, 전교학생회활동, 학교행사 등으로 편성하여 현행교육과정과는 차이가 있다. 또한 학교재량시간을 각 학년당 68시간씩을 배정하였으며, 전체이수시간은 1학년 1,190(현행 1,156~1,190), 2·3학년 1,224(현행 1,156~1,224)시간으로 조정하였다. 교육과정 편성 및 유의점에 있어서도 초등부와 같이 제시하여 현행과는 다소 차이를 보인다.

도덕과의 경우는 도덕적 사고 촉진과 도덕적 규범의 내면화에 주력토록 하고, 개인, 가정과 이웃, 시민, 국가, 통일·안보 생활로 구성하였다.

국어과는 말하기, 듣기, 읽기, 쓰기, 언어, 문학으로 내용을 구성하고 있으며, 문학작품, 신문, 기타 참고자료의 점역서나 녹음도서를 활용케 하고 점자속독법과 속기법, 점자사전찾기는 매 학년 초부터 숙달될때까지 지도하도록 하였다. 특히, 1학년부터 점자읽기의 바른 손놀림과 속독법, 점자사전 찾기, 점자철자법을 지도하고, 자기의 생활주변에 관한 글을 쓰도록 지도한다.

국사과는 일반아동의 교육과 큰 차이가 없으며, 역사 지도는 양각지도를 활용케 하였다.

사회과의 경우에도 내용은 같게하되 점역서나 녹음도서 자료를 활용하고, 양각지도의 활용시, 필요하면 분해하여 지도한 후 이를 종합하여 지도하도록 하였다.

수학과는 시각장애로 인해 학습에 어려움이 많으므로 그 지도에 있어서 특히 유의토록 하였다.

① 1학년에서는 약수와 배수에 대하여 자연수의 범위에서만 다루도록 한다.

② 1학년에서는 근사값을 구할 때 유효 숫자와 10의 거듭제곱을 사용

하여 나타내는 정도로 다루고, 근사값의 사칙 계산은 다루지 않는다.
③ 2학년에서는 미지수가 두개인 일차방정식은 연립방정식의 뜻을 이해하는데 도움이 되는 정도로만 다루도록 한다.
④ 3학년에서는 이차함수와 이차방정식의 관계에서 그래프를 이용한 이차방정식의 풀이는 다루지 않는다.
⑤ 3학년에서는 통계를 다룰 때 산포도, 상관관계 등의 이용 실례를 들어 준다.
⑥ 3학년에서는 삼각비의 값을 0°에서 90°까지의 각도에 대한 것을 다루도록 하고 삼각비의 그래프는 다루지 않는다.
⑦ 수학 점자 기호를 바르게 쓰고 읽을 수 있게 하기 위하여 쓰고 읽은 내용을 항상 확인하여 보충 지도하도록 한다.
⑧ 계산을 할 때에는 수판, 점자 타자기 등을 사용하도록 하고, 복잡한 계산이 필요할 때에는 맹인용 계산기의 사용도 허용하도록 한다.
⑨ 계량을 할 때에는 미터자, 콤파스, 각도기 등의 맹인용 양각 용구를 사용한도록 한다.

과학의 경우에도, 생물, 물질 등은 실물, 모형, 양각도형 등을 사용하여 지도하고, 실험은 청각기구, 전자발광탐지기 등 맹학생용 실험기구를 사용하여 지도하도록 하고 있다. 복잡한 자료는 분해하여 지도하고 과학 점자기호를 바르게 읽고 쓰는지 확인하여 보충지도를 하게 했다.

체육은 심·동적 영역과 인지적 영역, 정의적 영역으로 구분하여 구성하고, 심·동적 영역에서 골볼, 맹탁구, 씨름, 맹배구, 맹농구, 맹야구 등을 추가했으며, 인지적 영역과 정의적 영역에서는 시각장애의 특징적 의미, 체육의 발달사, 장애 보상운동, 장애극복의 의지력 배양등을 강조했다.

음악과는 표현과 감상으로 구성하고, 점자악보의 읽기와 적기도 평가에 포함되게 하였다.

미술과는 표현과 감상으로 구성하고 회화영역을 대폭 축소하는 대신에 촉각적인 표현을 강조하였다. 색채는 색의 종류, 특성, 느낌을 연상법을 통해 이해토록 지도하고 맹학생에 알맞는 다양한 재료를 사용토록 하며, 시각이외의 감각을 통해서 체험하고 감상하도록 지도한다. 특히, 한글서예는 촉각자료를 통해서 체험하고 감상하도록 지도한다. 특히, 한글서예는 촉각자료를 통해서 서체를 익히도록 하였다.

영어과는 언어기능과 언어재료로 편성하고 전학년을 통해서 문법설명 위주의 수업을 지양토록 했다.
① 1학년에서는 영어 점자의 정자만을 가르치고, 2학년 1학기부터는 영어점자의 약형을 가르치되, 약자나 약형은 교육과정의 '별표'와 같은 지도 순서에 따라 가르치도록 한다.

② 점자 특유의 연자 기호와 음절 가르기 기호, 문자 기호 등을 바르게 이해함으로써 읽기와 쓰기에서 혼동을 일으키지 않도록 지도한다.
③ 점자의 약자나 약형은 점자에서만 사용되는 것임을 학생에게 밝혀 준다.
④ '읽기'평가에서는 점자의 정자와 약자 및 약형을 바르게 읽고, 글의 줄거리, 요지, 주제 등을 파악할 수 있는 능력을 평가하는데 비중을 둔다.
⑤ '쓰기'평가에서는 점자의 정자와 약자 및 약형을 바르게 쓰고, 정확한 어휘와 구문을 사용하여, 전달하고자 하는 내용을 바르게 표현할 수 있는 능력을 평가한다.

실업·가정은 기술, 가정, 기술·가정으로 편성하고 1, 2학년에서 선택하도록 하였다. 타자과목은 생활적응활동으로 배정하여 교과목을 삭제했으며, 현행 교육과정과는 차이가 크다. 기술교과에서는 컴퓨터를 지도하도록 하고, 도면으로 나타내는 학습시에 맹인용 작도기나 양각필기구를 사용하도록 한다. 가정교과는 가정생활, 소비생활, 식생활, 의생활, 직업과 진로 등의 내용을 중심적으로 다루고 있으며, 기술·가정에서는 가정생활과 자원활용, 기술과 산업, 식생활, 의생활, 제도의 기초, 컴퓨터의 이용 등으로 구성하였다. 2학년에서는 재료의 이용, 가정의 생활환경, 직업과 진로를 다루었다. 따라서 시각장애학생의 진로지도와 맹인용 주변기기가 장치된 컴퓨터의 확보는 중요한 유의점이다.

특활은 학급활동, 클럽활동, 전교학생회 활동, 학교행사 등으로 구성되어 있으며, 주당 2시간이 배정되어 있다. 배당된 2시간은 학급활동과 클럽활동에 우선적으로 할당하고 다른 시간은 별도로 확보케 하고 있다. 학급활동은 협의, 위원, 적응·상담활동으로 구성되어 있는데, 시각장애로 인한 문제의 상담활동이 추가되었다. 클럽활동의 체육활동중 구기의 경우에 맹축구, 맹배구, 맹야구, 맹탁구, 골볼 등을 추가하였고, 자전거, 등산, 기구운동(역도, 보디빌딩 등)도 추가되었다. 학예활동의 내용에도 묵자(한글, 영어, 한자), 한문, 컴퓨터, 옵타콘, 합주 등이 추가되었다. 또한 생산근로활동의 내용에도 조경, 타자, 피아노, 조율, 전자 조립 및 수리, 아마츄어 무선, 목공, 매듭 등이 추가되었다.

특히, 전교학생회활동 영역이 새로 추가되어 학교 전체 집단 생활에 참여하는 기능을 강조하고 있다. 학교행사의 학예행사에는 점자속독·속기대회, 옵타콘 촉독대회 등이 추가되고, 안전지도의 내용 중에 보행과 안전생활훈련을 삽입하였다.

<표 18-2>   시각장애 특수학교 중학부 교육과정 총론 비교

구 분	현행 교육과정	개정된 교육과정
• 교육목표	• 맹학교 중앙부 교육의 목적 개시 • 9개항의 구체적 목표 제시	• 삭제 • 7개항의 구체적 목표에서 : 보조기구와 교통기관을 효과적으로 이용하여 이동할 수 있는 능력 강조
• 교육활동	• 교과활동, 생활적응, 특별활동으로 편성 • 생활적응 : 일상생활과 보행으로 편성 • 교과 : 11개 교과로 편성, 실업가정 과목을 필수(타자 1,2학년, 생활기술은 남자, 가정은 여자 필수로 지정)와 선택(3학년)으로 나누어, 농업, 공업, 상업, 수산업, 가사, 기타로 편성함. 기타 과목은 타자, 조율, 원예, 공예, 편물, 전화교환 등 직업지도 과목임. • 자유선택을 0~1시간 배정 • 특별활동 : 학생활동, 클럽활동 학교행사	• 같음 • 생활과 이동의 두개활동으로 편성(초·중·고 동일) • 교과 : 13개교과로 편성, 이 가운데서 실업가정(기술, 가정, 기술·가정 세과목)은 1,2학년에서 택일하도록 함. 즉, 1,2학년은 11개교실, 3학년은 10개교과임. • 자유선택 폐지, 학교재량시간 신설 • 학급활동, 클럽활동, 전교학생회, 학교행사로 형성

• 수업시간
배당기준
	• 시간배당 : 실업·가정의 필수는 1,2학년, 실업가정의 선택은 3학년에 배당.
	1시간 수업을 45분을 원칙으로 하되 40~45분으로 조절가능케 함. 교과활동 총 최저 이수시간의 5%는 감축 운영 가능
	주당시간(연간 34주 기준)는
	  1학년 : 34~35~
	  2학년 : 34~36~
	  3학년 : 34~36~으로 배정함
		• 실업·가정 선택은 1,2학년에 한함. 학교 재량시간을 전학년에 배정.
		연간 34주를 기준으로 한 최소시간량만을 정해주고, 1단위 시간은 45분을 원칙으로 함. 단, 교과목별 수업시간, 주간수업시간, 1단위시간의 길이 등은 학교의 실정에 맞게 조정하여 운영할 수 있도록 함.
		34주를 기준으로 하여,
		  1학년 : 1,190시간
		  2학년 : 1,224시간
		  3학년 : 1,224시간을 배정하여 기준시간 이상을 확보하도록 함.

4. 고등부 교육과정

국민윤리과는 일반학교와 같은 내용을 취하고 있으며, 국어과의 국어 I은 고문점자의 쓰기와 읽기, "점자통일안"의 점자 쓰기, 읽기 지도에 유의토록 하였다.

국어 II는 작문과 언어, 국어의 이해가 중요한 내용이다.

국사과와 사회과(정치・경제, 사회・문화, 한국지리, 세계지리, 세계사)는 중학부에서와 같이 지도방법과 자료활용에 유의하면 큰 문제가 없이 일반학교의 교육과정 내용을 학습할 수 있는 것이다.

수학과는 장애의 특성을 고려하여 내용을 축소하였다.

① 집합은 논리적 증명을 피하고 가능한 한 벤 다이어 그램으로 지도한다.
② 필요조건, 충분조건에서는 예를 통하여 간단히 지도하고, 형식 논리(진리표)는 다루지 않는다.
③ 삼차방정식, 사차 방정식에서는 인수분해 가능한 간단한 식만을 지도한다.
④ 단사, 전사, 전단사 함수 용어는 사용하지 않는다.
⑤ 유리함수, 무리함수는 $y=\frac{cx+d}{ax+b}$, $y=\sqrt{ax+b}+c$의 꼴만을 지도한다.
⑥ 수학사, 수학과 자연현상, 수학과 사회현상 등의 읽기 자료를 제공함으로써 수학에 대한 흥미와 관심을 가지게 하고, 수학의 필요성을 느낄 수 있도록 한다.

과학 I과 II에 있어서도 일반학교에 비해 내용을 축소・조정하고 다음과 같은 사항에 유의토록 하였다.

〈과학 I〉

① 실험실습이 어려운 단원은 개념 파악에 중점을 둔다.
② 빛의 진행, 반사 등은 온도 감각으로 이해시킨다.
③ 지구의 구성 물질에서 밀도 분포는 포함시켜 지도하되, 광물은 취급하지 않는다.
④ 물리 영역에서는 복잡한 수식을 사용하지 않으면서 물리적 현상과 관련된 기본개념들을 체계적으로 지도한다.
⑤ 지구과학 영역에서는 기본적인 개념만을 다루고, 우주와 연계하여 지도한다.
⑥ 이료교과 학습과 연계하여 관련 있는 부분은 여러가지 모형으로 심도있게 지도한다.
⑦ 과학사, 과학과 기술, 과학과 사회등에 관련된 다양한 읽기 자료를 제공함으로써 포괄적인 이해에 도움이 되도록 한다.

〈과학 II〉

① 이료 교과 학습과 연계하여 관련있는 부분은 보다 심도있게 지도한다.

② 화학 반응식에서는 구체적인 계산을 피한다.
③ '결합의 형성' '화합물'을 조립식 결합 모형으로 지도하여 이해에 도움을 준다.
④ 전자배치는 보어 모형으로 원자번호 20번까지 지도한다.
⑤ 화학반응은 정성적으로만 다루고, 화학평형에서는 그 원리파악에 중점을 둔다.
⑥ 생물 영역에서는 일반적으로 세포 수준 이상을 대상으로 기본적이고 현상적인 개념을 인체 위주로 다룬다.
⑦ 과학사, 과학과 기술, 과학과 사회등에 관련된 다양한 읽기, 자료를 제공함으로써 포괄적인 이해에 도움이 되도록 한다.

체육과는 교정운동, 육상, 체조, 수영, 구기, 무용, 투기, 평생스포츠, 야외활동, 체력운동으로서 심동적 영역을 이루고 있으며, 인지적, 정의적 영역은 신체활동과 관련시켜 지도하게 하였다. 고등부에서도 맹학생에 맞는 종목은 추가하고 있다.

음악과는 편의상 표현과 감상으로 나누어 구성했으며, 점자악보를 바르게 읽고 쓰게 하면서, 오선악보를 양각, 모형으로 만들어 읽을 수 있게 지도한다.

미술과는 조소, 디자인, 자연미 및 조형품 감상, 이해로 구성하고 손가락과 손의 움직임,촉각 및 청각자료의 활용, 미술재료의 다양성, 색에 대한 연상, 한글과 한자 서체의 이해 등에 유의토록 지적하고 있다.

외국어과(영어)는 언어기능과 언어재료로 구성하고 특히, 점자절차와 기본적인 구두법, 점자특유의 연자법(hyphen), 문자기호(letter sign), 음절가르기기호(division sign)등에 익숙하도록 하였다.

실업가정과(기술)는 실생활과 관련시켜 지도하고 촉각자료를 통해 이해케하고, 가정은 실습위주로 지도하되, 실생활과 접근되는 내용의 비중을 높인다. 컴퓨터는 맹인용 주변기기(음성조합장치, 점자프린터 등)가 부착된 것을 확보하여 지도하되, 전원켜기, 끄기 및 간단한 수리방법을 익히고, 개별화 지도를 강화하고 있다.

전문교과인 이료과의 경우는 안마·마사아지·지압·전기치료·침구 등의 이료에 관한 지식과 기술을 습득하게 하여 임상에 활용 할 수 있는 교과목으로 구성하였다.

해부·생리는 인체의 제기관의 위치, 형태, 구조, 정상적인 기능 등을 이해하도록 하고, 병리는 질병의 개념, 병인 및 병변에 대한 내용으로 구성하였다. 보건은 소독법, 보건법, 사회보장법 등의 제법규와 행정기구 등이 중요내용이며, 안마·마사아지·지압은 수기요법 전반에 관한 지식과

〈표 18-3〉 시각장애학교 고등부 교육과정 총론 비교

구 분	현행 교육과정	개정된 교육과정
• 교육목표	• 고등부의 교육목적 제시 • 10개항의 구체적 목표 제시	• 삭제 • 7개항의 구체적 목표 제시 : 원거리 보행 능력 강조
• 교육활동 및 기준단위 배당	• 교육활동, 생활적응활동, 특활로 편성 • 교과는 보통교과와 전문교과로 편성 • 보통교과는 11개교과로 편성하고 전문교과는 이료 및 기타로하여 필수과목 10개 배당. • 보통교과에 공통필수를 두고, 인문・사회 과정과 직업과정으로 나누어 선택하도록 함. • 직업과정 공통필수, 보통선택, 전문필수 과목 부과 • 실업가정 과목으로 산업기술, 가정과 농업, 공업, 상업, 수산업, 가사, 기타로 명시하고 기타는 타자, 조율, 원예, 공예, 편물, 전화교환 등 직업과목을 둠. • 생활적응활동 : 사회생활과 보행훈련으로 편성함 • 자유선택을 배당 • 특별활동은 학도호국단 활동, 클럽활동, 학교행사로 구분 • 단위배당 : 1단위로 매주 50분 수업을 기준하고 단위시간 조절가능, 교과활동 총최저 이수단위의 50% 감축 운용 가능.	• 같음 • 같음 • 보통교과 11개교과(19개 과목)로 하고 전문교과는 12개 이료교과 제시. 단, 기타 전문교사와 학교 특설 교과를 두어 운영케 함. • 기준단위 배당은 직업과정만을 제시하고 다른 과정은 고등학교 교육과정에 준용토록 축소제시함. • 직업과정의 필수과목을 명시하였음. 국민윤리, 국어Ⅰ, 국사, 수학, 체육,음악, 미술, 영어, 컴퓨터, 사회과(선택2), 과학Ⅰ, Ⅱ중 1과목, 실업가정과는 기술・가정중 1과목 • 실업・가정 교과는 기술, 가정, 컴퓨터 등 세개과목을 제시 • 초・중・고 공히 생활과 이동으로 편성함 • 학교재량시간 배당, 자유선택 삭제 • 학급활동, 클럽활동, 학생회활동, 학교행사로 구분 • 1단위는 매주 50분 수업(1학기 17주)을 기준으로 하고, 학년제와 병용, 또는 학년제 운영도 가능함. 기준단위가 4단위인 것을 제외하고는 총이수 단위 범위내에서 학교장 재량으로 증감 운영 가능함.

	• 인문사회과정은 필수 : 80~98, 선택 : 86~116, 직업과정은 필수 : 62~70, 선택 : 10~22로 명시 • 전문교과는 104~124 단위 • 생활적용 : 8~ 단위 배정 • 특활 : 12단위 • 이수단위 총계 : 204~216 (34주)	• 인문사회과정은 고등학교 교육과정 (문교부고시 제88-7호, 1988. 3. 31) 에 준용 • 전문교과는 해부·생리, 병리, 보건, 안마, 마사아지, 지압, 전기치료, 한방, 침구, 이료임상, 진단, 실기실습, 기타 전문교과로 하고 104~126단위로 명시 • 과목별 기준단위는 학교에 재량권 부여 • 생활적응 활동을 12단위로 늘임 • 같음 • 학교재량시간 6단위 배정 • 이수단위 총계 : 216~234단위 (34주 기준)
편성 및 운영의 유의점	• "운영지침"으로 칭하여 계획, 지도, 평가로 나누어 방향, 방법, 유의점을 제시	• 교육과정 편성 및 운영상의 유의점이라 하여 14개항으로 묶어서 제시함. 편성과 운영에 대한 중요사항을 명시하고 있음.

기술을 익히도록 하였다. 전기치료는 자극치료(전류), 투여치료(고주파), 온열요법 등이 중심내용이며, 한방은 음양과 오행, 신형과 장부, 경락과 경혈, 요혈, 병인과 병증, 진단, 치병등으로 구성하였다. 침구는 침술과 구술로 구성하고 실제 기능을 익히도록 하며, 이료 임상은 각종 질병과 증후군의 개요 및 개개의 병증에 필요한 이료 요법에 대한 지식과 기술을 습득케 하고 있다. 진단은 진단 및 검사법이 중심이 되고, 실기실습 과목은 이료술법을 익히고 시술경험 및 시술소의 경영관리에 관한 지식과 기술을 익힌다.

특활은 학급활동, 클럽활동, 학생회활동, 학교행사로 구성하였다. 학급활동은 협의활동, 위원활동, 상담활동으로 구성하고, 클럽활동은 체육, 학예, 생산근로, 청소년 단체, 여가, 학급 특정 활동으로 구성하고 있다. 체육활동중에는 중학부와 같은 내용이 많으므로 연계하여 지도하고, 학예활동의 사회조사, 아마튜어 무선·생산·근로 활동의 주산, 타자, 부기, 이료활동 등에 유의하여 지도한다. 학생회활동과 학교행사 등은 중학부와 유사하므로 중학부의 내용과 연계성을 고려하여 지도한다.

이상에서 시각장애학교 초등부·중학부·고등부의 새 교육과정에 대해 살펴보았다. 시각장애아는 일반아동과의 공통성(일반성)과 장애성(특수성)을 모두 가지고 있으므로, 일반학교 교육과정에 대한 교사의 이해가 요구되며, 다른장애학교 교육과정의 융통성있는 적용, 시각장애아의 교육방법, 교수매체의 개발과 활용 등에 유의하면서 지도해야만 성공적인 교육과정을 운영할 수 있을 것이다.

5. 외국의 교육과정

1) 미 국

미국의 맹학교 교육과정은 일반학교 교육과정을 따랐으나 음악과 체육이 다소 강조되는 경향이었다. 1900년 시카코에서 John Curtis가 통합교육을 시작했고, 1940년대와 1950년대에 걸쳐 미숙아 망막증과 풍진등의 질환으로 시각장애아가 급증하게 되었고, 1975년 모든 장애아 교육법의 통과로 일반 공립학교에서 통합교육을 받는 학생의 수가 계속 증가하게 되어, 현재에는 시각장애학생 중 80% 이상이 일반 공립학교에서 교육을 받고 있다. 따라서 시각장애아의 교육과정도 일반학교의 교육과정의 테두리를 벗어나지 않으면서 장애를 극복하기 위한 교육과정을 편성하여 운영하게 되었다.

미국의 시각장애아 교육과정은 각 주에서 정하고 있는 특수교육법의 기본 방향과 각 맹학교에 따라 다소 차이가 있으나 언어, 수학, 사회생활, 과학, 외국어, 인문과, 건강, 체육, 음악 등의 일반 교육과정과 시자극, 시력의 활용, 청능훈련 및 듣기 기능, 개념발달, 방향정위와 가동성, 타자교육, 일상생활활동, 점자의 읽기와 쓰기 등의 특수 교육과정으로 구성된다.

시각장애아 교육과정의 영향을 주는 요인으로는 연방정부, 주정부, 시각장애자의 전문단체 등이 있다. 연방정부는 각종 장애아 교육법과 재활법을 제정하여 시각장애아 교육을 지원하고 있다. 예를 들면 연방정부는 1887년 미국 맹인 인쇄소를 설립하는 법안을 통과시켜 시각장애아 교과서와 교육자료를 국비로 생산·보급할 수 있게 했다. 또 주가 운영하는 기관에서의 장애아 교육지원법(The Act to Education of Handicapped Children in State-Operated Institution Act)을 제정하여 재정직 지원을 했고, 1975년에는 모든 장애아 교육법을 제정하여 시각장애아에게 무상 공교육을 실시하고 적합한 교육을 하도록 했으며, 재활법에서는 교육에서 차별대우를 금하도록 했다. 주정부는 시각장애아교육 장학사를 두어 시각장애아 교육의 전반적인 행정을 담당하고, 시각장애아 교원 교육의 발전, 시각장애아의 발전과 그들에 대한 교육계획, 교육과정의 개발, 예산의 지원, 교육자료와 기기의 공급 등을 담당한다. 시각장애기관과 전문 단체들은 시각장애아의 교육과정에 관한 연구 교육자료와 기기의 생산 및 보급을 담당한다.

2) 캐 나 다

캐나다의 시각장애아 교육은 거의 모든 측면에서 미국의 영향을 크게 받고 있다. 예를들면 퀘벡주의 주교육성에서 통과시킨 교육법의 주요 내용이

(1) 모든 장애아동에게 무상 공교육을 실시한다.
(2) 4세부터 조기교육을 실시한다.
(3) 사회후생성과 긴밀하게 협력한다(재활을 의미함)
(4) 교육성이 실시하는 서어비스를 광역화한다(먼 외딴 곳 포함)
(5) 교수학습의 개별화를 증진한다.
(6) 사회후생성과 연계하여 아동의 조기발견과 측정 평가를 한다.
(7) 장애아동을 위한 재활노력과 팀의 노력을 증진시킨다.
(8) 필요한 아동에게 수업연한을 연장한다(16세에서 21세까지)

등으로 미국의 모든 장애자 교육법과 비슷함을 알 수 있다.

시각장애아 교육은 캐나다의 거의 모든 주에서 19세기 후반부터 시작되었다. 온타리오주를 비롯한 일부의 주에서는 맹학교를 설립하여 교육을 실시했고, 맹학교를 설립하지 않은 주에서는 이웃 주의 맹학교에 학생을 보내거나, 특수학급을 설치하여 교육했으나, 1950년대 이후에는 자료실 교사와 순회교사를 임용하여 통합교육을 실시하고 있다.

특히 온타리오 맹학교는 1971년부터 맹학교의 센터로서 주내의 일반 학교에 다니는 시각장애아를 대상으로 특수한 자료(점자 교과서 포함)를 공급하고, 임상적 평가 및 상담을 하고 있다. 이와 같이 맹교육의 센터로서 역할을 다하고 있는 것은 시각장애아동들이 가정에서 가족과 함께 생활하면서 지역사회의 일반학교에 다닐 수 있도록 하기 위한 것이다.

캐나다 대부분의 주에서는 3~4세부터 시각장애아 조기교육을 실시하고, 중복 시각장애아에게도 그들에게 적합한 교육을 실시하고 있다. Saskatchewan주에서는 독립적인 생활을 위하여 여러 가지 기기와 도구를 개발하여 공급하고 있으며, 특히 유치원부터 통합 교육에 중점을 두고 있다.

캐나다의 시각장애아 교육과정은 주순준에서 개발, 보급하고 있으므로 주마다 약간씩 차이가 있다. Alberta주 교육성이 펴낸 시각장애아 교육과정을 보면 의사소통 기능(유치원~12학년까지), 수학(유치원~12학년까지), 사회(1~12학년), 과학(1~12학년, 직업기능(level 1~6)등으로 구성되어 있다.

직업기능은 ① 자아의 이해와 타인과의 관계 : 자아에 관한 지식, 사회적 관계

② 방향정위와 이동 : 신체상, 기초 개념, 근육운동의 협응, 감각기관
③ 보건 : 영양, 위생, 지역 사회에서의 보건 서어비스
④ 안전 : 가정에서의 안전, 학교에서의 안전, 지역사회에서의 안전, 화재와 소방, 교통안전
⑤ 직업 : 작업기능, 진로계획과 탐색, 직업의 선택
⑥ 가정관리 : 의복, 음식, 집 가꾸기

⑦ 돈관리 : 돈벌기, 돈쓰기
⑧ 운동근육발달과 신체적 활동
⑨ 예술과 표현 : 음악, 공예, 연극
⑩ 시민권과 개인의 책임 : 가정에서, 학교에서, 지역사회에서, 시사문제 등으로 구성되어 있다.

3) 영 국

영국의 맹교육은 1790년 Liverpool에 The School for the Indigent Blind가 설립되면서 시작되었다. 1944년의 교육법(The Education Act of 1944)에 의하여 시각장애학교가 설립되기 시작하여, 약시아를 위한 기숙학교와 주간학교가 설립되는 등 맹학교가 22개교, 약시학교가 25개교에 이르렀다.

조기교육이 일찍부터 실시되었으므로, 지방교육구는 2세가 되면 가능한 한 조기교육을 실시하도록 하고 있다. 세계적인 명성을 얻고 있는 맹인 유치원(The Sunshine Nursery School)이 여러 지역에 설립되어, 그 곳에서 맹정박아에게는 6~7세 또는 9세까지 교육을 계속하나, 일반 맹아동에게는 5세까지로 한다. 이 유치원의 교육과정은 일상생활활동, 개념발달, 운동근육발달, 감각훈련, 사회·정서적발달 등이 일반 유치원의 교육과정과 함께 강조된다. 이 유치원의 맹아동은 평소에는 기숙사에서 생활하고 주말과 방학 중에는 집으로 돌아가 가족과 함께 생활한다.

지방 교육구는 중증 맹 중복장애아에게 가정방문 교사를 파견하여 교육을 실시한다. 대부분의 아동은 가정에서 매주 최고 5시간의 교육을 받는다. 가정방문 교육의 교육과정은 일상생활활동, 방향정위와 가동성, 의사소통 기능의 일부, 음악, 수공, 자연 학습, 명승 고적지 답사 등으로 구성된다. 가정방문 교사는 가족을 상담하여 시각장애아동에 대한 가족의 태도를 바꾸는데 중요한 역할을 한다. 또한 가정방문 교사는 부모를 교육하여, 일상생활훈련 등 많은 교육과정을 지도하도록 한다.

시각장애아의 직업교육은 1960년대 이전에는 목공, 죽세공, 타자, 피아노, 조율, 편물, 음악 등이 주종을 이루었으나, 직업교육의 강화로 최근에는 컴퓨터 프로그래머, 사회사업가, 심리학자, 물리치료사, 교사 등 각종 전문직으로 진출하고 있다.

특히 The Royal National Institute for the Blind와 같은 맹인 기관과 약시아 협회는 맹인과 약시아를 위한 500여종의 교육자료와 생활용구를 개발하여 공급하고, 학생 도서관과 점자 출판소를 설치하여 점자도서도 공급하므로 시각장애아 교육에 많은 도움을 주고 있다.

4) 독   일   　독일 최초의 맹학교는 1806년에 Berlin에 설치되었다. 독일의 맹교육도 일반교육과 같이 11개주를 중심으로 이루어지고 있고, 대부분의 주에서는 맹교육을 위한 법령이 제정되었다. Barden에서는 1902년에 전체 교육의 일부분으로 맹교육을 실시하는 법안을 통과시켰고, 1911년에는 6~14세의 맹아동에게 의무교육을 실시하고, 장애가 중증인 경우 2년을 연장할 수 있도록 하는 프러시아 학교법도 통과시켰다.

　1960년대는 대부분의 맹아동들이 맹학교에서 교육을 받았고 약시아는 맹학교의 특수학급이나 일반학교의 특수학급에서 교육을 받았으나, 최근에는 상당수이 시각장애학생들이 일반학교에서 통합교육을 받고 있다.

　Berlin맹학교의 교육과정은 독일어, 역사 사회, 교통교육, 지리학, 영어, 수학, 물리 화학, 생물, 음악, 조형예술, 노동, 가정, 체육, 타자기 교육, 점자쓰기, 방향정위와 가동성등으로 되어 있고, Hessen 지방의 맹학교 교육과정은 일반 교과목으로 독일어, 역사 사회, 지리, 노동, 수학, 물리 화학, 생물, 음악, 조형예술, 기술, 체육, 사회적 기능훈련, 종교교육과 특수한 교육영역으로 타자교육, 점자교육, 점자속기, 방향정위와 가동성, 잔존시력훈련, 수학점자 부호 등으로 구성되어 있다.

　독일에서는 시각장애아의 학습을 위하여 전통적인 교육자료로부터 최첨단 과학기술에 의한 컴퓨터, 고성능 점자 프린터와 회전 인쇄기, 기타 많은 기기들을 생산·보급하고 있고, 적합하나 교육을 실시하기 위하여 교육자료를 국비로 지급한다. 이러한 활동을 하는 대표적인 지원기관이 Blinden Studienanstalt이다.

　지방교육구에서는 맹아동의 직업재활을 위하여 특별활동을 마련하여 지도하게 하며, 맹학교에서는 직업훈련 학급을 설치하여 운영하고 있으며, 많은 맹학생들이 정상인의 직업훈련소에서 교육을 받고 다양한 일반전문직으로 진출하고 있다.

5) 일   본   　일본의 시각장애아 교육은 1878년 경도에 맹아원이 설립됨으로써 시작되어, 1890년 소학교령 중에 맹학교의 규정이 생겨 맹학교가 제도화되었다. 이때까지는 직업교육을 주로하였으나 1923년 맹학교령의 제정에 의해 일반교과가 기초가 되고, 사회적 자립을 위한 직업교과를 가르쳤다. 제2차대전 후 교육개혁으로 1947년에 교육기본법, 학교교육법이 제정되고, 1957년에 맹학교 소학부, 중학부 학습지도 요령이 공포·실시되었고, 1966년에 맹학교 고등부 학습지도 요령이 실시되었고, 1973년에 개편된 맹학교 소학부, 중학부 학습지도 요령에 의하여 "양호, 훈련"이라는 새로운 영역이 설치되었다.

일본 맹학교의 학제는 유치부(1년과정과 3년과정), 소학부 6년, 중학부 3년, 고등부 3년, 전공과 3년으로 되어 있다. 각 부의 교과편제는 각 교과, 도덕, 특별활동, 양호 훈련의 4개 영역으로 되어 있고, 초등부는 국어, 사회, 산수, 이과(과학), 음악, 미술공작, 가정, 체육 등의 교과로 되어 있으며, 1단위 시간은 45분으로 한다.

중학부는 국어, 사회, 수학, 이과, 음악, 미술, 보건체육, 기술, 가정(필수교과)과 외국어, 기타교과(선택교과)와 도덕, 특별활동, 양호훈련으로 되어 있다. 1단위 시간은 50분이며, 선택교과는 학생의 심신장애의 상태, 진로, 특성 등을 고려하여 이수시키며, 수업시수는 음악, 미술, 보건, 체육, 기술, 가정은 제3학년에 있어서 105를 기준으로 하고 기타 필요한 교과는 35를 기준으로 하고 있다.

고등부에는 국어, 사회, 수학, 이과, 보건 체육, 음악, 예술(음악, 공예, 서예), 가정이 있으며, 전문교과로 가정, 음악 조율, 보건이료, 기타 교과와 도덕, 특별활동, 양호훈련으로 되어 있다.

일본의 고등부는 본과(3년)와 전공과(3년)로 나뉘며, 본과에는 보통과(3년)와 보건이료과(3년), 가정과, 음악과, 피아노 조율과가 있고, 전공과에는 이료과(3년), 이학요법과, 음악과가 있다(임안수, 1988)

6. 제 7차 교육과정

1) 서 언

치료교육(Therapeutic Education)은 심신의 발달 장애를 지닌 모든 장애아에게 놀이(Play), 운동(Exercise), 작업(Work)을 통해 다양하게 활동하고 장애정도에 적합한 훈련을 함으로써 특수교육대상자의 심신의 조화로운 발달을 도모하는 것을 목표로 한다. 따라서 치료교육은 장애아의 무한한 생명력(Entelechy)을 유지 발전시키고, 생리적 자기 조절 기능(Homeo-stasis)의 평형상태를 회복시키며 장애로 인하여 발생한 결함을 보충함과 동시에 생활기능을 회복시켜 주는 교육활동이다. 그러므로 치료교육은 특수교육대상자의 결함을 보충하고 생활기능을 회복시켜 이들의 전인적 발달을 도모하는 교육활동으로 교과활동, 특별활동을 가능하게 하는 학습의 기초를 제공한다.

2000년 3월 1일부터 시행될 특수학교 교육과정(교육부 고시 제 1998-11호, 1998. 6. 30)에 나타난 치료교육활동은 현행 특수학교 교육과정에서 생활적응활동(시각장애), 요육활동(청각장애, 정신지체), 재활훈련활동(지체부자유)등 장애 영역별 활동이었으나 장애의 중도·중복화 현상과 통합교육의 추세 등에 능동적으로 대처하기 위하여 그 명칭과 내용을 통합하여 치료교육활동으로 통일하면서 8개 하위 훈련영역을 설정하고, 수행 능력 중심의 선택적 치료교육 활동이 가능하도록 하면서 그 내용 목표를 단계형 수준별로 제시하였다.

이와 같은 특수학교 치료교육활동의 체제와 구조의 변화는 현재 장애영역별로 운영되고 있는 교육활동의 재구조화를 전제로 한 것으로서 새로운 운영 방안과 체제를 요구하게 되었다. 특히 교육과정 고시의 후속작업으로 특수학교 1종 도서 편찬 계획(교육부 교책 81156-363, 1998. 10. 14)에 의하면 치료교육활동 교육과정 운영 자료로서 교사용 전자 지도서 8책과 별책 부록 보완교재(프로그램) 32책을 4×6배판 패키지형 (CD-ROM)전자도서 유형으로 개발하여 교사들이 통신을 이용하지 않고 독립된 컴퓨터에서 사용할 수 있도록 개발을 추진하고 있다.

교육부의 이러한 정책 추진의 배경에는 '장애인의 정상화'란 철학과 '특수교육의 기회확대'란 교육개혁의 방향설정과 '특수교육의 질적 향상'이란 기본 목표 설정에 근거하여 장애의 특성과 정도에 적합한 선택적 치료교육 활동을 함으로써 교육과정 중심의 학교 교육운영체제를 수립하기 위한 노력의 결과라고 할 수 있다.

2) 제 7차 특수학교 치료교육활동 교육과정

(1) 개정의 필요성

특수학교 교육과정 총론 개정안(교육부, 1997. 6.)은 『21세기 세계화·정보화 시대에 적응하며 살아갈 자율적이고 창의적인 한국인 육성』을 기본 방향으로 하면서 모든 장애학생에게 열린교육 과정을 적용하기 위하여 '개별 학생의 장애특성에 따른 치료교육 활동을 강화'하는 데 개정의 중점을 두면서 ① 장애 영역 중심의 획일적 치료교육 활동 지양 ② 장애 정도와 특성에 따른 치료교육 활동의 탄력적 운영을 강조하였다.

이에 따른 주요 개정내용으로는 ① 장애영역 공통 치료교육 영역 제시 ② 개별 학생의 특성에 부합하는 선택적 치료교육 활동 운영체제를 구축하기 위하여 '언어치료, 청능훈련, 물리치료, 작업치료, 감각·운동·지각훈련, 심리·행동적응훈련, 보행훈련, 일상생활훈련'이란 8가지 훈련영역을 선정하였다. 이것은 현행 특수학교 교육과정의 장애영역별 특수성을 드러나게 하는 생활적응활동(시각장애), 요육활동(청각장애, 정신지체), 재활훈련활동(지체부자유)이란 명칭을 '치료교육활동'으로 통일한 것이다.

이러한 치료교육활동 운영체제의 변화는 특수교육의 특수성을 드러나게 하고, 통합교육 운영체제의 융통성을 확보하며, 장애의 중증·중복화에 따른 치료교육활동의 탄력적 운영이 필요하기 때문이다. 따라서 현행 장애영역별 특수학교 교육과정에서 제시된 제한적인 치료교육활동만으로는 수요자 중심의 교육과정 운영이 어렵기 때문에 개별학생의 장애특성에 부합하는 선택적 치료교육활동의 개정이 필요하게 되었다.

(2) 개정의 주요내용

주요내용	현 행	개 정
명칭 변경	• 생활적응활동(시각장애) • 요육활동(정신지체, 청각장애) • 재활훈련활동(지체부자유)	『치료교육활동』으로 통일
운영체제	• 장애영역별 활동 분리 제시 • 집단별 활동 운영체제	• 장애영역 공통 치료교육 영역 제시 • 개별학생의 특성에 부합하는 선택적 치료교육활동 운영체제 • 중복장애 등 개별학생의 장애특성 고려
훈련영역	생활훈련, 이동훈련(시각장애), 언어수용훈련, 언어표현훈련(청각장애), 감각·지각훈련, 언어훈련, 작업훈련, 물리적훈련, 신체활동훈련, 사회·심리적훈련(지체부자유), 감각·운동기능훈련, 언어훈련, 행동적응훈련(정신지체) 13개 장애영역별 훈련	장애영역 공통 8개 훈련 영역 제시 • 언어치료 • 청능훈련 • 물리치료 • 작업치료 • 감각·운동·지각훈련 • 심리·행동적응훈련 • 보행훈련 • 일상생활훈련
진술방식	• 목표 : 사역식(…을 하게 한다.) • 내용 : 명사형(내용중심) • 유의점 제시	• 목표 : 단계형 수준별 계열화 행동용어로 진술, 학습자 중심의 진술 • 성격, 목표, 내용(수준별, 과제분석), 방법, 평가의 과정 제시
용어진술의 위계화	• 훈련영역이 장애영역 중심으로 되어 있어 용어의 위계적 통일이 되어 있지 않았음	특수교육→치료교육활동→○○훈련→○○동작(기능)→○○기능(기술)→○○기술(○○하기)로 용어의 위계를 정하여 진술함

(3) 훈련별 주요 개정

훈련영역	현 행	개 정 시 안
1. 언어치료	• 청각장애 : 언어수용, 언어표현훈련, 지문자와 수화중심 • 정신지체 : 발성, 호흡, 조음기관훈련, 이상언어교정, 언어표현훈련 중심 • 지체부자유 : 중추성 언어장애 교정, 언어형성, 기초능력, 표현중심 제시	• 언어표현 중심으로 조음방식과 조음치료 방법에 기초한 활동내용 제시 • 언어구성 형식, 내용, 활용의 3가지 기본 요소를 다원적으로 구성, 제시함 • 능력중심 목표진술식으로 내용 제시
2. 청능훈련	• 청각장애 : 보청기 적응·착용 언어의 변별지각, 이해중심 • 지체부자유 : 소리의 인지, 변별, 지각훈련, 언어이해, 구문이해	• 음의 지각 • 말의 지각 • 음의 변별 • 말의 변별
3. 물리치료	• 지체부자유 — 신체의 기본동작 — 뇌성마비 치료와 교육 — 2차적 장애예방과 교정 — 물리적 자극에 의한 기능개선 — 집단집중훈련	• 신체의 기본동작 • 서기-걷기(S-G)동작의 발달단계 50개 과제 분석에 따른 내용선정과 조직화 • 신체기능훈련 중심의 내용구성 • 하지 기능훈련 중심의 과제분석 및 자립보행을 최종목표로 함
4. 작업치료	• 지체부자유 : 상지의 동작, 일상생활 기본동작, 신체의 응용동작, 작업동작	• 일상생활 동작은 일반적 분류로 체계화 — 가동성기능 — 자기관리기능 — 장비관리기능 • 신체의 응용동작 : 체간, 상지, 손동작 협응 기능으로 재분류함 • 작업동작 : 정보처리 기능 추가함

훈련영역	현 행	개 정 시 안
5. 감각·운동·지각 훈련	• 시각장애 : 기본적인 감각훈련만 제시됨 • 지체부자유 : 감각·지각훈련은 주로 감각통합이론 중심으로 구성됨 • 정신지체 : 감각·운동기능 훈련	• 총11개 기능 영역으로 구성함 : 자세유지, 주의집중, 감각자극변별, 감각자극반응, 식별기능, 시각-운동 협응기능
6. 심리·행동 적응 훈련	• 지체부자유 : 사회·심리적 훈련, 심신의 적응, 긍정적 태도, 사회·정서적 적응 • 정신지체 : 행동적응훈련, 주의집중, 지시따르기, 부적응행동 교정, 장애극복 의지	• 장애극복의지 : Ⅰ, Ⅱ 단계 • 개인적 부적응 행동 교정 • 사회적 부적응 행동 교정

7. 보행 훈련	• 시각장애
	  방향과 위치 알기
	  자기보호
	  안내받기
	  편의시설 이용
	  지팡이 보행
	  교통기관 이용
	  보행 보조물의 이용
		• 가정생활 환경에서의 보행
		• 학교생활 환경에서의 보행
		• 주택가 환경에서의 보행
		• 상가 및 번화가에서의 보행
		• 교통수단을 이용한 보행

8. 일상 생활 훈련	• 시각장애
	  식생활
	  의생활
	  건강과 청결생활
	  학습생활
	  사회생활
		• 식생활
		• 의생활
		• 건강 및 위생생활
		• 가정생활
		• 사회생활

요컨대, 치료교육활동의 목표는 '장애극복 의지를 가진 건전한 인성과 창의력을 함양하는 기초·기본 교육의 충실'이었다. 따라서 제7차 특수학교 치료교육활동은 장애 학생의 특성에 따른 치료교육활동을 강화하기 위하여 장애영역 중심의 획일적 지도를 지양하고 장애의 특성과 정도에 따른 탄력적 운영 및 교육과정 중심의 학교교육과정 운영이 가능하도록 하였다.

3) 교육과정 중심의 치료교육활동

(1) 수행 능력 중심의 선택적 치료교육활동 전개
재학중인 장애학생들의 특성과 장애정도는 일반적으로 경도, 중등도, 중도로 구분되지만 가정, 병원, 시설 등에서 미취학 상태에 있는 중도·중복 장애아들은 재택·순회 교육의 대상자들이기 때문에 교육과정 운영에 어려움이 가중되게 된다.

앞으로 우리 앞에 전개된 특수교육대상자들은 대부분 중도·중복 장애아들이라고 보아도 과언이 아닐 것이다. 제 7차 특수교육과정이 시행될 21C는 이들의 교육권 확보와 특수교육의 기회확대로 완전취학이 이루어질 것으로 전망된다. 따라서 특수교육의 목표와 내용도 궤도수정이 불가피할 것으로 볼 수 있고 교육방법 또한 변화를 예고하고 있다.

21세기는 모든 장애 학생들이 치료교육활동 중심의 특수교육을 요구할 것이고 그래서 이들의 특성과 장애의 정도에 따라 수행능력 중심의 선택적 치료교육활동을 전개하게 될 것이다. 이에 우리는 제 7차 교육과정 운영에서 학생들의 수행능력을 정확히 판정하는 절차와 방법을 개발하고 개발된 치료교육활동 프로그램을 선택하고 재구성할 수 있는 능력을 키워나가야 할 것이며, 학생 개인차에 따르는 수업계획을 구안할 수 있어야 한다.

(2) 개별화교육계획(IEP)의 수립과 개별화수업계획(IPD)의 실행

치료교육활동은 장애 학생의 특성, 장애의 정도 등을 진단·평가한 후 개인별 개별화 교육계획(IEP)을 수립하고 지도해야 한다.

일반학교에서 학기 단위로 한 학급의 진도표를 작성하는 것에 비교하면 IEP는 장애 학생 한 사람의 단 단위(단기간) 진도표라고 볼 수 있다. 이것은 IEP의 구성을 보아도 알 수 있듯이 ① 현재의 수행능력 수준 ② 연간 목적과 단기교육목표 ③ 교육활동 및 통합정보 ④ 서비스 시작과 종결일자 ⑤ 적어도 1년 단위의 목표성취를 측정하기 위한 평가 절차 등 최소한의 정보가 포함된다.

이와 같은 개별화 교육 계획에 따라 교사들이 실제 수업에서 사용할 수 있는 개별화 수업계획(IPD : Instructional Program Design : 수업프로그램 설계)은 구체화 되어야 한다.

제 7차 특수학교 치료교육활동 교육과정 고시의 후속 작업으로 편찬되는 교사용 지도서(8책)와 보완교재(프로그램 32책) 전자도서는 CD-ROM으로 개발(편찬)되면서 IEP와 IPD의 구성 요건과 현장의 요구를 충족시키는 데 초점을 두고 있다. 다시 말하면 IEP만으로는 교사들이 수업을 실행할 수 없기 때문에 이를 보완하기 위한 프로그램을 개발하여 개별 아동의 특성과 장애정도 등을 고려하여 간단한 수정 보완을 거쳐 수업안을 작성할 수 있게 될 것이다. 또한 이들 프로그램에는 그림, 글자, 영상자료들이 수업활

용 자료로서 이용될 수 있고, 수요자인 학생과 보호자가 활용할 수 있는 내용도 포함된다.

이 프로그램들은 교사들의 수업 부담을 경감시키고 쉽게 IEP, IPD를 작성할 수 있게 될 것이고 수업의 질을 높이는 데 기여할 것으로 기대한다.

4) 결 어

제 7차 특수학교 교육과정이 고시(1998. 6. 30)되고 2000년 3월 1일부터 유치부, 초등부 1·2학년에 적용되기 시작하여 2004년 3월 1일부터는 고등부 3학년까지 시행된다. 따라서 특수학교 교육과정의 한 영역인 치료교육활동은 2000년 3월 1일부터 시행되는 것이다.

본 고에서는 새 교육과정 적용에 따른 치료교육 활동의 효율화 방안을 탐색하기 위하여 제 7차 특수학교 치료교육활동 교육과정의 개요, 교과용 도서 편찬의 구조와 체제를 알아보았고, 이들 자료를 활용하는 학교 현장의 교육과정 운영 방안과 교육과정 중심의 치료교육 활성화 방안을 구안하였다. 이와 같은 탐구와 구안을 토대로 다음과 같은 결론을 내린다.

1. 제 7차 특수학교 치료교육활동 교육과정은 개별 장애 학생의 특성에 부합하는 선택적 치료교육활동을 전개해야 한다.
2. 장애 영역 중심의 획일적 지도를 지양하고 교육과정 중심의 치료교육활동 교육과정이 운영되어야 한다.
3. 교과용 도서와 보완교재(프로그램)가 전자도서화 되기 때문에 이 자료의 활용에 대한 현직 연수가 활성화 되어야 한다.
4. 치료교육활동 운영 체제는 '전 특수학교 교원의 치료교육 요원화'를 목표로 추진되면서, 전문·전담·담임·통합 치료교육 활동을 전개해야 한다.
5. 8개 훈련(치료)영역 중에서 1교사 1전공(또는 부전공) 영역을 확보해야 한다.
6. 치료교육활동의 활성화를 위해서는 현직연수 강화, 지도서 활용방법 이해, 수행능력 중심의 선택적 치료교육 전개, IEP와 IPD 구안 및 실행에 대한 이론과 실제를 탐구해야 한다.

19. 시각장애아의 교수학습과 개별화 교육

1. 교수학습

교사의 가르치는 활동과 학생의 배우는 활동이 교차되는 과정을 교수-학습과정(teaching-learning process)이라 부른다. 실험심리학의 입장에서 보면 교수는 독립변수이며 학습은 종속변수가 된다. 따라서 경험은 하나의 매개변수이며, 개인에게 학습이 일어나느냐 일어나지 않느냐를 보다 직접적으로 결정하는 요소는 중개변인인 경험이라고 할 수 있다.

그러나 이러한 교수-학습은, 효율적인 교수과정이 반드시 효율적인 학습결과를 초래하며, 배효율적인 교수과정이 반드시 효율적인 학습성과만을 초래하는 것은 아니다. 그것은 교수(가르치는 것)는 일의적이지만 학습(배우는 것)은 다양적이기 때문이다. 특히 특수아동(시각장애아동)은 장애정도, 장애시기, 장애원인에 따라 흥미가 다르며, 적성, 학습동기, 선수학습의 정도, 학습스타일 등 여러가지 요소에 있어서 심한 개인차를 지니고 있어 더욱 그러하다. 즉, 교육적 요구가 일반아동에 비해 독특하다. 이러한 독특한 요구를 이해하고 그것을 어떻게 충족시켜 줄 것인가 하는 것이 시각장애 교사의 책무이다. 따라서 학습자변수를 중요시해야 하며 학습자를 고려하여 학습목표가 수립되어야 하고 수업절차와 평가가 이루어져야 할 것이다.

1) 교수학습의 원리

배치된 시각장애아에게 적절한 교육을 하기 위해서는 몇 가지 교수학습원리를 적용해야 한다(Kirk and Gallagher, 1989)

첫째는 개인차에 근거한 교수학습의 개별화가 요구된다. 아동은 장애정도, 시기, 원인, 지능, 적성, 흥미, 학습태도, 학습스타일, 보유시력의 정도, 가정환경 등에 있어서 개인차를 지니고 있다. 따라서 적절한 교육방법과 절차, 자료의 선택, 평가 등을 개별화해야 한다.

둘째는, 구체적 또는 대리경험의 제공이 요구된다. 시각장애아(맹아동)는 주로 시각 이외의 대리감각을 통해 정보를 입수한다. 그러나 대리감각이 시각을 완전히 보상할 수 없기 때문에 보다 구체적인 물체를 제공하여 크기, 형태, 부피, 무게, 온도, 질감, 양감 등을 경험케 해야 한다. 특히 매우 작은 물체나 큰 물체는 모형자료를 활용한다.

셋째는, 통합된 경험의 제공이다. 맹아는 전체보다 부분적인 경험과 지식을 갖기 쉽다. 대림감으로는 물체의 전체를 정복하기 힘들다. 때문에 의도적으로 전체개념과 부분개념을 형성하도록 지도해야 한다.

넷째는, 의도적이고 체계적인 학습프로그램의 제공이다. 감각을 상실한 맹아동들은 의도적으로 듣게 하고, 만지게 하고, 냄새를 맡게 해야 지적 발달을 도모할 수 있다. 장난감을 통한 놀이지도는 좋은 프로그램의 예이다. 또한 조기에 대리감각을 활용할 수 있는 기능훈련이 이루어져야만 학령기의 학습이 가능하다.

다섯째는 능동적인 학습활동을 위한 자발성이 강조된다. 시각은 행동을 유발시키고 촉진함으로서 자기 주변의 환경을 습득하고 배우는 데 큰 역할을 한다. 때문에 맹아는 물체에 대한 호기심이나 행동촉진의 부족, 주위환경 습득의 지체를 수반한다.

2) 교수학습의 고려요건

시각장애아의 교수학습에서는 특별히 고려되어야 할 요인이 있다. 즉, 시각장애의 원인, 정도, 시기 등이 그것이다. 시각 장애원인에 따라 교육적 의미는 달라진다. 예컨대 피부색소 결핍증 아동은 빛공포증을 가지고 있으므로 광선을 차단해 주고 좌석배치에 유의해야 하며, 녹내장은 진행성이므로 심리지도와 보행훈련, 읽기지도에 유의해야 한다. 둘째는 시각장애정도에 따라 보유시력이 다르기 때문에 맹, 준맹, 약시의 교수학습과 빛지각맹과 전맹 등이 서로 달라져야 한다. 예컨대 빛지각 시력을 지녔는지 아니면 전맹인지를 구별하여 학습내용과 방법을 결정해야 한다는 것이다. 셋째는 실명시기에 따라 선천맹과 후천맹으로 나누어지는 바, 시각적 영상이나 색채개념을 지니고 있느냐, 없느냐 하는 것은 중요한 의미를 갖고 있다. 예컨대 선천맹은 시각적 기억이 불가능하며, 시각화(visualization)가 어려우며, 후천맹은 시각화가 가능하여 "사과가 빨갛다"는 것을 머리속에 그릴 수 있게 된다.

3) 교수학습 모형

최근에 이르러 조직적인 교수모형이 많이 개발되고 있다. 그러나 여러가지 모형가운데서도 교수모형 개발의 창시자인 이른바 Glaser의 모형이 최근의 교수 이론을 잘 반영하고 있다는 점과 기본모형이라는 점에서 많이 활용되고 있다.

Glaser모형은 교수목표→투입행동→교수절차→평가 등 네단계로 구성되어 있다. 특수아의 교수학습에서는 Glaser모형을 변형하여 사용하고 있는데, 다음에 제시하는 바와같이 투입행동과 교수목표를 순서 바꿈하여 단계별 지도를 하고 있다.

제1단계 : 투입행동(entering behavior)
본 단계는 학습자가 새로운 도착행동을 습득하기에 앞서 이미 습득해 있어야 할 행동, 즉 현재수준을 파악하는 단계이다.

아동의 성숙정도, 학력, 지능, 적성, 흥미 등의 측정을 통해 교수결정을 하는 단계이다. 시각장애아의 경우는 일반교과, 특수교과, 언어발달, 사회성발달, 시기능, 학습스타일, 시각화여부 등의 현재 수준이 파악되어야 할 것이다.

〈투입행동의 예〉

교수목표 : 시계를 보고 1분단위로 시간을 정확하게 말하고 쓸 수 있다.
투입행동 : ① 시계의 시침과 분침가운데 짧은 쪽(긴쪽)을 구별할 수 있는 단계에 있는지?
② 1~60까지의 숫자를 알아보고 쓰고 말 할 수 있는 단계에 있는지?
③ 60까지의 수를 하나씩 셀 수 있으며 다섯씩 묶어서 셀 수 있는 단계에 있는지?

제2단계 : 교수목표 설정

투입행동에 따라 교수목표를 설정하는 단계로써 IEP에서 강조하는 바와 같이 그 진술은 구체적(측정, 관찰가능)인 것이 바람직하다.

Mager(1975)는 교수목표 진술에 있어서는 행동(performance), 조건(condition), 준거(criterion)가 명시되어야 한다고 주장한 바 있다.

<u>100m를</u> <u>14초 이내에</u> <u>달릴 수 있다.</u>
 (조건)　 (준거)　　　 (행동)

〈예〉 아동은 <u>기본약자 5개중에서</u> <u>교사가 지적하는 하나를 촉각으로</u>
　　　　　　 (조건)　　　　　 (제2의 조건)　　　　　 (준거)
<u>정확히 골라 낼 수 있다.</u>
　 (구체적 동사)

제3단계 : 교수절차

행동목적이나 분석된 과제를 가르치는데 필요한 학습환경, 학습매체, 학습절차와 방법을 결정하는 단계이다.

점자지도에 있어서 철자 하나 하나의 지도방법(cell by cell method)을 쓸 것인가 아니면 낱말 전체 지도방법(whole method)을 택할 것인가 하는 것은 학습방법의 선정이며, 주산을 변형하여 수학에 지도하는 것이나 맹아의 신체상 훈련을 위한 "가라사대 게임"을 실시하는 것은 기존방법의 변형(응용)이 된다. 또한 점자란을 쓸것인가를 결정하는 것은 학습자료의 선정이며, 모형자료나 녹음자료를 제한하는 것은 자료의 창작이 된다.

본 단계는 시각장애아에게 구체적인 경험을 시켜야 한다는 교수학습의 원리에서 보면 중요한 단계이다.

제4단계 : 성취도평가

평가에는 규준지향적 평가와 준거지향적 평가로 나눌 수 있는 바, 특수아동의 경우에는 상대적 비교가 무의미하다는 점에서 개인의 목표 도달정도를 평가하는 준거지향적 평가를 실시함이 바람직한 것이다. 즉 그

아동이 학습한 내용 가운데 무엇을 할 수 있고(can do), 무엇을 할 수 없느냐(can not do)를 파악하는 단계이다.

특히 시각장애아는 경험의 부족, 개념형성의 문제, 운동능력의 문제, 자각발달의 문제, 정서적 문제 등 일반아동과는 다른 독특한 문제를 지니고 있으므로, 교사는 측정도구의 선택은 물론 장애로 인한 오차를 충분히 인식하여 평가하고 해석해야 한다. 제4단계는 성취도 평가는 아동의 시발행동과 연결되는 것이므로 중요한 단계이다.

2. 개별화 교육

개별화 교육프로그램(Individualized Education Program : IEP)은 장애를 겪고있는 아동들의 독특한 욕구를 충족시켜주기 위한 경영도구(management tool)이다. IEP를 Individaul Education Plan으로 표시하여 개별화 교육계획으로 쓰기도 하며, 이때는 목표(연간, 교수)와 평가절차, 시작일자, 마감일자 등의 프로그램을 짜는 것을 개별화 교육프로그램으로 사용한다. 또 IEP Plan으로 사용하여 프로그램계획으로 나타내기도 한다.

다시 말하면, 특수교육을 요구하는 아동들에게 적절한 교육을 보장해 주기 위한 교육활동의 구체적인 전달체제이다.

IEP의 특성을 요약하면 다음과 같다.

첫째, 단계적인 교육과정이 구성되고 담당인사(특수교사, 치료사, 부모 등)의 재구상 작업을 통해 체계적인 계획과 지도가 이루어진다.

둘째, 위원회 구성을 통한 팀접근을 하기 때문에 위원회에서 특수교사의 할 일과 치료사가 할 일, 일반교사가 할 일 등 전문인사의 업무를 조정할 수 있다.

세째, 아동개인의 독특한 욕구에 촛점을 맞추고 있기 때문에 교수-학습의 효율성을 높인다.

네째, 특수교육영역과 장애극복을 위한 활동(관련 서비스)이 함께 계획됨으로 개개 아동의 모든 욕구를 충족할 내용이 구체화된다.

다섯째, 목표가 구체적으로 진술되므로 체계적이고 합당한 평가가 이루어진다. 개별화 교육은 성취단계의 평가를 통해 계속적으로 이루어지는 교육활동이다.

여섯째, 담당인사의 전문적 책무성을 증대시키고 있다. 시각장애아의 IEP구성도 본조의 내용에 준해서 실시할 수 있으므로 지도에 참고하길 바란다.

1) IEP의 구성내용과 단계

IEP를 구성할 때는 다음의 일곱가지 요소들이 포함한다.

첫째, 학생의 현재수준을 진술한다.

둘째, 연간목표를 진술한다.

세째, 단기목표를 진술한다.

네째, 아동에게 실시할 특수교육 및 관련서비스를 문서화 한다.[1]

다섯째, 아동이 일반교육에 참여할 시간의 비율을 기록한다.

여섯째, 단기목표별로 프로그램의 시작일자와 마침일자를 표시한다.

일곱째, 연간단위로 단기목표 성취정도를 평가하기 위한 객관적 준거와 절차, 시간계획이 진술되어야 한다.

IEP에 있어서 구성요소와 각 단계간의 상호관계는 그림12-1과 같다. 여기서 IEP의 구성에 대한 몇가지 구체적인 설명을 부가하고자 한다.

첫째, 현재의 수준 : 학생의 현재 능력을 측정하기 위해서는 신체검사, 심리검사, 새육사 및 기타검사를 실시한다. 다시 말하면 학업적성취수준, 사회적발달, 신체적발달, 관리 및 학습환경(학급, 매체) 등의 평가를 통해 정보를 수집한다.[2]

특히, 교육적 진단을 위한 평가에서는 지능검사(인물화, KEDI-WISC, WISC, 고대비네, PTI, KIPA 등)와 학력검사(기초학습기능검사등), 사회성 및 성격검사(사회성숙도검사, 아동용회화통각검사 등), 지각운동검사 (BGT, 오세레츠키 운동능력검사 등), 그리고 PEP(교육진단검사), MEPA (운동프로그램평가), 시력검사, 시기능검사 등을 활용 할 수 있다.

이러한 평가가 끝나면, 아동의 현재 기능 수준과 독특한 학습욕구, 강점과 약점 등이 결정되기 때문에 다음 단계의 구성으로 넘어가게 된다. 즉, 어떤 교육내용이 이 아동에게 가장 중요한 것인가를 결정하게 된다. 왜냐하면 평가에서 밝혀질 아동의 뛰어난 능력과 부족한 능력에 대해서 동시에 모두를 교육시킬 수 없기 때문에 우선 순위를 결정하고 연간목표와 단 기목표를 수립한다.

둘째, 연간목표의 진술 : 현재의 아동의 수준과 우선순위가 결정되면 특수교육, 일반교육, 관련교육활동(요육등) 별로 연간 목표를 세운다.

연간목표의 진술은 각 영역별로 우선 순위에 따라 진술하고 낮은 단계의 능력으로부터 높은 단계의 능력으로 진술하기 위해서 아동의 연말까지

---

[1] 미국장애아 교육법에서는 특수교육을 규정함에 있어서 교실내의 지도, 체육지도, 가정지도, 병원이나 시설내의 지도 등을 포함하고 있다. 또한 관련교육활동은 언어치료, 청능훈련, 심리치료, 물리 및 작업치료, 유희치료, 장애의 조기진단과 발견, 상담, 의료적 진단과 평가, 작업지도, 사회복지사의 서비스, 부모의 상담과 교육, 수송서비스 등을 포함한다.

[2] 현재 성취수준의 양식에 제시된 것을 보면, 학업적수준(읽기, 철자, 쓰기, 언어, 사회, 과학, 수학 등)과 직업 및 직업전기능, 자립기능, 사회정서적요인, 신체발달 및 건강(시력, 청력), 심리운동적기능, 언어기능 등을 평가하여 기록하고 있다.

우선적으로 성취할 수 있는 내용을 결정해야 한다. 따라서 연간교육목표는 우선적 영역의 능력별로 기술하게 된다. 특히, 연간목표나 단기목표는 분명히 평가할 수 있는 구체적인 행동적 용어로 진술하는 것이 바람직하다 (~안다. 비교한다. 구별한다, 움직인다)

　세째, 단기목표의 진술 : 단기교육 목표를 설정하기 위해 구성위원회는 각 연간교육 목표를 검토하고 이 목적을 달성시키는데 필요한 단계를 계열화해야 한다. 각 연간교육 목적별로 학생의 현재 기능수준으로 보아 연말까지 성취할 목표량의 중간량이 된다고 생각되는 4~5개의 단기교육 목표를 설정한다.

　네째, 연간목표 성취에 필요한 학습 : (특수교육, 관련교육활동, 일반교육) : 학생의 연간교육목표, 단기교육 목표군과 나열된 교육활동과는 직접적 관련이 있다. 학교는 이들 교육목표를 성취하는데 필요한 교육배치의 형태를 구체화해야 한다. 학교는 학생의 현재의 기능 수준, 장애의 정도, 연간교육 목표, 최소로 제한된 환경에서 학생의 독특한 욕구에 가장 알맞는 교육적 기회를 선택해야 한다. 예를 들면 가벼운 언어장애를 가지고 있는 3학년 학습 장애 아동은 부분적인 도움을 받으면서 일반학급 교육이나 자료실 교육이 적절할 것이다.

　학교가 일반교육, 특수교육, 관련교육활동을 결정하게 되면 교육활동의 진술을 문서화 해야 한다. 학생의 연간교육 목표나 단기교육 목표에 토대하여 진술이 준비되어야 한다.

　단기 목표가 결정되면 그 단기 목표별 프로그램 목표가 선택되어야 하는데 목표의 선택은 고정된 요구가 아니라 의도적 목표의 진술이기 때문에 적절하지 않을때는 언제든지 변경될 수 있고 바뀌어야 한다.

　다섯째, 교육시작시기와 기간이 명시된다 : 교육을 시작하고 끝내는 시기, 주당시간량 등을 결정하는데 이때의 교육기간은 연간교육목적 달성에 필요한 시간을 추산하여 결정한다.

　여섯째, 교육실시의 책임자로 명시한다 : 누가 책임을 지고 가르치는가를 분명히 하고 협력할 인사도 명기한다.

　일곱째, 교수매체를 프로그램별로 기록한다.

　여덟째, 일반교육프로그램의 참여정도를 기록한다.

　이상의(네번째~여덟째) 것들은 실제로 교육이 수행되는 체제라 할 수 있다.

　아홉째, 평가방법의 구체화 : 학생이 매일 학습한 양은 특정목표에 대한 학생의 진보를 측정하는 것과 교사의 관찰에 의해 구명된다. 교육과제를 완성하는데 필요한 시간을 교사는 예상해야 한다. 하루의 학습의 성취도는

〈표 19-1〉 연간목표와 단기목표진술의 예

연간목표진술 : 영희는 매일 아침 교사에게 적절한 인사말을 할 수 있다.

단 기 목 표 (평가준거포함)	특수교육및 관련서비스	적용율 위한책임자	시작과 마감일자	평가일자
a. 다섯번째 교사의 발성에 따라 "안녕"이라는 말을 따라 할 수 있다	언어치료사	교 사	'81. 3 '81. 4. 1	'81. 4. 1
b. 3일간 계속해서 아침에 교사가 "안녕"이라고 하면 따라 할 수 있다.	언어치료사	교 사	'81. 4. 1 '81. 6. 1	'81. 6. 1
c. 만족한 표정을 지으며 3번 계속해서 아침에 교사의 "안녕"이라는 말을 따라 할 수 있다.	언어치료사	교 사	'81. 5. 1 '81. 6.15	'81. 6.15
d. 만족한 표정을 지으며 교사에게 "안녕"이라고 인사할 수 있다.	언어치료사	교 사	'81. 9. 1 '81.12. 1	'81.12. 1

목표에 도달하도록 설계된 활동을 학생이 성공하는 정도를 나타낸다. 학습의 율(rate)과 성취도가 연결될 때, 하루의 학습율과 성취도는 매일의 교육계획에 어떻게 적응하는 가를 측정하게 된다.

매 학습 마다 시행의 수를 관찰하는 것은 특정목표에 대한 학생의 진보를 측정하는 또 다른 수단이다. 이것을 그래프로 그려 볼 수도 있다. 이 정보는 과제가 적절히 결열화 되었고 또 제시되었는지를 나타낸다. 매학습에서 시행회수가 지나치게 많으면 수업내용을 수정할 필요가 있다. 특정 목표에 대한 진보를 평가하는 마지막 방법은 다섯가지 요소의 자료로 구성되어 있는 평가를 사용한다.

첫째, 능력 범위에서 목표의 구체화
둘째, 기초선 자료의 수집
세째, 교수의 시작
네째, 진보한 자료의 수립
다섯째, 교수계획의 적절한 수정 등이다.

```
                    ┌─────────────┐
                    │  개 발 요 원  │
                    └─────────────┘

            1. IEP의 개발요원을 선택 결정함

                    ┌─────────────┐
                    │  시 간 계 획  │
                    └─────────────┘

            2. IEP 작업을 시작하고 평가하고
               수정하는 시기를 구체화함

                  ┌───────────────┐
                  │  현 재 성 취 기 준  │
                  └───────────────┘

            3. 아동의 현재성취수준에 관한
               제반 입증자료를 수합함
            4. 입증자료를 조직화함
            5. 개별화 교수원리를 구체화함

                  ┌───────────────┐
                  │  목적:목표와 진도  │
                  └───────────────┘

            6. 학생의 교수목표를 구체화함
       ┌────7. 학생의 교수진도를 구체화함────┐
       ↓               ↓                    ↓
┌─────────────┐  ┌─────────────┐  ┌─────────────────┐
│ 특수교육서어비스 │  │ 관 련 서 어 비 스 │  │ 서어비스전달의조정 │
└─────────────┘  └─────────────┘  └─────────────────┘

8. 학생에게 적합한   9. 학생의 치료서어비스를  12. 학생에게 맞는 배치
   교수자료와 전략      선정함                  장면을 결정함
   을 선정함       10. 학생에게 필요한 기구를  13. 필요한 시설을 확인
                     선정함                     함
                 11. 학생의 교통편의를 결정  14. 학생에게 필요한 특
                     함                        별활동을 결정함

                    ┌─────────────┐
                    │  평       가  │
                    └─────────────┘

            15. 각 목표에 대한 객관적 준
                거와 평가절차를 구체화함
            16. 학생의 진전상태를 확인함
            17. 필요한 제언을 제시함
```

〈그림 19-1〉 IEP의 구성요소와 각 단계의 상호관계

2) 개별화 교수프로그램 　개별화 프로그램(IEP)을 구성하여 아동을 지도할 때, 앞에서 지적한
　(IIP)의 구성 바와 같이 특수교사는 특수교육적 활동을 담당하게 된다. 따라서 특수교
사는 개별화 교수프로그램(Individualized Instruction Program)을 구성해야
한다. 즉, 넓은 의미에서는 IEP를 구성한 것이고, 좁은 의미에서는 특정
영역에 대한 특수교사의 IIP가 된다.

　개별화 교수프로그램의 개발과정은 일련의 체계적 접근으로서, 대상아
동의 평가, 연간목표 및 교수목표의 설정, 과제분석, 교수전략, 프로그램
평가 등을 포함하게 된다. 이 각 단계간의 관계를 도식화하여 나타내면
그림 19-1과 같다.

　이상의 단계에서, 이미 설명된 부분은 중복이 되므로 과제분석(task analysis)과 교수전략에 대해서만 언급한다.

　과제분석은 목표설정에 대한 세분된 단계로 기능을 분석하고, 논리적
계열에 따라 이 단계들을 배열하는 것으로서, 특수교사는 이 과제분석을
실제로 해 낼 줄 아는 능력을 갖추어야 한다. 즉, 과제분석을 단계적으로
무엇을 가르칠 것이냐 하는 것이며, 교수전략은 어떻게 가르칠 것인가
하는 문제로서 교사가 가르칠 제반 방안과 그 방안을 적용하기 위해 필요한
교수자료 등을 포함한다.

　행동목적이 "철수는 소리나는 방향으로 10번중에 5번을 정확하게 돌아
볼 수 있다"는 것이 설정되었다고 가정하면, 과제분석은 돌아세운다→소
리의 자극을 준다→돌아보게 한다→맞고 틀림을 확인시킨다→다시 반복
한다 등과 같이 구성될 수 있다.

　이러한 과제분석이 끝나면 목표에 따른 자료, 방법 등을 적용하여 가르쳐
나가게 된다. 과제분석은 한 목표의 현재수준을 평가하는 준거가 될 수
있으며, 도착점 행동에 대한 평가 준거에도 유용하다. 즉 위의 경우에
과제분석에서만 보더라도 "소리자극의 반응에 맞는 단계에 있는지? 틀
리는 단계에 있는지? 정확하게 돌아본 횟수가 몇 번인지?"를 평가할
수 있다.

　다음은 「양치질」에 대한 과제분석의 예이다.
단계 1. 치약 튜브 집기
단계 2. 치약 튜브의 뚜껑 나사를 돌려 빼기와 옆에 놓기
단계 3. 치솔 집기
단계 4. 치솔 위에 치약 짜기
단계 5. 치솔 놓기
단계 6. 치약 튜브 뚜껑 닫기와 튜브 내려 놓기
단계 7. 치솔을 집고 이에 치솔 대기
단계 8. 모든 이를 깨끗이 하기 위한 솔질 동작과 소제하기

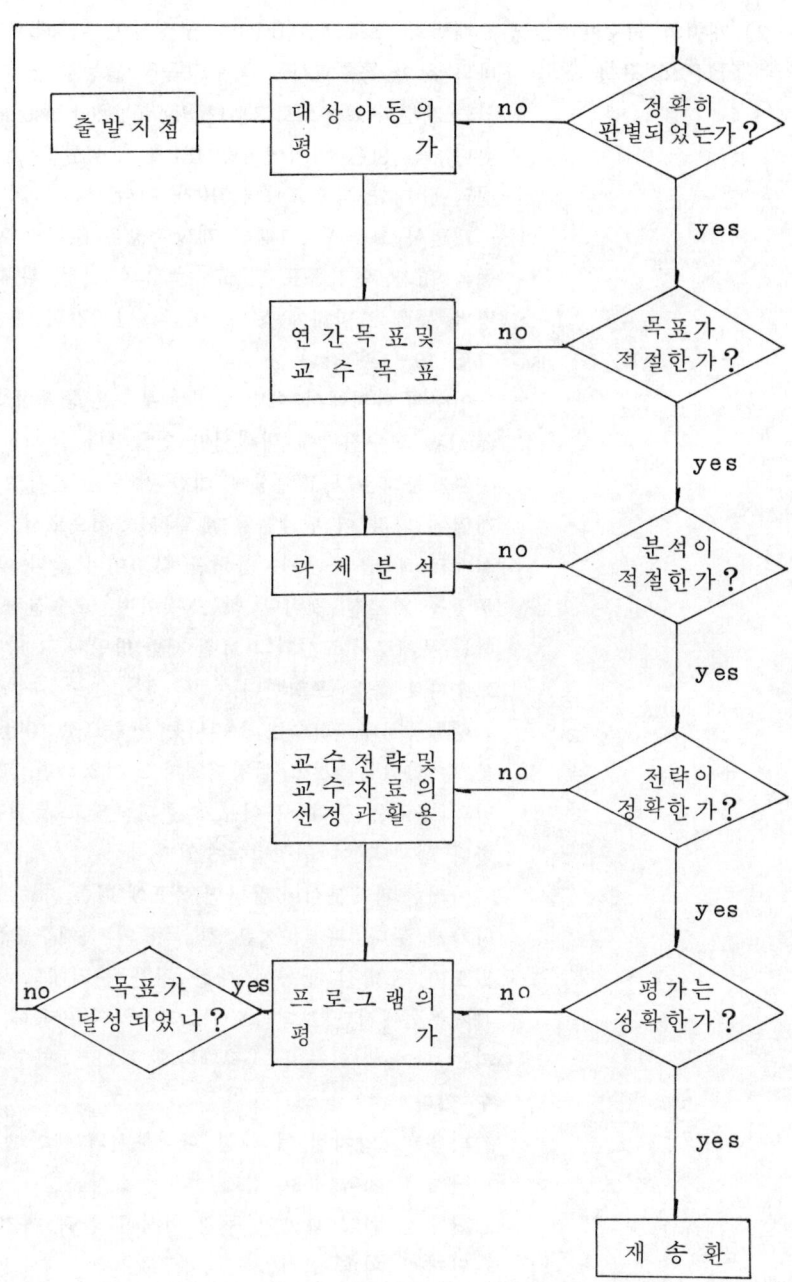

〈그림 3-2〉 개별화교수프로그램 개별과정의 제단계

단계 9. 입에서 치솔 빼기
단계10. 차가운 물 틀기
단계11. 세면대에 치약 뱉기
단계12. 컵 집어서 물 채우기
단계13. 입에 컵의 물을 채우고 컵을 옆에 놓기
단계14. 물로 입 안을 양치하고 하수구로 물 뱉기
단계15. 흐르는 물로 치솔 헹구기
단계16. 물을 잠그고, 치솔을 통속에 넣기
단계17. 수건으로 얼굴과 손 닦기
단계18. 치약 정리하기

또 하나의 예를 보면, 단기목표가 「집합에서 추상된 수와 숫자(수의 이름)을 알아보고 1~3까지의 정수를 읽고 쓸 수 있다」라고 했을때 과제분석은 다음과 같이 할 수 있다.

① 하나의 숫자 1
② 둘과 숫자 2
③ 숫자 1 쓰기
④ 숫자 2 쓰기
⑤ 셋과 숫자 3
⑥ 숫자 3 쓰기
⑦ 더하기 부호(+) 사용하기

그 다음으로 중요한 것은 교수전략이다. 이것은 설정된 목표를 달성하기 위한 교사의 계획과 행동이다. 교수절차에는 내용, 방법, 자료 등이 상호 관련을 맺으며 포함되게 된다. 구체적인 것은 교수학습모형을 참고 바란다.

〈구성의 예 : A〉

개 별 화 교 육 계 획

학생성명　김　철　수　　　　　　　학 교 명 ○ ○ 학교
생년월일　1981년 10월 10일생　　　정신연령 3년 4개월

1. 교육진단검사에 의한 현재의 학습능력수준

　1) 인지(언어) : 3~5개의 동사, 5~10개의 명사, 즉 상황적인 신호에 의한 일반적인 명령에 대해 응답한다.

　2) 운동 : 큰 근육운동-양쪽발로 달리고 뛰어 오른다. 균형을 잘 잡지 못하나 기어 오른다. 작은 근육운동 : 크레파스를 쥔다. 가위를 오므린다. 집게를 약하게 잡는다. 시각적인 운동-퍼즐을 끼운다. 실꿰기를 어느정도

한다. 아무렇게나 동그라미를 그린다.

  3) 인지(동작) : 사물을 짝맞추기-물체에 그림을 짝 맞춘다.

  4) 자립 : 화장실 사용 능력-촉구를 하면 소변을 본다. 자주 대변을 싼다. 옷입기-양말과 신발, 코트를 입고(신고)벗는 것이 서툴다.

  5) 사회성/정서 : 혼자서 논다. 방해를 받으면 울음을 터뜨린다. 일에 관심은 1~2분이다.

2. 연간교육목표

  1) 언어 : 생활과 밀접한 간단하고 친근감 있는 표현언어와 수용언어의 습득기능을 향상시킨다.

  2) 운동 : 신체의 균형과 손의 조절력 및 눈과 손의 협응능력을 기른다.

  3) 인지 : 사물의 인식과 배열, 분류, 조작기능을 기른다.

  4) 자립 : 세수하기, 머리빗기, 양치질하기, 용변보기, 옷입고 벗기 등의 신변자립 능력을 향상시킨다.

  5) 사회 : 사회적 관계, 수용과 접촉의 시도를 증가시킨다.

  6) 행동 : 자학행위(손 물어 뜯기)와 방해성 행위(소리지르기, 울기, 악쓰기)를 감소시킨다.

3. 특수교육 요육 및 정규교육

연간 목표 성취에 필요한 학습

교육의 종류		수준	주당시간	목 표	시작일자	마침일자
특수교육 (18시간)	인지(언어)	2~3세	4	203,204,205,206	1988. 3. 7.	1989. 2.18
	운동	3~4세	3	72,76,77,73,74 75,112,113,114		
	인지(동작)	3~4세	4	178,179,181,183		
	자립	2~4세	4	234,235,236,241		
요 육 (4시간)	사회	2~3세	3	251,252,253,254		
	행동조정	2~3세	4	B'-1 B'-6		
정규교육 주당시간						

4. IEP구성위원회 소집일자

1988년 2월 15일
담당교사   김 송 화
학부모   김 태 환

(이하 개별화 교수 프로그램 생략)

〈구성의 예:B〉
개 별 화 교 육 계 획

학생성명　○ ○ ○　　　학 교 명　○ ○ ○학교
생 년 월 일　1983년 4월 11일생　　정신연령　3세　　8개월

1. 평가결과(교육진단검사에 의한 현재의 학습능력수준)
   식사, 취침, 착탈의 화장실 사용 등은 나이에 맞게 가능하다.
   아주 간단한 언어지시, 기본적인 수는 셀 수 있으나 가감산 및 언어표현은 매우 지체되어 있다. 자기의 역할은 어느정도 수행가능하며, 동작성 부분에서는 서툴고, 정확성이 부족하며 공구를 이용한 만들기는 교사의 도움이 없이는 불가능하다.
2. 연간목표
   1. 식사, 취침, 착탈의 등 기초적인 생활습관과 자주적인 처리능력을 기른다.
   2. 언어생활에서 자기능력에 맞는 역할 수행과 언어표현 능력을 기른다.
   3. 연령에 맞는 변별대소, 형, 좌우, 장단력과 질문에 응답할 수 있는 능력을 기른다.
   4. 주위에서 구할 수 있는 도구를 사용하여 기초적인 기능을 기른다.
3. 특수교육, 요육 및 정규교육

연간목표 성취에 필요한 학습			실제로 준비된 학습				시작일자	종결일자
교육의 종류	수준	주당시간	교육의 종류	수준	주당시간	목표		
식사,취침,착탈의 청결	4세	6	자립능력	4세	5	244	3.02	5.23
언어·수셈하기	3세7개월	7	언어표현	3세7개월	6	214	5.25	9.19
사회성 발달	4세2개월	4	사 회 성	4세2개월	3	260	10.25	11.21
작은, 큰근육운동	5세4개월	7	근육운동	3세4개월	7	93	11.23	2.28

　　정규교육 주당시간　24　　　　정규교육 주당시간　21

4. IEP 구성위원회 소집일자　　1987년　　3월　　17일　　10시

담 당 교 사 ＿＿＿＿＿＿
학 부 모 ＿＿＿＿＿＿

개별화 교수 프로그램(구성의 예:B)

학생 성명 _____

단 기 목 표 (목표별로 별도용지사용)	시작 일자	목표준거·평가절차	종결 일자	책임자	비고
① 식사전의 준비와 식사태도, 수저의 사용을 올바르게 (가르친다)할 수 있다.	3. 2	식사전 손씻기·식사는 바른태도로 조용하게 먹도록 하고 수저의 사용을 적절하게 하며 평가는 점심시간을 이용한다. 5회 시도 4회 정반응-통과	3.28	담당교사	연간목표①
② 취침의 적당한 시간을 인식시키고 이부자리와 잠옷 착탈을 지도할 수 있다.	3.29	부모의 도움없이도 적당한 시간을 자고 일어나며 이부자리의 개고 펴기를 할 수 있게 지도하며 5회 시도하여 4회정반응-통과	4.20	〃	〃 ①
③ 자신의 주변을 청결히 할 수 있다.	4.23	자신의 몸을 청결하게 할 수 있도록 세면~목욕까지의 지도를 목표로 하며 평가는 세면, 목욕에 필요한 도구준비 및 사용·5회 시도 4회정반응-통과	5.23	〃	〃 ①
④ 일상생활에서 할 수 있는(자기능력에 맞게) 심부름을 할 수 있다.	5.25	사회생활 적응능력을 기르는 것을 목표로 하며 평가를 상점 밖에서 교사가 음료수를 사오게 하고, 거스름돈을 받아오게 한다. 3/5-통과	6.17	〃	〃 ②

단 기 목 표 (목표별로 별도용지사용)	시작 일자	목표준거·평가절차	종결 일자	책임자	비고
⑤ 친구들과 이야기 놀이에의 남의 말을 듣고 다시 표현할 수 있다.	6.27	놀이활동을 통해 대인관계를 원만하게 하고 언어표현능력을 기르는 것을 목표로 평가는 교사가 아동들에게 하나의 주제를 제시하여 토의하게 한다. 3/5－통과	7.20	담당교사	연간목표②
⑥ 방향, 위치, 대소장단, 좌·우, 색등을 구별할 수 있다.	7.20	일상생활에서 가장 쉽게 접하는 용어를 알게 하는 것을 목표로 하며 변별 평가는 5번시도 3/5－통과	8.25	〃	〃 ③
⑦ 간단한 질문에 요령있게 답변할 수 있다.	8.28	간단한 지시에 따르도록 하며 언어의 표현능력을 기르는 것을 목표로 하여 평가는 4/5－통과	10.25	〃	〃 ③

개별화 교수 프로그램 (단기 목표별 : 4주)   No.1

학생 성명 _____

프로그램목표	교육자료	프로그램의 내용과 진행절차	시작일자	종결일자
〈1주〉 식사전 손씻기	대야 물 수건	대야와 수건을 주면서 밖에 나가 손을 씻고 오라고 말한다. 이때 교사는 식사전에는 반드시 손을 씻어야 병균이 입으로 들어가지 않아 건강한 아이가 된다고 일러준다. 혼자서 잘 씻고 나면 잘 씻었어요 칭찬·통과율 4/5	3. 2	3. 7
〈2주〉 식사의 올바른 태도	냅킨	식사시에는 레닌을 주어서 무릎에 얹고 올바른 자세로 앉아서 식사도중 밥과 반찬을 고르게 먹도록 하여 편식적인 태도를 버리게 하고 소리내어 먹지 않도록 하며 수저를 사용할 때 혀를 너무 길게 내지 않도록 하는 될 수 있는대로 입을 살짝다물고 먹도록 지도한다. 통과율 4/5	3. 9	3.14
〈3주〉 컵에 물따르기	주전자 컵	물이든 주전자를 주면서 "컵에 따르시오"하면 흘리지 않고 컵에 부을 수 있도록 한다. 처음에는 약간의 물과 큰 컵을 사용한다. 차츰 작은 주전자와 작은 컵을 사용하여 안전하게 따를 수 있도록 한다. 통과율 4/5	3.16	3.21
〈4주〉 식사후 양치질	치약 치솔 물	식사가 끝나면 치약과 치솔을 주어 양치질을 하게 한다. 이때 교사는 식사후에는 반드시 양치질을 해야 이빨이 튼튼함을 이야기 해주고 이빨의 상하좌우 치솔질 하는 법을 가르쳐 준다. 통과율 3/5	3.23	3.24

학생 성명 _____   No.2

프로그램목표	교육자료	프로그램의 내용과 진행절차	시작일자	종결일자
〈1주〉 잠옷을 입고 이불을 깐다.	이불 베개 잠옷	잠자기에 적당한 시간이 되었음을 말해준 후에 잠옷을 입고 이불을 내려서 방바닥에 예쁘게 깔도록 가르친다. 요령껏 잘 했을 때는 "잘했어요"라고 칭찬을 한다. 4/5-통과율	3.29	4. 4
〈2주〉 잠자리에 들기		잠자리에 들어서는 바르게 누워 이불을 덮도록 하고, 잠자는 도중에 이불을 발로 차거나, 뒹굴면서 자서는 안된다는 것을 말해준다(그러나 사실상 잠버릇은 길들이기가 좀 어렵다). 3/5-통과율	4. 5	4.11
〈3주〉 이불개기	이불 베개	너무 늦잠을 자도록 두지 말고 적당한 시간에 재워서 이불을 예쁘게 개어 원래 있던 자리에 정리해 놓고, 잠옷을 벗고 평상복으로 갈아입도록 가르친다. 이불을 잘못 갤때는 교사가 조금 도와주면서 잘 갤 수 있다고 칭찬(용기)을 해준다. 3/5-통과율	4.13	4.18
〈4주〉 방 정리	빗자루 쓰레받이	이불을 다갠 후 평상복으로 갈아입고 방을 깨끗하게 쓸고 닦도록 습관화 시킨다. 방의 구석구석을 깨끗이 쓸고 닦는 방법을 가르치고, 쓰레기는 휴지통에 적절하게 버릴 수 있게 가르친 후 청소도구를 제자리에 갖다놓도록 한다. 4/5-통과율	4.18	4.20

〈구성의 예 : C〉

언어(국어)개별화 교육계획

학 생 명 : 김 철 수, 학　　년 : 3학년, 생년월일 : 1979. 2. 15
정신연령 : 3.5세, 사회성숙연령 : 4세, PEP(언어) : 발달연령3~4세
행동특성 : 운동능력 보통, 주의집중력 약함, 우발적 발언이나 행동을 보임

1. 현재의 능력수준(개인 기초자료)

영 역	강　　점	약　　점
말하기	○ 동작으로 의사를 표현한다. ○ 낱말을 따라서 발음한다.	○ 분명한 발음으로 말하지 못한다. ○ 상대나 상황에 맞게 말하지 못한다.
듣 기	○ 생활장면의 소리르 듣고 변별한다. ○ 간단한 지시에 따라 행동한다.	○ 일상적인 생활용어의 이해가 불충분하다. ○ 말의 내용에 맞게 반응하지 못한다.
읽 기	○ 그림과 글자를 구별한다. ○ 4~5개의 그림과 글자를 관련지을 수 있다.	○ 쉬운 이름말을 읽을 수 없다. ○ 생화표지판의 내용을 이해할 수 없다.
쓰 기	○ 제시된 자료에 따라 쓸 수 있다. ○ 선이나 모양을 따라 그릴 수 있다.	○ 글자를 바르게 옮겨쓰지 못한다. ○ 간단한 낱말을 옮겨쓰지 못한다.

2. 연간교육 목적

말하기 : 바른 태도와 분명한 발음으로 간단한 의사표현을 할 수 있게 한다.
듣 기 : 일상생활에 관련된 말을 바르게 들을 수 있게 한다.
읽 기 : 간단한 글자나 쉬운 낱말을 바르게 읽을 수 있게 한다.
쓰 기 : 간단한 글자나 쉬운 낱말을 바르게 쓸 수 있게 한다.

3. 단기교육 목표

　1) 말하기
　목표1 : 간단한 낱말이나 어구를 사용하여 사물의 이름을 말할 수 있다.
목표2 : 간단한 인사말을 자연스럽게 말할 수 있다.
목표3 : 간단한 일이나 이야기를 차례에 따라 말할 수 있다.

목표4 : 상대나 상황에 따라 알맞게 말할 수 있다.
  2) 듣 기   3) 읽 기   4) 쓰 기
   목표1   목표1   목표1
    ⋮   ⋮   ⋮

4. 교육수행 체제(특수교육, 일반교육)

영 역		주당시간	단기목표	교 육 내 용	책임자	시작일	종료일
언어 (국어)	말하기	4	목표1	○ 선택적인 질문에 대답하기 ○ 짧은말 전달하기 ○ 모형 이름 말하기 ○ 색깔 이름 말하기	특수교사	88.3.7	88.4.2
			목표2		특수교사	88.4.4	88.4.30
			목표3				
			목표4				
요 육							
일반교육							

5. IEP구성 위원회

소집일 : 1988년 2월 10일

위 원 : 교 장 김 ○ ○ ㉑   특수교육 이 ○ ○ ㉑
        평가위원 박 ○ ○ ㉑   학 부 모 김 ○ ○ ㉑

개별화 교수 프로그램(단기 목표별)

언어(국어) : 말하기　　　　　　　　　　　3학년, 학생명 : 김 철 수

단기교육목표	목 표 준 거	책임자	시작일	종료일
목표별 1. 간단한 낱말이나 어구를 사용하여 사물의 이름을 말할 수 있다.	P.1) 구체적인 두개의 안이 주어졌을 때 선택하고 말로 표현하기 P.2) 짧은말(3~5개 단어)을 기억하고 다른사람에게 말로 전달하기 P.3) 일반적인 세가지 모형을 말하기 P.4) 주요 삼원색의 이름을 말하기	특수교사	88. 3. 7	88. 4. 2

프로그램목표	지도내용 및 진행절차	교육자료	시작일	종료일
(P.1) 구체적인 두개의 안이 주어졌을 때 선택하고 말로 표현하기	철수가 선택할 때 스스로 표현하기가 어렵기 때문에 선택할 수 있게 많은 기회를 가지게 한다. 예로 이야기를 들려 주기 전에 두권의 책을 철수 앞에 놓는다. 그리고 이책 또는 저책 어느것을 가지겠니? 하고 묻는다. 그중 한 책을 집을 때 "철수야, 이책"이라는 말을 반복한다. 음식, 장난감 또는 철수에게 관심있는 어떤 것으로 할 수 있다. 철수가 선택하는 것에 익숙해지면 말로 대답하게 하고 색깔 등의 이름을 포함해서 더 구체적인 대답을 요구하기 시작한다.	가정용품	88. 3. 7	88. 3. 12
	예로 빨간색 블럭을 잡고 "철수야, 이블럭은 빨간색이니? 파란색이니 하고 묻는다. 만약 주저하면 다른 빨간색 블럭을 보여주고 명칭을 붙인다. 그리고 나서 처음 블럭과 함께 질문을 반복한다.			

프로그램목표	지도내용 및 진행절차	교육자료	시작일	종료일
(P.2) 짧은 말(3~5개 단어)을 기억하고 다른사람에게 말로 전달하기	한방에 철수를 앉혀두고 옆방에는 순이가 앉아 있음을 알려준다. 그다음 "철수야, 순이에게 가서 일어나라고 말해"하고 말한다. 즉시 말을 전달하려 가지 않으면 정확한 지시로 말을 반복한다. 철수가 순이에게 가서도 즉시 말을 전달하지 않으면 "선생님이 무슨 말을 했지요?"라고 질문함으로서 단서를 준다. 비슷한 말을 해주고 말은 전달하면 강화해 준다. 철수가 항상 말을 이해해야하나 혼동하거나 말을 정확하게 기억할 수 없을 때도 있다는 것을 알아야 한다. 철수에게 약간의 도움이 필요하면 순이에게 말을 전달하기 전에 교사가 그 말을 실연해 보이는 것도 유용하다.	없음	88.3.14	88.3.19
(P.3) 일반적인 세가지모형을 말하기(삼각형, 사각형, 원)	"철수야, 선생님에게 원모형을 주세요?"라는 질문에 맞게 교사에게 줄 수 있을 때 그에게 모형의 이름을 말해주는 학습을 시작한다. 요구하는 모형을 교사에게 주면 철수 앞에 놓고 강화하기 위해 그 이름을 여러분 반복한다. 그다음 "철수야, 그것은 무슨 모형이지?"하고 묻는다. 이때 "모형"이라는 단어와 "원, 사각형, 삼각형"이라는 단어를 결합하는데 익숙해지도록 모형의 명칭을 여러번 반복한다. 이것을 몇 번 한 후에 몇초간 기다리다가 첫 음만 들려준다. 처음부터 "삼각형"이라는 말은 매우 어려울 것이다. 그말과 비슷한 시도를 하더라도 허용하고 강화해준다. 점차 가능이 증가함에 따라 그말을 명백히 말할 때 까지 더 상세한 반응을 요구한다.	삼각형 사각형 원의 모형판	88.3.27	88.3.26

프로그램목표	지도내용 및 진행절차	교육자료	시작일	종료일
(P.4) 주요 4원색(빨강, 파랑, 노랑, 초록)의 이름 말하기	책상에 철수를 앉히고 4원색의 블럭을 책상위에 놓는다. "철수, 파란색 블럭을 주세요"라고 요구한다. 이 활동을 수행하는 동안에 색깔 이름을 자주 반복하고 철수가 교사의 말하는 소리와 입을 볼 수 있도록 천천히 그리고 정확하게 말하도록 주의해야 한다. 이 활동중에 블럭 하나를 가리키며 "무슨 색 이지?"하고 묻는다. 철수에게 색깔 이름을 속삭여 줌으로써 단서를 준다. 만약 색깔의 이름을 말하려고 애쓰면 즉시 보상을 해주고 "좋아요, 철수, 파란색이에요."하고 말한다. 말로 반응하는 기회가 증가하도록 이 활동을 계속한다. 처음부터 많은 것을 요구하지 말고 이 활동에 대해서 더 많이 이해하게 될 때 점차 색깔을 더 많이 포함시킨다.	빨강 파랑 노랑 초록 색칠한 블럭	88.3.28	88.4.2

20. 점자의 읽기와 쓰기 지도

점자는 읽는 속도가 느리고 책의 부피가 많아 불편한 점이 있으나 맹아동에게는 중요한 교육과정이다. 대체로 일분간의 평균 읽기속도는 50단어 정도로 보고되고 있다. 최근에는 취학전 아동과 초등부 저학년 아동을 위한 점자교과서가 개발되어 활용되고 있으며, 점자판 외에 점자타자기에 의한 쓰기교육이 확대되고 있다(임안수, 1987). 점자타자기를 활용하여 영어를 쓰는 속도는 매분 평균 40~60단어 정도라고 한다. 맹아동이 사용하는 점자판은 생활도구로써의 의미를 가지고 있으며, 타자기는 속도가 빠르고 수학시간에 필산을 할 수 있다는 장점이 있어 양쪽 모두를 가르쳐야 할 것으로 본다. 일반적으로 점자지도는 읽기를 가르친 다음에 쓰기를 가르치는 것이 효과적인 것으로 알려져 있으며, 속도법도 활용되고 있다(주창섭, 1988).

그림 20-1은 점의 명칭을 나타낸 것이다. 한글 점자에는 초성, 중성, 종성을 표시하고 점자와 제1종 약자, 제2종 약자를 두어 속독을 하도록 구성되어 있다. 또한 수표, 원점, 외국어 문자기호, 숫자기호, 산수기호도 있다.

```
     쓸때              읽을 때
  4 ● ● 1          1 ● ● 4
  5 ● ● 2          2 ● ● 5
  6 ● ● 3          3 ● ● 6
```

〈그림 20-1〉 점의 명칭

1. **한글 점자 통일안의 특성**

1982년에 발표된 한국 점자 통일안의 가장 중요한 변화를 보면 다음과 같다.

① 11개의 모음 겹글자가 약자에서 정자로 정하므로써 최소한 점자 교육에서 혼란을 방지할 수 있게 되었다.

② 약자의 구분을 종래에는 1종 1급, 1종 2급, 2종 1급, 2종 2급, 3종 1급, 3종 2급으로 분류하던 것을 1종인 단음절 약자와 2종인 다음절 약자로 분류했다.

③ 종래에 93개의 약자 중 모음 겹글자 11자는 정자로, 33자는 그대로 두고 나머지는 폐지했으며 2개의 약자를 새로 제정하여 35개로 확정했다.

④ 중성모음 'ㅏ'를 생략할 때 초성 'ㅂ'과 'ㅈ'이 종성 'ㅂ'ㅈ'으로

혼동하여 사용하던 것을 초성으로만 사용할 수 있게 했다. 그리고 '밥'과 '잦'에서는 'ㅏ'를 생략할 수 없게 했다.

⑤ 종래에 초등과 1~2학년에서 1종 약자를 3~4학년에서 2종 약자를 그리고 5~6학년에서 3종 약자 중 공인된 것만을 골라 가르쳤으나 통일안에서는 국민학교 1학년에서 정자를 2학년에서 1종 약자를 3학년에서 2종 약자를 가르치도록 하였다.

이와 같이 점자에 많은 발전을 가져왔으나 다소의 문제점으로 지적되는 것은 단음절 약자 중에 'ㅆ'받침이 있다는 것과 1종 약자가 27자, 2종 약자가 8자로 되어있고, 정자는 자음 중 초성 13자, 종성 14자, 모음 홀글자 10자, 겹글자 11자 된시옷, 수표, 숫자, 구두점, 문장 부호등 1학년때 많은 글자를 배우는데 비하여, 2학년때 27자, 3학년 때 8자만을 가르치기 보다 1학년에서 약 60여자를 가르친다면 점자에 익숙해진 2학년에서는 쉽게 배울 수 있기 때문에 2학년 1학기에 1,2종 약자를 다 가르치는 것이 좋을 것 같다.

2. 점자의 규칙

과거에 점자가 일관성 없게 쓰여지고 있고 현재에도 점자의 문제로 제기되는 점은 저마다 서로 다르게 써도 어떤 규칙이 없기 때문에 표준 한글 점자를 정할 필요가 있다. 그 규칙은 다음과 같다.

① 점자에서는 초성 'ㅇ'을 표기하지 않는다. 이 초성 'ㅇ'이 생략된 경우에는 약자로 보지 않는다. 점자의 약자는 자모의 일부를 생략하거나 두 칸 이상의 글자를 줄여쓰는 것을 의미한다고 볼 때 위의 규칙은 필요하다.

② '나·다·마·바·자·카·타·파·하'의 글자는 다음에 종성 받침이 오거나 다음의 글자가 모음이 아닐 때 'ㅏ'를 생략한다. 단 '밥'과 '잦'의 'ㅏ'는 생략하지 않는다.

③ 약자로 정해진 글자는 그대로 쓰고 풀어 쓸 수 없다. 이 규칙의 경우 일부의 점자 잡지나 책에서 약자를 쓰지 않을 경우, 틀리지 않는 것으로 볼 경우, 공용 문자의 통일을 기하기 위하여 이 규칙을 정하는 것이 좋다.

④ 약자 속에 포함된 자모는 그대로 인정하고 나머지 부분만을 표기한다. 이상의 네가지 규칙은 외국 점자의 경우와 같이 표준 한글 점자로 확정하는데 매우 중요하다. 그러므로 표준 한글 점자는 ① 27개의 자음 ② 21개의 모음 ③ 1종약자 27자 ④ 2종 약자 8자 ⑤ 구두점과 점자에만 있는 몇개의 문장 부호 ⑥ 숫자로 구성된다.

3. 점자의 읽기지도

맹아동은 읽기 학습의 기회를 상실하지 않아야 한다. 그러나 맹아가 읽기 준비에 공통된 특징은 ① 경험의 결여 ② 개념과 어휘의 결함 ③

흥미와 동기의 결여 ④ 근육운동의 미숙 ⑤ 연령초과 등이다. 읽기 준비에 특별한 훈련분야는 ① 신체적 훈련 ② 개념발달 ③ 읽기전에 점자의 소개등이다.

문장은 의사를 전달하는 기본 단위이다. 언어를 이해하려면 일만 단어 정도를 알아야 하고 교육을 받은 사람은 삼만 단어를 알아야 한다. Gray (1963)는 아무도 그의 어휘 범위를 초월하여 사고할 수 없다고 했다. 7세까지는 모든 자음을 다 발음하지 못한다. Hildreth(1958)는 ① 아동이 대화에서 문장을 사용할 수 있을 때까지 아동의 읽기 교육은 별 필요가 없다. ② 읽기 교재는 아동 자신의 구어를 앞질러서는 안된다. ③ 언어 훈련은 읽기 교육을 수반해야 한다. ④ 장애 아동에게 더 많은 구어 학습이 초기에 주어져야 한다. 청각적 이해는 읽기 시작에 필수조건이다라고 했다.

Kalin(1971)은 읽기의 중요한 과제는 문자를 구어로 전환하는 과정을 습득하는 것이다. 문자를 구어로 전환시킨다면 자·모음관계, 철자·음소·서기소 관계에 중점을 두어 교육하고 읽기가 사고를 포함시킨다면 아동에게 의미를 주는 자료를 사용해야 한다.

점자교육 방법은 묵자 읽기 방법과 유사하다. 그러나 부분적으로 다른 부분들이 있다. Lowenfeld(1965)는 미국 보건교육 후생성에 보낸 보고서에서 64%의 맹학생들이 단어나 문장의 읽기로부터 시작했고 그 중에 94%가 2종 점자를 처음부터 배웠다. 그러나 우리 나라에서는 ITA(Initial Teaching Alphabet)방식을 먼저 배웠다. 즉 우리는 자음과 모음의 철자를 먼저 가르친다. Kalin(1971)은 읽기 기능을 다섯가지로 분류했다.
① 단어의 식별기능
② 단어의 의미기능
③ 이해기능
④ 학습기능
⑤ 감상기능이다.
발음 교정 교육은
① 종합적 방법 : 각 아동은 각 글자의 소리를 배우고 그 소리를 종합하여 단어로 발음하게 한다.
② 분석적 방법 : 단어 속의 글자의 소리를 듣고 같은 음과 다른 음을 구별한다.

4. 점자의 속독지도

McBride(1974)는 본래 시각장애아 교육자는 아니며, 그는 대학에서 묵독 속독훈련을 시키다가 점독 훈련의 가능성에 착안하고 실험했다. 1974년 한 텔레비전 프로그램에 출연하여 여러명의 시각장애자를 2주간 훈련시킨 결과 1분에 138단어의 독서 속도에서 훈련 결과 최고 710단어로 향상되었다고 획기적인 발표를 하므로써 지금까지 속독연구를 해 오던 많은 전문가들에게 충격을 주었다. 전문가들이 그 비법을 공개하라고 요구하자 그는 다음과 같은 방법을 'Rapid Braille Reading'이란 논제로 그 자신의 방법을 발표했다.

① 모든 단어와의 접촉 : 가장 빨리 모든 단어와 접촉한다. 점자를 읽을 필요가 없고 읽는 독서 방법은 점독자에게 맡긴다. 즉 지그 재그로 읽거나 전후로 읽거나 문제시 하지 않는다.

② 성음화를 피한다 : 읽을 생각 즉 소리내어 읽을 필요가 없고 계속 빨리 읽게 한다.

③ 연　　습 : 이 과정은 2일간 계속한다. 적어도 하루에 한 시간 이상 연습하되 10분~20분간 계속하고 쉰다. 손을 점점 더 빨리 움직이는 연습을 한다.

④ 단어의 부분적 이해 : 3일째 단어의 일부만 이해하고 다소 속도를 줄인다. 그 점독자는 누가, 언제, 어디서, 무엇을, 몇번, 그 색깔 등과 같은 것에 관심을 둔다.

⑤ 이해도 증진 : 속도를 다소 줄이면서 이야기의 내용을 이해하려고 노력한다.

⑥ 책 내용의 이해 : 중요한 글자 이야기의 내용을 생각하기 시작한다.

⑦ 속도를 유지하고 증가시키기 위한 매일의 연습이다.

이 방법이 공개된 이후 많은 학자들이 같은 방법으로 연구했으나 McBride가 말한 것 만큼 차이는 없고 대개 1.5배의 효과가 있다는 연구가 많이 나왔다. 그러나 중도 실명자나 성인 맹인들에게 훈련시킨 결과 얼마 지난 후에 다시 원래 속도로 돌아간다. 그러므로 아동기부터 훈련시키는 것이 바람직하다.

우리나라에서도 현장연구 발표가 있었던바, 연구자(주창섭, 1988)는 점자속독 저해요인을 분석하였고 점자 속독 훈련모형을 제시하였다. 다음은 연구에서 제시된 점자속독 저해요인이며, 그림 20-2는 점자훈련 프로그램의 기본모형이다.

① 지그재그로 읽는다(손가락의 상하운동).
② 정지 수가 많고 정지 시간이 길다.
③ 자주 되돌려 읽는다.
④ 손가락의 압력이 강해서 쉽게 피로를 느낀다.
⑤ 줄찾기와 책장넘기기가 느리다.
⑥ 묵독을 할 때 입속으로 조아린다.
⑦ 내어독(마음 속으로 읽기)을 한다.
⑧ 자기 발음을 생각하며 읽는다.

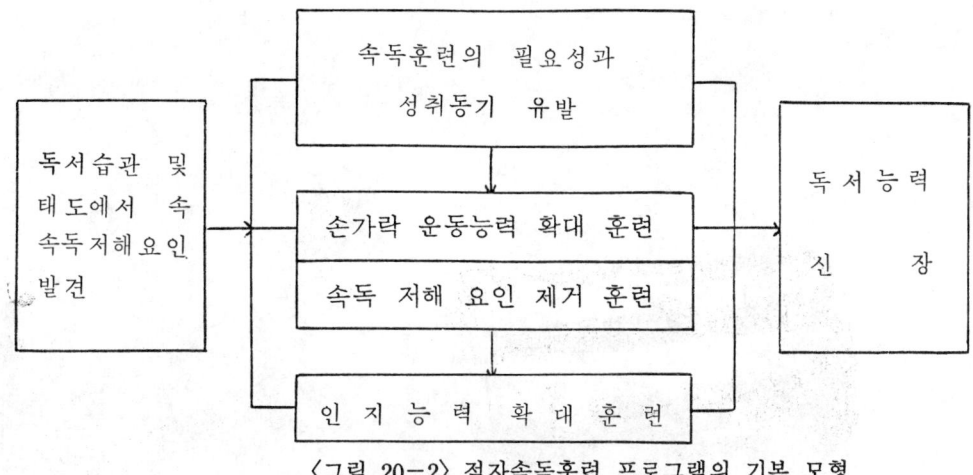

〈그림 20-2〉 점자속독훈련 프로그램의 기본 모형

5. 점자 쓰기 지도

맹아동의 쓰기는 점자판의 구조를 익히고 종이를 끼우기, 6점을 다 찍는 훈련, 자음과 모음 그리고 약자쓰기의 순서로 진행된다. 그러나 점자는 묵자에 비하여 배우기가 더 어렵다.

그 이유는 첫째, 정자와 약자 사이의 이중철자

둘째, 자음의 초성과 종성의 이중 부호

셋째, 정자, 약자, 구두점 등의 중복사용

넷째, 점자에서만 사용되는 규칙들 때문이다.

이러한 것은 맹아동이 점자를 배우는데 더 어려움을 준다. 그러나 일단 배우고 나면 약자와 규칙은 아동의 경험 속에서 습득되어 익숙하게 사용한다. 1969년 Lowenfeld가 조사한 바에 의하면 1% 미만의 맹아동이 점자판으로 쓰기를 배우고 대부분의 맹아동은 점자타자기로 쓰기를 배운다. 점자타자기는 쓸때와 읽을 때 점자가 반전되지 않고 점자의 속도가 빠르나 부피가 크고 값이 비싸다.

미국에서는 대부분의 교사들이 5학년이 될 때 까지는 점자판과 점필로 가르치지 않는 경향이다. 근육운동의 협응능력이 발달하는 1학년 아동은 근육의 세기(細技)가 필요한 점자기와 점필을 사용할 필요가 없다는 것이다. 그리고 대부분의 맹아동들은 점자 타자기의 소리를 좋아 한다는 것이다. 그러나 교육은 어느 한 방법이 우수하고 다른 방법이 나쁜 것은 아니다. 미국에서 나쁘다는 점자기와 점필을 우리나라 국민학교 1학년 때부터 가르치고 있어도 잘 교육한다면 우리 방법을 개발하는 것이 좋을 것이다.

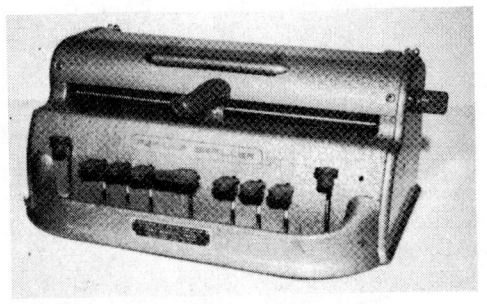 

〈그림 20-3〉 퍼킨스 브레일러   〈그림 20-4〉 점자판과 점필

〈표 20-1〉 점자지도 프로그램구성 예 (서울맹학교)

내　　용	예　　　　시
1. 도형 변별하기	
2. 길이 비교하기	
3. 끊어진 곳 변별하기	
4. 넓은 곳과 좁은 곳 변별하기	
5. 공점 세기	
6. 좌우공점 비교하기	
7. 선의굵기, 길이 변별하기	
8. 선 변별하기	
9. 점의 상·중·하 변별하기	
10. 점의 좌우 변별하기	
11. 상·중·하 좌우 변별하기	
12. 같은 모양 찾기	
13. 같은 모양찾고 점자익히기	
14. 점자읽기 (1)	
15. 같은 모양찾고 점자읽기	
16. 점자읽기 (2)	
17. 점자 해독하기	
18. 낱말읽기	
19. 소리내어 읽기 (1)	
20. 받침 읽기	
21. 소리내어 읽기 (2)	

21. 옵타콘 지도

옵타콘과 같은 읽기매체가 개발되기 전에도, 이미 선진 학자들은 문자(본 글에서는 점자에 대응하는 뜻으로 표현한다)를 점자로 바꾸지 않고 손의 촉각을 활용하여 정안자처럼 문자를 읽을 수 있는 기계를 고안한 바 있다 (1880년, 프랑스의 Camille Grin). 그로부터 촉각을 통해 읽는 Visagraph나 Visatactor가 개발되었고, 특히, 1912년 E. Fournier D. Albe박사는 청각을 통한 읽기 매체인 optophone을 발명하기도 했다.

옵타콘도 이러한 노력이 연결되어 고안된 맹아동의 독서기이다.

옵타콘이 처음 소개된 것은 1971년의 일로서, 미국 캘리포니아주 스탠포드 대학의 전자공학부장인 J.G. Linvill교수가 개발하였다. 그는 3세때 실명한 자기의 딸「캔디」양을 위해 15년간의 연구 끝에 문자를 촉지각으로 읽을 수 있는 방법을 알아낸 것이다. 캔디양은 대학에서 심리학을 전공하여 현재 카운셀러를 하고 있으며, 3년전에 결혼하였다고 한다.

최근에는 세계 약 35개국에서 맹인들이 옵타콘을 사용하고 있으며, 그 보급 속도가 매년 증가하고 있다. 그러나 아직 동남아 국가에서는 사용이 저조하고 미국과 유럽쪽이 많은 편이다. 예컨대 미국 6,000여대, 유럽에 2,500여대, 일본 500여대, 홍콩 25대, 싱가포르 4대, 인도, 타일랜드, 말레이지아, 대만, 한국 등에는 10여대 내외가 보급되어 있다.

1. 옵타콘의 구조

옵타콘(OPTACON)은 Optical to Tactile Converter의 약자이다. 즉 시각적 정보를 촉각적 정보로 변화시키는 모체이다.

옵타콘은 그림 21-1과 같이 크게 세 부분의 하위 시스템으로 구분된다. 즉, 몸체부분인 electronic section과 촉지판인 tactile array와 문자를 비추는 camera로 구성되어 있다.

Camera는 그림21-2와 그림21-3과 같이 렌즈(lense)와 레티나(retina)로 구성되어 있고 그 기능은 TV카메라와 같이 빛을 전기적인 충격으로 변화시키는 역할을 한다. 즉 문자를 반사하여 전기신호로 바꾸어 몸체로 전달한다. 렌즈에는 두 개의 소형 전구가 부착되어 문자를 읽을 수 있도록 하는 카메라 윈도우(camera window)와 문자의 크기를 조절하는 줌(zoom), 그리고 카메라의 이동을 쉽게 할 수 있도록 카메라바퀴(camera rollers)가 부착되어 있다.

레티나 묘듈(retina module)은 우리 눈의 망막의 역할을 하며, 144개(6열 24행)의 광전관 역할을 하는 트랜지스터(phototransistor)에 연결되어 빛

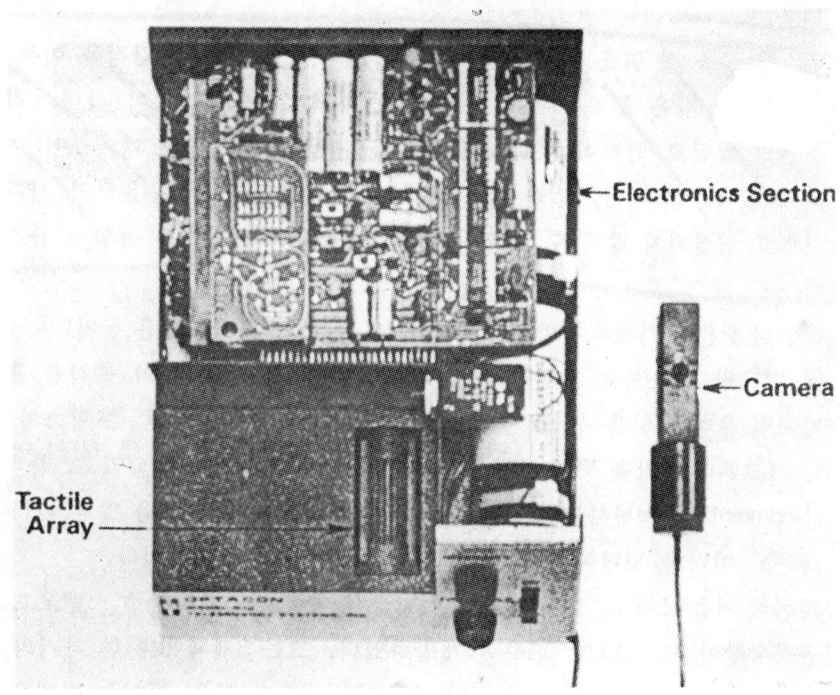

〈그림 21-1〉 옵타콘의 구조

을 전기로 변화시켜 코드로 보내는 역할을 한다. 레티나 묘듈은 전자계산기와 같은 특정의 문자를 읽을 때 사용할 수 있으며 렌즈로부터 분리할 수 있다.

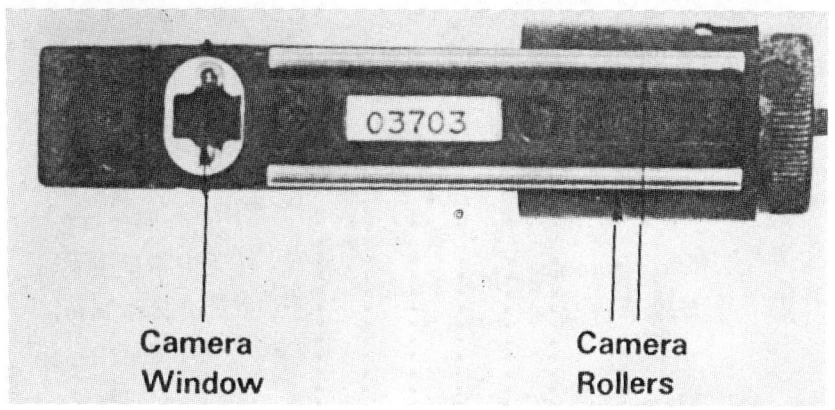

〈그림 21-2〉 옵타콘의 카메라 윈도우

〈그림 21-3〉 카메라의 두 시스템

　　Electronics section은 옵타콘의 몸체에 해당되며 축전지를 포함한다. 몸체는 레티나의 트랜지스터로부터 받은 정보를 결정하며, 촉지판으로 연결시켜 준다. 촉지판(tactile array)은 레티나에 있는 것과 같은 144개의 핀이 있어 문자형태가 그대로 진동하면서 나타나는데 정지상태가 아니고 문자가 진동하면서 흘러간다. 진동은 옵타콘 작동시에 특정의 윙윙 소리를 내며, 소리는 문자의 형태나 그림, 문자가 없는 곳 등에 따라 다르다. 진동의 강도는 옵타콘 앞부분의 강도 조절 스윗치로 조절할 수 있다.

　　전술한 바와 같이 문자의 모양이 촉지판에 고정되어 나타나는 것이 아니라 글자의 왼쪽부분 부터 시작하여 흘러가는 상태로 나타나기 때문에 어려움이 크다. 어떤 의미에서 이것은 옵타콘 읽기의 가장 어려운 점이라고 할 수 있기 때문에 조직적인 훈련이 필요하게 된다.

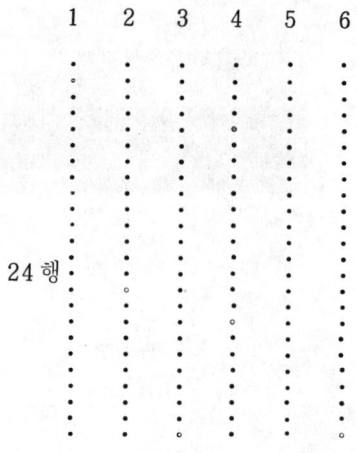

〈그림 21-4〉 촉지판의 핀 배열

몸체 내에 있는 5볼트 Nicad(nickel-cadmium)의 축전지는 옵타콘을 작동시키는 원동력이다. 완전 충전이 되면 2.2암페어를 유지하며 정상적으로 사용하면 4시간이상 사용할 수 있다. 일반적으로 1시간 사용에 2시간 정도 충전하는 것이 바람직하다.

옵타콘 몸체의 전체구조를 요약하면 다음과 같다.

① 크기 : 길이 20cm, 폭 15cm, 두께 5cm
② 무게 : 1.8kg
③ 카메라의 무게 : 39g
④ 전자카메라의 시리콘 레티나 : 가로 1.8mm 세로 3.6mm의 크기에 가로 0.3mm 세로 0.15mm의 간격으로 6열 24행의 144개 배치
⑤ 카메라의 zoom비는 2.5 : 1
⑥ 카메라의 시야 : 가로 1.2mm~세로 2.3mm에서 가로 2.9mm~세로 5.7mm
⑦ 촉지판 : 가로 11.4mm 세로 27.2mm에 6열 24행의 144개의 핀 배열
⑧ 핀의 진동수 : 230+2Hz
⑨ 전원 : 5Vjgr의 Nical(Nickel-cadmium)전지
⑩ 소비전력 : 2W
⑪ 충전시간 : 전용충전기로 약 10시간
⑫ 사용온도 : 4°C~40°C

2. 옵타콘의 조정

옵타콘의 작동시에 사용되는 스윗치는 그림 21-5와 같이 네 개가 있다. 즉 그 하나는 카메라 꼭대기에 부착된 확대버튼 혹은 줌(zoom)이 그것이고, 다른 세 개는 옵타콘 전면에 위치한 작동스윗치, 강도조절스윗치(intensity), 문자 굵기를 조절하는 threshold knob이다. 이것들은 주로 촉지판에 손을 얹어 읽는 쪽의 엄지손가락으로 조정한다.

① 작동스윗치는 옵타콘 앞부분의 오른쪽에 부착되어 있다.

② 강도조절스윗치는 옵타콘 전면 위에 부착되어 있다. 이것은 촉지판의 강도를 조절하는 기능을 한다. 즉 라디오의 볼륨조절 역할과 비슷한 것이다. intensity를 오른쪽으로 돌리면 촉지판의 촉각적 자극이 증가됨과 동시에 진동의 강도가 함께 증가되며, 윙윙소리 역시 커진다. 독서를 할 때, intensity의 위치는 12시에서 4시 사이에 조정하여 읽을 수 있는데 12시 방향이 표준이다.

③ Threshold는 옵타콘 앞면의 밑부분에 위치하고 있으며 문자의 굵기를 조절한다. threshold는 카메라의 zoom과 상호연관을 맺고 있어 조절할 때 유의해야 한다. zoom으로 문자를 크게 하면 threshold도 커지기 때문에 zoom조정시에 확인하는 것이 좋고 대체로 threshold의 표준은 9시 방향이다. 그러나 threshold조정은 문자의 형태, 종이와 잉크, 색의 대비와

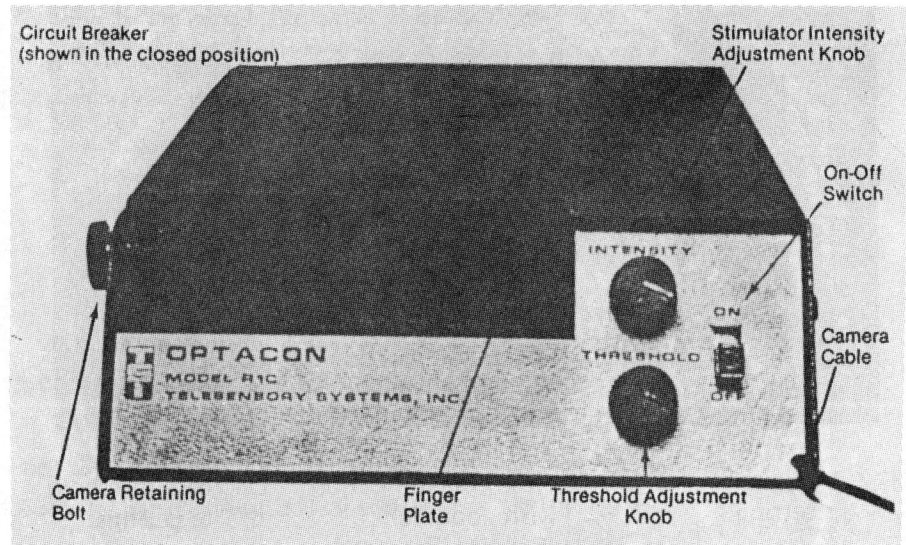

〈그림 21-5〉 옵타콘 앞부분의 구조

잉크와 종이의 관계, 축전지의 상태 등에 따라 영향을 받게 된다.

④ 문자의 크기조절은 그림 21-3에서 보듯이 카메라 위에 부착된 zoom으로 조정한다. 버튼을 카메라쪽으로 가볍게 밀면(사용자와는 반대) 문자의 크기가 확대되고 뒷쪽으로 밀면 크기가 축소된다. 또한 활자의 크기에 따라 촉지판에 나타나는 글자를 조절해야 하는데 읽기에 적당한 활자의 크기는 6포인트 내지 20포인트의 범위이다.

⑤ 옵타콘의 조정에 있어서 threshold는 글자의 모양이 촉지판에 가장 알맞게 나타나게 하는데 매우 중요한 역할을 한다. 그림 21-6에서 visual display에 나타난 문자를 보듯이 zoom으로 글자를 확대할 경우에는 글자가 촉지판 중앙에 나타나지 않고, 자동적으로 글자의 굵기가 변하므로 이때는 threshold를 줄이는 것이 좋다. 반대로 글자를 축소시키면 글자의 굵기가 감소된다. 이때는 threshold를 증가시켜 조절한다. 그러나 글자의 형태 (고딕, 이태리, 타이프글자, 선의 굵기 등)에 따라 조절에 유의해야 한다.

이상 옵타콘의 앞면구조에 대한 조절에 대해 설명하였다.

옵타콘의 뒷부분과 그림 7에서 보듯이 축전지를 체크하는 버튼과 충전기잭, 흰색바탕에 검은 글씨를 읽을 때와 검은 바탕에 흰 글씨를 읽을 때의 조절스위치(Normal-invert switch), 교사용 visual display 사용을 위한 I/O(input/output)접속기로 구성되어 있다.

축전지의 충전상태를 측정할 때는 축전지 체크버튼을 누른 다음, 상태를 관찰하게 되는데, 이를테면 자극진동이 증가되거나 같은 속도이면 전지의 상태가 양호한 것이고 반대상태이면 충전을 필요로 하는 것임을 알게 된다.

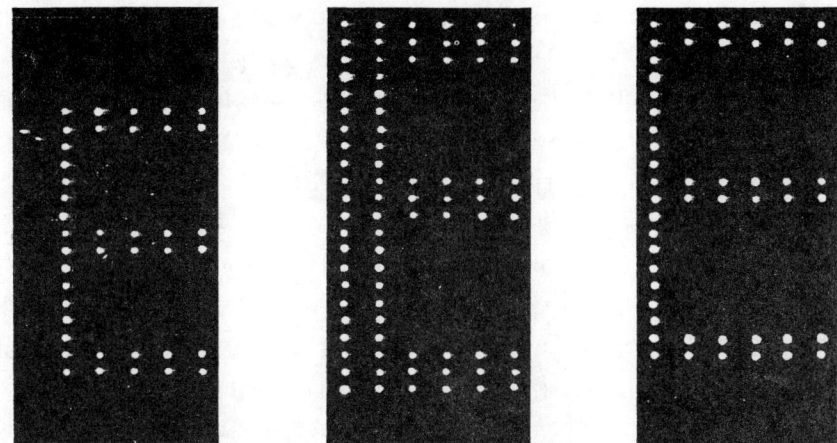

〈그림 21-6〉 Zoom과 Threshold와의 관계

　　Normal-invert스위치는, 흰바탕에 검은 글씨를 읽을 때는 normal쪽으로 하고, 검은바탕에 흰색글자나 전자계산기와 같은 글자를 읽을 때는 invert쪽으로 조정하는데 사용된다.

　　Invert를 사용할 때는 threshold조절을 반대로 하는데 유의해야 한다. 즉 시계반대방향으로 돌리면 글자의 굵기가 증가하고 시계방향으로 돌리면 글자의 굵기가 감소된다. circuit breaker는 그림 5에서 보듯이 촉지판내의 벽에 위치하여 퓨즈의 역할을 한다. circuit breaker를 안으로 밀어넣지 않고 사용하면 옵타콘이 축전지와 연결이 되지 않고 작동을 하지 않는다. 또, 옵타콘을 충전기에 연결할 때는 스윗치를 안으로 밀어넣지 않아도 작동은 하지만 옵타콘을 손상시킬 우려가 있다.

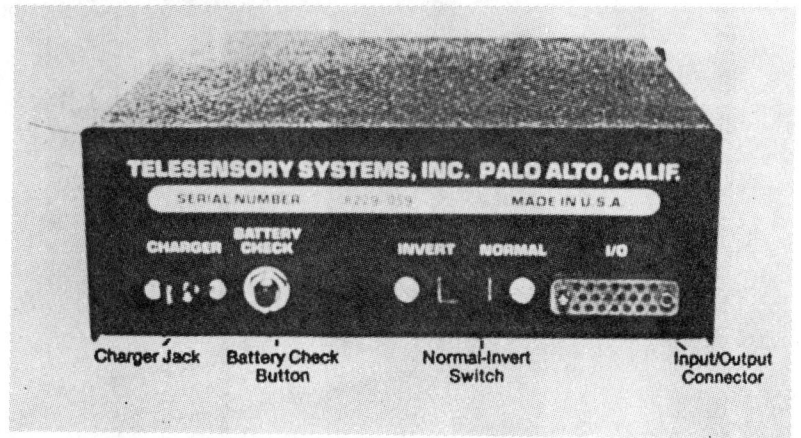

〈그림 21-7〉 옵타콘 뒷부분의 구조

3. 옵타콘의 부속기구

옵타콘 사용의 효과적인 지도를 위하여 여러가지 교수매체가 활용되고 있다. 그림 21-8과 같은 교사용 visual display와 그림 21-9, 그림 21-10과 같이 카메라를 이동하는 수동식, 자동식의 tracking aid가 그것이다.

① Visual display는 교사용 교수매체로서 그림 8과 같이 촉지판에 나타나는 글자를 그대로 화면에 나타나게 하는 기구이다. 교사는 이 화면을 통해 맹아동을 옵타콘을 잘 조절해서 글자를 읽고 있는지 어떤지를 보고 지도하게 된다. 즉, 카메라의 이동이 바르게 되고 있는가? threshold는 잘 조절되었는가 등을 항시 유념하여 지도하게 된다. Visual display는 그 자체의 작동 스윗치가 있고 옵타콘 뒷부분의 I/O접속기속의 프러그에 케이블로 연결되어 있다. visual display에 나타난 글자는, 몸체에서 글자의 명암을 결정한 뒤 옵타콘에 카메라내의 실리콘 레티나로 부터 전송되는 글자를 받아 화면에 나타나게 되는 것이다.

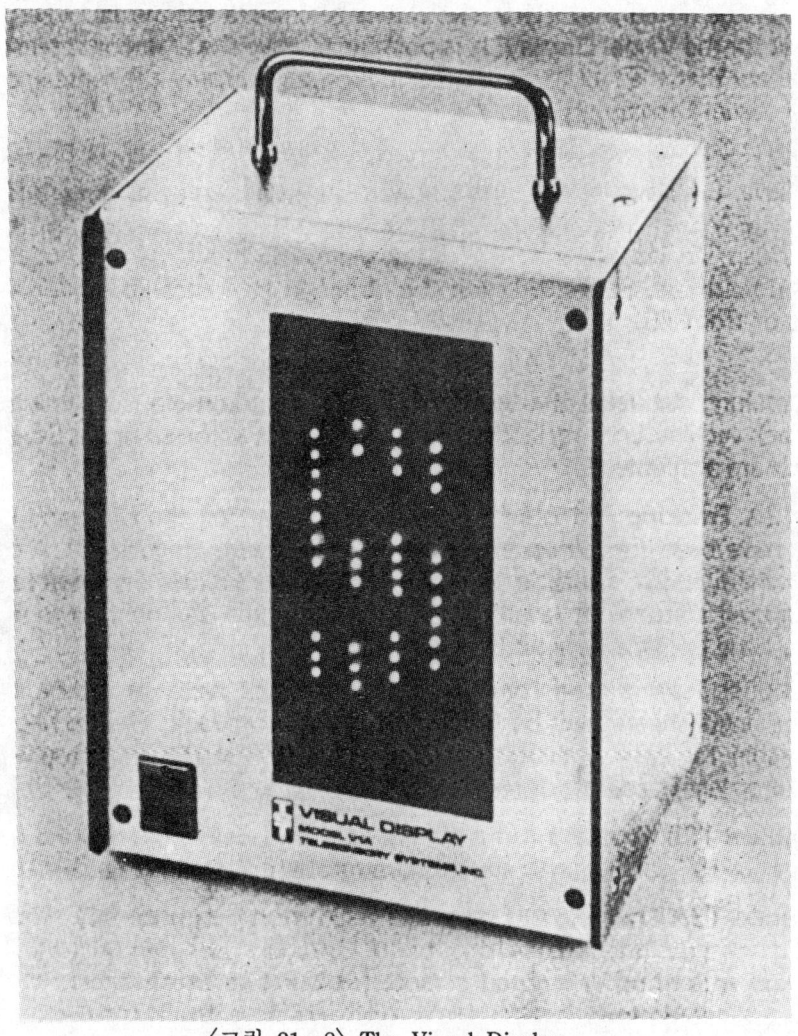

〈그림 21-8〉 The Visual Display

② Tracking aids는 아동이 카메라로 글자를 따라 수직 또는 수평으로 적절히 이동하는데 도움을 주는 기구이다. 그림 21-9와 21-10의 보기와 같이 여러가지 모델이 개발되어 있다. 미국의 Telesensory System Inc.에서 모델 T_2A, T_2B T_3A 등과 같은 수동조절식이 개발되어 있으며, The Automatic Page Scanner(APS)와 The Portable Line Scanner(PLS)같은 자동조절식 기구가 개발되어 있다.

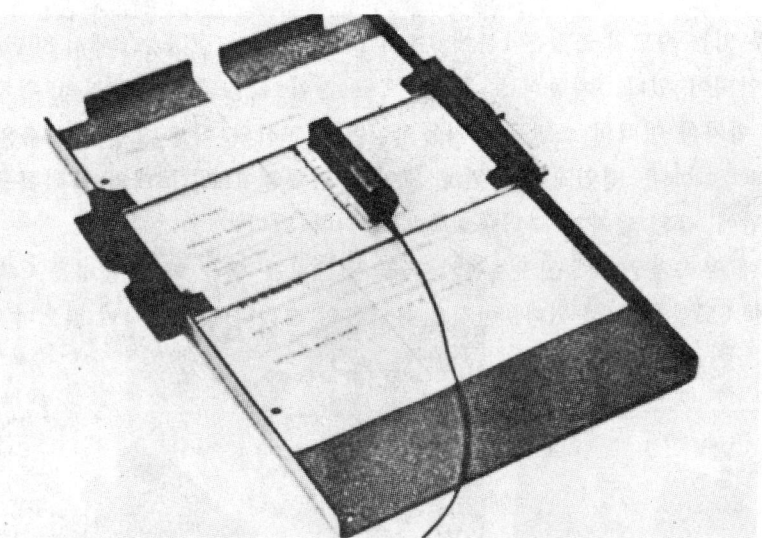

〈그림 21-9〉 The T_2A Tracking Aid

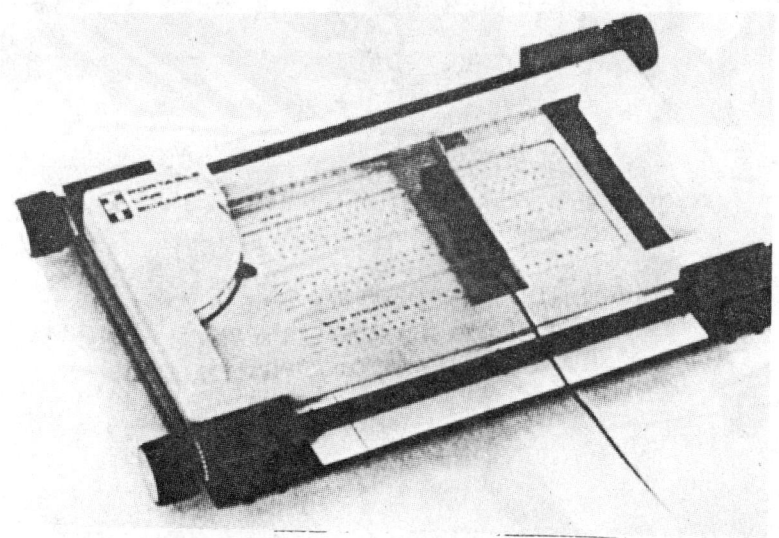

〈그림 21-10〉 The Portable Line Scanner

자동식은 카메라가 같은 속도로 평행하게 움직이면서 글자를 비추게 되어 있으며, APS의 경우 읽는 속도의 조절은 1분에 0에서 100단어까지, PLS는 6에서 80단어까지 읽도록 고안되어 있다. 자동식은 훈련용으로 많이 활용되며 카메라의 위치고정, 속도일정, 활자와 여백의 조절등이 자동적이어서 교사와 학생 모두에게 유익하다.

③ Repeater cable은 맹인교사를 위해 고안된 부속품이다. 두개의 옵타콘을 연결시켜 촉지판에 같은 글자가 나타나도록 고안되어 있다.

④ 그 외에 부속기구로서 전자계산기와 같은 글자를 읽을 때 사용하는 Calculator Lens Module(모델 F_2B)이 있다. 이것은 옵타콘의 레티나에 연결시켜 읽으며 이때는 invert switch를 사용한다. 또한 CRT Lens Module(모델 F1A)은 컴퓨터 프로그래머에 의해 많이 사용되며, 많은 음극선관 (cathode ray tube)을 활용한 것으로서 직접 컴퓨터의 글자에 부착하여 옵타콘으로 읽도록 고안된 렌즈이다.

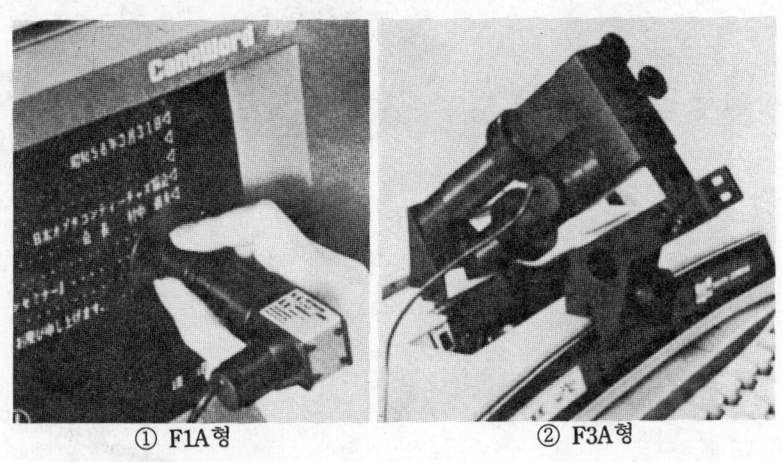

① F1A형   ② F3A형

③ F4A형

〈그림 21-11〉 옵타콘 부속기구

Typewriter Lens Module(모델F3A)은 타이프라이터의 사용시에 글자를 읽을 수 있고 또 수정할 수 있도록 옵타콘에 연결시켜 사용하는 렌즈이다.

Magnifier Lens Module(모델F4A)은 6포인트보다 작은 활자 또는 아주 가늘고 작은 활자를 확대하여 읽을 수 있도록 고안된 렌즈이다.

4. 촉지판에 손가락 놓는 법

촉지판은 전술했듯이 6열 24행에 144개의 핀이 배치되어 있다. 손가락은 촉지판에 적절히 놓아서 촉지판에 나타난 글자를 인지하게 되므로 손가락을 적절히 놓는 것이 매우 중요하다. 그림 12, 13에서 보듯이 일반적으로 검지손가락을 사용하여 읽는 경우가 많다. 이때 가장 주의할 것은 손가락에 힘을 빼고 촉지판에 손가락이 닿도록 가볍게 놓으며, 손가락을 심하게 움직이는 습관을 가져서는 안된다. 또한 손가락으로 촉지판의 핀을 세게 누르면 구부러지기 때문에 손가락에 힘을 빼고 촉지판에 손가락이 닿도록 가볍게 놓으며, 손가락을 심하게 움직이는 습관을 가져서는 안된다. 또한 손가락으로 촉지판의 핀을 세게 누르면 구부러지기 때문에 손가락에 힘을 빼야 하며, 촉지판은 닦지 않는 것이 일반적이다. 사람의 손은 끝부분이 민감하여 끝부분만을 사용하는 아동도 있으나 한자와 같은 글자를 읽거나 글자 전체의 인지를 위해서는 민감하지 않은 부분도 사용할 수 밖에 없다. 따라서 손가락을 움직이지 않는 상태에서 글자전체의 모양을 변별할 수 있는 훈련을 계속해야 한다. 오른손으로 트래킹을 하면서 읽을 때는 아동이 긴장을 하여 촉지판의 손가락에 땀이 나는 경우가 많음에 유의해야 한다. 특히 교사가 "손가락을 움직이지 말라"는 지시를 하면 아동은 긴장하여 피곤이 빨리 온다. 그러나 "움직여도 좋다"고 허락하면 더 많이 움직이게 되므로 촉지각의 범위내에서 움직임을 허락하는 것이 좋다.

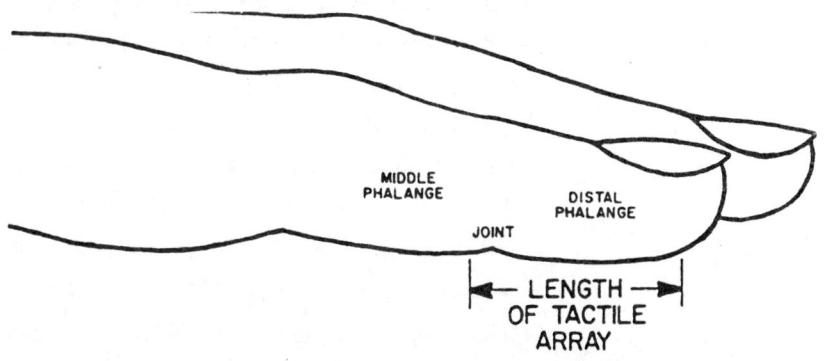

〈그림 21-12〉 촉지판의 손가락 위치

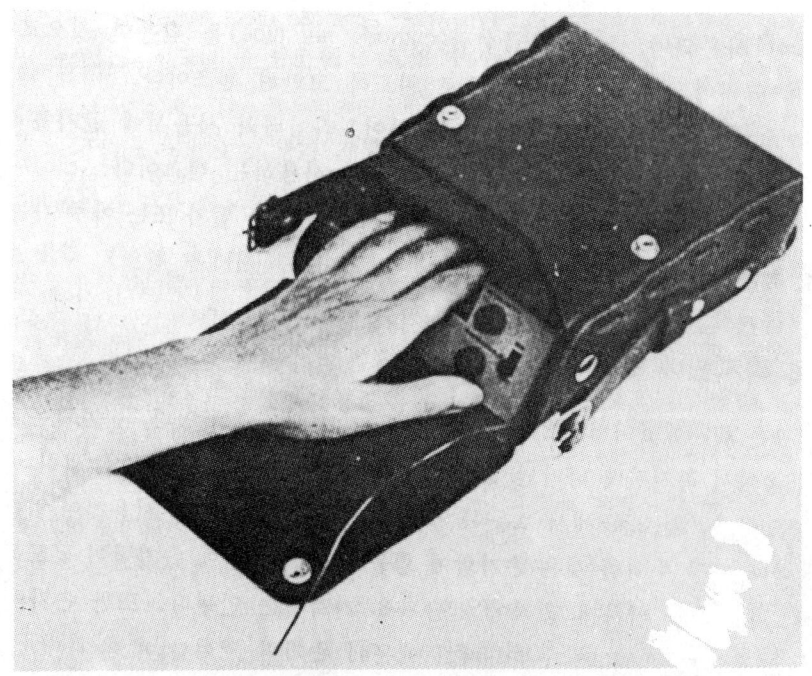

〈그림 21-13〉 왼손사용자의 손의 모양

5. 트래킹 방법

트래킹(tracking)은 맹아동이 글자를 따라 카메라를 움직이는 기능을 말한다. 트래킹이 잘못되면 글자의 모양이 촉지판에 정확히 나타나지 않으므로 읽기가 어렵다. 교사는 visual display를 보고 카메라 이동을 교정해주며, 아동은 촉지판에 나타난 글자를 변별하여 스스로 카메라를 정확히 이동하는 훈련을 거듭해야 한다. 카메라는 일정속도로 글자를 따라 수평으로 움직여야 하며, 촉지판의 중심에 글자가 나타나도록 글자를 따라 수평으로 움직여야 하며, 촉지판의 중심에 글자가 나타나도록 글자 중심부분을 비추어야 한다. 가능하면 지그재그없이 이동하고, 한쪽으로 기울어지지 않게 하며 다음 줄의 문장으로 신속·정확하게 움직이는 훈련을 해야 한다. 한글이나 한문과 같은 글자는 상하좌우로 트래킹을 하여 글자를 변별하기도 하지만 천천히, 확실히, 부드럽게, 계속해서 이동하는 것이 좋다. 일반적으로 카메라가 위쪽으로 움직이면 촉지판의 글자는 밑으로 나타나며, 반대로 밑쪽으로 비추면 촉지판의 글자는 윗부분에 나타나게 된다. 교사는 "글자가 끊어졌다", "카메라가 좌우로 기울어졌다"등과 같은 지시로 지도·조언한다('領'字를 읽는데 한 아동이 카메라를 상하좌우로 28번을 이동하여 탐색한 후 '領'자임을 알게 된 예가 있다)

특히 문장속에서 단어와 단어사이를 트래킹할 때 가능하면 반복트래킹(back tracking)을 하지 않는 습관을 기르는 것이 좋다. 맹아가 점자를 읽을

때도 반복, 확인하여 읽는 습관이 있어 속독에 장애가 되고 있는 것과 같은 이치이다.

카메라를 오른손으로 트래킹할 경우에 그림16과 같이 세 가지 방법이 있다. 그 하나는 검지와 장지사이에 끼우는 방법이고, 둘째는 장지는 머리부분을 쥐고 엄지는 레티나 부분을 잡고 검지는 중간부분을 잡는 방법이다. 세째는 엄지와 장지로 머리부분을 잡고 검지는 윗부분을 눌러주는 방법이다. 이때 손가락이 Zoom을 이동시키지 않도록 해야 하며, 애지는 종이와 남은 부분을 확인하는데 사용함이 좋다.

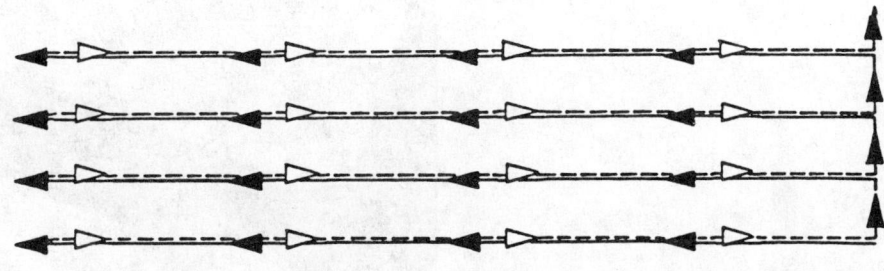

〈그림 21-14〉 초기단계의 트래킹시에 줄바꾸기

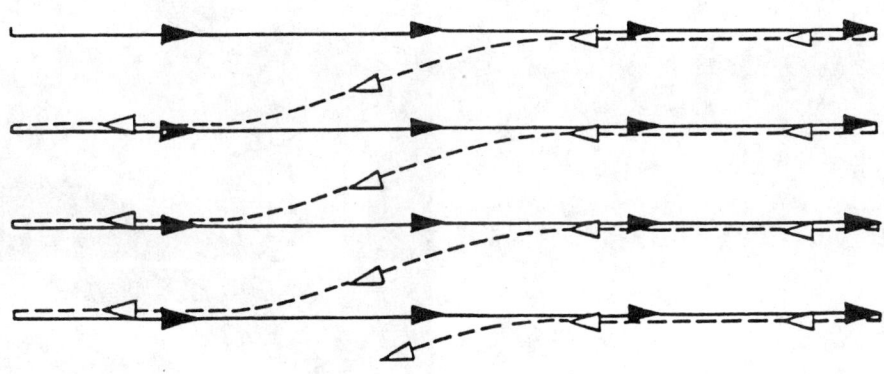

〈그림 21-15〉 속독을 위한 트래킹 방법

6. 책의 페이지 오리엔테이션

책을 읽기전에 페이지 전체의 구성을 탐색하는 일이 필요하다. 즉, 책의 페이지에 제목, 단락, 그림, 문장의 시작과 끝 등을 알아보는 일이다. 이때의 threshold는 9시 방향에 조절하고 zoom을 2/3선에 놓는 것이 좋다. 트래킹을 하는 손으로, 페이지의 왼쪽 상단코너에서 반대편 오른쪽 하단코너로 반복해 본다. 즉, 대각선을 그리면서 구성을 탐색하는 방법을 사용한다. 또한 상세한 정보가 필요할 때는 페이지 상단 중앙에서 하단 중앙으로 S자

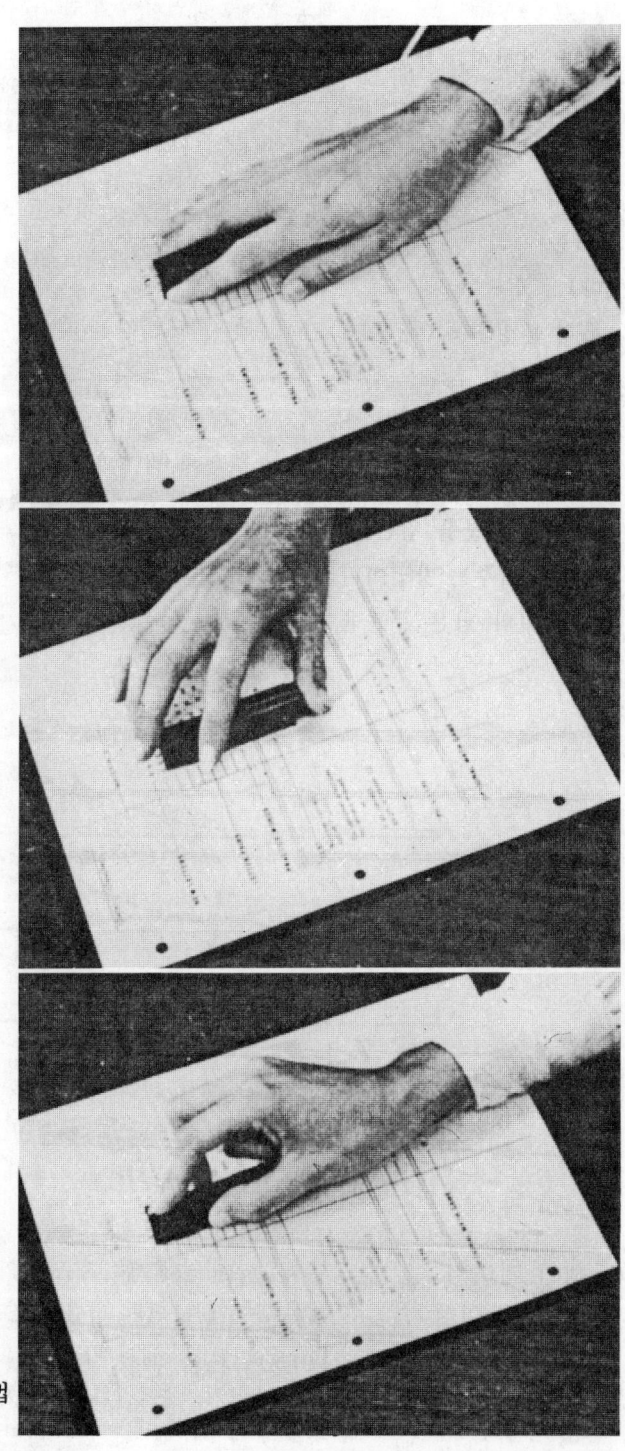

〈그림 21-16〉
카메라 쥐는 방법

모양이나 지그재그로 카메라를 이동하여 컬럼의 수 같은 것을 알아낸다.

글자를 있는 곳은 규칙적으로 틱-틱 소리가 나며, 그림의 경우는 불규칙적인 큰소리나 부드러운 소리가 나는 것을 듣고 변별할 수 있다. 페이지 내의 제목은 본문과 공간을 유지하고 있음을 알게 하고 큰 고딕체 활자의 제목은 소리가 크다는 것을 가르친다.

7. 문자의 인지

옵타콘으로 문자를 인지하기 위하여, 움직이는 문자의 결정적인 특성을 변별해야 하고 그다음에 그 문자의 정확한 이름과 결합시켜야 한다. 또 철자에 대한 지식(바른 철자법), 문법에 대한 지식(문법적 어구배열), 문장의 의미(의미론)등, 그 아동의 언어능력과 깊은 관계가 있다. 언어적 요인과 촉각적 인지요인은 효율적으로 상호작용하며, 읽는다는 것은 의미있는 언어활동이다. 좀 더 구체적으로 말하면 문자인지를 위해서 다음과 같은 기능을 배열해야 한다.

① 촉지각능력을 가져야 한다. 즉, 아동은 곡선과 직선의 차이, 수직선과 수평선, 사선의 움직임, 촉각적 영상등의 차이를 구별할 수 있어야 한다.

② 문자의 형태와 이름을 알아야 한다. 문자가 촉각적 영상으로 움직일 때의 형태를 알고 그 문자의 이름과 결합시켜야 한다.

③ 각 문자의 결정적 특징에 친숙해져야 한다. 각 문자에 대한 정신적 영상(mental image)을 지녀야할 뿐만 아니라 문자와 문자는 서로 다른 차이가 있다는 것을 이해해야 한다. 촉지각에 있어서도 시지각에서와 같이 착각현상이 일어나므로 문자간의 구별능력이 필요하다(예컨데. O와C, h와b는 다르며, 각 철자는 특유한 형태를 취하고 있다)

④ 옵타콘은 촉각적으로 나타난 문자 영상을 읽어야 한다는 것이다. 아동은 그의 손가락으로 오른쪽에서 왼쪽으로 움직이는 영상을 통해 문자의 형태를 지각해야 한다. 즉, 촉지판에 나타난 문자의 윤곽선을 그의 정신적 영상과 결합시켜야 한다. 특히 문자의 특성이 동시에 지시되는 것은 아니고 계열성이 있음에 유의해야 한다.

요약하면, 먼저 문자의 원형(prototype)을 머릿속에 그리는 일과 움직이는 문자의 영상을 함께 이해토록 해야한다. 즉, 문자의 원형+움직이는 영상을 결합시키고, 문자의 결정적 특징의 이해(예；h와 b, O와 C의 경우 막혀 있느냐? 열려 있느냐? 나타나는 모습과 사라져가는 모습의 차이는? 타원형인가? 겹쳐있는 것인가?)와, 학생이 읽지 못하는 원인의 분석등이 지도의 중요한 점이 될 수 있다.

8. 단어와 문장의 인지

단어의 인지는 촉지판에 나타난 단어 전체에의 정보와 언어능력을 활용하며, 단어에 대한 신속, 정확한 판별을 하는 것을 말한다.

단어는 단어자체의 특정적 단서를 통해 판별할 수도 있지만 문법적 어구배열이나 문장전체와 연관지어 이해할 수도 있다.

모든 단어는 철자와 같이 하나의 결정적 단서를 가지고 있으므로 그 단어의 특성을 통해 판별할 수 있다.

예컨대, The fog Naploeon 등과 같이 높이의 차이, 폭이나 행의 차이를 단서로 활용할 수 있다.

또한 한 단어의 첫 글자를 알면 뒤에 오는 철자와 연결시켜 단어의 이해가 빠르며 동시에 추측하여 읽을 수 있다. 그 이유는 단어의 첫 문자로 많이 쓰이는 철자가 있기 때문이며, 영어의 경우 가장 공통적인 첫 철자로 't', 'a', 'o', 's' 등이 있다. 예컨데 s h e를 알면 뒤에 올 수 있는 철자를 예상할 수 있고 h까지를 알면 e를 쉽게 추측하여 이해할 수 있다. 또 t o l d와 같은 'o'를 정확하게 인지하지 못했을 경우에도 told를 읽을 수 있도록 할 수 있다.

문장의 읽기는 문장의 어구배열이나 문장전체의 의미와 같은 언어적 단서를 통해서 효과적으로 읽을 수 있다. 즉, 철자나 단어를 따로 떼어 정확하게 이해하지 못하는 경우에도 연상하여 읽을 수 있다. 문장을 읽을 때의 목적은 한정된 시간내에 핵심되는 문장의 의미를 파악하는 것이다. 일반적인 읽기지도에 있어서도 처음에는 문자별로 읽는 연습을 하고, 음절→단어→문장→묵독 등의 순으로 지도하여 문장전체의 내용을 파악하도록 지도하는 것과 같이 옵타콘 읽기도 같은 순서로 지도함이 바람직하다. 다음의 문장과 같이 추측하여 읽는 예를 들어볼 수 있다.

He told her to come

단어 읽기에서 문자와 문자의 연상을 통해 단어를 이해하듯이, 단어와 단어를 연결하여 문장을 이해할 수 있다. 한글을 가지고 보면, 의미상의 단서와 문법상의 단서 두가지를 활용할 수 있다.

나 ①　　학교 ②　　③ ④ ⑤

①에 들어갈 수 있는 것은 는, 도, 와, 를, 등이 있을 수 있고 ②에 무엇이 들어가느냐에 따라 결정된다. ②에는 '에'가 들어갈 확률이 가장 높다. ③ ④ ⑤의 경우에는 문법상이나 의미상의 구조로 볼 때 '갑니다'가 들어가야 할 것임을 쉽게 추측할 수 있다.

일본어의 경우는 띄어쓰기가 없고 한자의 사용이 많아 읽기에 어려움이 있으나 한글은 띄어쓰기가 있고 한글만으로도 읽을 수 있는 경우가 많기 때문에 이 점에서는 문장 읽기가 유리한 편이다.

최근에는 옵타콘에 의한 읽기의 제한점을 보완하고, 속독을 돕기 위하여 먼저 점자교재를 읽힌 다음 연상에 의해 쉽게 읽도록 하는 법과 문체의 중간을 잘라서 전후 문형을 통해 추측케 하는 방법, 읽는 문장을 녹음하여 읽는 속도보다 조금 빠르게 재생시켜 청각적인 자극을 제시하여 읽게 하는 방법을 쓰기도 한다.

결국 옵타콘 훈련은 다음과 같은 종합적인 시스템을 통해 이루어 진다고 할 수 있다.

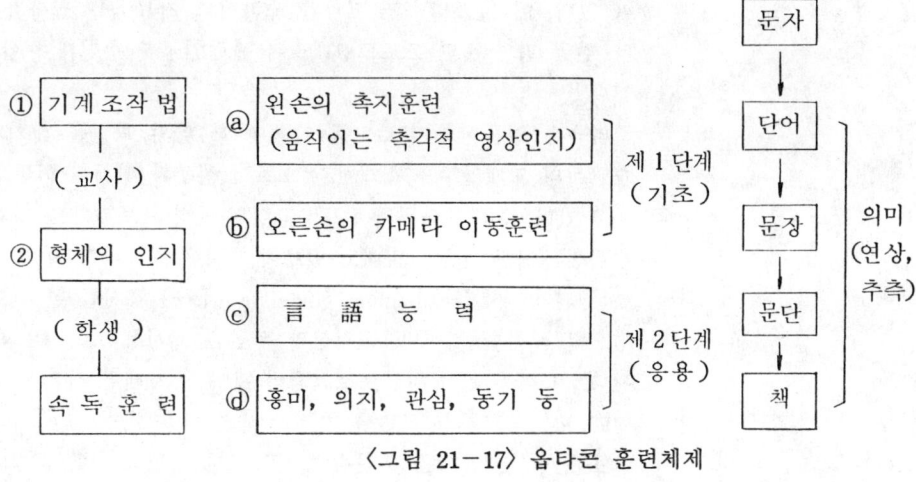

〈그림 21-17〉 옵타콘 훈련체제

9. **훈련프로그램의 개발** 옵타콘 훈련교재는 대상에 따라 내용, 방법이 결정되어야 한다. 또한 문제가 되는 것은 누구에게 가르치는 것이 효과적이냐 하는 것이다. 아직은 유아나 아동에 대한 실험연구는 부족한 편이며, 주로 중·고등학생 이상의 후천맹에게 많이 훈련시키고 있다. 조기에 교육하는 것이 바람직하다는 의견이 지배적이나 입증할 만한 연구가 부족하여 대체로 12세에서 20세 전후까지를 적합한 나이로 보고하고 있다. 이것은 아동의 경우는 주의력이 부족하다는 점과 글자를 잘 모른다는 단점이 있고 성인의 경우는 연령의 증가와 함께 촉지각이 어렵다는데 그 원인을 두고 있는것 같다.

훈련내용에 있어서는, 학습자의 현재 수준에 따라 기준을 정할 수 있으나 대체로 기초훈련 교재를 사용하여 왼손의 촉지각 능력의 신장과 오른손의 카메라 이동능력을 충분히 향상시킨 후에 언어의 능력을 높일 수 있는 교재를 선택하게 된다. 이를테면, 학습자가 관심을 갖고 있는 동화책이나 사전, 잡지, 신문 등과 같은 자료나 생활에 필요한 각종 기호(예컨대 전화표시, 일기예보의 기호, 우표등)와 같은 것을 응용하여 발전시킬 수 있다.

옵타콘 훈련을 위한 프로그램은 1973년 미국 Telesensory System Inc.에서 교사용 지도안내서를 개발하였고, 또한 TSI아동용과 성인용 훈련 프로그램에서 개발하였다. 일본의 경우에는 일본 옵타콘 교사 협회를 중심으로한 관계자들이 기초편과 응용편으로 나누어 개발한 교재(JOTA)가 활용되고 있다.

한국의 경우는 한글 읽기에 대한 연구가 아직 시행되지 못하고 있는 형편이며, 일본 安樂一成 선생(쓰꾸바대 부속 맹학교)이 한국학생을 대상으로 '옵타콘의 한글'에 대한 연구를 실시하여 1987년 세미나에 발표한 바 있다. 이 발표의 연구결과와 슬라이드 자료등을 필자가 인수해 왔는 바, 한글 읽기 훈련 프로그램개발과 관련연구를 추진해야 할 과제를 안고 있다.

다음은 일본어의 프로그램 가운데 제1과의 학습을 하기 전에 도입학습단계의 교재일부를 소개한 것으로서 선분과 형체의 식별훈련에 기초를 두고 있다. 모든 옵타콘 훈련프로그램의 구성은 보기와 같이 페이지 왼편에 수직선과 수평선을 나타내고 있는데 이것은 카메라의 시작 지점(교차하는 부분)과 안내선(readingline, guideline ; │ ─) 표시를 한 것으로서 읽기에 쉽도록 구성한 것이다. 수직선의 왼편은 교사용이고 오른쪽이 학생용이 된다. 그 다음 표는 한글프로그램의 예이다. 자세한 것은 시각장애 연구지(1987)를 참고하기 바란다.

표 21-1은 옵타콘 훈련시에 사전조사지 양식이며, 표 21-2는 옵타콘 지도기록 용지를 예시한 것이다.

〈훈련 프로그램의 예〉

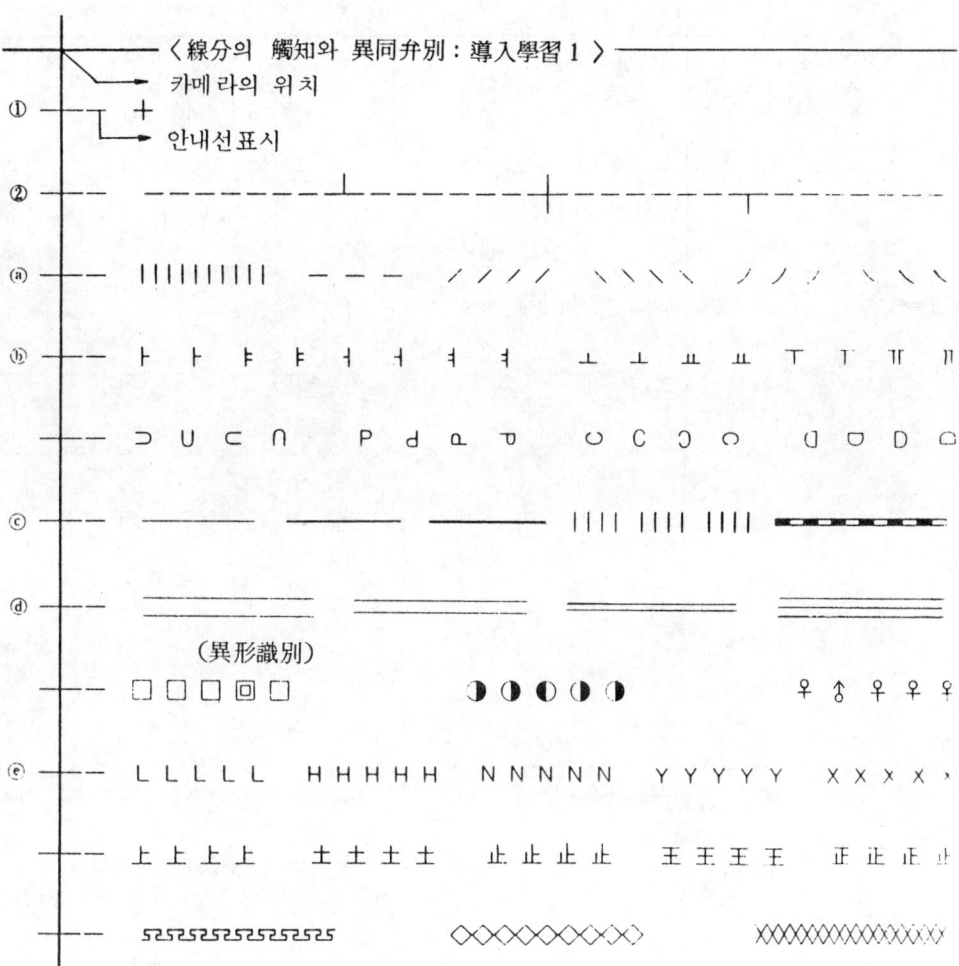

〈한글프로그램의 예〉

제 1 과　　　　　　　　　　　　　　　　　　　　（15分）

새로운 글자

ㅏ	ㅏ	ㅏ	ㅏ	ㅏ	ㅏ	ㅏ	ㅏ	ㅏ	ㅏ	ㅏ	ㅏ	ㅏ
ㅓ	ㅓ	ㅓ	ㅓ	ㅓ	ㅓ	ㅓ	ㅓ	ㅓ	ㅓ	ㅓ	ㅓ	ㅓ
ㅑ	ㅑ	ㅑ	ㅑ	ㅑ	ㅑ	ㅑ	ㅑ	ㅑ	ㅑ	ㅑ	ㅑ	ㅑ
ㅕ	ㅕ	ㅕ	ㅕ	ㅕ	ㅕ	ㅕ	ㅕ	ㅕ	ㅕ	ㅕ	ㅕ	ㅕ
ㄱ	ㄱ	ㄱ	ㄱ	ㄱ	ㄱ	ㄱ	ㄱ	ㄱ	ㄱ	ㄱ	ㄱ	ㄱ
ㄴ	ㄴ	ㄴ	ㄴ	ㄴ	ㄴ	ㄴ	ㄴ	ㄴ	ㄴ	ㄴ	ㄴ	ㄴ
가	가	가	가	가	가	가	가	가	가	가	가	가
거	거	거	거	거	거	거	거	거	거	거	거	거
야	야	야	야	야	야	야	야	야	야	야	야	야
겨	겨	겨	겨	겨	겨	겨	겨	겨	겨	겨	겨	겨
나	나	나	나	나	나	나	냐	냐	냐	냐	냐	냐
너	너	너	너	너	너	너	녀	녀	녀	녀	녀	녀

바르게 읽기　　가　야　거　겨　나　냐　너　녀

새로운 단어　　가나　나가　가냐　가아　나야　아가

제 2 과 (15分)

새로운 단어
ㄷ ㄷ ㄷ ㄷ ㄷ ㄷ ㄷ ㄷ ㄷ ㄷ ㄷ ㄷ ㄷ ㄷ ㄷ
ㅋ ㅋ ㅋ ㅋ ㅋ ㅋ ㅋ ㅋ ㅋ ㅋ ㅋ ㅋ ㅋ ㅋ ㅋ
다 다 다 다 다 다 다 다 다 댜 댜 댜 댜
더 더 더 더 더 더 더 더 더 더 더 더 더
뎌 뎌 뎌 뎌 뎌 뎌 뎌 뎌 뎌 뎌 뎌 뎌 뎌
카 카 카 카 카 카 카 카 캬 캬 캬 캬 캬
커 커 커 커 커 커 커 켜 켜 켜 켜 켜 켜

바르게 읽기
다 댜 더 뎌 커 켜 카 캬
카 다 더 커 댜 켜 뎌 캬

새로운 단어
다가 다나 다아 캬아 카나
가다 캬아 다냐 다야 켜다
키커 커가다 가나다

〈표 21-1〉 옵타콘 훈련 예비조사지

OPTACON 訓練豫備調査

記入年月日　　年　　月　　日

姓名　　　　　　　　性別(男·女)　　年令(세)　　年　月　日生
住所　　　　　　　　　　　　　　電話(自宅)
勤務地(學校)　　　　　　　　　　電話(職場)
職業：(現在)　　　　　　　(失明前)
最終學歷　　　　　　　　　　　　　　(卒業·中退·在學)
失明의 原因　　　　　視力(右)　　(左)　　失明時期　　　세
現在의 健康狀態　　　　　　　듣는손(右手·左手)

당신은 점자를 사용하고 있읍니까：(사용하고 있다·사용하고 있지 않다)
　　　사용하고 있지 않을 경우 그 이유 ＿＿＿＿＿＿＿＿＿＿＿
점자촉독스피드는 어느 정도입니까：(1 分間　　　　單語)
어느쪽 손으로 점자를 읽습니까：(右手·左手)
손가락에 감각장애가 있읍니까：(있다·없다), 어떤 경우는 그부위＿＿＿＿
손가락에 운동장애가 있읍니까：(있다·없다), 어떤 경우는 그부위＿＿＿＿
그 밖의 장애가 있읍니까 ＿＿＿＿＿＿＿＿＿＿＿＿＿＿＿＿＿＿
옵타콘 훈련을 받은 일이 있읍니까：(있다·없다), 있다면 그 시기＿＿＿＿
다음의 훈련을 받은 적이 있읍니까：(步行·点字·日常生活)
다음의 보통문자를 알고 있읍니까：(알파베트·한글·한자)
옵타콘 기계의 희망, 입수방법 ＿＿＿＿＿＿＿ 그 시간과 이유 ＿＿＿＿
訓練終了時에 옵타콘으로 어느정도의 속도로 읽을 수 있읍니까：(1分間約　　語)
옵타콘의 촉독학습에 어느정도의 시간이 걸립니까：(週　　回, 1回約　　時間)
단독보행이 가능합니까：(가능하다·불가능 하다)
옵타콘의 훈련에 참가할 수 있읍니까：(가능하다·가능하지 않다)
기타 희망사항이 있으면 써 주십시오：
＿＿＿＿＿＿＿＿＿＿＿＿＿＿＿＿＿＿＿＿＿＿＿＿＿＿＿＿＿＿
＿＿＿＿＿＿＿＿＿＿＿＿＿＿＿＿＿＿＿＿＿＿＿＿＿＿＿＿＿＿

訓練中 연락할곳
住所 ＿＿＿＿＿＿＿＿＿＿＿＿＿＿＿＿＿＿＿＿＿＿＿＿＿＿＿
姓名 ＿＿＿＿＿＿＿＿＿＿＿＿＿　　電話 ＿＿＿＿＿＿＿＿＿＿

〈표 21-2〉 음타근 지도 기록 용지

음타근 指導 記錄 用紙

한국음타근委員會

學　生
敎　師
調節 (인테시티)　　　　(音)　　　(스레스홀드)

敎　材				日	的
page	終了未終了	Speed (Wpm)	PLS 使用	達成度 (%)	

評　價
좋은점
나쁜점
지도상의 힌트

1. 트래킹
2. 손가락들음 두는 방법
3. 認知度
4. 言語能力
5. 페이지 오리엔테이션
6. 調節, 操作
7. 集中力, 疲勞度
8. 기 타

指導日　年　月　日
累積日數　　時數

트래킹·에이드 有, 無

宿	題
금 일 전 일	☐손을 대지 않있다. ☐조금 빠진 ☐완了

評:

다음의 訓練
(目標 및 留意事項)

235

〈그림 21-18〉 옵타콘으로 책을 읽는 모습

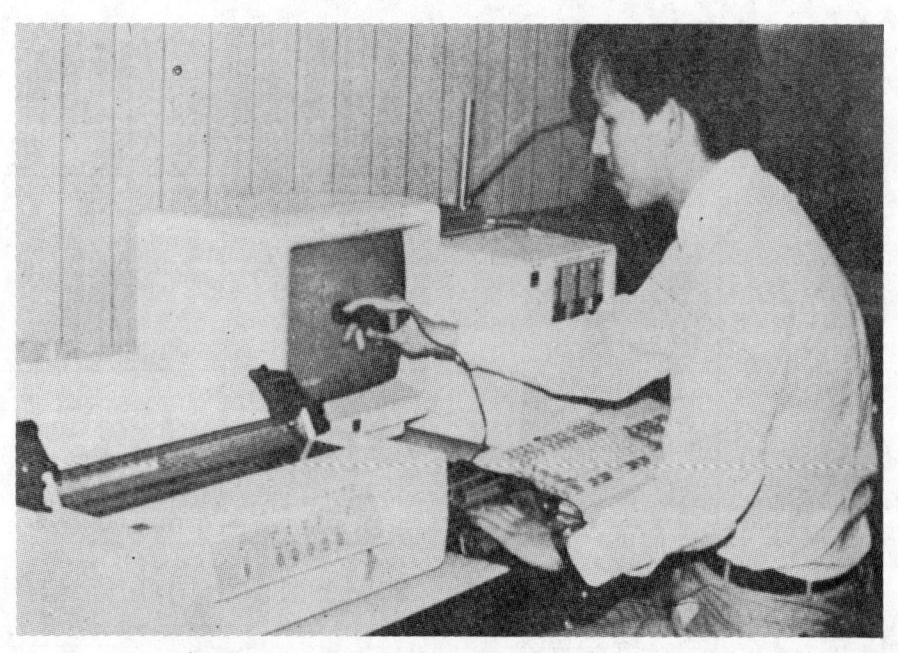

〈그림 21-19〉 옵타콘으로 컴퓨터 문자를 읽는 모습

〈그림 21-20〉 맹아동이 옵타콘으로 옷의 무늬를 판별하는 모습

22. 맹아동의 매너리즘 지도

시각손상을 받은 아동 가운데는 상동행동(stereotyped behavior)을 보이는 아동이 있다. 이것을 우리는 매너리즘(mannerisms) 또는 맹인벽(blindisms)으로 부른다.

맹아동의 매너리즘에 대한 연구자들은 그러한 특정 행동에 대한 예방과 치료에 힘써왔다. 여기서는 매너리즘의 원인과 유형, 치료 등에 대해 언급하고자 한다.

1. 매너리즘의 원인

시각손상 자체는 매너리즘과 같은 상동행동을 일으키는 원인이 되지 않는다. 그러나 시각손상자가 환경내에서 다른 사람과 사물을 접촉하며 상호작용을 하는데 있어서 곤란을 줌으로써 이러한 행동이 표면으로 표출된다.

시각장애유아들이 보여주는 매너리즘에는 숨은 원인들이 많아 복잡하게 얽혀 있다. 대체로 그 원인은 다음과 같은 것들이 있다.

① 환경적 실조
② 자기자극 또는 자폐성 행동
③ 자기 애무적인 행동
④ 신체활동의 대치
⑤ 부모와 자녀간의 잘못된 상호작용
⑥ 긴장에 대한 반응
⑦ 시각적 피이드백의 결여
⑧ 반복을 통한 학습
⑨ 발달 지체
⑩ 적응 행동
⑪ 증상의 대치

2. 유형

초기에는 맹아동의 매너리즘 행동에 대한 유형을 분류하지 않은채 몸 흔들기(16%)와 눈비비기(15%)등 흔히 볼 수 있는 행동에 중점을 두었었다. 그후의 연구에서 관련 학자들은 매너리즘을 신체 부위별로 분류했고 그 정도를 경도, 중도, 강도로 나타내었다. 구체적인 분류를 예시해 보면 다음과 같다.

1) 얼　굴
   • 얼굴의 찡그림-얼굴이 찡그려지거나 일그러지는 것
   • 입의 삐죽임-입을 삐죽거리거나 모양이 일그러지는 것
   • 혀 날름거리기-번갈아가며 반대방향으로 혀를 움직이는 것

2) 머　리
   • 머리 부딪치기-머리로 물건과 살짝 살짝 접촉 시키는 것
   • 머리 끄덕거리기-머리를 앞·뒤 방향으로 끄덕거리는 것
   • 머리 돌리기-머리를 빙글빙글 돌리는 것
   • 머리 흔들기-머리를 수평으로 움직이는 것

3) 손과 팔
   • 손뼉 치기-몸의 중앙선 앞에 양손을 펴고 박수를 치는 것
   • 눈 후비기-손가락으로 눈을 후비는 것
   • 눈 비비기-손을 펴거나 주먹을 쥐고 눈을 비비는 것
   • 얼굴 손대기-손가락이나 손으로 얼굴을 대는 것
   • 손가락 조작-한 손가락으로 다른 손가락을 순서에 따라 접촉
　　　　　　　시키는 것
   • 팔 흔들기-몸의 정중선과 평행으로 팔과 손을 흔드는 것
   • 손 까불기-몸의 정중선과 평행으로 손목으로부터 손을 까부는 것
   • 손의 주목-고개를 손 방향으로 하고 일정한 거리를 두고 눈 앞면에
　　　　　　　손을 드는 것
   • 손바닥 치기-손을 펴고 손바닥으로 물건을 치는 것
   • 물건 흔들기-물건을 손에 들고 손을 흔드는 것
   • 손가락으로 두드리기-손을 펴고 손가락으로 물건이나 몸의 다른
　　　　　　　부분을 가볍게 두드리는 것
   • 주먹 치기-주먹으로 머리 양측을 두드리는 것
   • 손 문지르기-손을 펴거나 주먹을 쥐고 손에 압력을 가하여
　　　　　　　문지르는 것
   • 손바닥 치기-손을 펴고 몸의 다른 부분을 두드리는 것
   • 손으로 쓰다듬기-손을 펴고 손바닥으로 부드럽게 쓰다듬는 것
   • 손가락으로 두드리기-한 손가락 또는 여러개의 손가락으로 몸이나
　　　　　　　다른 물건을 반복적인 방법으로 두드리는 것
   • 팔 흔들기-손을 몸의 중앙선을 향하게 하고 몸의 정중선과 평행
　　　　　　　방향으로 팔과 손전체를 흔드는 것

4) 몸과 전신
- 뛰기-서서 발을 마루와 접촉을 반복적으로 떼는 것
- 상체 흔들기-앉거나 서서 허리 위의 상체를 전후로 흔드는 것
- 몸 굴리기-누워서 몸을 앞·뒤로 굴리는 것
- 서서 몸을 흔들기-주로 서서 수평방향으로 움직이는 것
- 어깨 흔들기-서서 한쪽으로 양 어깨를 전후로 움직이는 것

5) 다리와 발
- 발을 움직이기-어떤 방향으로건 발을 움직이는 것
- 차기-다리를 앞·뒤로 탁 치는 것
- 발 구르기-다리를 상하방향으로 힘주어 마루를 구르기
- 다리 흔들기-앉아서 다리를 지탱한 상태로 전후로 흔드는 것

많은 학자들이 매너리즘을 세분화할 것을 주장했다. 그러나 그들은 체계적인 관찰로부터 쌓아올린 임상적 자료를 토대로 하여 분류하지 않았고 분류의 기준도 없었다. Cratty(1971)는 200명의 맹아동을 관찰하고 그들에게서 흔들기의 서로 다른 측면들이 있음을 발견했다. 흔들기는 각 아동에게 비교적 계속적으로 나타났고 아동의 흔들기는 하루 중 일정한 간격을 두고 계속적으로 나타났다. 그러나 위의 분류는 그 행동이 나타나는 신체부위에 따라 분류해서 매너리즘을 동시성, 계속성 및 강도와 같은 다른 측면들도 연구하고 이해하는 데 도움을 줄 수 있게 되었다.

〈그림 22-1〉 13개월 유아의 눈 비비기 행동

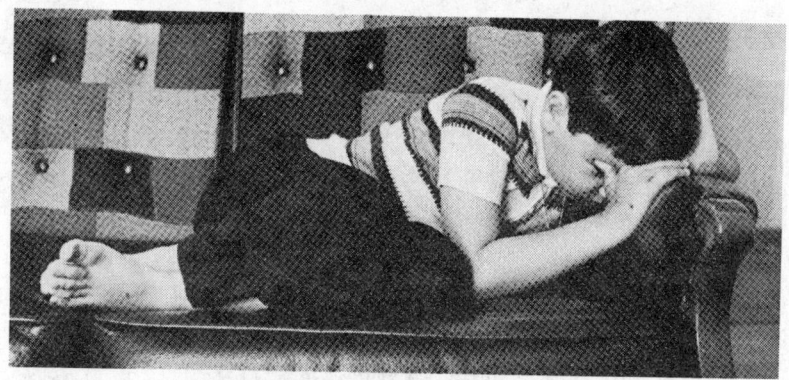

〈그림 22-2〉 눈 비비기의 다른 모습

3. 예방과 치료

　　매너리즘은 조기에 치료목표를 세워서 체계적으로 실시하면 예방의 효과를 거둘 수 있다. Fraiberg(1969)등은 운동기구를 통하여 전신운동의 욕구를 충족시켜 주면 다소의 예방을 할 수 있다는 관찰을 한 바 있다. 예컨대 그네를 탈때는 매너리즘을 볼 수 없었다고 한다.

　　대체로 매너리즘 행동이 적합한 자극의 결여 때문이라고 하더라도 그 관찰은 또한 매너리즘과 관계되는 행동을 할 때 사회적으로 인정받고 긍정적인 수단을 통하여 강화해준다면 아동은 매너리즘 행동을 발달시키지 않는 경향이다. 이러한 관찰 결과는 매너리즘 행동 예방에 중요한 의미를 준다. 만일 전문가들이 유아기부터 맹아와 부모에게 의식적인 노력을 한다면 매너리즘을 예방할 수 있을 것이고 맹아동에게 놀이를 통하여 적합한 외부자극을 제공해 준다면 정상적으로 발달할 뿐만 아니라, 그 아동의 발달수준에 맞게 지도한다면 매너리즘을 방지할 메카니즘도 형성될 수 있을 것이다.

　　맹아동의 매너리즘 행동에 대한 지식이 제한되어 있고 경험적인 연구보다 임상적 관찰과 추리에 근거를 두고 있기 때문에 맹아동의 이러한 행동을 어떻게 제거할 것인가 하는 방법론적 연구가 비교적 적다. 전통적으로 이 문제에 대한 부모와 교사의 접근방법은 맹인벽이 불가피하다는 주장을 소극적으로 받아들이는 쪽으로부터 이러한 행동을 중지시키기 위한 조직적인 시도에 이르기까지 다양하다.

　　부모와 전문가들은 매너리즘 행동에 열중하는 아동에 대하여 흔히 관심을 보인다. 이러한 관심은 때때로 매우 효과적이다. 매너리즘은 사회적으로 인정받지 못하고 어떤 경우에는 아동에게 해로운 결과를 가져다 준다. 이 행동을 직접 통제할 수 있다고 강조하는데 위험이 따른다. 원인을 고려하지 않고 그 행동을 제거 하려는 데 노력을 집중함으로써 맹아동에게 다른 행동이 나타나게 할 원인이 될 수도 있다.

맹아동에게 사용하는 치료방법에는 ① 처벌 ② 긴장치수 ③ 매너리즘의 의식적 및 목적적 과정과 반복 ④ 행동수정 ⑤ 정신의학적 방법 ⑥ 시각화 후천맹 ⑦ 예방적 측정에 의한 조기 자극 ⑧ 대상활동 ⑨ 교정수술 ⑩ 몸의 구조와 동작에 대한 의식의 증대 ⑪ 적합한 반응의 연습 ⑫ 계속적 일깨움 등이 있다(Eichcl, 1978).

이러한 방법들은 많은 경우에 효과적임이 증명되었다. 학령 아동기에 이르면 학습 행동이 될 수 있다. 더 나이가 들면 언어능력과 치료기술을 사용하는데 필요한 이해력을 갖게 하고 사회적으로 인정받지 않는 매너리즘을 제거할 동기를 작게 한다. 이 단계에서는 어느 정도 협력을 받을 수 있다. 아직 어리고 발달해 가는 아동의 유일한 특징을 고려하거나 방법을 수정하지 않고 사용하는 같은 방법은 대체로 전학령 아동에게는 부적합하다.

매우 어린 아동에게 치료하려는 노력의 범위는 매너리즘 행동의 결과에 따라야 한다. 각 아동의 매너리즘의 정도는 다르다. 이 매너리즘 행동은 크게 세 항목으로 분류할 수 있다.

① 명백히 아동에게 해가 되는 매너리즘 아동을 환경으로부터 차단시키고 사회성 발달을 저해하고 학습을 저해하며 신체적으로 부당한 행동을 한다. 이러한 경우에 치료는 반드시 필요하며 즉시 치료 계획이 조성되어야 한다.

② 보다 덜 발생하는 매너리즘도 부모와 교사에게 관심의 대상이 되고 아동 자신에게 해롭기도 하고 그렇지 않기도 하다. 이 유목의 매너리즘도 치료를 받는데 있어서 아동의 공격성은 강도, 빈도 및 아동의 발달 연령에 달려 있다.

③ 미미하고 자주 나타나지 않는 매너리즘도 아동에게 해로운 영향을 주지 않고 본질적으로 전이한다. 이 경우는 치료는 모든 분야에서 발달을 증진 시킬 수 있는 적절한 교육경험을 제공하는 방향으로 진행되어야 한다. 이 유목에 속하는 많은 매너리즘은 아동의 세계가 확장됨에 따라 사라지고 그 행동에 대한 욕구도 사라진다.

적합한 치료는 맹아동에게 매너리즘의 빈도를 감소시킬 수 있다. 그러나 상식적인 접근방법은 원하지 않은 행동을 유발시킬 수도 있다. 나이가 든 아동을 대상으로 한 연구는 이 맹아동 집단의 매너리즘이 어떤 발달 과정에 있어서 아동에게 특별한 욕구를 충족시켜주는 행동으로써 처음에 시작되었던 학습된 행동이 될 수 있다고 주장했다. 매너리즘행동을 중지하게 하고 아동의 주의력을 다른 곳으로 전환시키고 또 부모와 교사로 하여금 아동이 그 행동을 강화하는 것은 막아야 한다.

맹아동이 주어진 환경 속에서 작용할 때 그 아동에게 주의를 기울여야 한다. 때때로 매너리즘이 특수한 기능을 갖고 있다는 것은 사실이다. 어떤 특정 경우에는 상동 행동이 그 아동에게 가장 적합한 행동일 수도 있다. 부모와 교사들은 경우에 따라서 아동으로 하여금 매너리즘을 직접 제거하도록 돕지 않을 뿐만 아니라 환경 속의 아동을 관찰하므로써 즉 그 행동의 전례와 결과를 주목하고 매너리즘의 욕구를 감소시키기 위하여 환경을 바꾸고 필요한 발달을 성취할 수 있는 기능을 아동에게 제공한다. 주의 깊은 관찰로부터 얻은 이러한 방법은 성인의 세계와 의사소통을 할 수 없는 아동 자신의 이야기로 해석하도록 도울 수 있다. 일단 아동의 행동이 관찰되면 구체적인 치료 계획을 세워야 한다.

매너리즘의 치료 절차에는 3단계가 있다.

제1단계 : 매너리즘에 대한 욕구를 감소시킬 수 있도록 환경을 바꾼다.

주의깊게 관찰해 보면 매너리즘행동은 대체로 특정상황이나 일정한시간 또는 어떤 특정인물과 함께 발생하는 것으로 알려져 있다. 가능하다면 부모나 교사는 환경을 바꾸어 주어야 한다. 그리고 새로운 환경이 매너리즘을 감소시킬 수 있어야 한다. 물건을 빙빙돌리거나 반복적인 방법으로 특정 장난감만을 가지고 노는 아동은 그의 환경으로부터 그 물건을 일시 치워 놓으면 그러한 행동을 감소시키는 경향이다. 하루 중의 시간에 매너리즘이 증가되는 것은 외적 요인에 의하여 원인이 될 수도 있다. 배가 고프거나 피로한 아동 또는 많은 욕구나 새로운 상황을 극복하고 있는 아동은 긴장을 해소하기 위하여 매너리즘행동을 보여 줄 수 있다. 특정 경우에 외부 세계의 모든 욕구로부터 도피하는 수단으로 매너리즘을 사용할 수 있다. 그 아동과 접촉하거나 가르치려 시도할 매너리즘행동의 빈도수가 높아지고 아동의 인내수준은 점차로 상승되어야 한다.

제2단계 : 매너리즘행동과 양립할 수 없는 다른 인정 받는 행동(상반 행동)을 가르친다.

행동은 정확한 이유로 존재한다. 대상행동을 가르쳐 주지 않고 하나의 행동을 제거하는 것은 인정받을 수 없는 다른 행동을 나타나게 할 수 있다. 아동의 욕구를 충족시킬 수 있는 다른 행동을 가르치는 것은 매너리즘을 감소시켜줄 것이다. 좋아하는 장난감을 주고 놀이 행동에 참가하도록 직접 가르쳐 주는 것은 매너리즘행동의 빈도를 감소시킬 수 있을 것이다. 성취하기 어려운 동작의 욕구를 갖고 있는 아동에게 사회적으로 인정받을 수 있는 행동의 출구를 발견하도록 도와 주어야 한다. 아동의 동작의 욕구를 충족시켜 주기 위하여 부모와 교사는 조기의 운동 근육의 독립성을 갖도록 격려하거나 아동이 탐구하는 동작의 욕구를 충족시키기 위하여 그네와 장난감을 준다.

제3단계 : 아동의 행동에 대한 사회적 결과의 인지능력을 발달시키고 인정받을 수 있는 행동을 강화한다.

　어린 맹아동의 매너리즘행동을 보고 지나쳐 버린다고 해서 매너리즘행동의 빈도를 감소시킬 수 없을 것이다. 이 방법은 사회적 결과가 강화해 주는 행동에 적합하지 않다고 해도 대체로 어린 맹아동에게 있어서 매너니즘행동의 강화는 직접 성인의 통제하에 있는 것이 아니라 동시에 매너리즘행동을 지나쳐 버리는 것도 이 행동들이 보다 확고하게 굳어지는 것을 막을 수 있을 것이다. 부모와 교사가 강화해 줄때 매너리즘과 양립할 수 없는 행동 즉 인정받을 수 있는 행동의 빈도가 높아진다. 어린 맹아동에게 주는 긍정적인 보상에는 신체적으로 표현되는 애정과 칭찬의 형태로 나타나는 부모의 관심이 포함된다. 흔들어 주고, 안아 주고, 쓰다듬어 주고, 노래를 불러 주는 것과 같은 행동은 많은 아동에게 즐거움을 준다. 때때로 사회적 강화제로 연상되는 적은 음식물은 최초의 행동을 형성시켜 주는 데 도움을 준다. 각 아동이 좋아하는 것이 무엇인가를 아는 것은 중요하다.

23. 전자 및 컴퓨터공학 도입

　　첨단 과학기술을 이용한 재활공학(rehabilitation enginnering)과 특수교육공학(special education technology)이 학문분야로 자리를 잡으면서 장애자의 재활과 교육분야가 눈부신 발전을 거듭하게 되었다. 시각장애 교육분야에도 컴퓨터 보조수업과 컴퓨터의 비중이 커졌고 컴퓨터교육도 초등학교 3~4학년에서 시작하는 나라가 많았다. 이와 같은 컴퓨터에 의한 교육이 가능해진 것은 선진국들이 촉각, 청각, 시각등의 분야에서 컴퓨터의 주변 기기들을 개발하여 경쟁적으로 보급하고 있고, 각 나라들은 이러한 기초들을 구입하여 시각장애자들에게 공급하기 때문이다. 그 중요한 하드웨어와 소프트웨어를 살펴보면 다음과 같다.

1. 시각기재

1) 확대문자 출력장치(Closed Circuit Television)

　　약시자용 확대 독서기라고도 하는 CCTV는 묵자 자료나 평평한 물체를 전자적으로 확대하여 그 상을 텔레비젼 화면에 투사하는 장치이다. 명도와 대비를 조절할 수 있고 흰 바탕에 검은 글씨 또는 검은 바탕에 흰 글씨를 선택할 수 있다. 한줄 또는 두세줄만 보이게하고 나머지 부분은 가릴 수 있는 것도 있다.

　　부품을 덧붙이면 칠판, 타자기 또는 microfiche reader의 글씨도 읽을 수 있다. 또한 컴퓨터와 연결되면 이 CCTV의 화면이 컴퓨터의 모니터 대신 쓰일 수 있다.

　　카메라 작동법 뿐만 아니라 카메라 밑에서 자료를 이동시키는 방법과 가장 편안한 작업거리와 문자의 크기를 정하는 법도 학습하게 한다. 잘 알고 있는 경치나 인물을 찍은 사진을 확대하여 세밀한 부분까지 탐색하게 하거나, 작은 물체, 곤충등을 관찰하게 한다.

　　이 CCTV는 자료를 확대하는데 시간이 걸리지 않고 곧바로 할 수 있는 장점이 있는 반면에, 값이 비싸고 너무 커서 휴대하기가 곤란한 단점도 있다.

　　Coloreader 섬유 광학을 이용한 Coloreader는 8.5배 또는 25배 확대된다. 색깔을 확대하고 고리같은 평평한 3차원 물체를 투영할 수 있다. Viewscan휴대용 확대 장치로서, 손에 쥘 수 있는 소형 카메라를 자료에 접근시키면 텔레비젼 튜브에 확대되어 나타난다. 명도와 배율을 조절할 수 있으며 컴퓨터와 연결될 수 있다. 텔레비젼 튜브위의 확대된 상을 읽으면서 소형 카메라로 자료를 추적하는 방법을 학습하게 한다.

미국과 유럽에서 개발한 확대문자 출력장치는 3~60배의 확대가 가능하지만, 일본에서는 최고 256배로 확대할 수 있게 했다. 이와 같이 일본에서 배율을 크게 높인 것은 약시자가 한자를 읽을 수 있도록 하기 위한 것이다.

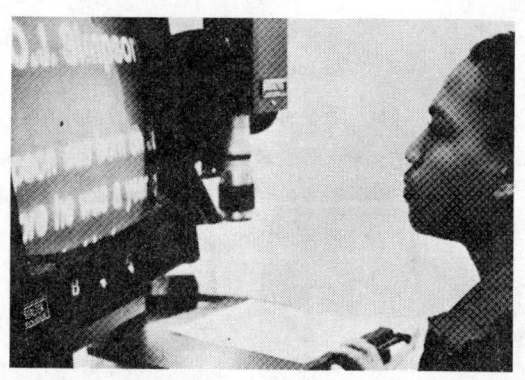

〈그림23-1〉 CCTV로 책읽기

2. 촉각기재

1) 무지점자기(Paperless Braille)

Paperless Braille은 점자 타자기에서 사용하는 키와 같은 것을 사용하여 종이가 아닌 카세트 테이프나 디스크에 점자를 저장하는 장치이다. 저장된 정보는 점자의 형태로 인출되는데, 이것은 각 점칸마다 6개 또는 8개의 작은 구멍이 있고, 밑으로부터 핀들이 올라와 점자를 만드는 12-48개의 한줄 또는 두줄의 점칸에 재생된다. 또한 저장과 인출 뿐만 아니라 편집도 할 수 있으며, 컴퓨터, 타자기, 계산기 등과 접속될 수 있다.

Papereless Braille의 장점은 다음과 같다. 즉, 적은 공간에 많은 점자가 기록될 수 있는 바, 60분용 카세트 테이프 1개에 점자지 300-500페이지 정도의 점자가 기록된다. 편집과 수정이 되며, 다른 기계들과는 달리 점자 입력 및 출력 두가지가 모두 가능하다. 음성 합성 장치는 묵자를 잘못 읽어주기도 하지만 이것은 묵자 대 점자가 일 대 일로 대응되므로 정확도가 높다. Optacon과 비교해 볼 때 읽기 속도가 빠르다. 전자 키보드를 사용하므로 소음이 적고 덜 피로하다.

한편, Paperless Braille의 단점은 다음과 같다. 즉, 정보가 12-48개의 점칸에만 표시될 뿐 넓은 면에 표시되지 않기 때문에 정보를 탐색하는데 시간이 많이 걸린다. 컴퓨터와 접속되었을 때 모든 정보가 컴퓨터 점자로 표시되므로(1급 점자, Nemeth Code, 컴퓨터 점자에서만 쓰는 독특한 문장부호 및 기타 기호 등등)종이위에 쓴 점자를 읽을 때와는 다른 양식으로 느리게 읽게 된다. 컴퓨터 프로그램이나 게임이 필수적인 도형의 표시가 어렵다. 다른 기종의 Paperless Braille과는 호환이 되지 않는다. 어린 학생들이 들고 다니기에 너무 무거우며 가격이 너무 비싸다.

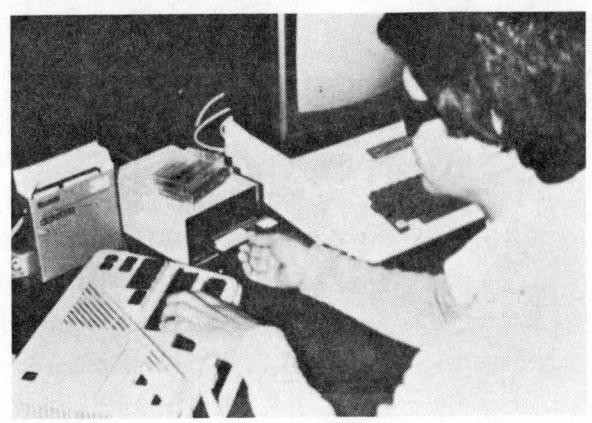

〈그림23-2〉 Versabraille

2) 옵타콘(Optacon)

Optacon은 시각적 상을 그대로 촉각적 상으로 바꾸어 준다. 이것은 묵자를 점자로 점역해주는 것은 아니다.

오른손으로 소형 카메라를 자료 위에서 움직이면서, 왼손 인지를 100 또는 144개의 진동편으로 된 촉지판 위에 올려놓고 촉각적 상을 느낀다. 타자기용, 음극선관(CRT)용, 또는 확대용 카메라를 사용하여 타자되고 있는 글씨, 컴퓨터나 계산기의 화면 또는 작은 글씨 등을 읽는다.

Optacon의 장점은 다른 사람이나 다른 매개 장치를 거치지 않고도 시각적 자료에 직접 접할 수 있고, Paperless Braille과는 달리 전체를 훑어 볼 수 있다는 점이다. 단점은 읽기속도가 느리며, 너무 큰 글씨나 작은 글씨나 인쇄 상태가 좋지 않은 글씨 등을 읽을 수 없으며, 컴퓨터로부터 정보를 받아들일 수는 있으나 보낼 수는 없으며, 사용법 훈련 시간이 많이 걸린다는 점 등이다.

3. 청각기재

1) 음성압축기(Speech Compressor)

Speech Compressor는 테이프의 음성 출력 속도를 빠르게 하여 Compressed Speech를 만든다. Tempo Regulator나 컴퓨터 기법을 사용하여 단어들 사이와 문장들 사이의 쉬는 시간을 없애거나, 모음 소리를 모두 짧게 한 다음에 재녹음한다. 이 방법은 음성의 명료도나 음질을 떨어뜨리지 않고 동일한 자료를 짧은 시간에 듣게 해 준다.

2) 음석가속기(Speech Accelerator)

Speech Accelerator는 녹음된 속도보다 더 빠른 속도로 테이프를 재생시켜 Accelerator Speech를 만든다. 이 방법은 속도를 조금 증가시켰을 때는 큰 문제가 없으나, 많이 증가시켰을 때는 "Donald Duck"라는 음질 왜곡 현상이 발생되어 듣기가 곤란해진다. 이 음조 변환효과를 제거하는 장치가 있다.

음성 가속법이 음성 압축법보다 쉽고 비용이 덜 들기는 하지만, 음질면이나 사용상의 유연성에서는 뒤떨어 진다.

3) 음성합성장치(Speech Synthesizer)

컴퓨터의 산물인 음성 합성 장치는 묵자를 읽어주는 기계나 컴퓨터의 음성 출력 단말기로 이용되며 타자할 때 feedback하는데 사용된다.

이것은 점자를 모르는 시각 장애자도 비교적 이해하기 쉬우며, 음성의 속도, 음의 고저 및 크기, 음질을 조절할 수 있다. 또한 이것은 낱글자나 단어로 읽어주며, 입력된 것을 재검토할 수도 있게 해준다. 한편, 도형과 같은 것은 읽을 수 없으며, 틀리게 철자된 단어를 바르게 소리내기도 하고, 바르게 철자된 것을 틀리게 소리내기도 한다. 이 음성합성 장치 중 대표적인 것은 Echo-Ⅱ Speech Synthesizer와 Dec-talk와 IBM컴퓨터용인 Spequalizer가 있다

4) 묵자낭독기(Kruzweil Reading Machine)

Kruzweil Reading Machine은 묵자를 소리내어 읽어주는 것으로서, 주사기(Scanner), 전기전자회로, 키보드 등으로 구성되어 있다. 책등을 주사기위에 펴놓으면 자동적으로 첫줄을 찾아 입력한 다음 수초후에 음성으로 출력된다. 키보드를 사용하여 주사 속도나 읽는 속도, 음의 고저 등을 조절하거나, 낱글자나 단어로 읽게 한다. 사람이 낭독하는 것보다 대단히 빠르게 읽을 수 있으며, 짧은 훈련 기간으로도 이 합성음을 쉽게 이해할 수 있다.

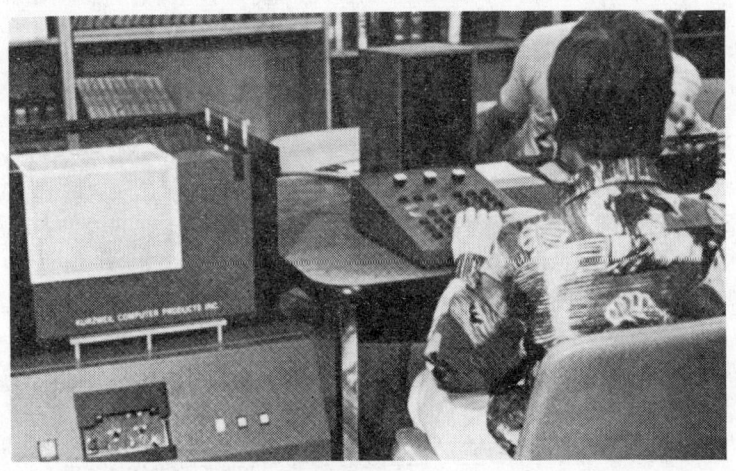

〈그림23-3〉 Kruzweil Reading Machine으로 읽기

읽기 프로그램 대신에 계산 프로그램을 수행하게 하면 보통의 계산은 물론 대수, 삼각함수, 지수 함수까지 계산하여 그 결과를 음성으로 출력한다. 컴퓨터와 연결하면 컴퓨터 화면에 출력되는 정보가 음성으로 출력된다. 점자 프린터기와 연결하면 점자로 출력된다.

4. 컴퓨터

컴퓨터 공학의 급격한 발달로 시각 장애자들이 컴퓨터에 쉽게 접근할 수 있게 되었다. 잘 보는 사람들이 가정이나 직장에서 또는 교육용으로 컴퓨터를 사용하는 것처럼 시각 장애자들도 이와 같은 분야에서 컴퓨터를 사용하고 있다. 시각 장애자용 주변 기계와 소프트웨어가 추가된 컴퓨터를 사용함으로써 잘 보는 사람들과 나란히 정보를 획득하고 조작할 수 있게 되었다.

시각 장애자를 위해 특정하게 고안된 하드웨어와 소프트웨어 그리고 시중에서 쉽게 구할 수 있는 것들을 부착하여 컴퓨터를 쉽게 사용할 수 있다. 그러나, 유감스럽게도 어떠한 것이라도 한가지 시스템으로 시각 장애자의 모든 욕구를 완전히 충족시켜주는 것은 없다. 필요한 시스템의 종류와 무엇을 어떻게 개작해야 할 것인가는 사용자가 해야되는 과제를 처리해 줄 수 있는 하드웨어와 소프트웨어가 무엇이냐에 따라 다르다.

확대 문자 출력이 필요한 경우에 확대 문자 출력 시스템을 구입하거나, 일반 컴퓨터 시스템의 화면위에 확대 문자를 출력하게 하는 소프트웨어를 구입하면 된다. 또한, Viewscan과 같은 확대 문자 장치와 CCTV를 컴퓨터에 연결하여 확대 문자를 출력한다. 확대 문자 프로그램 및 시스템은 도형을 나타내거나 애니메이션이 되지 않는다. 어떤 프로그램은 글자의 세로 방향 뿐만 아니라 가로 방향까지 크게 한다. 한편, 보통 컴퓨터를 일부분 개작하거나 프레넬 렌즈를 사용한 화면 확대기를 부착하여 시각 장애자의 욕구를 충족시킬 수 있다.

그래픽스와 색깔은 시각 자극과 추적 연습에 사용된다. 이러한 경우에 화면과 그래픽스 프로그램은 높은 해상도를 갖는 것이어야 한다. 이는 해상도가 높으면 그림의 모양이나 글자가 보다 더 깨끗하고 정밀하기 때문이다.

컴퓨터를 가장 흥미롭게 그 사용 영역을 급격하게 팽창시켜 가는 사용자들은 점자를 이용하는 사람들일 것이다. 음성 입력 및 출력 장치와 점자 입력 및 출력 장치는 맹인이 묵자, 구두어, 촉각적 자료들을 조작할 수 있게 한다. 적합한 하드웨어, 소프트웨어 그리고 주변 기계를 사용하여 문서작성 프로그램을 사용한다. 이때 자료 입력은 컴퓨터의 보통 키보드, 보통 키보드위에 양각된 점자를 붙인 점자 키보드 또는 Paperless Braille의 입력판을 사용한다. 저장된 정보는 점자 및 묵자 프린터기 또는 음성 합성 장치로 출력된다.

이와같은 것은 교육자와 학생들에게 매우 흥미로운 것이다. 교육자는 수업내용이나 검사문제를 컴퓨터에 저장한 다음에 각 학생의 욕구에 따라 적합한 하드웨어나 소프트웨어를 사용하여 일반 문자 및 확대 문자, 점자, 음성 등으로 출력되게 한다. 한편, 학생들은 숙제나 검사 문제의 답을 점자 등으로 입력한 다음 교사에게 묵자로 된 것을 제출한다.

시각 장애자를 위한 소프트웨어 가운데는 컴퓨터와 주변 기계 활용, 점자 학습, 교과 학습, 문서작성과 통계 처리 등의 팩키지 프로그램 등이 있다.

〈그림23-4〉 마이크로 컴퓨터의 활용

24. 일상생활기능의 지도

시각장애아의 생활적응기능(life adjustment skills)은 일상생활기능(daily living skill)과 보행(orientation and mobility)으로 구분된다. 최근에는 일상생활기능을 사회적 기능(social skill)으로 표기하여 일상생활기능, 대인관계, 의사소통, 성교육, 여가선용으로 구분하기도 한다. 본 고에서는 일상생활속에 사회적 기능을 포함시켜서 논의 한다. 특히, 청결 및 위생, 의생활, 식생활, 학습생활, 사회생활로 나누어 그 내용을 요약하여 제시하고 몇가지 지도방법을 간단히 다루기로 한다.

1. 일상생활기능 지도상의 유의점

① 교육과정의 내용을 근거하여 지도하되 아동의 수준에 따라 그 범위를 적절히 재구성하고 학교급별, 학년별 계열성을 유지한다.

② 지도를 하기전에 아동의 현재수준을 정확히 평가하여 어디서부터 가르칠 것인가를 정한다.(출발점 행동)

③ 개별화를 전제로하여 지도하되 한 과제, 예컨대, 식사, 배설 등을 선정하였으면 작은단계로 분석하여 단계적으로 지도한다.

④ 관련교과, 예컨대 보행훈련, 가정, 체육, 사회, 산수 등과 연관하여 지도하되 시각장애이기 때문에 꼭 가르쳐야 할 내용에 유념한다.

⑤ 지도방법과 자료개발에 유의하고, 생활의 흐름속에서 일관성을 가지고 지도한다.

⑥ 아동의 안전사고에 유념 지도한다.

2. 영역별지도

1) 청결 및 위생 (personal cleanliness and hygiene)

청결 및 위생은 개인의 가장 기초적인 자기보호기능이며 개인의 건강이나 몸치장과 관련한 중요영역이다. 즉, 세수와 세면, 양치질, 머리감기와 손질, 목욕, 손톱과 발톱깎기, 여성생리, 면도, 배설, 수면, 청소 및 정리정돈, 응급처치와 소독 등이 중요한 지도내용이다. 특히 혼자 변보기, 소변보기, 세수나 세면때의 귀와 코의 보호, 목욕시의 뜨거운물과 찬물구별, 적정한 양(방법)의 치약짜기, 면도시의 피부보호, 생리기간의 신변처리, 머리감기와 빗질할때의 유의사항, 미용의 바른지도, 손톱손질과 손톱깎기의 사용, 상처의 소독이나 응급처치법, 규칙적인 배변과 수면의 지도, 빗자루와 쓰레받기 사용법, 걸레질, 목욕탕의 청소, 소독액의 사용, 가구의 먼지털기 자기방의 용구정리 등은 세심한 지도를 필요로 한다.

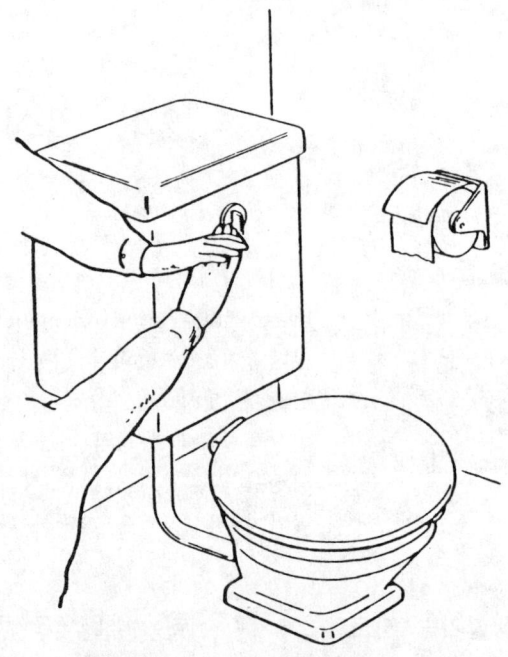

〈그림24-1〉 변기사용법지도

맹아에게는 화장실 혼자 찾아가기, 대소변을 보기위한 바른위치 찾기, 용변 본 후의 세척, 뒷처리 물건(물, 화장지, 수건)찾기 등을 지도한다.

〈그림24-2〉 마루나 방쓸기

신을 벗고 마루를 쓰는 것이 맹인에게는 쉬울것이다. 이것은 더 좋은 촉각적인 정보를 제공해 주기 때문이다. 발은 쓸고 있는 곳이 깨끗한지를 확인할 수 있는 단서를 느낄 수 있다.

방에서는 같은 장소에서 시작해서 문쪽으로 쓸도록 하고 벽과 가구의 배치는 위치의 선정을 도와주고 방을 부분으로 나누는데 도움이 된다. 문은 닫혀 있도록 한다. 이것은 바람이 불어 집으로 먼지가 들어오는 것을 막아주기 때문이다. 마루를 쓸 때에는 한 방향으로 쓸고 다음에 다른 방향으로 쓴다. 이것은 모든 곳을 깨끗하게 하는데 좋다.

2) 의생활(dressing and undressing skill)

본 영역에서는 옷의 종류와 식별, 옷의 선택과 구입, 옷의 착탈의, 옷의 정리정돈과 보관, 바른 옷차림과 배색, 세탁하기와 건조, 다림질, 간단한 옷의 수선, 신발의 종류와 식별, 신발의 선택과 구입, 신발을 바르게 신기, 구두의 손질 등이 중요한 지도내용이다. 특히 겉과 속의 구별, 앞과 뒤의 구별, 입고 벗는 동작, 단추같은 부속품의 처리, 기온과 계절에 맞는 옷의 조절, 장갑, 모자, 신발등의 사용, 배색에 대한 관심, 손빨래와 세탁기 사용법 빨래널기, 개는법 등에 유의하여 지도한다. 이를테면, 맹아의 옷입기를 지도할 때는 옷의 앞뒤 구별을 위한 마크의 관찰, 신발이나 장갑의 좌우구별, 단추잠그기와 지퍼잠그기 같은 것은 손의 감각적 느낌이 익숙해질 때까지 가르치며, 만약 어려움이 있으면 지퍼에 끈을 달아주는 등의 방법도 고안한다. 아침에 옷입는 습관, 외출시의 옷 골라 입기, 날씨에 따라 옷입기 등은 지도의 한 예이다.

맹인에게는 그들이 쉽게 찾을 수 있도록 보관하는 것이 중요하다. 형태(종류)에 따라 옷을 배열한다(셔츠, 양말, 양복, 넥타이 등). 사용 빈도에 따라 배열한다(자주 입는 옷은 앞쪽에 드물게 입는 옷은 뒤쪽이나 높은 선반에). 한 개의 옷걸이에 한 벌씩 건다(치마와 그에 맞는 블라우스, 셔츠와 바지 등). 색상에 따라 배열한다(흰 셔츠끼리).

옷의 구별에 있어서는 만들어진 재료에 따라, 특별한 바느질, 디자인, 유행에 따라, 옷에 부착된 특별한 표식으로 할 수 있다. 칼라 뒤의 안쪽이나 허리부분의 안쪽에 특별한 표식이 부착됐다면 다른 사람의 도움 없이 쉽게 보관하고 찾을 수 있다. 그런 표식들은 점자 꼬리표, 안전핀(갈색바지에는 한 개, 파란 색에는 두 개 등), 프랑스식 매듭(회색 양복에 매듭 한 개, 파란 색 양복에 두 개 등)등으로 할 수 있으며, 맹인은 그 단서를 기억하고 있어야 한다.

3) 식생활(eating skill)

식생활지도의 내용은 영양과 건강, 음식의 종류 및 식별, 바른 식사법과 습관, 식사예절, 가정경제(주방시설과 기구다루기), 밥짓기와 설겆이, 차 타기와 과일깎기, 식단짜기, 장보기, 상차리기, 특별한 음식 만들어 먹기 등이 포함된다. 특히 편식의 방지, 균형식사, 식사 전후의 손씻기와 양치질, 식탁에 앉기, 상체를 심하게 굽히지 않도록 지도, 불규칙한 식사, 식탁예절의 지도가 중요하다. 또한 시계법을 이용한 음식 식별, 한식과 양식의 상차리기 및 식사법, 주방의 물리적인 배치와 조리용구 다루기, 주방설비와 비품의 구별, 슈퍼나 연쇄점에서 장보기, 조미료와 액체 따르기에 있어서의 방법, 병이나 깡통을 종류별로 따는 법, 테이블과 그릇닦기, 행주의 사용과 보관 등에 유의하여 가르친다.

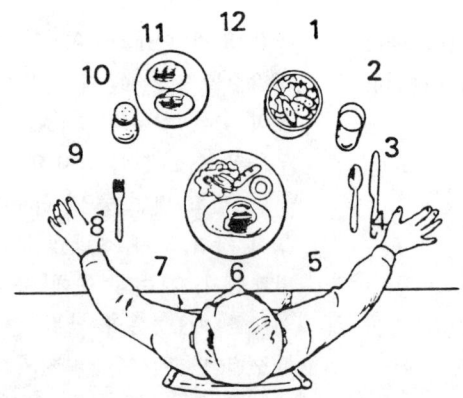

〈그림24-3〉 식탁과 접시위의 음식지도(시계법)

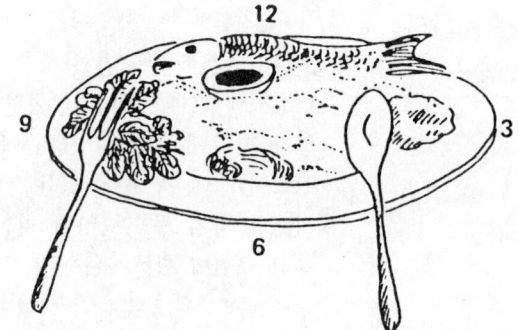

〈그림24-4〉 접시위의 음식지도(시계법)

- 맹인이 자기 접시 위의 음식을 찾으려면 시계법이 역시 도움이 된다. 시계법은 음식 위치를 쉽게 찾을 수 있게 해주고 손가락으로 만지지 않아도 음식을 구별할 수 있게 해준다. 이 방법은 접시를 사용하든지, 대접을 사용하든지 쟁반을 사용하더라도 이용될 수 있다. 밥은 접시의 중앙에, 생선은 12시, 야채는 9시 뜨거운 소스는 3시, 오이지는 6시에 놓는다.

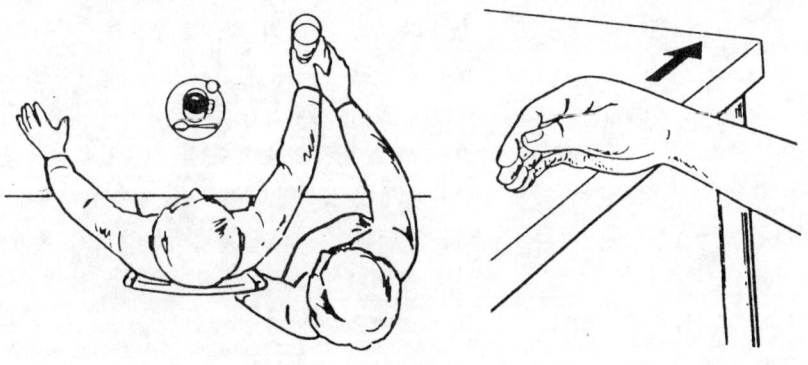

〈그림24-5〉 테이블위의 음식탐색

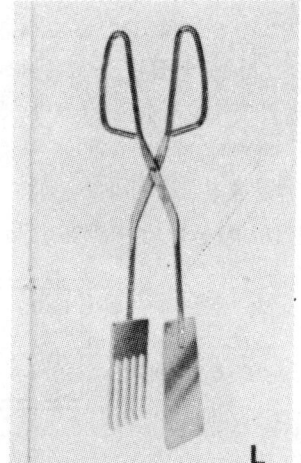

〈그림24-6〉
음식 뒤집는 기구

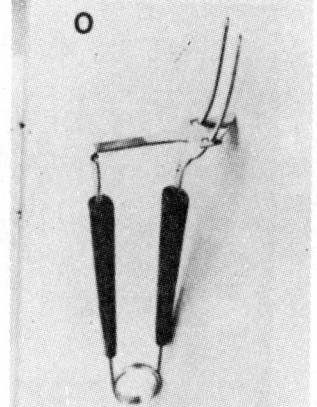

〈그림24-7〉
자동식 포크

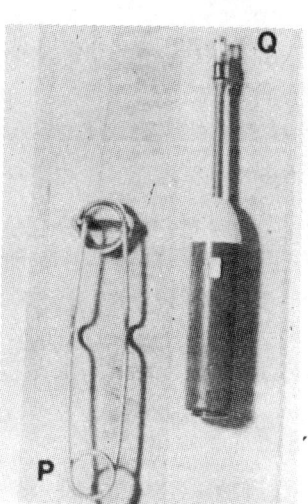

〈그림24-8〉
가스스토브 라이터

4) 사회생활(social skill)　청년기 시각장애아의 사회적기능은 중요한 영역의 하나이다. 사회적기능은 매우 광범위하지만 특히 대화방법, 악수, 소년소녀의 상호예절, 호의베풀기, 도움청하기 등의 에티켓을 언제, 어떻게 사용하는지를 가르쳐야 한다. 여기서는 자신의 소개법과 상대방을 바로 쳐다보고 애기하는 대화방법, 그리고 모빌리티 영역에서도 중시하는 자세와 표정, 몸짓 등은 강조되어야 할 영역이다. 바른자세는 품위를 유지하고 건강에도 좋다. 더우기 맹아의 매너리즘은 인간관계에 좋지못한 영향을 주기 때문에 알맞는 얼

굴표정이나 대화시의 제스츄어는 반복지도 되어야 한다. 그리고 사회활동에 있어서의 행동, 게임과 레크레이션의 참여, 식당에서의 예절, 데이트시의 예절, 전화기의 종류와 사용법, 전화통화의 예절, 다이얼식 전화의 사용법 훈련, 화폐의 식별과 관리, 특히 동전의 구별과 지폐의 보관법, 손님접대와 방문예절 등 시각장애아가 원만한 인간관계를 유지하고 품위있는 사회인이 되도록 구체적인 방법으로 지도한다.

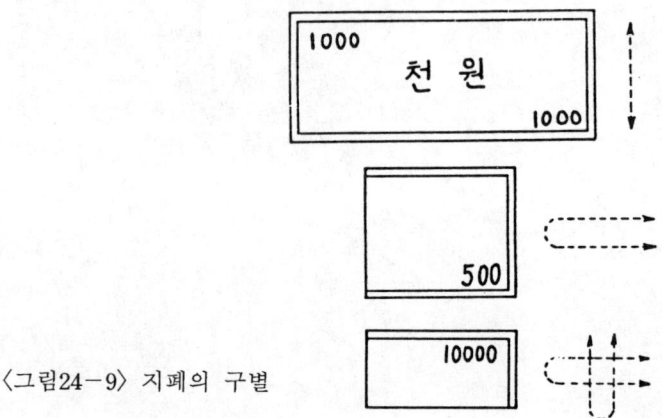

〈그림24-9〉 지폐의 구별

- 맹인이 자기 지폐의 액면가를 안 후에는 액면가 대로 접어서 보관한 후에는 필요할 때 접은 방식에 의해 지폐를 구별하여 사용할 수 있다. 가장 많이 통용되는 1,000원권은 펴서 보관하고 그 다음 큰 액수인 5,000원권은 반으로 접어서 보관한다. 가장 큰 10,000원권은 세로로 반을 접은 후, 가로로 접어서 보관한다. 접는 방법 이외에 지갑 표면에 각 화폐 크기에 맞는 정확한 표시를 하여 두거나 보조 측량기구를 만들어 사용하는 방법도 있으며 보유 시력이 있는 사람은 각 지폐의 색깔을 보고 판단할 수도 있는데, 10,000원권은 연한 초록색, 5,000원권은 벽돌색, 1,000원권은 연한 자주색 등으로 구별된다. 동전은 크기, 무게, 테두리의 형태 등에 의해서 구별한다.

3. 현재수준의 파악과 과제분석

현재수준(출발점행동)의 파악과 과제분석은 아동지도에 매우 중요한 작업의 하나이다. 교수학습의 출발점을 정할 수 있고 개별화 교수의 기본전제로서 두 작업은 상호 관련성을 지니고 있다. 생활훈련에서도 현재수준과의 파악과 과제분석을 통한 지도가 매우 효과적이다.

1) 현재수준파악

(1) 식사의 예
- 혼자서는 먹을 수 없다.

- 먹을 수 있다.
- 손으로 먹는다.
- 보조자가 내민 스푼을 손으로 가져가서 먹는다.
- 흘리면서 스푼을 사용해서 혼자 먹는다.
- 스푼을 사용해서 혼자 먹는다.
- 식기를 놓은 채로 젓가락으로 저어서 먹는다.
- 식기를 쥐고 젓가락으로 저어서 먹는다.
- 흘리지만 젓가락으로 집어서 먹는다.
- 젓가락을 사용해서 스스로 잘 먹는다.
- 젓가락, 포크, 스푼을 적당히 사용해서 잘 먹는다.

(2) 목욕의 예
- 목욕을 싫어한다.
- 탕에 들어가기 전에 몸을 씻지 않는다.
- 어깨까지 충분히 잠기게 하려고 하지 않는다.
- 몸의 구석구석까지 씻을 수 없다.
- 머리를 씻으면 울기도 하고 싫어 하기도 한다.
- 스스로 비누와 샴푸를 사용해서 머리를 씻는다.
- 목욕후 몸을 수건으로 닦을수 없다.
- 목욕탕이 너무 더워 스스로 물을 미지근 하게 할 수 있다.
- 미지근 할 때는 미지근하다고 알리지 않고 들어가 버린다.
- 적당한 시간 잠기지 않는다.
- 혼자서 또는 친구들과 목욕하려 하지 않는다.

(3) 양치질의 예
- 스스로 칫솔에 치약을 바르고 정확한 방법으로 구석구석 잘 닦는다.
- 어쨌든 혼자서 칫솔에 치약을 바르고 닦는다.
- 스스로 닦지만 치약을 짤 수 없다.
- 보고 있으면 닦는다.
- 닦을 때 도움을 필요로 한다.
- 이를 닦지 아니한다.

2) 과제분석

(1) 바지입기의 예
단계1 바지에 손을 댄다.
단계2 앉는다.
단계3 다리를 적당히 벌려서 바지속으로 발 넣기
단계4 발목위로 바지 끌어올리기

단계5 일어선다.
단계6 무릎위로 바지를 끌어올린다.
단계7 엉덩이위로 바지를 끌어올린다.
단계8 허리로 바지를 끌어올린다.

(2) 수저 사용의 예
단계1 수저를 잡는다.
단계2 수저로 음식을 뜬다.
단계3 입으로 수저를 들어 올린다.
단계4 수저를 입에 넣는다.
단계5 입에서 수저를 빼낸다.
단계6 음식을 먹는다.
단계7 다시 음식을 떠올리기 위해 접시로 수저가 되돌아 간다.

4. 제 7차 교육과정의 일상생활훈련 내용

1) 식 생 활

(1) 손과 빨대 사용하기
- 손으로 집어먹기
- 빨대 사용하기

(2) 식사 도구 사용하기
- 숟가락 사용하기
- 포크 사용하기
- 젓가락 사용하기
- 포크와 나이프 사용하기

(3) 기타 도구 사용하기
- 병따기
- 캔따기
- 과일껍질 벗기기
- 컵에 물 따르기
- 양념, 소스 사용하기

(4) 음식 식별하기
- 상한 음식 구별하기
- 음식물 위치 알기

(5) 식사하기
- 식사예절 익히기

- 한식 먹기
- 양식 먹기
- 포장된 음식 먹기

(6) 음식점 이용하기
- 주문 및 예약하기
- 뷔페식당 이용하기
- 양식당 이용하기
- 패스트푸드점 이용하기

(7) 가스기구 다루기
- 가스렌지 사용하기
- 휴대용 가스렌지 사용하기
- 가스누출 점검하기

(8) 주방기구 다루기
- 냉장고 사용하기
- 전자렌지 사용하기
- 밥솥 사용하기
- 믹서기 사용하기
- 토스트기 사용하기
- 식기건조기 사용하기

(9) 조리기구 다루기
- 후라이팬 사용하기
- 식칼 사용하기
- 기타 조리기구 다루기

(10) 재료 준비하기
- 시장보기
- 식품의 분류와 보관하기

(11) 조리 준비하기
- 다듬기
- 씻기
- 썰기
- 다지기
- 계량기 사용하기
- 반죽하기

(12) 조리의 기본방법 익히기
- 데치기와 삶기
- 조리기
- 찌기
- 볶기
- 굽기

(13) 끓이기
- 물 끓이기
- 차 끓이기

(14) 간단한 요리하기
- 주방환경 익히기
- 라면 끓이기
- 계란 삶기
- 감자, 고구마 삶기
- 샌드위치 만들기
- 계란 후라이 하기

(15) 상 차리기
- 음식 담기
- 상 차리기

(16) 음식 처리하기
- 남은 음식 보관하기
- 쓰레기 처리하기

(17) 그릇 씻기
- 씻기
- 소독하기
- 보관하기

2) 의 생 활

(1) 옷의 종류 구분하기
- 옷의 기능과 역할 이해하기
- 용도에 따른 옷 종류 구분하기
- 옷감 구별하기

(2) 의복 선택하기
- 자기 몸에 맞는 의복 선택하기

- 의복의 색상과 무늬 이해하기
- 계절과 행사에 따른 의복 선택하기

(3) 액세서리 선택하기
- 액세서리의 종류와 기능 알기
- 옷과 어울리는 액세서리 고르기

(4) 의복의 안팎, 앞·뒤, 위·아래 구별하기
- 의복의 안팎 구별하기
- 의복의 앞·뒤 구별하기
- 의복의 위·아래 구별하기

(5) 단추, 지퍼 사용하기
- 단추 끄르고 꿰기
- 지퍼 사용하기
- 후크, 똑딱단추, 벨크로 사용하기

(6) 끈 매기
- 끈, 리본을 여러 방법으로 매기
- 혁대와 멜빵 착용하기
- 운동화 끈 매기

(7) 속옷 입기
- 속옷 입고 벗기
- 내의 입고 벗기
- 브레지어 착용하기

(8) 옷 입기
- 스웨터 입고 벗기
- 단추 있는 옷 입고 벗기
- 바지 입기
- 후크가 있는 바지 입기

(9) 기타 의복 착탈의 하기
- 양말 신고 벗기
- 타이즈와 스타킹 신고 벗기
- 넥타이 매기
- 장갑 끼고 벗기
- 모자 쓰고 벗기
- 신발 신고 벗기
- 액세서리 착용하기

(10) 한복 입기
- 남자 한복 입기
- 여자 한복 입기

(11) 옷 개기
- 속옷 개기
- 상의 개기
- 하의 개기
- 기타 의복 개기

(12) 의복 보관하기
- 옷 보관하기
- 기타 의복 보관하기
- 방충제, 방습제 사용하기

(13) 의복 재활용하기
- 의복의 재활용 방법 알기

(14) 바느질하기
- 바늘에 실 꿰기
- 간단한 바느질하기
- 단추 달기
- 가위질하기

(15) 의복 손질하기
- 옷의 먼지나 오물 제거하기
- 방석, 베개, 쿠션 카바 입히기
- 구두 닦기
- 다림질하기

(16) 세탁하기
- 옷감에 따라 빨래감 구별하기
- 세제를 사용하여 손빨래하기
- 세탁기와 탈수기를 사용하여 빨래하기
- 빨래 삶기
- 빨래 건조하기
- 얼룩 제거 방법 알기

(17) 세탁소 이용하기
- 세탁소 이용하기
- 빨래방 이용하기

3) 건강 및 위생생활
(1) 세면도구 사용하기
- 수도꼭지의 사용법 알기
- 기타 세면 도구 사용하기
(2) 목욕하기
- 손발 씻기
- 세수하기
- 목욕하기
(3) 이 닦기
- 치약 짜기
- 양치질하기
(4) 머리 손질하기
- 머리 감기
- 머리 말리기
- 머리 손질하기
(5) 용모 단정히 하기
- 손톱, 발톱 깎기
- 안전 면도기 사용하기
- 전기 면도기 사용하기
- 이·미용실 사용하기
- 화장하기
- 코 풀기
- 귀 닦기
(6) 화장실 사용하기
- 화장실에서의 예의 알기
- 좌변기 사용하기
- 양변기 사용하기
- 소변기 사용하기
- 비데 사용하기
- 화장지 사용하기
(7) 화장실 청소하기
- 화장실 청소하기
- 화장실 소독하기
(8) 상처 치료하기
- 구급약품의 종류와 사용법 알기

- 간단한 찰과상 처치하기
- 붕대와 반창고 사용하기

(9) 응급 처치하기
- 화상시 응급처치하기
- 골절시 응급처치하기
- 약물중독시 응급처치하기
- 해열하기
- 119 이용하기

(10) 건강 관리하기
- 예방 접종하기
- 정기 건강 진단 받기
- 신체 징후 알기
- 의료기관 이용하기
- 정기적인 운동하기
- 의안 관리하기

(11) 생리 처리하기
- 생리용품 구입하기
- 생리대 사용하기

(12) 몸 관리하기
- 생리 때 몸 관리하기
- 효과적인 옷차림하기

4) 가정생활

(1) 아기 돌보기
- 우유 먹이기
- 기저귀 갈기
- 아기 보기

(2) 물건 정리하기
- 침구 정리하기
- 학습도구 정리하기
- 책상 정리하기

(3) 화분 관리하기
- 화초 구분하기
- 화초 가꾸기
- 분갈이 하기

(4) 냉·난방기 관리하기
- 선풍기, 에어컨 관리하기
- 난로, 온풍기 관리하기
- 난방용 보일러 관리하기

(5) 식사 준비 돕기
- 식사 준비 돕기

(6) 가계 돕기
- 용돈 관리하기
- 각종 영수증 챙기기
- 저축·통장 관리하기

(7) 물건 소독하기
- 일광 소독하기
- 약품 소독하기

(8) 청소하기
- 먼지 떨기
- 바닥 쓸기
- 걸레로 닦기
- 진공 청소기 사용하기
- 유리창 닦기

(9) 청소 후 정리하기
- 쓰레기 치우기
- 청소 도구 보관하기
- 살충, 살균제 뿌리기

(10) 손님맞이와 배웅하기
- 손님 맞이하기
- 손님 배웅하기

(11) 접대 및 대화하기
- 다과 내오기
- 대화의 자세 알기

(12) 예절의 기초 알기
- 절하는 방법 알기
- 경조사에서의 인사말 알기
- 항렬과 촌수 따지는 법 알기

(13) 경사 참여하기
  - 혼례 절차 알기
  - 회갑연 절차 알기
(14) 조상 모시기
  - 장례 절차 알기
  - 제사 절차 알기
  - 차례 절차 알기
  - 성묘법 알기
(15) 비상시의 대처 요령 알기
  - 비상시의 도움 청하기
  - 소화기 사용하기
  - 화재시 긴급 대처 요령 알기
(16) 에너지 절약하기
  - 전기 스위치의 사용 요령 알기
  - 플러그, 콘센트 사용 요령 알기
  - 전등 및 스위치의 켜짐·꺼짐 상태 알기
  - 전자 제품의 절전 사용법 알기
  - 물 아껴 쓰기
(17) 재활용 및 환경 보전하기
  - 종이류 재활용하기
  - 각종 용기 재활용하기
  - 쓰레기 분리 수거하기
  - 음식물 쓰레기의 물 빼기

5) 사회생활
(1) 관람하기
  - 연극, 영화, 음악회 관람하기
  - 각종 전시회 관람하기
(2) 관공서 이용하기
  - 동사무소 이용하기
  - 경찰서 이용하기
  - 우체국 이용하기
  - 법원, 등기소 이용하기
(3) 금융기관 이용하기
  - 공과금 내기 및 자동이체 알기

- 통장의 사용과 정리하기
- 홈뱅킹 이용하기
- 송금하기
- 현금 지급기 사용하기

(4) 병원 이용하기
- 입·퇴원 수속하기
- 질병의 종류에 따른 진료받기

(5) 도서관 이용하기
- 열람실의 이용 및 자료 찾기
- 도서 대출 및 반납하기
- 점자 도서관 이용하기

(6) 목욕탕 이용하기
- 신발장과 탈의실의 이용
- 탕내에서의 이용법 알기
- 사우나 이용하기

(7) 백화점 이용하기
- 백화점 내에서 상황 파악하기
- 물건의 구입과 대금 지급하기

(8) 고속도로 휴게소 이용하기
- 적절한 시설의 이용법 알기
- 타고 온 차 찾기

(9) 전화 이용하기
- 종류에 따른 전화기 사용법 알기
- 전화 번호부의 관리 요령 알기
- 전화 서비스 정보 이용법 알기
- 전보 치는 요령 알기

(10) 기타 통신 수단 이용하기
- 소포와 편지의 우송법 알기
- 점자 편지 쓰기 요령 알기
- 컴퓨터 통신 이용하기
- 택배의 이용법 알기

(11) 현금의 사용
- 돈의 종류 구분하기
- 돈의 보관법 알기

- 자동 판매기의 사용법 알기
(12) 신용카드 사용하기
- 각종 신용카드의 사용법 알기
(13) 소개하기와 받기
- 자기 소개법 알기
- 대화법과 자세 알기
- 호칭과 인사법 알기
(14) 대인관계 생활하기
- 상황에 맞는 인사말하기
- 초대하기와 초대받기
- 선물 주고 받기
- 음주와 흡연의 예의 알기

25. 보행기능의 지도

1. 정 의

　　시각장애아에게 가장 심각한 문제는 보행의 제한이다. 보행(orientation and mobility)은 방향정위와 이동으로 구분된다. 방향정위(orientation)는 시각장애아가 환경을 이해하는 능력이며, 이동은 특별한 기능이나 잔존 감각의 사용, 시각이나 기타 감각기관을 통하여 한 장소에서 다른 장소로 움직이는 능력으로 정의되고 있다. 이 두 요소는 분리되어 있는 듯 하지만 동시에 이루어지는 것으로서, 이 두 기능을 잘 조화시켜 주어진 환경내에서 안전하고, 효율적으로, 품위있게, 독립적인 보행기능을 발휘할 수 있도록 하는 것이 훈련의 중요한 목표이다.

　　① Ashcroft(1966) : 보행은 한 개인이 모든 주위환경과의 효율적인 상호작용에 필요한 기능과 적응으로 정의된다. 이 적응과 기능은 대인관계, 사회적 기능, 개인적인 존재 그리고 개인의 멀고 가까운 환경에 대한 신체적인 움직임을 내포하고 있다.

　　② Foulke(1971), Suterko(1973 : 보행의 정의에 포함되는 준거로서 안전하게, 편안하게, 품위있게, 독립적으로 이동하는 능력이 포함되어야 한다고 하여 자신의 현재 위치와 최종 목적지와의 관계를 성공적인 보행의 요소로 강조하고, 그들은 "안전하게"와 같은 준거는 명백한 것이지만 "편안하게"와 품위있게"와 같은 준거는 다소의 고찰이 필요하다고 했다. 즉 시각장애아는 다가오는 사태에 대해 효과적으로 대처하기 위한 그들의 반응을 계획하는 데 필요한 예견이 결여되어 있다는 것이다. 적절한 예견 없이는 시간마다 다가오는 정보를 처리할 수 없다.

　　③ Heyes등(1976), Peake와 Leonard(1971) : 시각장애아는 충분한 정보없이 교통이 혼잡한 거리를 횡단하는 것과 같은 위험을 포함한 과정을 결정해야만 할 때가 종종있다. 이런 이유로 그들은 '불편함'속에서 빈번한 스트레스에 시달리게 된다. 이를테면, 보행자들은 나는 현재 어디에 있고, 물체나 목적지는 어디에 있으며, 나는 어떻게 이동해야 하는가를 인식하는 것이 가장 중요하다. 이것은 방향정위의 세가지 원리이기도 하며, 이러한 의문을 해결하기 위하여 공간에서의 자신의 위치, 물체의 위치, 현재의 위치에서 목적지 까지의 정확한 이동에 대한 기능을 가져야 한다는 것이다. 왜냐하면 자신과 물체 사이이 공간적 상호관계에 대한 식별력없이는 능률적인 보행을 할 수 없기 때문이다.

　　④ Lowenfeld(1973) : 보행의 개념을 논하면서, "보행"은 방향정위와 신체적인 이동 등 두가지 요소로 구분된다고 하였다. 그에 의하면, 정신적인 방향정위는 개인이 그의 주위환경과 그와 관련된 시간적, 공간적 관계를

인식하는 능력이며, 신체적 이동은 유기체의 운동 수단에 의해 한 장소에서 다른 장소로 움직이는 능력이라는 것이다. 따라서 보행의 궁극적 목적은 개인이 두 기능을 잘 조화시켜 주어진 환경내에서 안전하고, 효율적으로, 품위있게 독립적인 이동기능을 발휘할 수 있도록 하는 것이라고 했다.

그래서 맹아가 보다 독립적일수록 맹에서 오는 장애를 감소시키고 그의 장애 요소가 보다 잘 수용 되어질 것이며, 또 보다 독립적일수록 친구나 친척, 이웃, 고용주등의 사회적 수용을 획득할 것이라고 가정되고 있다.

2. 훈련프로그램의 구조

1) Hill과 Ponder(1976) Hill과 Ponder의 보행구조를 전체적으로 요약해보면, 그림25-1과 같이 크게 세 부분으로 분류될 수 있다.

그림에서 ①의 영역은 그들이 제시한 보행의 선수기능으로서 보행을 성공적으로 수행하기 위한 필수적인 기능이다. ①을 구성하는 중요 내용은 신체상, 환경의 특성, 시간과 공간관계와 같은 개념발달, 균형, 자세와 걸음걸이, 직선으로 걷기와 회전 능력 등이 포함된다.

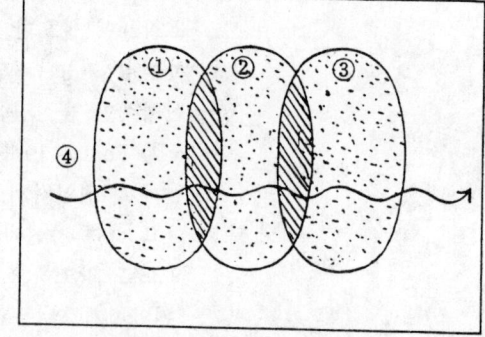

〈그림25-1〉 Hill과 Ponder의 보행구조

②의 영역은 방향정위로서, 그 주요내용으로는 지표와 단서의 활용, 실내외 번호조직, 측정, 동서남북의 방향 등을 포함하고 있다.

특히 Hill과 Ponder는 보행자가 방향정위를 수행하는데는 다음과 같이 다섯가지 인지적 과정을 밟는다고 하여 다섯가지 단계는 그림25-2와 같이 순환한다는 것이다.

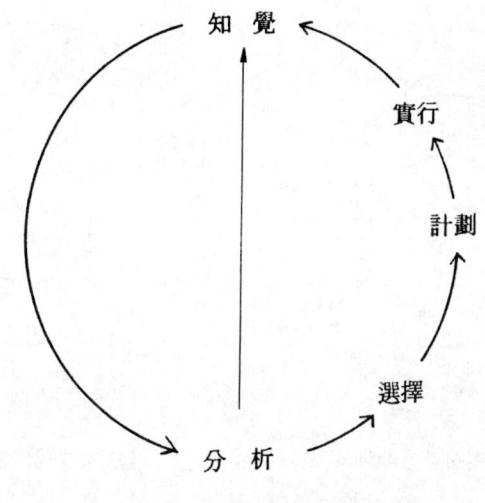

지각단계 : 소리, 냄새, 촉각, 근육운동감각 등의 잔존감각을 통하여 환경으로 부터의 정보 수집.

분석단계 : 수집된 정보에 대해 항상성, 친밀성, 의존가능성, 출처, 감각형태와 강도 등과 같이 분류.

선택단계 : 분석된 자료가운데 현재의 상황에서 가장 만족할만한 방향정위를 위해 필요한 정보의 선택.

계획단계 : 현재의 상황과 가장 관련된 감각자료를 기초로 하여 이동의 코스 설계.

〈그림25-2〉 인지과정의 순환　**실행단계** : 계획된 과정으로 보행의 실행.

　　그림에서 ③의 영역은 이동기능으로서, 그 주된 내용은 기초보행과 정규보행으로 나누어진다. 또한 기초보행은 안내법과 자기보호법으로 구별될 수 있고, 안내법에서는 기초안내법과 방향전환, 측면이동, 좁은통로 지나기, 안내의 수용과 거절방법, 계단 오르내리기, 출입문 통과하기를 포함하고 있으며, 자기보호기능으로는 상부보호법과 하부보호법, 트레일링(trailing), 출입구 횡단, 방향결정, 떨어뜨린 물체찾기 등을 포함하고 있다.

　　화살표 ④는 보행에 영향을 미치는 변인으로 표시되는데, 이것은 보행구조에서의 수준과 관계하고 보행지도의 순서성 또는 계열성으로 고려될 수도 있다. ④의 주요내용은, 인지영역으로서 확산적사고, 문제해결, 의사결정, 파지와 전이가 포함되고, 정신운동영역으로서, 기민성, 끈기와 인내심과 같은 정력, 반응시간 등이 변인이, 정의적영역으로서 태도, 동기, 가치, 자신감 등이 포함된다. 부수적변인으로는 연령, 실명시기, 과거의 경험, 잔존시력, 성격, 신체적 조건 등을 추가하고 있다.

　　끝으로 ① ② ③이 교차되는 빗금친 부분은 세 영역이 완전히 독립적 기능을 가진다고하기보다는 연계성을 가진 통합된 작용을 의미하고 있는 것으로서, 보행구조 설정에 중요한 근거가 되고 있다.

　2) 지광이 사용전 기능훈련 프로그램 : 미시간맹학교(1965), Schiltz (1974)

　　그림25-3과 그림25-4에서 보듯이 공통된 영역으로 나타나는 것은 신체상, 감각, 운동, 공간개념, 기초보행 등으로 집약되어진다.

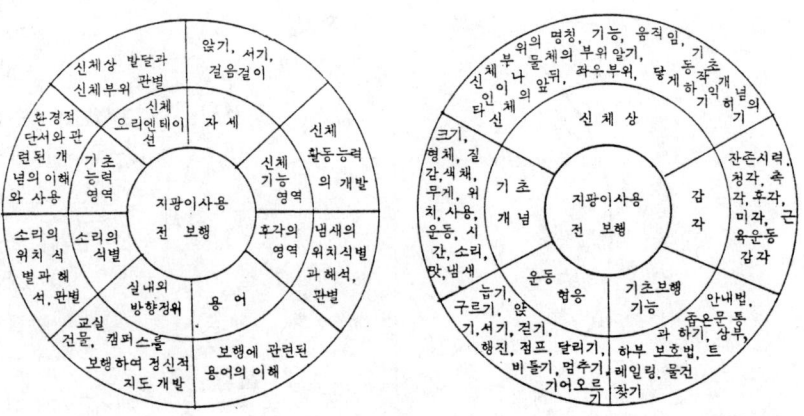

〈그림25-3〉 미시간맹학교의 보행구성   〈그림25-4〉 Schiltz의 보행구성

특히, Schiltz가 제시한 신체상, 기초개념, 운동협응, 감각, 기초보행기능 등은 초등학교 시각장애아동의 보행프로그램 구성에 유용한 기준을 제공해 주는 것으로 보인다.

3) 김동연의 보행훈련 구조연구

초기의 보행훈련은 성인들의 기초재활 분야로써 시작하여 지팡이를 사용하여 보행을 하는 기능에 중점을 두었다. 예컨대, Hoover(1947)가 실명 상이군인을 위한 지팡이 사용법을 고안하여 가르친 것은 그 좋은 예이다 (Welsh & Blasch, 1980). 그 후 1970년대에 접어들어서는 그 교육적 필요성이 인정되어 각급 학교에서는 교육과정의 일부로 편성하여 약시아와 중복장애아를 포함한 교육을 실시해 왔다.

보행훈련은 조기에 실시하되 연령별, 영역별로 내용을 설정하여 가르친다. 그림25-5에서 제시한 보행훈련의 이론적 모형에서 보듯이 세 차원으로 나누어 체계적인 지도가 요구된다(김동연, 1984).

첫째 차원은 보행훈련의 수준을 고려하는 차원으로써 네 개의 단계로 제시될 수 있다. 보행준비단계는 유아기에 해당되며 개인의 일상생활과 관련한 자립기능을 성취해야 하는 시기이다. 이 시기에는 특히 음원을 향한 직진보행, 바른자세, 익숙한 장소의 보행, 친구와의 신체적 높이, 보행경험의 표현 등이 중요한 목표가 된다. 환경적응단계는 맹아가 방향정위의 기능을 습득하기 전에 신체상의 정립과 공간개념, 감각기능, 자세나 걸음걸이 등을 훈련하는 단계와 이를 통해 실내외 환경을 이해하고 자신의 위치와 방향을 정립하는 단계가 포함된다. 기초보행단계는 지팡이 사용전 기능인 안내자에 의한 보행과 정규보행의 준비단계로 볼 수 있으며, 대부분

초등학교 수준에서 이루어진다. 정규보행은 지팡이 기능이나 지팡이에 의한 독립보행을 훈련하는 단계로써 중학교 수준 이상에서 다루어지며 안내견, 전자기구 등에 의한 실외보행도 성취하는 단계이다.

둘째 차원은 보행훈련의 내용 또는 기능의 차원으로써 네 개의 영역으로 구성된다.

개념영역은 신체상이나 공간개념 및 환경개념을 포함하고 있으며 감각능력은 청각, 촉각, 기타 감각(후각, 근육운동감각) 등과, 운동능력은 자세와 걸음걸이, 기초운동이 이동능력은 안내자에 의한 보행과 자기보호능력, 지팡이에 의한 정규보행이 포함되고 있다.

셋째 차원은 보행훈련에 영향을 미치는 작용변으로써 다섯 개의 영역으로 구성된다.

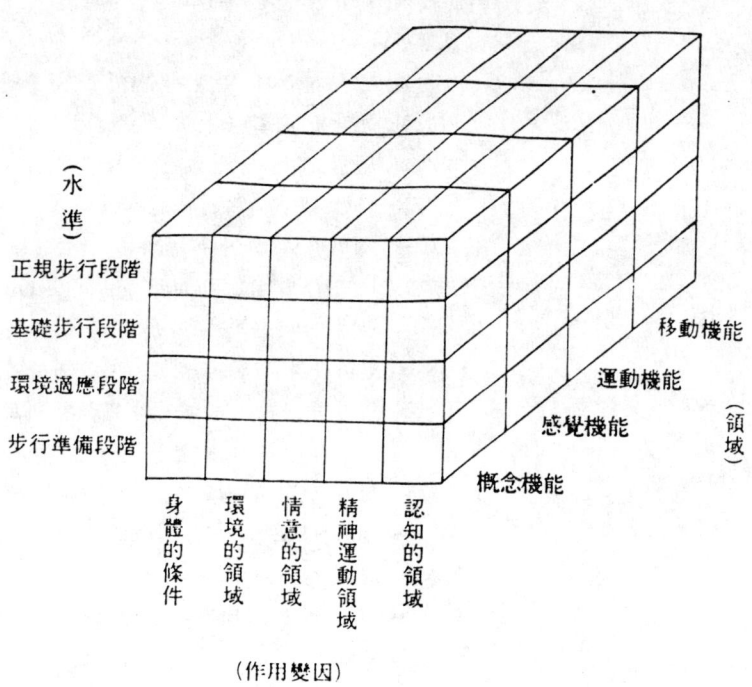

〈그림25-5〉 보행훈련 구조의 이론적 모형

인지적 변인에 있어서는 문제해결력에, 의사결정, 파지와 전이, 확산적 사고, 지능 등이 포함되며 정신운동적 변인에는 기민성, 지구력, 반응시간

등이, 정의적 변인에는 동기, 태도, 가치, 자신감, 성격, 불안, 의존심과 독립심, 자아개념 등이, 환경적 변인에는 가족의 태도, 가족의 관계, 가정환경 등이 신체적 조건에는 잔존시력의 정도, 실명시기, 청력, 일반적인 건강상태 등이 변인으로 포함된다(Harley, Word & Merbler, 1881).

3. 캐인전 보행의 실제

1) 안내자에 의한 보행   안내자에 의한 보행은 맹아동에게 가장 먼저 지도해야 할 보행기능이라는 점과, 그것은 아동이 자기환경을 익히는 가장 효율적인 수단의 하나이고 안내자와의 보행에서 자연스럽고 품위있는 자세를 가질 수 있다는데 의미가 있다. 따라서 안내법을 익히는 목적은 다음과 같이 요약될 수 있다.

첫째, 다양한 상황속에서 정안자와 함께 안전하고, 효과적으로, 편안하게 보행한다.

둘째, 보행하면서 일일이 언어로 표현하지 않더라도 촉감으로 느껴, 기민한 동작을 취할수 있도록 한다.

세째, 독립 보행에 필요한 근육운동 감각 경험을 쌓고, 필요한 기능고 동작을 익힌다.

네째, 정안자로 하여금 올바른 안내법을 익히도록 한다.

(1) 기본안내법(the sighted guide technique):
- 안내자의 손등을 아동의 팔에 닿게하여 접촉한다.
- 안내자의 팔꿈치 바로 위로 아동이 손을 올린다.
- 엄지 손가락은 안내자의 팔꿈치 바로 윗부분의 옆에 위치하게 하고 나머지 손가락은 안쪽 부분을 잡으며, 안내자가 편하도록함과 동시에 단단히 잡는다.
- 팔의 상부는 자기 신체오 나란히, 그리고 가까이 접근시킨다.
- 팔의 상부와 하부의 각도가 90°에 가깝도록 한다.
- 잡고 있는 안내자의 어깨 바로 뒤에 시각장애아의 어깨가 오도록 한다.
- 시각장애아는 안내자의 위치에서 약 반보 뒤에 선다.
- 안내자가 팔을 밖으로 회전함과 동시에 시각장애아 쪽으로 향하고 잡은 팔을 놓는다.

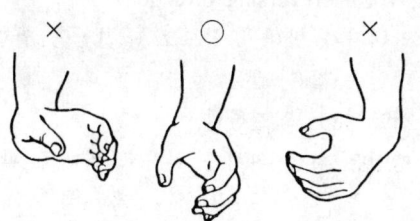

〈그림25-6〉 팔잡는법

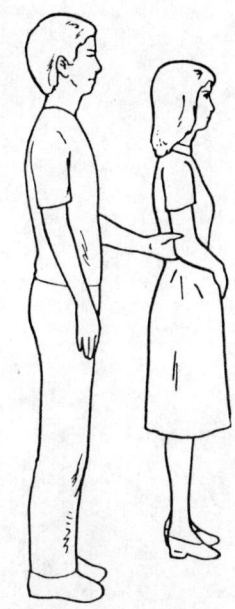

〈그림25-7〉 기본안내법

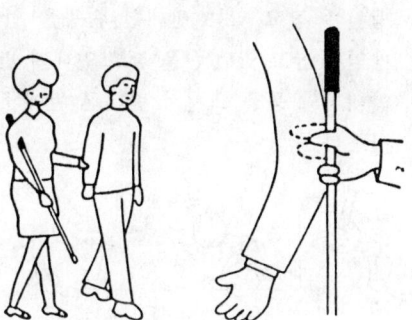

〈그림25-8〉 캐인을 휴대한 안내법

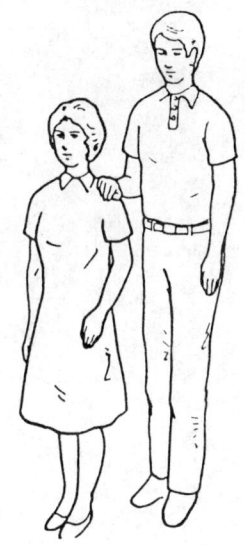

〈그림25-10〉 응용자세

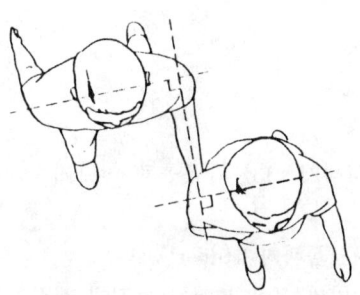

〈그림25-9〉 두사람의 위치

(2) 방향전환(reversing direction)
- 안내자가 반대 방향으로 회전함을 알린다.
- 맹인은 잡은 팔을 놓는다.
- 서로 180° 회전한다.
- 맹인은 바른 위치를 취하고 반대쪽 팔을 잡는다.

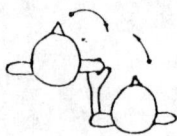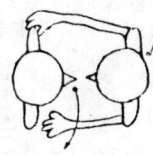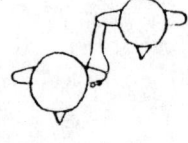

〈그림25-11〉 방향전환

(3) 위치이동(transferring sides)
- 맹인에게 위치 이동을 예고한다.
- 맹인은 잡고 있는 반대편 손등을 안내자의 팔에 접촉한다.
- 맹인은 잡고 있던 손을 놓고 안내자 반대편 팔쪽으로 90°전환 한다.
- 안내자의 등을 스쳐서 반대편 팔에 닿으면 다시 정위치를 취하고 잡는다.

〈그림25-12〉 측면이동

(4) 좁은통로 지나기(narrow passage ways)
- 안내자가 자기의 잡힌 팔을 뒤로 이동하여 등쪽으로 향한다.
- 맹인은 팔을 뻗고 안내자 뒤로 이동한다.
- 좁은 통로를 다 지났을 때 원위치로 돌아간다.

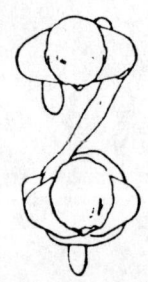

〈그림25-13〉 좁은통로 지나기

(5) 출입문 통과하기(door ways)
- 안내자가 문을 밀거나 당길대 시각장애아는 허리 바로 위로 팔을 뻗쳐 수정된 자세를 취하되, 손바닥을 밖으로 향하게 하고 손은

팔뚝과 나란히 하여 손가락은 붙이고 긴장을 푼다.
- 안내자 보다 한보 또는 한보 반 뒤에서 문을 찾지 못하면 자세를 수정하여 안내자의 반대편으로 이동하여 찾는다.
- 안내자는 시각장애아를 문쪽으로 향하도록 한다.
- 시각장애아는 문에 접촉하여 손잡이를 잡고 필요한 만큼 문을 연다.
- 시각장애아가 문을 닫으면, 완전히 닫을때까지 안내자도 기다린다.
- 시각장애아는 다시 안내자와 접촉하여 자세를 취한다.

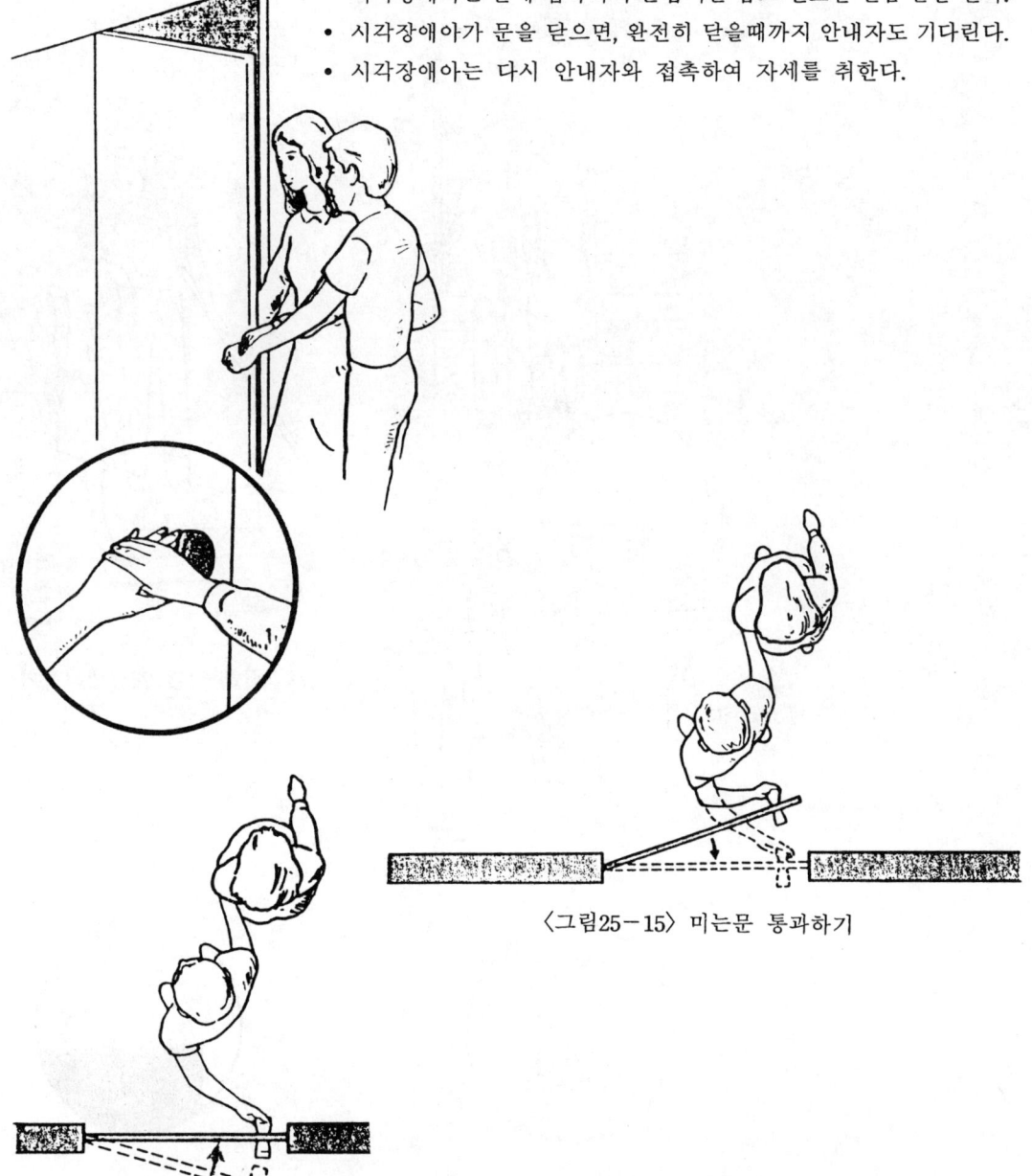

〈그림25-15〉 미는문 통과하기

〈그림25-14〉 문통과 하기

(6) 계단오르내리기(ascending and descending stairs)
- 계단끝에 대각선(정면)으로 접근한다.
- 첫계단 끝에서 정지한다.
- 안내자 옆에 나란히 서게 한다.
- 안내자가 먼저 일보 전진한다.
- 맹인은 일보 뒤에서 안내자의 보폭에 맞추어 따라간다.
- 계단을 다 지났을 때는 일단 정지했다가 정상보조로 진행한다.

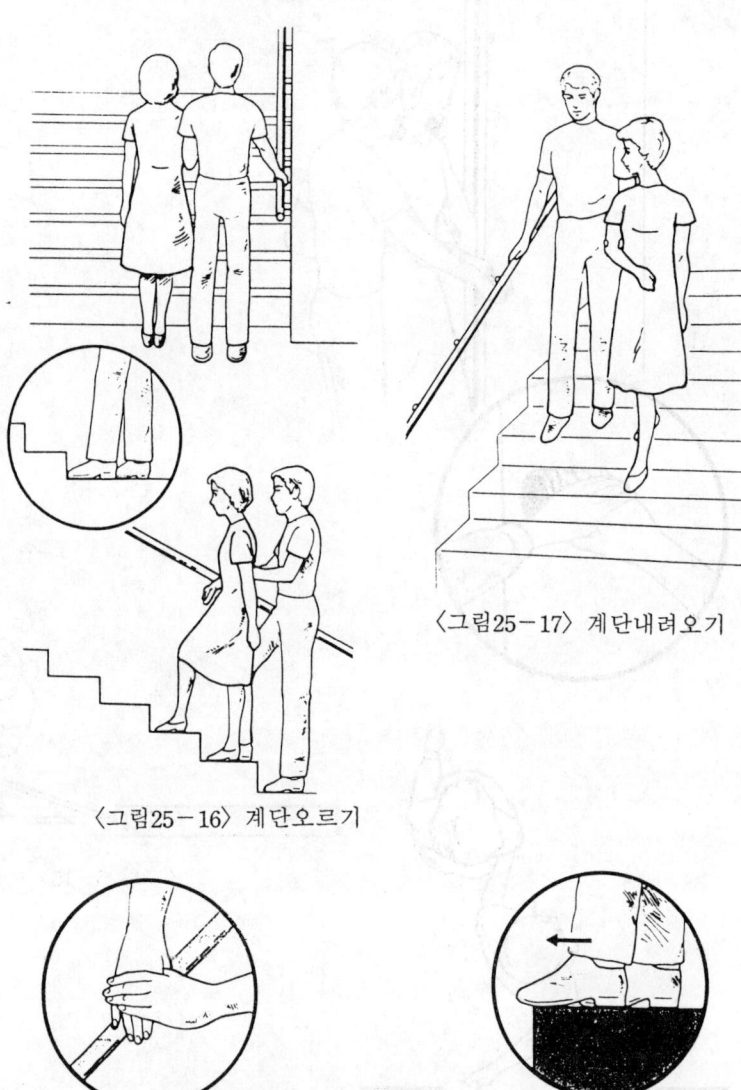

〈그림25-17〉 계단내려오기

〈그림25-16〉 계단오르기

〈그림25-18〉 손과 발의 위치(내려오기)

(7) 앉는법(seating)

앉기지도는 그 상황에 따라 적절히 구분하여 지도하되, 의자에 앉기, 식당이나 휴게실 같은 곳의 테이블에 앉기, 극장이나 회관의 청중석에 앉기등으로 나눌 수 있다.

안내자는 시각장애아를 의자에 안내할때, 반보 정도의 거리까지 접근시켜 아동이 의자의 앞에 또는 옆에 있음을 지적해 준다. 안내자의 지적이 없으면 시각장애아가 물어보아야 하기 때문이다. 그 지점에서 아동은 다리 뒷 부분이 닿을때까지 뒤로 움직여 의자의 앉는 부분을 확인하되, 이때는 하부 보호법의 자세를 취한다. 그 다음에 팔로 의자의 등받이나 앉는 부분의 방향, 크기, 높이등을 확인한다. 이러한 일련이 움직임은 시각장애아 스스로 하는것이 좋으며, 다른 사람을 소개 받고자 자리에서 일어날때도 자기의 종아리 부분의 접촉을 통해서 의자와의 적당한 관계를 유지한다. 테이블이 있을 경우는 테이블과 의자와의 거리를 확인하여 적당한 거리가 유지되도록 의자를 당겨 앉는다. 이때 한손은 테이블위에 다른 한손은 의자의 등받이를 잡고 앉는다. 의자를 당길때도 오른쪽 다리로 거리를 감지 하면서 어색하지 않게 앉도록 한다. 특히 공원벤취나 극장의 의자에 앉을때는 시각장애아 특유의 몸짓이나 행동을 하지 않도록 훈련을 통해 익혀야 할 것이다. 의자 앉기의 순서를 제시하면 다음과 같이 요약될 수 있다.

- 시각장애아를 의자에 가까이 접근시킨다.
- 의자의 위치를 시각장애아와 연관하여 말해준다.
- 시각장애아는 잡고 있던 손을 안내자로 부터 놓는다.
- 의자에 닿을때까지 의자쪽으로 나아간다.
- 허리를 굽혀서 다리가 닿인 지점을 향해 손을 내민다.
- 의자에 앉을 방향을 손등으로 스쳐서 확인한다.
- 다리 뒷면을 의자에 겨냥해서 방향을 잡아 앉는다.
- 자리를 떠날때는, 안내자가 접촉을 하여 동시에 일어선 다음 정확한 위치를 잡도록 한다.

〈그림25-19〉 의자에 앉기

〈그림25-20〉 쇼파에 앉기

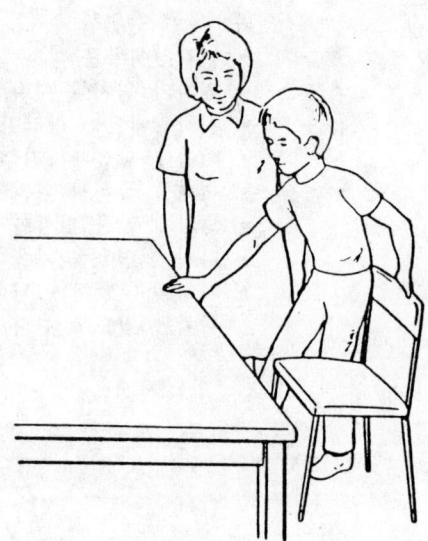

〈그림25-21〉 테이블에 앉기

(8) 안내받기와 거절하기(hines break)
- 걸음을 멈추고 잡힌 팔을 자기의 반대편 어깨쪽으로 들어올린다.
- 정중히 대하면서 반대편 손으로 안내자의 손목을 잡는다.
- 안내자의 손을 떼어놓는다.
- 도움을 요청할 경우에는 적절한 안내법을 제시한다.

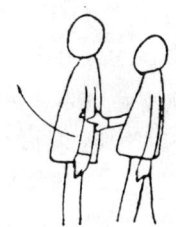

<그림25-22> 하인즈 브레이크

2) 자기보호 기능

(1) 상부보호법(upper hand and forearm)
- 팔은 어깨 높이 정도로 지면과 평행으로 뻗는다.
- 팔꿈치는 약 120°정도 굽힌다.
- 손가락은 함께 붙이고 반대편 어깨선보다 약 3cm정도 밖으로 뻗고 손바닥은 바깥쪽으로 향한다.

(2) 하부보호법(lower hand and foream)
- 팔과 손가락을 아래로 뻗는다.
- 손은 몸의 정중선 위에 오도록 하고 몸에서 약 20cm정도 떨어지게 한다.
- 손바닥은 안으로 향하고 손가락을 함께 붙인다.
- 긴장하지 않고 자연스럽게 한다.

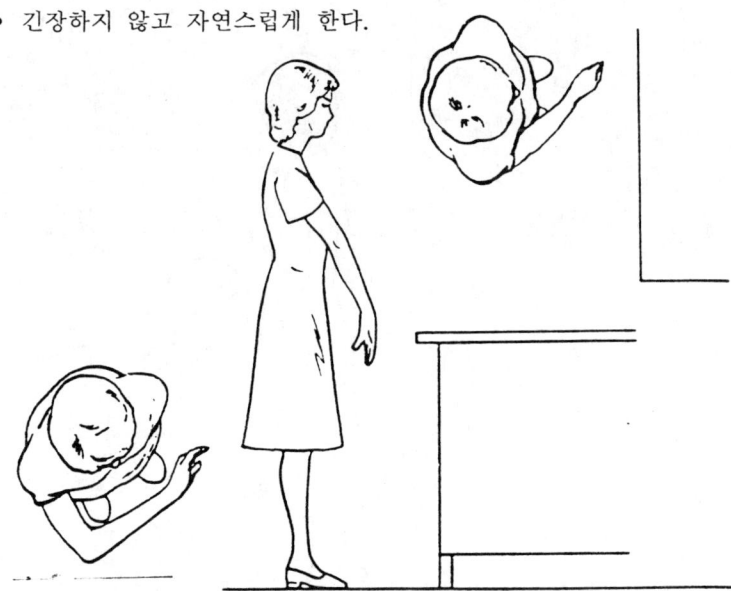

<그림25-22> 상부보호   <그림25-24> 하부보호

(3) 스쳐가기(trailing)

트레일링(trailing)은 공간에서의 자기 위치를 결정하고, 특정 물체의 확인, 환경과의 계속적인 접촉, 평행 또는 직선보행으 유지 등의 획득을 위해 벽이나 책상등의 표면을 손등으로 가볍게 스치면서 지나가는 방법이다. 이 기능은 평행 개념이나 단독보행의 기초로써 매우 중요하며, 일상 생활 가운데서 시설이나 설비를 통해 활용되는 기능이다. 때문에 공간속에서 길을 잃거나 했을때는 좋은 안내 역할을 해준다. 트레일링 방법은 먼저 몸이 기준선과 평행이 되도록 서고 어깨와의 거리가 물체에서 10cm 정도 떨어지게 한다. 이때 팔은 약 45°정도 아래로 뻗쳐 손이 허리 정도에 있도록 하고 손가락의 긴장을 풀어 약 손가락과 새끼 손가락을 물체면에 가볍게 스치면서 지나간다.

유의할 점은, 팔이 항상 몸보다 앞에 있도록 하는 것이 첫째이다. 팔을 몸보다 앞에 있도록 하는 것은 장애물에 대하 정보를 빨리 얻기 위한 것으로써, 예컨대, 손에 장애물이 닿았을때 충분한 반응의 시간이 있도록 팔과 몸과의 거리를 확보해야 한다는 점이다. 또한 몸을 기준선고 일정 거리를 유지하도록 하고 손가락은 전체를 자연스럽게 구부려 가볍게 접촉하는 것이 좋다. 긴장감이나 불안감을 가지고 있으면 손가락에 힘이 들어가서 뻣뻣해지므로 장애물에 부딪쳤을때 통증이 오거나 다칠 우려가 있다. 특히 처음 단계에서는 학생들이 손가락을 앞으로 향하게 해서 손톱에 이물질이 끼는 경우가 있으니 유의해야 한다. 어느 정도 잘 알고 있는 곳에서는 두세걸음에 한번 정도로 기준선을 스치면서 걸어도 좋지만 미숙한 장소에서는 상부 보호법을 겸해서 사용할 수 있다.

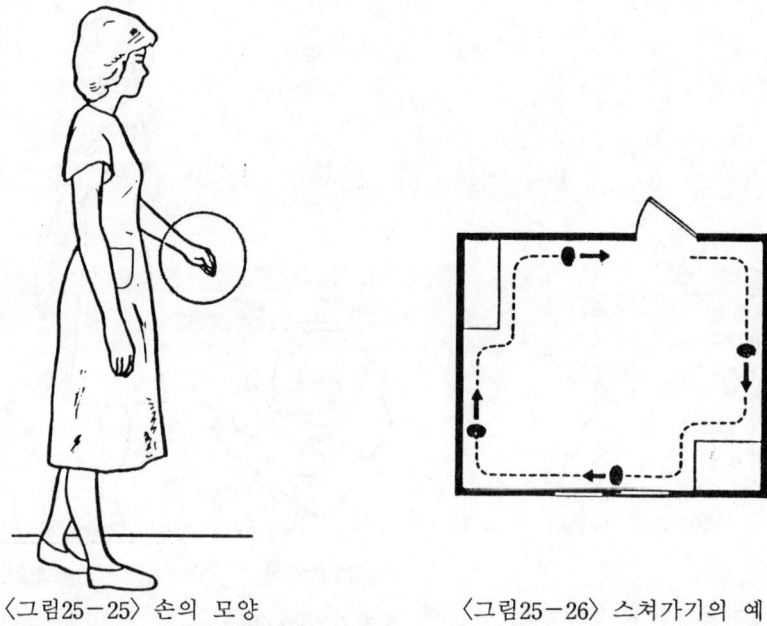

〈그림25-25〉 손의 모양   〈그림25-26〉 스쳐가기의 예

(4) 직각이동(squaring off)

이 과정은 아동이 신체와 방향선과 일직선을 수립하여 환경속에서 정

확한 위치를 설정할때 활용되며, 즉, 출발점과 물체의 방향선을 결정할 수 있게 된다. 예컨데, A건물에서 B건물로, 문에서 교사의 책상, 등에서 직각이동이 사용될 수 있다. 직각이동의 실습은 벽이 끝나는 모서리나 차도와 인도의 경계선을 이용하거나 복도에서 마주보는 두 문을 통해서도 행할 수 있다.

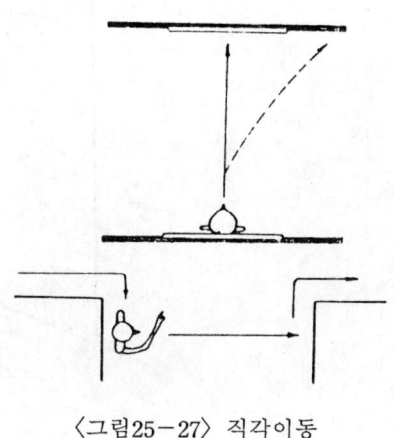

〈그림25-27〉 직각이동

(5) 방향잡기(taking directions)

방향잡기(direction taking)는 목표에 일직선으로 갈 수 있는 능력을 기르기 위해서 소리나 물체로부터 코스를 얻으려는데 목적이 있다. 트레일링과 매우 비슷하지만 이것은 책상, 칠판등과 같은 물체의 표면선을 공간에 연장해서 생각하는 것이다. 방향잡기는 먼저 주위의 특정 물체는 물론 모든 물체를 포함한 햇빛, 냄새, 소리등을 이용할 수 있다. 훈련은 긴복도나 인도의 중앙을 따라 걸으며 하되, 훈련에서 중요한 것은 직선보행(straight line of travel)이다. 직선보행이 되지 않을때는 그 원인이 어디에 있는지 충분히 검토할 필요가 있다. 직선보행을 할 경우에 자신도 모르게 좌나 우로 굽어져가는 비어링(veering)현상이 일어난다. 비어링의 원인은 좌우 청력의 균형이 맞지 않을때, 평행 감각이 불안정할때, 운동 근육감각의 이상, 신체의 자세에 관한 바르지 못한 개념, 불안감에 의한 신체적 긴장등을 들 수 있다. 비어링은 보행중 방향의 혼란을 야기시키는 원인이 되지만 때로는 보행중에 의식적으로 비어링을 이용해야 할 경우도 있다. 예를들면 출입문 찾기, 횡단보도 건너기, 교통기관 이용 등이 그것이다.

〈그림25-28〉 방향잡기

　　Hill과 Ponder(1976)는 방향잡기의 중요 내용으로써, 신체를 일직선으로 하여 물체에 직선 보행하는 것(perpendicular alignment)과 또 하나는 신체를 일직선으로 하여 소리나 물체에 평행하게 보행하는 것(parallel alignment)등과 같은 두가지로 나누어 제시하였고, 책상이나 칠판등과 같은 목적지에로의 방향을 설정해 주는 물체들은 방향 지시자의 역할을 한다는 것이다.

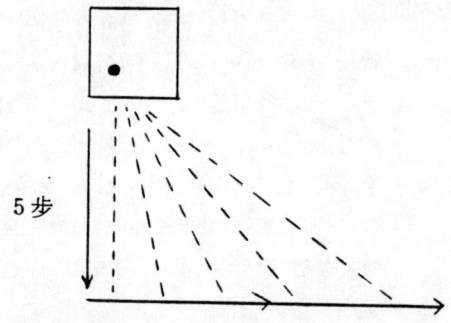

〈그림25-29〉 보행자와 물체의 위치변화
　　　　　　(점선은 맹아가 노선을 따라 걸을때 어떻게 물체의 위치가
　　　　　　변화되는지를 보여준다.)

(6) 떨어뜨린 물체찾기(locating dropped objects)

　시각장애아가 가장 안전하고 효율적인 방법으로 떨어진 물체를 조직적으로 찾을 수 있게 하는데 목적이 있다. 이것의 중요한 점은 물건이 떨어지면 즉시 떨어지는 소리를 듣고 소리의 원천을 따라 몸을 돌리는 것이다. 시각장애아가 물건을 찾을때 어려움을 느끼는 것은 물건이 떨어질때 즉시 물건을 향해 몸을 돌리지 못하는데 기인한다. 주화와 같이 구르는 물건은 소리를 듣고 계속 몸을 향해야 한다. 물건을 집어올릴때는 대개 두가지 방법이 사용된다. 그 하나는 아동이 있는 곳에 방해물이 없는 경우에는 자기 몸을 웅크려서 물건을 찾을 수 있고, 또 하나는 물체를 향해 몸을 구부릴 때는 상부, 하부 보호법을 수정해서 사용해야 할 경우가 있다. 즉, 가슴에 팔꿈치를 밀착시키고 팔을 몸의 중앙에 거의 수직되게 한다. 손은 손가락을 펴고 얼굴앞에 15cm정도의 간격을 두어 머리를 보호한다. 손가락을 편 손을 바닥에 놓고 조직적인 방법으로 찾기 시작한다. 찾는 방법은 하나의 작은 원에서 출발하여 차츰 큰 원을 그려나가는 전형적인 방법이 적용되고 있는데, 그 절차를 요약하면 다음과 같다.

① 시각장애아동은 물체가 떨어지면 즉시 멈추어 선다.
② 아동은 물체의 소리나는 곳을 향하여 방향을 잡는다.
③ 물체를 향하여 조심해서 걷는다.
④ 상체를 보호하여 무릎을 꿇는다.
⑤ 작은 원을 그리고 차츰 큰 원을 그려가면서 물체를 찾는다.

〈그림 25-30〉 물체찾기

4. 캐인보행의 실제

1) 캐인사용법

시각장애자를 위한 보행 프로그램의 시작은 1947년 Valley Forge 육군병원의 실명군인 대상의 프로그램이 큰 공헌을 남겼다. 당시 Hoover는 미국 맹인이 보행에 어려움을 겪고 있음을 알고 동료 연구팀과 함께 길이 46인치, 지금 0.5인치, 무게 6온스의 캐인을 개발하여 그 사용법을 발표한 바 있다. 이것이 이른바 후버 기법으로서, 1948년 일리노이주 Hines Veterans 병원의 보행프로그램 개발과 함께 보행학(peripatology)이나 보행전문가 양성의 기초확립에 선구가 되었다.

(1) 기본 지팡이 사용법

① 쥐는 법

손에서 이탈하지 않도록 단단히 잡는다. 엄지손가락은 손잡이의 윗면에 대고, 둘째 손가락은 자루 방향으로 나란히 붙이고 나머지 손가락은 자루 아랫부분을 마치 악수하듯 쥔다.

② 팔의 위치

지팡이를 잡은 팔은 자기 몸의 중앙에 오도록 뻗는다.

③ 팔목 동작

지팡이가 좌우로 움직일 때 팔목은 고정 위치에서 좌우로 꺾이는 운동을 하게 한다. 마치 벽시계의 추가 고정되어 왕복하는 것과 흡사하다.

④ 호(Arc)

호는 지팡이가 움직일 때 지팡이의 끝이 그리는 포물선이다. 호의 폭은 사용자의 양 어깨 폭 또는 몸의 가장 넓은 부분보다 약간 더 넓게 유지하며 높이는 지면에서 5cm이하로 유지한다.

⑤ 스텝(Step)

걸음은 자연스럽게 걸으며 지팡이와 발은 반대쪽으로 이동한다. 즉 왼발이 전진할 때 오른쪽으로 지팡이가 나간다.

⑥ 리듬(Rhythm)

지팡이 보행시에는 지팡이 끝이 마찰하는 소리와 발이 닿는 소리가 동시에 일어나게 해야 한다.

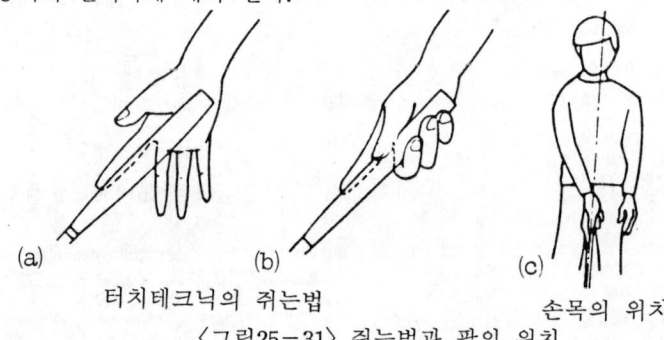

(a)　　　　　(b)　　　　　(c)
터치테크닉의 쥐는법　　　손목의 위치

〈그림25-31〉 쥐는법과 팔의 위치

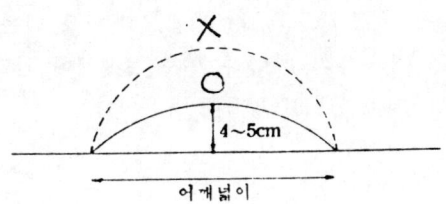

〈그림25-32〉 호의 높이

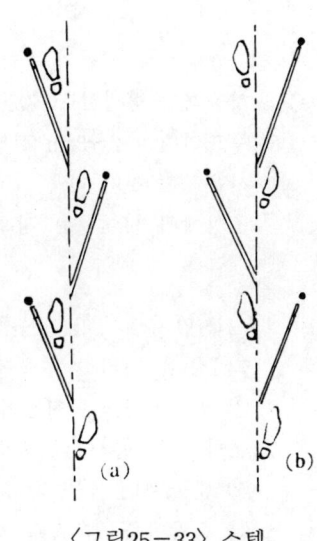

〈그림25-33〉 스텝

2) 기준선 보행   기준선은 보행자의 안내 역할을 하므로 잘 활용하면 보행에 용이하다. 기준선 보행에는 경계선이 높거나 낮을 경우에 따라 캐인 사용법이 다르다.

① 경계선이 같을 때의 캐인 사용은 그림25-34와 같다. 이것은 흙, 아스팔트, 콘크리트, 잔디밭 등에서 사용한다.

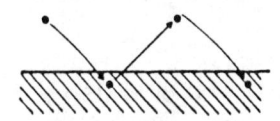

〈그림25-34〉 같을때의 캐인사용

② 경계선이 높을때는 호의 한끝은 지면에 다른 끝은 기준선에 닿게 한다. 이때 기준선에 부딪치는 점은 가능하면 낮게 한다.

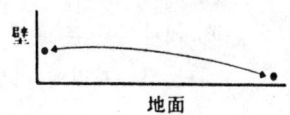

〈그림25-35〉 높을때의 캐인사용

③ 경계선이 낮을 때는 호의 한끝은 지면에 다른 끝은 커브에 닿도록 한다. 인도 보행시에 인도변의 우체통, 신호등, 공중전화 등의 목적물을 찾을때 유용하다.

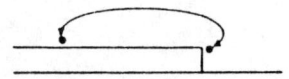

〈그림25-36〉 낮을때의 캐인사용

3) 터치와 슬라이드 기법 (touch and slide)　캐인으로 지면의 변화나 울퉁불퉁한 상태를 확실하게 알 필요가 있을때 사용하는 방법이다. 기본지팡이 사용법과 동시에 사용하며, 팁으로 지면을 두드리면서 2~3cm 전방으로 민다. 또한 호의 폭을 평상시 보다 줄여서 사용하는 것이 더욱 효과적이다. 또 기준선에 신경을 기울이면 호가 몸의 중앙에서 벗어나는 경우가 있으므로 주의하여야 한다.

4) 몸 앞지르기 (cross body technique)　몸 앞지르기 기술은 주로 잘 알고 있는 장소에서 단독 보행시에 쓰여지며 기준선을 따라갈 경우에도 이용된다.
① 엄지손가락은 지팡이 손잡이의 편편한 부분 위에 대고 나머지 손가락은 손바닥이 지팡이의 위로 오게 거머쥔다.
② 팔뚝과 손목을 똑바로 뻗고 손목을 약 90°정도 몸 안쪽으로 튼다.
③ 손잡이를 쥔 손과 하체 사이는 약 15~20cm 되게 거리를 유지하고 손잡이의 끝은 어깨 가장자리보다 약 3cm정도 밖으로 나오게 한다.
④ 지팡이 자루는 지면과 각을 이루며 지팡이 끝은 지면에서 약 3cm정도 떨어지게 한다.
⑤ 지팡이 끝이 어깨 가장자리보다 3~5cm정도 밖으로 나가도록 자루를 조정한다. 이 때 벽을 이용하여 위치를 조절하는 것이 좋으며 평지일 경우에는 발로 앞을 차 올려서 지팡이 끝의 위치를 조정할 수도 있다.

5) 계단오르기　① 첫 계단에 접근하여 출발점을 결정한다.
② 지팡이를 수직으로 세우고 손잡이 아래 자루의 적합한 부위를 잡는다.
③ 지팡이로 좌우를 뻗어 확인한다.
④ 지팡이 끝을 첫 계단 가장자리로 이동시킨다.
⑤ 지팡이 끝이 첫 계단 가장자리에서 둘째 계단 끝 가장자리로부터 3~5cm 정도 떨어지게 잡는다.
⑥ 지팡이를 든 손을 뻗치고 계단을 오른다. 이 때 지팡이 끝은 자동으로 계단 가장자리에 가볍게 접촉된다.

⑦ 지팡이 끝이 더 이상 계단 가장자리에 접촉되지 않으면 더 이상 계단이 없는 것이다.

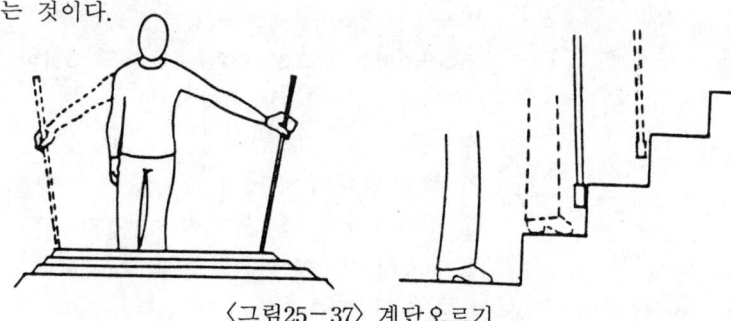

〈그림25-37〉 계단오르기

6) 계단내려가기

① 첫 계단 가장자리에서 지팡이 끝이 떨어지는 것을 확인하고 선다.
② 지팡이를 진행로의 중앙으로 가져오거나 지팡이가 떨어진 곳에 둔다.
③ 첫계단 가장자리 앞에 선다.
④ 지팡이를 수직으로 세워 좌우로 살펴본다.
⑤ 지팡이 끝을 첫 계단 가장자리로 가져와 둘째 계단 디딤판으로 내려 놓는다.
⑥ 지팡이를 둘째 계단 가장자리까지 미끄러지게 한다.
⑦ 몸 앞지르기 동작으로 지팡이를 잡고 지팡이 끝이 둘째 계단 가장자리 바로 위에 오도록 자세를 취한다.
⑧ 체중을 뒤로 하고 신중히 내려가다. 이 때 지팡이 끝이 계단 가장자리에 살짝 닿으면서 내려가도 된다.
⑨ 지팡이 끝이 지면에 닿으면 다 내려온 것으로 알고 다음 동작을 취한다.

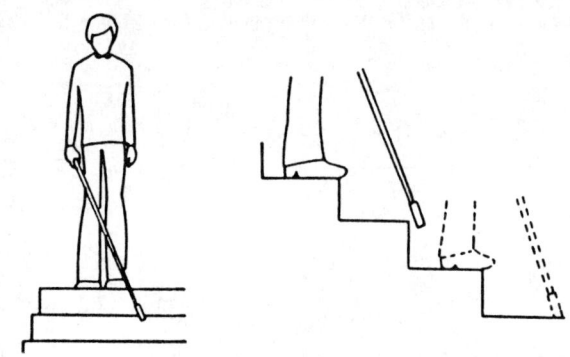

〈그림25-38〉 계단내려가기

7) 도로의 횡단

① 인도 위에 서서 지팡이를 인도 가장자리에 세우고 한 계단 내려갈 자세를 취한다.
② 인도 가장자리에서 진행할 방향을 조정한다.
③ 인도 가장자리 끝에 발을 맞추어 선다.

④ 자기가 서 있는 지점이 평행하는 차와 적당한 거리를 유지하고 다른 보행자와 잘 어울리도록 한다.
⑤ 지팡이를 앞으로 뻗쳐서 반원을 그리며, 자동차나 쓰레기통 같은 장애물이 없는가를 확인한다. 만일 장애물이 있으면 옆걸음으로 위치를 이동한다.
⑥ 차 소리를 주의 깊게 듣고, 통행 방향을 머리 속에 그린다.
⑦ 정해진 방향으로 똑바로 걸어간다.
⑧ 맞은편 보도에 이르렀을 때 보도 위의 장애물을 확인하고 안전한 곳으로 올라간다.

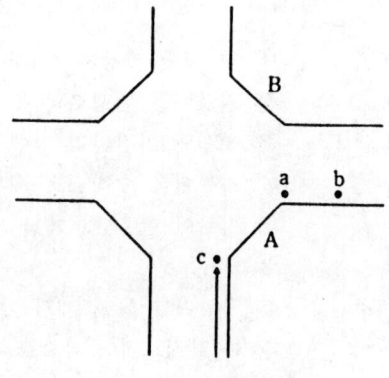

〈그림25-39〉 횡단시의 위치

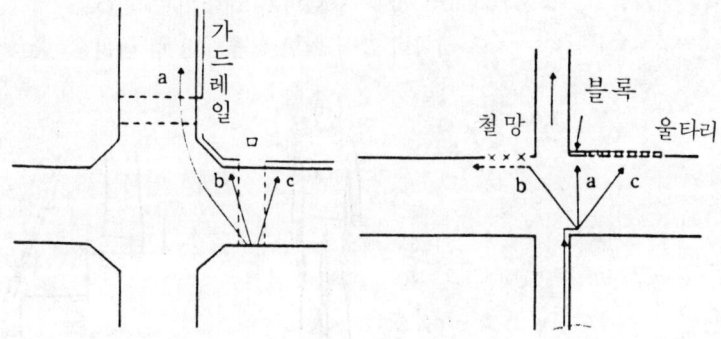

〈그림25-40〉 도로횡단 방법

8) 지하철 전철의 이용   지하철이나 전철 승강훈련을 하기 전에 먼저 지하철·전철의 원리, 내부 구조, 매표소, 개찰구, 플랫폼 등의 개요를 먼저 인식시킬 필요가 있다.
① 지하도의 보행방법에 따라 매표소에서 표를 사고 개찰구를 지나서 플랫폼에 이르면 차선에서 조금 떨어진 위치에서 기다린다.
② 차가 정지하고 문 열리는 소리가 들리면 한 손은 지팡이를 잡고

축대를 따라서 다른 손은 전차의 옆을 스치면서 출입문을 찾는다. 이때 발이 전차와 축대 사이에 빠지는 일이 없도록 주의하여야 한다.

③ 지팡이로 올라 설 곳을 확인하고 승차한다.

④ 자기의 목적지를 전철의 정지 회수나 안내방송 또는 다른 사람의 도움으로 확인하고 내릴 문 옆에서 기다리다가 문이 열리면 내려설 곳을 지팡이로 확인하고 내린다.

탈때와 마찬가지로 전차와 축대 사이의 공간을 인식하고 세심한 주의를 해야한다.

승강구를 찾을 때에는 그림 a처럼 전차와 축대 사이를 지팡이로 확인하면서 진행할 수도 있고 그림b처럼 지팡이로 축대를, 다른 손은 차를 확인하면서 진행해도 좋다. 이때 전차와 전차의 사이에 연결부의 공간이 있음을 잊지 않아야 한다.

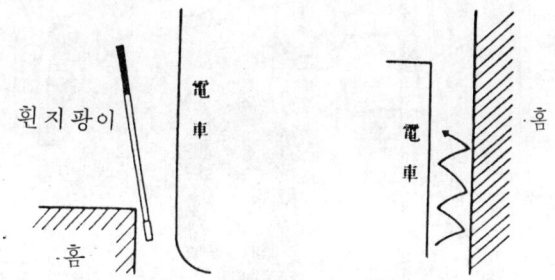

〈그림25-41〉 차체 따라걷기

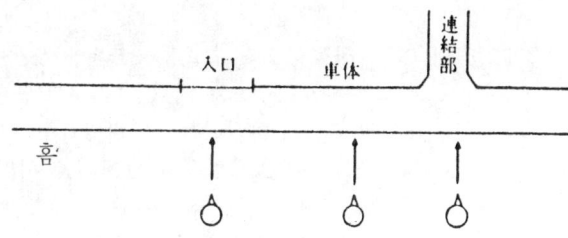

〈그림25-42〉 차의 문 찾기지도

9) 택시와 승용차이용   택시와 승용차는 다 같은 소형 승용차이다.

승용차의 문은 앞 뒤에 있고 좌석은 앞과 뒤에 둘씩 있으며, 뒤에는 세 사람까지 탈 수 있다. 문의 윗부분은 유리로, 아랫부분은 철판으로 되어 있다. 안 쪽 손잡이 부근에는 돌리는 장치가 있어 돌리면 문의 유리가 올라가기도 하고 내려가기도 한다.

문의 손잡이를 찾아서 약간 위로 들면서 열면 문이 열린다. 문이 열리면 오른손으로 문의 옆을, 왼손으로 문의 윗부분을 잡고 고개를 낮추면서 왼쪽으로 차안에 들어가면서 앉으면 된다. 문은 두 발을 차 안에 완전히 올려놓은 뒤에 조금 힘을 주면서 닫아야 한다. 그렇지 않으면 가다가 문이 열리는 경우가 있어 위험하다. 지팡이는 접어서 휴대한다.

   소형 승용차에서 내릴 때에는 타는 방법의 반대 순서로 하면 된다. 먼저 문의 손잡이를 찾아서 손가락으로 고리를 걸어 쥐면서 문을 밖으로 밀면 손쉽게 열린다. 내릴 때는 지팡이로 내릴 곳을 확인한 뒤 내리며, 내린 다음에는 약간 힘을 주어 문을 밀어 닫는다.

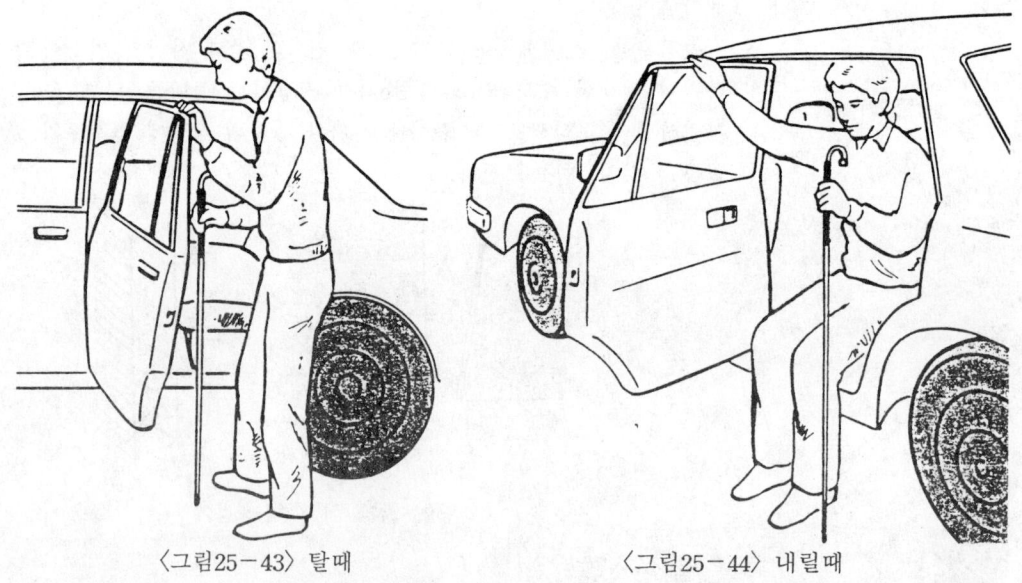

〈그림25-43〉 탈때   〈그림25-44〉 내릴때

10) 에스컬레이터의 이용 자동식 계단으로 2~3층의 낮은 층에 사용되고 있다. 빗살 모양의 계단이 상행과 하행으로 각각 양쪽에서 운행되며 사람과 짐을 운반해 준다. 이용 방법은 우선 지팡이로 발판을 찾아 계단 앞에 서고, 계단을 확인한 뒤 손잡이를 잡으면서 계단에 올라서면 자동으로 위층까지 올려다 준다. 이 때 넘어지지 않도록 바른 자세를 취해야 한다. 내려올 때에는 지팡이로 내려가는 계단을 확인한 뒤 손잡이를 잡으면서 계단을 딛고 서면 자동적으로 내려간다. 끝에 와서는 지팡이의 감각을 이용하여 발판에 내려서면 된다.

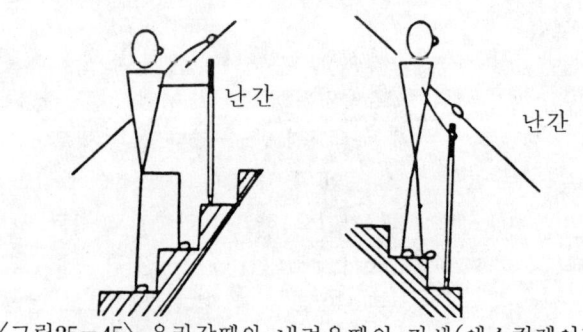

〈그림25-45〉 올라갈때와 내려올때의 자세(에스컬레이터)

5. 전자보행기구의 활용

1) 레이저 캐인

레이저 지팡이는 벤자민(J. Malvern Benjamin)과 그의 동료들에 의하여 개발되었다. 이것은 긴 지팡이의 환경 탐지 능력을 향상시키기 위하여 만들어졌다. 이 지팡이의 아랫부분은 긴 지팡이와 같고 그 윗부분에는 전기 장치가 되어 있다. 그 장치와 사용법은 복잡하다. 레이저 지팡이 사용시에는 터치 테크닉을 사용하고, 이 지팡이의 윗부분에서는 3개의 가느다란 레이저 광선이 나온다.

아래 채널에서 나온 신호는 보행자에게 15cm 높이의 내려가는 계단이나, 지팡이 끝으로부터 전방 90cm, 또는 사용자의 앞 182cm에서 내려가는 계단을 알려 주며, 200Hz의 저음으로 되어 있다.

중간 채널은 촉각 신호와 청각 신호를 보낸다. 청각 신호는 1600Hz의 중간

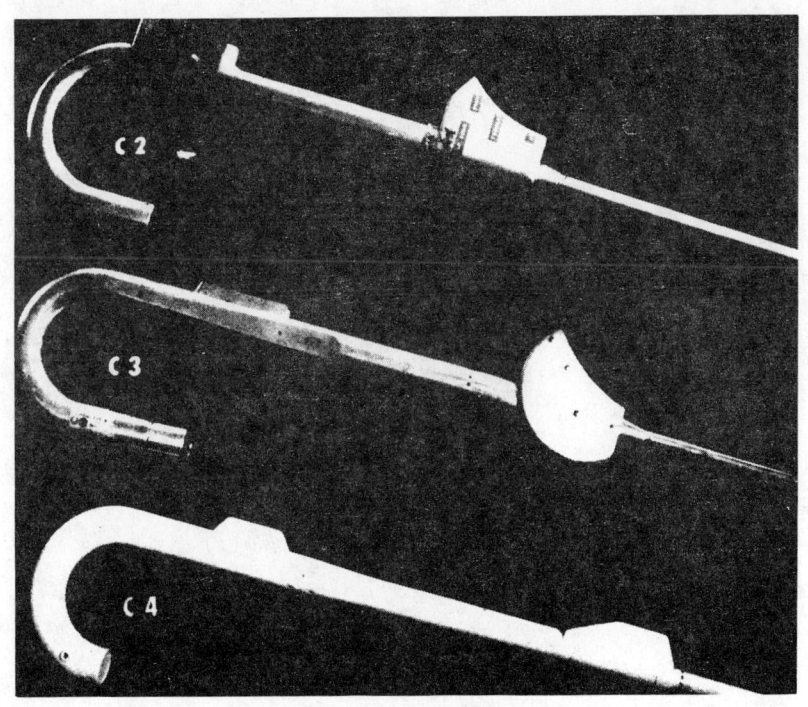

〈그림25-46〉 레이저 캐인

2) 음파안내기

음파 안내기는 뉴우질랜드의 켄터베리 대학교 교수인 케이(Kay)박사에 의해 개발되었다. 1959년에 그의 아이디어가 처음 제시되었으나, 그 당시의 기술로서는 만들 수가 없었다. 그래서 그는 토·취(Torch)라는 감각 기구를

개발하게 되었다.

 토·취는 회중용 초음파 환경 탐지기로 채널을 하나 가지고 있으며, 약 30°의 넓은 시야를 가진 기구이다. 무게는 252g이며, 탐지 범위는 2.1m와 6m의 두가지가 있다. 그러나, 이 기구는 일차적인 보행 기구로 사용되었기 때문에 감각 기구로는 적당하지 못하였다.

 음파 안내기는 맹인의 전면 환경에 대한 정보를 제공하는 장치이다. 이 기구는 전기 회로가 되어 있는 안경 부분과 코오드에 의해 안경의 왼쪽 다리와 연결되는 통제함(Control Box)과 교환할 수 있는 건전지로 구성되었다. 진로 음향기와 레이저 지팡이는 맹인에게 '가시오'와 '가지 마시오'만을 지시하는 도구이나 이 기구는 보다 많은 정보를 사용자에게 준다. 이것은 사용자에게 거리, 방향, 그리고 물체를 식별하는 소리의 특징을 전해 준다. 그러나, 소리로 물체를 식별하려면 많은 연습과 경험을 해야 한다. 이 기구는 머리에서 무릎높이까지를 보호해 준다. 그러나, 내려가는 통로 계단이나 낮은 물체에 대해서는 정보를 주지 못한다. 이 기구는 안내견이나 긴 지팡이와 같이 사용하는 보조적인 전자 보행 기구이다.

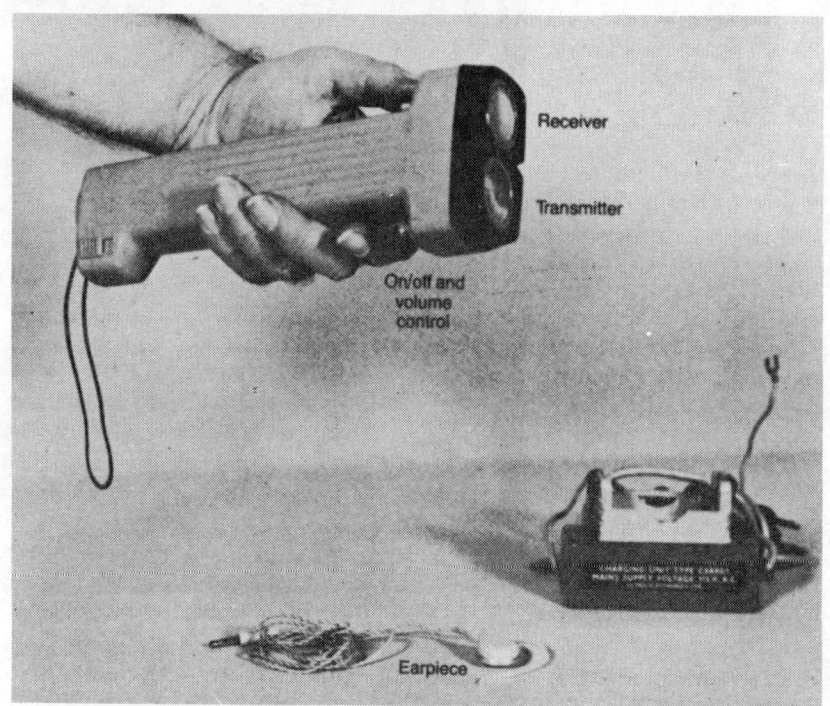

〈그림25-47〉 음파안내기 Ⅰ

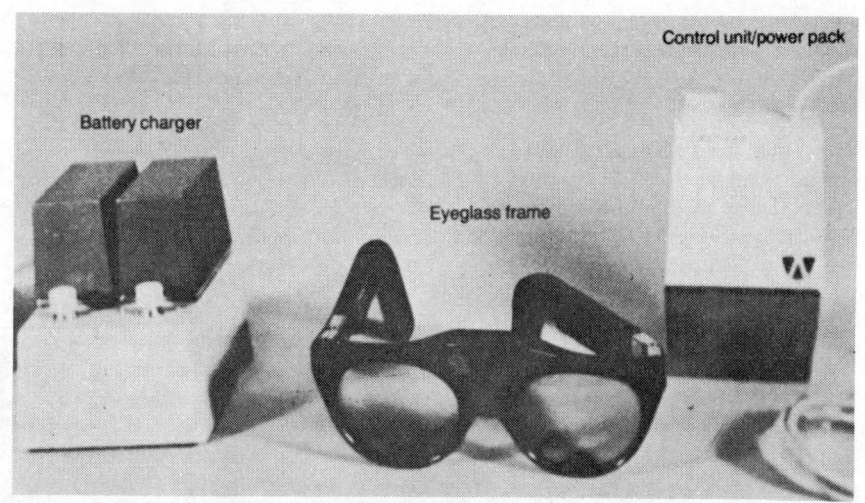

〈그림25-48〉 음파안내기 II

3) 진로음향기

진로 음향기는 미국의 엠 아이 티이(MIT) 공과 대학의 러셀(Lindsay Russell)이 개발하였다. 이것은 카메라 크기 만한데 끈으로 앞가슴에 매달아 사용한다. 또, 이것은 조그마한 건전지를 사용하며, 흰지팡이나 안내견을 보조한다. 이 기구는 일반적으로 사용자의 앞 허리에서 머리까지 높이에 어떤 물체가 있을 때 작동한다. 이것의 탐지 범위는 사용자 앞에서 182cm이고, 폭은 51~60cm이다.

이것은 두 가지 신호로 되어 있다. 촉각[진동]적 신호와 청각[소리]적 신호로 되어 있다.

사용자의 앞에서 182cm의 범위에 어떤 물체가 존재하면 북-하는 낮은 음을 내고, 물체가 사용자로부터 81cm이내에 들어왔을 때는 높은 음을 낸다.

물체가 사용자 앞 79~182cm 사이에 있을 때에는 기구 전체가 가슴에서 신속하게 진동한다. 물체가 81cm이내에 나타나면 가슴 진동기[Chestvibes]는 진동을 멈추고 목에 걸려 있는 목진동기[Neckvibes]가 목 뒤에서 진동한다. 소음이 심한 장소에서는 청각 신호가 부적합하므로 청각 장애를 겸한 맹인에게는 이 진동 신호가 바람직하다.

이 기구는 방수가 되지 않아 비가 많이 올 때는 사용할 수가 없다. 또, 비를 맞았을 경우 이것을 건조시켜 정상적으로 작동하게 하려면 하루가 걸린다. 무더운 날씨에는 사용에 특별한 문제가 없으나, 특히 낮은 온도에서는 건전지 소모량이 많다.

이 기구는 간단히 조작할 수 있고, 훈련 기간은 20~40시간이다.

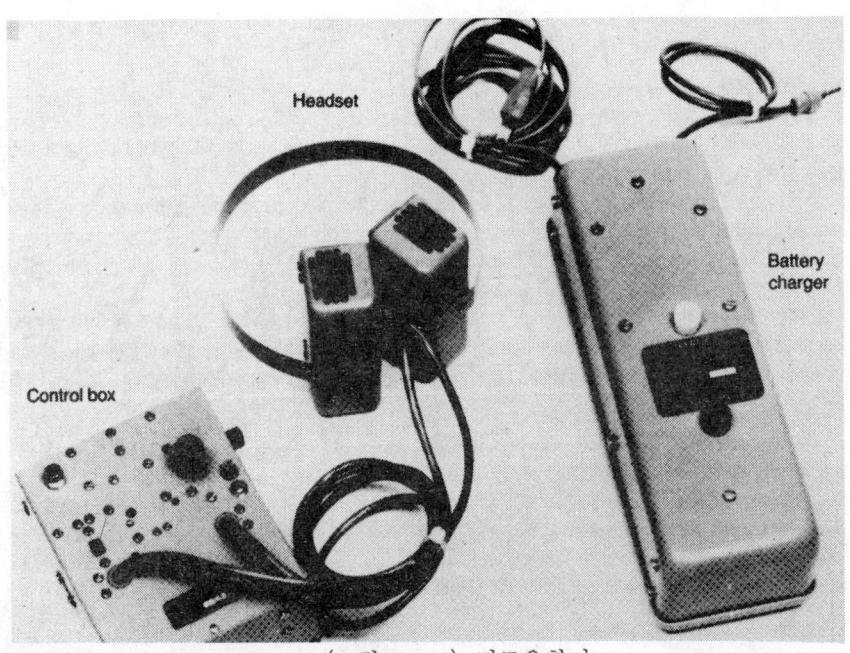

〈그림25-49〉 진로음향기

4) 모와트 전파 감지기   모와트 전파 감지기는 뉴유질랜드의 전기 기사인 모와트(G. C. Mowat)가 1972년에 개발하였다.

이것은 버스 정류장의 표지판, 벤취, 문, 기타 보행자를 탐지하기 위하여 안내견과 긴 지팡이와 함께 사용할 수 있는 이차적인 전자 보행 기구이다. 이것은 초음파를 이용해서 좁은 장소의 물체를 발견한다.

이것의 크기는 15cm×5cm×2.5cm이고, 무게는 182g인 회중용이다.

이것은 사용자로부터 가장 가까운 물체에 대해서 반응한다. 사용자가 물체에 접근해 감에 따라 진동은 증가하여 물체에서 15cm 정도의 거리에서 최고에 달한다. 이것은 두 가지 탐지 범위를 선택할 수 있게 되어 있다. 4m의 탐지 범위로 작동시키려면 스위치를 중간에서 앞으로 밀고, 1m의 탐지 범위를 사용하려면 중간에서 뒤쪽으로 민다.

사용 장소로는 실내에서는 장애물의 발견, 복도의 보행, 출입구 발견, 책상, 의자 등의 발견과 다른 사람과의 접촉을 피하기 위하여 사용되고, 실외에서는 땅이 패인 곳은 발견하지 못하므로 흰지팡이나 안내견과 함께 사용하여야 한다. 이 기구는 벽이나 담장의 옆을 따라 걸으면서 자동차, 기둥, 옆길 등의 특징을 발견하여 도로를 걷거나 장애물과의 충돌을 피할 수 있게 한다.

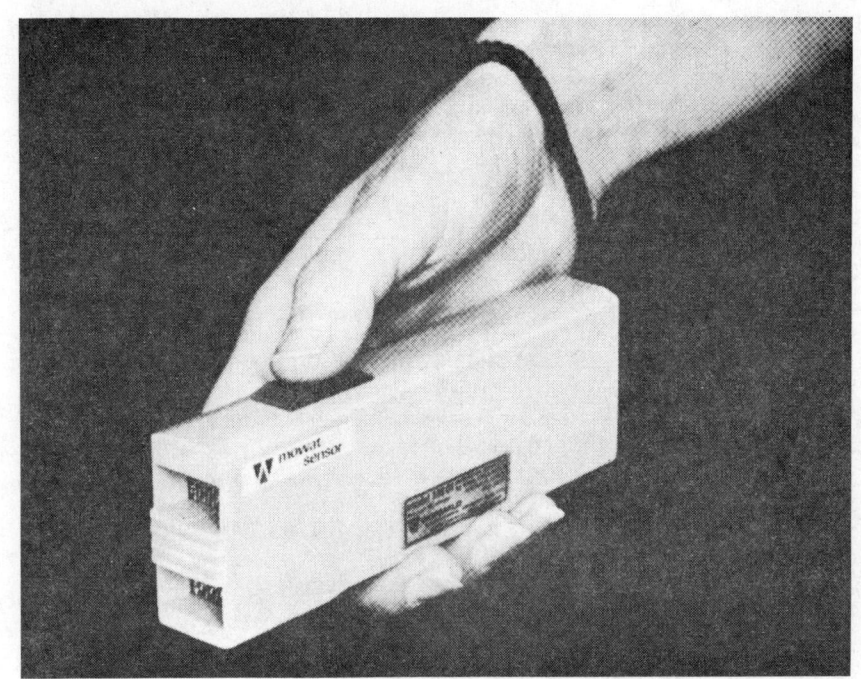

〈그림25-50〉 모와트 전파감지기

〈그림25-51〉 안내견 보행

6. 보행훈련의 평가 :
   훈련전 체크
   리스트의 일례

성명   년령   세(남, 여) 입학   년   월   일

1. 시각에 대한 사항
   (1) 장애에 대해서
      1) 실 명 ………………   년   월   일
      2) 시 력 ……………… 좌 :   우 :
      3) 실명원인 ……………… 우 :
                              좌 :
      4) 실명의 진행상태 ………
      5) 치료의 필요성 …………
      6) 시야의 특징 ……………
      7) 눈의 특징
         ① 안구가 고정 ………… 되었다   안되었다
         ② 통상시의 눈꺼풀의 상태 …… 개   개
         ③ 목 선 …………… 정상   사시
      8) 잔존시력을 저해하는 합병증 ………
   (2) 장애의 정도   약시   준맹   광각   전맹
                                          가 불가

   1) 신문의 글자를 읽을 수 있다(호로 눈앞 cm)
   2) 텔레비젼의 화면이 확실하다 ……………………
   3) 교통신호의 색을 구별할 수 있다 ………………
   4) 자동차가 달리는 것을 볼 수 있다 ………………
   5) 사람이 움직이는 것을 볼 수 있다 ………………
   6) 칠판의 글자를 읽을 수 있다 ……………………
   7) 자신이 스스로 활자를 쓰고 읽을 수 있다 …………
   8) 도로상의 움푹 들어간 곳, 도랑을 알아볼 수 있다 …
   9) 물건의 색깔을 알아 볼 수 있다 …………………
   10) 다른 사람의 얼굴 표정을 알 수 있다 ………………
   11) 발이 나가는 것을 볼 수 있다 …………………
   12) 밤낮의 명암을 판별할 수 있다 …………………
   13) 안전에서 손의 움직임이 보인다 …………………
   14) 형광등의 점멸을 구별할 수 있다 ………………
   (3) 눈의 상태에 대해서
      9) 사용이 …(허락되어야 한다. 한정해야 한다. 금지해야한다)
      2) 시각의 사용을 방해하는 외부의 자극 …
      3) 언제 잔존시력을 유효하게 사용하는가 ‥
      4) 잔존시력의 특징 ………………………
      5) 의안의 세척 ……………………………

2. 내과에 대한 사항
    (1) 건강상태
        1) 환자의 종류 ………
        2) 기응증 ……………
    (2) 내과에 대한 일반적 사항
        1) 혈액형 …………… 　　형　　　알수없다
        2) 미각, 피부감각, 후각의 상태 … 이상　　정상　　무관심
            ① 미　　각 ……
            ② 피부감각 ……
            ③ 후　　각 ……

3. 일반적 사항
    (1) 주로 신변정리를 했던 사람은 누구인가? ‥
    (2) 학교, 가정에서의 활동 내용 ………………
    (3) 학교, 가정에서의 본인에 대한 처우 … 과보호　　거부　　무시
    (4) 보행시 안내자는 누구인가 ………………
    (5) 할 수 있는 운동 ……………………………
    (6) 할 수 없는 운동 ……………………………
    (7) 실명전에 잘 했던 운동 ……………………
    (8) 신체이동에 대한 불안을 가지는가 ………
    (9) 의사에 의해서 금지되고 있는 운동 ………
            이유 ……
    (10) 입학하기 전에는 무엇을 했는가?

    (11) 입학이유

4. 보행에 대한 사항
    (1) 보행경험 … 무
                유 … 안내자, 단독지팡이보행, 지
                팡이없이, 안내견.
        1) 흰지팡이 … 무
                유 … 접는식　　　긴 지팡이
                        cm
        2) 보행기술의 습득
            언　　제 ……

　　　　어 디 서 ……
　　　　누구로부터 ……
　3) 흰 지팡이 사용에 대한 저항 … 유　　　무
　　　이유 …
　4) 보행범위 … 가정에서 가까운 곳　　기타
　5) 거주지의 환경
　　① 거주의 범위 … 상점　공장지대　농촌　주택　기타
　　② 본인의 행동범위
　　　　이발소 ……………………………………단독보행　안내자이용
　　　　우체국 ……………………………………
　　　　　역　……………………………………
　　　　은 행 ……………………………………
　　　　일용잡화점 ………………………………
　　　　시 장 ……………………………………
　　　　담배집 ……………………………………
　　③ 이웃과의 교제 ……… 유　　　　　무
(2) 단독보행에 대한 가족의 이해도 ……
　　　이유 ……

　1) 가족은 안내법에 대해서 …… 알고있다　　모르고 있다
　2) 단독보행에 대한 가족의 자세 …… 좋다　나쁘다　무관심
(3) 보행훈련에 대한 생각
　1) 받겠는가? ………………… 그렇다　　그렇지 않다
　　　이유 ……

　2) 보행훈련에 대해서 … 안다　　모른다
　3) 알게된 방법 …… 가족　우인　문　라디오　텔레비젼　기타
(4) 보행목표

(5) 지체장애 …… 무
　　　　　　　　유(장애명, 원인)
　1) 장애의 정도 ……
　2) 일상생활에 나타나는 지장 …… 유　　　　무

5. 심리검사에 대해서
   (1) 검사명칭 ……
   (2) 본인의 주된 경향 ……

6. 잔존감각에 대해서
   (1) 청　각 …… 정상　　　이상
     1) 청　력 …… 좌　　　우
     2) 이상을 초래하는 기응증 ……
     3) 소음에 대한 공포를 ………… 느낀다　　느끼지 않는다
     4) 음향신호를 향해서 ………… 설 수 있다　　설 수 없다
   (2) 평균감각 …… 정상　　　이상
     1) 자신의 굽어진 경향에 대해서 …… 안다　　　모른다
     2) 한쪽 다리로 10초간 …… 서있다　　　설 수 없다
   (3) 촉　각
     1) 거칠고 부드러운것 판별 …… 가능　　　불가능
     2) 유사물품선별 ……………… 가능　　　불가능
     3) 길이의 판별 ………………… 가능　　　불가능
     4) 무게의 판별 ………………… 가능　　　불가능
   (4) 장애물 지각 …… 유　　　　무
     1) 알 수 있는 장애물의 평균 높이 ……
     2) 장애물지각의 특징 …… 좋은 날씨에만 깨끗한 장소에서만
                         주의를 집중했을 때만

7. 자세에 대해서
   (1) 머리의 위치 …… 전후로 기울어진다　좌우로 기울어진다
   (2) 척　추 …… 측만(좌우)　　전만　　후만
   (3) 복　부 …… 하중　　　이완　　정상
   (4) 요　부 …… 떨어져 있다　후방으로 쏠려있떠　정상
   (5) 다리모양 …… 정상　　　X형　　　O형
   (6) 발의위치 … 정상　　　내고　　　외고
   (7) 학생의 외관 … 좋다　　　비교적 좋다　　　나쁘다

8. 성벽에 대해서　　　　　　　　　　　　　　　　　유　무
   (1) 안구의 움직임 …………………………………
   (2) 머리를 전후, 좌우로 흔든다 ……………………
   (3) 몸을 흔들면서 걷는다 …………………………

(4) 눈을 누른다 ……………………………………
(5) 이유도 없이 싱글싱글 웃는다 …………………
(6) 손가락을 튕긴다 ………………………………
(7) 손가락 끝으로 항상 물건을 두들긴다 …………
(8) 무릎을 달달 떤다 ………………………………
(9) 얼굴을 찡그린다 ………………………………
(10) 발을 동동 구른다 ………………………………
(11) 손톱을 씹는다 …………………………………
(12) 잇몸을 들어내어 웃는다 ………………………
(13) 큰 소리로 노래를 부르면서 걷는다 ……………
(14) 말을 더듬는다 …………………………………
(15) 과장 표현이 많다 ………………………………
(16) 체취가 난다 ……………………………………
(17) 회화시에 얼굴을 접근시킨다 …………………
(18) 큰 소리로 이야기를 한다 ……………………
(19) 이야기를 할 때 얼굴이 붉어진다 ………………
(20) 회화시에 얼굴이 앞을 향하지 않는다 …………
　　보행훈련담당자
　　지팡이 길이　　　　　　cm
　　시작　　　년　　　월　　　일

7. 약시자의 보행훈련 약시자의 보행훈련은 먼저 그 사람의 「보이는」상태가 어떠한 문제를 가지고 있는가를 명확히 하는 것이 문제해결의 길이다. 실제의 장면에서 약시자는 행동하고 생활하고 있는가. 또 시력이 행동상엣 어느 정도 기능을 하고 있는가를 평가하지 않으면 안된다.

1) 평가를 행하는 경우에 고려해야 할 사항
   ① 각 개인은 안질의 상태, 진행의 정도 등에 의해 보는 방법, 물체의 인지방법도 다름을 알아 둔다.
   ② 시력이 행동에 어느 정도 역할을 하고 있는가의 평가는 여러번 행하고 훈련해 보지 않으면 안된다.
   ③ 훈련을 시작하기 전에 안과의 진단서를 잘 이해해 두지 않으면 안된다. 또 병에 따라서는 금후의 예측 때문에 내과의 진단서를 참고로 한다.
   ④ 안약의 내용에 대해서도 지식을 요한다.
   ⑤ 눈의 상태에 다라 그날의 정신적 행도적인 상태도 달라지므로 보행훈련교사는 그의 눈의 상태를 잘 알아 둔다.
   ⑥ 정상 시력만이 아니라 움직일 때의 시력에 대해서도 고찰한다.
   ⑦ 약시자의 보행훈련에 대한 면접을 할 때에는 하나하나의 내용을 상세하게 관찰하여 그것을 근거로 그 사람의 시기능 상태를 잘 이해한다.

2) 시력이 기능을 결정하는 요인
   ① 시야의 결원 상태
   ② 물건을 보는 방법, 자세, 잔존시력의 이용 상황
   ③ 명암의 정도와 시력이 상태
   ④ 거리나 물건 길이의 인지
   ⑤ 입체감
   ⑥ 움직이는 것의 인지

3) 훈련전 시력 및 보행평가
   약시자의 훈련전 시력 및 보행평가는 크게 기초평가와 보행평가로 나뉜다. 또, 기초평가는 실내와 옥외로 나눠지고 보행평가는 주택가 보행, 번화가 보행, 원조의뢰, 교통기관, 물건사기로 나눠 평가를 행한다. 시력이 평가인 기초 평가에서는 정지 상태와 이동 상태로 나누어 체크해야 한다. 즉
   ① 학생이 정지한 상태에서 정지한 물체를 본다.
   ② 학생이 정지한 상태에서 이동 상태의 물체를 본다.
   ③ 학생이 이동하면서 정지한 물체를 본다.
   ④ 학생이 이동하면서 이동 상태의 물체를 본다.
   이상의 네 상태에 있어서의 평가가 필요하다. 평가표에서 S-S는 학생 : 정지-물체 : 정지, S-M은 학생 : 정지-물체 : 움직이는 상태, M-S는 학생 : 움직이는 상태-물체 : 정지, M-M은 학생 : 움직이는 상태-물체 : 움직이는 상태를 나타내고 있다.

〈약시자용 훈련전 시력 및 보행평가표〉

학생성명	년령 세 남 여
병 명	발병시기
시 력 : 좌 우	시야 : 좌 우
눈의 상태에 대해서	
담당자 성명	실시 년 월 일

1. 기초평가

    (1) 옥 내

    1) S-S

평가	광량	거리

    ① 재떨이, 컵 등 작은 것이 보이고 어디에 있는지 안다.

    ② 의자, 책상 등 큰 것이 보이고 어디에 있는지 안다.

    ③ 문틈 등 열려 있는 것, 또는 비어 있는 것이 보이고 어디에 있는 지 안다.

    ④ 계단이 보이고 어디에 있는 지 알아본다.

    ⑤ 전화번호부나 신문 등 작은 활자가 읽혀진다.

    ⑥ 방이 이름 등 큰 활자가 읽혀 진다.

    ⑦ 방향이 이해된다.

    2) S-M

    ① 사람이 걷고 있는 것이 보인다.

    3) S-S

    ① 계단의 승강이 된다.

    ② 벽면의 굴곡이 보인다.

    ③ 장애물을 피할 수 있다.

④ 방이 어디에 있는 지 안다.

평가	광량	거리

4) M-M

① 걷고 있는 사람을 걸어가면서 피할 수 있다.

(2) 옥 외

  1) S-S

    ① 자동차, 버스, 자전차 등이 보이고 어디에 있는 지 안다.
    ② 나무나 우체통이 보이고 어디에 있는지 안다.
    ③ 계단이나 연석등 단차가 보이고 어디에 있는 지 안다.
    ④ 지면의 변화가 보인다.
    ⑤ 교통표식을 읽고 이해한다.
    ⑥ 도로의 이름이 읽혀진다.
    ⑦ 집의 문패가 읽혀진다.
    ⑧ 신혹 보이고 어디에 있는 지 알며 이용할 수 있다

  2) S-M

    ① 자동차의 움직임을 눈으로 쫓을 수 있다.
    ② 걷고있는 사람이 보인다.

  3) M-S

    ① 계단의 승강이 된다.
    ② 도어의 출입이 된다.
    ③ 장애물을 피할 수 있다.
    ④ 신호등 없는 도로를 건널 수 있다.
    ⑤ 신호등 있는 도로를 건널 수 있다.
    ⑥ 차도에 인접해 걸을 수 있다.
    ⑦ 횡단보도를 이용할 수 있다.

⑧ 건널목의 횡단이 된다.

평가	광량	거리

4) M-M
① 자동차의 움직임을 따라 갈 수 있다.
② 걷고 있는 사람을 따라 갈 수 있다.
③ 걷고 있는 사람을 피할 수 있다.

2. 보행평가
   (1) 주택가보행
   ① 목적지를 찾을 수 있다.
   ② 방향을 이해한다.
   ③ 출발점까지 돌아 올 수 있다.
   ④ 구획 개념이 이해된다.

2) 번화가보행
   ① 목적지를 찾을 수 있다.
   ② 방향이 이해된다.
   ③ 출발점까지 돌아올 수 있다.

3) 전화
   ① 전화 번호부에 의해 필요한 번호를 찾을 수 있다.
   ② 다이알을 돌릴 수 있다.

4) 도움 청하기
   ① 스스로 도움을 청할 수 있다.
   ② 원조의뢰에 있어서의 태도가 좋다.

5) 교통기관
   ① 버스를 이용할 수 있다.
   ② 전차를 이용할 수 있다.

6) 물건사기
   ① 에스카레이터를 이용할 수 있다.
   ② 엘리베이터를 이용할 수 있다.
   ③ 혼잡한 곳을 걸을 수 있다.
   ④ 쇼핑을 할 수 있다.

전체적 평가

　　이상과 같은 평가는 시력의 기능이나 보행능력을 충분히 알 때에 행한다. 이것을 기초로 훈련계획을 세우면 어느 분야를 중점적으로 지도해야 될지 판명된다. 약시자의 훈련으로 가장 어려운 점은 지팡이를 사용할 필요가 있는가 없는가이다. 앞으로 시력이 좋아질 것인가 나빠질 것인가를 고려하여 지팡이를 쓸 것인가 쓰지 않을 것인가, 또는 안대를 착용할 것인가 그렇지 않는가를 결정한다. 즉 지금은 지팡이 사용이 불필요하더라도 앞으로 더 나빠진다면 안대를 착용하고 지팡이를 사용하는 훈련을 받아야 할 것이다.

8. 제 7차 교육과정의 보행훈련 내용

1) 가정생활 환경의 보행기능

(1) 여러가지 자극에 반응하기
- 소리에 반응하기
- 물체 및 불빛에 반응하기
- 후각 정보 단서에 반응하기

(2) 소리 인식하기
- 주위에서 나는 소리 알기
- 소리의 근원 알기
- 소리 위치 알기

(3) 소리 구별하기
- 소리 크기 알기
- 소리의 종류 알기
- 고정된 소리와 움직이는 소리 알기

(4) 소리 듣고 방향과 위치 알기
- 소리나는 방향 알고 이동하기
- 소리의 위치로 공간개념 알기
- 반향음 알고 사용하기

(5) 간단한 지시에 따르기
- 관계있는 지시에 따르기

- 관계없는 지시에 따르기
- 조건이 있는 지시에 따르기

(6) 이동과 관계되는 질문에 반응하기
- 무엇을 하기를 원하느냐는 질문에 대답하기
- 누가, 무엇을, 어디서, 왜, 어떻게 라는 질문에 대답하기
- 예, 아니오로 대답하기

(7) 선 자세 바르게 하기
- 바르게 선 자세 알기
- 잘못 선 자세 알기
- 바르게 선 자세 취하기

(8) 앉는 자세 바르게 하기
- 바르게 앉은 자세 알기
- 잘못 앉은 자세 알기
- 바르게 앉은 자세 취하기

(9) 걷는 자세와 달리는 자세 바르게 하기
- 바르게 걷는 자세와 달리는 자세 알기
- 잘못된 걷는 자세와 달리는 자세 알기
- 바르게 걷는 자세와 달리는 자세 취하기

(10) 신체 부위 인식하기
- 몸의 여러 부분 알기
- 몸의 여러 부분 이름 말하기
- 친구의 신체부위 알고 말하기

(11) 신체 기능 인식하기
- 몸의 하는 일 알기
- 신체 부위 기능 알기
- 중요 감각기관의 기능 알기

(12) 신체 동작 인식하기
- 머리, 팔, 다리, 몸으로 공간을 인식하고 동작하기
- 선 자세에서 전신으로 동작하기
- 신체부위 만지며 동작하기

(13) 방향을 잡기 위하여 왼쪽, 오른쪽 사용하기
- 신체의 왼쪽, 오른쪽 구별하기
- 물체의 방향 알기
- 자신의 몸을 중심으로 여러 방향 알기

(14) 여러 각도로 회전하기
- 90도 회전하기
- 180도 회전하기
- 360도 회전하기

(15) 방향 이해하기
- 다른 학생과 마주서기 왼쪽, 오른쪽 알기
- 물체의 왼쪽과 오른쪽 알기
- 여러 환경에서 방향 알기

(16) 크기 비교하기
- 크다, 작다 비교하기
- 많다, 적다 비교하기
- 길다, 짧다 비교하기

(17) 방향과 위치개념 사용하기
- 위, 아래 구별하기
- 안, 밖 구별하기
- 앞, 뒤 구별하기

(18) 색깔을 이용하여 시각적 랜드마크, 단서, 환경 변별하기
- 색깔 이름 말하기
- 색깔 구별하기
- 물건의 색깔 말하기

(19) 모양 인식하기
- 도형의 모양 이름 말하고 구별하기
- 평면도형에 대해 알기
- 입체도형에 대해 알기

(20) 기본 안내법 알기
- 잡는법과 거절하기 알기
- 방향 바꾸는 법 알기
- 위치 바꾸는 법 알기

(21) 안내받는 요령 알기(Ⅰ)
- 문출입할 때 안내받는 요령 알기
- 계단 오르내릴 때 안내받는 요령 알기
- 의자에 앉을 때 안내받는 요령 알기

(22) 안내받는 요령 알기(Ⅱ)
- 좁거나 복잡한 장소에서 안내받는 요령 알기

- 차에 오르내릴 때 안내받는 요령 알기
- 위험한 장소에서 안내 받는 요령 알기

(23) 손 대고 따라가기
- 손 대고 따라가기 방법 알기
- 손 대고 따라가기 장소 알기
- 손 대고 따라가기와 하부 보호법 사용하기

(24) 상·하부 보호법 사용하기
- 상부 보호법 사용하기
- 하부 보호법 사용하기
- 상·하부 보호법 사용하기

(25) 직각 이동하기
- 직각 방향 알기
- 직각 방향의 물체와 관계 짓기
- 직각 이동하기

(26) 평행선과 일치시키기
- 평행선 방향 알기
- 평행선 방향의 물체와 관계짓기
- 평행선 방향으로 이동하기

(27) 떨어뜨린 물건 찾기
- 물건 찾는 순서 이해하기
- 소리 듣고 몸 방향 바꾸기
- 원을 그리며 물건 찾기

(28) 랜드마크 사용하기
- 랜드마크의 종류 알기
- 자기주변의 랜드마크 찾기
- 랜드마크 활용하기

(29) 단서 사용하기
- 단서의 종료 알기
- 자기주변의 단서 찾기
- 단서 활용하기

(30) 공간 인식과 방향 알기
- 동·서·남·북 이름 알기
- 문을 바라보고 상·하·좌·우 말하기
- 방 네 모퉁이의 방향 알기

2) 학교생활 환경의　　(1) 보행할 때의 태도와 바람직한 행동하기
　　보행기능　　　　　　• 독립보행에 대해 긍정적인 태도 갖기
　　　　　　　　　　　　• 보행시의 예절 알기
　　　　　　　　　　　　• 물어보기
　　　　　　　　(2) 보행기구 구조 알기
　　　　　　　　　　　　• 보행기구 종류 알기
　　　　　　　　　　　　• 보행기구 구조 알기
　　　　　　　　　　　　• 보행기구 사용법 알기
　　　　　　　　(3) 보행기구 사용하여 이동하기
　　　　　　　　　　　　• 보행기구로 장애물 발견하기
　　　　　　　　　　　　• 출입문과 계단에서 보행기구 사용하기
　　　　　　　　　　　　• 안내자와 보행할 때 보행기구 사용하기
　　　　　　　　(4) 지팡이 구조와 기능 알기
　　　　　　　　　　　　• 지팡이 종류 알기
　　　　　　　　　　　　• 지팡이 구조 알기
　　　　　　　　　　　　• 지팡이 기능 알기
　　　　　　　　(5) 기본 지팡이 사용법 알기
　　　　　　　　　　　　• 지팡이 쥐는 법 알기
　　　　　　　　　　　　• 팔의 위치, 팔목 동작 알기
　　　　　　　　　　　　• 호, 걸음, 율동 알기
　　　　　　　　(6) 지팡이 사용하여 이동하기(Ⅰ)
　　　　　　　　　　　　• 촉타법 사용하기
　　　　　　　　　　　　• 드레그 기법 사용하기
　　　　　　　　　　　　• 슬라이드기법 활용하기
　　　　　　　　(7) 지팡이 사용하여 이동하기(Ⅱ)
　　　　　　　　　　　　• 대각선법 사용하기
　　　　　　　　　　　　• 보행선 사용하기
　　　　　　　　　　　　• 계단 오르내리기
　　　　　　　　(8) 교실에서 혼자 보행하기
　　　　　　　　　　　　• 교실의 구조 파악하기
　　　　　　　　　　　　• 복도 구조 파악하기
　　　　　　　　　　　　• 다른 교실 찾아가기
　　　　　　　　(9) 운동장에서 혼자 보행하기
　　　　　　　　　　　　• 운동장의 구조 파악하기

- 운동장과 학교 내 중요시설의 위치 및 방향 파악하기
- 운동장에서 자기 위치와 방향 알기

(10) 방향 알기
- 동·서·남·북의 반대방향 알기
- 햇빛 이용하여 방향 알기
- 바람 이용하여 방향 알기

(11) 나침반 사용하기
- 나침반 이해하기
- 나침반과 방향과의 상호관계 알기
- 나침반 사용하여 이동하기

(12) 도로 방향 알기
- 도로의 구조 알기
- 교내 교차로의 방향 알기
- 방향 알고 노선 찾아가기

(13) 휠체어 구조와 기능 알기
- 휠체어 종류 알기
- 휠체어 구조 알기
- 휠체어 기능 알기

(14) 휠체어 사용하여 노면 파악하기
- 휠체어 작동법 알기
- 휠체어로 노면 파악하기
- 휠체어 이용하여 보행시 도움 청하기

(15) 휠체어로 보행하기
- 휠체어로 직선 보행하기
- 휠체어로 경사로 보행하기
- 휠체어로 굽은 길 보행하기

(16) 휠체어로 장애물 통과하기
- 휠체어 타고 문 통과하기
- 휠체어 타고 장애물 비켜가기
- 휠체어 타고 건물 밖에서 이동하기

(17) 보행기 구조와 기능 알기
- 보행기 종류 알기
- 보행기 구조 알기

- 보행기 기능 알기

(18) 보행기 사용법 알기
- 보행기 사용법 알기
- 보행기로 노면 상태 파악하기
- 보행기 사용하여 안내자와 걷기

(19) 보행기 사용하여 이동하기
- 보행기 사용하여 실내에서 이동하기
- 보행기 사용하여 실외에서 이동하기
- 보행기 사용하여 교내 도로에서 이동하기

(20) 클럿치 사용하기
- 클럿치 사용법 알기
- 클럿치 사용하여 안내자와 걷기
- 실내외에서 클럿치 사용하기

(21) 클럿치 사용하여 이동하기
- 클럿치 사용하여 실내에서 이동하기
- 클럿치 사용하여 실외에서 이동하기
- 클럿치 사용하여 교내 도로에서 이동하기

(22) 의존지팡이 사용법 알기
- 의존지팡이 사용법 알기
- 의존지팡이 사용하여 안내자와 걷기
- 의존지팡이 사용하여 노면 상태 파악하기

(23) 의존지팡이 이용하여 보행하기
- 의존지팡이로 실내에서 보행하기
- 의존지팡이로 실외에서 보행하기
- 의존지팡이로 실내·외에서 보행하기

(24) 원거리 저시력 기구와 기능 알기
- 원거리 저시력 기구의 종류 알기
- 원거리 저시력 기구의 구조 알기
- 원거리 저시력 기구의 기능 알기

(25) 원거리 저시력 기구 사용하기
- 원거리 저시력 기구의 사용 목적 이해하기
- 원거리 저시력 기구의 문제점 파악하기
- 원거리 저시력 기구 사용하여 특정 물체나 사람 찾기

3) 주택가 환경의　　　(1) 상부 보호법 알기
　　보행기능
- 상부 보호법이 필요한 지역 알기
- 하부 보호법이 필요한 지역 알기
- 상·하부 보호법 사용하기

(2) 자동차의 문의 위치와 사용방법 알기
- 주차된 자동차의 위치에 따라 문의 위치 알기
- 자동차의 문을 열고 닫기
- 도움을 받지 않고 창문 열고 닫기

(3) 자동차를 안전하게 타고 내리기
- 자동차 승·하차 방법 익히기
- 지팡이 보관하기
- 안전벨트 사용법 알기

(4) 자동차의 내부 구조 알기
- 운전석과 승객의 자리 알기
- 앞좌석과 뒷좌석의 위치 알기
- 안전 손잡이 및 기타 내부시설물 위치 알기

(5) 도시구획과 교통시설 알기
- 도시구획의 개념 이해하기
- 주택가 구조물의 위치 알기
- 촉·청각 지도 학습자료를 이용한 구획 정리된 길 찾아보기

(6) 교차로와 도시 블록의 개념 알기
- 교차로의 목적 및 종류 알아보기
- 우리 고장의 교차로 알아보기
- 도시 블록의 개념 이해하기

(7) 직선 보행과 비어링 교정하기
- 인도에서 직선 보행하기
- 비어링 교정하기
- 불규칙한 도로에서 안전하게 이동하고 방향잡기

(8) 인도와 차도 구분하기
- 인도와 차도를 구분하는 목적 알아보기
- 인도가 없는 지역에서 보행하기
- 길모퉁이의 연석, 단차 경사진 곳 찾기

(9) 장애물 피하기
- 도로에 있는 장애물 종류 알기

- 경고 신호나 소리에 적절히 반응하기
- 장애물을 피하여 보행하기

(10) 횡단보도 위치 찾기
- 연석이나 경사로 찾기
- 횡단보도의 위치 찾기
- 도로를 건너기 위하여 도움 요청하기

(11) 신호등이 있는 교차로 건너기
- 신호등의 설치 목적과 종류 알기
- 도로를 건너기 위하여 정확한 위치 선정하기
- 신호등의 소리나 자동차의 정지 소리를 듣고 건너기

(12) 신호등이 없는 교차로 건너기
- 자동차의 진행방법 파악하기
- 손을 들어 자동차를 정지시키기
- 차가 없을 때 길 건너기

(13) 방향 유지하기
- 건널 준비를 하고 지팡이 바로잡기
- 길을 건널 때 비어링 교정하기
- 도로 횡단 후 제 방향 잡기

(14) 익숙하지 않은 장소에 주소 보고 찾아가기
- 주소 읽고 이해하기
- 특정 건물 찾아가기
- 특정 장소 찾아가기

(15) 농촌지역에서 보행하기
- 농촌 지역에서 랜드마크, 단서, 위험물 알기
- 농촌 지역에서 지팡이 보행하기
- 농촌 지역에서 도로 횡단하기

(16) 색채와 조명 이해하기
- 색채와 조명의 성질 이해하기
- 저녁이나 밤에는 눈에 잘 띄는 색의 옷 입기
- 다양한 조명에 적응하기

(17) 보행로의 장애물 탐지하기
- 그림자 이용하기
- 회중 전등이나 야간 전등 이용하기
- 보행자 표지판이나 신호등 이용하기

(18) 여러 가지 빛의 눈부심에 주의하기
- 자동차의 불빛 주의하기
- 네온사인 불빛 주의하기
- 횡단보도의 도색선과 표지판 찾기

(19) 빗길 보행에 필요한 지식과 기술 익히기
- 우산을 사용한 경우의 보행 기술 익히기
- 비옷을 입을 때의 보행 기술 익히기
- 비바람이 심할 때의 보행 기술 익히기

(20) 빙판길 보행에 필요한 지식과 기술 익히기
- 빙판길 보행의 필요한 지식 알기
- 빙판길 보행의 필요한 기술 익히기
- 눈이 올 때의 보행 기술 익히기

4) 번화가 및 상가지역의 보행기능

(1) 도로의 구조물 이용하기
- 도로 위의 구조물을 알고 익히기
- 도로의 구조물을 피하여 안전하게 보행하기
- 적합한 방법으로 도움 요청하기

(2) 특정한 장소 찾아가기
- 주유소와 주차장 찾아가기
- 상가에 있는 특정장소 찾아가기
- 냄새나 소리가 특이한 장소 찾아가기

(3) 편의시설 이용하기
- 회전문을 안전하게 사용하기
- 에스컬레이터를 안전하게 사용하기
- 엘리베이터를 안전하게 사용하기

(4) 터널, 육교, 지하도 보행하기
- 터널이나 공사하는 지역 보행하기
- 육교 보행하기
- 지하도 보행하기

(5) 차량의 진행 방향 알기
- 수직 방향의 흐름 알기
- 평행 방향의 흐름 알기
- 차의 회전을 이해하기

(6) 신호등 체계 이해하기
- 신호의 의미 알기
- 신호등의 진행 순서 알기
- 음향 교통 신호기를 알고 사용하기

(7) 보행자 신호 버튼 사용하기
- 보행자 신호 버튼의 위치 알기
- 사용 방법 알기
- 보행자 신호 버튼이 있는 신호등과 없는 신호등 구분하기

(8) 안전하게 도로 건너기
- 길을 건널 때 바른 자세 취하기
- 복잡한 교차로 안전하게 건너기
- 교통 신호 통제 구역에서 보행하기

(9) 식품점에서 식품 사는 절차 알기
- 출입문 찾기
- 필요한 물건 고르기
- 물건 값 지불하기

(10) 여러 종류의 가게에서 물건 사기
- 여러 종류의 가게 명칭 알기
- 필요한 물건 고르기
- 물건 값 지불하기

(11) 백화점에서 보행하기
- 백화점의 구조 이해하기
- 필요한 물건 고르기와 물건 값 지불하기
- 좁은 길 보행하기

(12) 우체국이나 은행 이용하기
- 우체국과 은행의 구조 이해하기
- 통장과 카드 사용하기
- 필요시 도움 요청하기

(13) 식당 이용하기
- 식당의 구조 이해하기
- 음식 주문하기
- 요금 지불하기

5) 교통수단을 이용한 보행기능
(1) 시내버스 이용하기
- 승강장 찾기
- 승차하기
- 목적지에 내리기
(2) 시외버스 이용하기
- 승차권 구입하기
- 승차하기
- 목적지에 내리기
(3) 고속버스 이용하기
- 승차권 구입하기
- 승하차 하기
- 휴게소 이용하기
(4) 승차하기
- 승강장 찾기
- 택시잡기
- 승차하기
(5) 하차하기
- 요금 지불하기
- 문 열고 닫기
- 목적지에 내리기
(6) 승차권 구입하기
- 역 찾기
- 승차권 구입하기
- 개찰하기
(7) 승·하차 하기
- 승강장 찾기
- 승차하기
- 하차하기
(8) 승차권 구입하기
- 기차역 찾기
- 승차권 구입하기
- 개찰하기
(9) 승·하차 하기
- 승강장 찾기

- 승차하기
- 목적지에 내리기

(10) 여객선 이용하기
- 터미널 찾기
- 승선하기
- 목적지에 내리기

(11) 탑승절차 밟기
- 탑승권 구입하기
- 탑승수속 하기
- 안내인 요청하기

(12) 탑승하기
- 탑승구 통과하기
- 좌석찾기
- 목적지의 출구 찾기

26. 교과교육

　시각장애아 일반 교육과정은 모든 아동이 공통적으로 학습하는 학과들을 말한다. 시각장애아가 이 일반 교육과정을 학습하는데는 교육자료와 교육방법이 문제가 된다. 이 일반 교육과정에는 사회생활, 수학, 과학, 외국어, 창작예술 및 체육이 포함된다. 세계 여러 나라에서는 시각장애아의 교육력을 제고시키기 위하여 시각장애아의 일반 교육과정에 대하여 지속적인 연구를 해 왔다.

　1. 사회 : 시각장애학생이 사회생활의 언어적 내용을 학습하는데 아무런 문제가 되지 않는다. 그러나 흔히 사용하는 비언어적 자료 즉 그림, 지도, 지구본, 그래프, 다이어그램 등을 사용하는데 어려움이 따른다. 이러한 비언어적 자료가 정안 학생에게는 유익한 정보를 주지만 시각장애학생에게는 어려움을 줄 뿐이다. 시각장애아동이 사용하는 촉각지도는 가독성이 떨어진다. 이러한 이유로 시각장애학생들은 지도나 그래프를 사용하지 않고, 지도를 읽는 방법을 학습하지 않았기 때문에 지리학습에 어려움이 많았다. 이러한 점을 보완하기 위하여 미국에서는 두 가지 연구가 이루어졌다. 첫째는 청각학습체계(an aural study system)의 개발이고, 둘째는 시각장애아용 사회생활과 자료를 개작한 것이다. 청각학습 체계는 취학전 아동에서 초등학교 6학년까지 두 종류의 시리즈를 청각자료화한 것이고, 사회생활과의 자료를 개작한 것은 초등학교의 교재 두 종류와 비교재 두 종류를 자료화한 것이다. 이러한 시도는 긍정적인 측면과 부정적인 측면을 함께 갖고 있으나 자료의 새로운 개발이란 차원에서 볼 때 주목할 만하다.

　2. 수학 : 시각장애학생은 수학 학습에 있어서도 자료의 문제에 직면하게 된다. 수학 교육용 자료는 두 가지 목적에서 그 필요성이 인정되고 있다. 하나는 촉각으로 나타낼 수 없어 교과서에서 생략한 부분을 보충해 주는 것이고 다른 하나는 평면, 입방체의 자료들을 개작하는 것이다. 이러한 교육자료들은 맹인용으로 개발된 자, 온도계, 저울등과 함께 교육의 효과를 높이고 있다. 주판과 퍼킨스 타자기와 같은 도구도 사용되고 있으나 최근에는 컴퓨터가 가장 중요시 되고 있다. 컴퓨터의 주변 기기와 프로그램의 개발로 컴퓨터 보조수업이 가능하게 되었다.

　맹아동에게 수학을 지도 할 경우에는 점자기호를 사용하여, 계산법으로는 점자타자기 셈, 점판과 점필셈, 큐바리덤셈, 테일러판셈, 주판셈, 암산

등 여러가지 자료와 방법을 사용한다.

큐바리덤(cubarithum)은 작은 입방체를 맞추어 넣을 수 있는 16×16개의 구멍을 가진 플라스틱 또는 고무로 만든것으로서 그 구멍에 입방체를 넣어 산수 문제를 풀도록 되어 있다.

테일러판(taylor state)은 8각형의 구멍속에 정방형을 넣어 숫자와 산수의 기호를 나타낼 수 있게 한 것이다.

주판(cranmer abacus)은 일반아동들이 사용하는 주판을 맹아동이 사용할수 있도록 편리하게 개조한 것이다.

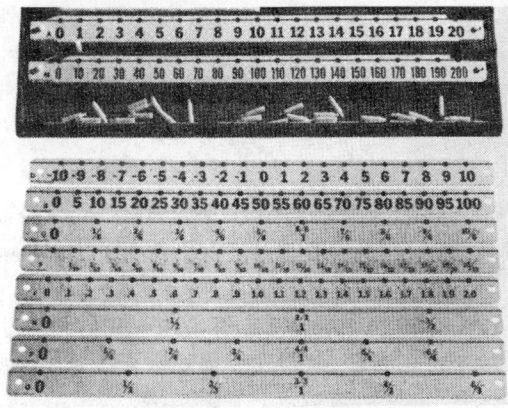

〈그림26-1〉 APH가 개발한 Number line

〈그림26-2〉 주판을 활용한 수학학습

3. 과학 : 시각장애 교육자들은 시각장애학생들이 정안아동과 동등한 위치에서 교육받을 수 있도록 이 분야의 교육자료와 방법을 지속적으로 발전시켜 왔다. 미국의 경우 시각장애자의 과학활동(The Science Activities for the Visually Impaired : SAVI)이라는 프로그램이 3년간의 연구 끝에 개발되었다. 이 프로그램은 신체장애자와 학습장애자에게도 사용될 수 있도록 신체장애학습자의 과학 심화학습(Science Enrichment for Learners with Physical Handicaps : SELPH)이라고 불리우는 프로그램으로 확대·개편되었다. 이 프로그램에는 프로그램의 배경, 자료의 내용, 수업계획, 평가, 언어발달, 과학 교육용 기구 등 교사를 위한 내용과 학생을 위한 자료, 그리고 각 학습활동을 보충하기 위한 참고문헌이 포함되어 있다.

4. 외국어 : 시각장애아가 외국어를 학습하는데 큰 어려움은 없다. 그러나 그들이 직면하는 문제는 외국어 점자 교과서, 외국어 교육용 참고서, 외국어 사전, 외국어 점자부호 규칙을 정리한 책 등을 구하기 어려운 점이다. 그러므로 세계 여러 나라는 외국어 점자사전, 교과서, 참고서, 점자부호책 등을 출판하여 공급하고 있다. 미국 맹인도서관은 세계 점자부호집(World Braille Use)을 1987년에 출판할 예정이다.

5. 예능 : Kurzhals(1961)에 의하면 "창의력은 우리 모두의 생활의 일부분이며, 재능있는 사람이나 성인에게만 국한되지 않는다. 아동의 성장과정은 우리의 내재된 창의력을 표현하는 것이며 학교는 각 아동이 그들 자신의 방법과 그들 자신이 발달수준에 알맞게 자신의 생각과 아이디어를 표현할 수 있는 능력을 발달시킬 수 있는 환경을 마련해 주어야 한다"는 것이다.

이 창작예술 분야에는 산업공예, 댄스, 음악, 연극, 작문 등이 포함된다. 특히 산업공예는 직업교육과 관련지어 강조되고 있고, 다른 영역도 교육과정에서 중요하게 다루어지고 있다.

창작예술 분야에서 시각장애아에게 가장 큰 문제는 시각장애 자체가 이 영역에 제한성을 부과한다고 믿는 정안자들의 태도에 있다. 교사는 학생들이 경쟁의 압박감을 느끼지 않고 그들 자신의 능력과 방법에 의하여 학습할 수 있도록 한다.

6. 체육 : S. G. Howe가 퍼킨스 맹학교의 교육과정에서 체육을 강조했던 것은 시각장애자의 부자연스런 자세와 근육발달의 지체를 방지하기 위한 노력의 일환이었다. 후일의 많은 교육자들도 꼭같은 이유로 체육을 강조했다. 이러한 관점에서 볼 때 건전한 시각장애자 체육교육 프로그램은 일상생활활동과 보행에 필요한 운동기능을 발달시키고, 긍정적인 자아개념과 개인의 가치, 스포츠 기능 등을 발달시켜 주는 것이다.

교사용 지도서는 여러 종류가 개발되어 있으나 대체로 유치원에서 초등학교 2학년까지는 신체상, 공간개념 등과 함께 기초적인 운동능력이 강조되고, 초등학교 3학년에서 6학년까지는 특정 스포츠와 관계되는 운동기능이 강조된다.

27. 과학지도

1. 과학지도의 전반적 특성

시각장애 아동이 과학 교육과정을 효율적으로 이수하기 위해서는 손상된 시각적 감각 투입을 어느정도 보상할 수 있는 다감각적 방법에 기초해야 한다. 개념발달은 감각투입의 다양한 자료로부터 이루어질 수 있다(Scholl, 1986, pp.375-380).

1) 다감각적 접근 방법

정안아동은 타인의 활동을 모방하거나 또는 의도적으로 관찰함으로써 많은 것을 배운다. 즉, 싹이 돋아나는 것을 볼 수 있으며, 회로를 만들기 위해 전선이 연결되는 방법도 볼 수 있고, 어떤 액체의 물질이 혼합되었을 때 컵에서 거품이 발생하는 것도 볼 수 있다. 시각장애 학생은 시각적 관찰로써 학습 할 수 없다. 때문에 지식을 획득하고, 지식의 개념을 통합하기 위해 다감각적 접근 방법을 활용해야 한다. 다감각적 방법으로 대사, 물질, 유기체, 절차, 작용 등을 직접 접근해야 하는 것이다.

과학의 과정을 이해하는 것은 관찰과 그와 같은 관찰을 측정하는 아동의 능력에 달려있다. 관찰이란 복합적 감각과정이며, 시각적 자료 뿐만 아니라, 청각, 촉가적 자료로부터 투입된 것을 통합한 것이다(Thier, 1979). 약시 아동의 경우는 가능한한 시력을 활용하여 통합하도록 격려해 주어야 한다. 즉, 그들의 '기능적 시력(functional vision)을 항시 고려해야 한다. 시력정도에 대한 양적인 임상 정보보다는 개인의 상태를 고려해서 해석해야 한다.

과학 학습에 있어서 다감각적 접근은 다양하고 활동적이다. 이 방법은 학생의 흥미를 유발시키고 잠재성을 실현시킬 수 있으므로, 학생의 동기 유발과 표현, 창의성에 대한 새로운 길을 열어줄 수 있다.

2) 개념발달

과학에 있어서 시각장애아의 개념발달은 정안아동과 마찬가지로 같은 인지 단계를 거친다(관찰, 자료수집, 기록, 분석). 시각장애아는 크기, 형태, 재료, 모양, 변화를 관찰하기 위해 대상, 유기체, 자료를 촉각을 통해 만져 보아야 한다. 학생들은 다양한 변화와 증명을 관찰하기 위해 새싹, 생산물, 반응물, 과일 등의 냄새를 맡아야 한다. 또한 활동, 다양성, 변화를 관찰하기 위해 거품이 이는 음료의 반응, 소리굽쇠 등의 소리에 귀를 기울여야 한다 (School, 1986, p.376). 때문에 환경적 개념, 지형학적 개념, 질감적 개념에 대한 훈련이 요구되며, 잔존감각(촉각변별, 소리구별, 냄새구별)의 훈련이 중요한 교육과정이 된다. 개념발달에 대한 연구자료는 권기덕, 김동연 (1983, pp.103-126)의 연구를 참조하기 바란다.

자료는 바로 지식이다. 과학은 자료를 만들어내고, 기록하고, 조절하는데 의존한다. 자료를 이해하기 위해서는 그 기초과정이 직접적인 감각경험에 근거를 두어야 한다. 예컨대, 시각장애 학생은 대상을 "그램"단위로 된 갯수에 비교할 수 있도록 촉각 균형 지시계가 부착된, 간단한 두개의 접시 저울로부터 무게의 개념을 배운다. 다양한 무게의 경험을 한 뒤에, 아동은 대상의 무게가 결정되는 방법을 이해하고 무게에 대한 개념을 파악하게 된다. 그 과정은 온도, 부피, 거리 등 다른 개념들도 마찬가지이다. 개념에 대한 내지화는 더 깊은 연구에 대한 기초를 제공하고 있다. 상급학년들은 리모트 감각도구로 측정할 수 있으며, 컴퓨터를 통해 기록할 수 있다. 분석은 인지발달과 기능에 의존하는 지적인 과정이다. 분석과정은 정보가 효과적으로 수집되고, 연구의 기록 등에 의해 확립된다.

경험을 통해 얻은 깊은 결론을 개념형성에 활용된다. 각 활동은 과제 분석을 통해 계열성 있게 구성되어야 할 것이다. 특히, 과학학습은 계열성이 요구되며, 활동의 순서에는 수직적인 것과 수평적인 것 두가지 방식이 있다. 이 두 방식은 과학 프로그램에서 명확한 입장을 취하고 있으며, 개념형성에 기여한다. 수평적인 계열성은 개념에 집중된 일련의 활동을 함께 모으는 과정이다. 각 활동은 같은 개념을 강화한다. 예컨대, 학생들이 진동하는 추나, 가라앉은 뗏목, 나는 비행기, 심장의 호흡과 같은 다양한 활동을 성공적으로 완수한다면, 변인에 대한 개념이나 통제된 실험은 강화된다. 다시 말하면, 제시된 개념은 상호의존하는 것이 아니라 공통된 양상을 띄고 있다. 시각장애 아동은 개념이 모든 과학의 기초가 되고, 효과적인 실험에 대한 기초가 될때, 특별히 수평적인 계열 활동으로 얻어진 개념 강화에서 효과를 얻을 수 있다.

수직적인 계열성은 보다 더 고차원적인 개념을 목표로 해서 만든 일련의 활동을 함께 모으는 과정이다. 각 활동은 후속적인 활동의 선행이 된다. 예컨대, 계열성의 수업은 자석과 전기 연구에서 발견할 수 있다(School, 1986, p.377).

① 학생은 먼저 자석의 개념을 이해한다.
② 학생은 전기의 기본 개념을 경험한다. 즉 개폐쇄회로, 도체, 절연체 등에 관한 내용을 다룬다.
③ 전장 개념을 이해 하는데 중심을 둔 활동을 한다.
④ 학생들은 그들이 고안한 코드와 연결하여 사용할 수 있는 전신단위를 만들도록 전체를 조립한다.

각 활동은 후속되는 개념 이해에 중요한 개념을 발달시켜 주고 있다. 교육과정에는 개념형성을 확립하기 위해서 내용이 구성되어야 한다.

3) 교사의 역할

　　시각장애아 교재는 과학지도를 위한 입안자 내지는 안내자가 되어야 한다. 많은 교사들이 시각장애아의 과학지도에 대해 두려움을 갖고 있다. 예컨대, 양초가 왜 타는지, 타는 도중에 왜 뜨거워지는 지를 설명하기 어렵다. 전기가 어떤 것인지, 그것이 어떻게 작용하는지 모르기 때문에 전기 실험을 두려워 한다. 시각장애아에게 과학적인 실험을 설명하고 이해하게 하는 데는 어려움이 많기 때문이다.

　　Kathleen, Mary, Huebner(1986, p.377)등은, 과학교사가 갖추어야할 자질을 다음과 같이 몇 가지로 요약하였다.

① 특수아동의 전체 교육과정의 효율성을 높일 수 있도록 과학의 감정을 지도하는 데 능숙한 교사
② 각 학생의 인지 학습 양식에 예민하고 그 양식에 맞는 과학실험을 제공하는 교사
③ 과학교육에서 사용하는 적당한 자료를 얻는 방법과 자료에 대한 지식을 가진 교사
④ 도표와 사진에 대한 언어적 설명을 할 수 있고, 실험결과에 대한 증명과 시각적 관찰을 할 수 있는 교사
⑤ 가능하면 연구중에 있는 개념에 대한 접근 방법을 제공해 주는 자료와 과정을 활용할 줄 아는 교사

　　교사는 학생들의 과학 활동에 대한 자료 제공과 관찰, 실험, 의문 등에 대한 기본적 기능을 갖고 지도해야 한다. 교사연수의 참가, 과학 전문서적 읽기 등은 매우 중요하며, 초등부 교사의 경우는 다른 교과와 과학적 내용을 관련시켜 지도하는 것이 바람직하다.

4) 교육과정

　　가장 효과적인 과학활동에는 다감각적 접근을 통해 다양한 기구와 재료를 조절하는 것이 포함된다.

　　예를 들면, 싹이 솟아나는 것을 관찰하는 학습을 한다고 하자. 정안아동의 경우는 요쿠르트병 같은 것을 모아 씨앗을 심고, 물을 주게 되고, 시각적으로 관찰한다. 그러나 시각장애아의 경우는, 이러한 활동에 대한 변형이 요구된다. 무엇보다도 아무 식물의 씨앗이나 다 가능한 것은 아니다. 씨앗은 큰 편이 좋으며, 촉감으로 구별될 수 있는 것이 적절하다. 콩이나, 해바라기, 옥수수, 호박씨 등은 다감각적 접근 실험 프로그램에 유용한 것들이다.

　　씨앗의 발아 과정을 관찰하는 시각장애 아동에게는 흙은 적당하지 못하다. 씨앗은 접시나 싹트기 용기에 물을 넣어서 싹이 솟아나오도록 해주어야 한다. 학생은 발아과정을 이해하기 위하여 매일 변화를 느끼고 냄새를 맡게 해야 한다. 발아한 싹이 약1주일 정도 경과되었을 때, 수경법을 통하여 자라나는 것을 관찰할 수 있게 하면 좋다(그림27-1). 수경법에서는

성장과정에 있는 식물에 손상을 미치지 않고 가지 성장 상태와 뿌리 성장을 계속적으로 관찰할 수 있다. 즉, 식물의 성장이 전체적인 생활주기를 통해 계속해서 성장하기 때문에 다감각적 관찰에 유용하다.

보다 고차원적인 단계에서도, 과학교육과정은 다감각적인 구성에 의해서 이루어져야 한다. 시각이외의 감각을 통해 경험할 수 있도록 구성되어야 하고 얻은 지식과 기능은 그것을 자신의 감각적 환경과 관련지을 수 있는 자극적인 것이어야 한다.

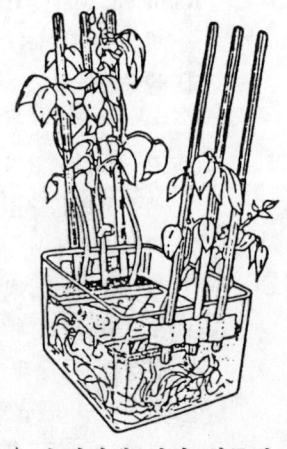

〈그림27-1〉 수경법에 의한 식물의 관찰

5) 교수학습 매체

과학의 과정과 내용에 대한 이해는 관찰을 하고, 관찰한 것에 대한 정도를 정하는 아동의 능력에 달려있다. 때문에 교수학습매체의 선택이 중요한 요소라 할 수 있다. 촉각을 통해서 감지할 수 있는 매체가 선택되어야 한다. 구슬, 씨앗, 전선, 세척기 같이 너무 작은 것은 곤란하다. 헤아리고, 체계화해야 하는 작은 대상은 추적할 수 없거나 추적하는 데 지겨울 수 있다. 또한 작은 매체는 떨어 뜨리거나, 잘못 놓았을 때 찾기가 어렵다. 쉽게 잘 움직이거나 나는 것들도 적당하지 않을 때가 많다. 그 대신에 다소 무게가 나가는 것을 사용하면 좋다. 예컨대, 콩, 해바라기 씨앗, 무거운 바느질 실, 가재, 등각류, 달팽이 같은 크고 단단한 생명체를 통해 동물의 행동과 상호작용을 경험하게할 수 있다.

과학의 과정, 예를 들면 측정 같은 것에는 시각장애아에게 특별한 매체가 요구된다. 미터 테이프(meter tape)나 미터 지팡이(meter cane)등은 유용한 자료이다. Cm는 볼록선으로 표시 된 것을 사용하거나 점자 또는 큰 글씨로 표시된 것을 통해 맹과 약시 아동이 사용할 수 있을 것이다. 아동들은 수평적인 평평한 표면, 수직적인 거리, 농구대의 원주 같은 굽은 표면을 따라 쉽게 거리를 측정할 수 있다.

매체의 사용은 맹아동과 약시가 다를 수 있으며, 수업을 하는 환경이 약시학급이냐 맹학교냐에 따라 학습방법(분단학습 등)이 다양화되므로 매체의 활용은 적절히 조정되어야 한다.

그림27-2는 Malone, Delucchi & Thier(1981)등이 개발한 "시각장애아의 과학활동(SAVI)"프로그램의 예를 제시한 것이다. 국민학교 상급반 아동을 위해 고안된 것이며, 교사용 지침서의 일부이다.

〈그림27-2〉
산(acid)의 검사

(1) 전체계획

산 검사(acid test)에서 학생들은 음식속에 산의 존재를 검사하기 위해 베이킹 소다를 이용한다. 즉 식초(산의 일종)가 베이킹 소다와 섞이게 되면 반응이 일어나 기체(carbon dioxide)가 발생한다는 것을 알게 된다.

이러한 반응이 주사기가 부착된 병속에서 일어나면 이산화탄소는 주사기의 피스톤을 밀어내게 된다. 식초 샘플 속에서 측정된 산의 양은 다른 식품들(오렌지쥬스, 포도쥬스, 레몬쥬스)속의 산의 양과 비교하는 준거가 된다.

결론적으로, 학생들이 산의 양을 연구하는데 있어서, 소다반응을 통해 "주사기의 피스톤이 밖으로 튀어나가는 것"에 대한 실험을 하는 것이다. 이것을 통해서 관찰, 측정, 비교, 계산, 결론을 맺는 과학적 과정을 학습한다.

(2) 배   경

산이 든 컵에 샌드위치속의 땅콩버터와 젤리를 반응시키면 어떻게 될까? 아니면 비스켓에 식초를 몇 방울 떨어뜨리면 어떻게 될까? 이러한 의문은 우리의 기호 식품과 산의 관계를 잘 연결해 주고 있다. 톡 쏘는 듯한 냄새가 나는 레몬쥬스나 비스켓 반죽을 할 때 넣는 버터 밀크, 채소 절임을 저장하기 위한 식초용액 등이 우리의 식품속에 포함되어 있는 산의 예들이다.

식품속에 포함되어 있는 산을 검사하는 간단한 실험은 지시약(indicator)으로 베이킹 소다를 이용하는 방법이다. 산이 베이킹 소다와 반응을 할 때에는 두가지 현상이 발생한다. 첫번째는 산이 중화되거나 산이 아닌 다른 물질로 전환되는 것이며, 두번째는 기포형태의 이산화탄소가 발생되는 것이다.

2. 화학실험의 기본적인 조작법

여기에 소개하는 기본적인 조작법은 시각장애아동의 화학실험을 위한 것을 제시하였으며, 현장 교사들의 새로운 아이디어가 개발되어야 할 것으로 본다.

1) 시험관에 분말 시약을 넣는 방법

시험관에 분말시약을 넣을 때는 점자용지를 약포지의 크기로 잘라 세로로 접어(그림27-4)시험관에 세워 왼손으로 시험관의 입구를 잡고 넣는다. 여러번 연습하여 능숙해질 때까지 연습하는 것이 좋으며, 시험관에 약품이 들어있는지의 여부는 시험관을 가볍게 흔들어 음과 진동으로 확인할 수 있다. 깔때기를 사용하는 방법은 시약이 깔때기 밑에 막혀버리는 경우도 있으므로 맹아동에게는 적당하지 않다.

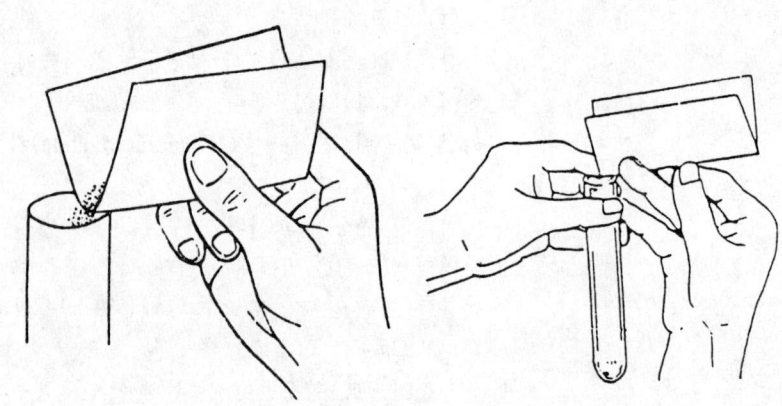

〈그림27-3〉 점자지의 시약종이 사용 〈그림27-4〉 시험관에 분말 시약 넣기

2) 시험관에 액체 시약을 넣는 방법

(1) 피펫 사용법

피펫의 고무를 한번 집었을 때에 넣어지는 액체의 양은 피펫의 종류와 사용자의 손가락 굵기에 따라 차이가 있다. 그러나 같은 종류의 피펫을 사용할 때의 '한번 집었을 때외 양'은 거의 일정히고 보통실험에서 개인차는 무시한다. 미리 한번 집었을 때의 양을 관찰한 후 사용하면 편리하다. 피펫의 사용법은 다음과 같다.

① 쥐는법은 그림27-5와 같이 쥐고 엄지와 검지로 고무를 누르는 것이 보통이다. 그러라 이 방법으로 시험관의 입구에 잘 들어가지 않을 수도 있다. 이 경우는 엄지와 검지로 피펫을 위에서 부터 집는듯한 방법을 취해도 좋으나 고무밑의 유리부분은 잡는듯이 하는 것이 중요하다.

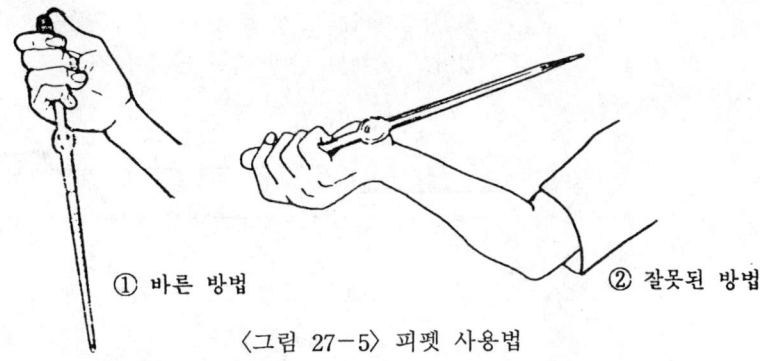

① 바른 방법　　　　　② 잘못된 방법
〈그림 27-5〉 피펫 사용법

　　② 고무를 누르는 손가락의 힘을 뺀 후 곧 피펫을 들어 올리면 액체가 피펫속에 들어있지 않을 수도 있으므로 잠시 기다려 고무가 원상태로 볼록 해진후 들어 올려야 한다.

　　③ 액체가 들어있는 피펫은 고무를 누르지 않으면 나오지 않는다. 그러나 아동은 자칫 하면 그림27-5-②처럼 피펫끝을 높이 올리듯이 집고 있게된다. 이렇게 하면 피펫에 공기가 들어가거나 시약이 고무 부분에 들어와 위험할 수도 있다. 피펫의 구조와 성질을 이해시킨 뒤 이와 같이 하지 않도록 주의할 필요가 있다.

　　④ 피펫이 시험관의 입구에 잘 들어갔는지를 확인한 후 액체를 흘러내려 가게 하는 것이 중요하다. 피펫을 주의깊게 살짝 흔들어 시험관 내벽에 부딪혀 본다. 바람직한 방법은 아니나 다른 방법은 없다.

　　⑤ 피펫에 액체를 빨아들일 때에는 피펫끝이 수면 아래에 있도록 주의하고 따라서 액체가 들어있는 용기에 깊이 넣어야 한다. 그러나 액체를 흘러 나오게 할 때는 피펫을 시험관 바닥까지 넣으면 액체가 반대로 흐를 수가 있으니(입구가 막힘)피펫을 깊게 넣지 않는 것이 중요하다.

　　⑥ 피펫은 여러개 준비하여 시약마다 바꾸어 사용하도록 하며, 씻을 때는 고무를 벗기고 안을 충분히 물로 씻는다.

　(2) 플라스틱제 세척제 사용

　우선 사용하기전에 세척병의 구조를 손으로 만져 물이 나오는 원리를 이해시켜 둔다. 즉 세척병은 병을 기울여 사용하는 것이 아니라 손바닥의 쥐는 힘을 이용하는 것임을 실제로 확인해 보도록 함과 동시에 쥐는 힘과 물의 흐름의 상태를 손바닥으로 느끼게 한다.

　또한 세척병에 산과 알카리를 넣으면 부주의하게 다루었을 때 튀거나 온도가 높으면 내압(內壓)이 높아져 위험하므로 가급적 물만 사용한다.

　(3) 점적병의 활용

　지시약 등을 넣는 점적병은 플라스틱 점안병을 사용하면 좋다. 용량이 10mm정도의 작은 형태의 점안병은 아동 모두가 사용법을 거의 알고 있다.

또 시험관의 입구에 점적병이 닿아 있어 지시약이 더러워져 버리는 일이 있어도 액체의 양이 적어 낭비가 적다.

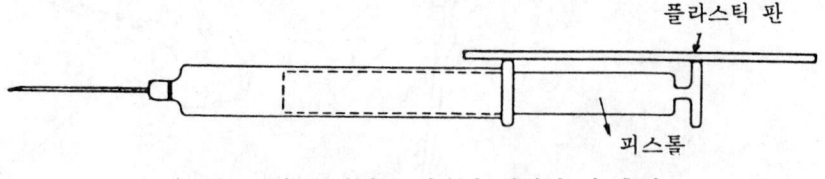

〈그림27-6〉 주사기를 이용한 액체의 양 측정

또한 주사기를 사용하여 물이나 액체시약을 잴 수도 있다. 그림27-6과 같이 주사기의 플라스틱판 까지(높이)당기면 일정량의 액체를 측정할 수 있다. 연구에 의하면 3회정도 연습하면 조작이 가능하다고 한다. 즉 1cc씩 하고 난뒤 10cc의 메스실린더에 넣어 보았더니 오차가 거의 없었다고 한다 (鳥山由子, 1971).

3) 시험관의 쥐는 법과 흔드는 법

시험관에 넣는 액체의 양은 1/3이하(가열할 경우 1/5이하)로 한다. 시험관을 잡을 때는 세개의 손가락을 이용하고 흔들 때는 시험관을 꼭 쥐고 손목의 힘을 빼고 조금씩 흔든다. 시험관 속의 액체의 움직임은 소리로 분별한다.

4) 스탠드의 사용법

스탠드는 세 종류의 조절나사가 붙어 있다. 높이조절 나사, 방향조절 나사, 시험관등을 집기 위한 나사 등이다. 미리 나사의 기능을 확인해 두는 것이 중요하다.

또 시약을 넣은 시험관을 스탠드로 고정해 가열하는 경우에는 먼저 빈 시험관을 스탠드에 부착하고 가열기구에 맞는 높이와 각도를 조절한 후 빈 시험관을 버리고 시약을 넣은 시험관을 부착하면 좋다.

스탠드 기둥의 높이가 낮으면 학생이 책상위에 얼굴을 내밀고 고개를 숙인 자세를 취할 경우 눈에 부딪힐 위험이 있다. 스탠드 기둥이 높은 것을 이용해 항상 실험대 위에 안전한 장치를 두도록 하는 것이 중요하다.

5) 거르는 방법

일반 실험대에서는 여과지가 깔때기 보다 조금 작은 것을 사용하게 되어 있으나 시각장애 아동은 여과지가 깔대기 보다 조금 큰 것을 사용하는 것이 좋다. 네번 접은 여과지를 원추형으로 펴서 여과하기 좋게 물로 여과지를 깔대기에 밀착시킨다. 여과하는 액체는 유리 막대를 통하지 않고 직접 여과지 속에 넣는다. 이 경우 액체가 넘치지 않게 주의한다. 손에 닿아도 위험하지 않은 액체는 여과지의 위부터 조금씩 아래로 손가락을 따라 액체가 그 손가락 보다 위로 올라가지 않게 주의 시킨다.

6) 기체의 발생과 포집   기체를 발생시키는 실험에서는 고체 시약에 액체 시약을 섞는 것과 동시에 기체가 발생되는 것이 많다. 시각 장애 아동이 이미 기체가 발생되고 있는 시험관에 고무 뚜껑을 해 기체를 모으기는 어렵다. 따라서 이중시험관을 이용하면 실험 준비가 된 후 반응을 시작할 수 있으므로 실험이 가능하다. 기체 발생 실험에서는 기체를 유도하는 고무관이 꺾이지 않도록 특히 주의가 필요하다.

상방 치환, 하방 치환, 수상 치환 등 기체의 포집 방법은 실험 직전에 연습을 충분히 시켜야 하며 특히 수상 치환으로 기체를 포집할 경우 시험관의 입구를 엄지로 막고 꺼낼 때 손의 방향과 손가락 잡는 방법등에 대해서는 개개인의 손을 잡고 가르쳐야 한다.

〈그림27-7〉 수상치환으로 포집한 기체 꺼내는 방법

수상치환에서 기포가 올라오는 소리와 기체가 용기에 가득차서 밖으로 나오는 소리에 귀를 기울이게 하고, 상방 치환과 하방 치환의 경우 냄새로 기체가 모여졌다는 것을 알 수 있다는 것을 알게 한다. 또 암모니아와 염화수소는 기체를 모으고 있는 용기의 입구에 손가락을 가까이 하면 기체가 밖으로 나오는 것을 온기(溫氣)로 느낄 수 있다.

뒷 정리도 화학 실험의 일부이다. 위험한 것과 파손되기 쉬운것, 고가(高價)의 기구는 실험한 뒤 회수할 필요가 있다. 그 이외의 것은 학생들이 씻고 정해진 장소에 정리하고 실험대를 걸레로 닦고 실험실을 나가게 지도한다. 유리 기구는 씻는 방법은 개개인의 손을 잡고 가르친다.

뒷 정리는 교육적 의미로 행하여져야 하는데 시각 장애 아동이 닦은 유리 용기를 다시 교사가 닦아야 될 경우도 있으나 맹 아동에게 '뒷 정리를 한다'라는 의식을 심어 주는 것은 중요하다.

3. 감광기를 이용한 화학실험

1) 감광기의 구조

감광기는 빛의 변화를 소리의 변화로 바꾸어 주는 장치로써 맹학생의 물리실험에서는 매우 중요한 장치중의 하나이다.

감광기의 구조는 황화카드뮴(cds)광전도셀과 저주파발진기 그리고 스피이커(혹은 이어폰)로 이루어져 있다.

황화카드뮴셀은 빛을 받아들이는 양에 따라 셀의 저항값이 변화함으로 발진주파수가 변하게 되고 이것이 스피이커를 통해 소리로 나오게 되어 있다.

그림27-8은 감광기의 저주파발진기의 회로도를 나타낸 것이며, 27-9는 구조이다.

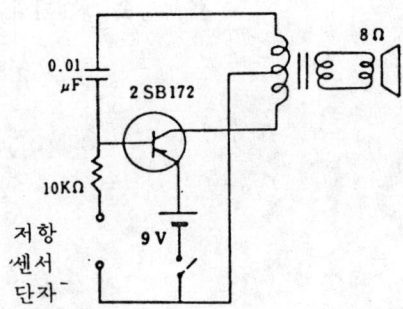

〈그림27-8〉 감광기의 저주파 발진기 회로도

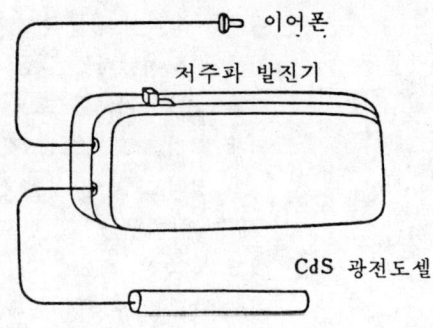

〈그림27-9〉 감광기의 구조

2) 감광기의 효과적인 사용방법

감광기는 빛의 변화를 음의 변화로 바꾸는 도구이다. 화학실험에는 다음과 같은 목적으로 사용된다(鳥山由子, 1971).

(1) 수면 또는 액면(液面)의 파악

시험관에 물을 넣고 밝은 장소에 두어 빛을 받는 방향의 반대쪽에서 감광기를 쪼이면 투과를 관찰할 수 있다. 시험관의 어떤 부분까지 액체가 차 있는지를 알기 위해서는 감광기를 수직으로 쬐어 살며시 상, 하로 움직이면 음의 높이가 변하는 점이 있는데, 그곳이 수면이다. 수면에서는 빛의 굴절에 따라 감광기에 닿는 광량이 변하기 때문에 감광기의 음의 변화가 일어난다(그림27-10의①).

(2) 액체의 색 변화와 침전(또는 흐림)의 생성 파악

액체가 들어 있는 시험관을 밝은 장소에 두고, 수면을 관찰할 경우와 같이 투과광을 감광기로 관찰함으로 해서, 액체의 색변화와 침전 등의 상황을 파악할 수 있다(그림27-10의②).

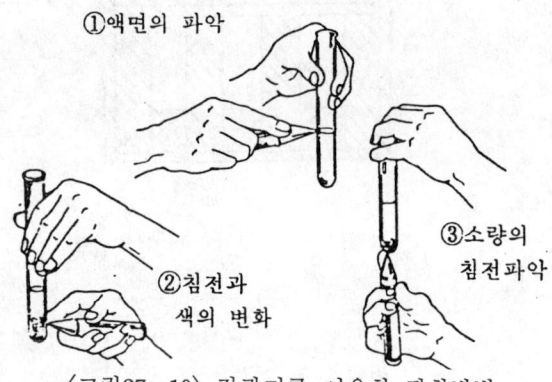

〈그림27-10〉 감광기를 이용한 관찰방법

그 이유는 액체의 색이 변하거나 탁해지면 투과광의 밝기가 변하므로 그에 따른 감광기의 음의 높이의 변화를 느낄수 있다. 감광기의 음의 높이의 변화를 감지할 수 없을 때는 반응전의 액체를 넣은 시험관과 반응후의 시험관을 보면 된다.

침전의 양이 적고 시험관 바닥에 모여 있는 경우는(그림27-10의③)처럼 감광기를 시험관 바닥에 수직으로 쬐이면 알 수 있다.

감광기에 의해 침전의 생성을 확인한 경우, 유리막대를 이용하여 다시 한번 확인해 보는 것도 침전의 상태(양, 크기)와 감광기의 소리를 비교할 수 있는 기회가 되어 편리할 것이다.

(3) 연소에 따른 빛 및 콜로이드 액체의 틴들(Tyndall)현상 등의 관찰

산소를 집기병에 넣어 그 안에 양초등을 태워 연소 모양을 관찰하는 실험에서 실험실을 어둡게 해 감광기를 사용해 관찰하면 처음 눈부시게 타고 있던 양초의 불꽃이 점점 작아져 가는 모습을 감광기의 음의 변화로 알 수 있다.

시험관속의 물질 모양을 감광기로 관찰할 때 주의할 것은 시험관의 빛만이 감광기에 들어갈수 있게 해야한다. 이렇게 하기 위해서는 감광기의 수광부(受光部)에 작은 구멍을 열어 뚜껑을 붙여 입구를 작게 하는 것이 좋다. 또 감광기가 시험관의 외벽에 수직으로 닿게 해야 한다. 시험관 외벽은 곡면이므로 감광기의 앞부분을 수직으로 쪼이는 것은 맹아동에게는 어려운 조작이다(鳥山由子, 1971, 문부성, 1986).

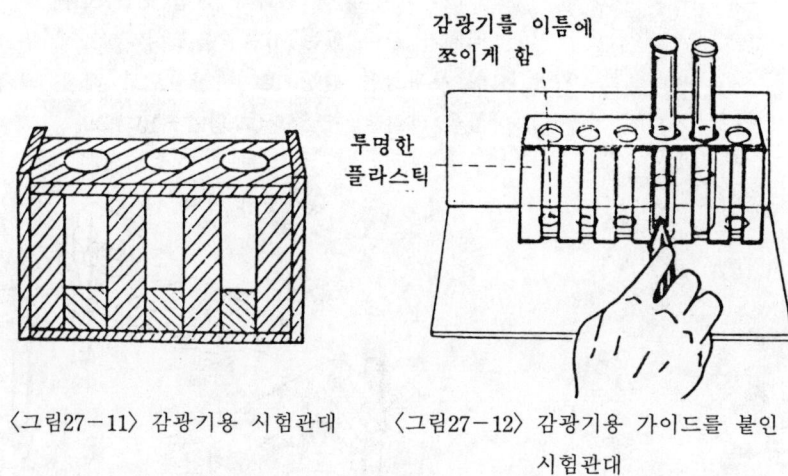

〈그림27-11〉 감광기용 시험관대 〈그림27-12〉 감광기용 가이드를 붙인 시험관대

이런 경우 그림3-6과 같이 시험관대에 감광기용 가이드판을 붙이면 편리하다. 이것은 플라스틱제의 시험관대 전면에 투명 아크릴판의 틈을 벌려 나란히 붙인 것이다. 아크릴판의 칸은 5mm 폭으로 감광기의 앞부분이 조금 들어갈 크기이다. 또 틈의 위치는 시험관 중앙에 닿게 한다. 그 틈에 감광기의 앞부분을 쪼이면 시험관 외벽에 수직으로 쬐는 결과가 된다. 또 시험관대의 뒷부분에 흰아크릴판과 검은 아크릴판을 필요에 따라 배경판으로 세워 놓으면 침전 생성과 색의 변화를 반사광으로 관찰할 경우 편리하다.

3) 색깔이 표현되는 반응의 관찰법

화학실험에서 물질의 색변화는 감광기에 의해 포착할 수 있다. 이것은 색에 대한 구체적 정보를 얻는 것이 아니라, 감광기에 의한 소리의 변화로 수량에 비해 물의 양이 많기 때문이다. 따라서 유리봉 끝에 탈지면을 감아 소량의 물로 적신 것에 구리가루를 묻혀 염소속에 넣는다. 반응후 탈지면 부분을 만져보면 온도가 올라가 있음을 알수 있다. 동시에 꺼칠 꺼칠 해 있던 구리 가루가 손에 닿는 촉감이 없어진 것으로 구리가 물에 녹아 없어진(이온으로 변함)것을 확인 할 수 있다.

이와 같이 온도 변화를 촉감으로 느끼기 위해서 물질의 양을 늘리든가 줄일 경우는 가능한한 농도를 진하게 하는것이 좋다. 예를 들면 무수 황산구리가 물과 반응해 발열하는 것을 조사해 보면, 약 숟가락 한 스푼 정도의 양을 용기에 넣고 소량의 물을 넣어 반응시켜 용기의 바닥을 만져 보면 따뜻함을 느낄수 있다. 또 물 묻은 손가락 끝으로 무수 황산 구리의 분말을 직접 만져 보면 따뜻함에 놀란다. 이 경우 수조에 물을 준비하여 열을 느끼면 곧 손가락 끝을 물로 씻어내어 화상을 방지하는 것이 중요하다.

4) 산, 염기의 지시약 사용법

산, 염기의 지시약중 리트머스, BTB, 메틸 오렌지, 페놀프탈레인을 산성, 알카리성의 수용액에 넣어 감광기로 관찰해 본다. 각각의 산성색과 알카리성색의 차이를 감광기의 음의 차로 듣고 식별하기 쉬운것부터 나열하면 페놀프탈레인, BTB, 메칠오렌지, 리트머스의 순이 된다.

리트머스는 산성에는 빨강, 알카리성에는 파랑으로 색조차가 크지만 명도차가 적으므로 감광기의 음높이에 현저한 차가 없다. 그러므로 감광기를 관찰할 경우는 BTB와 페놀프탈레인이 적당하다.

또 첨가할 지시약의 양은 일반실험에서는 한 두방울이 적당하나 감광기로 관찰하는 경우는 넉넉히 넣는 것이 좋다. 특히 BTB의 경우는 넉넉히 넣는 것에 따라 산성액인 황색과 알카리성색인 청색과의 명도차가 크게 되어 관찰하기 쉽게 된다. 구체적인 양은 상황에 따라 다르므로 실험에 따라 예비실험을 해서 정하는 것이 바람직하다.

감광기로는 지시약의 색이 관찰되는 것이 아니라, 색의 변화가 음의 변화로 관찰되어지는 것이다. 따라서 물, 또는 이미 알려진 산과 알카리의 수용액에 같은 지시약을 첨가하는 것을 필요에 따라 준비해 관찰하려는 수용액과 감광기음을 비교하여 판단하는 것이 중요하다.

28. 미술지도

1. 시각장애아의 특성과 미술지도

시각장애아의 경우는 미술이라는 창작활동이 시지각에 기반을 두고 있기 때문에 다른 장애에 비해 독특한 형태의 미술 학습내용이 요구되고 있다. 특히, 전맹의 경우에는 자신의 작품 진행과정과 결과를 감상할 수 없는 미술활동일 때에는 의미가 적어지기 때문에 회화, 서예, 감상 등의 영역에는 유의할 점이 많다.

그러나 시각장애아의 미술을 이해하는 데는 두가지 견해가 있을 수 있다. 그 하나는 회화(그림)자체를 시각적예술로 범위를 한정하여 맹아동의 경우에는 시각적표현이 무의미하거나 불필요하다고 보는 견해이고, 또 하나는 시각적 표현이라고 하더라도 독특한 방법이나 자료를 활용하여 자기가 표현하고자 하는 것을 나름대로 표현하는 그 자체에 의미를 두어 긍정적으로 보는 견해이다. 전자는 촉각적 표현에 강조점을 둔 것으로 보이고, 후자의 경우는 아동 자신이 스스로 표현한 내용을 볼 수는 없다고 하더라도 자기의 사상과 감정을 표출하고 있다는 점에서 회화적인 표현을 간과해서는 안된다고 보는 것이다. 사실, 시각장애아가 음악이나 촉각적 표현에서 다른 아동보다 우수하다는 결정적인 증거는 없다. 이는 훈련과 학습을 통해 이루어지는 것이며, 시각이외의 다른 감각에 더 의존한다는 것으로 해석될 수 있다.

시각장애아에게는 여러가지 형태의 상상력을 발휘 할 수 있는 능력을 개발함이 중요하다. 이것은 구체적으로 제시될 수 없는 개념이나 실제 모델을 이해하는데 도움이 되기 때문이다.

사실, Rubin & Klineman(1974), Fukurai(1974)가 지적했듯이 미술 활동은 맹아동이나 약시아동에게 중요한 표현 활동이다. 삼차원적인 매체나 촉각적인 매체는 그러한 프로그램의 중요한 영역이 된다. 맹아의 경우에도 그리기(회화)영역에 관심을 가지고 활동을 증대하는데 새로운 시각을 돌릴 필요가 있다. 그 이유는 정상아동이나 시각장애아동의 흥미나 관심은 근본적으로는 다를 바가 없기 때문이다.

시각장애아의 미술 계획에 있어서는 여러가지 응용이 필요하게 된다. 예컨대, 작업장의 일관된 선정, 여러가지 색료를 담은 크기가 다른 용기, 또는 점자로 물감의 종류 표시, 물감 흘림을 방지하는 소품들, 무게를 다는 저울 등이 준비 될 수 있다. 그리기 활동에서는 접시와 같은 매체를 이용하여 위치나 크기, 방향을 알고 작업을 할 수 있도록 하거나 찢어붙이기로 활용 할 수 있다. 쟁반이나 도화지는 C자 모양의 집게나 테이프로 고정 할 수 있게하고, 크레용이나 그림을 그릴때는 유도선으로 활용하기 위하여 철망 같은 것을 활용 할 수 있다. 특히, 색채를 구별하기 위해서는 색채별로 향료를 넣어 골라서 사용토록 한다. 또한 새로운 재료를 사용할 때는 차례로 늘어 놓게하고, 작업시작 이전에 촉각으로 전체적인 개념을 이해하도록 완성된 작품을 견본으로 제시한다. 특히, 맹아의 경우에는 자료상자를 만들어 작가가 스스로 정리된 재료를 활용하여 작업 할 수 있는 환경을 구비해 주는 것이 바람직하다.

2. 강조해야할 미술 영역

맹학생들이 시력의 제한 때문에 주로 점자와 확대된 문자를 읽기의 매체로 사용하듯이 미술교육에 있어서도 그들 나름대로의 독특한 수단과 방법을 제공하여, 시각장애로 인해 형성된 독특한 지적, 정서적, 사회적 발달욕구를 충족시키기 위한 미술교육내용이 새로이 고안, 개발 되어야 한다고 생각한다. 따라서 현 맹학교 미술교육과정의 운영에 있어서 그들에게 강조해야 할 미술교육내용에 대하여 알아보기로 한다.

1) 회화영역

손가락에 직접물감을 묻혀 그리거나 손그림(finger painting)기법을 사용한다. 또한 평면적인 도화지와 물감, 크레파스 만을 사용하기 보다는 양철판, 점자종이, 하드보드지, 플라스틱종이에 꾹눌러 자국을 낼 수 있는 도구(볼펜, 철판, 이쑤시개, 손톱, 성냥 등)를 이용하여 그리는 양각 그림기법을 사용한다. 가죽끈, 실, 압핀, 전선줄 등을 이용하여 윤곽을 만들고 그 안에 두꺼운 색지나 타일등 여러가지 재료를 붙여서 원하는 모양을 내는 모자이크 기법도 좋으며, 왕모래, 작은모래, 단추, 콩, 쌀, 헝겊 등 질감, 형태, 크기 등이 다른 여러가지 물체를 이용하여 원하는 모양을 내는 꼴라쥬 기법등이 강조되어야 한다. 즉, 평면적인 회화 활동보다는 손가락 감촉으로 직접 느낄 수 있는 삼차원적인 회화활동기법을 연구한다.

2) 만들기와 꾸미기

교과서에 나와 있는 내용외에 청각, 후각, 촉각 등 잔존감각을 모두 이용할 수 있는 방법들을 연구한다. 예컨대, 소리가 나고 움직이는 모빌기법, 꽃잎, 풀잎 등을 촉각, 후각으로 감상하고 그것들을 이용하여 향기가 나는 주머니를 만들어 보게 하는것, 이외에도 X-mas 장식하기, 밀가루 반죽으로 여러가지 원하는 모양 만들기(구슬, 목걸이, 사람, 동물, 여러가지기구 등), 양말, 솜, 휴지, 헝겊, 실 등을 이용한 양말 낚시 만들기 등이 좋을 것이다.

여기 소개되어 있는 것외에도 모자이크 기법, 꼴라쥬 기법, 양각그림 또 시각장애아동의 후각, 청각 등을 모두 이용한 여러기법들을 응용하여 많은 미술활동 방법이 개발될 수 있을 것이다.

3) 감상   책에 실린 내용은 볼 수 없으므로 교사가 풍부한 지식으로 학생들에게 자세한 설명을 해주어야 겠으며 가능하면 모조품이나 모델 등을 진열해 놓은 박물관, 미술실 등이 학교에 설치 되어져야 한다고 생각한다.

창작활동이 있어서 우리가 살고, 생활하고 있는 주위의 많은 것들을 경험해야 상상력, 창의력, 표현력 등이 풍부해지므로 그들의 환경을 그들 나름대로의 독특한 방법으로 발견할 수 있게끔 도와준다.

저자는 이러한 미술교육방법으로 사물을 인지하고 그것을 다시 만드는 과정을 통하여 아동이 여러가지 기본적 개념을 형성하게 되는데도 도움이 될 수 있다고 생각한다. 예컨대, 사과를 만져보고, 냄새맡고, 맛보고, 사과에 대한 여러가지 정보를 들은 뒤 그것을 다시 찰흙이나 밀가루 반죽등으로 표현하는 과정중에 사과는 둥글다는 것과 둥근것은 사과 같은 모양이라는 개념이 더 쉽게 형성될 것이다.

실제 현장에서 지도하다 보면 둥글다, 네모지다, 세모다 라는 기본적인 형태에 대한 개념도 안서는—둥근 것이 어떤 모양인지 상상도 못하는— 아동들이 많다.

현재의 미술교과서 보다는 미술책에는 점자로 자세한 작품과정이 설명되어 있고 그 내용과 연결된 모델과 모조품, 예시작품들이 학교 미술실에 갖추어져 있어야 한다고 생각한다.

3. 시각장애아 미술의 치료적 입장

잘 알고 있는 바와 같이 맹아동은 손으로 물체를 만져서 물체를 지각할 수 있다. 따라서, 이해할 수 있는 것은 부분적인 인상뿐이어서, 그것을 동시에 존재하고 있는 전체의 것으로 통합해야 한다. 이러한 부분의 인상을 전체물체의 인상으로 통합하므로 가끔 많은 곤란이 수반된다. 이것은 눈으로 볼 수 없는 것때문에 생기는 독특한 결함의 하나로서 다소 맹아동의 고립에도 영향을 주고 있다. 사물을 회피하는 것은 단지 자기의 신체적인 무능력이 원인이 될 뿐만 아니라 자기주위의 세계를 상상하는 정신적 능력이 없기 때문이기도 하다. 맹아동이 사는 세계는 주로 촉각에 의해서 통제되고 있다. 맹아동의 세계는 작아 보여야하는 먼곳 물체도 작게 보이지 않는다. 다시말해서, 촉각에 의해서는 멀리있는 물체의 크기도 변화하지 않는다는 것이다.

이러한 것에 관련하여 먼저 방이라는 것을 잘 인식시켜 책상위 전기 스탠드에 대단히 흥미를 나타내게 된 맹아동이, 그후에 그방의 두드러진 요소인 어떤 전기스탠드 모형을 만들었던 것에 대한 연구가 있다. 연구에 의하면 맹아동은 공간의 여러가지 물체의 크기를 그 물체가 가진 가치에 의해서 이해하고 있다는 것이다. 이러한 세계에서는 공간의 원근화법이 가치의 원근화법이 되는 것이다. 또한, 맹아동에게 여객선을 탄후에 그 모형을 만들게하면 그들은 우선 배의 내부부터 만들기 시작한다. 특히 제일 강한 인상을 받은 장소부터 시작한다. 선장은 배의 주요한 부분을 맹아동에게 가르치기 위해 특별히 노력하여 이곳저곳을 안내했던 바 어떤 아동은 객실부터 시작하고, 또 다른 아동은 식당부터 만들기 시작한 것이다. 그중에는 기관실부터 시작하는 아동도 있다. 몇몇의 아동은 부분을 차례차례 만들어 보태고 있고, 내부의 극히 상세한 모형을 제작하고 있다. 그러나 선체의 외관은 지각할 수 없는 부분이기 때문에 많은 경우 완전히 생략해 버리고 있다. 그외의 아동은 선체가 배에 없어서는 아니될 물체라는 것을 알고 있기 때문에, 이들의 흥미는 배내부의 재현에 집중되어 있는데도 불구하고 배를 완전히 싸서 감추어 버리고 있다. 맹아동들끼리만 생활할 수 있는 유토피아가 있다면 공간에 대해서 독특한 개념을 가진 맹아동도 마치 우리들이 자외선을 볼 수 없어도 불편을 느낄수가 없는 것처럼 자신들의 결함을 전혀 의식하지 않게 될 것이다. 그러나 이 일에서 맹아동은 자연환경과의 어떠한 접촉도 피하고 있다는 결론을 내린다면 그것은 대단히 잘못된 생각이다.

오히려 우리들로서는 맹아동들이 주어진 환경에 적응할 수 있게 되므로써 환경에서의 이탈을 극복할 수 있도록 돕는 방법을 찾아내지 않으면 안된다. 그렇게 하면 이들의 객관적인 장애와 주관적인 장애와는 적절한 관계가 되는 것이다. 그것은 장애에서 생기는 직접적인 제약으로서 나아가 반드시 눈에 보이지 않는 것과는 관련되지 않는 다른 억압을 가할듯하는 어떠한 기법도 맹아동을 가르치는 교육자는 될수 있는 한 제거해야 한다는 것을 의미하고 있다.

이를테면 맹아동의 시각손상의 장애에서 생기는 제한을 제거하고 그 창조력을 자유롭게 발휘시키는데 시각적인 인상으로 익숙하게 하는 방법을 이용하는 것은 완전히 잘못되고 있다는 것이 명백하다. 맹아동의 촉각적인 경험내용은 시각적인 그것과는 본질적으로 다른것이며 또 '시각화'하는 것도 아니다. 이점에서도 우리는 모방보다 시각적으로 유사한 것을 최고의 작품으로서 상찬하는 지도방법만은 바꾸지 않으면 안된다는 것이다. 다시말해서 우리가 보통의 척도로 생각하는 시각적인 특성이 맹아동 작품에는 결코 그대로 적합한 것이 아니라는 것이다. 이것은 마치 정상적인 눈을 가진 시각형의 사람에게 강한 촉각에 의한 인상이나 운동감각의 경험으로 특별한 주의를 시켜서, 창조적인 능력을 억제해 버리는 것과 같이 맹아동에게 완전히 꺼꾸로 된것을 시키는 것이 된다.

보는것이 불가능하다고 해서 반드시 억제적인 요소가 있는 것은 아니다. 오히려 눈이 보이지 않는다는 것이 도리어 특정의 독특한 창조성의 기반이 되는것을 실증하고 있다. 거기에는 시각적인 미술표현과는 확실히 다른 것이 있을뿐만 아니라 창조적인 미술을 목표로하는 독자적인 제작법도 있는 것이다. 이러한 독자의 제작법은 부분의 지각에서 전체의 이미지를 만들어 보이는 필요성에서 생겼던 것이다. 맹아동이 생활하는 가운데에서는 거의 혹은 완전히 달성할 수 없는 것이 미술에 있어서는 가능하게 되는 것이다(Lowenfeld, 1952).

즉 많은 부분의 인상에서 '전체'를 만들어 보이고 그 결과 그의 이미지의 통합으로 도달하는 것이다. 이러한 접촉을 계속하여 사고와 창작품간의 관계를 확립하므로써 그는 부분의 촉각적인 인상을 전체로 통합하는 능력을 증대하는 것이다. 이러한 능력은 전적으로 모델링의 분야에서만 한정지을 수는 없으며 더 나아가 전체적인 정서발달이나 정신발달 상태를 반영한다고 볼 수 있다. 특히 맹아동 및 약시아동을 위한 미술과 정안아동의 경우와의 차이는 정도의 문제이지 질의 문제는 아니다. 따라서 맹아동의 모델링도 약시아동의 그림과 함께 본질적으로는 정상적인 시력을 가진 아동과 같은 표현으로 시작되는 것이다.

즉, 맹아동은 모델링에 있어서는 점토를 반죽하기도하고 잘라 떼기도 하는 등의 손끝을 사용하는 것으로부터 시작하고 또한 약시아도 정안아와 같이 휘갈겨 그리는것부터 시작하는 것이다. 정상의 시각을 가진 아동과 시각적인 결함을 가진 아동의 창조적인 발달에 있어서 차이는 그림에서 잘 나타나고 있다.

1) 선천맹의 미술표현   맹아동이 조각하는데 있어서 대부분은 상과 서로 마주보고 제작했던 보통방법을 이용하지 않는다. 즉, 그들은 상과 평행으로 늘어선다든가 혹은 뒤에서서 자신의 얼굴과 같은 방향으로 상의 얼굴을 향하게 한다. 그 이유는 맹아동의 경우에는 외계의 인상이 정안아동 눈의 경우와 달라서 거울에 비출때와 같은 형으로 전달되지 않기 때문이다. 전맹의 경험내용은 주로 그들이 자기자신이 인지하고 느낀 형에서 찾아내는 것이다. 따라서 소상을 받을 때, 마치 상을 뒤에서 안듯이하여 제작하고 있는 자신과 같은 방향을 향해 만들게 된다. 이것은 A, B 두사람의 작품에 대해서 생각해보면 다 같다고 말할 수 있다(그림 28-1 및 2) 그러나 그들의 제작방법은 전혀 다르다. 작자A(그림 28-1)는 머리부분의 개략의 윤곽에서 시작하고 있다 (a), 이어서 코를 찾아내고(c), 양눈을 덧붙이고(d), 눈과 눈꺼풀을 붙이고 (e, f), 입 그외의 (얼굴조작의) 특징을 만들어간다(g). 최종적으로 완성한 소상은 서로 잘 어울리는 '정상적인' 머리부분과 잘 닮은 외관으로 통일하여 완성하고 있다(그림 28-1), 그러나 작자B(그림 28-2)는 턱부터 만들기 시작하여(a), 이빨을 넣고(편도선까지도)(b), 이어서 코때문에

움푹패어 들어가게 만들고나서 코를 붙이고 있다(c, d), 그리고나서 안쪽에서 눈을 붙이고 그 뒤에서 머리의 구멍을 닫고 있다(e). 마지막으로 주름이라든가 눈물같은 감정을 나타내는 특징(조상은 「고통」을 표현하고 있다)을 첨가하고 있다(f). 그러나 그들은 완성한 작품후에 분리된 형으로 남겨버린다(그림 28-2 g).

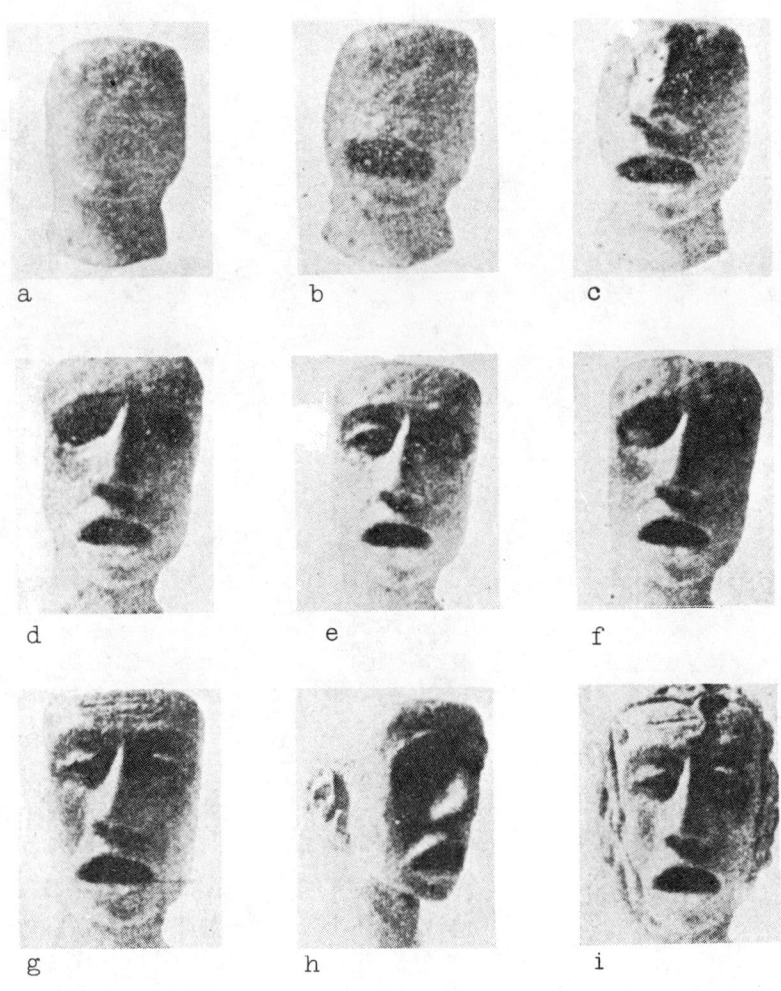

(그림 28-1) 고통, 시각형의 맹아동에 의한 조소상(16세의 선천맹 여자)
 a) 일반적인 윤곽 b) 입의 구멍을 만든다 c) 코를 붙인다. d) 안공을 도려낸다. e) 안구가 들어간다. f) 눈꺼풀이 위로 나오게 만든다. g) 주름을 만든다. h) 귀를 만든다. i) 머리를 완성한다. 특징을 모두 통일시켜 외관상 완성된 것이며 시각형의 전형적인 모형이다.

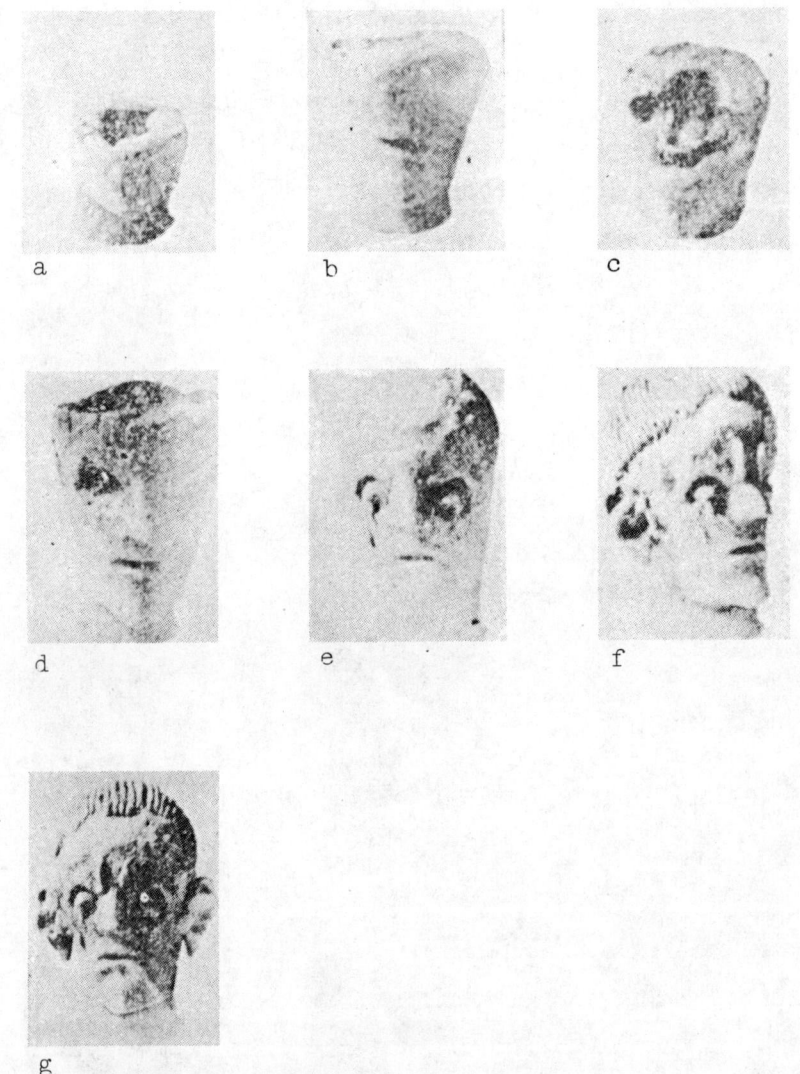

〈그림 28-2〉「고통」촉각형의 맹아동에 의한 조소상(16세의 맹남자)
a) 턱부터 만들기 시작한다.　　　b) 이빨이나 혀등을 속에 붙인다.
c) 입을 다문다　　　　　　　　d) 코를 붙인다. 眼孔을 만든다
e) 눈을 안쪽에서 붙인다　　　　f) 얼굴의 조작이나 모발을 붙인다.
g) 완성한 전부의 조각이 아직 부분적인 인상으로서 분리된 상태에 있다.
　　촉각형 맹아동의 전형적인 모형이다.

그것은 그림 28-1의 머리부분처럼 '완전'한 이미지속으로 융합되고 있는것과는 달리 따로 된 부분적인 인상에 지나지 않는다. 그리고 마치 기차의 창에서 보는 풍경처럼 전체속에 서로 어울리지 않게 많이 잘린 인상과 흡사하다. 또한 두사람의 맹아동에게 창쪽을 따라 두 벽을 통해 지나가서 입구가 그들의 뒷쪽에 오게 방안으로 인도하여 두사람에게 어떠한 특정한 창의 방향을 가르치도록 요구해 봤다. 그랬더니 '매끈매끈한' 표현으로 소상을 마무리한 A는 곧 정확한 방향을 이해했지만 대조적으로 B는 전혀 올바른 방향으로 향할 수 없게 되었다. B는 벽을 따라서 이동하는 사이에 마음속에 부분적인 인상만 받게 되었기 때문이다. 그는 이들의 인상을 방 전체의 인상으로 통합할 수 없게 되었기 때문이다. 방향을 찾기위한 중요한 요소는 이러한 통일을 얻는 능력에서 이루어지기 때문에 B는 자기자신의 방향을 정하는 것을 전혀할 수 없다고 말할 수 있다. 이 두 종류의 태도는 다른 두사람의 맹아동이 제작한 자기상에 대해서 보다 한층 더 확실하게 관찰할 수 있다(그림 28-1과 28-2) 그림 28-1에 있어서는 하나하나의 특징이 '자연히 볼 수 있게' 통일되어 있지만 그림 28-2에는 부분의 인상이 모두 완성된 작품으로 아직 분리된 그대로 남아있다. 즉, 한편은 통일된 '외관'을 표현하려고 해서 오히려 그의 초상을 '닮기'조차 하는데 한편은 그의 개성을 나타내는 것이 중요하다고 생각할 수 있는 표면적인 특징만을 첨가하는 제작과정을 거치고 있는데 지나지 않는다. 이것은 사실상 인상파와 표현파와의 표현하는 방법의 차이라고 말할 수 있다.

인상파 작가의 세계는 외관의 세계이다. 즉, 우리들의 감각의 세계이다. 표현파 사람들의 미술세계는 표현의 세계, 즉 감정의 세계 주관적인 과정의 세계이다. 인상파의 미술에 있어서는 「자기상」(그림 28-1)에 있어서와 같이 표면의 구조가 우위를 차지하고 있다. 이것에 대해서 표현파의 미술은 「자기상」(그림 28-2)에 있는 바와 같이 내부에서 생기는 것으로서 자기를 그 환경과의 가치관계에 두고 있다. 외적인 세계에서 지각할 수 있는 것과 '내적감각'에 의해서 경험하는 것과는 좋은 대조를 이루고 있다(Lowenfeld, 1952).

앞에서 진술한바와 같이, 미술은 미술가와 그의 경험의 세계와의 관계의 묘사에서 이루어지는 것이다. 즉, 대상에 대해서 자기의 경험내용을 묘사하므로써, 대상 그 자체를 묘사하는 것은 아니다.

그뒤 최종적으로는 '경험의 수단'의 차이가 중요하게 되기 때문에 이것이 미술가의 작품을 명확하게 결정하는 것이다.

우리들이 이 견해에서 자기상(그림 28-1 및 28-2)을 보면, 작품에 나타난 다른 힘을 이해하게 될 것이다. 즉, 개인 창작품의 양식을 결정하는 것은 그 사람의 심리적인 태도라는 것을 알 수 있는 것이다. 이것은 단지 우리들의 창조적인 충동에만 적용되는 것은 아니고, 사고나 행동에도 같은 형태로 적용되는 원리이다. 어떤 사람은 자세한 부분에까지 널리 미치는 생각, 그 생각을 전체로 통합하기에 곤란을 느끼고 있지만, 한편에서는 전체의 개념에서 시작하여 자세한 부분에 까지 미치는데 곤란을 느끼는 사람도 있는 것이다.

2) 후천맹의 미술표현

사고나 그외 원인으로써 전맹이된 사람과 어떤 종류의 병, 질환 혹은 노령때문에 점차로 그 시력을 잃은 사람과는 구별해서 생각해야만 한다. 전자의 적응문제는 후자에 비해서 상당히 심각하다. 앞에서 진술한 것처럼 주로 시력을 매개로 해서 지각을 하고 있던 사람은 처음부터 촉각형이었기 때문에 거의 시력에 의지하지 않는자에 비해서 전맹이 되어서 대단히 고생하는 것이 쉽게 이해된다.

후천성 맹에 대한 미술치료의 효과를 이해하기 위해 객관적인 장애와 주관적인 장애와의 관계와 양자의 치료의 의미를 그래프를 사용하여 다음의 사례에 관해서 고찰해 보고자 한다.

화학자 A는 여가로 가끔 그림을 그렸다. 그는 특히 시각적인 면에서 자연적으로 대하는 감각적인 올바른 감상의 눈을 가지고 있다. A는 돌연사고에 의해서 시력을 잃어버렸다. 이때문에 그는 완전히 의기소침해 버려, 자신은 더 무엇을 할수도 없고, 아무것도 잡히지 않는다는 감정에 빠져버렸다. 잠시 입원해 있었지만, 그는 수술을 하면 얼마정도 시력을 회복할 수 있다는 생각을 하게 되었다. 시력을 회복할려고 결정하고 나서, 지극히 낙천적인 희망을 품고 있었다. 그렇지만 수술결과 명암의 식별이 가능하게 되었지만, A의 기대만큼 되지는 않았다. A는 다시 고통스러웠지만 차차 자신의 활동중에 어떤의미를 나타낼 수 있게 되었다. 그것은 특히 새로운 생활로 자신을 결부시키는데 돕는 역할로서 이것에 의해서 장애로부터 받는 제약에 대해서는 물론이고 자신의 능력에 대해서도 한층더 객관적인 이해를 할 수 있게 되었다. 그런데 그림에 나타난 그래프의 내용을 알기 쉽게 하기위해 A는 사고나기 전에는 아무결함도 없었던 것으로 해둔다. 또한 독단적일지도 모르지만 보통 전맹의 경우는 50% 결함을 가졌다고 정해둔다. 앞에서도 강조했지만 이것은 이면에 있어서 인간의 총합적인 기능의 양을 고찰하는 경우에 우리들이 독단적인 수에 지나지 않는다.

만약 우리들이 이 그래프에 나타난대로 객관적인 장애와 주관적인 장애의 관계를 해석하면, 우리들은 바로 치료의 이상적인 효과에 대해 알게 될 것이다.

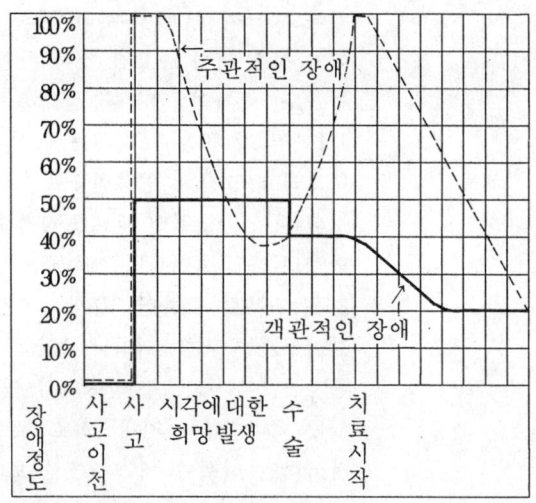

〈그림 28-3〉 객관적 장애와 주관적 장애

사고이전에는 이사람에게 장애는 없었다. 사고가 발생한 때에 맹이라는 객관적인 장애는 '객관적인 장애'의 곡선을 50%(임의로 결정)까지 상승시켰다. 그러나, 그의 심각한 피로운 감정에서 생긴 주관적인 장애와 가능에 대해 '총합적' 무능력은 '주관적 장애'의 곡선을 100% 상승시키고 있다. A가 시력에 대해서 약간의 희망을 가진때에는 그의 객관적인 장애, 즉 맹이라는 사실은 바꾸고 있지 않는데 그의 주관적인 장애는 수술의 성공에 대한 지나친 낙천적인 태도에 의해서 움직여져, 그의 현실의 장애이하로 뒤지고 있다. 수술이 낙천적인 희망을 품고 있었던 것처럼 성공하지 못한 것이 입증된 때에 새로운 실망이 원인이 되어서 그의 주관적인 장애는 객관적인 장애가 약간 개선된것에도 상관없이 상승하고 있다. 이상적인 치료라고 하는 것은 환자에게 그의 장애의 실상에 관해서 한계뿐만 아니라, 새로운 가능성을 점차 인식시켜가는 것이다. 이것은 두 곡선이 서서히 접근해감으로써 분명해진다. 미술교육에 있어서 이러한 가능성의 인식이라는 것은 자아와 자신의 창조작품과의 사이에 밀접한 관계를 확립하고 싶어하고, 그 사람의 욕구를 북돋워 줌으로써 행할 수 있다. 자기의 신체상에 대한 부단한 관계를 통하여 환자는 자기를 정서적으로 올바르게 이해하게 될 뿐만아니라 신체적으로도 올바른 사고방식을 갖게된다. 이렇게해서 그는 부분의 인상을 전체적으로 통합한다고 하는 것처럼 공간지각의 새로운 개념에만 자기자신을 대결시키는 것이 아니라, 인격적인 특성과도 대결시키는 것이다. 자신의 이미지를 실현하기 위해 촉각을 끊임없이 이용하므로써, 구체적인 이미지에 의한 자기의 생각이 강화되어 간다. 이것은 그 환자가 끊임없이 눈으로 볼 수 있는 많은 인상을 빼앗

긴다고 느껴서, 때에 따라 파괴적인 공상의 세계로 끌어 들어가는 듯한 때가 사실 극히 중요한 것이다. 계속 점차적으로 부분의 인상을 통합하는 능력도, 촉각의 범위를 증대하는 능력도 함께 개선하게 된다. 이것은 '객관적 장애'를 나타내는 곡선이 조금 하강되는데서 이해할 수 있다.

그리고 교사나 임상연구가가 그 환자를 숙지하기까지는, 예를들면 점토와 같이 창조적인 재료를 사용하는것은 일반적으로 유의할 필요가 있다. 만약 처음의 개인적인 접촉에 의해서, 오히려 환자가 창작과정에 참가하는 것을 거부할 듯하면 '통합'의 방법이 때에 따라 유용한 것이 된다. 임상연구가는 처음 머리나 얼굴의 대충윤곽을 만들어 주면 좋다. 그리고 환자는 '어디에 코를 만듭니까. 입은 ······'이라고 물으면서, 차차 떠오를수 있는 이미지를 자기내면화로 '통합'해가면 좋다. 제목으로서는 처음에는 정서적인 해석에 의거하는 것보다도 자신의 얼굴이나 신체에서 비교해 볼 수 있는 '기능'이라든가 '활동'을 동기 지우는 편이 쉽다. 이러한 재료는 또한, 정서적인 것과는 훨씬 관계가 적은 '객관적'인 것이기 때문에 창조적인 해석에 있어서 환자가 개인적, 정서적으로 혼란해 왔던때에 필연적으로 생긴 정서적인 장애나 제한을 바로 제거할 필요는 없는 것이다. 이러한 장애의 제거는 서서히 행해야 하는 것이며, 이상의 이유에서 보다 '객관적인 취급법'으로 유용한 제목에서 시작하는 것을 제안하고자 한다. 그렇지만, 보통 가장 우수한 제작법을 결정하는 것은 환자와 교사사이에 민감한 관계의 문제가 된다.

전술한바와 같이, 미술치료의 목표는 개인이 미술을 통해서 자기의 잠재능력이나 한계를 이해하게 되는 것이다.

3) 약시아의 미술표현

눈으로 볼 수 있는 사람과 전맹과의 사이에 시력이 시지각으로 충분하지 않고 나아가 그것도 빛이 없으면 시력을 방해받는 '약시'인 예가 있다. 이들은 약시아와 준맹으로서 취급상에서 심리적으로 가장 곤란한 사람들이다. 잔존시력을 적용해서 이용할 나이에 있는 경우는 그것이 그사람에게는 보물로도 생각될 수 있는 것이지만 그것을 어쩔 수 없이 맹아의 지각양식에 의존하는 사람으로서는 오히려 초조하게 생각하여 적응의 장애가 된다. 말을 바꾸면 '시각형의 약시아는 남은 시력에 대해 신의 은혜로 감사하지만 촉각형의 약시아는 오히려 방해를 받게 된다'고 생각하는 것이다. 시각형의 약시아는 제작에 있어서 회화로써 재현하기 위한 주제로서 '주위의 환경'을 선택하여 그것에 의해 외계와의 밀접한 관계를 유지한다고 하지만 촉각형의 아동은 자기에게 집중한다고 한다. 즉 주체로서 오로지 인물의 표현을 택하는 것이다.

다만, 여기에서 손상된 눈으로 그림을 그린다는 행위가 긴장을 주어

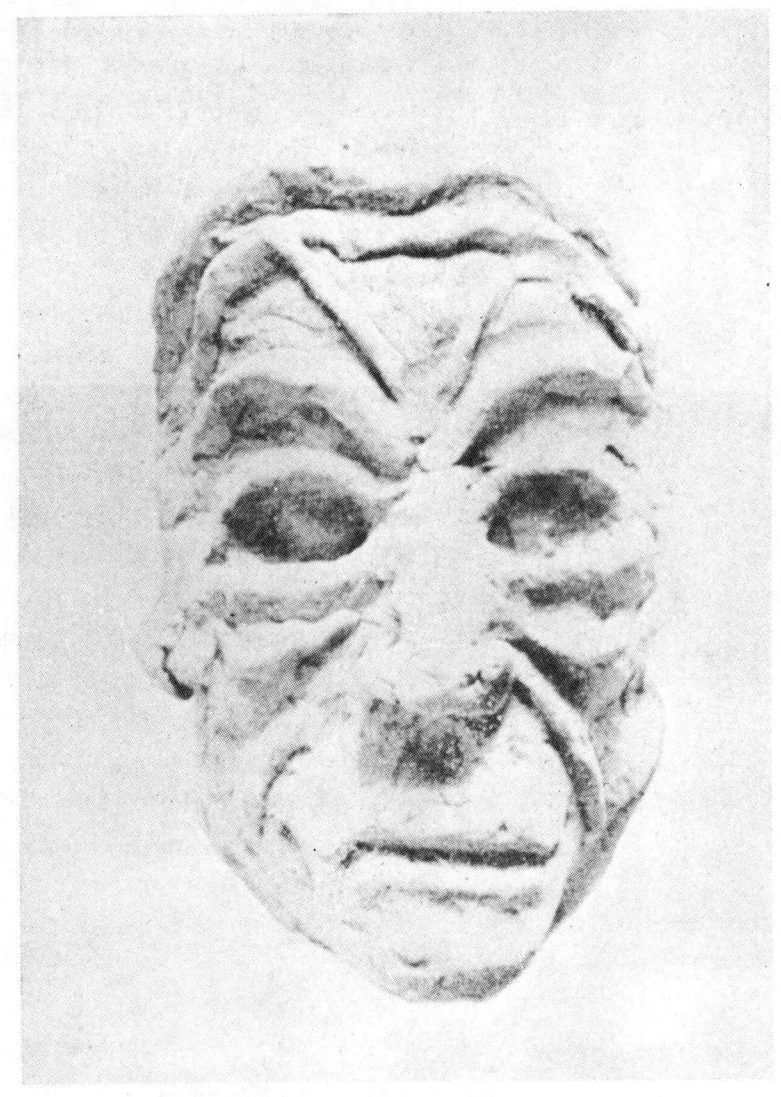

〈그림 28-4〉 촉각형의 맹아동에 의한 자기상. 특징이 대단히 잘 나타나고 있지만 분리된 상태로 남아있다.

유해하게 되지는 않을까하는 생리학적인 의문이 생기게 되지만, 이것은 의사의 해결에 기대할 문제이다. 눈을 사용해도 의학적인 지장이 없는 경우에는 그림을 그리는 순수한 기능적인 가능성에 있어서 다음과 같은 점이 중요하다.

첫째, 눈의 결함특성과 시각적예민성의 정도는 한점을 정확하게 응시를 할 수 있는 것이어야만 한다. 둘째, 눈의 훈련 및 그 시력의 특성은 한 선의 방향과 목표를 추적할 수 있어야만 한다(Lowenfeld, 1952).

시지각 중에는 우선 색채의 지각이 있다. 약시아의 시각적 인상은 처음은 대개 막연하다. 그러나 기관의 손상이 극단적으로 심하게 되면, 그 인상도 훈련에 의해 명확한 식별도 가능하게 되는 것이다.

앞에서 진술한 바와 같이, 맹아는 촉각에 의해 인지한 개개의 요소에서 자신의 개념을 만들어 낸다. 그들은 요소에서 전체의 통합을 구성한다. 이것과 같은 형태로 '약시아'도 그 부분적인 시력정도의 차이에 따라 시각 혹은 촉각에 의한 부분의 인상에서 자신의 개념을 만들어 가는 것이다. 그렇지만, 이러한 것은 전체적으로 모양을 재생할 경우에만 말할 수 있는 것이다. 시각형의 약시아는 희미하고 어렴풋한 것도 모르지만, 시각적인 인상에 의해서 '전체'의 개념을 만들어 낸다. 이것에 대해 촉각형의 아동은 이러한 인상을 이용하지는 않는다. 어느 경우도 분리한 부분의 인상에서, 전체의 인상을 만들어 둘수 있는 것이며, 직접 전체의 인상을 만들어 내는 것은 불가능하기 때문에 양자의 창작과정은 전맹의 경우와 분명히 비슷하다고 말할 수 있다. 시각형의 약시아는 이들의 부분 인상을 불명확할지도 모르지만, 자신의 시각적인 개념으로 융합해 간다. 그리고 서서히 구조상으로 한층더 완전한 이미지로 개발해 가는 것이다. 한편, 촉각형의 약시아는 전체적인 개념에 관해서도 또한 창조적인 작품에 있어서도, 어느 때에도 촉각형의 전맹의 경우와 대단히 흡사하다.

제시하는 두가지 사례는 이러한 일반적인 원리를 뒷받침하는 것이다.

14세의 S·G는 태어나면서 약시였다(선천성 양쪽눈 백내장). 그는 그림을 그릴때 눈을 4㎝까지 작품에 가까이 한다. 그의 시야는 11㎝로 제한된다. 그는 꽃이 피고 있는 가지를 그릴려고 했다. 그림 28-5는 이러한 그림그리기의 순서를 나타낸 것이다.

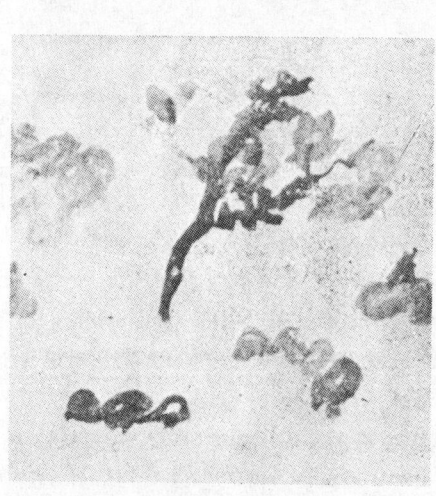 

〈그림 28-5〉「꽃이 피고 있는 가지」 〈그림 28-6〉 같은 14세의 약시아가
약시소년에 의한 묘화제작 단계.　　　　성장해서 그린것

실물에 지나치게 접근하였기 때문에 효과가 제약을 받고 있는 것이 분명히 나타나 있다.

처음 그는 그의 형(시각형)이 요구하는 '시각'인상을 얻기위해 눈을 꽃에 바싹붙여 잘 관찰했다. 그는 시각적인 경험내용을 그대로 묘사하는 방법을 취하기 위해 그 주제를 주로하여 환경에 결부시키려고 하는 것이다. 꽃에 대해서 표면적인 시각적 관찰을 한 후에 그림을 묘사하기 시작했다. 그는 눈을 한쪽으로 기울여서 보는 방법 때문에 몇장인가의 꽃잎이 있다고 믿어버렸다. 그래서 그는 개개의 꽃잎에 대해서는 그 수도 배열도 올바르게 지각하지 못했다. 그래서 그는 한번 더 눈을 꽃에 가까이 하여 잘 보았지만, 그의 시각상의 결함이 실제로는 맹아와 같은 정도이기 때문에 전체로서의 꽃의 인상을 만들어 두는것이 불가능하다는 것을 깨달은 것이다. 그래서 그는 꽃을 뒷면을 뒤집어서 꽃잎의 배열을 조사했다. 즉 꽃잎을 한장씩 눈앞에 가로지르게 하여 순번으로 배열하면서 그렸던 것이다. 그러나 이러한 배열은 꽃을 뒤집었을때의 '원형'의 인상을 표현하고 있지 않았기 때문에 그는 만족할 수 없었다. 결국 거듭 꽃을 만져서 조사해 보기도 하고 꽃잎을 잘라떼어 수를 확인하기도 하여 그림처럼 정확한 둥근모양을 가진 꽃을 그린것이다.

그후에도 그는 가지에 붙어있는 여러종류의 꽃이나 잎의 배열에 대해서 정성들여 조사하여 한층더 정확함과 자신감을 가지고 그림을 그렸다. 그는 더욱 시각에 의해 음미를 한 결과, 자신의 촉각적인 인상이 시각적인 인상과 완전히 일치하는 것을 발견하여 그것에 의해 그림을 그리는 경우, 모든 제약을 제거했던 것이다. 그림 28-5는 그가 아무것도 보지않고 제작한 것이다. 이 그림은 말하자면 그의 시각적인 경험내용과 촉각적인 경험내용과의 정신적인 통합인 것이다. 그것은 실물에 대해서 사실적인 묘사에 구애되지 않은 자유로운 창조로서 다른데 비교되지 않을 정도로 힘이 차서 넘치는 것이다. '이렇게해서 이 시각적인 경험내용은 정신적인 활동에 의해서 하나의 이미지로 융합된 부분의 인상에서 구성된 것이라는 것을 알 수 있다'(Lowenfeld, 1952).

이것은 또한 정상적인 시각을 가진 사람에게 있어서도, 특히 사생을 할때 부분의 인상이 대단히 강할 때에는 어느정도 적용되는 것이다. 이러한 관찰에 따라서 다음과 같은 결론을 내릴 수 있다. '창조적인 작품은 어떠한 사실적인 재현보다도 정신적으로 그리는 편이 훨씬 중요하다.'

약시아는 그림을 그리는 과정을 통해서 사실에 대한 막연한 인상을 확실히 한다. 창조적인 표현을 통해서, 그는 외계를 자기자신에게 가깝게하여 그것을 시력이 손상했기 때문에 입었던 고독감을 극복하는데 활용했던 것이다.

　S·G는 그의 상상적인 활동에 대해서 경험을 쌓았기 때문에 나무나 집을 다룬 조건에서 묘사했다. 즉 태양광선 밑에서 그리기도 하며, 밤에 그리기도 하며, 여러가지 기분으로 그리기도 했다. 그림 28-6은 그의 최근의 그림의 하나이며, 커다란 장애를 극복했다고 할 수 있는 하나의 작품이다. 그는 자기자신의 경험과 능력에 의해서 원근화법에 의한 공간 개념에까지 도달하고 있는 것이다. 제작중의 S·G를 보고 우리들은 몹시 놀랐다. 그는 눈을 극단적으로 종이에 가깝게 하여 극히 작은 붓을 움직이는 것조차도 전신으로 하고있는 것이다. 왜냐하면 그는 서로 이웃되는 두개의 물건을 볼수가 없기 때문이다. 그런것에도 관계없이 그는 통일된 그림을 그렸다.

　이와같이 그는 그통합을 마음에 있는 그림으로 새로 만들어 내게 되는, 많은 부분의 인상에서 놀라운 통일을 성취하려는 것이다. 시력이 최소한 제한되어 버려, 실질적으로는 전맹과 같은 청년이 그것에 관계없이 '가지기전의 시력'의 기적적인 효과를 발휘한 것이다. 그것은 정신력의 승리이며, 정신력이 신체적인 결함을 초월하여 제작자에게 있어서 방해되는 것이 아니라 태어나면서 주어지지 않았던 감각경험의 표현을 가능하게한 것이다. 그는 이 제작력을 통해서 태어나면서 부여 받을수 있는 권리를 행사한 것이다.

〈그림 28-7〉「가로의 정경」 14세의 시각형의 약시아 그림

　그러나, 앞에서도 진술한 바와같이 자신에게 남은 시력이 오히려 방해의 요소로서 체험하고 있는 또 한가지의 형이 있다. 그는 자신의 시력을 활용하여 무언가 완성하려고는 하지않고 또 외계를 눈으로 보는 것에 숙련할려고도 바라지않고, 오로지 촉각과 신체의 경험에 강하게 의존하고

있다.

「도움을 호소하는 외침」(그림 28-8)은 이러한 형의 작품이다. 이 그림을 그린 H·A는 태어나면서 선천성약시였다. 그는 16세로서 시력은 S·G보다 훨씬 좋다. 그런것에도 관계없이 그의 시력을 定向의 관찰을 위해서는 사용하지않고 어떻게해서 부득이할 때만 사용해온 것이다. 그림을 그리므로써 시력을 사용하는 욕구를 그에게 일으키게 한 것이다.

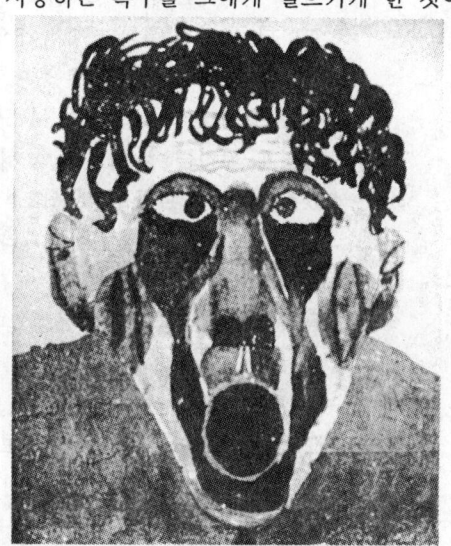

〈그림 28-8〉「도움을 호소하는 외침」 16세의 약시아, 촉각형

그는 단순한 타원형의 윤곽을한 머리부터 그리기 시작하여 「도움을 호소하는 외침」을 그답게 표현하는데 여러 다른부분을 중요한 순으로 붙였다. 이렇게해서 그는 완전히 '합성적'인 방법에 의해서 제작을 시작, 계속해가는 것이다. 오므라든 눈썹과 크게 벌린입을 우선 처음으로 붙였다.

이러한 것은 이들이 긴장을 대단히 강하게 느끼기 때문이다. 비명을 지르는 행위에서는 놀라운 눈과 입 사이의 강한 긴장이 가장 중요한 신체경험인 것이다. 그림에 분명히 나타나고 있지만, 이러한 긴장은 눈의 바로 밑의 뺨의 뼈에서 시작되며 코에서 아래쪽으로 강하게 오므라드는 것을 느낄 수 있다. 이것은 코와 눈에서 아래의 턱과 입 주위로 향해있는 표현의 두가지 상징에 의해서 명료하게 묘사되고 있다. 이러한 긴장의 감각을 탄력의 어떤 부류의 감각과 대조하는 것은 알맞는 비교라고 말할 수 있다. 그리고 그것을 그림에서는 뺨의 가운데로 향해 좁게 되어있다. 이러한 힘이 어려있는 경험내용은 머리부분 전체에서 뚜렷하게 두드러지고 있다. '긴장'이라는 말그대로 진실의 의미가 얼굴생김새 속에 표현되어서, 그 표정의 많은 내용은 공포에 떨어서 사팔뜨기가 된 눈에 의해서 강하게 되고 있다.

빰의 움푹들어간 것은 작자가 빰에서 무언가를 제거할려고 했던것처럼 어두운 색으로 그리고 있다. 이 어두운 그림자를 그림자라고 해석해서는 안된다. 이것은 순수하게 '제거'의 상징, 즉 움푹파인것을 나타내는 상징이다. 코밑에서 특히 강조되고 있는 검고 크게 열린 콧구멍도 또한 표현의 상징으로서 중요하다. 코는 단지 부분적으로 경계선을 그렸을 뿐이다. 그 때문에 주로 주위의 형과의 대비에 의해서 두드러지고 있는 것이다. 또한 진행의 통합적인 양식에 따라서 생기지만 그것은 보다 어두운 색조에 의해서 독립된 부분으로서 '첨가'할수도 있는 것이다. 이마의 주름은 몹시 두드러지지는 않는다. 그리고 보다 전체적으로 다루고 있다. 이렇게 말하는 것은 그것이 명확하게 분리한 느낌을 뚜렷하게 나타내고 있지는 않기 때문이다. 귀도 또한 머리에 첨가할 수 있었던 것이지만 그것은 만져서 조사했던 결과라고 생각할 수 있는 선을 분명하게 나타내고 있다. 두가지의 융기는 매우 흡사하고 마치 손가락으로 귀의 형태를 더듬었는것 처럼 생각할 수 있다. 또한 촉각과 일치하여 귀의 중앙에는 구멍이 그려져있다.

머리는 몹시 흐트러진 모발을 첨가하여 완성하고 있다. 어깨도 또한 중요하다. 그것은 실룩실룩하고 있는 것처럼 그려져 있다. 이 그림은 다른 사람과 완전히 달라서 신체적인 감정과 운동감각적인 경험내용을 표현하고 있는 것이다. 개인의 사고는 이러한 자기실현의 과정속에서 자신의 감정의 의식적인 자각과 재현에 의한 실현과의 사이를 끊임없이 왔다갔다 하고 있다. 이러한 종류의 경험은 교육적으로는 큰 의의를 가지는 것이다. 개인은 자기와 자기실현을 통해서만 외계와의 진실한 접촉을 발견하게 되기 때문이다.

이러한 종류의 창조적인 제작에 있어서 시각형의 약시아는 주위환경을 자기자신에게 밀접하게 결부시키지만 그것에 대해서 촉각형의 약시아는 몹시 강한 자아의 지각을 통해서 환경을 실현하는 것이다.

한편, 약시아동은 난화의 시기가 지나면, 정안자의 경우와 같은 형태로 물체와 자신의 그림과의 사이의 관련성을 가지는 것을 알게 된다.

그러나 약시아의 한정된 시각이나 촉각에는 보통 차례차례로 일어나는 인상만으로 물체의 인지가 되는데 지나지 않기 때문에 약시아나 전맹아는 정안아에 비해서 관련성이 없는 뿔뿔이 흩어진 부분의 표현이 몹시 많이 되어있다. 또 약시아의 표현은 '기하학적인 선'과 같은 선에서 시작된다. 곧 그는 자신의 부분적인 인상을 통합하게 되며, 이어서 자신이 그린것과 지각한 것과의 사이의 한층더 명확한 관계를 계속적으로 탐구한 후에 자기의 개념을 발견하는 것이다. 일반적으로 약시아와 전맹아는 정안아의 평균보다도 빠른 양식적인 재현을 고집하게 된다. 이것은 어쩌면 다음의 두가지 이유를 생각할 수 있다. 하나는 그들의 특정한 결함에서 직접 연결되는 것이다. 시각적인 인상에 비교하면 촉각적인 경험이 제약이 훨씬크다. 또 하나의 이유는 이차적인 결함에 관계하는 것이다. 보다 큰 불안정과 자신의 결핍이 아동을 바로 '고정된 재현'으로 이끄는 결과가 되는 것이다.

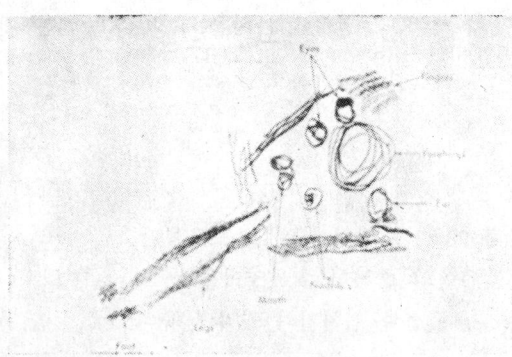

〈그림 28-9〉 7세 약시아의 초기그림에 나타난 관련성이 없는 부분의 표현

따라서, 맹아동을 지도하는 교사에게 있어서는 그들의 촉각에 의한 인지에 관련된 동기지우기를 계속적으로 하여서, 그들의 경험이 풍부하게 되도록 하여 효과있는 사실을 인식시키는 것이 극히 중요하다. 이러한 동기지우기는 본질적으로 정상아에게 부여된 것과 다른것이 없다.

그림 28-11에서 그림 28-13까지는 '양식화 단계'의 약시아의 전형적인 그림이다. 필자가 제시한 것에 의하면 일반적으로 시각장애아의 양식은

〈그림 28-10〉 9세약시아. 도로의 반대쪽의 친구들에게 '안녕'이라고 하고있는 장면

정안아의 평균에 비교하여 명확하게 사상을 표현한다는 점에서 뒤떨어지는 듯하다. 그러나, 그 특징은 표현방법과 함께 정상아와 완전히 같다고 말할 수 있다. 시각장애아는 공간개념에 있어서 언제까지나 기저선의 생각을 바꾸려고 하지 않는다. 그들은 또 '겹치기'의 개념을 잘 이용하고 있다. 이것은 시각장애아에게 있어서는 전 세계가 자기중심적인 태도에 의해서 결정되지 않을 수 없다고 하는 것에서도 쉽게 이해되는 것이다.

〈그림 28-11〉 약시아(8세). 도로횡단, 중앙의 순경이 교통정리를 하고 있다 선과 겹치기의 원리에 유의

〈그림 28-12〉 8세약시아. 등산

그 이유로 표현에 있어서도 장애아는 자기를 중심으로 생각하고, 그것에 따라 자신의 공간개념을 발달시켜 가는 것이다. 그림 28-13은 「꽃을 따는 소녀」이지만, 이 아동은 '자신의 좌우'의 꽃을 땄지만, 자기를 중심으로 하고 있기 때문에 꽃을 기저선의 '좌우'에 「겹치기」로 그리고 있다. 그림 28-11에 나타난 「도로횡단」에서는 같은 공간개념에서 기저선 위에 집이 나란히 서 있는 것을 알 수 있다.

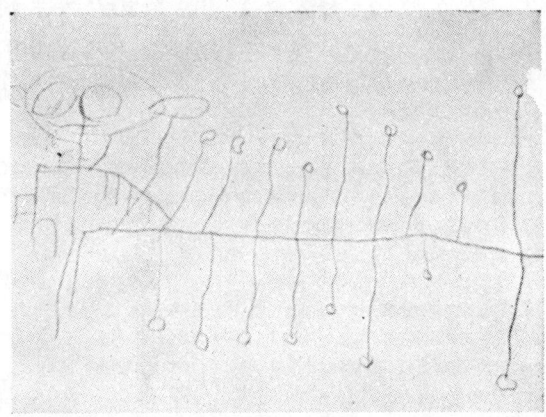

〈그림 28-13〉 9세약시아. 꽃을 따는 소녀, 꽃이 좌우에 잘 어울리고 있다.

4) 중복시각장애아의 미술표현

중복맹농아는 시각외에도 한가지 더 중요한 감각, 즉 청각의 결함이 있기 때문에 맹아동보다도 더욱더 신체적인 경험내용이나 외계와의 자기접촉에 의존한다. 신체적인 경험내용은 자아와 환경과의 사이를 결합하는 매개이다.

만약 그것이 방해되고 혼란을 갖게되면 외계와의 의식적인 접촉은 감소되거나 완전히 잃어버린다. 따라서 맹농아의 교육에 있어서는 신체적인 감각을 될 수 있는 한 강조하고, 자극하는 것이 중요하다. 맹농아는 진동법에 의해서 대화하는 법을 배우는 것이 있지만 교사가 실물과 관련지워서 언어지도를 하지않으면 언어는 추상적인 의미없는 소리에 지나지 않게 되어버린다. 물론 이것은 촉각을 통해서만 혹은 운동감각과 밀접한 관계를 가진 신체적인 감정을 통해서만 가능한 것이다. 그러나, 단지 여러가지 물건과 함께 주어지는 지식만으로는 전체의 경험을 구성하는 것이 될수 없다. 왜냐하면 지식을 만들수 있는 주위상황이 경험내용의 본질을 결정하게 되기 때문이다.

실험의 결과, 점토에 의한 모델링이 이들의 주관적인 표현에 힘을 주는 훌륭한 방법이라는 것을 분명하게 했다. 이렇게 말한것은 이 방법은 교사에 의해서 경험내용을 만들 수 있는 주위의 상황 통제가 될 수 있을 뿐만 아니라 촉각과 신체적인 감정을 생각대로의 모양으로 표현하는 것도 될 수 있기 때문이다. 소조에 의한 재현으로는 아동의 경험내용 중에서 중요하다고 하는 상세한 부분은 지나치게 강조되었지만 그러나 의미가 그다지없는 부분은 무시되거나 제외시켜버렸다. 조사에 의하면, 맹농아나 다른 비시각형의 사람들이 느끼는 이와같은 가치의 정도는 이들 주위에 대해 주관적인 태도를 명확하게 나타내는 것이 되었다. 교사에 의해서 이러한 새로운 사실은 맹이나 맹농아의 상상의 세계를 이해하고 그것에 영향을 줄수 있는 새로운 가능성을 열어 놓을 것이다. 소조의 모델링의 결과 분석은 상상력과 신체적 감정의 양면의 결함이나 한계를 나타낼 뿐만 아니라, 지도의 과정에 따른 정신발달 평가의 수단으로서 유용하다고 생각할 수 있다.

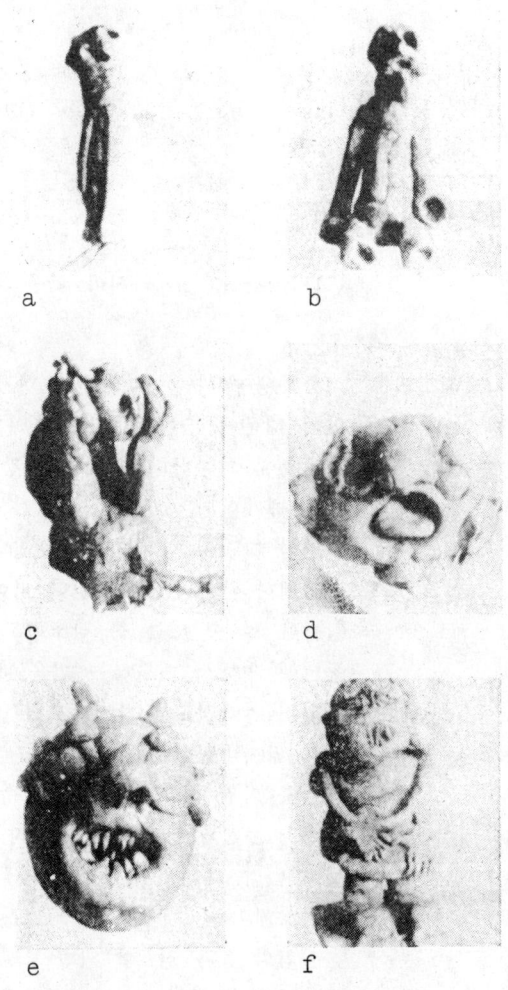

〈그림 28-14〉 11세의 맹농소녀에 의한 모델링
a)「앉아 있다」 b)「나는 너의 손에 사과를 얹는다」 c)「나는 피곤해서 잠이온다」 d)「나는 하품을 하고 있다」 e)「나는 과자를 먹고 있다」 f)「나는 책을 읽고 있다」

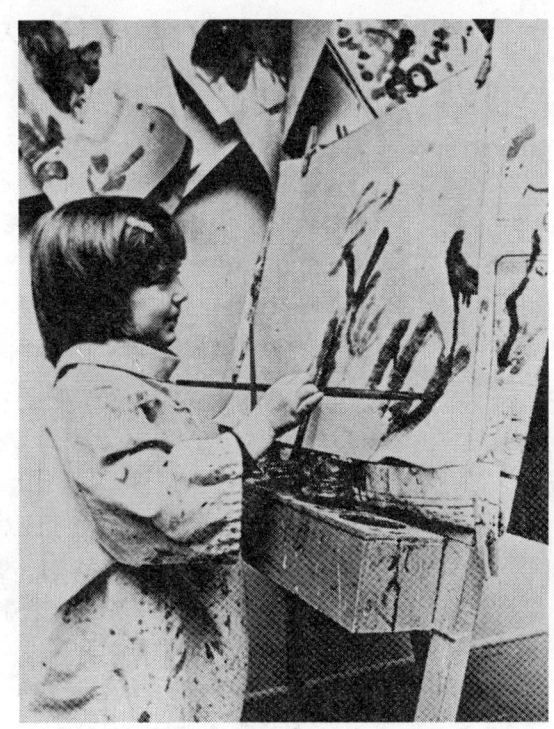

〈그림 28-15〉 맹아의 그림그리기
당신은 무엇을 하고 있어요?
예! 나는 좋은 날씨를 그리고 있어요

29. 체육지도

　시각장애아에게 체육을 지도하는 일은, 그들이 지닌 감각손상에서 기인하는 인지의 발달과 정서 및 운동발달에 크게 도움이 된다. 특히, 체력을 향상시키고 운동근육 발달과 스포츠 기능을 향상시킬 수 있다. 아울러 잘못된 자세나 걸음걸이, 균형잡기, 정신적 긴장, 매너리즘, 이동능력을 높이거나 개선할 수 있는 활동으로 중요한 교과이다.

1. 시각손상과 체육활동

　시각의 상실로 인해 운동 근육의 발달에 있어서 지체를 보이는 시각장애아가 많다. 즉, 운동이나 이동이 필요한 시각적 제한으로 어려움을 겪게 된다. 또한 부모의 과잉보호로 인해 탐색적 욕구가 감소되는 경향도 있으며, 움직이는 활동에 대한 모방적 기능이 부족하며 세분화된 운동근육기능 향상에도 지장을 초래한다. 때문에 이동능력을 높여주고 이동능력을 지도함이 바람직하다.

　시각장애아는 정안자에 비해서 유연성, 팔의 힘, 근지지력, 던지기능력 등이 지체될 수 있다. 이러한 기능을 높여주기 위하여 수영이나 줄넘기 같은 운동종목을 강조하는 것이 좋다.

　또한 그들은 보유감각을 활용하는 아동이 많으므로 여러가지 종류의 운동을 많이 경험시키고 특히 근육운동감각을 익히도록 하는 것이 좋다.

　지각장애를 지니고 있는 시각장애아에게는 신체상, 공간개념, 방향정위, 신체움직임의 인지 등의 지도가 중요하다. 또한 자세의 불균형을 교정하기 위한 여러가지 프로그램이 요구되며, 대근육활동을 증진시켜서 반복적이고 맹목적이며, 상동행동과 같은 태도가 발생하는 것을 방지할 수 있다.

　시각장애아는 고립될수 있으므로 정안자나 그들의 가족과 함께 보울링, 수영, 달리기, 춤 등과 같은 스포츠를 즐길수 있도록 지도하고, 참여기회를 높여 자아개념을 신장시켜줌이 좋다.

　평균대 위에서 균형잡기, 마루위에 밧줄을 놓고 직선보행 연습, 한발로 균형잡기, 한발로 뛰기 등과 같은 균형발달을 목적으로 하는 체육지도가 강조되어야 한다. 특히, 계속적으로 체육을 실시하는 것이 중요하며, 학습된 운동기능의 소실을 막기 위해서 추수지도가 이루어져야 하며, 정적 강화를 통해 촉진시켜 준다.

2. 체육지도의 방법

1) 체육지도 장소

운동장소는 실내이든 실외이든간에 넓고 어수선하지 않은 곳이어야 한다. 안전대책으로서 필요없는 장비나 장애물을 제거한다. 야외운동에 있어서는 운동장 또는 운동을 하는 마당에는 경계를 만들어 놓아야 안전할 것이다. 경계는 울타리나 나무가 있는 것이 벽보다 더 안전하다고 볼 수 있다. 게임을 할 때에는 바닥자체의 느낌을 달리함으로써 경계선을 알게 할 수 있다. 예를들면 경기장 안은 콘크리이트, 경기장밖은 잔디나 모래로 깔게 하여 그것을 발로 느끼게 한다. 실내운동 장소의 경계는, 흰색을 구별할 수 있는 부분시각장애자들을 위하여 흰색을 칠한다. 체육관을 사용할 수 있는 동네라면 빛을 느끼는 시각장애자들을 위하여 좋은 조명시설을 가져야 한다. 체육관의 바닥은 나무와 콘크리이트로 구별지어 만들어 바닥을 느낄수 있도록 한다. 맹인들은 운동을 하기전에 운동장소에 완전히 익숙해져야 한다. 그 장소에서 활동을 하기전에 크기, 장소의 형태, 경계선의 특성 등을 알아야 한다. 동네에서 운동을 지도하는 지도자가 있다면, 그 사회체육 지도자들은 맹인들에게 경기장의 상황을 자세하게 설명하면서 맹인들과 같이 장소주위를 처음부터 한번정도는 걸어서 확인시킴으로써 오리엔테이션을 충분히 시키는 것이 중요하다. 심한 운동에 참가하기 전에 쉽고 단순한 게임이나 시합을 실시하여 운동장소에 익숙해지는 방법을 강구하도록 한다. 맹인들의 달리기 활동을 돕고 안전을 확보하기 위하여 줄을 쳐놓고 줄에다 방울이나 작은종같은 것을 매달아 소리나도록 한다. 이 경우에 결승전에서는 주자에게 신호를 주어야 하는데, 그때에 줄을 쳐놓고 주자가 결승전에 닿으면 줄이 끊어지도록 하거나 호각 등의 청각적인 신호를 사용할 수 있도록 한다.

2) 설비

어린 맹아들을 위한 운동놀이 장비는 그네, 정글짐, 시이소 등을 포함하는 것은 좋으나 앞을 볼 수 없는 조건에 놓여 있으므로 맹아들에게 일어날 상해의 가능성을 줄이기 위하여 그 위치를 정확하게 주의 깊게 정해 놓아야 한다. 그네는 한곳에 두개 정도만 설치하는 것이 좋다. 안전을 위한 줄이나 바닥에 표시하여야 하고 장비에 부딪치거나 그네에 충돌하지 않도록 주의하여서 설치해야 한다. 만약에 맹인들을 위한 보울링시설을 설치한다면 운반이 가능한 레일을 사용하도록 한다. 설비할때 주의점은 안정을 최대로 보장하기 위하여 반드시 불필요한 장바는 제거하도록 한다. 맹아들은 고정시설물의 위치는 기억할 수 있으나 모든 장비를 다 기억할 수는 없다. 그러나 장비와 도구를 모아둔 방의 위치는 기억할 수 있으므로 필요한 것을 찾아서 운동장소로 가지고 올 수도 있으며 끝난후에는 다시 제자리에 갖다 놓을 수도 있다.

〈그림29-1〉 체육관이나 정규보올링장에서 사용할 수 있는 방향제시를 위한 레일

3) 수업조직(Class Organization)

수업조직은 다른 수업의 스캐듈과 제공되는 활동엥 의해 결정된다. 즉, 체육 수업은 그 수업이 제공된 시간에 참여가능한 아동들을 기준으로 조직한다. 스케듈만 허락한다면, 생활 연령(chronological age)보다는 일반적인 근력과 협응력을 기초로 수업을 조직하는 것이 최선의 방법이다. 학생들이 비슷한 일반 신체 능력을 가질 경우, 그 집단의 요구에 맞는 수업 활동을 쉽게 조직할 수 있다. 그러나, 그 문제 해결법을 사용하면, 넓은 범위의 연령과 능력도 수용 가능하다.

4) 접근방법

새로운 운동기술을 지도할 때에는 근육운동 지각적으로 접근방법을 시도하도록 한다. 지도자와 그 기술을 배운경험이 있는 학생들의 신체부위를 만져보게 하면서 기술을 배울수 있도록 한다.

보는것이 자세하게 동작설명을 하고 반드시 근육운동감각을 수반하여 지시하도록 한다. 지도자는 동작을 지도할 때 자신이 눈을감고 기술을 해보도록 하여 맹인들의 기술수행상 문제점에 대한 이해를 할 수 있을 것이다. 이와같은 통괄은 맹인을 지도하는데 많은 도움을 줄것으로 생각된다.

또한 호각은 시각장애자를 지도하는데 중요한 장비가 되며 지도라는 자신의 위치를 인식시키고 주의를 환기시키는 등의 목적에 사용할 수 있다. 어떠한 의미를 가진 신호인지는 사전에 맹인들과 함께 연습해 두어야 효과적일 것이다. 그리고 메가폰은 지도자의 목소리가 맹인들에게 들리게 하는 유용한 장비이다. 메가폰을 이용하여 게임의 상황이나 진행과정을 상세하게 설명해 주어야 할 필요가 있다. 예를들어 공을 차는 게임이 진행되고 있다면 누가 베이스에 있는지, 다음 차는 선수가 누구인지 각 선수들의 위치, 아웃트나 득점의 여부등을 알려 주어야 한다. 다시 말하여 지도자가 맹인의 입장에 서서 게임의 진행과 관련하여 무슨 정보를 가장 절실히 필요로 하는지를 제공하여 준다. 정상인에게 제공할 수 있는 체육활동의 거의 대부분을 시각장애자에게도 제공할 수 있다. 수정의 정도에는 차이가 있으나 정상인들과 같은 게임, 스포오츠, 신체활동 등에의 참여를 즐기도록 한다. 체육활동이 시각장애로 부터 직접적으로 유발되는 문제를 극복하는데 도움을 줄 수도 있다.

5) 자유운동

여가시간을 이용하여 아동들이 스스로 운동장을 이용하고 장비를 사용토록 격려한다. 그러나 자신과 타인의 안전을 위해서 체육장비차 사용법을 분명히 지도하여야 한다. 모든 맹아나 맹인들은 장비나 도구 사용과 관계되는 기술 뿐만 아니라 지켜야 할 안전규칙도 배워야 한다. 지도자들은 맹인들이 장비를 활용하는데 있어서 망설이는 것을 발견할 수도 있다. 이러한 현상은 극도로 보호된 생활을 해 온 맹아들에게서 현저하게 나타난다. 지도자는 그들의 운동기술 발달과 자신감에 따라 운동을 시작하도록 하며 그들이 받아들일 수 있는 수준에서 참여토록 격려한다. 너무 어리거나 너무 허약한 아동들에게는 장비를 사용하여 자유롭게 가지고 놀 수 있는 분위기를 만들어 주어야 한다. 흔들의자나 시이소는 큰 균형기술을 필요로 하지 않으며, 맹아들에게 자신감과 안전성을 높여주는 효과가 있다. 이 장비들을 소개할 때에는 아동들에게 그 형태를 설명해주고 그들이 장비를 손으로 만지는 동안 사용법을 지도한다. 맹아들이 그 장비위에 앉을때 지도자의 보조를 받도록 한다. 어깨나 팔을 잡아주면 처음 시도하는 운동으로부터 자신감을 얻게 된다. 어느정도의 자신감이 생기면 맹아에게 장비에 올라서고 내리는 방법, 안전 대책 등을 지도한다. 미끄럼틀을 안전하고 즐겁게 사용하려면 지도자의 세밀한 지도가 필요하다. 맹아들은 사다리 밑에서 자신의 차례를 기다려야 하고, 다른사람이 미끄럼틀을 내려갈 준비가 다 되었다는 신호를 하기전에는 올라가선 안된다는 점을 가르쳐야 한다. 운동을 하려 들지 않은 아동에게 용기를 주기 위해서는 지도자가 옆에서 지켜주고 또 미끄러지는 것을 붙잡아 보조해 주어야 한다. 맹아에게는 발로 미끄럼틀의 측면을 밀어서 속도를 줄이는 방법을 가르쳐 주어야 한다. 사다리에 기어오르거나 늑목에 매달리기를 할때에는 정상이나 맹아 모두에게 위험하다. 그러므로 보조를 하도록 하고 항상 옆에서 지켜 보아야 할 것이다. 낮은 철봉 등을 팔과 손의 힘을 키우는데 사용하면 좋을 것이다.

3. 체육활동의 내용

1) 국민학교 수준

국민학교에서는 체육활동과 게임을 읽기, 수개념, 기타 분야 등의 학습에 이용할 수 있다. 그 방법에는 여러 가지가 있으므로 교사는 맹아의 지도에 사용할 수 있는 여러 가지 방법을 검토하여 자신의 것을 선정하여야 한다.

수 개념의 지도에서는, 특정 활동에서의 회전 수나 공의 튀겨진 횟수, 평균대 위에서 걸음걸이의 수 등을 헤아리게 할 수 있다. 읽기 능력의 발달에서는 의미있는 경험의 배경을 확장하며, 이 목표를 위해 여러 가지 신체 활동이 사용될 수 있다. 주위를 탐색하고, 돌로나 오솔길을 따라 걷는 것, 언덕을 오르내리고 나무를 기어 올라가는 것들이 가능한 경우다.

많은 싱잉 게임이나 국민학교 수준의 의태 게임은 맹아를 위한 변형을 요구하지 않는다. London Bridge게임이나 자벌레 경주와 같은 의태 게임은 아무런 변형을 요하지 않는다. 이외의 게임에서는 다른 사람을 볼 수 없다는 불리점을 제거하기 위한 약간의 변형이 필요할 뿐이다. 맹아들이 자유롭고 신속하게 달릴 수 있게 해주기 때문에 권장할 만한 활동인 Red Light와 Green Light에서는 교사가 빨간불에서 움직이는 아동들을 호명해 주어야 한다.

맹인들은 공간 지각력을 잘 발달시켜야 하므로 체육에서 제공되는 활동이 공간 내에서 신체를 움직이고, 공간을 나누어 점유하고 있는 타인이나 물체에 신체의 위치를 관련지우는 학습을 고무시켜야 한다. 운동 탐색 활동이 이러한 학습의 탁월한 도구가 된다. 운동 탐색에서 학생은 동작의 가장 효율적인 방법을 찾으려 노력하는 것이 아니라 오히려, 자신에게 가장 효과적이며 만족스러운 방법을 발견하기 위해 여러 가지 운동 방법으로 실험을 한다. 그 과정에서 그는 공간 속에서 신체를 움직이는 데 대한 많은 것을 배우게 된다. 공간 탐색에 권장할 만한 운동 활동에는 다음과 같은 것들이 있다.

(1) 정지 상태에서의 운동

이 활동의 목표는 이동하지 않고 신체 부위를 움직이는 방법을 학습하는 것이다.

① 팔을 옆으로 벌린 상태에서 위 아래로 움직인다.(맨손으로 행하면, 팔동작에 의한 공기흐름이 느껴진다)
② 팔을 제외한 모든 부위를 움직인다. 단 이동해서는 안된다.
③ 한쪽 다리를 든 상태에서 다른 다리를 들어 올리려고 노력한다.(이 것은 불가능하므로, 운동의 한계를 가르쳐 준다)

(2) 이동운동탐색

기본적인 이동 기술에는 구르기·기기·달리기·뛰기 등의 여러 가지가 있다. 이러한 기술의 탐색은 자신의 위치를 옮기는 여러 가지 운동 방법의 학습을 촉진시킨다.
 ① 바닥에 발을 대지 않고 한 곳에서 다른 곳으로 이동한다.
 ② 크고, 작고, 넓고, 가늘고, 둥근 것 등에 관한 표현을 하면서 놀이 장소를 움직인다.
(3) 움직임을 통한 의사 소통
 이 탐색적 움직임 단계에서 아동들은 정서와 생각의 표현을 위한 신체 동작을 학습한다.
 ① 개처럼 움직이며, 소리를 흉내 낸다.(이 활동을 시도하기 전에 먼저 아동들은 개가 짖는 소리를 듣고 개의 움직임에 관한 설명을 듣는 기회를 가져야 한다.)
 ② 불안・분노・행복 등을 표현하기 위해 움직인다.
 ③ 부드러운 비, 뜨거운 태양, 눈보라 등을 묘사하기 위해 움직인다.
(4) 물체의 조작
 신체로 행할 수 있는 동작을 발견하게 되면, 맹아는 기꺼이 물체 조작에의 신체 사용을 탐색한다. 공이 체육에서 조작되는 가장 흔한 것이므로, 공을 사용하는 활동의 예를 몇가지 들어 본다.
 ① 공을 손・발・머리・어깨 등을 사용하여 움직인다.
 ② 다른 소리가 나도록 공을 움직인다.
 ③ 속도를 변화시키며 공(천장에 끈으로 매단)을 던진다.
(5) 이 완
 근육 이완은 탐구에 적합한 또 다른 활동이다. 이완을 학습하는 것이 항상 쉽지는 않으며 탐색 활동에의 참여는 그 과정의 이해를 돕는다. 이 활동은 제29장 이완에서 다룰 것이다.
(6) 공간 지각
 공간 지각을 가르치기 위한 훌륭한 활동이 직접적 또는 전통적 방법으로 제시될 수 있다. 그 예를 들어보면 다음과 같다.
 ① 직선을 따라 걷는다.(맹아는 주로 사용하는 팔 쪽으로 진로가 휘어지는 경향이 있다)
 ② 소리를 따라간다.(예컨대, 북소리・목소리・발소리 등)
 ③ 좁은 지역의 둘레에 쳐져있는 줄에 손을 댄 체 주위를 걷는다. 그 다음에는 줄에 닿지 않고 다시 반복한다.
 ④ 걸어 가다가 지시에 따라 90° 또는 45° 등의 방향 전환을 한다.
 ⑤ 두 점사이를 잇는 줄을 따라간다. 줄의 끝에서 끈을 손으로 쥐고 원 위치로 돌아온다.

2) 고학년 아동을 위한 활동

수정을 필요로 하지 않는 국민학교·중학교·고등 학교 학생들에게 적합한 게임이 많이 있다. 팔씨름·인디언 발씨름 등의 여러 가지 2인 게임은 수정이 필요없다. "It"라고 불리는 사람에게 위치를 알려야 할 필요가 있는 태그 게임 등에서는 목소리를 내면 된다. 부분 가시 아동이나 정상 아동이 게임에 참가할 때에는, 맹아와 손을 잡거나 쌍을 이룰 수 있다. 피구(Ddoge Ball)나 워얼 보올 등과 같이 공을 사용하는 게임은 정상 아동들이 유리해지는 것을 방지하고, 맹아가 그들의 위치를 알 수 있게 하는 등의 약간의 규칙을 변경함으로 쉽게 수정할 수 있다.

어떤 게임은 맹아와 부분 가시 아동을 위해 쉽게 변형될 수 있다. 많은 수정 없이 쉽게 사용 할 수 있는 게임을 선정한다(C. E. Buell, 1974).

① 한 명이나 두 명의 눈을 가리는 것.
② 보지 못하는 아동이 무엇이 일어났는지를 알게 해주는 소리.
③ 맹아와 부분 가시 아동을 위한 각기 다른 의무.
④ 전맹 아동에 의해 쉽게 발견되는 고울을 향한 달리기.
⑤ 체육관이나 테니스 코오트와 같은 제한된 놀이 장소.
⑥ 레슬링에서와 같은 직접 접촉.
⑦ 선이나 사슬의 형성.
⑧ 짝을 지을 수 있는 가능성.

맹아들은 그들의 인상을 수용할 때, 주로 소리에 의존하므로, 음악의 리듬 뿐 아니라 주위활동 리듬에도 특히 감수성이 풍부하다. 패턴으로 부터 얻어진 지식이 무용 학습의 귀중한 재산이다. 모든 무용 유형—음악적 게임, 민속무용, 현대무용, 사교무용—이 맹아들에 의해 학습될 수 있다. 다른 모든 무용 유형은 학생들이 자신감과 기술을 가지고 자유롭게 공간내에서 운동할 수 있기만 하다면, 어느 연령에서도 지도될 수 있다.

4. 스포오츠

맹아나 부분 가시 아동이 가장 많이 행하는 티임 스포오츠가 풋 보올, 소프트 보올, 배구 등이다. 농구는 부분 가시 아동에게는 가능하나, 맹아에게는 성공적 참여가 불가능하다.

레슬링·수영·체조·텀블링 등의 개인 스포오츠는 수정을 거의 요하지 않는다. 교수 과정이 늦추어져야 할 필요가 있으므로, 보통 학습 속도도 느리다.

트랙 훈련에서는 맹아가 부분 가시 아동과 함께 뛰므로써 발소리로 방향을 알 수 있다. 머리 위로 쳐진 가이드 와이어(guide wire)에서 늘어 뜨려진 움직여 질 수 있는 끈을 손으로 잡고 달려도 좋다. 훈련기에는 엉덩이 높이로 트랙의 한쪽 면에 쳐 놓은 줄을 손으로 미끄러뜨리며 달리는 것이 좋다. 점차 자신과 기술이 향상되면 트랙의 양측에 줄을 치고, 아동은 이를 잡지 않고 그 사이를 달려 나간다. 그가 트랙을 벗어나면 양쪽의 줄이 그것을 알려주므로 방향을 조정할 수 있게 되어, 매우 빨리 달릴 수 있다.

보울링은 맹아 학교에서 흔히 행하는 개인 스포오츠로 대부분의 학교가 보울링 시설을 갖추고 있다. 맹아는 앨리의 측면을 느끼거나, 가능할 경우 레일을 사용하여 방향을 안다. 골프 역시 맹아들이 좋아하는 개인 스포오츠이다. 공을 놓아줄 정상 시력의 아동이 필요한 것 외에는 별다른 변형이 필요치 않다.

5. 올림픽 경기종목

시각장애자의 경기종목은 육상, 수영, 골볼, 유도, 레슬링이다. 육상에서는 트랙경기와 필드, 오종경기, 마라톤, 크로스 컨츄리가 포함되고 있다.

1) 육 상

시각장애 트랙경기에 있어서 B1등급의 단거리 경기는 선수 개별 출발에 의해 진행되며 40~60m지점과 결승지점 두 곳에서 음향신호자의 도움을 받는다.

음향신호자는 소리외침, 호루라기, 기타 음향신호 등을 사용하여 선수를 안내한다. B1등급의 주자들은 임의의 두 코오스를 배정받는다.

400m이상의 중장거리에 있어서는 B1등급의 주자는 제2의 인물과 동반하여 달린다. 안내에 대한 선택은 선수의 의사에 따른다. 선수의 손을 잡고 하는 인도나 줄에 의한 인도를 받거나 아니면 안내를 받지 않을 수 있다. 선수는 방향설정을 위해서 자신의 안내원을 손댈 수 있으나 안내원은 어떠한 경우에도 선수를 당기거나 끌 수 없다.

필드 경기에 있어 멀리뛰기와 세단뛰기의 경우 B1, B2등급선수는 1.22×1 m의 발구름 구역을 갖는다. 또한 B1, B2등급을 위해 사장쪽으로 두개의 방향설정 평행선이 그어져야 한다. 또한 B1등급선수는 음향적인 도움을 받는다.

높이뛰기 경기에 있어서도 B1등급의 선수는 방향설정을 위하야 바아를 만져볼 수 있으며 방향설정을 위한 음향적 도움을 얻을 수 있다.

〈그림29-2〉 시각장애 선수가 줄을 잡고 달리는 모습

2) 수 영 경기는 반드시 50m풀에서 이루여 져야 하며 출발에 있어 모든 선수는 출발대로부터의 출발과 물속에서의 출발을 선택할 수 있다.

또 터닝과 고울 터치시에 벽면에 닿은 것을 알려주기 위하여 코우치는 선수의 머리나 등을 두드릴 수 있다.

계영경기에 있어 팀은 1등급과 2등급에 속하는 선수를 적어도 1명씩 각각 포함하여하 한다. 또 필요한 경우에 1등급과 2등급의 선수는 언제 계영 출발을 하여야 하는 지를 코우치의 접촉이나 음향신호 또는 이 두가지 방법 모두에 의한 도움을 받을 수 있다.

3) 레슬링 시각장애 레슬링경기 규칙은 시력 손상자에게 보다 적당한 조건을 제공하기 위한 수정사항을 제외하면 FILA(국제아마튜어레슬링연맹)의 자유형 규칙과 동일하다.

경기는 B1, B2, B3등급의 전체 선수에게 개방되어 있으며 하나의 그룹으로 통합된다.

정상 시력을 갖춘 선수가 활용하는 기술과 수법이 시각장애 경기자가 사용한 기술과 수법과 한가지 중용한 예외를 제외하면 동일하다.

경기시작시 두 선수가 선상태에서 직접 마주 선 상대편의 양손을 부드럽게 깍지 끼어 마주 잡음으로서 접촉이 성립된다. 차후에 양선수가 움직여 최초의 자세에 변화가 올 수는 있지만 경기가 계속되는 한 두 선수사이에는 모종의 접촉이 유지되어야 한다.

접촉이 깨지면 주심이 호각을 불어 시합 시작때와 같은 접촉을 재구성시킨다. 선수가 엎드린 자세에서 경기하는 도중 어떤 이유로든 접촉이 깨지면 역시 주심이 호각을 불어 위와 같은 방법으로 시합을 다시 시작한다.

시합이 끝나면 주심이 맷트의 중앙에 선 두선수의 팔목을 잡는다. 이어서 주심이 승자의 팔을 치켜 올리고 양선수는 자신의 코우너와 코치에게 돌아오기전에 상대편의 코너로 가서 상대 코우치에게 정중히 예를 표한다.

4) 유 도 시각장애자를 위해 수정된 규정을 제외하고는 IJF(국제유도연맹)규칙이 그대로 적용된다.

모든 체급에서 B1, B2, B3, 통합등급의 경기가 있으며 최대시력은 시력이 6/60 및 시야가 20도 미만이어야 한다.

경기 개시시 경기자는 부심의 인도하에 경기장 중앙에 약 4m떨어져서 마주보고 선다. 부심이 제자리로 돌아갔을 때 주심은 경례를 지시하며 경기자는 입례를 한다. 경기자의 입례가 끝나면 부심은 경기장 중앙으로 이동하여 손뼉을 치고 경기자는 주심을 향하여 나아간다. 그다음 주심은 양선수를 파지 위치에 세운다. 경기자는 주심이 「시작」선언 직후 경기를 시작하여 양 선수는 항상 파지 위치에서 경기를 시작한다.

주심은 경기자가 정확한 파지 위치에 서고나면 경기를 개시시키기 위하여 「시작」을 선언한다. 또한 주심은 경기를 종료시키기 위하여 「거기까지」를 선언한다.

경기가 끝나면 주심은 두 경기자를 경기개시 위치로 인도하여 마주 보고 서게 하여 경기 결과를 선언하고 나면 주심의 경례 지시에 따라 두 경기자는 입례를 한다.

5) 골 볼

시각장애를 위한 이 경기는 국제시각장애경기연맹(IBSA)에서 채택되어 실시하고 있는 장애자경기 종목이다.

이 경기는 3명의 경기자로 편성된 두팀에 의해서 경기를 하며 중앙선에 의해 두개로 구분되는 직사각형 코오트의 실내체육관에서 실시한다.

경기방법은 각팀이 상대팀의 방해를 피해 상대방의 골을 향하여 공을 굴려 넣는 경기이다.

경기장의 규격은 길이18m, 폭9m의 직사각형코오트에서 실시하고 조용하고 비교적 잡음이 들리지 않는 곳이어야 한다.

골(Goal)은 베이스라인의 총폭을 차지하며 골포스트의 높이는 1.3m의 원기둥으로 되어 있고 크로스바는 견고해야 한다.

팀에이리어는 골베이스라인 뒷면으로 너비9m, 길이3m의 구역으로 이루어 진다.

경기에 사용되는 공은 벨이 들어있는 2000g의 메디신볼이어야 하며 공의 원주는 86cm, 직경1cm의 구멍이 8×2개 있어야 한다. 공의 재질은 단단한 탄성고무이다.

여자용 공은 무게가 1500g이며 원주가 66~69cm이어야 한다.

모든 선수는 경기중 눈가리개를 착용해야 한다.

팀의 구성은 3명의 선송과 최대한 3명의 교체선수로 구성된다. 선수와 경기 시간은 전후반 7분씩 14분간 치루어지며 중간휴식시간은 3분이다.

경기 종료시 동점인 경우에는 전후반 각 3분씩의 연장전을 갖게 된다. 연장 전에서도 동점인 경우에는 프리드로우에 의해 결정한다.

공을 던지는 횟수는 한 선수가 3회까지 던질 수 있으며 4회 던졌을 경우에는 반칙이 된다.

공격은 팀 에어리어에서 실시해야 하며 수비는 팀자체(3명)가 참가한다. 또 공을 드로우잉지역에 던지기 위하여 처음에는 바운드 시킬 수 있으나 공이 상대방 드로우잉 지역으로 들어갈때에는 굴러서 들어가야 한다. 만일

공이 최소한 50cm까지 튄다면 반칙이 된다.

경기의 득점은 상대방 고울에 골인하면 1점씩 가산하며 이때의 득점은 공이 완전히 골라인을 통과해야 한다.

국제대회의 경기진행방식은 라운드로빈방식으로 하며, 국가별로 한팀만이 참가할 수 있다.

〈그림29-3〉 시각장애 선수의 골볼경기 모습

장애자 올림픽은 장애유형별, 장애정도에 따라 경기종목별 참가가 구분된다. 시각장애자의 의무분류는 IBSA(국제맹인스포츠협회)에서 B1-B3까지 등급으로 분류하고 있다.

B1-양쪽 눈에 빛지각이 없는 경우에서부터 빛지각은 있어도 어느 거리에서도 손의 형태를 인지할 수 없는 경우까지

B2-좋은쪽 눈의 최대한의 실용적인 교정에서 손의 형태를 인지할 수 있는 경우부터 시력이 2/60까지인 경우이거나 또는 시야가 5도 미만인 경우까지

B3-좋은쪽 눈의 최대한의 실용적인 교정에서, 시력이 2/60보다 좋은 경우부터 시력이 6/60까지인 경우이거나 또는 시야가 5도보다 넓은 경우부터 20도미만인 경우까지

장애자올림픽의 경우, 일반올림픽과 달리 참가 선수가 장애자이므로 장애의 종류별 및 등급별로 정확히 분류하여야 한다.

30. 시각장애 유아의 지도

　시각장애아가 일반유아와 같은 발달을 하도록 하기 위해서는 일반유아의 지도보다는 의도적이고 체계적이어야 하며, 반복적인 학습을 필요로 한다. 특히 시각을 완전히 상실한 전맹의 경우는 시각적 모방학습이 불가능하기 때문에 일상생활에 필요한 행동의 대부분을 어른의 도움을 통해서 배우게 된다. 그래서 가정교육의 중요성이 대두되게 된다.
　그러나 가정교육은 가족의 책임에 의해서만 이루어지는 것은 아니다. 특히 어머니에게만 책임을 지우거나 어머니에게 과대한 기대를 거는 위험한 경우가 많다. 그렇기 때문에 가정교육의 충실을 기하기 위해서는 전문적인 서비스가 필요하게 된다.
　여기서는 이와같은 전문적인 서비스를 전제로 한 지도 내용을 개괄적으로 언급한다.

1. 가정에서의 지도

1) 감각훈련

　자기와 물체 또는 주위의 상황을 바르게 인지(認知)하는 능력은 유아의 모든 행동에 기초가 된다. 때문에 유아기에 있어서 감각훈련은 특히 중요한 위치를 차지하고 있다. 가정에서 지도하는 감각훈련은 특정한 기구나 장치를 사용하지 않고 주로 놀이 장면에서 부드럽게 이루어지는 것이 좋다. 일반적으로 감각훈련의 영역은 장애아동에 따라 다소 차이는 있지만, 시각장애를 지닌 유아의 경우는 다음과 같은 몇 가지가 중요한 것들이다.
　(1) 전신운동 감각의 훈련
　전신운동은 모든 아동의 발달에 중요한 영역이지만 맹아동의 경우는 운동장애를 가지고 있어 감각기관을 통한 정보와 운동행동과의 합치가 곤란한 경우가 많다. 맹아동의 전신운동은 그들의 보행능력과 연결되기 때문에 더욱 중요하다고 할 수 있다.
　표 30-1은 맹유아에게 지도해야 할 전신운동 영역의 내용을 참고로 제시한 것이다. 제시된 내용은 맹유아의 발달에서 장애의 벽을 넘을 수 있도록 지도해야 할 것을 한 단계 위에 넣어 표시하고 있음에 유의해야 한다.

〈표 30-1〉 전신운동 영역의 지도내용

지도단계	지 도 내 용
제1단계	◦ 혼자 앉을 수 있다. ◦ 앞으로 몸이 기우려져도 혼자서 바르게 할 수 있다. ◦ 기어다닌다.
제2단계	◦ 큰 장난감을 잡아당기거나 밀거나 한다. ◦ 유아용 그네를 탄다.
제3단계	◦ 뛰어내린다. ◦ 발을 구른다. ◦ 스킾으로 걷는다. ◦ 발끝으로 걷는다. ◦ 미끄럼틀을 탄다. ◦ 그네를 흔든다. ◦ 철봉에 매달린다. ◦ 음악에 맞추어 걷는다. ◦ 간단한 유아체조를 한다.
제4단계	◦ 두 발로 뛴다. ◦ 넓이뛰기로 1m쯤 뛴다. ◦ 누어서 옆으로 굴러간다. ◦ 구멍을 빠져나간다. ◦ 한 발을 들고 제자리서 회전한다. ◦ 뜀틀을 탄다. ◦ 씨름을 한다.
제5단계	◦ 토끼뜀을 한다. ◦ 양 발을 서로 차례로 스킾한다. ◦ 엎드려 팔굽혀 펴기를 한다. ◦ 양 다리를 교대로 해서 계단을 오르거나 내린다. ◦ 나무를 탄다. ◦ 줄다리기를 한다.

(2) 상지 및 수지운동의 훈련

맹유아의 발달 영역 가운데는 특별히 지체되는 기능이 있다. 그 가운데서도 수지운동의 발달이 가장 현저하게 뒤쳐지는 것이 분명하다는 견해가 많다. 수지운동은 맹아가 사물을 탐색할 때 필요한 주된 기능이기 때문에 이에 대한 훈련은 매우 중요하다.

수지운동 훈련의 중심되는 내용을 보면, 물체의 조작, 물체의 끌기와 밀기, 던지기, 물체를 찾기, 물체의 윤곽을 따라 손가락을 움직이기도 하고 평면적인 형체를 그리기, 손가락으로 물체를 만져보고 명칭을 말하기 등과 같은 것을 들 수 있다.

표 30=2는 맹유아의 수지운동 훈련의 구체적인 내용을 예시한 것이다.

〈표 30-2〉 수지운동 영역의 지도내용

지도단계	지　　도　　내　　용
제1단계	◦ 물체를 손바닥으로 때린다. ◦ 물건을 손바닥 전체로 쥔다. ◦ 엄지와 검지로 물건을 쥔다. ◦ 손바닥으로 물체의 표면을 쓰다듬는다. ◦ 물건을 들어 올린다.
제2단계	◦ 2개 또는 3개의 적목탑을 만든다. ◦ 두 손으로 물건을 들고 있다. ◦ 이 손에서 저 손으로 물건을 바꿔진다. ◦ 무엇인가를 갈겨 쓴다. ◦ 점토를 손으로 이긴다. ◦ 장남감을 가지고 논다.
제3단계	◦ 손가락을 하나씩 굽혔다 폈다 한다. ◦ 작은 물건을 집는다. ◦ 엄지 또는 검지로 벨을 세게 누른다. ◦ 끈을 움켜쥐고 잡아 당긴다. ◦ 손목을 움직여 문의 손잡이를 돌린다. ◦ 간단한 적목을 쌓아 올린다. ◦ 막대로 물건을 잡거나 때린다. ◦ 단추나 호크 등을 빼낸다.
제4단계	◦ 손 끝으로 물건을 정확히 본 뜬다. ◦ 손가락으로 ○△□등을 그린다. ◦ 가위를 사용한다. ◦ 풀칠을 한다. ◦ 종이를 둘로 접는다. ◦ 가는 모래를 가지고 논다. ◦ 블럭으로 여러가지 모양을 만든다. ◦ 두 손으로 피아노를 친다. ◦ 여러가지 손 장난을 한다. ◦ 끈으로 매듭을 짓는다.
제5단계	◦ 단추, 호크 등을 끼운다. ◦ 점토 세공을 한다. ◦ 테이프로 물건을 고정한다. ◦ 칼, 톱, 작은삽 등의 연장을 쓸 줄 안다. ◦ 간단한 종이 접기를 한다. ◦ 가는 모래로 여러가지 모양을 만든다. ◦ 손의 일반적 기능(손을 벌린다, 쥔다, 만진다, 　누른다, 밀어낸다, 쓰다듬는다, 편다 등)을 완성한다.

(3) 촉각적 인지훈련

촉각적 인지 훈련은 앞에서 논의한 수지운동의 일부로서 행해진다. 정확한 촉각적 인지를 하기 위해서는 상지(上肢) 및 수지(手指)의 운동조절이 필요하지만 그와 동시에 항상 언어적인 지시를 주는 것이 중요하다. 가정에서는 평소에 주위의 물체에 자주 접촉하게 하여 물체의 질감, 크기, 모양, 위치 등에 대한 경험을 풍부히 해주어야 한다. 그렇게 하여 맹아동의 물체에 대한 공포심을 줄여주고 촉각 변별력을 향상시킬 수 있다.

촉각에 의한 변별을 보다 잘 할 수 있게 하기 위해서는 사물을 단순히 만져보게만 할 것이 아니라 크기, 형태, 질감에 따라 분류해 보게 하며 그 훈련과정을 체계적이면서도 점진적으로 진행시키므로해서 맹아동에게 주어진 과제를 커다란 어려움없이 극복해 낼 수 있도록 해야한다. 촉각변별력은 질감, 형태, 크기등의 차이를 식별할 수 있을 정도로 발달되어져야 하며 그러기위해서는 사물에 자주 접해서 사물과 소리를 연결시켜 그 기초를 이루어야한다. 촉각발달은 취학후 국민학교 4학년정도까지 계속되므로 계속적인 교육을 요하며 사물을 만져보고 음미하는 것은 촉각에 의한 촉각변별력 개발에만 필요한 것이 아니라 언어발달에도 상당한 도움을 주며 읽기학습준비성의 한 요소를 이룬다. 촉각변별력의 발달을 위한 교육프로그램에 있어서는 상황마다 끊임없이 언어적 자극과 연결시켜서 느낌과 언어사이의 관계를 일깨워 주며 일치시켜서 적절한 언어를 적당한 때에 사용할 수 있는 능력을 개발시켜야 한다. 기동성을 증진시키고 사물에 대한 자신감과 흥미를 키우고 언어발달, 언어이해력등을 촉진시킨다. 가정에서 많이 쓰는 집기들, 자신의 방에 있는 장난감들, 책들, 정원의 꽃이나 나무들, 집에서 기르는 동물들, 가족들, 그리고 그 모든 것들의 세밀한 부분들까지 모두 만져보고 느끼고 이야기할 수 있는 기회가 주어져야 한다. 더불어 구체적으로 점자는 배우지않더라도 점으로 형성된 어떤 형태에 대한 점과 점사이의 유대관계에 대한 인식을 불어넣어주어야 한다. 다음은 유아의 촉각변별력을 촉진시키기 위한 놀이와 교구를 제시한 것이며 표 30-3은 촉각변별력 지도의 내용을 종합적으로 분류하여 제시한 것이다.

 ◦ 찰흙놀이 : 어떤 종류의 찰흙이던지 그냥 주무르고 놀 수 있으며, 일정한 모양을 만들수도 있다. 비교적 자유롭게 놀 수 있다.

 ◦ 핑거페인팅(finger painting) : 여러가지 냄새를 풍기는 풀들을 손에 묻혀서 커다란 종이에 원하는 대로 그린다.

 ◦ 모래그림 : 종이에 풀로 자신이 원하는 그림을 마음대로 그린 다음 그 위에 모래를 뿌린뒤 나머지 모래는 털어버린다.

 ◦ 단추분류 : 크기, 형태들이 다른 단추들을 섞어놓고 같은 크기나 형태를 지닌 단추끼리 모은다.

 ◦ 물건분류 : 일상생활에서 쉽게 접할 수 있는 물건들을 같은 모양 혹은 같은 크기에 따라 모은다.

 ◦ 블럭놀이 : 각종 블럭들을 끼워맞추고 빼고 분류한다.

(4) 촉각훈련 교재의 예

과제 : 반구형(큰 반구형·중간 반구형·작은 반구형)의 구별

〈해　설〉

이등분한 스폰지 고무공을 같은 형의 크기로 된 나무받침을 붙이고 나무판에 맞게하여 두줄로 나열된 반구형을 서로 맞추어 보고 크기가 같은 것을 비교하게 한다.

〈목　적〉

반구형의 스폰지 고무공을 크기의 순서대로 나열해 놓아서 어린이들에게 더 큰 흥미를 불러 일으킨다.

〈행동목적〉

어린이는 스폰지 고무공을 만져보고 제자리에 빼고 넣고하여 배울 수 있으며 교사의 지시대로 큰것에서 작은 것으로 등의 지시를 따라 할 수 있다.

〈진행과정〉

큰 원판, 중간 원판, 작은 원판에 대해서 공부하였기 때문에 어린이는 이미 세가지의 크기를 알고 있다. 다만 둥근 모양의 윤곽을 좀 더 잘 설명해 줄 뿐이다. 세가지의 크기를 정확히 안 후에 반쪽이 된 공을 서로 맞추어 보도록 한다.

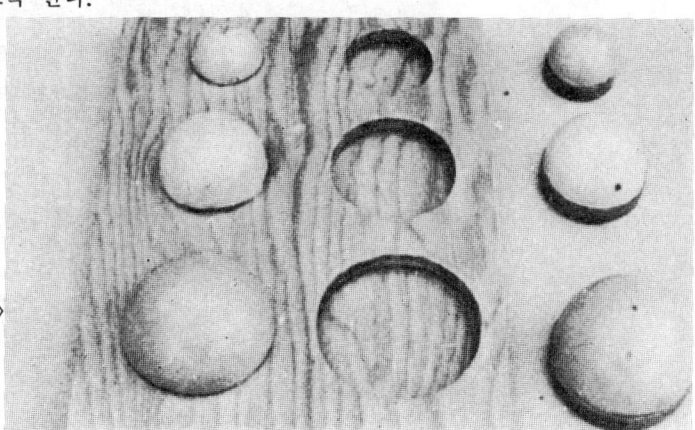

〈그림 30-4〉 반구형 구별

과제 : 작은 기본형, 중간 기본형, 큰 기본형의 구별

〈해　설〉

세개의 다른 크기로 된 원형, 사각형, 삼각형의 조각들을 가로로 줄을 맞추어 조각판 위에 맞추어 놓는다.

〈목　적〉

세가지의 다른 크기와 세가지의 다른 기본형의 개념을 더 정확히 가르치기 위한 것이다.

〈행동목적〉

어린이는 이 기본형의 이름을 말할 수 있을 것이며 작은 것, 중간 것, 큰 것의 크기를 확인할 것이다.

〈진행과정〉

"크고 작은 기본형"과 같은 방법으로 가르치며 다만 중간 크기의 세가지 기본형을 가미한 것이다.

〈그림 30-5〉 반구형의 구별

1) 언어훈련

(1) 정상아동의 경우에는 어려서부터 주변에 산재해있는 각종 소리들을 듣고 어떤 상황에서 그러한 소리가 생겨날 수 있는가를 보고 소리와 상황을 연결시켜서 익힐수 있으며 자연스럽게 다양한 경험을 익히게 된다. 그러나 맹아동의 경우에는 들리긴 해도 그것의 의미를 파악할 수 없는 상황들이 많기때문에 소리들간의 차이 혹은 연관이 지어지지 않아 언어와 연결되어져 있어야 할 개념조차도 형성되어 있지 않은 경우가 있다. 막연하게 어떤 소리에 긴장을 하는가 하면 오히려 몸을 피해야 할 소리에는 무방비한 상태에 있기도 해서 자신감을 잃게되며 언어생활에도 한계점을 가지게 된다. 어려서부터 집안에서 가족들과 이웃 친지들과 어울려 놀고 이야기 하는 시간이 많고 부모나 형제, 가족들이 여러가지 청각적인 경험을 주면 맹아동은 은연중에 청각변별력이 키우지며 충분히 청각을 활용하는 모든 생활이 즐겁다는 것을 알게된다. 간단한 놀이, 소리나는 주변의 물건들을 특별히 접할 수 있는 기회마련은 한층 부담없이 맹아동의 청각변별력을 발달시킬 수 있으며 생활에 대한 즐거움을 준다. 청각변별력을 위한 훈련에 있어서도 항상 언어적인 경험을 병행시켜서 개념형성, 어휘력증진에 힘써야 한다.

다음은 청각변별력을 촉진시키기 위한 놀이와 교구를 예시한 것이다.

• 음악듣기 : 세계 여러나라의 고전음악, 동요, 대중가요등 항상 음악과 같이 생활할 수 있도록 한다.

• 주변의 소리듣기 : 아동의 주변에서 들을 수 있는 모든 소리에 귀를

∘ 퍼즐놀이 : 처음에는 조각의 수가 적은 퍼즐로부터 시작해서 점차 조각의 수가 많은 퍼즐로 옮긴다.
∘ 나무막대꽂기 : 나무막대를 그 나무막대의 지름과 똑같은 크기의 구멍에 꽂기도 하고 빼기도 한다.
∘ 수수깡꽂기 : 핀이 박혀있는 하드보드지에 여러가지 형태로 수수깡 조각들을 꽂는다.
∘ 구슬꿰기 : 크고 작은 구슬들을 끝이 빳빳한 끈에 꿴다.
∘ 바느질하기 : 구멍이 뚫려있는 두꺼운 비닐이나 하드보드지에 끝이 빳빳한 끈을 여러가지 모양으로 꿴다.
∘ 질감카드 : 같은 질감을 가진 물건들 즉, 각종 헝겊, 종이, 샌드페이퍼등을 오려붙힌 카드를 같은 종류끼리 모은다.
∘ 형태카드 : 같은 모양의 그림이 붙어있는 카드끼리 모은다.
∘ 크기카드 : 똑같은 크기의 그림이 붙어있는 카드끼리 혹은 그림은 같고 크기는 다른 카드끼리 모은다.
∘ 점카드 : 여러가지 형태로 부착되어져있는 점이 있는 카드 중 같은 형태의 카드끼리 모은다.
∘ 성냥카드 : 성냥을 여러가지 형태로 붙힌 카드 중에서 같은 모양으로 되어져있는 카드끼리 모은다.
∘ 단면카드 : 잘리워진 단면이 꼭 들어맞는 조각끼리 연결시킨다.

〈표 30-3〉 촉각변별력 지도의 내용

영 역	지 도 내 용
질 감	거친 것과 부드러운 것, 딱딱한 것과 물렁물렁한 것, 찬 것과 뜨거운 것의 차이, 잔디밭이나 시멘트, 브로크나 자갈, 카페트나 타일, 모래나 흙 등의 촉감차이, 바닥이나 면, 털, 화학섬유의 천의 촉감차이
크 기	무게 비교, 모양 비교(원, 사각형 등), 넓이와 길이 대조, 물체의 크기 관계(이것이 저것 보다 크다.)
관 계	물체간의 유사점과 차이점 인식(비온 뒤, 비오기 전, 건조한 기온)
기 온	사물의 조사 및 확인(필수품 다루기, 모형을 통한 실제모양 인지)
기초활동	단추 잠그기, 구슬꿰기, 착탈의, 수저사용, 세수, 가위질, 공굴리기, 옷걸기, 저울질하기, 고물줄 늘이기

〈그림 30-1〉 플라스틱 통으로 크기 순서에 맞게 높이 쌓기 (서독의 맹유아)

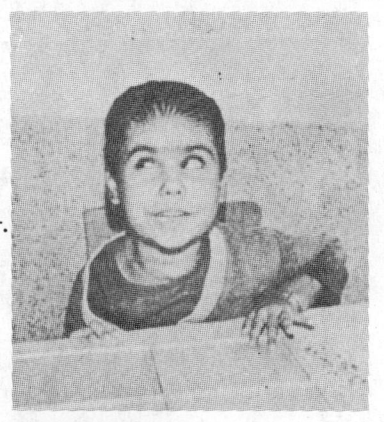

〈그림 30-2〉 여러 곡물을 종류별로 짝을 짓고 있다. (인도의 맹유아)

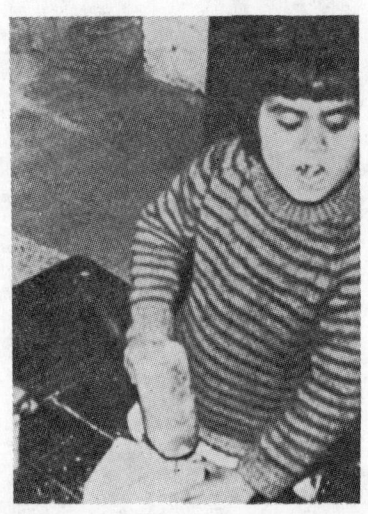

〈그림 30-3〉 나무 망치로 못을 박게 하는 작업은 취학전 맹아에게 좋은 작업치료가 될 수 있다.(파키스탄의 맹유아)

기울이고, 같이 이야기나누고 그 소리가 나는 사물, 상황, 사람에 대한 차이를 인식시킨다.
- 효과음듣기 : 자동차소리, 동물울음소리, 시냇물 소리등 각종 효과음을 들려주면서 그 음이 나는 사물에 대한 이야기를 들려주고 같이 이야기한다.
- 소리깡통놀이 : 외형이 똑같은 작은 깡통에 흙, 모래, 쌀, 콩, 돌등을 넣어 같은 소리가 나는 깡통들을 한쌍씩 만들어 짝짓는다.
- 악기연주 : 각종 악기들을 연주해보면서 각 악기들이 내는 소리들을 음미한다.
- 전화놀이 : 두개의 종이컵 바닥을 긴 실로 연결시킨 전화를 통해 상대편과 이야기한다.
- 손뼉치는 곳 찾기 : 멀리 가거나 가까이 다가가면서 손뼉을 치면 소리를 듣고 손뼉치는 곳에 가까이 다가간다.
- 음악상자 찾기 : 음악상자에 태엽을 감아 음악이 흐르는 채로 어느 곳에 감추어두고 음악이 그치기전에 찾아낸다.
- 보울링 : 깡통으로 만든 보울링 핀을 세워놓고 공을 던지거나 끈에 달린 공을 휘둘러서 보울링 핀을 쓰러뜨리며 나는 각종 소리들을 듣는다.
- 귓속말 속삭이기 : 처음 사람이 옆사람에게 남이 들을 수 없을 정도의 작은 소리로 귀엣말을 한다. 이렇게 하여 맨 마지막의 사람은 커다란 소리로 들은 이야기를 말하여 처음의 말과 어디가 달라졌는지 이야기한다.
- 뒷말잇기 : 처음 사람이 한 낱말을 말하면 그 다음 사람은 그 전 사람이 말한 낱말의 마지막 글자를 처음 글자로 사용해서 단어를 만든다. 예를 들면, 사과-과수원-원숭이……
- 문장만들기 : 처음 사람이 하나의 문장을 만들면 다음 사람은 그 문장에 다른 한개의 문장을 붙혀서 긴 문장을 만든다. 예를 들면, 나는 예쁘다-나는 예쁘지만 고집장이이고 춤도 잘 춘다……
- 지시대로 행동하기 : 아동 자신이 몸을 움직여서 해낼 수 있는 지시를 함으로써 아동 자신과 주변에 널려있는 모든 사물과 연결시킬 수 있는 행동을 하게한다.
- 동화듣기 : 간단한 동화를 들려주고 같이 이야기를 나눈다.
- 녹음하기 : 자신이 말하는 것을 녹음했다가 다시 들어본다.
- 이야기하기 : 생활에서 있었던 재미있는 이야기, 슬픈 이야기, 희망찬 이야기등 어떤 주제를 가지고 진행하거나 아니면 자연스러운 분위기에서 자신의 이야기, 자신의 주변사람들에의 이야기들을 같이 나눈다.

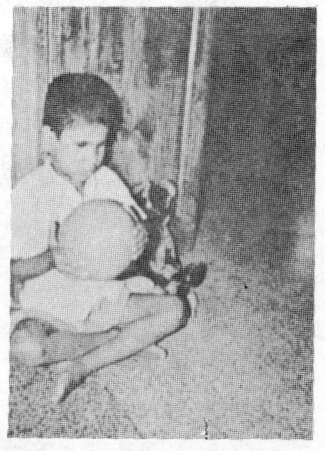

〈그림 30-6〉 공을 흔들어 나는 소리를 재미있게 듣고있다(인도의 맹유아)

〈그림 30-7〉 둥근 나무 막대를 굴리면서 나는 소리를 듣고 즐거워 하는 맹아(인도)

(2) 발음연습 : 유아들은 아직 모든 음을 정확하게 발음할 수 있는 능력이 충분히 발달되지 않은 경우가 많이 있다. 특히 맹유아 중에는 브라인드 보이스(blind voice)라고 해서 입속에 넣어 놓고 분명치 않은 발음을 하는 예가 많다. 그래서 구형(口形)을 바르게 하여 정확한 발음을 할 수 있는 방법을 습득시키는 일이 중요한 과제중의 하나이다. 일반적으로는 "좀 더 입을 크게 벌려라"와 같은 언어적인 지시를 주는 것 만으로 충분하지만 그래도 효과가 없을때는 유아의 한쪽손을 어른의 입에 갖다 대고 또 한쪽손을 자신의 입에 대게하여 바른 발음의 방법을 가르치면 좋다.

(3) 언어내용의 충실 : 맹유아나 맹아의 언어적 특징 가운데 하나는 의미를 모르고 사용하는 단어가 많다. 즉, 어휘사용에 있어서 그 수는 풍부하지만 명사, 형용사, 부사, 동사 등에 있어서 추상적인 표현이 많다. 이것은 현실의 구체적인 경험이 없이 입으로만 언어를 나타내는 것으로서 언어주의(verbalism)라고 한다. 맹유아는 언어주의에 빠지기 쉽다. 이러한 말의 비현실성, 말위주의 경향은 언어습득과정에서 시각적 경험과 관련된 언어발달을 하지 못했기 때문이다. 물론 언어의 참된 의미는 현실로 부터 떨어져 추상적 세계를 구축하는 것에 있다고 할 수 있기 때문에 이것이 무조건 바람직하지 않는 일이라고 말할 수는 없다. 그러나 유아기에 있어서의 언어는 감각을 통해 외계와 매우 밀접하게 연관되어 있다. 그렇지만 맹유아의 경우는 현실적 실체(實體)가 없는채로 직접 귀에 언어가 뛰어 들어올 가능성이 많다. 그래서 약시유아의 경우에도 될수 있는 한 실물을 매개로 해서 언어를 가르치는 일이 필요하며, 맹유아라면 접촉할 수 있는 것에는 모두 접촉할 수 있도록 해야한다.

표 30-4는 발달단계별로 맹유아의 언어지도 내용을 예시한 것이다.

3) 보행훈련

유아기의 보행훈련 목표는 다음과 같다.
① 음원을 향해서 직진보행을 할 수 있다.
② 어떠한 장소에서도 안내자에 의한 보행에서 자신의 힘으로 보행할 수 있다.
③ 바른 자세로 보행할 수 있다.
④ 익숙한 장소에서는 혼자 보행하여 목적지에 효율적으로 도달할 수 있다.
⑤ 목적에 필요한 보행과 환경에 상응한 보행을 할 수 있다.
⑥ 익숙한 장소에서는 친구와 신체적인 놀이를 할 수 있다.
⑦ 보행한 경험을 말로 전달할 수 있다.

〈표 30-4〉 언어영역의 지도내용

지도단계	지　　도　　내　　용
제1단계	
제2단계	○ 자기 주변에 있는 사물의 이름을 10종 이상 말한다. ○ 이어문(二語文)을 말한다. ○ 어른의 간단한 지시를 이해한다.
제3단계	○ 문장으로서 어느정도 정리된 형식의 표현을 한다. ○ 형용사, 부사, 접속사 등을 사용한다. ○ 의문문, 부정문, 감탄문을 말한다. ○ 일인칭, 이인칭의 구별을 한다. ○ 자기가 경험한 것을 어른에게 전하려 한다.
제4단계	○ 종속문을 쓸 수 있고 문의 구조도 정리되고 올바른 문장으로 말한다. ○ 말하는 발음이 거의 정확하게 된다. ○ 일상어의 대부분을 몸에 익힌다. ○ 의문점을 물어보고 이해한다. ○ 친구와 조리가 있는 회화를 한다. ○ 동화를 즐겨 듣는다.
제5단계	○ 유아어를 안쓴다. ○ 2,000어 이상의 말을 습득한다. ○ 자기 의견을 발표한다. ○ 모르는 것은 남에게 물어본다. ○ 일상회화를 대체적으로 이해한다.

　보행훈련의 내용은 표 30-5와 같은 것이 포함되어야 하며, 특별히 문제를 가진 유아는 다음과 같은 점에 유의해야 한다.
　① 보행경험이 없거나 적기 때문에 허리와 다리의 힘이 약한 상태에 있는 맹유아는 상반신의 근력(筋力)을 강화하고 평형감각을 기른다.
　② 외계에 대한 흥미가 부족하여 목적보행을 하지 못하는 맹유아에 대해서는 보행에의 의욕을 불러 일으키고, 언어적 지시에 따라서 목적보행을 할 수 있도록 이끌어 나간다.
　③ 어떠한 원인에서 움직이는 것이나 탈 것 등에 공포감을 가진 맹유아의 경우에는 안정된 환경에서 서서히 그 공포감을 제거한다.
　④ 빙빙도는 자세 등이 상동화(常同化)되어 있기 때문에 음원(音源)에의 직진보행을 할 수 없거나 또 하지 않으려고 하는 맹유아는

〈표 30-5〉 맹유아의 보행훈련 내용

영역 발달 단계	영 역 1	영 역 2	영 역 3	영 역 4
1단계	○ 활동성을 자극한다. ○ 근육의 긴장을 완화한다.			
2단계	○ 신체를 지탱하는 기능의 발달을 촉진한다. ○ 신체의 이동기능을 발달 시킨다.			○ 넙적 엎드려 이동하고 목적을 갖도록 한다.
3단계	○ 지탱없이 혼자 힘으로 설수 있도록 한다. ○ 스스로 운동 하도록 한다.	○ 가까운 소리와 물건에 흥미를 갖게한다. ○ 스스로 접촉하여 조사하는 습관을 갖게 한다.	○ 혼자 걸을 수 있도록 한다.	○ 이동을 의지의 표현으로서 구체화 하도록 한다.
4단계	○ 운동 및 놀이기구에의 흥미를 환기시킨다. ○ 지시에 따라 유아체조를 할 수 있도록 한다.	○ 접촉한 물건의 명칭을 말할 수 있도록 한다. ○ 좌우, 전후, 상하 등의 위치관계를 이해시킨다. ○ 스스로 주위의 물건들에 대하여 흥미롭게 보이도록 한다.	○ 음원을 향해서 직진보행을 할 수 있도록 한다. ○ 전력질주를 할 수 있도록 한다. ○ 계단의 오르내림을 할 수 있도록 한다. ○ 간단한 지시보행을 할 수 있도록 한다.	○ 친구와의 안내보행을 할 수 있도록 한다. ○ 사회적 경험을 주고 외출하는 일에 흥미를 환기시키도록 한다. ○ 자립기능의 기초를 기른다.
5단계	○ 운동기구를 사용하여 서서 놀 수 있도록 한다. ○ 유아체조를 음악에 맞춰 할 수 있도록 한다. ○ 리듬운동을 할 수 있도록 한다.	○ 경험을 구두로 표현할 수 있도록 한다. ○ 스피드와 자세의 조정을 할 수 있도록 한다. ○ 지시보행을 할 수 있도록 한다.	○ 익숙한 장소에서 혼자 힘으로 걸을 수 있도록 한다. ○ 스피드와 자세의 조정을 할 수 있도록 한다. ○ 지시보행을 할 수 있도록 한다.	○ 사회적 경험의 범위를 확대시킨다. ○ 신변처리를 스스로 하게 한다. ○ 집단놀이 활동을 좋아하게 한다.

직진보행을 특별히 훈련시킨다.

⑤ 시각적인 모방을 할 수 없기 때문에 무릎을 구부린채 걷거나, 머리를 숙인채 걷거나, 머리와 손을 흔들면서 걷는 맹유아에 대해서는 바른 보행자세를 확립시킨다.

4) 놀이

시각장애아는 외계의 사물을 시각에 의해 완전히 파악할 수 없거나 가능하더라도 불완전하기 때문에 아무래도 자기 중심적인 생활을 하기 쉽다. 극단적인 경우에는 자기발신-자기수신(自己發信-自己受信)이라는 자극회로를 만들어 버린다. 때문에 거의 외계의 흥미를 보이지 않는 일도 있다. 그래서 부모나 교사의 도움밑에서 놀이를 발전시킬 필요성이 있다.

놀이의 질(質)과 양(量)을 높이기 위해서는 다음 몇가지에 유의를 하는 것이좋다.

① 완구류를 소리가 나는 것만으로 제한시켜서는 안된다. 특히 레코드만 듣게 하는 것은 백해무익한 것이다. 시판되고 있는 완구류의 대부분은 시각장애 유아에도 유효하다.

② 옥외에서의 신체적인 놀이를 하루에 두 시간 정도 시킨다. 공원과 산과 바다에서 마음대로 돌아다니게 하는 일이 중요하다.

③ 전맹아의 경우에는 손운동에 의한 조작을 필요로 하는 놀이를 의식적으로 많이 시킨다.

④ 같은 나이의 정안자를 친구로 사귀게 한다. 그러기 위해서는 유치원에 입학시키는 것이 효과적이다.

요컨대, 시각장애유아는 시각적 모방에 의해 놀이를 발전시키는 일이 곤란하기 때문에 정안아 이상으로 성인들이 주의깊게 배려를 하여 가장 좋은 조건을 설정해 주는 일이 중요하다.

놀이의 경우와 같이 시각장애유아에게 여러가지 경험을 확대하기 위해서는 성인에 의한 세심한 배려가 필요하다. 경험의 확대에는 다음과 같은점에 유의해야 한다.

① 서툴거나 할 수 없어도 무방하므로 어린이가 따르는 일은 모두 시킨다.

② 접촉할 수 있는 것에는 모두 접촉시키고 상세히 말로써 설명해 준다.

③ 외출할 때에는 될 수 있는대로 함께 데려가 준다. 물건을 살 때는 충분히 시간적 여유를 갖게 한다.

④ 설날, 추석, 크리스마스 등의 연중행사에는 될 수 있는 한 참가시킨다. 설령 보이지 않아도 분위기를 맛보게만 해도 좋다.

⑤ 동물원과 유원지 등 정안아가 갈 수 있는 곳에는 반드시 데리고 간다.

⑥ 자가용을 타지 말고 될 수 있는 한 기차나 버스를 통해 여행한다.

5) 생활습관 지도   생활습관의 지도는 맹유아가 성장하는 과정에 있어서나 성인이 되었을 때 꼭 필요한 중요한 영역이다. 아동기와 청년기에서도 생활훈련이 맹학교 교육내용으로 선정되어 지도되고 있다. 특히, 대소변훈련이나 식사, 착탈의 및 세수, 목욕, 수면 등과 같은 개인의 일상생활과 관련한 자립기능(자립기능)은 보행훈련의 기초로서 또는 시각장애자의 품위있는 삶을 위해서 맹유아 시절부터 지도되어야 한다.

신변자립지도의 목표를 영역별로 제시하면 다음과 같다.

[영역 1] 식   사

① 어른의 도움을 받지 않고 식사를 할 수 있다.
② 식사 전후에는 스스로 손을 씻는다.
③ 식욕을 말로써 정확하게 표현할 수 있다.
④ 좋고 싫음을 알고 적당한 양의 식사를 한다.
⑤ 식사는 정해진 시간에만 한다.
⑥ 식사하는 도중에 너무 떠들거나 지껄이거나 하지 않고, 30분 전후에서 식사를 마친다.
⑦ 메뉴의 내용을 이해한다.

[영역 2] 배   설

① 어른의 힘을 빌리지 않고 화장실에서 배뇨, 배변(排尿, 排便)을 할 수 있다.
② 배변후에는 스스로 손을 씻는다.
③ 배설을 조절할 수 있고 대변을 규칙적으로 본다.
④ 야뇨를 하지 않는다.

[영역 3] 의   복

① 스스로 의복을 입고 벗을 수 있다.
② 의복정리를 한다.
③ 차림새에 주의를 한다.
④ 기온에 따라 복장을 스스로 판단할 수 있다.

[영역 4] 위   생

① 신체의 각 부분을 스스로 청결하게 할 수 있다.
② 타올, 손수건, 휴지 등 위생용품을 바르게 슬 수 있다.
③ 불결한 물건은 입에 대지 않는다.
④ 이발, 샴푸 등을 싫어하지 않는다.

〈표 30-6〉 신변자립지도의 내용

영역 발달단계	영역1 : 식 사	영역2 : 배 설	영역3 : 의 복	영역4 : 위 생	영역5 : 수 면	영역6 : 건 강
단계2 (0 : 4~0 : 8)	• 이유를 시작한다. • 스푼으로 마시고 먹기도 한다.				• 주야구별을 한다.	
단계3 : 초기 (0 : 9~1 : 2)	• 컵으로 마신다.				• 수면시간을 15시간 전후로 한다.	
단계3 : 후기 (1 : 3~1 : 5)	• 이유를 완성시킨다. • 「맘마」라고 하여 음식물을 섭취한다.					
단계4 : 초기 (1 : 6~1 : 11)	• 스푼을 사용하여 스스로 떠 먹는다. • 스트로우를 사용하여 마신다. • 포크를 사용하여 먹는다.	• 변기를 사용한다.	• 구두를 스스로 벗는다.		• 취침과 기상시간을 확립한다.	
단계4 : 중기 (2 : 0~2 : 5)	• 자신이 컵을 가지고 마신다.	• 배설과 배변을 말로 알린다.	• 스스로 웃옷을 벗을 수 있다.		• 혼자 잠을 잘 수 있게 한다. • 밤낮의 취침시간을 구별하여 확립한다.	
단계4 : 후기 (2 : 6~2 : 11)	• 부모의 도움없이 자신이 먹는다.	• 스스로 화장실에 간다. • 야간에도 기저귀를 하지 않는다.	• 팬티, 즈봉, 스커트를 자신이 벗는다. • 구두를 스스로 벗는다. • 수남포를 자신이 벤다.	• 음식물을 다룰 이외에 다른 이물질은 입에 넣지 않는다. • 물을 대주면 손을 씻는다. • 손으로 건네주면 비누를 손과 신체에 문지른다.	• 밤에 울지 않는다.	

영역 발달단계	영역1: 식사	영역2: 배설	영역3: 의복	영역4: 위생	영역5: 수면	영역6: 건강
단계5: 초기 (3:0~3:11)	• 수저를 사용하여 먹는다. • 식욕을 표현한다. • 식사를 전후에 인사를 한다. • 편식은 하지 않도록 한다.	• 도움없이 스스로 변기에 배설한다.	• 팬티를 자신이 입는다. • 단추를 푼다. • 기온에 맞추어 입을 한다.	• 스스로 물을 떠서 손을 씻는다. • 치약을 문혀 주면 양치질을 한다. • 이발을 싫어하지 않는다.	• 취침과 기상시간에 인사를 한다. • 잠깨기, 잠들기를 잘한다.	• 재조를 말로 표현한다.
단계5: 중기 (4:0~4:11)	• 품위있게 스푼을 사용한다. • 식사중에 일어서거나 돌지 않는다. • 흘리지 않는다. • 간식시간을 일정하게 한다.	• 화장실의 휴지를 자신이 사용한다. • 아뇨를 하지 않는다.	• 스코프나 단추를 끼운다. • 속옷을 스스로 벗고 입는다. • 즈봉, 스커트를 자신이 입는다. • 구두를 꿰맞추 신는다.	• 타올로 손과 얼굴을 닦는다. • 자신이 비누를 쓴다. • 종이를 주면 코를 푼다. • 싫어하지 않는다.	• 기상시에 이불을 갠다.	• 위험을 피한다. • 체온계를 말끔히 치운다. • 진찰을
단계5: 후기 (5:0~)	• 품위있게 저가락을 사용한다. • 부모의 도움이 없다. • 식사시간까지 참을 안다.	• 어른의 도움이 없이, 배설을 배고, 배설후 반드시 스스로 손을 씻는다. • 대변을 꾸려적으로 본다.	• 좌우, 겉과 속을 구별하여 바지, 치마, 내의 등을 입는다. • 구두를 좌우 구별하여 신는다. • 띠를 묶는다. • 이불을 정돈한다. • 장(서랍)을 열고 단윤에 다치지 않고 행한다.	• 스스로 몸을 움직여 얼굴을 씻는다. • 이를 깨끗이 닦는다. • 스스로 종이를 내어 코를 푼다. • 목욕할 때 몸을 어느 정도 스스로 씻는다. • 조금 도와주면 머리를 감는다.	• 수면시간은 10시간 전후로 한다. • 낮잠은 자지 않는다.	• 주사나 치료를 싫어하지 않는다. • 약을 싫어하지 않고 복용한다.

[영역 5] 수　　면
① 취침, 기상시간을 일정하게 한다.
② 수면시간은 10시간 전후로 한다.
③ 낮잠을 자지 않는다.
④ 스스로 잠옷을 갈아 입고 잠자리에 든다.
⑤ 잠자기, 잠깨기가 바르고 밤중에 울지 않는다.

[영역 6] 건　　강
① 진찰, 주사, 치료 등을 싫어하지 않고 받는다.
② 신체의 조건을 정확히 말로 표현한다.
③ 질병과 부상에 관심을 갖는다.
④ 위험을 피할 수 있다.
또한 신변자립 지도의 내용을 영역별로 제시하면 표 30-6과 같다.

2. 유치부에서의 지도

1) 건강

　맹유아의 건강교육은 우선 안전하게 놀게하는 것에서부터 시작된다고 말할 수 있다. 맹아에 있어서 귀, 손, 발, 피부, 기타의 여러기관은 대상감각(代償感覺)으로서 중요한 역할을 다하고 있다. 특히 약시아에 있어서 잔존시력은 아주 귀중한 것이다. 따라서 상처 등에 의해서 잔존시력을 잃게 하거나 그밖의 기관을 손상하거나 하는 일이 없도록 주의하지 않으면 안된다. 상처는 어린이에게 적절한 훈련을 시키지 않아서 오는 경우가 많다. 놀이의 규칙을 지키는 일, 위험물 옆에서 놀지 않는일 등 주의해야 할 일은 많이 있다. 특히 돌발적인 재해, 사고 등에 대한 평상시 마음의 준비 또는 훈련 등은 시각장애아에게 가장 필요한 일이다.
　맹아는 방향 또는 장애물의 지각을 청각 또는 이마의 감각에 의하여 행한다. 따라서 이마에서 귀의 주변에 걸쳐서 감각을 저해하지 않도록 모자 등을 쓰는 것에 주의를 기울여야 한다. 또한 집 밖에서의 보행은 약시아와 맹아와 짝이 되어서 손을 잡고 걷게 하는 것도 좋은 방법이다.
　둘째는 건강생활을 위한 좋은 습관 기르기가 중요한다. 그것을 영역별로 나누어 제시하면 다음과 같다.
　(1) 청　　결
　일반적으로 시각장애유아는 특히 청결성이 부족하기 쉬우므로 항상 신체를 청결하게 하도록 주의 시킨다. 피부와 머리, 손톱 등을 항상 깨끗하게 하는일과 아침에 일어나면 꼭 얼굴씻는 일을 습관화 하기까지 가르치고 돌보아서 실행하게 한다. 이를 닦는 방법을 가르친다. 처음에는 치약을 묻히지 않고 칫솔의 사용법을 지도한다. 칫솔을 사용할 수 있게 되면 칫솔끝을 손가락으로 확인시켜 튜우브에서 치약을 짜낸다. 그때도 손가락으로 적량을 확인해서 짜도록 지도한다.(또한 유아전용의 튜우브를 정해놓고 직접 이에 짜내서 칫솔로 닦는 것도 좋다.) 이 닦기를 끝내면 양치질을 한다. 물을 조금 입에 넣고 삼키지 않도록 살짝 머리를 뒤로 구부리게 한다. 물이 목으로 넘어가게 되었을 때「아―아―아―」하고 입을 벌려 소리를 낸다. 물은 목구멍에서 넘어와 양치질이 된다. 물을 내뱉는다. 외출에서 돌아왔을 때는 이것을 실행하도록 하면 감기의 예방도 된다. 또한 땀을 닦거나 얼굴 또는 손발을 깨끗하게 하는 일, 집밖에서 놀다가 돌아오면 반드시 손을 씻는 일, 휴지 또는 손수건을 가지고 콧물이 나오면 혼자서 닦아 깨끗하게 하는 일 등은 모두 청결의 습관을 기르는데 필요한 것들이다.

(2) 식　사

식사는 시각장애유아에 있어 아주 중요한 경험으로 집단에서는 다음과 같은 것에 중점을 두어 지도한다. 식사전에 손을 깨끗이 씻기, 식사후의 양치질도 잊지 않도록 지도한다.(가정에서 어느 정도 식사의 예의범절이 갖추어져 있는지가 문제이다)

사용이 익숙해진 스푼 또는 젓가락, 포크 등을 틀리지 않게 사용하고, 깨끗이 식사하며 남기지 않도록 하고, 편식을 하지 않도록 하고, 또 모두 즐겁게 식사를 하는 일이 필요하다. 물론「잘 먹겠읍니다」의 말도 잊지 않도록 하게 한다. 또한 맹유아는 몸을 앞으로 구부리는 자세가 되기 쉽다. 식사할 때의 자세는 특히 나쁘게 되는 경우가 많으므로 가능한 몸을 식탁에 바싹 기대어 바른 자세로 식사하도록 지도한다.

(3) 배　설

먼저 시간을 정해서 용변을 보게하는 습관 형성이 필요하다. 가정에서 불규칙한 습관이 붙은 어린이는 주의해야 한다. 또 화장실의 사용방법을 바르게 지도하는 일, 꼭 화장실에서 배설하는 일, 용변후의 손 씻기 등 특히 어린이에게는 중요하다. 언제까지나 참지 않는 것도 주의해 둔다. 또한 어린이용 판타롱으로 벨트를 하고 있으면 혼자서 자유롭게 입고 벗는 일의 조작이 어렵기 때문에「오줌싸기」가 쉽다. 남자 아이의 바지도 마찬가지로 조작이 간단하고 벗거나 입는 것이 자유롭게 된 것이 좋다.

(4) 의　복

옷을 입는 습관 기르기는 시각장애유아에 있어서는 아주 더디다고 말하고 있지만 가능한한 스스로 입거나 벗거나 할 수 있도록 지도한다. 의복을 깔끔하게 입는 일, 청결하고 산뜻하는 복장을 하는 일 등 가정과의 협력에 의하여 예의범절을 가르치는 일이 바람직하다.

(5) 운　동

4~5세의 발육이 한창일때의 유아는 운동이 가장 필요하다. 유아의 안

전을 고려해서 무리가 없는 운동을 각각 적당한 보호아래에서 행하게 하도록 힘쓴다. 집밖에서 햇빛을 쬐거나 구김살 없이 자유롭게 놀게한다. 특히 자외선이 많은 오전중에 가능한한 바깥놀이를 하도록 유의한다. 또 텔레비젼, 라디오에서 방영되는 유아에게 적합한 체조 등을 행하는 것도 좋다.

(6) 휴　식

운동 또는 식사, 작업후에 피로를 푸는 일, 정숙하고 편한 자세로 휴식하는 일등은 건강상 대단히 필요하다. 또 여름에 어린이에게는 잠이 필요하므로 충분한 준비와 적절한 방법을 선택하여 실시하는 것이 바람직하다.

유아의 자발성은 놀이에서 나타난다. 건강하게 달리거나 뛰게 할 수 있도록 넓은 놀이터 또는 놀이 설비가 필요하다. 가능하면 유치부 전용의 유희실이 요망된다. 미끄럼, 철봉, 정글짐, 모래놀이터 등에서 마음껏 놀 수 있도록 준비한다. 물론 어린이의 안질, 체력 등을 항상 고려해야 한다. 삼륜차 또는 자동차의 교통기관을 이용하거나 볼 던지기, 트램플린, 점핑 등 실내에서의 놀이도 많이해서 건강의 증진을 꾀하는 것이 중요하다. 노래에 맞춰서 즐겁게 리듬놀이를 하거나 바른 자세로 보행하도록 지도한다. 또 맹학교 유치부의 사람수는 적지만 여러가지 질병이 전염하기 쉬운 상태에 놓여있는 경우도 있으므로 특히 주의한다. 손 또는 인형, 손수건 등을 입에 넣지 않도록 주의하는일, 다른 아이와 공동으로 사용하는 것은 항상 소독하는일, 예방주사 또는 신체검사를 싫어하지 않고 받는일, 신장, 체중 등의 측정은 매월 1회 행하도록 하여 유아 자신이 건강에 관심을 갖도록 한다.

2) 사회성

맹유아의 사회성 지도는 추후에 성인생활과 직접적인 연계성을 가지므로 다음 몇가지에 유념하여 지도한다.

(1) 스스로 할 수 있는 일은 스스로 한다 : 맹유아를 가진 가정에서는 어린이의 일을 여러가지 해주는 것이 많으므로 가정교육 가운데에서 당연히 되지 않으면 안되는 상태가 많다. 보통 유아기가 되면 스스로 하고 싶어 하니까 이 시기에 착탈의, 신발신기등을 스스로 하게 하고 놀이에 사용하는 도구 또는 완구 등은 언제나 스스로 준비하거나 정돈하게 하도록 주의한다.

(2) 친구들과 사이좋게 협력하게 한다 : 친구들과 사이좋게 노는일은 집단생활의 가장 중요한 요소이다. 맹유아에 있어서는 좀처럼 타인과 친하지 않고, 좋고 싫음을 나타내서 누구와도 놀지 않는 아이가 있다. 또 동료와의 사이에 여러가지의 문제가 일어날 때만다 화내거나 유감스럽다고

하는 어린이도 있다. 모두와 사이좋게 놀 수 있는 어린이로 지도하고 싶은 것이다. 사람에게 친절하게할 것, 놀이 방해를 하지 말 것, 놀이도구를 독점하지 말 것등 매일의 생활 가운데에서 항상 지도되지 않으면 안된다.

(3) 규칙을 지킨다 : 집단생활 가운데에서 규칙을 지키는 훈련은 맨처음부터 중요하다. 학교의 규칙, 놀이의 규칙 등 여러가지 규칙 가운데에서 생활하는 것이 집단에서는 특히 필요하다. 또한 자기의 소지품 또는 유치부의 놀이 도구 등은 정해진 장소에 정리하는 것은 맹유아에 있어서 특히 중요한 것이다.

(4) 물건을 조심스럽게 사용한다 : 시력장애의 어린이는 물건을 던지고 그것이 부딪쳐서 소리를 내는 것을 즐거워하거나 일부러 물건을 떨어뜨리게 하거나 의자등을 쓰러뜨려서 소리가 나면 재미있다고 하거나 한다. 이것고 맹아의 특성이라고 할 수 있고 파손된 물건을 던지는 것은 보온놀이 할 때는 특별히 엄금하는 것이 좋다. 자신의 물건, 다른 사람의 물건, 공동의 물건 등 모든 놀이도구는 귀중하게 다루도록 지도한다. 또 물건을 귀중하게 함과 동시에 물건을 잃어버리지 않는 일도 중요하다.

(5) 적당한 인사를 한다 : 아침, 점심, 저녁인사 등 아는 사람을 만나면 적절한 인사를 할 수 있도록 지도한다. 다른 사람과 부딪치거나 발을 밟거나 할 때 자발적으로 곧 「미안합니다」라고 말할 수 있게 지도하는 것이 필요하다.

(6) 다른 사람들을 위하여 일하는 사람들을 알아서 친밀감 또는 감사의 감정을 갖는다 : 일하는 사람들에게 감사의 뜻을 언제나 갖도록 가까운 사람들의 사정을 잘 들어 친한 감정을 가지게 하는 것은 아주 중요한 일이다. 그렇게 하기 위하여 가까운 역, 우체국, 소방서, 공장, 상점등을 견학시켜 본것, 들은것에 대해서 서로 이야기하고 일하는 사람들에게 감사하는 마음을 갖도록 한다.

(7) 여러가지 행사에 홍미와 관심을 갖는다 : 일년간의 생활중에는 여러가지 행사가 있다. 유치부 중심의 행사, 사회중심의 행사 등이 있는데 어느쪽으로도 기쁘게 참가할 수 있는 태도를 기르는 것이 필요하다. 소풍, 운동회, 발표회, 음악회 등은 어린이에게 아주 즐거운 행사이므로 즐겁게 참가하여 모두 함께 마음으로부터 즐거울 수 있도록 해야 한다.

3) 자연　　　　(1) 가깝게 있는 것을 보거나 만지거나 듣거나 한다 : 유아기는 호기심이 풍부한데 시각장애의 유아도 예외는 아니다. 보는(만지는)것, 듣는 것, 어느쪽에도 관심을 갖는 시기이므로 될 수 있는 한 많은 생활경험을 시키는 것이 좋다. 실제로 손으로 만지게 하여 피부에 느끼게 해서 식물(꽃이나 풀, 나무), 작은 동물(금붕어, 작은새, 곤충, 개구리, 토끼, 닭)등 가깝게

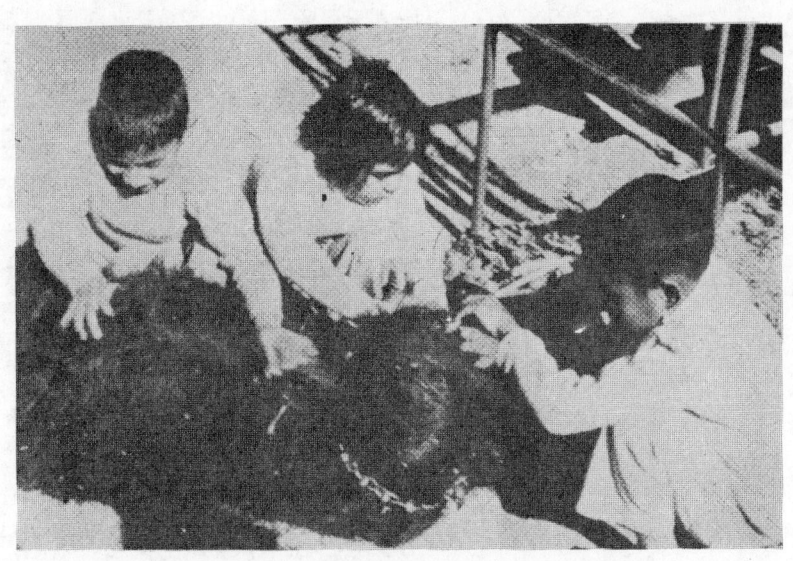

〈그림 30-8〉 자연과의 접촉을 통해 경험을 확대한다.

있는 것을 만지게 하거나 그것에 대해서 서로 이야기를 하게 한다. 또 자연현상 등에 대해서도 주의를 하게하여 맑음, 구름, 비 등 기후에 대한 것과 하늘에는 태양과 구름, 달, 별 등이있는 것을 알게 한다. 벌레나 새의 울음소리, 물건의 소리를 알아듣고 원근, 방향, 고저, 위치, 속도등을 지각해서 비교할 수 있도록 청각 또는 피부감각의 훈련이 필요하다.

　　(2) 가까운 자연의 변화 또는 아름다움을 깨닫는다 : 따뜻하다, 덥다, 서늘하다, 춥다 등 피부로 느끼는 것에 민감한 맹아들에게 꽃향기, 나뭇잎의 향기, 매화향기, 낙엽, 고엽의 냄새 등 계절의 변화를 느끼게 하는 것이 중요하다. 아침, 저녁, 양지, 음지 등 실제의 경험을 깨닫도록 지도한다. 또 그러한 사상(事象)에 관심을 갖게 지도함이 바람직하다.

　　(3) 여러가지 사물을 모아 노는 일부터 수량 또는 도형 등에의 관심과 이해로 발전시킨다 : 유아는 여러가지 사물의 수집에 흥미를 갖지만 시각장애유아의 경우 주위에 사람이 알아서 그 시기에 나뭇잎, 나무열매, 작은돌, 조가비 등을 모아서 놀 수 있게 유도해 주는 것이 필요하다. 그 놀이 중에서 사물의 크고 작음, 무겁고 가벼움, 수량, 도형 등에 관심을 갖고 이해 하도록 지도한다. 또 교사는 의도적으로 수나 도형의 기본적인 지도를 생각해 두는 것이 필요하다. 예를들면 구면계를 사용해서 숫자놀이를 하거나 색판을 사용해서 형의 변별(辨別), 집합놀이 또는 조형놀이 등 즐거운 놀이로 전개해 가게 지도한다. 또한 시중에서 판매하는 원 또는 사각, 삼각의 블록을 구성하거나 부수거나해서 노는 것에도 흥미를 갖게 한다. 나무제품, 금속, 면제품 등의 놀이기구, 완구의 재질의 구별에도 관심을 두어서 그 변별 등도 즐겁게 하게 한다. 이 시기에는 구성에서 완구(망치, 재목, 블록), 점토 등을 주어서 놀게하는 것이 필요하다. 또한 수량 또는 형을 표시하는 말 등은 일찍부터 귀로 들어서 익히게 하는 것이 중요하다. 생활 가운데에서 사람의 수를 세거나 사물의 수를 세는 것에 의해서 수 개념을 스스로 익혀간다. 먼저 학급의 사람수를 한사람, 두사람, 세사람, 일번, 이번, 삼번 등 실제로 구체물과 대응시켜 수를 세는 일의 경험을 갖게 하는 것이 중요하다.

4) 언어　　(1) 이야기 하는일 : 자기의 이름을 부르거나 일을 시켰을 때 확실히 대답을 하는 것이 좋지만 처음엔 좀처럼 되지 않는 것이 보통이다. 맹아는 의외로 언어 활동이 활발하므로 대부분의 어린이는 이름을 부르면「응」하고 대답을 한다. 대답은 가장 먼저 지도를 해야할 중요한 것이므로 「○○야!」하면「예」하고 대답하게하고 다음으로 주소 또는 이름, 전화번호 등을 차츰 말할 수 있도록 연습시킨다. 간단한 물음에 대해 대답하는것, 인사말 등은 서서히 잘 지도해야 할 것으로서 이야기 하는 태도

또는 언어의 사용법 등 천천히 지도한다. 친구의 이름을 빨리 기억해서 모두와 사이좋게 끌도록 지도한다. 또 자기가 생각하고 있는일은 확실히 교사 또는 친구에게 말할 수 있도록 하게하고 바른말을 주고 받을 수 있도록 지도해 간다. 자기의 감상 또는 체험을 자유로운 태도로 솔직하게 이야기 하도록 가능한한 순서있고 조리있게 이야기 하도록 지도한다. 또 전하는 말을 듣고 바르게 전할 수 있도록 하는 훈련도 필요하다.

아직 유아어가 통하지 않는 어린이나, 방언이나 사투리 또는 좋지 않는 말(듣기 거북한 말)등을 사용하는 어린이도 있으므로 일상 생활가운데에서 차츰 차츰 고쳐가도록 유의한다.

(2) 이야기를 듣는 일 : 맹유아의 대부분은 텔레비젼, 라디오 등에 의한 동화 등을 즐겁게 듣는데 선생님 또는 친구의 이야기도 조용히 들을 수 있도록 지도한다. 침착하고 조용히 이야기를 듣는 어린이가 되도록 처음 부터 잘 주의해서 지도해 나간다.

또 이야기 하는 사람쪽을 향하여 주의집중 해서 듣도록 하는 일이 중요하다. 들은 이야기(이야기와 동화)의 줄거리 또는 내용을 파악할 수 있도록 지도하는 것도 필요하다.

(3) 그림책, 그림연극, 연극놀이, 영화(텔레비젼) 등을 좋아하게 한다 : 약시아에게는 사물의 모양이 확실히 그려져 있는 그림책의 그림, 문자 등을 보는법을 훈련해서 맹아에게는 형체를 손가락 끝으로 지각하도록 촉각의 훈련을 시킨다. 보통의 문자, 점자도 음표문자이므로 언어 구성의 기초적인 사항을 알게 하고 말과 문자의 관련을 여러가지 말놀이를 통해서 지도해 간다. 말잇기 놀이, 반대말 놀이 등은 유아가 가장 좋아하는 말놀이이다. 그림, 연극, 텔레비젼을 보거나 듣거나 해서 말의 사용법을 익히거나 지식을 습득하는 것이 아주 좋다. 연극놀이를 하는 것에 의하여 말 주고 받기의 연습을 하거나 자기가 맡은 대사를 말하거나 하는것은 언어 생활의 지도상 아주 효과적이다. 말 만들기등도 맹아가 좋아하는 놀이의 하나로서 이것은 작문에도 도움이 되는 것이다.

5) 음악

(1) 가창(노래를 부른다) : 유아는 노래 부르는 것을 좋아한다. 특히 시각장애 유아는 음악에 민감하고 듣거나 부르거나 하는 것을 아주 좋아한다. 알고있는 노래를 선생님 또는 친구와 부르거나, 새로운 노래를 생각해서 혼자사 부르거나 한다. 절(節)의 반복을 아주 좋아한다. 또 간단한 노래나 곡은 곧 기억해서 잘 부른다. 편한 자세로 자유롭게 부르도록 지도하는 일, 음정에 주의시켜 순수한 소리로 부른 일, 정확한 노랫말로 부르도록 지도하는 것이 필요하다. 제창 또는 합창을 잘 지도하기 위하여 테이프식 녹음기의 이용등은 효과가 있다. 여러가지 악기에 맞춰서 부르

거나 박자를 맞추거나 하는 연습을 시키는 것도 중요하다.

(2) 음악의 감상(가곡을 듣는다) : 맹유아는 특별히 훈련하지 않아도 가곡을 듣는 것을 부르는 것과 똑같이 아주 좋아하며 선생님 혹은 친구의 노래를 듣거나 레코드 혹은 텔레비젼의 노래를 즐겁게 듣는다. 이 특성을 살려서 연주회 또는 음악회에 참석해서 듣도록하고 좋은 음악을 많이 들을 기회를 만들어 주는 것이 바람직하다.

(3) 악기를 사용하는 일 : 여러가지 악기를 준비해서 즐겁게 악기를 사용할 수 있도록 설비를 해 둔다. 템버린, 북, 하아모니카등의 리듬악기를 사용하는 일에 익숙하게 하고, 노래 또는 행진곡등에 맞춰서 창작적으로 리듬악기를 사용하도록 지도한다. 악기의 취급방법 등은 유아때 부터 기초적인 것을 가르치는 것이 좋다. 친구와 간단한 곡을 합주하거나 역할을 분담해서 각각의 악기를 취급할 수 있도록 지도하는 것이 필요하다.

(4) 운동의 리듬 표현 : 맹아는 음감(音感)에 뛰어난 경우 많아서 리듬에 맞춰 운동하는 것은 의외로 용이하지만, 곡에 맞춰서 걸어가는 것도 해도 스키핑(skipping)은 하기 어렵다. 여러가지 운동의 리듬을 좋아하는 일은 창조적인 면을 조장하기 위하여 필요한 것이다. 곡의 속도 강약 악센트등의 변화에 맞춰서 즐겁게 운동하거나 악기의 음에 반응하여 리드미칼하게 운동하도록 지도하는 일 자기가 느낀것 생각한 것을 그대로 운동의 리듬으로 표현하도록 시키는 것은 아주 바람직한 일이다.

6) 미술

(1) 조형과 회화

유아는 그림을 그리거나 사물을 만들거나 하는 것을 아주 좋아한다. 약시아의 대부분은 도화지에 크레파스로 그림 그리는 것을 아주 좋아한다. 자유로운 기분으로 그리거나 만드는 일, 자기가 경험한 것을 그림 또는 사물에 표현 시키는 것은 중요한 지도의 요소라고 생각한다.

맹아에 있어서는 종이접기, 점토, 모래, 목재등 여러가지 재료를 사용해서 물건을 만드는 즐거움을 경험시키는 것이 중요하다. 처음에는 교사가 준비하여 만드는 것을 알게하고 서서히 자기의 독창적인 것으로 발전시켜 가도록 지도한다. 회화 또는 제작에는 준비 또는 마무리가 필요하고 이러한 것도 잘 지도할 수 있게 유의해야 한다.

(2) 형체 또는 색채에 대해서 안다.

원형이라든가 삼각 또는 사각의 형을 알고 자유롭게 그리거나 만들수 있게 지도하는 것도 필요하다. 나무열매 또는 나뭇잎, 꽃 등을 모아서 세거나 늘어 놓거나 하는 놀이도 좋다. 색에 대해서는 관념적이지만 나뭇잎은 녹색, 꽃에는 핑크, 빨강, 노랑, 자색, 흰색등이 있고 하늘은 파랑등과 같이 간단한 말로써 가르친다. 그 밖에 촉각 또는 냄새를 통하여 색에 연관시키는 것도 지도한다.

(3) 아름다운 사물에의 흥미와 관심

약시아에게는 가까이 있는 아름다운것, 꽃의 색, 또는 형이라던가 작품의 아름다움에 관심을 갖는다든가 놀이도구나 완구의 색 또는 형 등을 좋아하도록 지도한다.

맹유아에게는 사물의 형, 색, 손의 감촉 등의 조합 또는 열거하는 법의 아름다움, 조화등에 대해서 서로 이야기하고 주변 환경을 아름답게 하도록 지도한다.

31. 약시아와 시효율성

시효율성(visual efficiency)은 원거리 및 근거리시력과 시운동의 조절, 시각적 매카니즘의 적응능력, 전달경로의 속도와 여과능력 그리고 두뇌의 처리능력 속도와 질 등이 관련되어 있다. 시효율성은 개인차가 있어서 생리적, 심리학적 요인 또는 교육적 요인에 의해 임상적으로 측정되거나 예언하기 어렵다. 즉, 시효율성을 논의 할 때는 복잡한 생리적 요인과 심리적 요인이 고려되어야 한다. 시기능(visual function)은 과제를 수행하는데 있어서 시각을 사용하는 능력이다. 예컨대, 임상적 측정으로 비슷한 시력을 가진 두사람을 놓고 보았을 때, 책상의 변을 측정하기 위해서 시각적 기구를 통한 표준화된 자를 사용할 수 있다. 이 경우에 책상의 길이를 두 사람이 측정했다고 해서 똑같은 시각적 효율성을 가졌다고 보기는 어렵다. 왜냐하면, 두사람중에 한사람은 측정이 쉬웠다고 생각하거나 매우 어려웠다고 생각할 수 있기 때문이다. 따라서 시기능은 개인에 따라 서로 다르다. 1960년대 초에 Barraga는 시효율성을 체계적인 교육 프로그램으로 향상 시킬수 있다는 것을 입증하였고, 각종 광학기술의 발달로 인해 약시아동이 보유시력을 활용할 수 있도록 연구되고 있다. 특히 그녀는 시각적 능력의 발달은 선천적인 것은 아니며, 시각적 능력은 시력만으로는 결정될 수 없으며, 시력과 시효율성은 체계적인 시각적 경험을 제공하는 프로그램을 통해서 학습될 수 있다고 지적했다.

1. 시기능의 삼차원적 모델

시기능의 모델은 세가지 차원으로 구성된다. 즉, 시각적 능력, 개체특성, 환경적요인 등이 그것이다. 이 모델은 고무 풍선과 비교할 수 있다. 풍선이 그 기능을 다하기 위해서는 최소한의 공기가 있어야 하며, 어느 한 방향으로 너무 길게 늘릴 수도 없을 것이다. 그림의 시기능 모델을 구체적으로 살펴보면 다음과 같다(A. L. Corn, 1983).

(1) 시각적 능력(visual ability) : 시각적 능력의 차원은 다섯가지 생리학적 내용이 포함되어 있다. 즉, 원거리 및 근거리시력, 중심 및 주변시력, 시각계의 운동성, 두뇌기능, 빛과 색의 감수성 등이다.

(2) 개체특성 : 인지, 감각발달 통합, 지각, 심리적, 신체적구조가 포함된다.

(3) 환경적 요인 : 환경적 요인은 선천적인 것과 후천적 요인으로 나누어 진다. 즉, 색채(색상, 명도, 채도), 대비, 시간, 공간, 조명 등이 포함된다.

시각적 능력의 발달은, 대개 4-5세 까지는 0.6의 시력에 미치지못한다.

백내장이나 녹내장을 지닌 신생 유아들은 정상아보다 반응이 낮게 나타 날것이다. 그러나 환경적 단서가 제공된다면(예컨대, 대비)시자극에 대한 반응이 향상될 수 있다. 시각적으로 손상된 유아들이 그들의 시력을 상실했다고 생각하는 것은 바람직하지 못하다. 안과전문의는 수술을 통해서 백내장을 제거하여 시력의 증진을 꾀한다. 개체특성 차원에서 과거의 경험은 새로운 시자극의 반응을 촉진 할지도 모른다. 약시아동들은 기능적인 장난감의 사용에는 시간이 덜 소요되지만 정상아들의 놀이보다 입체적인 상호작용의 물체를 가지고 노는데 더 시간이 소요된다.

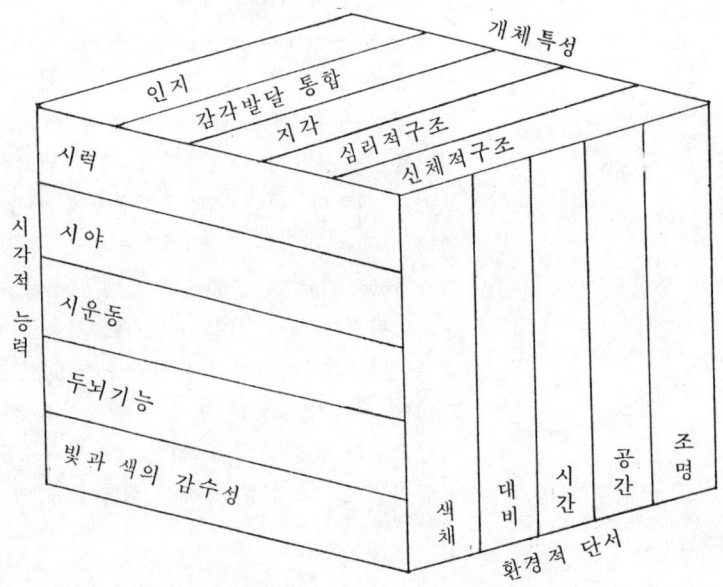

〈그림31-1〉 Corn의 시기능 모델

2. 시기능 검사

약시아의 시각적 능력을 향상시키는 것이 약시아 교육프로그램의 목적이라 할 수 있다. 그러나 이와같은 프로그램 구성에 앞서서 시기능 검사가 필요하다. 그 아동의 관찰결과 뿐만아니라 안과보고서, 시력측정 보고서 등이 시기능 평가를 할때 사용된다. 교육자나 재활전문가들은 시기능 평가와 개별화 지도계획을 수립하기 위하여 병리상태, 치료, 진전상태를 이해하는 것이 요구되고 있다. 시기능 검사는 일상적 활동이나 측정의 조건밑에서 어떻게 시력을 사용하느냐 하는것을 결정하기 위하여 사용된다.

 (1) Teacher's Guide for Evaluating Visual Function(Efron and Duboff, 1975) : 이 평가는 농맹아를 위해 개발된 것이다. 또한 기능이 낮은

중복장애아에게도 가치있는 도구이다. 감각, 시각운동, 시지각 등 세 부분으로 구성되어 있다.

(2) Program to Develop Efficiency in Visual Functioning(Barraga, 1980) : 이 프로그램은 크게 두가지로 구성되어 있다.

첫째, 진단적 평가 절차(DAP)와 약시관찰 체크리스트가 그것이다. DAP는 약시아의 시기능을 평가하는 것이며, 체크리스트는 다양한 장면에서 시력을 사용하는데 대한 정보를 제공한다. 둘째는 교수설계가 포함되어 있다. 평가 절차에 기초하여 교사는 교육계획을 이용하여 프로그램의 시작을 어디서 부터 시작해야 할것인가를 결정한다. 여기에는 약시에 관한 자료도 들어있는데 약시아를 위한 지도 실제와 배경을 제안하고 있다. 이 프로그램은 정신연령이 최소한 3세인 유아를 위해 구성되어 있다.

(3) Functional Vision Inventory for the Multiply and Severely Handicapped(Langley, 1980) : The Functional Vision Screening Test와 The Functional Vision Inventory Profile이 포함되어 있다. 선별검사는 중도 시각장애를 지니고 있어 학습과정에 방해를 받는 아동을 식별하기 위한 것이다. 시기능 검사(FVI)는 시력의 형태와 정도를 확인하고, 여섯 부분으로 구성되어 있다. 즉, 구조적 손상, 행동이상, 반사반응, 근거리 시력 및 원거리 시력, 시야, 눈운동등이 포함된다.

(4) Functional Vision Checklist Summary Sheet(Roessing 1982) : 본 체크리스트는 일반학급내의 아동에 대한 학업지도를 위해 구성된 것이다. 주로 임상정보와 학급내의 수정, 학업적 내용의 체크리스트, 모빌리티 형태의 평가, 체육교육, 생활기능 등으로 구성되어 있다.

(5) Sloan Reading Cards : 근거리 시력 카드를 활용하여 가장 편안하게 읽을 수 있는 문자크기를 결정하기 위한 검사이다. 이 검사는 검사불능 또는 맹이라고 판별되었더라도 교사나 부모가 아동의 시력이 있다고 느낄때, 교사가 교실내의 학습과제 수행에 관련된 특정의 시각적 행동을 기록할 필요가 있을때, 교사가 아동에게 최적의 시각적 환경을 제공하기 위해서, 아동이 시기능의 변화를 경험한바 있을때 요구된다.

3. 시기능 훈련

시기능을 평가하여 교수프로그램이 적절하다고 결정되면, 낮은시력 활용을 위하여 세가지 접근 방법이 적용될 수 있다. 즉, 시각의 자극, 시효율성, 시력 활용의 지도가 그것이다. 이때 개인의 연령, 시각손상의 형태 (낮은시력, 시야제한, 이전의 시각적 경험)가 적절한 지도방법을 선택하는 기본적인 요인이 된다. 어떤 아동들은 시각자극 프로그램에서 시작하여,

시각적 활용의 지도를 거쳐 진행되며, 또 다른 아동은 시효율성 훈련에서 시작하여 다른 유형의 교육은 거치지 않아도 되는 경우도 있을 것이다. 이 세가지 프로그램은 어느 정도 중복되는 것이며 완전히 분리된 것이 아님을 유념해야 한다.

(1) 시각자극프로그램(Vision Stimulation Program) : 이 프로그램은 기본적으로 최소한 잔존시력을 보유하고 있거나, 학습 또는 시각이 필요한 행동에서 그들의 시력을 거의 사용하지 않는 사람들에게 먼저 이용된다. 어떤 사람들은 시력은 있지만 시력을 활용한다는 개념의 학습을 한 바가 없다. Smith와 Cote(1982)가 지적했듯이, 뇌의 시각 담당을 하는 영역은 자극과 시각적 경험이 제공되지 않으면 미발달상태로 남게 된다. 즉, 계열성 있는 시각적 경험을 제시했을때 아동의 시기능이 향상된다. 특히, 시각 손상아동의 시력은 자동적으로 학습되는 과정이 아님을 유념해야 한다.

시각자극 프로그램과 시효율성 훈련과 시각활용의 지도에 있어서는 발달적 접근이 강조된다. 약시아동이 그 과정을 어느 정도 따르는 지는 확인되지 않고 있다. 정상발달의 유형을 따르지 않는 방법도 활용되고 있다. 예를들어, 어떤 아동들은 물체를 따라가며 자신의 눈을 계속적으로 움직이는 것을 배운바가 없는데, 오히려 이런 아동은 시각손상을 고려하여 머리의 움직임을 이용한다. 오늘날 대부분의 교육자들은 정상적인 시각 발달에 대한것을 시각장애 집단에 적용하고 있다.

시각자극프로그램에는 전등의 점멸여부를 확인하는 학습과 물체에의 주의 집중, 머리와 눈 또는 그 중 하나를 움직여서 움직이는 물체를 따라가는것, 그리고 시각을 통하여 인지된 물체에 손을 뻗어 잡는것 등이 포함되어 있다. 때로는 시각자극 반응을 나타내지 못하는 아동의 시각집중을 위해서 쌍자극이 사용되기도 한다.

(2) 시효율성 훈련(Visual efficiency training) : 이 훈련은 두번째 단계로서, 시기능 발달에 포함되는 지각적 요인을 신중하게 고려하고 있다. 이 프로그램에서는 약시아들은 시각자극의 형태식별하기, 물체의 윤곽과 내부의 자세한 것을 구별하기, 2차원적인 그림이나 기호를 옮기는 학습의 전이 등의 내용으로 구성되어 있다. 시효율성 훈련이라는 용어는 Barraga(1983)에 의해 제시된 정의와 혼동해서는 안된다. 시효율성훈련은 공간에서 2차원적 물체와 3차원적 물체를 가지고 하는 과제와 관련되어 있다. 시효율성 훈련은 정지된 물체와 움직이는 물체를 통한 근거리 및 원거리 과제 모두가 포함된다.

(3) 시각활용지도(Vision utilization instruction) : 여기에는 환경수정, 시각보조기구와 비시각적 보조기구의 이용, 시각을 최대한 활용하는 기법과 같은 내용이 포함된다. 그러나 아직은 널리 사용되는 프로그램이

많지 않다.

요약하면, 시기능 훈련이 시각장애아 교육과정에서 중요한 위치를 차지하게 된 것은 시각장애학생 가운데 70~80%가 활용시력을 가지고 있고, 학교에서 사용하는 교수매체 중 시각적 정보의 비중이 크기 때문이다. 시각적 정보로는 교과서, 그림, 다이어그램, 챠트, 지도, 마이크로파이크, 라벨 등이 있다. 그러나 오랫동안 시기능 훈련이 교육되지 않다가, 1964년 N. C. Barraga가 "Increased Visual Behavior in Low Vision Children"이란 논문에서 시기능의 훈련에 의하여 눈에 손상을 주지 않고 시각행동의 증가를 가져온다고 함으로써 정규 교육과정으로 채택하게 되었다. 그녀는 1970년에 시기능훈련에 관한 교사용 지도서를 개발했는데 이 지도서는 단계별로 되어 있다. 첫째, 촉각과 시각을 동시에 사용하여 여러 가지 기하학적 도형을 변별하고, 다음에는 시각만으로 그 도형들을 변별하게 하고, 둘째, 단순한 형태로부터 시작하여 복잡한 형태를 구별하게 한다. 세째, 여러 가지 물건 속에서 하나를 골라내게 한다. 이러한 시기능훈련은 유치원에서 시작하여 초등학교 3학년까지 교육이 이루어진다. 이것은 문자교육이 이 시기에 이루어지기 때문으로 해석된다. 또한 플로리다주 교육성에서 1983년에 개발한 시기능 훈련 교사용 지도서(Increasing Visual Efficiency)에는 눈의 구조, 눈의 광학적 기초원리, 안질환의 기능적 의미, 관찰과 평가, 시자극의 교육, 약시기구 등으로 되어 있고, 시자극의 교육은 빛에 대한 시각적 반응, 빛의 위치, 물건의 시각적 변별, 도형의 시각적 변별, 글자의 시각적 변별 등 모두 15과로 구성되어 있다. 시기능의 훈련은 형식적인 교육도 중요하지만 비형식적인 훈련도 중요하다.

활용시력을 가진 시각장애학생에게는 묵자를 읽는데 적합한 경험, 언어발달, 시각변별, 준비기능, 훌륭한 읽기습관 등은 물론 눈의 조건, 환경적 조건, 글자의 크기, 효과적이고 종합적인 접근 방법과 같은 변인의 영향이 중요하다.

시기능 훈련의 종합적인 접근방법은 다음을 강조한다.
① 우발학습의 난이성을 보상하기 위하여 경험을 확대한다.
② 줄따라 읽기, 기호와 그림의 중요한 특징에 주의집중, 시각적 폐쇄, 도형배경, 챠트, 지도, 다이어그램, 제목을 포함한 시효율성
③ 어휘, 철자법, 문장론, 내용 단서, 구조적 분석과 음운론적 단서, 참조기능
④ 광학적 및 비광학적 기구의 적절한 사용과 특별한 조언
⑤ 여러 가지 인쇄물의 사용

이 외에도 최근에는 확대경, 폐쇄회로 TV, Viewscan등이 아동의 시각적 특성에 따라 사용되고 있다.

4. 약시교정기의 예

보통 약시교정기를 약시교정연습기라고도 한다. 이 약시교정기는 스위스인 bangerter가 한쪽눈의 시력이 약한 아동의 시력을 향상시킬 목적으로 고안한 것이었는데 일본에서 응용하여 개발시킨 것이 있다.

(1) 자대식(慈大式)청각형 약시교정 연습기

눈과 손의 협응작용을 통하여 교정하게 되어있는 자대식 청각형 약시교정 연습기의 구조는 그림31-2와 같다.

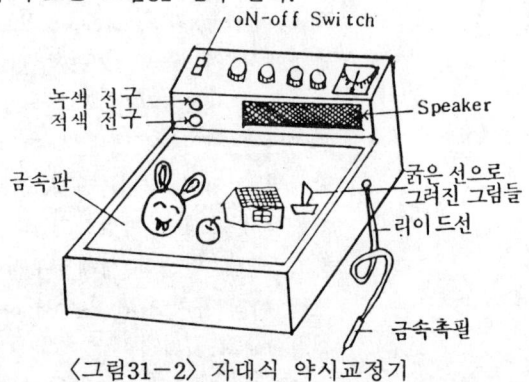

〈그림31-2〉 자대식 약시교정기

금속판에는 여러 종류의 그림(토끼, 집, 사과, 꽃, 비행기, 버스등)이 굵은 선으로 그려져 있다. 그런데 그림이 그려진 굵은 선 부분은 절연체이고 금속판은 도체로 되어 있다. 이 교정기의 작동방법은 아동이 리이드선에 붙은 금속촉필로 금속판 위에 그려진 그림을 따라 움직여 나간다. 만약 금속촉필이 원 그림모양을 벗어나면 적색전구가 켜지고 부저가 울리게 되므로 곧 수정하게 된다.

(2) 사각형 약시교정 연습기

여러 종류의 그림이 그려진 트레이싱페이퍼를 보고 유리판 위에서 정확히 따라 그리도록 되어있는 사각형 약시교정 연습기의 구조는 그림31-3과 같다.

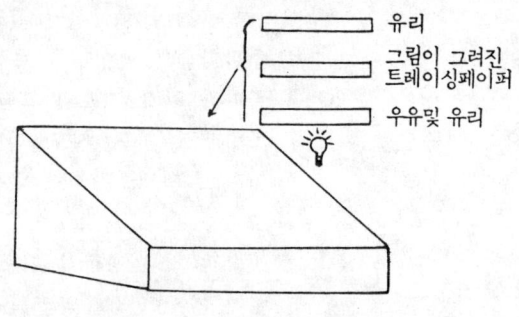

〈그림31-3〉 사각형 교정기

(3) ryser 약시교정 연습기

금속판 위에 여러 종류의 그림이 그려져 있어 그 그림을 중심으로 1개씩의 구멍이 있어서 그곳으로 불빛이 새어나오도록 장치가 되어 있다. 지도교사가 로우터리스위치를 조작하여 임의로 구멍에 불이 들어오게 하면 아동이 이를 지적하게 되어있는 ryser 약시교정 연습기의 구조는 그림31-4와 같다.

(4) 무네모 스코우프

이 교정기는 슬라이더 프로젝터의 영상을 거울에 반사시켜 화면에 맺게 만든 장치인데 아동에게 일정시간(약30초)동안 화면 위의 그림을 보여준 후 스위치를 끄고서 그대로 그려 보도록 하게 한 것이다. 이 교정기의 구조는 그림31-5와 같다.

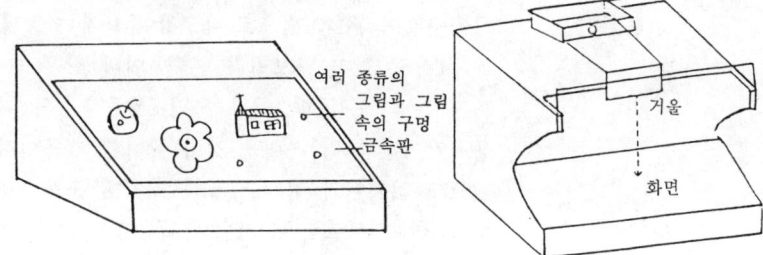

〈그림31-4〉 Ryser교정기 〈그림31-5〉 무네무스코프

이 교정기는 약시아로 하여금 물체를 대충대충 보는 습관을 교정케 함으로 정확히 인지하도록 훈련시키는 장치로 간단한 도형의 그림으로부터 여러 문자까지 단계적으로 되어 있다.

이외에 유아들을 위한 약시교정은 그림31-6과 같다. 제시된 커다란 도형을 따라 그대로 그려 보도록 한다.

〈그림31-6〉 유아용 약시교정 도형

32. 행동수정 기법의 활용

1. 시각장애아의 행동수정

행동수정이론은 학습하지 못한 행동을 새로 학습시키고, 불완전하게 학습한 행동을 완전하게 성취시키며, 잘못 학습된 행동(부적응행동)을 바른 행동으로 이끌어주는 방법들이라고 볼 수 있다.

행동수정이론은 학습심리학과 실험심리학의 이론을 기초로 하여 많은 실증자료들을 제시하고 있는 터로 발표된 결과를 보면 누구나 명료하게 이해할 수 있고, 매우 간략하게 간추려진 것들이라서 누구나 손쉽게 실천해 볼 수 있을 것같은 인상을 받게 되어 있다. 따라서 모든 부적응행동을 행동수정이라는 기법으로 바로잡아 보자는 호기심만으로 이에 관심을 갖게 된 사람도 적지 않으리라 본다. 이와 같은 속단은 위험스러운 발상이라 보지 않을 수 없다. 왜냐 하면, 행동수정의 기법을 실제 교육상황에 적용시키기란 그리 손쉬운 것이 아니기 때문이다. 이론이 복잡하기는 말할 필요도 없거니와 실제 사용되는 기법 또한 다양하기 때문이다. 그렇기는 하나 특수교사로서 이 기법의 활용을 포기해서는 안될 것이다. 행동수정이 특수아동의 교육과 훈련에 가장 광범위하게 활용되고 있고 그 효과 또한 월등한 지도방법 중의 하나이기 때문이다.

여기에서는 시각장애아들의 교과학습 지도영역을 제외한 독립생활에 필수적인 기능개발을 위한 제한된 범위에서만 언급하고자 한다.

1) 상동적 행동(stereo typed behavior)

상동적 행동이란 시각장애자들이 보여주는 행동으로서 강화와 상관이 없는데도 반복적 상동적인 운동행동이나 활동계열인 바, 병리적으로 간주되기도 한다. 이러한 행동은 주로 몸통 흔들기, 고개 흔들기, 손 늘어뜨리기, 이상한 손이나 몸의 동작들이 주가 되고, 때로는 반복적 자상행동으로 눈 쑤시기, 얼굴 치기, 머리 때리기 등이 있다.

몸 흔들기나 고개 흔들기는 정적강화에 의해 유지되는 미신적 행동이라고도 주장하고, 자상적인 상동행동은 정적인 사회적 자극에 의해 유지된다고 한다(Baumeister & Forehand, 1973). 또, 이러한 행동을 욕구좌절과 관련된 학습행동으로 간주하기도 한다. Baumeister와 그의 동료들은 욕구좌절의 감소에 의해 이러한 행동비율이 현저하게 감소되었음을 입증한 바 있다. 시각장애아에게 이러한 행동이 일단 습득되면 환경과의 기능적인 상호작용이나 효율적 학습에 악영향을 주기 때문에 적절한 처방을 해야 함을 강력히 주장하는 사람도 있다(Hoshmand, 1975).

행동수정의 예를 들어 보면, 상동적 행동을 하면서 아동들이 음악을 들을 경우에는 그러한 행동이 일어날 때마다 라디오의 음악을 끔으로써 그러한 행동을 수정한 예도 있고(Greene et al., 1970), 손벽치기를 자주 해서 학습에 방해가 되는 경우, 그러한 행동을 10분이나 20분 동안 하지 않으면 규칙적으로 토오큰을 주어 강화하다가, 간헐적으로 토오큰을 주어 결국 그러한 행동을 소거시킨 예도 있다. 또, Miller & Miller(1976)에 의하면, 모식화(modeling)와 수동지도를 정적강화와 결합하여 고개 흔드는 행동을 소거시켰으며, Kelly와 Drabman(1977)은 머리를 때리거나 뺨을 꼬집는 자상행동을 할 때에는 과한 꾸중을 하고, 그러한 행동을 하지 않을 때는 물질강화를 함으로써 자상행동을 소거시킨바 있다. 또, 화를 내거나 머리카락을 뽑거나, 머리를 치거나, 얼굴을 꼬집는 경우에는 T.O.를 사용하여 그러한 행동을 감소 혹은 소멸시키는 연구보고서도 있고, 바람직한 행동은 강화하고 부적절한 행동은 무시하는 상반행동에 대한 차별강화에 의해 시각장애아의 부적응적 상동해동이나 자상행동을 수정한 보고서도 있다.

이와 같이 시각장애아 상동행동에 대한 수정의 예가 많은 것은 그러한 행동의 감소나 소거가 중요하기 때문이라 볼 수 있다. 그 이유는 첫째, 이러한 행동이 학습을 방해하기 때문이고, 둘째는, 사회적 관계에서 부정적인 영향을 주며, 그러한 행동을 함으로써 정안자들이 시각장애아를 병리적인 요인을 갖고 있는 것으로 생각할 수 있기 때문이다.

2) 사회적 기능 (social skills)

많은 연구보고에 의하면 시각장애자들이 열악한 사회적 기능을 가지고 있는 것으로 나타나 있다(Van Hasselt, 1983). 이러한 원인은 이들이 시각적 변별력이 부족하기 때문일 수도 있다. Bandura(1977)의 이론에 따르면, 사람은 다른 사람의 행동을 관찰함으로써 대부분의 사회적 행동을 학습한다는 것이다. 또, 우리는 시각적 단서를 이용한 의사소통을 함으로써 사회적 기능을 습득하게 된다. 그러나, 시각장애아는 그렇지 못하기 때문에 다른 대안적 방법으로 이러한 결손 기능을 교정해줄 필요가 있다.

시각장애아의 사회적 능력을 증강시키기 위한 훈련 프로그램은 상당히 많이 개발되어 있는 것 같다. Apple(1972)은 시각장애아의 적절한 얼굴표정, 몸짓 및 자세를 지도할 수 있도록 언어적 교수, 신체기능훈련, 행동적 시연 및 역할 놀이를 활용하여 훈련시킨바 있으며, Gallgher와 Heim(1974)는 토오큰 강화계획에 의해 언쟁을 줄이고, 긍정적이고 사교적인 대화량을 증강시키고자 하였다. 또, 차별강화법을 이용하여 사회극의 일종인 역할 놀이를 활용해 자기 주장을 바르게 하는 대화기술을 증강시킨 연구도 있다. Van Hasselt 등(1984)은 자기 주장기능을 개발하기 위한 훈련 프로그램을 개발하였다. 이 프로그램은 모식화, 직접교수, 행동사연, 수행의 반복 및 수동지도로 구성되어 있는 바, 연구결과는 쳐다보는 방향, 자세, 목소리 및 타인에 대한 요구방법 등이 개선되었다. 또, Sanders와 Goldberg(1977)는 대화시에 상대방과 눈마주치기를 할 수 있도록 훈련한 바 있으며, Bonfanti(1979)는 언어교수, 반복, 모식화, 시연 등을 사용해서 눈 마주치기, 신체적 동작, 자세, 목소리 및 얼굴 표정짓기 등을 훈련하여 정안자와의 사회적 관계를 원활히 할 수 있도록 하였다. 사회적 기능이란 그 범위가 대단히 넓기는 하지만, 사회 부적응 기능을 수정·감소시키고, 자기 주장, 친구 사귀기, 대화기술 같은 기능교육을 강화하면 시각장애아의 대인 관계적이고 정서적인 문제를 사전에 예방하여 그들의 원활한 사회생활을 영위할 수 있도록 크게 도움을 줄 수 있을 것이다.

3) 생활적응기능

(1) 시각장애아들의 훈련 중에서 대단히 중요시하는 분야는 독립생활을 할 수 있는 능력의 개발이라 할 수 있다. 이 중에서 가장 기초가 되는 것이 기초생활능력이다. 즉, 식사하기, 착탈의, 용변하기 등과 건강생활기능인 세면, 양치질, 머리빗기 등이다.

정안아들은 이러한 기능은 자연적인 환경에서 시행착오를 거치며 모방이나 간단한 조언을 통해 습득하게 되지만, 시각장애아들은 체계적으로 훈련시켜야만 제대로 수행할 수 있게 된다. 이러한 훈련에 사용되는 행동수정기법은 표적행동의 설정 및 정의→기초선분석→행동분석에 의한 훈련행동의 세분화→훈련조건의 설정→강화계획→훈련효과검증 등에 의해 수행하며, 훈련기법은 행동형성, 수동지도, 연쇄, 용암, 유관강화등을 활용하여 점진적이고, 체계적이고, 일괄성 있게 진행한다. 여기에서 주의할 점은 훈련된 행동에 대한 일반화를 강조할 필요성이 있다. 왜냐 하면, 이러한 행동은 언제, 어디서나 수행해야 하기 때문이다.

(2) 방향정위 및 보행훈련

적절한 이동기능의 습득은 시각장애자 일상생활기능에 대단히 중요한 기능이다. 훈련전략은 언어적 교수, 신체 방향정위, 개념형성훈련, 직선길 보행반복 및 가정숙제 등으로 구성할 수 있으며, 방향정위는 청각과 잔존시력을 최대로 활용할 수 있도록 식별훈련이 다양하게 계획되어 출현시킬 필요가 있으며, 이동훈련은 역급연쇄(backward-chaining)을 사용해도 되고 전진연쇄(forward-chaining)을 사용해도 좋다. 훈련시에 지면의 구조나 감촉, 지표, 소리단서 활용에 대한 주의깊은 배려와 체계적이고 전략적 활용법을 훈련시킨다.

적응기능훈련의 중요도에 비해 시각장애아를 위해 개발된 프로그램은 의외로 많지 않은 것 같다. 이들에게 필요한 생활적응기능이란 대단히 많을 것 같다. 예로, 요리하기, 세탁, 시장보기 등의 기능은 시각장애아

독립생활에 필수적이다. Stewart와 Van Hasselt에 의해 개발되어 서부 펜실베니어 맹학교에서 시행된 지역사회 적응 프로그램이 있기는 하다. 이 프로그램은 식사, 용변훈련과 같은 기초생활훈련 프로그램에서부터 상당히 복잡한 독립생활기능인 여행하기, 시장보기, 음식준비 및 화폐활용훈련으로 구성되어 있으며, 9주에 완성하는 프로그램이라 한다. 그러나, 효과성에 대한 연구보고는 되어 있지 않다. 이외에도 시각장애자에게는 비상시 안전기능으로 비상전화 활용, 화재 대피기능 등의 프로그램도 행동수정 기법에 의해 개발될 필요가 있다.

4) 시각예민성 훈련

이 분야는 교육분야라기 보다는 행동의학 분야이다. 그러나, 시각장애 재활훈련에 아주 고무적인 행동접근이기 때문에 간단히 소개하고자 한다.

전통적으로 근시치료에는 교정렌즈를 끼웠다. 그러나, 1970년 이후 행동수정기법에 의해 시각예민도를 증강시킬 수 있다는 시사를 한 연구들이 증가하였고 실제 행동수정에 의해 교정되었다는 보고서들이 상당히 있다. 예로, Newson과 Simon(1977)은 자폐증아동이나 정신지체아에게 식별자극에 조건형성시킨 후에 시자극의 크기를 변화시키고 용암시켜 시각예민도를 측정하는 기법을 개발하였고, Epstein과 그의 동료들은 중도근시 아동 또는 성인의 시력을 교정하였다고 보고하고 있다. 이 기법들은 대개 행동수정기법을 활용하여 시각예민도를 조절하도록 시자극을 점차 변화, 용암시켜 시각적 식별력을 증신시킴으로서, 시각예민성을 증가시키는 효과를 얻었다는 것이다. 주로 사용한 기법은 시작극의 점진적 용암, 유관강화, 언어적 교수 등을 사용하였다. 결과는 상당히 좋아서 근시예방에 대한 행동수정기법의 효율성이 검증되었다는 것이다.

행동수정의 원리에 따라 실천하고 있는 데도 소기의 효과가 나타나지 않는다는 현장교사의 말을 종종 듣게 된다. 이런 질문에 대한 해답은 실제의 체계적 행동분석을 전제로 하여 해결되어야 할 문제지만, 여기에 현장에서 성공적인 행동수정 프로그램의 수행을 위해 흔히 지나쳐버릴 수도 있는 주요점을 지적하고자 한다.

(1) 교장 및 교직원 전체가 행동수정에 대한 충분한 수용력을 가지고 있을 것.

(2) 편애가 없는 교사-학생간이 상호관계가 유지되고 있을 것

(3) 행동수정의 기본원리를 고수할 것

(4) 프로그램 자체가 교사의 수행능력에 적절한 것일 것

(5) 교사는 자기가 사용하고 있는 행동수정기법에 관한 지식을 충분히 이해하고 있을 것

끝으로, 행동수정의 이론과 기법은 앞으로도 계속 발전하면서 시각장

애아의 재활과 교육에 다음과 같이 활용될 것으로 전망된다.
① 시각장애아의 조기교육에 적극 활용될 것이다.
② 시각장애아 학습능력의 개발적용이 증대될 것이다.
③ 시각장애아 스스로가 자기행동을 효율적으로 경영하기 위한 프로그램 개발이 촉진될 것이다.
④ 시각장애아 직업지도에도 적극 활용될 것이다. 끝으로 시작장애아 자활능력을 현재수준에 비하여 크게 증가시킬 것이다.

2. 행동측정 방법

문제행동의 정의가 끝나면 그 행동의 발생율을 양적으로 측정할 필요가 있다. 측정방법은 여러가지가 있다. 어떤 측정 방법을 사용할 것인가 하는 것은, 첫째 연구할 행동이 어떤 성질의 것이냐 하는 점, 둘째로 관찰을 교사가 직접할 것인가 아니면 다른 관찰자를 동원할 것인가 등에 따라 결정된다.

측정방법에는 성과측정법(成果測定法)과 관찰법(觀察法) 두 가지가 있다. 그리고 관찰법은 크게 4종류로 나눌 수 있는데, 사건회수(事件回數) 또는 빈도 관찰기록법(頻度 觀察記錄法), 지속시간 관찰기록법(持續時間 觀察記錄法), 동간격 관찰기록법(同間隔 觀察記錄法), 시간표집법(時間標集法)등이 이에 속한다.

1) 성과측정법

성과측정법이란 교사들이 학교에서 흔히 사용하는 측정방법이다. 관찰기록법은 학생들이 행동하는 것을 계속 지켜보면 어떤 행동이 발생할 때마다 그의 성격, 발생빈도, 또는 지속시간을 그때 그때 관찰하여 기록하는 것을 말한다. 그러나 성과측정법이란 관찰기록법과는 달리 행동의 진행과정을 살피는 것이 아니라, 학생들이 남겨놓은 학습의 결과를 사후에 검토하고 측정하는 것을 말한다. 예컨대 시험이 끝난 다음 학생들의 시험지를 채점한다든지 학생들이 작성하여 제출한 작문, 그림, 조각품, 숙제장 등을 사후에 검토하여 성적을 매기는 것 등은 바로 성과측정법의 예라고 하겠다.

2) 관찰기록법

학생들의 학습행동 중 어떤 것은 그 결과가 영구히 지속되기 때문에 사후 편리한 시간에 그 결과를 평점하는 것으로 측정이 만족하게 이루어질 수 있다. 그러나 대부분의 행동은 그 결과가 영구히 남아있지 않고 그때 그때 지나가 버리는 것이 보통이다. 그러므로 행동이 발생한 순간에 그 행동을 관찰하여 기록해 두지 않으면 행동을 사후에 측정할 방법이다. 예컨대 아동들이 떠드는 것, 손드는 것, 웃는 것, 남을 때리는 것 등은 시간이 지나면 아무런 흔적도 남기지 않는다. 이러한 행동을 측정하려면 그런 행동이 발생할 때마다 그때 그때 관찰기록해두지 않으면 안된다. 이와같이 행동의 발생을 관찰하여 기록해 두는 측정방법을 관찰법이라고 한다. 관찰법에는 다음과 같은 것들이 있다.

① 빈도기록법 : 관찰법 중 가장 널리 쓰이는 것이 빈도기록이다. 이 방법은 일정한 시간동안에 어떤 행동이 몇번이나 발생했듯이 그 회수를 헤아려 기록하는 것으로서 사건회수기록법이라고도 한다. 출석부에 결석한 학생과 지각한 학생을 기록하는 것은 바로 빈도 기록법의 일예라고 말할 수 있다.

빈도기록법은 비교적 짧은 시간에 발생했다가 사라지는 행동을 측정할 때 주로 사용된다.

② 지속시간 기록법 : 발생한 행동이 시간적으로 비교적 오래 계속될 경우에는 그 행동이 단위시간 안에 몇번이나 발생했는지를 세어보는 것보다는, 그 행동이 얼마의 시간동안 지속되었는지를 측정하는 것이 문제를 이해하고 평가하는데 더 큰 도움을 줄것이다. 아동들이 비교적 오랫동안 좌석을 이탈하는 것, 낮잠을 자는 것, 연필을 깎는 것 등은 발생회수를 측정하는 것보다는 그 행동의 지속시간을 측정하는 것이 효과적일 것이다.

지속시간기록법이란 한 학생이 어떤 행동을 얼마나 오래 계속하는지 그 시간을 재는 것을 말한다. 예컨대, 어떤 학생이 산수문제 20개를 푸는데 얼마의 시간이 소요되는지를 알아보는 것은 지속시간기록이다.

③ 동간격기록법 : 동간격기록법은 정해진 관찰시간을 동일한 단위시간 간격으로 작게 나누어 그단위시간에 행동이 발생되었는지 또는 얼마나 지속되었는지 등을 확인하는 관찰 방법이다. 예컨대, 한 시간을 15분 간격으로 나누어 관찰한다면 아래와 같은 기록칸을 만들어, 첫 15분 동안에 그런 행동이 발생했으면 "+"기호, 발생하지 않았으면 "-"등의 기호를 기록하는 방법이다.

0	15	30	45	60(분)
+	−	+	+	

+ : 표적행동의 발생, − : 표적행동의 미발생

동간격기록법에 의한 관찰을 실시했을 때 행동의 강도는 회수나 지속시간으로 표시될 수 없으므로 보통 백분율(%)로 계산한다. 계산 방법은

$$\frac{\text{"+"로 관찰된 칸수(3)}}{\text{전체 관찰 칸수(4)}} \times 100 = 75(\%) \text{이다.}$$

④ 시간표집법 : 시간표집법이란 빈도기록법, 지속시간 기록법, 또는 동간격 기록법에 비하여 관찰시간이 짧고 관찰방법도 용이하여 행동수정 연구에서 널리 사용되는 측정방법이다. 이상 세가지 관찰 방법은 정해진 시간동안 관찰자가 계속 아동의 행동을 관찰하지 못하고 놓치는 경우가 생기기 때문이다. 따라서 별도의 관찰자가 있으면 모르되, 수업을 진행하는 교사 자신이 관찰할 경우에는 아무래도 수업에 지장을 주게 된다.

시간표집법의 골자는 정해진 관찰시간 동안 계속 관찰하지 말고 몇번의 기회만을 선책하여 관찰하자는 생각이다. 예컨대 관찰시간이 20분으로 정해졌다면 관찰자가 아동을 20분동안 계속 주시할 필요없이 5분마다 한번씩만 4번만 관찰한다면 관찰에 소요되는 시간을 거의 필요치 않을 것이고, 관찰의 번거로움도 많이 감소될 것이다.

시간표집법의 장점은 관찰이 필요한 시간에만 학생의 행동을 주시하면 된다는 점에 있다. 따라서 수업에 큰 지장을 주지 않고 교사 자신이 충분히 학생의 행동을 측정할 수 있다.

3) 계속적 측정 (Continuous Measurement)

행동수정연구에서는 일반적으로 학생들이 행동을 계속적으로 측정하는 것을 원칙으로 하고 있다. 예컨대 독서력 향상을 위하여 행동수정의 기법을 사용할 경우 한 학생이 정확히 읽은 어휘의 수는 얼마나 되는지를 매일 측정한다. 이와 같이 매일 학생들의 행동을 측정할 경우에는 운좋게 시험을 잘 치렀다든지 또는 질병 때문에 시험을 잘못 치뤘다든지 하는 문제들이 해결될 것이다. 매일 운좋게 잘했다든지, 매일 재수없게 잘못했다는 말은 성립되지 않을테니까요. 계속적 측정의 장점은 여러가지가 있으나 하나더 추가한다면 교사가 사용한 어떤 교수방법이 효과가 있는지 없는지를 신속히 알아낼 수 있다는 점이다. 따라서 좋은 교수법이라는 것이 입증되면 그 방법을 한 학기동안 계속 사용하여 성과를 얻을 수 있을 것이고, 반대로 별로 효과가 없을 경우에는 한 학기가 다 가기 전에 다른 좋은 방법을 찾아 즉시 시정할 수 있으므로 학생들의 학업성취에 도움을 줄 수 있을 것이다.

4) 측정의 신뢰도

신뢰도 또는 관찰자간의 일치도를 계산하는 방법은 관찰방법에 따라 둘로 나눈다. 사건회수 관찰법과 지속시간 관찰법에 따라 행동을 측정한 경우에는 작은 수치의 관찰기록을 큰 수치의 관찰기록으로 나누어 100으로 곱하면 신뢰도가 백분율(%)로 환산되어 나온다. 공식은 아래와 같다.

$$\frac{\text{작은 수치의 관찰기록}}{\text{큰 수치의 관찰기록}} \times 100 = \text{신뢰도, 또는 일치도(\%)}$$

예컨대 한 관찰자는 철이라는 학생이 하루 수업중에 장난을 친 회수가 80번이라고 기록했고, 또 한사람의 관찰자는 100번이라고 기록했다고 하자. 이 경우 관찰의 신뢰도, 80/100×100=80%가 된다. 지속시간 관찰의 경우도 마찬가지이다. 영희가 수업 중 제자리를 떠나 교실을 돌아다닌 시간이 한 관찰자는 50분이었다고 하고 한 관찰자는 45분동안 이었다고 기록했다고 하자. 이때의 관찰일치도 또는 신뢰도는 45/50×100=90%이다.

시간간격 관찰법과, 시간표집법에 의한 측정일 경우에는 공식이 약간 다르다. 예컨대 두 관찰자가 아동의 학습행동을 1분간격으로 10분동안 관찰했다고 하자.

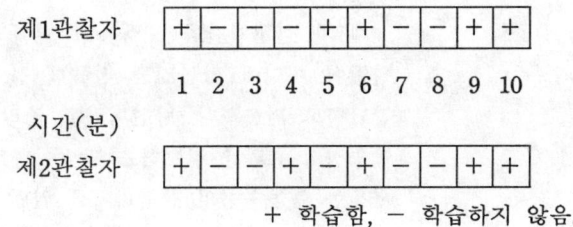

위의 그림을 보면 4분과 5분째를 제외하고 나머지는 두 관찰자 모두 일치하고 있다. 이런 경우의 신뢰도는 다음과 같은 공식에 의해 산출된다.

$$\frac{\text{일치된 관찰의 수}}{\text{전체 관찰의 수}} \times 100 = \text{신뢰도, 또는 일치도(\%)}$$

그러므로 그림의 경우에는 총 10개의 관찰 중 8개가 일치하므로 그 관찰의 신뢰도는, 8/10×100=80%가 된다.

관찰의 신뢰도는 어느 수준이 되어야 한다는 절대적인 표준은 없지만 대부분의 연구자들은 적어도 80%이상은 되어야 한다.

만일 신뢰도가 80%에 미달하면 두 관찰자간의 차이점이 무엇이었는지를 충분히 검토한 후 좀 더 연습관찰을 실시하면서 관찰할 행동을 좀 더 명확히 정의하거나 세분화할 필요가 있다. 그리고 관찰방법상의 차이점이 없지않나 살펴보는 것도 필요하다.

3. 행동수정의 연구설계

**1) 반전설계법
(Reversal Design)**

행동수정연구의 첫단계는 기초선 측정으로 시작된다. 기초선이란 일정한 기간동안 평상시와 똑같은 조건에서 문제행동, 즉 표적행동을 관찰하여 기록하는 것을 말한다.

기초선 측정이 끝나면 즉시 행동수정을 위한 실험단계가 시작된다. 실험단계에서 행동을 수정하기 위하여 사용될 수 있는 기술은 여러가지가 있다. 정적강화, 부적강화, 소멸, 벌 그외에 문제행동을 고치는데 효과가 있으리라고 생각되는 여러가지 다른 전략이 활용될 수 있을 것이다. 그러나 행동수정자는 한 실험기간 중에 하나의 방법만을 선택하여 사용하는 것이 좋다.

제1차 실험기간동안 행동이 변화되면 과학적인 방법으로 그 변화의 원인이 어디에 있는지를 검증해 볼 필요가 있다. 검증 방법은 비교적 간단하고 단순하다. 반전이라고 불리는 새로운 실험조건을 부여하여 행동수정의 효과를 검토하는 방법이다. 반전기간에는 제1차 실험기간 중에 사용한 행동수정의 실험처치를 일단 중단하고 행동의 변화를 예의 주시하게 된다. 예컨대 이제까지 먹던 약을 먹지 않았더니 질병의 증상이 다시 악화되었다면 이 약은 증상의 치료에 효과가 있다는 것을 알 수 있는 것과 같다. 이와같이 실험기간 중에 나타난 성과를 확인하기 위하여 실험 조건을 일시 중단 하는 것, 다시 말하면 처음 기초선 관찰할 때와 똑같은 상태로 되돌아가는 것을 반전이라고 하며, 제1차 기초선기간과 같은 상태라는 뜻으로 제2차 기초선이라고도 한다.

효과적 행동수정의 방법이 반전기간에 확인되면 교사는 그 방법을 계속 사용하여 아동의 행동이 완전히 개선될 때까지 꾸준히 지도하여야 한다.

**2) 복식기초선 설계법
(Multiple Baseline Design)**

이상에서 설명한 반전설계는 그 논리가 비교적 단순하고 명확하여 행동수정 연구에서 가장 많이 쓰이고 있다. 그러나 다음 두가지 경우에는 반전법을 사용하지 않는 것이 원칙이다. 첫째, 반전설계를 사용함으로서 피험자의 생명이나 건강에 해를 끼칠 위험이 예상될 경우에는 이 방법을 사용할 수 없다. 반전설계를 사용해서는 안될 둘째 경우는, 어떤 표적행동 또는 문제행동이 실험처치를 통하여 일단 수정된 다음에는 다시 반전되지 않으리라고 예상될 때이다.

이상과 같이 반전설계가 어려운 경우에는 복식기초선설계를 사용할 수 있다. 복식기초선 설계란 행동변화의 원인으로 예상되는 실험조건(행동수정 기법)을 첫째 여러 행동에, 둘째 여러 상황에, 셋째 여러 사람에게 적용하여 그 효과를 검증하는 방법이다.

① 한 실험조건(행동수정 기법)을 여러 행동에 적용할 경우 이 방법은 여러가지 표적행동을 한가지 행동수정 기법으로 수정해 나아가면서 그 실험처치 조건이 모든 행동에 효과가 있는지를 확인하는 방법이다.

② 한 실험조건(행동수정 기법)을 여러 상황에 적용할 경우 앞에서는 한 개인 또는 한 집단의 여러 행동에 대한 실험처치와 그 효과의 분석 방법에 관해 설명하였다. 이번에는 한 개인 또는 한 집단의 한가지 행동에 대하여 여러 다른 상황에서 실험처치한 다음 그 효과를 분석하고 검증하는 방법에 관하여 설명하겠다. 이 설계법은 하나의 표적행동이 여러 상황에서 발생할 경우 흔히 사용된다.

③ 한 실험조건(행동수정 기법)을 여러 학생에게 적용할 경우 복식기 초선 설계는 한 실험조건을 같은 문제 행동을 가진 여러 학생에게 적용하여 그 성과를 분석 검증하는데도 사용된다.

4. 그래프 그리는 방법

행동수정연구에서 관찰과 측정을 통하여 수집된 모든 자료를 그래프에 옮겨 도표화하기를 좋아한다. 도표는 모든 자료를 한 눈에 볼 수 있게 한다. 관찰된 행동의 회수, 변화의 정도, 방향 등을 눈으로 보아 즉시 알 수 있다. 따라서 어떤 행동수정 전략을 사용하는 동안 행동이 개선되고 있는지, 아니면 더 나빠지고 있는지 등을 즉시 확인할 수 있고 또한 사용중인 전략의 성과를 신속히 분석할 수 있다.

(1) 종축과 횡축의 설정

일반적으로 사용되는 도표에서 수직선(종축 또는 Y축)은 행동의 강도를 나타낸다. 다시 말하면 어떤 표적행동의 발생회수, 지속시간 또는 행동의 비율(%)등은 수직선상에 표시하기로 약속되어 있다. 이와는 반대로 도표에서의 수평선(횡축 또는 X축)은 시간의 흐름을 나타낸다. 수평선 밑에 실험일자, 실험시간, 또는 실험회기라고 명기할 필요가 있다. 하루를 단위로 여러날 실험이 진행될 때에는 실험일자라고 표시하는 것이 좋고 실험이 시간을 단위로 단기간 진행될 경우에는 "실험시간"이라고 표시하는 것이 좋다.

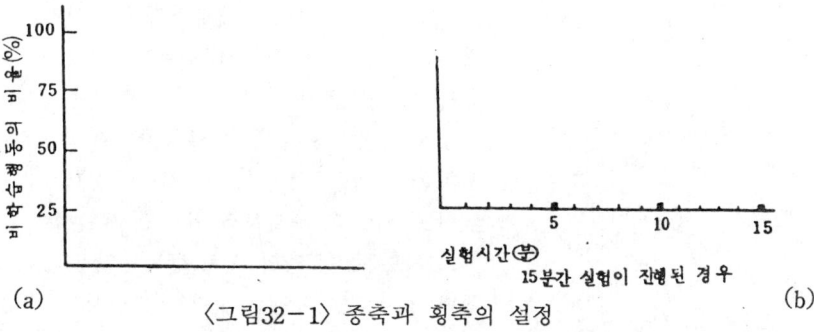

(a) 〈그림32-1〉 종축과 횡축의 설정 (b)

(2) 평균치 및 신뢰도의 기록

그래프를 작성한 경우에는 한 실험조건이 투입되는 기간을 단위로 하여, 그간에 발생한 행동의 평균치를 점선으로 표시해두면 대단히 편리하다. 다음 그림을 보면서 다시 한번 설명해 보자. 5일간의 기초선 기간 중 학생이 손을 든 회수는 첫날 3번, 둘째날 2번, 세째날 3번, 네째날 1번, 다섯째날 1번 등으로 기록되어 있다. 그러므로 기초선 기간 중에 발생한 표적행동의 평균치는 (3+2+3+1+1)÷5=2, 즉 2회가 되므로 그 평균치는 〈그림32-2〉과 같이 그래프에 수평으로 점선을 그어두면 된다.

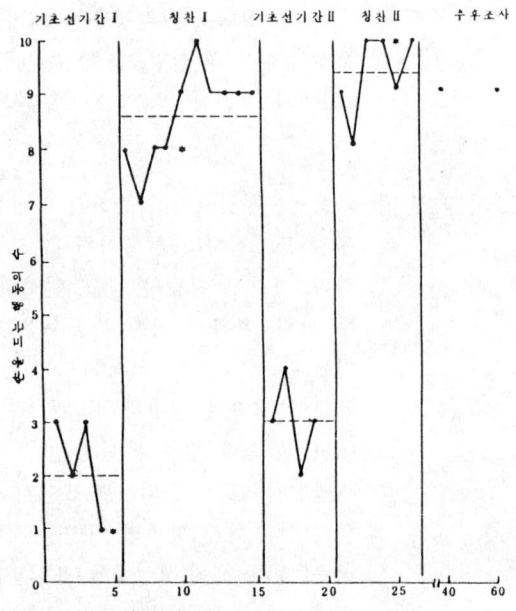

〈그림32-2〉 손을 드는 행동수의 변화

이와같은 산술평균치를 점선으로 표시하는 대신 어떤 사람들은 중앙치를 평균치로 사용하기도 한다. 중앙치로 측정된 모든 수치를 크기의 순서대로 배열하였을 때 제일 중간에 위치하는 수치를 말한다. 예컨대, 〈그림32-2〉의 기초선 측정치에서 중앙치가 무엇인지 찾아보자. 그래프에 제시된 측정치는 3, 2, 3, 1, 1 등으로 되어있지만, 이 중에서 중앙치를 찾아내려면 모든 점수를 크기순서로 다시 배열해야 한다. 제일 높은 숫자부터 써보면 3, 3, 2, 1, 1의 순서가 된다. 중앙치란 크기의 순서로 배열했을 때 중앙에 위치한 숫자를 말한다. 이 경우에 제일 가운데 위치한 수치는 앞에서 세어도 세번째, 뒤로부터 세어도 세번째에 위치한 2가 된다.

그래프에는 측정의 신뢰도(관찰일치도)를 표시하는 것이 좋다. 즉, 관찰의 일치도를 확인하기 위하여 실시된 제 2관찰자의 측정치를 같은 도표상에 옮겨 적어야 한다. 그러나 제 1관찰자의 측정치와 구별하기 위하여 별도의 표시를 하는 것이 보통이다. 예컨대,〈그림32-2〉의 실험 제 5일째를 보면, 제 1관찰자와 제 2관찰자의 결과가 똑같이 일치하고 있음을 표시한다. 즉 제 5일째의 신뢰도(관찰일치도)는 100%라는 것을 알 수 있다. 이와는 대조적으로 제 10일째의 관찰결과는 서로 일치하지 않고 있다. 제 1관찰자는 9번이라고 측정했고, 제 2관찰자는 8번이라고 측정했다. 여기서 * 표시는 제 2관찰자의 측정치를 뜻한다. 주의할 점은 절선도표를 작성할 때 제 2관찰자의 측정치를 선으로 이어주지 않는다는 점이다. 물론 제 1, 제 2관찰이 일치할 경우에는 자연히 연결되겠지만 그외의 경우에는 절선도표와의 독립적으로 제 2관찰의 결과를 표시하게 되어 있다.

(3) 기타 유의사항

기타 도표제작시에 참조해야할 사항을 몇 가지 첨부하면 다음과 같다.

첫째, 실험조건이 바뀔 때에는 그 사이에 수직선을 그어 분리시키는 것이 좋다. 예컨대, 5일동안 기초선을 측정한 다음 제 6일째부터 제 1차 강화를 시작하였다면 아래 그림과 같이 5일과 6일 사이를 수직선으로 분리시켜야 한다.

〈그림32-3〉 도표작성(실험조건의 수직선 분리)

둘째, 수직선으로 각 실험기간을 분리하여 표시한 다음에는 각 실험기간의 상단에 실험조건을 기록해 두는 것이 좋다. 가능하면 "제1차 실험기간" 또는 "강화기간"등으로 표기하는 것보다는 실험조건 또는 강화방법을 구체적으로 풀어서 "손을 드는 행동에 대한 칭찬"등으로 명시하는 것이 효과적이다.

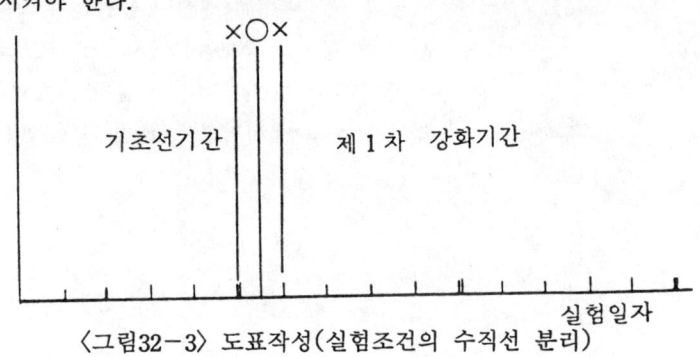

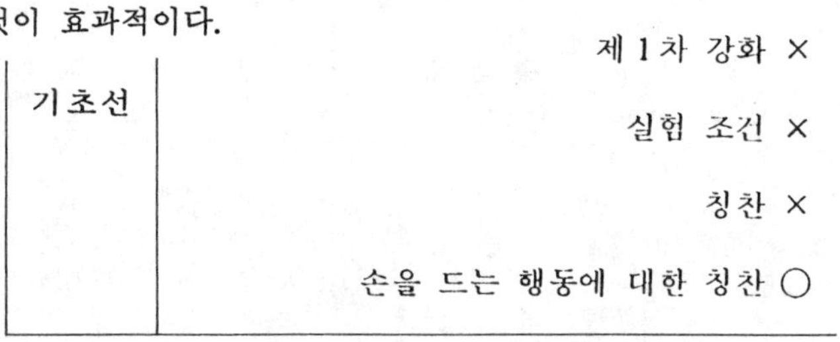

〈그림32-4〉 실험조건 기록

세째, 관찰측정치를 그래프에 옮길 때에는 실험일자와 행동의 강도(빈도, 지속시간, 비율 등)을 확인하여 해당되는 위치에 점(·)을 표시한다. 점은 눈으로 확인하기 좋도록 약간 크게 표시하는 것이 좋다. 그런 다음 각 점(·)사이를 직선으로 이어야 한다. 그러나 실험조건이 바뀔 때에는 두 점간을 직선으로 이어서는 안된다.

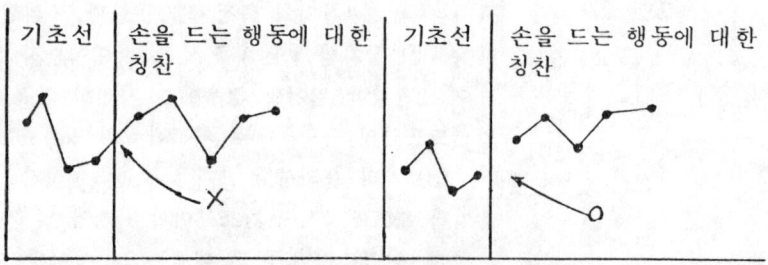

〈그림32-5〉 점의 표시

넷째, 행동수정의 실험이 끝난 다음 사후점검의 관찰 결과는 해당 날짜 위에 그 행동의 강도를 점(·)으로 표시하고 그 사이를 선으로 잇지 않는 것이 원칙이다. 사후점검을 관찰은 매일하는 것이 아니라 상당한 기간의 간격을 두고 실시되므로 선을 그어 연결하는 것은 별 의미가 없다.

33. 중복장애를 지닌 시각장애자

　농·맹의 상태에 있거나 뇌성마비이면서 정신박약을 겸했다든지 하는 상태와 같이 신체적, 감각적 장애에다가 한가지 혹은 그 이상의 장애를 가지고 있어 독특한 지도방법이 요구되는 아동이 중복장애아동이다(Leo. J. Kelly & G. A. Vergason, 1978).

　예컨대 뇌성마비아는 거의 대부분이 중복장애를 수반하고 있으며, 중복장애아는 정신박약을 겸한 아동이 많아서 정신박약이 가장 중심적인 중복장애이다. 중복장애를 가진 시각장애아의 경우도 주로, 이른바 농·맹, 맹·정신박약이 가장 많은 것을 볼 수 있는데 미국(1975년)에서는 중복 시각장애아가 18,000명(15,000명, 1965)까지 증가했었다.

　오래된 통계자료이지만, 미국의 시각장애아 4,711명을 대상으로 조사한 연구에 의하면 1,170명이 정신박약맹이었고, Lowenfeld(1968)는 캘리포니아주를 대상으로 전수조사를 실시하였는데 1,180명의 중복장애아 가운데 940명이 맹이었다는 것이다.

　그리고 그는 맹중복장애아의 수가 격증되는 이유를 첫째, 학령아동 가운데 미숙아망막증의 아동이 상당수 있다는 점, 둘째, 어머니의 유행성풍진(maternal rubella epidemics), 세째는 눈의 질환뿐만 아니라 그 외의 장애를 발생시킨 선천적 원인에 의한 것이 증가되고 있다는 것이다.

　최근의 특수교육 분야에서는 중복장애아의 지도에 관심이 증가되고 있으며, 맹이나 약시 뿐만 아니라 중복장애를 가진 맹아동을 위한 교육과 관련서비스의 준비에도 많은 노력이 있어 왔다.

1. 중복장애 맹아동의 지도 원리와 방법

　중복장애아 지도는 인간발달의 단계와 원리에 맞추어 가장 기초적인 단계부터 시작되어야 한다. 특히 Hart(1970)가 지적한 바와 같이 중복장애아의 훈련프로그램에 강조되어야 할 영역이 있다.

　예컨대, 잘못된 언어패턴을 변화시키기 위한 언어발달 교육과정 개발, 기초적인 생활 적응능력 훈련(대소변, 걷기, 운동조정 활동과 같은 자립기능), 오리엔테이션 및 모빌리티, 신체영상, 운동발달과 관련한 능력을 포함한다. 또한 중복장애아의 교육에서 가장 우선적으로 취해야 할 것은 그 아동의 행동을 자세하게 관찰하는 일이며 아동의 입장에서 지도의 실마리를 찾아야 하는 것이다.

　중복장애를 지닌 시각장애아는 일반적으로 외적세계에 관심이 없어 목적의식이 결여되어 있으며 때문에 학습에 대한 의욕이나 주의집중, 지속성이 결여된다. 또한 욕구불만 내성이 대단히 낮아 큰소리로 외치기도 한다.

그래서 하나의 과업을 습득시키기 위해서는 지루할 정도의 반복이 필요하며, 그들이 고립되는 경향이 있지만 어떤 수단으로든지 인간관계를 맺도록 하여 다양한 체험을 제공하는 일이 중요하다. 이것은 그들의 독특한 욕구를 인내심을 가지고 달성시켜야 한다는 것과 같은 의미이며, 지도과정에 있어서도 퇴행현상을 나타내는 경우도 있어 주의깊은 지도를 요한다. 그러나 그들의 언어를 조금이라도 풍부하게 하고 불안을 감소시키고, 공격적 욕구를 승화시켜 무리없이 교육과정에 참여시키도록 해야 할 것이다.

Wieaner는 교육가능성의 차원으로써 다섯개의 특성을 제시한 바 있다. 즉 수준, 속도, 범위, 효율, 자율성 등이 그것이다.

수준은 곤란과 복잡성의 정도를 나타내는 것으로서 발달과 성취의 양으로 이해되어야 할 것이다. 속도는 여러가지 과제를 해결하는데 필요한 시간이며 범위는 교육과정을 말하는 것으로서 그 가운데서도 아동의 기능을 찾아내야 한다. 또한 효율은 사회적 교육적으로 의미있는 과제를 가능하면 빠르게 최소의 동작으로 달성하는 것에 관계한다. 그리고 자율성은 자기실현 행동이라고 할 수 있다. 즉 과제의 적절한 선택과 수행, 때로는 모방을 포함한 개념이며 그들이 자기활동을 통하여 만족을 얻을 수 있는 것이라고 생각한다. 물론 이러한 것들은 모든 발달단계와 사회문화집단에서 보여지는 것이지만 이 다섯단계를 중심으로 진단하고 이것을 중심으로 지도의 실마리를 얻는 것이 좋을 것이다.

중복장해를 지닌 시각장애아를 지도하는데 있어서 가장 중요한 것은 개념형성과 일상생활 지도 프로그램이다. 개념형성은 지각이나 인지기능의 장애가 발달장애의 주원인인 것에 기초하고 있으며, 후자인 치료프로그램(day treatment program)은 자폐적 분열증적 또는 자율기능의 지체, 언어를 거의 갖지 않은 아동에게 필요하다는데 기초하고 있다.

또한 중복장애맹아의 지도에서 중심이 되는 것은 오리엔테이션과 모빌리티이다 이것은 매우 어려운 과제이긴 하지만 각 개인의 요구에 맞게 지도해야 할 것이다. 맹아의 경우만 하더라도 자기신체의 인식이나 공간개념의 인식이 몸에 젖어있지를 못해서 어려운 지도영역인데, 농이나 정신박약을 겸한 아동은 대리감각의 사용이나 지적기능의 열약으로 매우 주의를 요한다.

다음으로 부모교육의 중요성을 빼놓을 수 없다. 특수아동의 지도기술이나 발달가능성, 발달시기 등과 같은 지식과 정보를 부모에게 제공하여 부모가 아동에게 접근하여 아동발달에 참여할 수 있도록 해야 한다. 이것은 부모의 이해나 태도가 특수아동의 발달에 큰 영향을 주기 때문이며, 부모가 아동들에게 필요한 동기를 부여하여 성장을 촉진할 수 있는 기회를 빨리 주면 줄수록 아동의 정상발달을 기대할 수 있기 때문이다.

Avery는 중복장애맹아에게는 유회치료법이 유효하다는 보고를 한 바 있으며, 또 뇌성마비를 지닌 맹아를 치료한 연구자들은 뇌성마비맹, 사지마비맹, 농맹아들을 학교환경에 넣어 다양한 자극을 주고 물리치료이 프로그램작성과 실시, 위험에 대한 특별주의, 스스로 할 수 없는 경우에만 도와주는 일 등과 같이 지도한 결과 용기와 내적욕구가 나타났고 건강한 심신발달에 유효하다고 했다.

다음에 제시되는 네 가지는 치료진행의 준거로 이해하면 좋을 것이다.

대상아동 : 미숙아망막증, 정서장애, 선천맹

치료계획 : ① 정신과 의사의 개별적 치료
② 부모와 정신과 의사, 사회사업가 등의 팀접근
③ 교사와 정기적인 면담을 하면서 집단적인 생활실시
④ 치료소에 가야 할 심한 정서장애아는 시설에서 지도

중복장애를 가진 시각장애아의 지도에 있어서 또하나 유의해야 할 것은 아동이 안구에 손상을 가진 경우에는 지도에 영향이 크다는 점이다. 예컨대 선천성 녹내장, 소안구증, 무안구증, 사시, 안구진탕증, 안검하수 등은 우선 용모가 손상되어 확실히 대인관계에 적지 않은 영향을 준다. 이러한 경우는 눈의 기능적인 장애보다도 심리적인 영향이 더 크다. 즉 이것이 원인이 되어 자아의식과 불안을 과잉하여 그것이 병기에 반전된다는 것이다. 특히 녹내장인 경우에는 실제도 고통이 심하고 두통, 구토, 발열을 수반하여 더욱 그러하다.

중복맹아의 경우에는 맹정박아가 많다. 이들의 발달지체는 많은 생득적 요인에 의하고 있다. 그러나 꼭 그러한 것만은 아니며, 유아기에 적절한 자극과 체험을 주었는가, 여러가지 구체적인 자료를 통해 감각훈련을 했는가, 보행훈련을 했는가 등을 생각해 볼 일이다. 또한 정박맹아의 경우에는 특히 최소 뇌기능손상에 의한 것이 많은데 그들은 교육불능의 영역이 많이 있음을 알 필요가 있다. 정박맹아는 특별한 학습프로그램을 필요로 한다. 즉, 맹교육만으로나 정신박약아 교육만으로는 효과가 없기 때문이다. 그들의 욕구가 특이하여 교사는 항상 그것에 대응해야 한다.

시각장애아 가운데는 뇌성마비나 소아마비 등과 같은 신체결함을 가진 경우도 있다. 이들에게는 직업훈련이나 물리적 치료가 운동능력의 최대한 개발이라는 점에서 필요한 영역이 될 것이다.

언어장애를 수반한 시가장애아도 있다. 시각장애아는 음절화된 발음에 필요한 이(齒)와 舌(혀)등의 형성을 시각적으로 인지하고 변별할 수 없기 때문에 언어문제를 일으키기 쉽다.

2. 평가도구

① Behavioral Characteristic Progression(BCP) : 특정 행동 특성을 찾아내고, 적절한 학습목표를 선택하기 위한 도구이다. 2,400개의 관찰항목으로 구성됨.
② Developmental Assessment for the Severely Handicapped(DASH) : 종합적인 준거지향 평가도구, 학생의 현재 기능 수준평가, 진행중인 계획이나 평가의 기록
③ Pennsylvania Training Model Individual Assessment Guide : 언어, 감각운동, 사회·정서적, 일상생활 기능, 학업적기능등 5개 영역이 발달기능 평가.
④ Behavioral Rating Instrument for Atypical Children(BRIAC) : 통합기능의 관찰을 위한 도구임. 자아형성, 인지, 자립기능 등 행동변화의 작은단계 평가.
⑤ Manual for Assessment of Deaf-Blind Multihandicapped Children : 아동의 환경과의 상호작용 관찰.
⑥ Callier-Azuza Scale : 운동발달, 지각능력, 일상생활능력, 인지, 의사소통기능, 언어 등 5개 영역의 평가.
⑦ Vineland Adaption Behavior Scale : 적응행동의 평가.
⑧ AAMD Adaptive Behavior Scale : 적응행동의 평가. 일상생활 자립기능 10개, 부적응행동 14개 기능으로 구성됨.
⑨ Developmental Assessment Screening Inventory(DASI) : 종합적인 행동반응 평가도구. 시각장애아와 심한중복장애아를 위한 표준화된 검사임.
⑩ Functional Skills Screening Inventory : 8개영역에 343 문항으로 구성됨. 기본적 기능, 기본적인 개인 생활기능, 사회생활, 사회적 인식, 언어소통, 가정의 일, 작업기능, 개념 등이다. 중복 및 시각장애아의 욕구를 평가하고 개인의 생활에서 우선적 기능을 찾아내기 위함.

3. 교육적 프로그램

중복장애아에게는 현재 또는 가까운 미래에 가장 필요한 욕구 즉, 실제적이고 기능적인 것을 목표로 설정한다. 특히, 직업적, 사회적, 레크레이션, 여가활용 등의 영역에 대한 지도가 요구된다. 교수목표들은 아동의 생활연령에 적합한 것이어야 하고, 수행할수 없는 것 또는 너무 단순하고 쉬운것은 목적에서 고려한다.

중복장애아 교육에서의 교육목표는 다른 장애아동의 그것 보다 더 행동목적의 진술이 필요하다. 즉, 관찰할수 있고 측정할수 있는 것을 정확히 진술한다. 또한 행동이 나타나는 상황을 진술한다. 즉, 조건이 있어야 하고 준거가 진술되어야 한다. 예컨대, '철수는 10분동안에 5장의 편지 봉투에

우표를 붙일수 있다고' 하면 세가지 진술 기준이 포함된 것이다.

중복장애아 교육에서는 IEP에서와 같이 과제분석이 중요하다. 과제분석에서는 먼저 도착점행동(행동적 목적)을 확인하고, 과제의 내용을 계열성있게 배열하며, 출발점 행동이나 다음학습을 위한 선행 학습을 확인하여 분석 제시한다. 또한 행동수정 기법을 활용하여 지도하되, 특히, 행동형성법과 용암법, 촉진법 등이 많이 쓰인다. 그리고 중복장애아에게는 자세지도와 물건다루기가 중요하므로 이에 대한 지도가 포함되어야 한다.

4. 기능발달을 위한 내용

(1) 운동기능 : 중복 시각장애아에게 필요한 지도내용 가운데서 운동기능은 기거나 뛰는 기능이 적당하다. 체육교사, 물리치료사, 작업치료사 등과 함께 프로그램을 고안하는 것이 좋다.

예컨대, 중추신경계에 장애를 입은 아동은 높은 수준의 운동기능과 인지기능의 발달을 방해하는 기본적인 반사가 유지된다. 물리치료사들은 정상적인 운동 형태를 촉진시키고 이러한 반사를 치료한다. 특히 중복시각장애아의 운동기능 발달에 있어서 중요한 원리를 제시하면 다음과 같다.

큰 근육운동과 작은 근육운동의 발달 기능에 대한 과제분석을 실시하고 지도 전략을 수립한다. 또한 운동기능 발달을 위해서 필수적인 것은 신체적합성이다. 많은 맹농아들은 환경 탐색에 공포를 지니고 있어, 균형, 인내, 유연성, 힘 등과 같은 건강에 관련된 것을 증진시킬 필요가 있다. 팔, 손, 손가락과 연관된 작은 근육운동 기능의 발달이 이들에게는 지체된다. 손으로 물체를 잡는 시각적 놀이를 통해 신체활동을 증진시키는 것이 중요한 프로그램이다.

(2) 의사소통기능 : 의사소통의 개발은 중복장애아의 가장 중요한 교육프로그램의 한 영역이다. 의사소통 기능은 시각장애아의 사회생활 참여를 위해 기본적인 것이다. 언어적 모델이나 비언어적 모델의 정규적인 언어훈련을 받기전에 학생을 다른 선행기능을 습득해야 한다. 이르테면, 주의집중 훈련을 통한 아동의 주의집중이나 행동을 모방할 수 있는 기능, 물체의 기능적인 활용 능력 등이 준비되어야 한다. 맹농아의 의사소통기능은 뒤에 따로 논의한다.

(3) 일상생활기능 : 중복장애를 지닌 시각장애아는 식사, 착탈의, 대소변 등의 기능에서 지체되는 경향이 많다. 그 이유는 감각손상과 운동장애가 겹쳐있어서 뇌성마비와 같은 모습을 보인다. 부모나 교사가 심한 장애아라고 해서 이러한 기능을 스스로 발달시켜 주질 못한것이 또 하나의 원이다. 그리고 주의집중과 같은 인지기능이나 쥐기와 같은 작은 근육운동기능 등의 선수기능이 제한되어 있다는 점이다.

자립기능은 따로 분리된 한가지 목표로 성취되는 것이 아니며, 운동, 인지, 언어기능과 서로 결합되어 가르치고 배우는 것이다. 또한 식사법을 식사시간에 지도하고, 외출할때 옷입는 법을 지도하는 등 생활속에서 자연스런 지도가 좋다. 특히, 시각적으로 교사의 행동을 모방할 수 없기 때문에 교사는 신체접촉을 통해서 단서를 제공하고 촉진한다.

일상생활 기능가운데 가장 기본적인 것은 음식을 먹는 기능이다. 음식먹기에서는 핥기, 뱉기, 씹기, 손가락으로 집기, 스푼으로 먹기, 컵의 물 마시기, 스토로우로 먹기, 식사예절, 빵과 같은 간단한 음식먹기 등이 주요한 기능이다. 초기에 음식먹기의 기초기능은 바로 언어전 기능으로서 중요하다. 즉, 언어기능은 구강의 조직과 근의 협응을 습득해야 가능하기 때문이다. 중복장애아는 혀의 돌출이나 구강의 과민성과 같은 특정의 구강운동 신경을 가지고 있어 식사와 언어기능에 장애가 많다.

그 다음의 기본적인 것은 옷을 입고 벗는 기능이다. 즉, 양말을 신고 벗기, 바지, 셔츠, 신발, 모자, 단추나 지퍼 잠그기 등이 주요 기능이다. 착탈의는 생활의 흐름속에서 지도하고 교사는 과제분석을 통해 지도한다.

그 다음은 대소변 훈련이다. 옷이 젖었거나 더러워진것의 인식, 화장실을 찾기, 화장대에 앉기, 대소변 보기, 화장지 사용등이 주요기능이다. 또한, 세수와 세면, 양치질, 머리손질, 손톱깎기, 생리, 면도, 옷의 선택 등에 관한 기능도 요구된다. 그리고 아동이 지역사회에 성공적으로 통합하기 위하여 사회적 상호작용 기능을 배양해야 한다. 아울러 직업전 기능, 레저 및 레크레이션 기능 등의 지도가 요구된다.

5. 맹농중복장애아 지도

의학적 팀이나 프로그램 제작팀이 농맹아의 요구에 적합한 단일프로그램을 개발하기는 어렵다. 왜냐하면 장애의 원인이 다양함과 아울러 손상의 정도도 다양하기 때문이다. 이를테면 시력과 청력손실은 출생부터 나타날 수 있고 먼저 선천농이고 다음에 시력손실을 가져 올 수도 있다. 또한 선천맹이고 다음에 청력손실을 가져올 수 있고 양쪽 손실 모두 후천적일 수도 있다. 손실의 정도도 두 감각손실 중 하나는 부분손실이나 진행성 손실일 수도 있다. 이러한 손실의 시작시기, 손실의 정도는 개별화된 농맹프로그램 조직에 반영된다. 교육의 수준은 투입감각자극을 통합하는 어린이의 능력과 그것을 과거 경험과 관련지우는 능력에 의해 결정된다.

1) 프로그램의 조직

프로그램을 통해 의사소통 잔존시력과 청력의 사용 긍정적 자아관에 기초한 안정된 사회적, 정서적 성장이 개발되어져야 한다. 이 세가지는 항상 프로그램을 제작할 때 세워져야 할 기초이다. 때문에 농맹아를 연구하는 사람은 이 세가지 기본 요구를 반드시 알아야 한다. 이것이 모든 프로그램의 방법, 기술, 활동에 영향을 미쳐야 한다. 이 관계를 그림으로 표시하면 그림33-1과 같다.

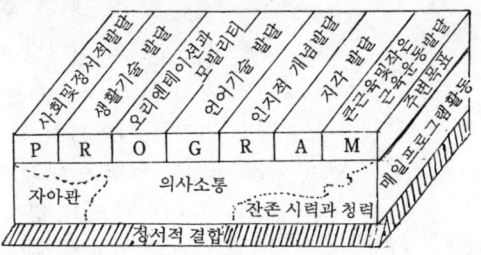

〈그림33-1〉 농맹프로그램의 체계적 조직

그림33-1에서 "의사소통"이라는 단어는 구화, 수화, 신체적 언어, 제스츄어, 그리고 어린이가 다른 사람과 또는 환경과 어떤 방법으로든 의사소통하려는 모든 시도를 다 포함한다. 전농 또는 전맹으로 기능하는 농맹아의 초기의 간단한 의사소통의 하나는 그가 마루 위에 누워 있는 동안 그의 팔을 들어 올리거나 내리게 하는 운동근육 패턴의 개발이다. 일단 그 패턴이 확립되면 중단시키고 그에게 처음부터 다시 시작하겠다는 신호를 교사에게 하도록 하라. 그 다음 단계는 2~3단계의 패턴으로 무릎에 손대고 어깨와 복부에 대기이다. 어린이가 학실히 인식할 때까지 반복시키고 그 다음에는 그가 교사의 손을 패턴에 따라 하도록 시킨다. 그 다음에는 순서를 바꾸어서 한다. 예를 들면 무릎, 어깨, 복부에서 무릎, 복부, 어깨 순으로 바꾼;다. 이렇게 되면 그는 환경자극을 통합하는 문제를 한 가지 마스터하는 결과가 된다.

부모는 빨리 의사소통 단서를 확립해야 한다. 만약 아기가 전농과 맹으로 기능한다면 이때 단서는 촉각, 팔의 치기, 복부위 치기, 침대 난간 흔들기 등으로 구성된다. 일단 단서가 주어지면 아기는 다가올 행동을 예기하고 주의할 충분한 시간을 가져야 한다. 만약 아기가 다가올 행동을 성공적으로 예기한다면 기초적 습관은 설정되었고 그 다음 단계는 더 정밀한 단서 제공이 수반된다. 어머니가 방에 들어와서 침대에 접근할 때 어린이는 어머니가 온다는 시각적, 청각적 자극을 받지 못한다. 어머니는 자기의 의사소통을 미리 소개하고 다가오는 사건을 주의하고 예기하기 위한 기회를 어린이에게 주어야 한다. 만약 어머니가 기저귀를 갈려고 한다면 그때 어머니는 두번째 단서를 아기에게 알려 주어야 한다. 이러한 단서는 어머니와 아기의 정상적 접촉의 결과인 자연스런 것이어야 한다. 그리고 어떤 주어진 활동의 끝에는 어머니는 끝을 알리는 단서를 주어야 한다. 예를 들면, 어린이의 두 손을 가슴 앞 가까이 갖다 붙인다든지 하는 것 등이다. 의사소통의 일반적 원리는 다음과 같다. 첫째, 모든 노력은 어린이가 잔존시력이나 청력을 사용하도록 시작해야 하고 둘째, 그 어린이에게 접촉하는 사람들은 어린이가 의사소통할려는 시도에 주의를 기울여야 한다. 세째, 잔존청력이 있다면 간단한 말을 계속 말해주어야 하며 네째, 가능하면 문제법(problem approach)을 사용하는 것이 좋다.

맹농아는 만지는 아동이라 할 수 있다. 그러나 그 어린이는 그 사물을 알기 위해 만지는 것이 아니고 만지는 그 자체를 위해서 만진다. 만지는 것은 참된 지각이 아니고 그 만짐은 계획성도 없다. 그 어린이는 꿈 속에서처럼 만짐을 행한다. 사물과 인간 사이에 의식적 관련이 없으며 인간관계는 부족하다."라고 말하였다. 만약 어린이가 정서적으로 안정된 사회적 인간존재라면 그 어린이는 그의 주위세계와 의사소통해야 될 뿐만 아니라 긍정적 자아관을 개발하는 것이 필수적이다. 그는 자기자신을 가치있는 존재로 보아야 하며 그의 주위세계에 기여할 수 있는 존재이며 그의 주위세계로부터 공헌을 수락할 수 있는 성공적인 존재로 보아야 한다. 이 긍정적 자아관의 개발은 출생시부터 시작해야 한다. 정상아에 있어서는 이 긍정적 자아관은 부모, 다른 사람, 그외 다른환경과의 상호작용에서 생긴다. 농맹아에 있어서 첫 단계는 정서적결론을 확립하는 것이다. 이것은 자연적으로 일어나는 것이 아니고 또 돌발적으로 일어나는 것도 아니다.

어린이가 환경 또는 개인과의 새로운 상호작용이 주어질 때 다음 단계가 일어난다.

2) 교육내용과 지도

농맹아를 위한 교육프로그램은 7개의 영역으로 조지된다. 꼭 이들이 다음 1단계부터 2단계, 3단계 순으로 나아간다고 말할 수는 없지만 프로그램 조직의 편의를 위해 7개로 묶을 수 있다. ① 사회적, 정서적 발달 ② 생활기능발달 ③ 오리엔테이션과 모빌리티 발달 ④ 언어발달 ⑤ 인지발달 ⑥ 지각발달 ⑦ 큰 근육과 작은 근육발달

활동은 이들에게 다음 학습에 필요한 기술을 습득하기 위해 각 단계마다 기회가 제공되도록 해야하며 생활기능 프로그램은 성인으로써 독립 또는 반독립생활에 필요한 모든 기능을 가르치도록 계획되어야 한다. 이러한 기능은 이를테면 의복보관, 세수, 양치질, 머리관리, 요리, 주택관리, 그리고 사회적 기능으로 나아간다. 오리엔테이션과 모빌리티 프로그램에는 처음에는 익숙한 환경으로부터 점차 익숙치 못한 환경으로 나아가도록 하며 개별화되도록 계획되어져야 한다. 각 어린이는 어떤 환경에서 다른 사람과 상호작용시에 사용할 기본적 수용과 표현언어를 개발하도록 도와야 한다. 프로그램조직에서 특정한 의사소통 철학은 없다. 그외 언어는 시스템에 어린이를 맞추기 보다는 그의 욕구에 맞아야 한다. 일단 그에게 의사소통 수단이 확립되면 의사소통할려는 정서적 결합이 개발되어지고 그렇게 될때

언어형성이 시작된다.

 교사는 발달적 의사소통, 긍정적 자아관, 잔존시력과 청력의 사용 등 모든 목적을 항상 알고 있어야 한다. 어린이의 프로그램은 수영, 놀이시간, 여행과 같은 활동을 중심으로 계획되어진다. 수행활동 동안 언어발달, 신체상, 생활기능, 오리엔테이션과 모빌리티, 큰 근육발달, 지각과 개념 발달에 관한 교육이 주어진다. 예를 들면 언어에서는 "앉아", "기다려", "일어서"를 강조하게 된다. 신체상 발달을 위해 양말을 신는 동안 셔츠를 팔에 끼면서 "내 발, 너의 발", "너의 손, 내 손"과 같은 놀이를 할 수 있다. 옷을 입고 벗는 동안 그리고 물 속에서 운동발달 교육도 할 수 있다. 인지발달은 신체부분의 명칭 붙이기에서부터 이루어질 수 있다. 이리하여 일상활동의 하나에서 위의 7개 영역의 목적달성을 할 수 있다.

 모든 농맹아를 위한 유일한 프로그램은 없으며 각 아동의 독특한 장애가 고려되어져야 한다. 의학적 전문가나 교사는 프로그램의 계획, 실시 및 평가에 참가해야 한다. 또 모든 아동에게 적합한 유일한 목적도 있을 수 없다. 각 개인을 위한 목적이 그들의 능력에 따라 설정되어야 한다. 그림33-2는 생활환경과 직업적 수준의 두 요인에 의한 사회적 定置목표 모델이다.

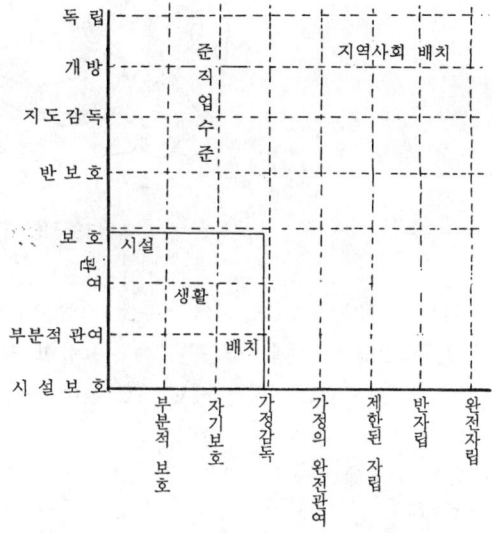

〈그림33-2〉 농맹아의 사회적 定置를 위한 목표 모델

3) 맹농아의 의사소통 지도

 농맹아와 의사소통하는 데는 많은 방법이 있다. 특수교육을 필요로 하는 것도 있고 필요로 하지 않는 것도 있다. 그 몇가지를 소개하면 다음과 같다.

 (1) 손바닥에 글씨 쓰기 : 집게 손가락을 사용하여 농맹아의 손바닥에 글씨를 쓰는 것으로 한 단어를 쓰고 난 뒤에 그의 손가락 끝을 한번 퉁기고

쓰려는 한 문장의 말이 끝난 뒤에는 손가락을 두번 퉁긴다. 수정할 때는 교사의 손바닥으로 그의 손바닥을 닦는다.

(2) Tadoma법 : 새로운 낱말을 가르칠 때 많이 사용하는 방법으로 이 방법은 아동의 엄지손가락을 부모나 교사의 입술 위에 얹고 그의 다른 손가락은 목부분과 뺨에 댄다. 즉 진동을 느끼게 하여 언어를 지도하는 방법이다. 아동의 손을 그 자신의 뺨에 옮긴 후 그 자신의 목소리 사용에 용기를 주게 한다.

아동에게 새로운 낱말을 가르칠 때, 우리는 타도마기법의 사용에 의해서 목소리 진동을 느끼게 하여 도움을 줄 수 있다. 이 방법은 아동의 엄지 손가락을 부모나 교사의 입술위에 얹고 그의 다른 손가락은 목부분과 뺨에 편다. 즉 진동을 느끼게 하여 언어를 지도하는 방법이다. 그래서 아동의 손을 그 자신의 뺨에 옮긴 후 그 자신의 목소리 사용에 용기를 주게 한다. 그리고 새로운 단어지도에 사인을 사용할 때는 아동의 손을 잡고 사인의 형태를 만들어 주어야 한다. 이때 아동이 한손을 쓰고 싶어하면, 그 자신이 원하는 손으로 활동하도록 하고 억지로 바꾸지 않는 것이 좋다.

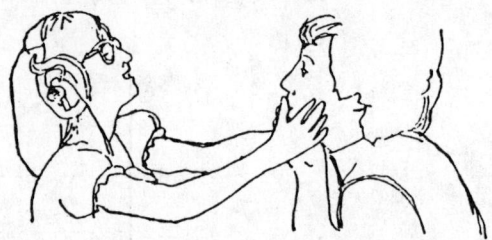

〈그림33-3〉 Tadoma 방법

(3) 부호(예, 모터스 부호) : 농맹아의 손바닥 위에 두드려 의사소통하는 방법으로 예를 들면, "예"는 한번 두드리고 "아니오"는 두번 두드리며 "나도 모른다"는 세번 두드린다.

(4) 점자

(5) 수화

(6) 지문자

농맹아가 스스로 의사소통기능을 혼자 학습하는 것은 무리이다. 이를테면 수화와 지문자가 유용하려면 이 기능을 가족이나 친구들도 함께 배워야 한다. 아울러 이들과 효과적인 의사소통을 위해 다음사항이 권장된다.

① 여러분의 출현을 아동에게 알린다.

② 무리하게 강요하지 마라.

③ 아동도 여러분을 이해하고 여러분도 아동을 이해한다는 것을 확실히 하라.
④ 낯선 환경에 아동을 혼자 두지 마라.
⑤ 아동의 상상에 맡겨 두지 마라. 모든 것을 설명하고 정직하게 말해 주라.
⑥ 의사소통을 하도록 격려하라.

4) 맹농아의 여가활용 지도

농과 맹을 겸한 농맹아동은 공통적인 행동특성을 가지고 있다. 밝은 빛이나 태양빛에 눈이 부심, 엄지나 다른 손가락으로 자기의 눈 찌르기(eye poking), 옷입기 거절, 마루바닥에 앉기, 물놀이를 즐김, 가끔 자신이나 다른 사람을 향해 신체적인 방법으로 욕설을 하는 등이 그것이다. 이러한 행동은 자기시간을 유용하게 보낼 어떤 프로그램을 주면 감소될 수 있을 것이다. 그리고 그는 가장 기초적인 욕구인 의사소통도 배우게 된다.

(1) 지도의 오리엔테이션

농맹아의 여가시간을 어떤 "활동"을 통해 지도할 때는 유의해야 할 점들이 많다.

매우 상식적인 얘기이지만 가르치는 사람은 "어른이며 크다"는 점과 배우는 사람은 "아동이며 작다"는 점이다.

예컨대, 어떤 활동을 하기에 앞서서 아동에게 알맞는 의자와 책상을 준비하여 아동을 의자에 앉힌 다음 발밑에 상자를 놓아 바른 자세를 유지시켜야 한다.

또 하나는 가능하면 아동에게 많은 언어적 자극이 필요하다는 것이다. 즉, 항상 중요한 낱말은 큰 소리로 말하고 그 단어에 대한 지문자나 심볼을 제시한다.

그리고 지도하는 사람의 얼굴표정은 아동의 작업을 계속할 수 있도록 돕는데 중요하다. 즉 말과 얼굴표정(화낸 얼굴, 찌푸린 표정)을 함께 해 주어야 한다는 것이다.

또한 농맹아동은 감각이 제한되어 있기 때문에 모든 활동의 국면에 있어서 보다 많은 시간을 필요로 한다.

중복장애아동 가운데는 잔존 시력과 청력이 둘다 있는 경우가 있고 시력은 없으나 청력은 있는 경우도 있다. 최중도 농맹아의 경우에는 활동을 쉽게 해낼 수 없을 것이며 수정을 필요로 할 것이다. 전맹의 경우에는 수화나 지화를 사용했을 때 그 형체(형태)를 가르쳐야 하는데 이때 아동의 손을 쥐고 가르치는 것이 필요하며, 전농아는 얼굴을 아동의 얼굴 가까이에 대고 말해야 한다. 이 때 아동은 부모나 교사의 호흡과 따스함을 느끼며, 목소리의 진동(vibration)을 함께 느끼는데 이것이 아동에게는 매우 중요하다. 그러나 다른 사람의 목소리나 가까이 접근하는 것에 대한 공포를 느낄 수도 있기 때문에 애정어린 접촉, 부드러운 접근, 목소리를 통하여 아동이 보청기나 안경을 끼고 있다면 벗게 하지 말고 지도한다. 대부분의 아동들은 보청기나 안경을 불편하다는 핑계로 착용을 기피하기 때문이다.

(2) 지도의 실제

농맹아의 여가선용 지도에는 "following rope"나 "fun box", "introduction of an animal to the child" 등 여러가지가 있으나 여기서는 두가지만 소개하고자 한다.

〈드럼리듬 : (Drum Rhythms〉

목적 : 아동의 특정리듬 듣기와 드럼치기 모방

자료 : 봉고드럼, 아동에게 맞는 의자 두개, 안경과 보청기

절차 : ① 작은 의자에 아동이 앉고 아동 가까이에 드럼을 쥐고 앉는다.

② 드럼으로 간단한 리듬을 치기 시작한다. 아동의 손을 당신의 손으로 잡고 같은 리듬을 친다.

③ 아동이 모방할 수 있을 때까지 같은 간단한 리듬을 계속친다.

④ 아동이 칠 수 있으면 보다 어려운 리듬을 시작한다.

관찰행동 : 아동이 무작위로 리듬을 치지는 않는가. 드럼치는 것을 거부하지 않는가. 드럼으로부터 주춤거리거나 멀리할려는 반응은 없는가.

기대행동 : 아동은 리듬치기를 모방할 수 있을 것이다.

〈Felt Puzzles을 통한 감각훈련〉

목적 : 아동의 텃치감각을 발달시킴.

자료 : 아동에게 맞는 의자 두개, 테이블 하나, 한개의 퍼즐(퍼즐의 크기와 수는 아동의 수준에 따라 결정), 샌드페이퍼, 밀가루 반죽과 같은 질감이 다른 물체.

절차 : ① 각 퍼즐의 질감이 다르다는 것을 이용하여 각 퍼즐을 되풀이 설명한다.

② 퍼즐 위에 같은 질감을 가진 물체를 갖다댄다.

③ 각 퍼즐의 모양과 면이 같거나 다르다는 것을 확실히 인식시키기 위하여 각 물체를 이같은 절차로 반복한다.

④ 여러가지 자료를 테이블에 놓고 분명히 한다.

⑤ 타도마기법으로 말하고 낱말의 사인을 사용한다.

⑥ 부모는 그의 손을 아동의 손위에 얹고 아동이 첫번째 조각을 옮기는데 도운다.

⑦ 부모는 퍼즐에 아동의 손을 조심스럽게 안내하면서 "텃치"라는 낱말을 사인으로 말한다.

⑧ 물건의 질감을 탐색하도록 약간의 시간을 허락한 뒤에 타도마기법을

사용하여 "텃치"라는 낱말을 부모가 말할 때 입의 진동을 느끼게 한다.
　⑨ 아동이 물체의 질감을 느낌으로써 부모는 "텃치"를 사인으로 말하고
　⑩ 아동의 손을 잡고 "텃치" 사인을 만들어 준다.
　⑪ 각 퍼즐 조각에 대한 위의 절차를 반복한다.
　⑫ 아동의 수준에 따라 점차로 옮겨 지도한다.
　관찰행동 : 아동이 각 퍼즐조각을 잡아 당기거나 던지거나, 입으로 가져가지는 않는가. 보청기와 안경을 벗으려 하지는 않는가.
　기대행동 : 아동은 퍼즐에 관한 놀이를 할 수 있을 것이다.

34. 직업교육과 재활

1. 시각장애아 직업 교육의 발달

시각장애아 교육은 초기부터 직업 교육에 강조점을 두었다. 최초의 맹학교를 설립한 Hauy는 파리 맹학교의 교육과정을 쓰기, 수학, 지리, 음악, 수공 등으로 편성하였고, 수공에는 방적, 직조, 뜨개질, 바구니 만들기, 책제본, 인쇄술 등이 포함되었다(Lowenfeld, 1975, pp. 5-9).

오스트리아의 Klein은 비엔나 맹학교를 설립하고 직업 교육을 강조했다. 그 당시 직업교육으로는 음악과 수공이었고, 수공에는 카페트짜기, 가죽제품, 제화와 수선, 바구니짜기, 책제본, 방적, 뜨개질, 편물, 빗자루 만들기, 매트 짜기 등이었다(Lowenfeld, 1975, pp. 6-14). Perkins 맹학교를 설립한 Howe도 파리 맹학교나 비엔나 맹학교와 같이 교육 과정에서 수공에 중요한 비중을 두었고, 맹학교의 교육 목표는 맹아동을 훈련시켜 지역 사회의 경제 생활에 공헌하는 일원으로 훈련시켜야 한다고 했으며, 직업 교육을 강조하는 이유로서, 세금으로 맹인을 부양하는 책임으로부터 국민을 해방시키려는 것이라고 했다(Farrell, 1956, p. 45).

그러나 1840년대 이후 맹학교들은 많은 졸업생을 수용할 수 없었고, 직업에 대한 전문성도 적었기 때문에, 학교에 맹인 수산장을 설립하여 운영했다. 그러나 맹인 노동자들이 경쟁에서 이길 수 있는 상품을 생산할 수 없었고 판매가 생산을 따르지 못했으며, 학교 운동장에 맹인 성인과 아동이 함께 생활함으로써 여러가지 문제가 발생하게 되었다. 그 결과 맹학교들은 학교의 수산장을 포기하게 되었고, 다른 공·사립 기관들이 맡아서 운영하는 경향으로 전환되기 시작했다(Bost, 1934, p. 477). 그러므로 점차 직업 훈련은 맹인 재활센터로 옮겨가고, 학교에서는 직업 준비 교육에 중점을 두었다.

우리나라에서는 1913년에 제생원에서 안마술, 침술, 구술을 직업 교육으로 실시했다. 그 교육과정을 보면 해부학, 생리학, 병리학, 안마학, 경혈학, 안마실습, 침실습 등이고, 그밖에는 독·서·산의 기초 교육을 실시했다. 제생원의 직업 교육과정의 예를 따라 1935년에 평양 맹학교, 1938년에 원산 맹학교가 각각 침, 안 교육을 실시했다. 해방 후 대한민국 정부가 수립된 후에 안마술, 침술, 구술 영업 취체 규칙이 폐지되고 침술과 안마술이 인정받지 못하는 가운데서도 침, 안을 중심으로 한 직업 교육과정은 굳게 뿌리를 내리게 되었다.

미국을 중심으로한 서구의 문화가 우리나라에 많은 영향을 미치게 되자,

일부의 맹학교에서는 미국 선교 단체의 지원으로 다른 직업 교육이 시도되었다. 1956년부터는 대전에 훈맹원을 설립하여 기계로 새끼꼬기, 가마니 짜기, 바구니 만들기, 벽돌 찍기 등이 교육되었고, 청주에서는 농업과 축산업을 직업 교육으로 채택했으며, 1960년에는 서울 천호동에 부흥원을 설립하여, 벽돌 찍기 등 여러가지 직종의 직업 훈련이 시범적으로 실시되었다. 1980년대 들어와 시각장애자 복지회에서 전화 교환과 피아노 조율을 훈련한 결과 1988년에는 11명의 피아노 조율사가 낮은 임금을 받으며 생업을 이어가고 있고, 다른 직업들로는 수입이 보장되지 않아 다른 직종의 교육을 받았다 해도 맹인의 직업으로 정착되지 못하고 있다.

그러므로 우리나라 맹학교의 직업 교육은 이료가 중심을 이루고 있고, 그외에 타자, 조율, 원예, 공예, 편물, 전화 등이 가볍게 다루어지고 있다(문교부, 1983, p. 310).

이웃 일본의 맹학교의 직업 교육은 안마·마사아지·지압사를 양성하는 보건이료과(3년과정)와 별과(2년과정), 그리고 안마·마사아지·지압사, 침사, 구사를 양성하는 전공이료과(고등부 졸업후 3년과정)의 세과정이 있다.

이들의 교육과정은 해부학, 생리학, 병리학, 위생학, 진찰개론, 임상각론, 한방개론, 경혈개론, 안마·마사아지·지압 이론, 침 이론, 구 이론, 의학사, 의사법규, 안마·마사아지·지압 실기, 침 실기, 구 실기 등으로 편성되어 있다(문교부, 1983, p. 65).

북경 맹학교의 직업교육은 9학년부터 지능이 높은 학생에게 안마 교육을 실시한다. 그밖의 대부분의 시각장애자들은 졸업한 후 사회복지 공장에서 정상인과 함께 근무한다. 최근에는 비록 소수이기는 하지만 외국어 교육을 실시하여 공항과 기차역에 통역사로, 국제 전화국에 전화 교환수로 일하고 있다. 5백만이 가까운 맹인이 농업, 상업, 음악 등 각종 직업에 종사하고 있으나 안마, 침술업이 가장 중요한 적성 직업으로 강조되고 있다(Arning, 1986, p. 32).

따라서 중국에는 1986년에 맹인 안마의원이 548개소이고, 맹인 안마의가 약5,600명이고, 90년대에는 맹인 안마의원을 2,000개소로 증설하고, 맹인 안마의를 20,000명으로 양성할 계획이다. 남창(南昌)맹학교의 직업 교육과정은 한의학개론, 해부학, 경혈학, 진단학, 안마실습, 임상실습 등으로 구성되어 있다(Wu Lugiao, 1985).

이상의 동양 3개국의 맹학교에서는 직업 교육과정이 주로 이료과에 국한되어 있음을 알 수 있다.

2. 진로교육과 직업

시각장애자의 직업 훈련은 맹인재활센터나 다른 직업훈련 기관에서 실시되어 왔다. 그러나 진로 발달 이론이 체계화되면서 유치원, 초·중·고등학교에서 직업 교육의 일환으로 진로 교육을 실시하고 있다.

진로에 대한 정의는 학자에 따라 다소 다르나, Healy(1982, p. 54)는 진로를 전직업, 직업, 직업후의 생활을 통하여 개인이 종사하는 직무의 계열화라고 하였다.

그러므로 진로는 개인의 평생의 일을 말하고, 진로 발달은 개인이 자신의 일을 가치있게 하고, 자기의 활동에 의미를 부여하는 과정이라고 할 수 있다(Hoyt, 1979, pp. 487-489).

사실상 진로 발달은 학생에게 직업의 세계에서 자신과 자신의 역할에 대하여 더 명확한 이해를 할 수 있게 하고, 성취분위기를 촉진하며, 생활 스타일을 형성하는데 일, 여가선용, 가족, 지역사회 사이의 관계에 대한 이해를 높여 준다. 따라서 교육에서도 진로 발달의 단계와 각 단계에서 성취해야 할 과제를 명시해 줌으로써 그 유용성을 높여 주었다.

다음은 미국 텍사스주가 1984년에 마련한 진로교육 과정의 예이다.

1단계(출생~3세) : 이 시기에는 시각장애아를 발견하고, 유아 교육프로그램을 실시한다.

2단계(3~12세) : 교육적 발달에 강조점을 둔다. 따라서 기초 학력과 점자의 읽기와 쓰기, 보행, 일상 생활 활동 등에 중점을 두어 교육하고, 12세때 종합적인 직업전 평가(comprehensive prevocational evaluation)를 실시한다.

3단계(12~16세) : 직업전 교육이 실시되며, 그 내용에는 행동 능력의 개발, 직업 인식과 조사, 근육 운동과 공간 지각에서의 특수한 기능 훈련, 응용등이 포함된다. 16세 때에는 종합적인 직업평가(comprehensive vocation evaluation)를 실시하는데, 심리검사에 의한 평가, 비형식적 평가, 작업 샘플, 현장에 실제 배치하여 평가한다.

4단계(16~21세) : 직업 교육 실시

5단계(21~　　) : 직업 배치

3. 직업전달 체계모형

미국의 P. L. 98-199가 통과된후에 OSERS(U. S. Dept. of Education, Office of Special Education and Rehbilitative Service)의 연구(대표연구자 : MADELEINE WILL)에 의하면, 고등부 특수학교 교육과정과 취업(고용)을 연결하는 세가지 수준의 모델을 제시하고 있다.

첫째는 특별한 전달 서비스가 요구되지 않는 학생들이다. 즉, 적절한 특수학교 교육과정을 거쳐 졸업하여, 지역사회(직업배치기관)에서 정상인들에게 적용되는 일반적인 고용서비스가 요구되는 수준의 장애자들로서 비교적 경도학생들이 여기에 해당될 것이다(generic employment services).

둘째는 직업재활이나 성인서비스기관에 의해 제한적인 전달서비스가 요구되는 학생들이다. 즉, 개인적으로 성공 할 수 있는 특별히 고안된 경쟁고용 또는 독립고용이 가능한 학생 수준이 있을 수 있다(timelimited employment services).

셋째는 임금을 받고 생활할 수 있는 계속적인 고용서비스가 필요한 주로 심한 장애학생들이 여기에 속한다.

"학교로부터 고용까지"라는 전달체계에 대한 많은 모델 들이 개발되어 오고 있다(Freagon등 1986, Wehman등 1985). 이들은 모델 개발에 있어서 몇가지 중요한 점을 지적하고 있는바, 이를테면, 직업전달 체계는 다학문적 접근과 다양한 전문가들이 참여해야하며, 부모의 참여 및 지원, 직업전달계획은 21세 이전에 수립되고 절차는 계획적, 조직적이어야 하며, 직업적서비스는 본질적으로 질적수준이 높은것이 제공되어야 한다는 것이다. 특히, 학교와 성인 직업서비스 제공자와의 체체적 협력, 지역사회의 통합된 직무배치를 위한 작업경험, 개별화된 전달계획의 기록등을 제공하는 기능적인 교유과정 등을 강조하고 있다.

즉, 학교에서 고용까지라는 전달체제는 한단계의 절차만으로는 불가능하며, 적어도 세단계, 이를테면, 학교의 직업교육, 전달 절차의 계획, 고용 등이 연결된 세단계의 절차가 요구된다. 이러한 중요성에 비추어 볼때 한국이나 미국의 장애자 직업재활 서비스는 아직도 "학교와 지역사회에 터한 성인서비스기관 사이의 원활한 의사소통과 조직적인 협력이 부족한 편이다.

1) Wehman, Kregel과 Barcus(1985)의 전달체계 모형

이 모델은 고등부 특수학교 교육과정, 전달계획 절차, 고용을 통한 작업배치 등 세간계로 구성되어 있다. 그림34-1에서 보는 바와 같이, 연구자들은 장애학생의 직업전달 서비스 모델을 제시하면서 제1단계인 고등부 특수교육 프로그램에 대한 몇가지 점을 강조하고 있다.

첫째는 기능적인 교육과정을 요구하고 있다. 즉, 장애학생들이 작업현장에서 직무를 수행할 수 있는 기술을 습득해야 한다는 것이다.

둘째는 학교에 터(본위)한 직업교육에서 가능하면 작업현장과 통합형식의 운영으로 개선되어야 한다는 것이다. 즉, 현장실습 및 산학협동체제를 재강조하고 있다.

셋째는 지역사회에 터한 지도는 중도장애학생을 위해 약 12세 정도에서

조기에 실시하고, 학생이 지역사회의 작업현장에서 특정의 직무기능에
대한 직접적인 지도를 받고 있는 기간에 생산량의 증대방안, 수송문제
방안이 강구되어야 한다.

직업인식이나 직업기능의 개발은 重度인 경우에 국민학교시기에 시작
되어야 한다. 6세된 아동을 작업현장에 꼭히 배치해야하는 것은 아니지만
연령에 따라 적절한 수준의 직업교육문제가 설정되어야 할 것이다. 예컨데,
국민학생의 경우에는 나무에 물주기, 칠판닦기, 선생님의 심부름 등과 같은
책임분담을 통하여 직무의 다른 형태를 가르쳐야 한다. 장애학생들의 경
우에는 성인 장애자들이 취업하고 작업하고 있는 지역사회의 작업장을
방문하는 것도 효과적일 것이다. 또한 직무 수행기능 평가와 지도는 직업
전 표본작업 검사를 통해서(이를테면, 지시따르기, 짐꾸리기, 계산등의
기능)시행할 수 있을 것이다.

중학교 학생의 경우에는 실제로 지역사회의 작업장에서 시간을 보내기
시작하는 연령이다. 즉, 대인관계 등과 같은 작업에 수반된 기능을 발달
시키는데 학교의 교육량이 증가되어야 한다. 고등학교에서는 학교교육
이외의 시간을 할애해서 실제로 지역사회의 작업현장에서 실습하는 시간의
양이 가장 길어야 한다. 또한 성인으로서의 작업이나 가정, 지역사회, 레
크레이션, 여가 등에 필요한 기능을 획득하는데 중점 노력해야 한다.

Freagon(1986)이 다음에서 지적한바와같이 실제 작업현장에서 배우는
시간은 학생의 연령이나 직무에 따라 다양하다.

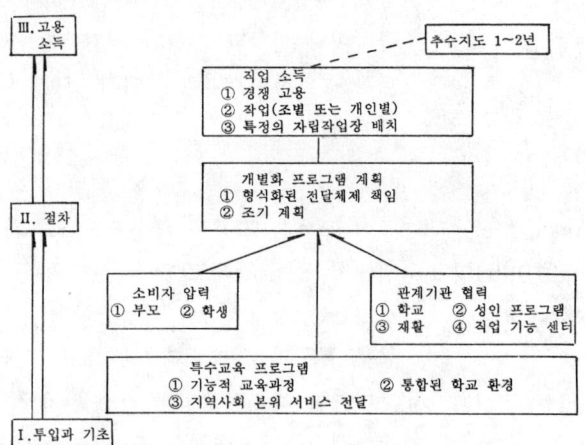

〈그림34-1〉 장애학생의 직업전달체계 모형

■ 국민학교(6-10세) : 일주일에 30분정도 학교에서 직업과 관련된 교
육을 받되 연령의 증가와 함께 시간수를 늘린다.

■ 중학교(11-13세) 일주일에 2회정도를 반나절 동안 지역사회 작업장에 참여한다.

■ 고등학교(14-18세) : 일주일에 2/3정도를 온종일 동안 지역사회 작업장에 참여한다.

■ 고등학교(19-21세) : 가능하면 많은 시간을 작업장에 계속 참여한다.

2) Wehman의 개별화 전달체계 연구

Wehman(1985)등이 제시한 모형의 두번재 단계는, 모든 장애학생을 위한 개별화된 직업전달 계획의 개발이 절차로서 중요한 요소이다. 학생과 부모, 관계기관과의 협력 등의 투입을 학교, 지역사회, 가정 등의 책임을 분명히 하는 형식화된 전달 계획이라는 산출결과를 낳는 조기계획에 결정적인 것이다. 개별화된 계획속에는 연간목표, 단기목표가 포함되어야 하며, 그 목표들은 가정, 직장, 지역사회에서 요구되는 기능들 이어야 한다. 전달 서비스는 적절한 기관, 직무배치, 추수지도 등을 포함하여, 명세화된 계획이어야 한다.

Wehman(1985)등은 학생이 학교 졸업후의 직업배치에 성공적으로 적응할 때 까지 적어도 매년 계획을 재검토하고 수정해야함을 지적하고 있다.

3) Wehman의 복합적 고용방식

직업전달 체계 모형의 세번째 단계는, 장애학생이 고용을 통해 소득을 올릴수 있는 복합적인 고용방법을 적용해야 한다는 것이다. 이를테면, 경도 또는 중도장애의 경우에는 경쟁적 고용방법을 채택할 수 있고(Competitive employment), 사실상 많은 심한 장애학생 가운데는 전문가의 지도를 계속 필요로 하는 부류에 속하는 사람이 많다. 이러한 부류의 학생들은 도움을 받으면서 경쟁고용 방식을 취할 수 있다(Supported employment). 또 다른 방식은 이른바 자립작업장(보호수산장)을 들 수 있다(Sheltered employment). 또한 중도 또는 최중도장애자에게 취한 고용방식으로서 "특정의 직업훈련"의 경우가 있다. 이것은 20명이하의 작은 집단으로 구성되는 것이 특징이다(Specialized Industrial Training).

복합적 고용방식을 보다 쉽게 이해하기 위하여 Wehman(1985)이 제시한 내용을 도식화하면 그림34-2와 같다.

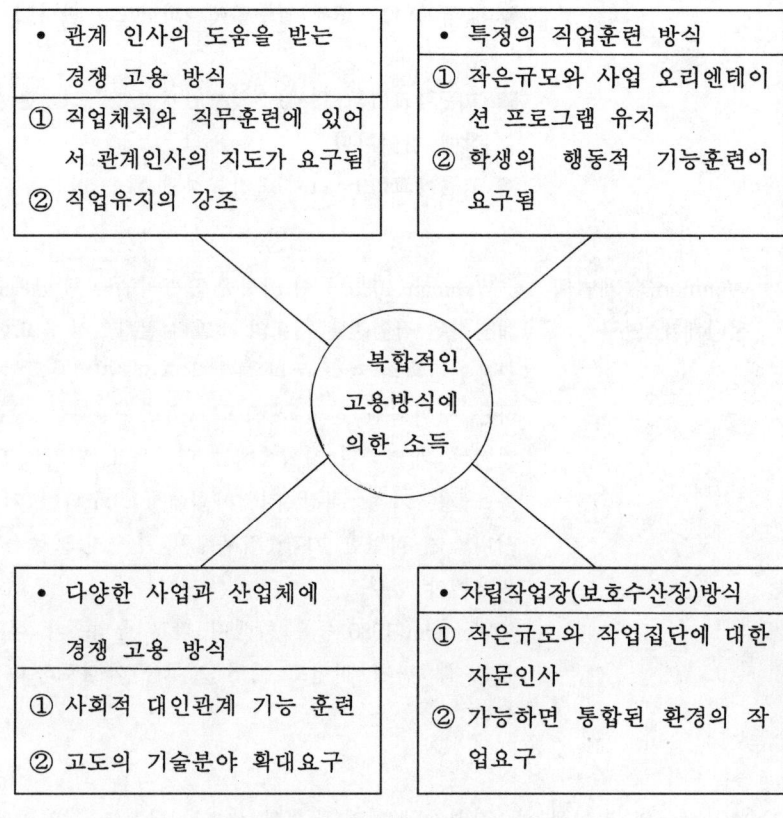

〈그림34-2〉 Wehman의 복합적 고용 방식

4. 시각장애자 직업의 종류

　시각 장애자의 직업을 논할 때 시각 장애자가 무엇을 할 수 있느냐고 하기보다는 어떤 직종에 제한을 두느냐가 더욱 타당하리만큼 미국이나 유럽 국가에서는 다양한 직종에 종사하고 있다.

　시각 장애자의 직종 확대는 1964년 세계 맹인 복지 대회 이후 십수년 사이에 괄목하게 확대되어 시각 장애자의 직업을 생각하는 방향이 완전히 달라졌다. 지난 1972년 시각 장애 심포지엄에서 47개국 대표들이 열거한 직종은 다음과 같다.

① 전문 기술직 및 관리직 종사자

안마사, 치료, 기사, 강사, 교사, 목사, 종교 단체 직원, 변호사, 세무사, 음악가, 조각가, 문필가, 공업 및 상업 사업주, 경영관리직, computer programmer, system engineer

② 사무 관계 종사자

타자수, 속기 타자수, 비서, 점자 교정식, 사무원, 전화 교환수

③ 판매 종사자

사업경영자, 상점주, 판매원, 외판원, 수금원

④ 농·임·어업 및 원예 종사자
농림 및 어업 경영자, 원예 종사자, 가축업, 양계업, 낙농업
⑤ 기능공, 생산 가공 종사자, 노무 관계 종사자
공작 기계 종사자, 조립공, 건축지, 직종공, 편물, 가구 직공, 피아노 조율사, 일반 노무자
⑥ 서비스업 작업 종사자
청소부, 수위, 세차원, 사환, 세탁부, 작업부(잡역인)

5. 시각장애자의 직업훈련

직업 훈련은 시각 장애아 재활 과정의 한 단계이다. 시각 장애자의 직업 훈련 종목과 훈련 방법에 있어서는 그 대상의 개인차에 따라 다르겠으나 우선 시각 장애자가 할 수 있는 것과 할 수 없는 것으로 구분할 필요가 있겠다.

(1) 시각 장애자가 할 수 있는 직업

시각 장애자가 할 수 있는 직업 분야로는 첫째 시력을 요하지 않거나 거의 필요치 않는 직종으로 법률 사무, 교직, 심리 치료, 비서직, 가능한 형태의 기계다루기 등을 들 수 있는데, 이러한 직종은 직업 변화를 요하지 않는다고 할 수 있기 때문에 기초 재활 훈련으로 직업 복귀가 가능하다. 또한 전화 교환원이나 발송신업무 종사자의 경우도 맹인이 취급하기 쉬운 형태로 개조된 특수형 교환대나 취급기 등 보조 용구를 사용하면 가능하다.

둘째, 전직이 시력으로 수행한 분야였을 경우 동일 부서내의 가능한 직종으로 이동 근무케 할 수 있다. 예를 들면 순찰직 경찰관의 경우 사무직이나 전화 정보 관계 업무를, 소방관의 경우 안전 검사원으로, 실무원은 심리 치료사로 계열 직종으로 전환이 가능하며, 재활 훈련과 더불어 새 직종에 적응할 수 있는 일정한 준비 훈련만 받으면 가능하다.

셋째, 직종 자체는 시력을 요하지 않으나 시력이 때때로 필요한 경우이다. 즉 고객에게 배달해야 하는 차 운전, 판매직의 관리 업무의 경우 재활 훈련과 더불어 타인의 시력을 이용할 수 있다.

(2) 시각 장애자가 할 수 없는 직종

첫째, 시력이 꼭 필요한 직종으로 자동차 운전직, 비행 조종사, 수술 의사, 검안사, 교량 공사원, 치과공 등을 들 수 있으며 이런 경우 완전한 직업 전환으로 재직업 교육 및 목표 설정을 요한다.

둘째로 시력이 안전·효율면에서 긴요한 경우로서, 직업적 어부, 제강소 기능공, 철물상, 슈퍼마켓 서기직, 운전 공급 및 생산직 등은 전직 훈련을 요한다.

셋째, 직업 자체에는 시력을 반드시 요하지 않더라도 특정 분야에서는 관계되는 일로서 재교육 가능성도 있으나 새로운 방면으로 직업 전환이

필요하다.

시각 장애자의 직업 훈련 형태는 보호 작업장(sheltered workshop), 맹인 공장, 일반 기업체의 취업의 단계로 발전해 왔다고 말할 수 있다. 보호 작업장은 영리를 떠나 단순히 일을 시킬 목적으로 운영된다고 할 수 있으며, 사회 통합적인 면에서 문제가 있다. 오늘날에 와서는 중복 장애자의 직업 대책으로 볼 수 있다. 맹인 공장은 지금까지 맹인의 능력을 사회에 알리기 위한 수단으로 공헌했고 맹인의 생산성을 발휘했다. 유명한 맹인 공장으로 홍콩의 맹인 공장에서는 금속 세공품, 단추, 솔, 목공 제품, 비, 분필, 의자 수리, 조립 및 포장 작업, 종이 제품, 파일지 등을 제조 작업하고 있다.

협의의 직업 훈련이란 직업에 필요한 기능을 습득 향상시키는 것이라는 관점에서 볼 때 시각 장애자의 직업 훈련도 조직적·계획적인 훈련 과정을 통하여 시각 장애자의 고용 조건이 유리하도록 취업자나 구직자를 대상으로 산업 사회에 적응력을 습득시키는 것이라고 할 수 있다.

훈련 대상자의 직업 기능면에서는 운동 기능의 분석 및 평가가 필요하다. 운동 기능을 세부적으로 분석하면 다음과 같다.

① 팔운동 속도-한 팔이나 양팔의 활동으로 하는 작업 속도
② 손가락 운동 속도-한 손가락 또는 여러 손가락의 기능을 발휘하는 작업 속도로 타자치기를 예로 들 수 있다.
③ 전신 동작-한 장소에서 다른 장소로 물체를 이동하는 능력
④ 세공 조작-작은 물체를 이동시키는 능력
⑤ 손가락 기술-섬세한 물체의 조립 능력
⑥ 양손 협동-두 손을 사용하여 상호 협동으로 작업하는 능력
⑦ 위치 기억력-부분품의 각 위치를 기억하는 능력
⑧ 촉감 구별-손으로 특별한 물체를 구별하는 촉감 판별 능력
⑨ 촉감에 의한 형태 기억-요철로 인식하는 능력으로 점자, 촉감 지도의 이해력
⑩ 반응 속도-신호음에 대해 반응하는 속도
⑪ 손·발 협동-손과 발을 동시에 협동해서 사용하는 능력

이상의 11가지 운동 기능은 작업의 종류에 따라서 그 필요도가 다르며 개개인의 잠재 능력에도 차이가 있다. 또한 훈련에 의한 능력 향상의 한계점도 개인에 따라 다르다. 훈련생의 적소 배치를 위해서는 먼저 각 개인의 잠재력을 평가하고 기업의 직종에 따른 필요 숙련도에 이를 때까지 집중 훈련이 요하게 된다.

직업 훈련을 받고자 하는 훈련생이 성공적으로 직업에 임하기 위해서는 여러 가지 제한 요소들을 제거하는 재활 훈련이 뒤따라야 한다.

첫째, 주위 환경에 대한 定向기능과 이동기능 이다. 주거지, 근무지 또는 사회 활동에서 타인에게 의지하지 않고 자력으로 안전하게 다닐 수 있는 이동기능이 필요하다.

둘째, 의사 소통 훈련이 필요하다. 언어, 전화, 녹음기, 타자기, 묵자, 점자 등의 훈련이 필요하다.

셋째, 일상 생활 기술이다. 기본적인 자기 관리 기술이 연마되고 가정 관리, 화폐 구별 등의 생활 훈련이 되어야 한다.

넷째, 사회성 발달 훈련이다. 즉 단체 활동 능력, 대인 관계의 원만, 맹인벽의 제거, 여가 선용, 운동(스포츠)기능 등의 훈련으로 사회인 또는 동료간의 유대가 잘 이루어져야 한다.

35. 시각장애아교육 교사론

시각장애아는 시력의 손상으로 인하여 환경을 통제하는 능력과 정보의 수용 및 경험의 제한을 받게 되고, 개념의 범위가 좁고, 움직이는 능력에 크게 제한을 받는다. 이것이 시각장애아의 독특한 욕구이며, 일반아동이나 다른 특수아동에 비추어 나타나는 장애성이다. 또한 시각장애아는 일반아동이나 다른 장애아동이 갖는 특성도 지니고 있다. 이것은 일반성 내지는 공통성이라고 할 수 있다.

따라서, 시각장애아교육 교사는 일반교사가 갖추어야 할 능력과 특수교사가 갖추어야할 능력위에 시각장애아교육 교사가 지녀야 할 전문성이 요구되는 것이다(김동연, 1988).

선행연구에서 이미 지적하고 있듯이, 그들의 욕구를 충족시켜야 할 내용들이 매우 많다.

이를테면, 개념형성, 잔존감각훈련, 의사소통기능(점자지도, 묵자, 듣기) 언어, 심리(자아개념), 첨단공학이용, 진학문제, 보행훈련, 사회생활훈련, 직업교육(직종의 다양화, 안마 및 침구), 조기교육, 개별화교수 등은 교사가 갖추어야 할 능력을 시사해 주고 있다.

1. 교사 양성 동향

1) 미국

미국에 있어서의 교사양성은 1890년대 Gallaudet대학의 교사훈련 프로그램을 들수 있으며, 1904년에 Vineland훈련학교가 정신지체아 교사훈련을 시작했다. 1920년대부터 대학에서 교사양성을 시작하였는데 웨인주립대학, 콜럼비아 사범대학, 동미시간대학, 위스컨신 대학등이 초기 교사양성을 시작한 대학이다.

1948년에는 하나 혹은 그 이상의 장애영역의 교사를 양성하던 대학은 77개교로 증가했으며, 1954년까지는 122개교, 1973년까지는 400개교, 1976년에는 약 600개교로 증가하였다.

각주에 따라 차이가 있으나 1985년 이후에 전국의 50개주에서 최소한 학사학위를 기준으로 하여, 대학원 수준에서 양성하고 있다. 또한 대부분의 주에서 유아, 초등, 중등교사자격을 구분하여 자격증을 발급하며, 23개주는 일반교사 자격증을 동시에 요구하고 있다. 28개주는 임시 시각장애아교육 교사(맹과 약시) 자격증을 학부수준에서 부여하며, 32개주가 영구교사 자격증을 부여한다. 후자의 경우에는 반드시 대학의 학점이수를 별도로 규정한다. 양성대학의 교육과정은 주로 시각장애아교육의 기본영역과목, 시각생리 및 병리영역, 의사소통영역, 점자 읽기 및 쓰기과목 등이며, 특히

22개주에서는 보행훈련(Orientation and mobility training)과목을 포함하고 있다.

현장실습시간은 최저 60시간(미네소타주)에서 400시간(콜로라도주)까지 규정한 경우도 있다. 자격증 종류에 있어서도 보행교사, 중복시각장애아교육 교사등을 구분하여 별도의 학과에서 양성하고 있다.

2) 일본

대학에서의 특수교육 전공과목은 소정의 단위(이를테면, 2급보통면허장은 10단위, 1급은 20단위)를 이수하도록 하며, 맹학교 교사 보통면허장을 취득하기 위해서는 맹교육 이론 및 실제, 맹심리, 시각생리 및 병리, 맹교육실습 등의 과목을 이수해야 한다.

국립교원 양성대학의 맹학교 교사 양성과정은 일반교사 자격을 취득하기 위한 과정을 마친뒤에 시각장애영역의 학과목을 10~20학점을 이수하게 되며, 이때 맹학교에 2급 또는 1급자격을 준다. 미야자끼 교육대학의 맹학교 교원양성과정의 개설 강좌는 다른 장애와 공통으로 수강하는 전문과목 12학점(6개 교과, 2단위)외에 시각장애에 관한 전문과목은 16개 교과에 32학점이다.

특히 동경교육대학 교육학부 2년제 교원양성과정은 맹학교 고등부 전공과(고등학교 졸업후의 3년제 과정)졸업자를 입학 자격으로 하여 졸업후에 이료과 교사 자격을 부여한다(田中農夫男, 1987).

3) 영국, 프랑스,
  서독, 소련, 캐나다

일반학교 교사자격증 소지자를 대상으로 하여 대학에 설치된 1~2년 과정의 특수교육전공을 이수하여 시각장애교육 교사자격증을 부여한다(현직형). 특히 프랑스는 맹의 경우에 일반교과교사, 음악, 체육, 직업교육교사 자격증을 분화시키고 있다. 또 영국의 맹·농학교 교사 전형교사에 있어서도 특수학교 교직 경력이 있는 자로서 대학에서 소정의 "특수교육 연수를 받은 자"로 한정하고 있어 우리나라와는 다르다(김병하, 1976).

소련의 모스크바 국립대학 결함학부에서, 캐나다는 주립대학 사범대의 특수교육과에서 맹학교 교사를 양성한다.

4) 한국

6개대학의 특수교육과에서 초등 및 중등교사를 양성하고 있다. 주로 일반교과 담당교사만을 양성하고 있으며, 보행훈련, 직업교육, 중복장애, 유아교육, 점역사 등은 양성하고 있지 않다.

시각장애영역의 전공 개설을 보면, 주로 시각장애교육, 심리, 교육과정 및 지도, 보행훈련, 점자지도 등이며, 이수학점은 9~15학점의 범위내에서 있으나 9학점이 많은 편이다. 실습은 교직과목에 준하여 1개월 정도로

하는 대학이 많다.

2. 시각장애아 교육교사의 전문능력

Mackie와 Dunn은 1950년대에 이미 시각장애교육 교사가 갖추어야 할 지식, 능력, 기능에 기초한 9개영역의 능력목록을 제시한 바 있다. 이를 테면

1) Mackie와 Dunn(1955)의 연구

① 정상아동에게 요구되는 능력
② 눈의 해부학적 지식
③ 시각장애아의 발달심리
④ 지도와 상담능력
⑤ 교수전략
⑥ 보행훈련
⑦ 의사소통능력(점자, 타이핑, 듣기)
⑧ 교육과정의 개발과 적용
⑨ 측정 및 평가
⑩ 관련단체 및 인사와의 협동 및 역할
에 대한 지식

2) Spungin(1977)의 연구

Spungin의 연구는 미국 시각장애아교육 교사 양성과정의 전국적인 표준으로 사용되고 있는 바, 다음과 같이 12개 영역을 제시하였고 이것을 기초로 하여 83개의 능력목록을 개발하였다.

① 심리적 측면(정상 및 이상발달)
② 측정 및 평가(평가)
③ 교육과정 및 교수(특수교육과정의 선정, 개발, 수정)
④ 매체와 특수기기(매체나 도구의 조작)
⑤ 교수전략(효과적인 교수법)
⑥ 매체와 특수기기의 활용(교수자료의 활용)
⑦ 상담 및 생활지도(상담, 생활지도)
⑧ 학교와 지역사회와의 관계(지역사회, 국가적 자원활용)
⑨ 연구(시각장애아 대상의 연구)
⑩ 사회적 측면(전문직으로서의 책임감, 서비스 개선)
⑪ 행정적 관리(프로그램의 운영 및 감독)
⑫ 행정 및 관리(학교프로그램의 체계적 형태에 대한 지식)

3) 이해균(1986)의
연구

한국의 경우는 맹학교 교사 202명을 대상으로 현장사정을 실시하였는 바, Spungin이 개발한 목록 가운데서 가장 중요하다고 인식한 것은 "시각장애가 정서, 운동, 인지발달에 미치는 영향에 대한 지식"이었다. 그 다음이 "직업교육, 사회적, 독립적 생활능력", "점자", "생활지도" 등에 관한 지식의 순으로 제시되고 있다.

3. 시각장애아교육 교사 양성 방안 연구 (김동연, 1988)

1) 일반교과 담당 교사의 양성

① 일반교과 담당교사는 4년제 대학의 특수교육과와 교육대학원의 특수교육전공에서 소정의 학점을 이수한 자에게 자격증을 부여하는 체제가 바람직하다고 본다. 특히 교육대학원에서의 자격증 부여는 현직형 이상의 유능한 교사를 양성 할 수 있는 방법이 되며, 4년제 대학의 양성체제를 보완할 수 있다.

② 사범대학 또는 교육대학, 자격고사 등을 통한 양성이나 자격증 부여는 시각장애학교일반교과 담당교사에게는 바람직하지 못한 방법으로 본다. 다만, 각 대학의 특수교육과에서 시각장애아교육 교사 배출이 수급에 미치지 못할 경우에 한해서만 임용의 잠정적 조치를 취해야 할 것이다.

③ 일반교과 담당교사의 자격증 표시는 2급과 1급, 초등과 중등을 구분하여 표시하도록 한다. 이를테면, 초등의 경우에는 특수학급(급) 2급(1급) 정교사(시각장애)로 표시하고 중등은 "시각장애-과목명"의 형식으로 표기한다. 특히, 맹으로 표시하던 것을 시각장애로, 학교와 학급 표시를 동시에 명기하여 약시학급에도 임용될 수 있게 하며, 맹과 약시아를 동시에 지도할 수 있는 교사임을 확실히 한다.

2) 일반교과 담당 교사양성을 위한 대학의 교육과정 모델

① 장애별로 전문성있는 교사양성을 위해서는 현행 140학점이 상향 조정되어야 할 것으로 보며, 현행의 학점을 기준으로 한다면 적어도 15~18학점을 이수해야 할 것이다. Western Michigan대학의 맹재활과에서는 14개 교과에 36학점을 퍼킨스 맹학교 사범대학원에서는 30학점을, 콜롬비아 대학에서는 22학점을 개설하고 있다.

② 또한 장애별 전공과목을 이수하기 위해서는 D대학과 같은 전공별 코스를 두어야만 시행이 가능하다.

③ 표 35-1은 시각장애 전공과정의 교육과정안을 제시한 것이다. 표35-1에서, 보행훈련교사를 별도로 양성할 경우에는 "생활적응훈련"이라는 강좌는 사회생활능력이나 감각훈련에 중점을 두고 지도하되 보행훈련은 기본적인 것을 다룬다. 또한 현장교육실습은 4주이상으로 하되 문교부의 교직과정과 관련되는 문제이므로 검토되어야 할 문제이다.

④ 따라서 교육실습은 각 강좌에서 이론과 실습(현장 참관, 실험, 실습)을 강화하고 4학년에서 실시하는 실습은 전체 틀에 맞추어 시행할 수 있다.

⟨표 35-1⟩   시각장애 전공과정의 교육과정안[1]

	강 좌 명	단위학점	이수내용(맹, 약시, 중복장애아 포함)
1	시각장애아 교육개론	3	교육사, 행정 및 경영, 복지, 제도, 법등 시각 장애아 교육 일반에 대한 지식 및 참관 실습
2	시각장애아 심리	3	생리 및 병리, 심리적 특성, 심리검사, 상담 및 생활지도, 연구방법 등에 대한 이론과 실습
3	시각장애아 교육과정 및 교수 전략	3	교육과정(일반특수), 개별화교수, 의사소통, 교수 학습 자료 등에 관한 이론과 실습
4	의사 소통 기능	3	문자 지도 이론, 점자의 부호와 형태, 듣기 훈련, 점자지도 및 기기등에 대한 이론과 실습
5	생활 적응 훈련	3	일상 생활(개인 및 사회 생활), 보행훈련, 감각훈련 등에 대한 이론과 실습
6	현장 교육 실습	2	시각 장애 학교 현장 실습
	계	17(2)	실습 2학점은 일반 교직 학점에 준한다.

1) 유네스코의 연구에서는 각국의 장애별 전공과정을 종합하여 중요도 순으로 제시하였는바, 시각장애 영역에서는 시각장애아의 심리, 시각 생리 및 병리, 점자지도, 감각훈련, 수공 및 특정기능 지도 등이다. UNESCO, A Study of the Present Situation of Special Education (Paris : UNESCO, 1971), p.38.

3) 보행훈련 교사의 양성

① 우리나라의 경우는 전문능력을 갖추지 못한 요육교사가 보행훈련을 담당하고 있어 문제가 심각하다. 조사연구에 의하면 보행훈련은 보행교사가 담당해야 한다는 의견이 지배적이다(57.9%가 보행교사, 28.7%가 담임 또는 보행교사)

② 양성방법에 있어서는 대학의 치료교육과, 특수교육과에서 하거나 미국과 같이 석사과정에서, 일본과 같이 단기과정(4~6개월)을 통한 방법이 있을 수 있다.

일본 오사까 라이트하우스 직업·생활훈련 센타에서는 6개월의 양성과정이 개설되어 있으며, 한국에서도 1969년 미국 헬렌켈러 재단의 기술지원으로 30여명의 보행훈련 교사가 양성된 바 있다.

③ 현실적인 수요문제가 있으므로 치료교육과와 같은 관련학과에서 집중양성하거나 현직의 시각장애교사를 대상으로 한 단기양성과정이 바

람직하다. 다만, 후자의 경우에는 대학의 특수교육연구소나 시각장애연구회 등 전문단체가 관장함이 바람직하다.

④ 자격증 표시는 "보행훈련교사"로 하거나 "요육교사(보행훈련)"로 명기할 수 있을 것이다.

⑤ 보행훈련교사의 양성 교육과정에는 적어도 다음과 같은 내용이 포함되어야 한다.
- 눈의 생리, 해부, 병리에 관한 지식
- 시각장애아의 심리 특성 이해
- 감각(촉각, 청각, 후각등), 개념, 운동(근육운동학), 인간 이동에 관한 지식과 훈련능력
- 보행의 심리적 작용변인(인지, 정신운동, 정의적, 신체조건, 환경)에 관한 지식
- 안내자에 의한 보행(기본안내법, 방향전환, 위치이동, 좁은 통로 지나기, 출입문 통고하기, 계단오르내리기, 하이네스브레이크, 앉는 법)에 관한 지식과 기능
- 자기보호기능(상부보호, 하부보호, 스쳐가지, 직각이동, 방향잡기, 떨어뜨린 물체 찾기)에 관한 지식과 훈련
- 보행기구(캐인, 전자) 및 안내견에 의한 보행
- 보행기능의 측정과 평가
- 보행지도(촉각 및 청각지도)의 제작과 활용
- 시각장애아의 행동수정에 관한 이론과 실제

4) 직업교육 교사 및 이료과 교사 양성

① 현행 교육과정에 명시된 직업교과목은 대부분이 실기과목이다. 따라서 별도의 교사를 양성하기 보다는 실기교사의 임용 및 증원을 통해 운영하고 특수교육에 관한 현직연수를 실시한다.

② 교육법에 명시된 실기교사 자격기준에 의하면 직업교과 지도능력에 큰 문제가 없는 것으로 보며, 미래의 직종확대에 비추어 볼 때 이 방법이 적절하기 때문이다.

③ 또 다른 방법으로는 노동부의 직업훈련원 교사에 준하여 현직교사를 대상으로 하여 중앙직업훈련원에서 양성할 수도 있다.

④ 따라서, 자격증 표시는 "실기교사"로 그대로 활용하거나 "직업보도교사"라는 자격을 부여할 수 있다.

⑤ 발전적 측면에서 보면, 직업재활 상담가, 직능평가사, 직업소개사, 직업재활 시설관리자 등이 관련 대학에서 양성되어 학교와 취업기관, 교육과 고용이 하나의 전달체계를 이룰 때 직업교육은 성공할 수 있다고 본다.

⑥ 시각장애학교의 이료과목은 직업교과로서 매우 중요시 되고 있다. 그러나 현장에서는 "맹학교에서 이료교육을 받은 자로 특수교사 자격증을 소지한 교사"가 맡고 있다.

⑦ 수요면에서 볼 때, 이료과 교사양성은 대학에서 이료교사 양성과정을 설치하는 방안보다는 "자격고시"를 통해 운영함이 바람직할 것으로 본다.

⑧ 그 방법으로서, 교원자격검정령 제17조(시험 검정의 응시자격)를 개정하여 다음의 문구를 삽입한다.

「단, 특수학교(맹) 이료교사 자격시험 검정에 있어서는 교육법시행령 제176조와 제178조에 의하여 이료교육을 받은 자」

⑨ 또한 제21조(시험과목의 일부면제) 2항의 경우에도 다음과 같이 수정, 보완한다. 「맹학교 이료교사 자격증을 취득하고자 하는 자는 맹고등부 이료과를 졸업하고, 특수교사 자격증을 취득한 자가 당해과목(이료)에 대하여 5년이상 교육경력이 있는자, 국립재활원 물리치료과를 졸업하고 특수교사 자격증을 취득한 자 및 외국에서 당해 교원자격증을 취득한 자」

또한 면제과목에도 "교육학"외에 "전공과목"(2항의 면제 대상자)을 면제토록 표기한다.

⑩ 특히, 현재의 이료과 담당교사들에게는 재교육(한의과 대학 협력)을 실시하여 자질을 높이는 방안이 보완되어야 한다.

⑪ 시험검정의 방법에 있어서 "이료"과목 표기에 대한 논란이 있을 수 있으나 동과목이 비록 맹학교 고등부에 설치되고 있기는 하지만 동분야의 지식과 기능을 기를 수 있는 교과과정이 마련되어 있으므로 자질문제는 없다고 본다.

⑫ 발전적 측면에서 볼 때, 이료과 교사양성은 일본과 같이 고등부 전공과 졸업자를 입학시켜 교사를 양성하는 전문부 설치가 시급히 요청된다.

5) 시각장애유아교육 교사의 양성

① 장애유아교육 교사양성은, 모든 장애유아를 가르칠 수 있는 자격을 부여하는 방법과 장애별로 구분하는 방법이 있다. 앞의 방법은, 특수교육학과가 설치된 대학내의 유아교육과에서 희망자에 한해 소정의 학점(유아교육과 필수과목 27학점)을 이수한 자에게 자격증을 부여한다.

② 자격증표시는 "유아교육교사"로 하되 일반 "유치원교사"는 임용하지 않도록 한다.

③ 시각장애학교 유치부의 경우는, 등록된 학생수가 적고 감소 추세에 있으므로 시각장애학교 초등교사 자격증 소지자가 임용될 수 있게 하거나 시각장애학교 교사자격증(초등) 소지자를 대상으로 한 소정기간(9~18주)의 연수를 통해 자격을 부여할 수 있다.

④ 초등이나 중등과 같이 전공을 선택하여 운영할 경우에는 다음의 과목을 이수하게 한다(이수학점은 27학점 이상)

```
유아교육론, 아동수학교육, 운동과 놀이 학습, 아동미술, 유아교육과정,
아동문학, 아동자연과학, 아동공예, 창의적 표현 활동, 현장실습 Ⅰ·Ⅱ,
아동음악, 생활지도
```

⑤ 시각장애유아 교사의 연수나 자격증을 부여할 경우에는 다음의 내용이 특별히 포함되어야 한다.
- 감각훈련(전신운동, 수지운동, 촉각적인지, 방향, 공간, 신체개념, 시지각 등)
- 언어(전언어, 발음 등)
- 보행, 운동 자세
- 생활 적응 기능(식사, 수면, 의복, 위생, 건강, 휴식 등)
- 사회성(교우관계, 규칙, 예절, 행사 등)
- 자연(경험)
- 음악(가창, 악기사용, 리듬표현 등)
- 미술(조형, 회화, 형체, 색채, 공작 등)
- 부모교육 및 가정과의 관계

6) 점역사 등의 양성

① 시각장애학교에서는 점자에 관한 전문요원이 필요하다. 점역사 또는 점자교정사 등이 배치되어 점자도서의 인쇄, 교정, 점자서류 등을 제작하는 업무를 전담하게 된다.

② 점역, 교정 등의 담당자는 교육요원으로 양성하여 임용함이 바람직하다고 본다. 따라서 수급계획에 따라 수시로 양성하는 방법이 도입되었으면 한다.

③ 관계기관에서 임시양성소를 설치하여 소정의 기간(9~18주)의 교육을 실시하고 자격을 부여하거나, 전형의 방법을 취할 수 있다.

④ 자격증의 표시는 "특수교육요원(점역사)"으로 표시하거나 "점역사" "점자교정사"로 할 수 있다.

⑤ 관계법의 개정이 필요하면 보완하여야 할 것이며, 요원의 자격은 시각장애학교 고등부 또는 전문대학 이상의 학력을 갖춘 자로 할 수 있다.

36. 부모상담과 교육

1. 부모심리의 변화

장애아동을 가졌을 때 그들 부모의 반응을 Shontz(1965)는 5단계로 분석한 바 있다.

즉 충격적인 단계(initial shock), 현실의 자각단계(realization), 방위적 회피단계(defensive retreat), 수용적인 단계(acknowledge), 적응적인 단계(adjustment)가 그것이다.

아기가 태어나기 훨씬 전부터 부모들은 그들에게 많은 꿈과 희망을 건다. 신혼 부부이건 나이가 많은 부모들이건 마찬가지이다. 이 아기가 자라서 결혼을 하고 자식을 낳을 먼 장래까지도 즐겁게 생각을 하게 된다.

그러나 불행하게도 자기 자녀가 시각이 온전하지 못한 장애아라는 사실을 알게 되면 부모는 큰 충격을 받게 된다. 처음에는 자신감을 잃고 열등감과 좌절 속에 빠져들지만 이러한 갈등 과정을 거쳐 다소 오랜 시간이 지나면 장애아동의 부모라는 사실에 차츰 익숙해져 간다.

Levinson은 정신지체아를 가진 부모의 심리적인 변화를 다음과 같이 7단계로 제시하고 있다.

① 자기 자녀가 정신지체인 것을 처음 알았을 때의「충격 단계」
② 정신지체라는 사실을 그대로 받아들이려 하지 않고 설마 하는「거부 및 부정의 단계」
③ 자기 자녀가 정신지체라는 것을 대단한 수치와 모욕으로 느끼는「치욕의 단계」
④ 자기의 잘못 때문이거나 혹은 무슨 죄가 있어서 벌을 받는 것으로 생각하는「책임과 죄책감의 단계」
⑤ 정신지체 자녀를 가진 것을 무척 괴로와하면서 정상 자녀를 가진 부모에 대해 질투심을 느끼는「고통의 단계」
⑥ 지나친 동정심을 가지고 정신지체 자녀를「과잉보호」하거나 아니며 이들의 뒷바라지가 성가시고 어렵다고 아예「배척해 버리는 단계」

⑦ 정신지체 자녀를 바르게 이해하고 적절한 지도를 모색하게 되는「적응의 단계」.

정신지체아를 가진 부모라면 누구나 이러한 심리적인 과정을 거쳐서 차츰 바람직한 태도를 갖게 된다는 것이다. 이것을 다른 장애에도 적용된다.

2. 부모의 양육태도

특수아동 이상발달의 중요한 한가지 이유는 부모의 양육태도이다. 아기가 처음 그리고 가장 중요한 사회생활을 하는 곳이 가정이다. 부모가 처음 장애아를 가지게 되면 가까운 사람이 죽었을 때와 비슷한 슬픔의 기간을 거친다. 이 슬픔의 단계를 거치면 방어기제를 발전시키는데 1964년 Ross는 이 방어기제를 네가지로 나누었다. 부정, 투사, 합리화 그리고 반동형성을 들었다. 「부정」은 가장 흔한 방어기제로 장애의 증상을 부인하고 다른 아이들과 비교하지 못하도록 하는 노력을 한다. 「투사」는 장애의 원인을 찾으려고 애를 쓰며 그 책임을 다른 사람에게 돌리려 한다.

그런데 이 두 가지 방어기제는 적응과정에 있어 필요한 것으로 긍정적인 반응으로 간주된다. 「합리화」는 자신이 장애아에 대해 가지는 느낌이나 태도 또는 행동을 정당화시키려는 노력이므로 전문가의 의견을 들으려 하지 않는다. 분노와 좌절 또는 거부와 같은 부정적 반응을 장애아에게 하는 것을 흔히 볼 수 있다. 이러한 부정적인 태도에 죄의식을 느끼게 되며 이것을 보상하기 위해 과잉보호를 한다. 이렇게 거부에 대한 죄의식을 보상하려는 데서 나오는 반응을 「反動形成」이라고 한다. 반동형성에 의한 「과잉보호」는 특수아 성장발달에 가장 큰 악영향을 주는 것으로 알려져 있다. 성장발달의 기회를 주지 않는 결과를 초래하기 때문이다.

1960년 Wright는 반동형성에 의한 과잉보호 이외에 애정에 의한 과잉보호를 들었다. 애정에 의한 과잉보호는 장애아의 능력을 모르는데 기인한 경우가 많다. 건강한 아이라면 발달과정을 대개 알고 있거나 모른다 해도 주위의 다른 사람들을 통해 알게 된다. 그러나 특수아는 이상발달을 하므로 언제 훈련을 시켜야 할지모른다. 또한 장애아을 시키는 것보다는 어머니가 직접하는 것이 쉽기 때문에 과잉보호를 하는 수도 있다. 반동형성에 의한 것이든 순수한 과잉보호이든 이것은 특수아 성장발달에 가장 많은 해를 준다. 차라리 거부에 의한 과소보호가 나은 것으로 보고되고 있다.

3. 부모상담

1) 장애 부모의 특성과 상담

장애아 부모가 현재 어떤 성격과 특성을 나타내고 있느냐의 문제를 파악하는 것은 상담자가 앞으로 어떤 방법과 안내를 제시해 줄 것인지 혹은 장애아동을 위해 어떤 치료기술과 절차를 찾아낼 수 있는지를 알게 되는 지름길이 된다. 그러므로 장애아 부모의 특성을 이해하는 것은 부모상담의 기본 과제에 속한다.

일반적으로 다음과 같이 장애아 부모의 성격적 유형을 대별해 볼 수 있고, 따라서 각기 다른 특성은 상담자의 역할을 다르게 규정해 줄 수도 있다.

① 완전주의형 : 아동이 지닌 장애를 인정하지 않거나, 장애자가 아니라고 생각하며, 아동은 자기 능력 이상의 것을 강요당하므로 실패의

연속을 경험하여 무기력해진다.

상담가는 장애아는 능력 이상의 것을 요구받거나, 자신의 실체가 있는 그대로 인정받지 못할 때는 퇴행 행동을 나타낼 수 있음을 논의한다.

② 거부형 : 자기의 자녀가 장애를 지니고 있으므로 인해 돌아오는 의무와 관심을 부담스러워한다. 아동은 부모가 자기로부터 도피하려는 갖가지 형태의 학대 심리에 시달림으로 공격적인 행위등으로 반항할 수 있다.

상담가는 흔히 아동이 지닌 장애 때문이 아니라 경제적, 사회적 혹은 기타의 사항이 아동을 포기하고 싶어하는 성향을 지니게 할 수 있음을 상담자가 이해하고 있음을 알린 후, 아동의 결과적 행동을 논의한다.

③ 관대형 : 부모가 아동발달의 대리인이 되어 전권을 행사함으로 아동의 스스로 노력할 기회를 박탈한다. 노력을 통한 성취감을 맛보지 못한 아동은 어떤 작은 일에도 동기유발이 어렵고 의욕을 갖지 않는다.

상담가는 부모의 지나친 관대함이 신체적, 정서적 발달을 방해한다는 것을 인지하도록 한다.

④ 적개형 : 의식, 무의식적으로 아동이 지닌 문제점만을 지적하거나, 적극적으로 불만을 나타낸다. 아동은 자기가 지닌 최소한의 능력이하로 행동함으로써 부모에 대한 혼란을 막아내려는 경향이 있으며 흔히 행동이 거칠어진다.

상담가는 적개심이 자녀의 성격발달에 크게 영향을 끼치며, 자녀에 대한 적개심은 곧 자녀의 부모에 대한 적개심으로 전염되는 위험성이 있음을 알도록 한다.

⑤ 불안형 : 아동이 지닌 장애를 지나치게 의식함으로써 아동자신이 지닌 능력으로는 전혀 아무것도 할 수 없다고 생각한다. 따라서 아동은 행동이 제한된다.

상담가는 장애를 지닌 아동이 지니는 삶에 대한 불안은 부모가 아동에게 가지는 불안에 비례하며, 결과적으로 가능한 성장이 저해될 수 있음을 인식시킨다.

⑥ 희생형 : 장애 자녀를 위한다는 표면적 이유를 내세우는 경우가 있으나, 실제적으로는 장애 자녀를 가진 자신의 '죄값'을 치른다는 형태의 보상심리가 작용한다. 부모의 지나친 보살핌으로 인한 무기력이 아동이 지닌 특징으로 나타낼 수 있다.

상담가는 장애 아동의 경우에도 적절한 보살핌과 애정을 주는 것만으로도 충분히 바람직한 성장을 해 나갈 수 있다는 것을 터득할 수 있도록 이끌어 나감.

⑦ 수용형 : 자녀가 지닌 장애 자체를 인정하고 받아들이며, 장애 자녀를 인격을 갖춘 자연인으로 최대한 존중해 준다는 의미에서 정상 아동과 다름없이 양육하려는 경향이 있음. 아동은 노력이 모든 것을 가능케 한다는 부모가 전수한 철학에 따르나 실패할 경우 절망에서 헤어나기 힘듬.

상담가는 장애 아동의 노력만으로 장애를 극복할 수 있다는 신념에 오류가 있을 수 있음을 인식시킴.

2) 상담자의 태도

(1) 단정적인 태도의 지양

상담자는 부모들이 가진 개성, 배경, 가치기준, 양육방법 등을 확실히 나쁘다는 증거가 없는 한 아동의 행동문제를 부모의 탓으로 돌리는 태도를 보이지 않음.

(2) 가족들이 지니는 문제점의 이해

장애아동을 양육하는 어려움을 아동개인이 지닌 독특한 특질에 대한 반응의 결과일 경우가 많다. 보통의 아동일 경우 무리없이 양육할 수 있는 능력을 지닌 부모들이 특별한 성질을 지닌 아동이 행하는 별난 행동의 희생자가 되는 경우가 일반적이다. 그러나 이런 경우에도 부모자신들 스스로 아동들의 장애문제에 대한 일차적 비난을 감수하고 있음을 이해함.

(3) 지나치게 전문가임을 자처하지 않음

상담자들은 다양한 특정경험을 통한 지식의 범위가 넓기 때문에 효율성과 비효율성의 근본이 쉽게 판단될 수 있는 전문인이라는 것은 사실이 될 수 있다. 따라서 지식의 폭이 넓기 때문에 흔히 장애아 부모에게 조력을 주는 상담자가 되기 보다, 일반적인 주장을 창출하는 절대적 위치의 전문인으로 부각되는 경우가 가능하다. 그러나, 상담자는 부모 역시 자기 아동에 한정된 범위내에서는, 개인적인 독특한 경험과 안목을 지닌 또다른 전문인임을 인정해 줌으로써, 장애아 부모와 대등한 입장의 공감대 형성을 가능케 할 수 있음.

(4) 가족단위의 상담

상담자는 장애아동 자신의 문제에 국한된 주체에만 상담의 초점을 맞추는 것에서 벗어나는 것이 바람직하다. 이것은 가족환경이 장애아에게 미치는 영향이 있는 것과 마찬가지로, 장애아 역시 다른 형제들이나 혹은 부모의 결혼생활에 영향을 끼칠 수 있음을 아울러 고려해야 한다는 의미가 된다.

(5) 수평적, 상호신뢰의 구축

상담자와 장애아 부모사이의 원만한 대화나, 관계의 성립은 정보의 교환은 물론, 각자가 겪는 좌절이나 혼란의 근원에 이르는 개인적인 감정의 기복이 이야기의 내용이 될 수 있을 때 가장 완벽하게 이루어질 수 있다.

특수교육 전문 상담자에 의한 일반적인 관계의 시작은 부모들로 하여금 경계의 벽을 쌓게 하는 원인이 될 수 있다.

상담자가 보이는 기술적인 태도는 상담에 필요한 공감대를 파괴하거나, 확장시켜 나가는 지렛대이다. 결론적으로 장애자 부모를 위한 상담자의 궁극적 기술은

첫째, 객관적인 경청과 정보의 교환을 통하여 모든 막힌 문제에 실마리를 제공하는 일과

둘째, 장애자 부모가 자기를 통찰하고 이해할 수 있도록 돕는 일

셋째, 장애자 부모에게 지식의 여러갈래와 그에 대한 관련성을 지적해 주고, 이것을 바탕으로 아동의 장애문제를 스스로 돕고 해결할 수 있도록 준비시키는 일이 상담의 주요 목적이 된다.

4. 부모교육

부모교육이란 일반적으로 말하는 자녀를 가진 부모들을 위한 상담과는 약간의 차이를 가지며, 부모교육의 주된 목적은 그들 자녀의 행동에 대한 통찰력을 길러주고 양육기술을 발달시키는데 있다.

자녀양육이 아주 복잡한 과제임으로, 부모교육에 전제되어지는 조건은 부모가 자녀양육에 태만 하거나 바람직하지 못한 극단적인 인생을 가진 사람은 아니어야한다는 사항이다. 부모에게 주어지는 역할을 나름대로 수행해내려고 애쓰며 노력하는 부모, 그러나 생각보다는 문제가 가볍지 않거나 그들 스스로의 해결능력 이상 요구하게 되는 경우의 부모들을 그 대상으로 하고 있다.

따라서 부모교육 프로그램은 크게 두 부분으로 나눌 수 있다. 즉, 사회심리적인 뒷받침을 주된 목적으로 하는 상담프로그램과 자녀들의 교육정보를 제공하는 것을 주된 목적으로 하는 교육프로그램으로 나눌수 있는데, 여기서는 특별히 자녀들의 교육과 훈련을 위해 자녀들의 미래를 위해 필요한 정보를 제공받기 위해 실시되어지고 있는 교육프로그램을 부모교육 프로그램이라는 용어와 동일한 의미로 쓰고 있으며, 그 부모교육 프로그램에 대해 중점적으로 언급하려 한다.

1) 부모교육프로그램의 필요성

왜 부모교육이 학령전 특수아동교육 프로그램에 있어서 필수적으로 필요한가.

특수한 자녀를 가지게 된 부모들은 신체적으로는 부모가 되었으나 심리적으로는 부모의 역할을 수행할 수 있는 책임감이 결여되어 있으며 그

자녀를 위해 무엇을 해야할지 교육적인 양육방법을 모른다. 특수한 자녀들은 심리적 부담뿐 아니라 물리적, 재정적으로도 많은 부담을 안겨주며 게다가 친척이나 친지의 도움이 없는 경우라면 여러가지 복합적인 문제들을 해결해야만 할 상황에 놓이게 된다. 그러므로 그 부모를 돕기 위해 그 자녀가 교육을 받아야 하는 것처럼 건강한 부모로써의 역할을 수행하기 위해 교육받아야 하는 것이다.

더불어 특수한 자녀를 가진 부모의 역할은 상당히 중요하다. 우선 그들은 그들의 자녀와 오랜 시간을 같이 보내며 그들 자녀에 대해 누구보다도 많은 것을 알고 있기 때문에 교육의 전략상 아주 중요한 위치에 있다는 것이다. 또 항상 그들 자녀와의 생활영역을 같이 나눔으로해서 생활의 장에서 자녀의 행동에 즉각적으로 반응하고 보상할 수 있는 영향력있는 존재라는 이유만 보아도 그 부모교육의 중요성과 필요성에 대해 더 이상 언급하지 않아도 된다.

2) 부모교육의 방법과 내용

부모교육 프로그램의 접근방법은 매우 다양하다. 그 중에는 자녀와의 효과적인 의사소통 발전에 촛점을 두는 것, 일상생활에서 사용하는 특수한 행동기술을 개발하는 것, 소집단 토의, 단기 교육과정, 자아교육 프로그램 등의 다양한 교육형태를 활용하는 것 등이 있다. 방법은 다양해도 부모가 학습자인 동시에 교사로서의 역할을 맡아야 한다는 개념을 개발시키고 정보나 지식을 교환하도록 격려되는 집단의 형식을 취하는 것이 보편적인 것이다. 토의는 전형적으로 자녀에대한 적극적 경험, 자녀의 행동과 놀이에 대한 지도감독, 바람직한 경쟁방법, 책임과 규율의 준수와 같은 주제에 촛점을 둔다.

부모교육 프로그램의 대체적인 내용은 그 자녀를 가정에서 돌보는 방법, 학습시키는 방법, 그 자녀에게 도움이 될 수 있는 사회의 각종 정보제공 등이 있으며 더욱 적극적인 방법으로는 실제교육현장에서 그 자녀들을 다루고 있는 교사들을 관찰하여 그 행동양식을 배우며 직접 가르쳐보고 토의하며, 학습교재를 만들어 제공하는 등의 교사의 보조자 역할을 하는 것들이 해당되어 진다.

(1) Cansler의 부모교육 내용 : 여기에는 장애 자녀의 구체적인 교육방법, 각종 검사들의 올바른 해석법, 가족내 문제를 위한 집단 개별상담, 필요한 정보를 지역사회에서 제공받는 법과 정보와의 연결, 장애 자녀의 행동 수정법, 가정내에서의 자녀 훈련방법, 집에서 만들어 활용할 수 있는 교재개발법, 형제들의 훈련, 가족과 부모들의 바람직한 모임, 장애자녀를 위한 워커샵등이 주요내용이다.

(2) Sheaver와 Sheaver(1976)의 부모교육 내용 : 여기에는 언어, 교육,

지각기능증진, 생활훈련, 근육기능훈련과 사회성개발 등 5개 영역을 필요로 한다고 했다. 따라서 이러한 5개영역에 그 기초를 두고, 자유로운 가정 분위기에서 학습하는 법, 부모들이 배워야 할 관련된 영역의 기술들, 부모들이, 아동들이 배울 수 있는 것이 무엇이며, 배울 수 있는 방법은 어떠한지 관찰하는 법, 모든 가족이 훈련에 참가할 수 있는 법, 가정에서 쉽게 익힐 수 있는 생활훈련기술들, 가정프로그램의 체계적이면서도 개별적인 목표를 설정하고 그에 접근하는 방법등이 주요내용이다.

여러 학자들이 제시한 부모교육 프로그램의 내용들을 간추려 보면 대체로 아래와 같다.

① 자녀에 대한 원인, 예방등의 기초지식
② 자녀에게 적절한 교육목표설정법
③ 그 교육목표에 접근하기 위한 관찰법
④ 부모, 형제를 포함하여 온 가족이 자녀의 교육에 참여하는 법
⑤ 생활훈련, 운동기능, 지각 및 감각기능, 언어, 개념형성 등을 위한 실제적인 교육방법 모색
⑥ 그에 따른 교재개발법
⑦ 자녀에 대한 미래계획방법
⑧ 지역사회에 필요한 정보수집법, 활용법

37. 학교의 시설·설비

1. 시설·설비의 개관

　　시각장애아 학교는 아동의 시각손상으로 인해 초래되는 장애를 극소화하기 위하여 환경수정이나 특별한 조치가 요구되고 있다. 이를테면, 시설에 있어서의 일반적인 고려사항으로써 색채, 음향, 조명, 각종 장애물, 위험물, 공중전화기, 계단과 엘리베이터, 현관, 복도, 목욕탕, 점자블럭 및 헨드레일 등이 고려되어야 한다(박용환, 1988).

　　맹학교의 입지조건에 있어서도 통학, 보건, 관리, 보안, 도시근교를 고려하고 교지 선정에서도 교사, 실내체육관, 운동장, 풀장, 보행훈련장, 기숙사 등이 포함되어야 한다. 그 밖에 시설·설비에 있어서는 맹아 약시아 모두에게 적합한 환경을 배려하며, 세면시설, 건물의 배치 등에 유의해야 한다. 교사 내부의 설계 배치에 있어서도 관리실, 보통교실, 특별교실, 유치부의 시설을 갖추어야 한다.

　　보통교실의 경우에는 맹아동과 약시아동 모두에게 편리하도록 하고, 조명, 게시판, 서견대, 보관함, 관찰대 등을 배치한다(内山喜久雄, 1982). 특별교실에 있어서는 학자나 국가간에 다소 견해 차이는 있으나, 시청각 교육실, 음악실, 실험실, 이료과 임상실습실, 감각훈련실(시지각훈련, 촉각훈련), 상담실, 점자인쇄 및 확대실 등이 요구되고 있다(加藤安雄·鈴木清 編, 1973). 최근에는 전자공학기구를 활용한 학습실로써 컴퓨터실이나 옵타콘실 등이 강조되고 있다(김동연 외4인, 1987).

　　맹아동의 교재, 교구, 교육용 기기, 용구 등에 있어서도 특별히 준비되어야 할 사항들이 있다. 이를테면 점자판, 점자타이프라이터, 작도기 및 필기용구류, 독서기 및 문서작성기류, 계산용구류, 보행보조구류 등을 아동의 수에 알맞게 구비한다.

　　특히 최근에 개발되어 활용되고 있는 점자프린터, 브사브레일, 음성합성장치, 확대문자 출력장치(CCTV), 묵자탐독기 등이 우리나라에도 조속히 도입해야 할 것으로 본다. 또한 시각장애아 교육에 적합하지 않은 관계 법령도 수정·보완해야 할것이다(박경숙·윤점룡·이나미, 1988)

2. 맹교육용 설비

　　맹교육에 필요한 설비는 매우 많다. 일반교육과정에 활용되는 설비외에 특수교육과정과 관련한 설비가 매우 중요하다. 여기서는 일본 국립특수교육 총합연구소가 제시한 맹교육용 33종과 약시교육용 28종의 설비를 제시해 둔다.

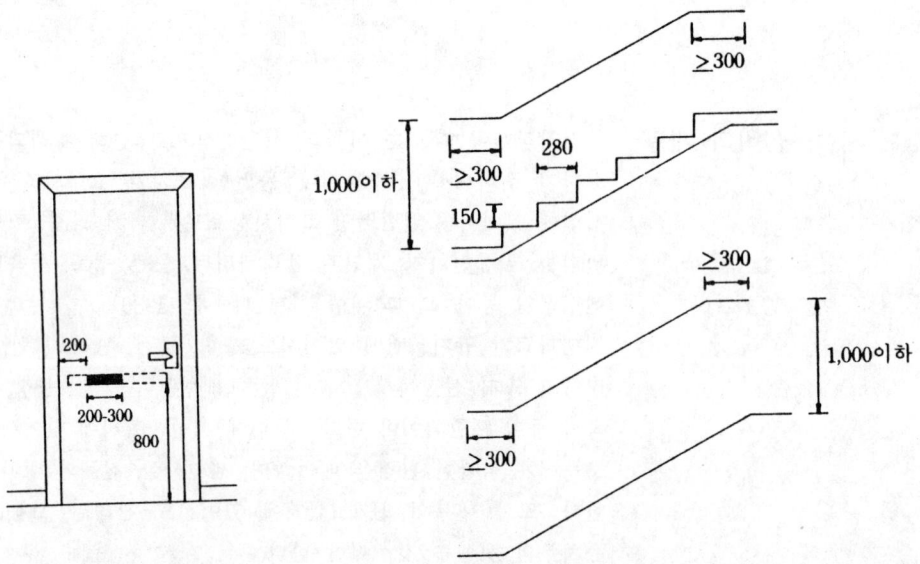

〈그림 37-1〉 문의 손잡이 위치(단위 : mm)   〈그림 37-2〉 계단난간의 설치(단위 : mm)

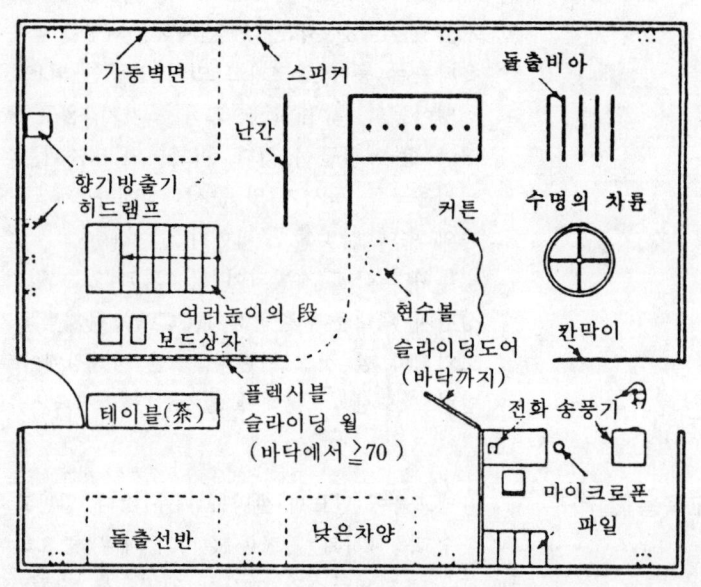

〈그림 37-3〉 실용 보행 훈련실의 예

⟨맹교육용 설비⟩

점자판(Braille Frame) :
  32매스점자판
  37점자판
  휴대용 점자기
점자타이프라이터 : Perkins Brailler
작도기 및 필기용구 :
  표면작도기(Raised line drawing kit)
  맹인용자(Rule for the Blind)
독서기 및 문자작성기 :
  옵타콘(Optacon)
  영문타이프라이터
  Versa Braille
  점자워드프로세서(Braille Wordprocessor)
점자 및 점도교재 작성기
  Braille master
  입체 복사장치(Stereo Copying System)
  섬머폼(Thermoform)
  점자제판기(Braille Plate Embossing Machine)
  점자인쇄기(Braille Printing Press)
  작도제판기
테이프레코드 :
  카세트식 테이프 레코더(Cassette Tape Recorder)
  오픈릴식 테이프 레코더(Open-Reel Tape Recorder)
계산용구 :
  맹인용 주산(Abacus for the Blind)
  음성전자 탁상계산기(Talking Calculater)
보행보조구 :
  흰지팡이(Cane)
  초음파 환경 탐사기(Sonicguide)
  초음파 보행 보조구(Sonospecter)
기타 : 감광기(Light Indicator)
      퍼스널 컴퓨터(Personal Computer)
      청력계(Audiometer)

3. 약시아동의 교육시설·설비

보유시력을 지닌 약시아동에게는 환경적 배려가 교육적 조치에 중요한 것이 된다. 이를테면 적합한 실내의 조명과 자연광선을 활용한 반사광선의 조절이 요구되고 있다. 아동에 따라 필요한 조명량이 다르기 때문에 전체조명(천정조명은 평균 400~500)과 책상위에 전기스텐드를 설치하여 조절하도록 한다. 창은 직사광선을 막고 양면채광을 받게 한다.

또한 벽이나 천정, 목재품, 마루 등의 반사가 조명에 영향을 주므로 반사율을 고려하여 실내장식을 한다. 예컨대, 칠판은 담록색(반사율 15~20%), 책상면은 밝은색(15~30%) 등으로 하여 눈부심이나 피로를 줄인다 (Hathaway, 1959).

따라서 약시교육의 설비와 교구는 색채(특히 명도)에 유의하며, 칠판은 명시도를 높이고 보는 속도, 효율성을 높이는 색의 대비가 고려되어야 한다. 의자와 책상은 조절식으로 하고 책상면의 각도에 있어서도 수직, 수평면으로 조절할 수 있게 한다. 만약 수평면인 경우에는 서견대를 사용한다.

타자기와 타이프용구는 약시아에게 알맞는 활자 크기를 사용할 수 있는 필수적인 기재이다. 또 사회과, 낭독, 발성 등을 지도하는데 녹음기가 필요하며, 토킹북과 레코드, 라디오, 텔리비젼 등을 통한 청각활용 학습에 요구된다.

확대기구는 증상에 따라 사용하며, 안경, 렌즈, 확대경, 확대독서기, O.H.P, 비디오 등을 활용할 수 있다. 약시아에게는 확대교과서가 필요하다. 아동의 눈의 상태에 따라 활자의 크기를 조절하여 제공하되 대체로 18~24 포인트 크기가 요구되고 있다. 그리고 지도, 지구의, 도표 등고 교수학습 매체로 준비되어야 하며, 공책, 연필, 분필 등의 굵기와 색채에도 유의해야 한다.

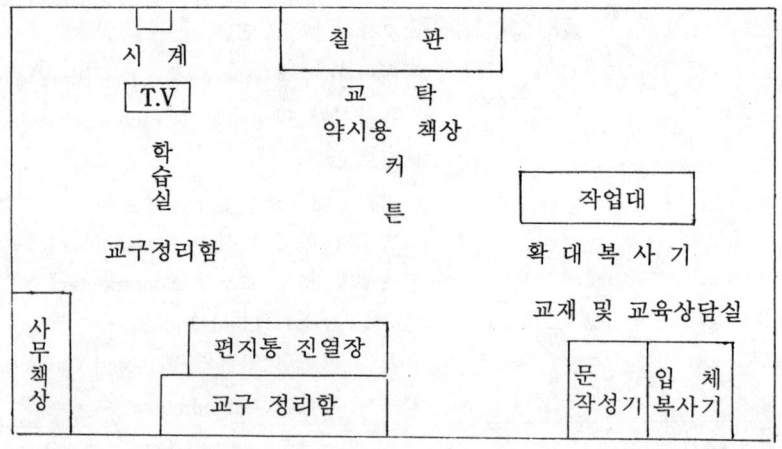

〈그림 37-4〉 약시학급의 시설

〈약시교육용 설비〉

약시렌즈 :
　원용, 휴대형, 쌍안경식(Binocular)
　원용, 휴대형, 단안경식(Monocular)
　원용, 안경형(Telescopic Spectacles)
　근거리용, 휴대용(Hand Magnifier)
　근용, 탁상형(Stand Magnifier)
　근용, 스탠드형(Stand Magnifier)
　근용, 안경형(Spectacle Magnifier)

TV영상확대 독서기
　근용, 흑백 옵티스코프(Monochrome Optiscope)
　컬러옵티스코프(Color Optiscope)
　원근 양용 옵티스코프(Bifocal Optiscope)
　기타 확대 TV장치(CCTV)

시청각기기 :
　비데오장치(Video Tape Recoder Equipment)
　슬라이드 프로젝터(Slide Projector)
　O.H.P(Overhead Projector)
　실물투영기(Opaque Projector)
　카세트 테이프 레코드(Cassette Tape Recorder)

확대교재 작성기 :
　확대·축소복사기(Elefax)
　확대복사기(Copying Machines with Magnifying Function)

약시용 책상 :
　약시용 경사책상(Tilk Desk for Low Vision)
　독서대(Reading Easel)
　책상용 스탠드(Desk Lamp for Low Vision)

시각검사용구 :
　원거리 시력표(Eyesight Test Chart at 4m)
　근거리 시력표(Eyesight Test Chart at 30cm)
　시야계(Perimeter)
　색각검사용구(Color Blindness Test)
　약시검안렌즈세트(Magnifying Glass Set Low Vision)

기타 : 시지각 향상 훈련기(Training Equipments for Visual perception)
　　　 워드프로세서(Word Processor)

主要參考文獻

권기덕. "시각장애아동에 대한 K-WISC 언어성검사 적용에 관한 연구".
　　영남특수교육학회지. 제1권, 제1호, 1977.
권기덕·김동연. "시각손상아의 예방과 교육을 위한 그 예비적 고찰".
　　학생지도연구. Vol.5, No.1, 1981.
권기덕·김동연. "시각장애아의 개념 발달을 위한 탐색적 연구". 특수교육학
　　회지. 제4집, 1983.
권기덕·김동연·김태욱. "한글 可讀視力에 의한 교육적 약시, 판별에 관한
　　연구". 韓社大論文集. 제10집, 1980.
김동연. "특수학급 교육의 전개과정과 당면과제". 특수교육학회지. 제8집, 1987,
　　pp.151～165.
김동연. "시각장애아의 자아개념 형성에 관한 연구". "霞汀徐廷德博士 古稀紀
　　念論叢. 대구 : 대구대학교 출판부, 1979.
김동연. "특수학교 교육과정에 대한 학생 욕구 분석". 특수학교 교육과정 개정
　　기초연구('87)Ⅳ. 대구대학교 특수교육연구소, 1987.
김동연. "보행훈련프로그램의 구조연구". 미간행, 대구대학교 대학원 박사학위
　　청구논문, 1984.
김동연 외 4인. "옵타콘(OPTACON)이해". 시각장애연구. Vol.3, No.3, 1987.
김동연. "맹학교 교육과정에 대한 사회요구 조사". 특수학교 교육과정에 대한
　　사회요구분석 : 특수학교 교육과정에 개정 기초연구(Ⅳ). 대구 : 대구대학
　　교 특수교육연구소, 1987.
김동연. "맹학교 교육과정에 대한 학생욕구조사". 특수학교 교육과정에 대한
　　학생욕구분석 : 특수학교 교육과정 개정기초연구(Ⅵ). 대구 : 대구대학교
　　특수교육연구소, 1987.
김동연. "시각장애아의 촉지각 특성." 교육학논총. 제9집, 대구·경북교육학회,
　　1990.
김동연·조인수·김종순. 행동수정의 이론과 실제. 전주 : 신아출판사, 1989.
김동연. "신체심리학의 이해". 심리치료연구. 제1권, 제1호. 대구대학교 심리
　　치료학회, 1990.
김동연·이해균. "시각장애아 미술의 치료적 입장". 시각장애연구. 제6권, 제1호.
　　대구 : 한국시각장애연구회, 1990.
김동연. "시각장애". 구본권외 9인. 특수교육학. 서울 : 교육과학사, 1991.
김동연. "장애아동의 특성과 미술교육". 특수아동교육. 제16권, 9호, 1989.
김동연·정재권·조인수·석동일. 유아의 특수교육. 전주 : 신아출판사, 1987.
김동연·김태욱. 점자발달의 과정. 대구 : 대구대학교 출판부, 1981.
김병하. "로제타 셔우드 홀 여사에 대한 한국특수교육의 성립 史考". 특수교
　　육학회지. 제7집, 1986.
김승국. 한국점자통일안. 서울 : 단국대학교 출판부, 1988.
김정권·이태영. 특수교육학. 제2판. 서울 : 형설출판사, 1981.
문교부. 맹학교 교육과정. 서울 : 문교부, 1983.
박용환. 장애자를 위한 건축의 계획과 설계. 서울 : 대건사, 1990.

박윤규. "K-WISC 언어성 검사에 의한 시각장애아동의 지능요인 분석." 미간행, 석사학위 청구논문, 대구대학교 교육대학원, 1990.

박중휘. "다면적 인성검사에 의한 시각장애학생의 성격 특성." 미간행, 석사학위 청구논문, 대구대학교 교육대학원, 1990.

송준만. 특수아지도. 서울 : 한국방송통신대학, 1984.

양경희. "시각장애아와 정안아의 그림표현에 관한 비교연구". 미간행, 석사논문, 이화여자대학교 교육대학원, 1987.

이상욱·김재호. 안과학. 서울 : 수문사, 1984.

이창우. 서봉연. K-WISC실시요강. 서울 : 교육과학사, 1974.

이태영. 특수아심리. 대구 : 대구대학교 출판부, 1983.

이해균. "시각장애아교사의 전문능력에 대한 맹학교 교사의 평정". 미간행, 석사학위 청구논문, 대구대학교 대학원, 1986.

임안수. "맹학교 교육과정 국제비교". 장애영역별 특수학교 교육과정 국제비교연구 : 특수학교 교육과정 개정 기초연구(Ⅴ). 대구 : 대구대학교 특수교육연구소, 1987.

임안수. "맹아의 인지발달". 특수아동교육. 제12권 5호, 1985.

임안수. "시각장애아의 청독 및 언어학적 과정의 발달. 특수아동교육. 제13권, 제5호, 1986.

임안수. "시각장애자 교육과정의 성격과 동향". 제4회 시각장애아 교육학술 세미나, 한국시각장애연구회, 1988.

장덕자. "시각장애아의 신체상 지각특성". 미간행, 석사학위 청구논문. 대구대학교 교육대학원, 1986.

주창섭. "점자속독훈련프로그램 개발연구". 시각장애연구. Vol.3.No.4, 1988.

충주성심맹인학교. 맹교육용 촉각교재. 충주 : 동학교, 1980.

한국시각장애자복지회. 기초재활. 서울 : 동복지회, 1986.

한국시각장애연구회. 시각장애연구. 제1집~제6집, 대구 : 동연구회, 1990.

한명복. "최근 약시교육동향과 교수매체." 제3회 시각장애아 교육학술 세미나, 한국시각장애연구회, 1987.

岡田明. 視覺障碍兒의 心理와 敎育. 東京 : 芳苑社, 1985.

大川原潔. 全國盲學校及 小ひ中學校弱視學級 兒童生徒 視覺障碍原因等 調査結果報告書, 筑波大學 學校敎育部 心身障碍敎育研究分野, 1985.

文部省. 步行指導の手引, 日本 : 文部省, 1985.

佐藤泰正. 視覺障碍兒の 心理學. 東京 : 學藝圖書株式會社, 1974.

中田英雄. "視覺障碍兒の平衡機能の評價と指導." 障害兒の診斷と指導. 4(9), 1985.

中田英雄. "視覺障碍者の 直立姿勢保持能力." 姿勢研究. 3, 1983.

蒲生洋子. 視覺障害兒の 自己槪念に關する연구" 盲心理研究. 제17권, 1971.

Alber, M.B.ed *Listening : A curriculum guide for teachers of visually handicapped students.* Springfield Ill : Specialized Educational Services Department, Materials Development and Dissemination Section, State Board of Education, 1978.

Barraga, N.C. *Visual Handicaps and Learning.* Austin, TX : Exceptional of Resources, 1983.

Bateman, B.(1963). *"Reading and psycholinguistic process of partially seeing children"*, CEC Research Monograph, series A. No. Arlington, Va : CEC.

Bartley, S.H., Clifford, L.T., & Calvin, A.D.(1975). "Effect of visual imagery on tactual and Kinesthetic space perception." *Perceptual and Motor Skills,* 31.

Baruth, Leroy & Burggraq, M. *Counseling Parents of Exceptional Children.* Guilford, Connecticut : Special Learning Corporation, 1979.

Bauman, "Group differences disclosed by inventory items" *International Journal for the Education of the Blind,* 13, 1964.

Brieland, D.M., "A comparative study of the speech of blind and sighted children." *Speech Monographs,* 17(1), 1950.

Chevigny, H., & Braverman, S. *The Adjustment of the Blind.* New Haven : Yale University Press, 1950.

Cholden, L.S., *A Psychiatrist Works with Blindness.* N.Y. : AFB, 1958.

Combs, A.W. "Intelligence from aperceptual point of view." *Journal of Abnormal and Social Psychology.* XLVII, 1952, pp.662~673.

Cratty, B.J. *"Movement and Spatial Awarness in Blind Children and Youth.* Springfield, Ill : Chales C Thomas, 1971.

Cratty, B.J., & Sams, T.A. *The Body-image of Blind Children.* N.Y. : American Foundation for the Blind, 1968.

Cutsforth, T.D. *The Blind in School and Society.* 2nd ed. : N.Y. : American Foundation for the Blind, 1951.

Dunn, L.M.(ed.), *Exceptional Children in the Schools.* 2nd ed. : N.Y. : Holt, Rinehart and Winston, Inc., 1973.

Faye. E.E., & Hood, C.M., *Low Vision.* Springfield Illinois : Charles C Thomas Publisher, 1975.

Fraiberg, S., Smith, M., & Adelson, E. "An educational program for blind infants." *Journal of Special Education,* 3(2), 1966.

Frostig, M., & Horne, D. *The Frostig Program for the Development of Visual Perception : Teachers Guide.* Chicago : Follett Publishing Co., 1964.

Friedman, J., & Pasnak, R. "Attainment of classification and concepts by blind and sighted subjects." *Education of the Visually Handicapped.* 5, 1973. pp.55~62.

Garry, R.J., & Ascarelli, A. "Teaching topographical orientation and spatial orientation to congenitally blind children." *Journal of Educaion.* 1960.

George Peabody College for Teachers. *The Development of a Program in Orientation and Mobility for Multiply Impaired Blind Children.* Nashville, Tennessee : George Peabody College for Teachers, 1976.

Gesell, A., Ilg, F., & Bullis, G. *Vision : Its Development in Infant and Child.* N. Y. : Paul B. Hoeber, Inc., 1949.

Hallahan, D.P., & Kauffman, J.M., *Exceptional Children.* Englewood Cliffs N.J.

: Prentice Hall Inc, 1978.

Hanninen, K.A. *Teaching the Visually Handicapped.* Columbus, Ohio : Charles. E. Merrill Publishing Company, 1975.

Harley, R.K., & Lawrence, G.A., *Visual Impairment in the Schools.* Spingfield. Illinois : Charles C Thomas · publisher, 1977.

Hartlage, L.C., "The Role of Vision in the Development of Spatial Ability." Doctoral Dissertation, University of Louisville, Louisville, Ky, Ann Arbor, Mich, : University Microfilms, 1958.

Hathaway, W., *Education and Health of the Partially Seeing Child.* N.Y. : Columbia University Press, 1959.

Hayes, S.P., *Contributions to a Psychology of Blindness.* N.Y. : AFB, 1941.

Heward, W.L., & Orlansky, M.D., *Exceptional Children.* third ed. : Columbus, Ohio : Merrill Publishing Company, 1988.

Jan, J.E., Freman, R.D., & Scott, E.P., *Visual Impairment in Children and Adolescents,* N.Y : Grune & Stratton, Inc, 1977.

Jervis, F.M., "A comparison of self-concept of blind and sighted children," *Perkins School for the Blind,* 4, 1959.

Jones : J.W. and Collins, A.P.,(1966), *Educational Programs for Visually Handicapped Children.* Washington, D.C. : U.S. Government Printing Office.

Kirk, S.A., & Gallagher, J.J., *Educating Exceptional Children.* (Sixth ed.) : Boston : Houghton Mifflin company, 1988.

Livingston, R, "Visual Impairment," In Haring, N.G. & McCormick L. *Exceptional Children and Youth.* (Fourth edition), Columbus Ohio : Charles E. Merrill publishing company, 1986.

Lowenfeld, B., *The Visually Handicapped Child in School.* N.Y. The John Day Co, 1973.

Lowenfeld, B., Abel, G.L. and Hatlen, P.H., *Blind Children Learn to Read.* Spingfirld, Ill : Charles C. Thomas, 1969.

Meighan, T., *An Investigation of the Self-concept of Blind and Visually Handicapped Adolescent.* N.Y. : AFB, 1971.

Meyerson, L. "Somatopsychology of physical disability." In Cruickshank(ed), *Psychology of Exceptional Children and Youth.* 2nd ed., : Englewood Cliffs, N.J. : Prentice-Hall, Inc., 1963.

Murakami, T. *Assisting The Blind Traveler.* Saitama : Japan Association for Behcet's Disease, 1990.

Scholl, G.T., *Foundations of Education for Blind and Visually Handcapped Children and Youth : Theory and Practice* : N.Y. : AFB, INC., 1986.

Scholl, G & Schnur R. *Measures of Psychological, Vocational, & Educational Functioning in the Blind & Visually Handicapped,* N.Y. : AFB, 1976.

SimpKins, K., & Stephens, B. "Cognitive development of blind subjects." Proceedings of the 52nd Biennial Conference of the Association of the Education of the Visually Handicapped. 1974, pp. 26~38.

Telford, C.W., & Sawrey, J.M. *The Exceptional Individual.* 2nd. : Englewood Cliffs, N.J. : Prentice-Hall, Inc., 1977.

Tillman, M.H., "The performance of blind and sighted children on the Wechsler Intelligence Scale for Children." *International Journal for the Educaition of the Blind,* 16, 1967.

Warren, D.H., *Blindness and early childhood development.* 2nd ed., : N.Y. : AFB, Inc, 1984.

Welsh, R.L., & Blasch, B.B., *Foundation of Orientation and Mobility.* N.Y. : American Foundation for the Blind, Inc, 1980.

Zunich, M., & Ledwith, B.E., "Self-concept of visually handicapped and sighted children." *Perceptual and Motor Skills,* 21, 1965.

저 자 소 개

문학박사 / 김동연(金東淵)교수 / Kim, Dong-Yeun
1947. 11. 1. /주민등록번호 : 471101 - 1683620
대구시 수성구 중동 411-1 광명프레지던트APT B동 302호
Tel. (053)764~4915 (706-050)
대구대학교 재활과학대학 재활심리학과 교수
Professor, Kim, Dong Yeun Ph. D. ATR, KATR, KARP-RP.
President, Korean Art Therapy Association(KATA)
☎(053)650~8292 / Fax(053)629~9985
E-mail : dykim@ biho. taegu. ac. kr

경 력

- **학   력**

  1974. 3. ~ 1977. 2.　대구대학교 특수교육학과 졸업(문학사)
  1977. 3. ~ 1979. 2.　대구대학교 대학원 특수교육과 졸업(문학석사)
  1980. 3. ~ 1983. 2.　대구대학교 대학원 특수교육과 졸업(문학박사)

- **자격면허**

  1968. 5. 15　국민학교 2정, 사 8562
  1972. 3. 31　중등학교 2정 미술, 사 6488
  1979. 11. 12　특수학교 교사, 사 450
  1993. 7. 1　한국교류분석협회 인정, 지도교수, 93-02
  1993. 9. 1　한국재활심리학회 인정, 재활심리 전문가, 제1호
  1997. 11. 1　한국미술치료학회 인정, 미술치료사(K-ATR), 97-1
  1998. 4. 23　미국미술치료사 자격심사 위원회 인정, 미술치료사(ATR), 98-049

- **수   상**

  1976. 9. 1　제 16회 학습자료전, 경북 교위 교육감 우수상
  1976. 10. 18　군위군 교육장 표창(특공상)

1985. 6. 15	학술상, 대한특수교육학회, 논문부문
1997. 11. 1	학술상, 한국미술치료학회, 저서부문
1998. 10. 31	학술상, 한국미술치료학회, 저서부문

- 훈 련
1986. 8. 11 ~ 1986. 8. 17	제 1회 아시아 옵타콘 연수회(일본)

- 경 력
1977. 9. 1 ~ 1979. 2. 28	대구대학교 학생지도연구소 연구원
1979. 3. 1 ~ 1981. 2. 28	대구대학교 특수교육연구소 전임연구원
1980. 12. 1 ~ 1981. 8. 31	한사실업전문대 유아교육과 전강
1980. 3. 1 ~ 1981. 8. 31	대구대학교 시청각교육실 실장
1981. 9. 1 ~ 1989. 8. 31	전주우석대학 특수교육과 부교수
1983. 1. 1 ~ 1985. 8. 31	전주우석대학 학생생활연구소장, 교육학부장, 학과장
1985. 3. 1 ~ 1989. 8. 31	전주우석대학 특수교육연구소장
1985. 9. 1 ~ 1986. 9. 13	동 대학 직업보도실장
1986. 9. 14 ~ 1988. 8. 31	전주우석대학 도서관장
1984. ~ 1993.	문교부 1종 도서심의위원, 집필위원
1983. 1. ~ 1989. 8. 31	한국장애자재활협회 전북지부 부회장
1983. 7. ~ 1993. 8. 31	한국시각장애연구회 창립위원장, 초대회장
1984. 7. ~ 1989. 8. 31	대한특수교육학회 전북지회장
1989. 9. 1 ~ 현 재	대구대학교 재활과학대학 재활심리학과 교수
1993. 3. 1 ~ 1994. 3.	대구대학교 재활과학대학원 학감 겸 재활과학과장
1993. 3. ~ 현 재	국제 교육재활교류재단(EREF)전문위원
1991. 11. ~ 1994. 8. 31	한국재활심리학회 창립위원장, 초대부회장
1992. 11. ~ 현 재	한국미술치료학회 창립위원장, 초대회장
1993. 9. ~ 1996. 9.	대구·경북 교류분석 협회 회장
1994. 6. 18 ~ 현 재	대전발달장애연구소 이사장
1995. 6. ~ 1997. 6.	대한특수교육학회 부회장
1997. 6. ~ 1998. 5. 16	대한특수교육학회 회장
1995. 9. ~ 1996. 2.	대구대학교 학생처장
1996. 9. ~ 1997. 2.	교육부 국립특수교육원 교류교수
1997. 7. 28 ~ 현 재	교육부 교육과정 심의위원
1998. 10. 12 ~ 1999. 12. 31	특수학교 1종도서 편찬위원회 위원장(교육부)

1998. 3.	~ 현 재	대구대학교 재활과학대학 학장
1998. 4.	~ 현 재	한국 장애학생 대학 교육 지원 연구회 회장

연 구 업 적

- 연구논문
    1. 1979. 7.   시각장애아의 자아개념 형성에 관한 연구, 하정 서정덕박사 고희 기념논총, 대구대학교 출판부, 32.
    2. 1979. 9.   중도맹아의 자아개념(공동연구 : 권기덕), 특수교육연구, 제7집, 대구대특수교육연구소, 5-25.
    3. 1980. 8.   한글 가독 시력에 의한 교육적 약시판별에 관한 연구(공동 : 권기덕, 김태욱), 한사대 논문집, 제10집, 한사대출판부, 109-130.
    4. 1980. 6.   한국특수교육 개선을 위한 종합실태조사(문교부 연구과제, 이상춘외 6인), 특수교육연구, 제8집, 5-99.
    5. 1981. 6.   인물화에 의한 정신박약아와 지체부자유아의 성격요인 분석(공동 : 조인수), 교육과 복지, 일본아시아복지연구소, 1-16.
    6. 1981. 10. 시각손상아의 예방과 교육을 위한 그 예비적 고찰(공동 : 권기덕), 학생지도연구, 제5집, 대구대학생지도연구소, 1-24.
    7. 1982. 12. EMR특수학급 교육개선을 위한 기초연구(공동 : 조인수), 전주우석대학 논문, 제4집, 493-531.
    8. 1983. 2.   지체부자유아 특수학교의 재활훈련 기본모형(문교부 연구과제, 안병즙외 6인), 특수교육연구, 제10집, 147-190.
    9. 1983. 7.   시각장애아의 개념발달을 위한 탐색적 연구(오리엔테이션과 모빌리티의 기초를 중심으로), 특수교육학회지, 제4집, 대한특수교육학회, 103-126.
    10. 1983. 12. TSCS에 의한 약시아동의 자아개념 특성연구, 전주우석대학 논문집, 제5집, 439-464.
    11. 1984. 12. 한국인의 부정적 장애자 의식에 대한 비판적 탐색(공동 : 석동일), 난청과 언어장애, Vol. 7, No. 1, 한국재활과학회, 19-33.
    12. 1984. 12. 보행훈련 프로그램의 구조연구, 박사학위 논문, 대구대학교 대학원.
    13. 1985. 6. 세계속의 한국특수교육 ; 역사적 전개과정, 특수교육학회지, 제6집, 대한특수교육학회, 159-167.
    14. 1985. 12. TSCS에 의한 한국 대학생의 자기개념 분석연구, 문교부 연구과제(공동연구 : 조인수), 전주우석대 논문집, 제7집, 333-360.

15. 1986. 12.   촉지각 논고, 전주우석대 논문집, 제8집, 443-466.
16. 1986. 12.   통학제 학교와 복지시설에 수용된 지체부자유 학생의 성격 특성(공동연구 : 정재권), 전주우석대학 논문집, 제8집, 513-528.
17. 1987. 6.   자폐증아의 수용언어훈련에 따른 시각적 단서의 효과연구(Ⅰ) (공동 : 이근매), 특수교육학회지, 제8집, 대한특수교육학회, 129-148.
18. 1987. 6.   특수학급 교육의 전개과정과 당면과제, 대한특수교육학회 '87년도 연차 학술발표 대회자료, 특수교육학회지, 제8집, 151-165.
19. 1987. 4.   옵타콘의 이해, 시각장애연구, Vol. 3, No. 3, 9-52.
20. 1988. 11.   한국인의 장애자 의식에 관한 조사연구, 특수교육학회지, 제9집, 5-31.
21. 1988. 3.   자폐증아의 수용언어훈련에 따른 시각적 단서의 효과연구(Ⅱ), 특수교육학연구, 제1집, 219-244.
22. 1988. 12.   시각장애아 교육 교사 양성제도 및 과정의 개선, 시각장애아연구. Vol. 3, No. 4.
23. 1989.   시각장애 교육과정 자료개발에 관한 연구. 특수교육학연구, 제2집. 전주우석대학 특수교육연구소, 177-214(교육부정책과제).
24. 1990.   시각장애아의 촉지각 특성, 대구·경북교육학회 교육학 논총. 제9집, 29-49.
25. 1990.   시각장애아의 교육시설·설비기준 설정을 위한 예비적 연구(공동 :안병즙). 특수교육학회지. 제11집, 19-46.
26. 1991.   정신지체아 언어훈련 프로그램의 구안 및 적용효과(공동 : 이근매) 언어치료연구. 제1권, 제1호, 57-86.
27. 1991.   상담자의 비언어적 행동과 내담자의 성격 유형에 따른 신뢰성 지각(공동 : 한미령), 재활과학연구. 제9권, 제1호, 19-31.
28. 1991.   난화분석을 통한 자폐성 아동의 심리 특성 연구(공동 : 한홍석), 특수교육학회지, 제12집, 69-87.
29. 1991.   외국의 심리치료사 자격제도 소고, 심리치료연구. 제2집. 대구대 심리치료학과, 5-23.
30. 1992.   시각장애 학생의 다면적 인성검사 반응 연구(공동 : 임호찬), 재활과학연구. 제10권, 제1호, 11-16.
31. 1992.   자폐성 아동의 언어발달 순서성 연구(Ⅰ). 특수교육학회지. 제13집, 제1호, 55-84.
32. 1993.   정신지체아 어머니의 자아긍정감에 관한 연구(공동 : 전종국, 최선남), 재활과학연구. 제11권. 제1호, 57-66.
33. 1993.   정신지체아 어머니의 가족스트레스 연구(공동 : 김원경, 최외선), 특수교육학회지, 제14집, 제1호, 63-81.
34. 1993.   대처방식과 우울에 관한 탐색적 연구 : 뇌졸증의 재활을 중심으로(공동 : 전겸구, 김교헌), 재활심리연구, 제1집, 31-52.

35. 1994.   KFD를 통한 비행청소년의 가족지각 -재산비행군과 강력비행군의 비교(공동 : 이영호, 임지향), 미술치료연구, 제1집, 제1호, 63-84.
36. 1994.   TMR아동의 부적응행동에 미치는 미술치료프로그램의 효과(공동 : 공마리아, 권복순), 미술치료연구, 제1집, 제1호, 85-100.
37. 1994.   풍경구성법에 의한 미술치료가 주의결핍 과잉행동아동의 수업일탈 및 대인회피행동 개선에 미치는 효과(공동 : 이근매, 정금자), 미술치료연구, 제1집, 제1호, 101-114.
38. 1995.   컴퓨터지향수업이 장애아동의 교수학습에 미치는 영향(공동 : 박찬웅), 재활과학연구, 제12권, 제1호, 45-62.
39. 1995.   자폐증아의 언어훈련프로그램의 구안 및 적용 효과(공동 : 이근매, 최은영), 정서·학습장애교육논총, 제2, 3집, 11-31.
40. 1995.   장애아동 어머니의 스트레스와 우울과의 관계 : 자기지각과 사회적 지지의 영향(공동 : 천성문, 최보금), 정서·학습장애교육논총, 제2,3집, 33-57.
41. 1995.   가족환경변인이 지체부자유아 어머니의 자아긍정감에 미치는 영향(공동 : 김봉균, 최외선), 안병즙 교수 정년기념 논총, 101-116.
42. 1995.   가족환경변인이 청각장애아 어머니의 자아긍정감에 미치는 영향(공동 : 최외선), 재활심리연구, 제2권, 제1호, 59-70.
43. 1995.   장애아 가족의 가족스트레스 연구(공동 : 권기덕), 대구대사회과학연구소논문, 제1집, 299-322.
44. 1995.   말더듬 학생의 언어행동에 미치는 미술치료 프로그램의 효과(공동 : 이근매), 미술치료연구, 제2권, 제1호, 79-94.
45. 1995.   난화 상호 이야기법을 통한 미술치료가 아동의 부적응 행동에 미치는 효과(공동 : 공마리아), 미술치료연구, 제2권, 제1호, 111-142.
46. 1995.   인물화에 의한 지능발달이 늦은 아동의 교육배치에 따른 성격 특성·요인분석(공동 : 조인수), 미술치료연구, 제2권, 제1호, 143-163.
47. 1996.   정신지체아 어머니의 자아 긍정감과 가족스트레스에 관한 연구, 언어치료연구, 제5권 제1호, 15-40.
48. 1996.   자폐성 장애 아동의 언어발달 순서성 연구(Ⅱ)(공동 : 이현옥), 언어치료연구, 제5권 제1호, 167-185.
49. 1996.   유치원 아동의 심리평가를 위한 난화게임(Squiggle-Drawing Game)의 유용성 연구(공동 : 전태옥), 미술치료연구, 제3권, 제1호, 119-152.
50. 1996.   다양한 미술활동 프로그램이 아동의 주의집중 결함과 조음오류에 미치는 영향(공동 : 류정자, 정옥란), 미술치료연구, 제3권, 제1호, 153-180.

51. 1996.   소조활동을 통한 미술치료가 자폐성 아동의 대상관계에 미치는 효과(공동 : 최은영), 한국미술치료학회, 제3권 제2호, 19-56.

52. 1996.   미술치료기법을 통한 성폭행 피해아동의 상담사례(공동 : 조정자), 한국미술치료학회, 제3권 제2호, 145-159.

53. 1996.   亂畵技法에 의한 兒童의 不適應行動의 治療 經過에 관한 연구, 임상묘화연구, Vol. XI, 日本描畵 檢査·描畵療法學會, 104-121.

54. 1997.   여대생의 자아정체감과 K-HTP의 반응특성에 관한 연구(공동 : 백양희, 장영숙), 미술치료연구, 제4권 제1호, 43-55.

55. 1997.   결손가정아동의 자긍심 강화를 위한 집단미술치료(공동 : 이성희), 미술치료연구, 제4권 제1호, 1-24.

56. 1997.   비행유형에 따른 청소년의 HTP반응특성 연구(공동 : 오영환), 미술치료연구, 제4권 제1호, 125-150.

57. 1997.   소조활동을 통한 미술치료가 등교거부 아동에게 미치는 효과(공동 : 공마리아), 미술치료연구, 제4권 제2호, 135-150.

58. 1997.   도시여성의 특성불안과 K-HTP 반응특성(공동 : 최외선), 미술치료연구, 제4권 제2호, 93-106.

59. 1998.   장애학생의 가족환경, 전공에 대한 인지 및 이해, 미래전망(공동 : 정영숙외 2명), 학생생활연구, 제8집, 1-57.

60. 1998.   난화 상호이야기 만들기법에 의한 주의력 결핍 과잉행동 아동의 치료사례 연구, 미술치료연구, 제5권 제1호, 1-26.

61. 1998.   동적가족화(KFD)에 나타난 장애아동 어머니의 심리와 가족지각 특성, 미술치료연구, 제5권 제1호, 27-42.

62. 1998.   미술치료가 아동의 우울행동 감소에 미치는 효과(공동 : 이근매), 미술치료연구, 제5권 제1호, 43-58.

63. 1998.   미술치료가 가출 청소년의 가정 복귀에 미치는 효과(공동 : 조정자), 미술치료연구, 제5권 제2호, 1-24.

64. 1998.   분노와 적개심을 지닌 아동의 미술치료 효과(공동 : 이근매), 미술치료연구, 제5권 제2호, 25-46.

65. 1998.   초등학생의 사회성과 학교생활그림(KSD)에 관한 연구(공동 : 최외선외 1명), 미술치료연구, 제5권 제2호, 299-318.

- 저 서

    1. 1987.   자폐아의 집단적응(공저 : 고바야시, 이근매). 전주 : 신아출판사.
    2. 1987.   유아의 특수교육(공저 : 조인수, 석동일, 정재권). 전주 : 신아출판사.
    3. 1988.   학습장애아의 의학과 교육(공저 : 조규박). 서울 : 성원사.
    4. 1989.   행동수정의 이론과 실제(공저 : 조인수). 전주 : 신아출판사.
    5. 1990.   과학지도의 이론과 실제(교육부 정책과제, 공저 : 이해균의 3인). 서울:교육부.
    6. 1991.   시각손상아의 지도. 대구 : 동아문화사.
    7. 1991.   특수교육학(공저 : 구본권 외 8인). 서울 : 교육과학사.
    8. 1991.   지능검사와 훈련(공역 : 황옥자, 임호찬). 서울 : 형설출판사.
    9. 1991.   보행지도의 이론과 실제(교육부 정책과제, 공저 : 임안수 외 1인). 서울:교육부.
    10. 1993.   가족미술치료의 이론과 실제(공저 : 권기덕, 최외선). 서울: 도서출판 특수교육.
    11. 1993.   특수교육원리(공저 : 김정권 외 11인). 대구 : 대구대학교 출판부.
    12. 1993.   특수학교 직업지도의 이론과 실제(교육부 정책과제, 공저 : 정재권 외 5인), 서울 : 교육부.
    13. 1993.   성인미술치료(공저 : 최외선). 대구 : 동아문화사.
    14. 1994.   미술치료의 이론과 실제. 대구: 한구미술치료학회.
    15. 1995.   발달장애아의 동작치료법(공저 : 이근매 외 2인). 서울: 도서출판 특수교육.
    16. 1995.   한국특수교육백년사(공저 : 김정권 외 30인). 서울: 도서출판 특수교육.
    17. 1995.   구개파열 언어치료(공저 : 권도하 외 3인). 대구: 한국언어치료학회.
    18. 1996.   자폐성아동의 언어지도(공저 : 고바야시 외 2인). 대구 : 동아문화사.
    19. 1996.   뇌성마비 언어치료(공저 : 강수균 외 9인). 대구 : 한국언어치료학회.
    20. 1996.   자폐성아동의 집단적응:개정판(공저 : 이근매). 대구 : 동아문화사.
    21. 1997.   가족미술치료:개정판(공저 : 권기덕 외 1인). 대구 : 동아문화사.
    22. 1997.   동그라미 중심 가족화에 의한 심리진단과 치료(공저:정현희). 대구: 대구대학교 출판부

- 위탁 연구보고서(1995년 이후)

    1. 1995.   시각장애아 보행훈련프로그램(공동 : 이해균). 국립특수교육원, 위탁 연구과제, 494.
    2. 1996.   재활상담사 양성 방안 및 제도 확립에 관한 연구. 한국장애인재활협회, 위탁 용역과제, 9-75.
    3. 1997.   장애학생 고등교육 지원방안연구(공동 : 김영환). 국립특수교육원, 위탁 연구과제.

- 학술발표(1995년 이후)
    1. 1995.   난화기법에 의한 아동의 부적응행동의 치료 경과, 일본묘화검사 및 묘화요법학회, 제5회 학술대회 / 외국
    2. 1996.   재활상담사 양성 및 제도확립, 제5회 재활심포지엄, 한국장애인 재활협회.
    3. 1997.   장애인의 심리·사회적 재활의 방향, 제 7회 전국장애인 복지학술대회, 광주시 장애인 재활협회.
    4. 1997.   장애학생의 대학교육 지원체계 연구, 대한특수교육학회 추계 학술발표대회.
    5. 1998.   미술치료가 아동의 우울행동 감소에 미치는 효과, 일본묘화검사 및 묘화요법학회, 제10회 학술대회 / 외국
    6. 1998.   *Stress and Coping in Parents of Children with Disabilities*, 1998 International Symposium, Institute of Special Education & Rehabilitation Science Taegu University.

視覺損傷兒의 指導

●

한국시각장애연구회 편 / 저자 · 金 東 淵
발행처 도서출판 동아문화사 / 주소 · 대구광역시 중구 남산2동 139-1
초판 인쇄 · 1991. 7. 1 / 재판 인쇄 · 1999. 3. 1/ 전화 · (053)252-9060~1

●

* 잘못된 책은 바꾸어 드립니다.
값 18,000원